Heinrich Kurz

Leitfaden zur Geschichte der deutschen Literatur

Heinrich Kurz

Leitfaden zur Geschichte der deutschen Literatur

ISBN/EAN: 9783742814029

Hergestellt in Europa, USA, Kanada, Australien, Japan

Cover: Foto ©Andreas Hilbeck / pixelio.de

Manufactured and distributed by brebook publishing software
(www.brebook.com)

Heinrich Kurz

Leitfaden zur Geschichte der deutschen Literatur

Leitfaden

zur

Geschichte der deutschen Literatur

von

Heinrich Kurz.

Vorwort zur ersten Auflage.

Die günstige Aufnahme, welche meiner „Geschichte der deutschen Literatur“ zu Theil wurde, von welcher die dritte Auflage zu erscheinen begonnen hat, veranlaßte mich, auch einen „Leitfaden“ zu bearbeiten, der, nach den nämlichen Grundsätzen behandelt wie das größere Werk, es denjenigen Lehrern, welche dieses besitzen sollten, möglich machte, dasselbe auch für ihre Vorträge zu benützen, ohne zu zeitraubenden Dictaten genöthigt zu werden. Der „Leitfaden“ soll zugleich auch insofern eine Ergänzung meiner „Literaturgeschichte“ sein, als er die Quellen und Hülfsmittel sowohl für die längeren Perioden als für kleinere Abschnitte der Literaturgeschichte, so wie für die einzelnen Schriftsteller in möglichst vollständiger Weise mittheilt, was bei der besonderen Bestimmung jenes Werkes nicht geschehen konnte, während es für einen Leitfaden, der den Studierenden in die Hände gegeben wird, unerläßlich erscheint, eine möglichst reiche Auswahl von bibliographischen Notizen mitzutheilen, damit einzelne weiter Strebende die Möglichkeit erhalten, entweder das ganze Gebiet der vaterländischen Literatur in größerem Umfang kennen zu lernen, oder auch über einzelne Punkte tiefer eingehende Studien zu machen.

Das erste Erforderniß eines „Leitfadens“ ist ohne Zweifel eine nach einfachen und leicht aufzufassenden Grundsätzen behandelte Anordnung des Stoffs; ich hoffe, daß der dem Buche zu Grunde liegende Plan in dieser Hinsicht genügt. Ist es der Fall, so hat derselbe ferner eben wegen seiner Einfachheit und Uebersichtlichkeit den weiteren Vortheil, daß Lehrer, welche einen abweichenden Gang befolgen wollen, doch den „Leitfaden“ bei ihren Vorträgen benützen können. Denn die in demselben gewählte Anordnung fügt sich, weil der Stoff in übersichtlichen und doch wieder leicht zerlegbaren Massen zusammengestellt ist, leicht in jede Anschauungsweise, es mag der Lehrer bei der Darstellung des Charakters der einzelnen Perioden zugleich die Betrachtung der einzelnen Denkmäler und Schriftsteller anschließen, oder, von diesen ausgehend, den Entwicklungsgang der Literatur nachweisen; er mag überhaupt diesen oder jenen Gang befolgen, immer wird der Schüler ohne Mühe den in jeder Stunde behandelten Stoff leicht aufzufinden, daher zu wiederholen und die vom Lehrer mitgetheilten Notizen oder Urtheile anzuknüpfen im Stande sein.

Wenn ich nicht irre, unterscheidet sich der vorliegende „Leitfaden" auch dadurch von anderen ähnlichen Arbeiten, deren anderweitige, zum Theil sehr bedeutende Verdienste ich übrigens vollkommen anerkenne, daß er einen großen Reichthum von Thatsachen mittheilt, worunter ich nicht sowohl die biographischen und ähnliche Mittheilungen verstehe, als vielmehr die meist gedrängten, oft ausführlichen Inhaltsangaben der bedeutenderen Werke begreife, was, wie ich glaube, für das Verständniß der einzelnen Schriftsteller von größerem Nutzen ist als breite, nicht selten in Abstractionen sich verlierende Raisonnements. Ich muß nur bedauern, daß der Raum mir nicht erlaubte, solche Inhaltsangaben überall mitzutheilen; namentlich sind sie in der Darstellung der neueren Literatur seltener geworden, wo sie freilich auch weniger nothwendig sind, weil die Studierenden die Werke eher selbst nachlesen können, der Lehrer übrigens in meiner „Literaturgeschichte" die nöthigen Mittheilungen findet, wenn er es für angemessen halten sollte, in diese oder jene Erscheinung näher einzugehen.

Es ist allerdings eben so wenig möglich als rathsam, in der Schule alle Schriftsteller und Denkmäler zu besprechen, die der „Leitfaden" anführt; allein ich glaubte doch, außer den Hauptgestalten, welche den Gang der Literatur bestimmen, auch diejenigen Schriftsteller, welche sich auf irgend eine Weise auszeichnen, in die Darstellung aufnehmen zu müssen, theils weil sich öfters der Charakter einer Periode am klarsten aus den weniger hervorragenden Schriftstellern erkennen läßt, theils weil ich glaube, daß den Schülern so viel als möglich Veranlassung zum Selbststudium gegeben werden müsse.

Nach diesen Andeutungen über die Wahl des Stoffs und dessen Anordnung habe ich noch über die Behandlung desselben Rechenschaft zu geben. Ich habe mich bemüht, überall zwar gedrängte, aber möglichst scharfe und erschöpfende Charakteristiken, sowohl der größeren Zeiträume als auch der verschiedenen in einzelnen Perioden auftauchenden Richtungen oder Schulen, so wie der einzelnen Schriftsteller und Werke zu geben, wobei ich die Darstellung und Auffassungsweise in meiner Literaturgeschichte so weit festhielt, als es sich mit dem Zwecke eines Leitfadens vertrug. Man wird mir hoffentlich nicht zum Vorwurf machen, daß ich öfters nicht bloß einen Auszug aus jenem Werke gab, sondern hie und da sogar dessen Worte wiederholte, wo sie mir den Gegenstand auf eine auch für einen Leitfaden entsprechende Weise darzustellen schienen.

Ich habe bei den Charakteristiken immer nach Wahrheit gestrebt; aber wenn ich auch die Schwächen einzelner Schriftsteller oder Werke nicht verbarg, solche sogar in manchen Fällen, wenn sittliche oder ästhetische Gründe es erheischten, scharf betonte, so herrscht doch im Ganzen mildes und anerkennendes Urtheil vor. Es ist Nichts verderblicher, als die Jugend zur Absprecherei anzuleiten; es hat Dies nicht bloß einen unberechenbar nachtheiligen Einfluß auf den Charakter, es macht mit der Zeit sogar unfähig, das Schöne und Gute mit reiner und ungetrübter Freude zu genießen.

Ich schließe dieses kurze Vorwort mit der Bitte um freundliche Aufnahme und Beurtheilung des Büchleins.

Aarau, am Ostermontag 1860.

Heinrich Kurz.

Vorwort zur zweiten Auflage.

Es ist eine neue Auflage des „Leitfadens" früher nöthig geworden, als ich hoffen durfte, was ich ohne Zweifel zum Theil der wohlwollenden Beurtheilung zu verdanken habe, deren sich das Büchlein von mehreren Seiten zu erfreuen hatte. Dies legte mir die Pflicht auf, der Durchsicht die größte Aufmerksamkeit zu widmen und insbesondere alle diejenigen Bemerkungen gebührend zu berücksichtigen, welche in den verschiedenen Anzeigen gemacht worden waren. Ich habe dieselben gewissenhaft geprüft und so weit benutzt, als ich mich von deren Richtigkeit überzeugen konnte. So ist namentlich die Zahl der erwähnten Schriftsteller und Denkmäler beschränkt worden, wogegen andere ausführlicher besprochen wurden. Vielleicht wird Mancher die Masse des Stoffs noch zu groß finden; doch glaubte ich, nicht weiter gehen zu dürfen, als es geschehen.

Ich bin nämlich nicht der Ansicht, daß ein Buch, welches reiferen Schülern in die Hände gegeben wird, bloß den für den Unterricht berechneten Stoff enthalten dürfe (was allerdings für untere Klassen und Bildungsanstalten zweckmäßig ist), sondern ich glaube, daß ein solches Buch mehr darbieten müsse, damit der Schüler veranlaßt werde, selbst weiter zu gehen und dann, damit er sich auch nöthigenfalls darin Raths erholen könne, wenn er über weniger bekannte Schriftsteller oder Bücher Auskunft zu erhalten wünscht. Zudem ist die Anlage des

„Leitfadens" von der Art, daß die größere Menge des Stoffs die Uebersichtlichkeit des Ganzen nicht erschwert, so daß auch von dieser Seite der größere Reichthum an Thatsachen gerechtfertigt erscheint.

Möchte der „Leitfaden" in dieser neuen Auflage seine alten Freunde bewahren und neue gewinnen.

Aarau, im März 1865.

Heinrich Kurz.

Vorwort zur dritten und vierten Auflage.

Die dritte Auflage des Leitfadens unterscheidet sich von den zwei früheren wesentlich darin, daß den Erscheinungen seit 1830 größere Aufmerksamkeit gewidmet und die neuere Literatur bis auf die Gegenwart fortgeführt worden ist. Den sieben Zeiträumen der früheren Auflagen ist eine Uebersicht der neuesten Literatur beigegeben worden, welche in der nämlichen Weise behandelt ist, wie die vorangehenden Abschnitte. Diese mußten aber wegen des erwähnten Zuwachses, damit das Buch nicht einen zu großen Umfang erhalte, einigermaßen beschränkt werden, was dadurch erreicht wurde, daß einzelne weniger hervorragende Schriftsteller und Denkmäler aus den früheren Jahrhunderten nicht mehr aufgenommen wurden, was um so eher geschehen durfte, als das wichtigste Bedenken, welches bisher gegen den „Leitfaden" erhoben wurde, darin bestand, daß des Stoffes zu viel geboten sei. — Wie in den frühern Auflagen, so habe ich auch in der vierten die Bemerkungen benutzt, welche mir zu Gesichte kamen; besonders bin ich aber Herrn Emil Barthel in Halle verpflichtet, der den Leitfaden einer genauen Durchsicht unterwarf, wofür ich ihm auch öffentlich meinen wärmsten Dank ausspreche.

Aarau, im März 1870 und Oktober 1872.

Heinrich Kurz.

Uebersicht des Inhalts.

Einleitung.

Erster Zeitraum (X—1150).

Erster Abschnitt. Allgemeine Uebersicht.

Zweiter Abschnitt. Uebersicht der Denkmäler.

Zweiter Zeitraum (1150—1350).

Erster Abschnitt. Allgemeine Uebersicht.

Erstes Capitel. Poesie.

I. Lyrische Poesie.

II. Didaktische Poesie.

III. Epische Poesie.

1. Höfische Epik.

2. Volksthümliches Epos.

Zweites Capitel. Prosa.

Zweiter Abschnitt. Uebersicht der Schriftsteller und Denkmäler.

Erstes Capitel. Poesie.

I. Lyrische Poesie.

II. Didaktische Poesie.

III. Epische Poesie.

1. Höfische Epik.

II. Volksthümliches Epos.

Zweites Capitel. Prosa.

Dritter Zeitraum (1350—1525).

Erster Abschnitt. Allgemeine Uebersicht.

Erstes Capitel. Poesie.

I. Lyrische Poesie.

II. Didaktische Poesie.

III. Epische Poesie.

IV. Dramatische Poesie.

Zweites Capitel. Prosa.

I. Prosadichtung.

II. Historische Prosa.

III. Didaktische Prosa.

IV. Rhetorische Prosa.

Zweiter Abschnitt. Uebersicht der Denkmäler.

Erstes Capitel. Poesie.

I. Lyrische Poesie.

II. Didaktische Poesie.

III. Epische Poesie.

IV. Dramatische Poesie.

Zweites Capitel. Prosa.

I. Prosadichtungen.

II. Historische Prosa.

III. Didaktische Prosa.

IV. Rhetorische Prosa.

Vierter Zeitraum (1525—1625).

Erster Abschnitt. Allgemeine Uebersicht.

Erstes Capitel. Poesie.

I. Lyrische Poesie.

II. Didaktische Poesie.

III. Epische Poesie.

IV. Dramatische Poesie.

Zweites Capitel. Prosa.

I. Prosadichtungen.

II. Historische Prosa.

III. Didaktische Prosa.

IV. Rhetorische Prosa.

Zweiter Abschnitt. Schriftsteller und Denkmäler.

Erstes Capitel. Hauptgestalten.

Zweites Capitel. Uebersicht nach den Gattungen.

Erstes Hauptstück. Poesie.

I. Lyrische Poesie.

II. Didaktische Poesie.

III. Epische Poesie.

IV. Dramatische Poesie.

Zweites Hauptstück. Prosa.

I. Prosadichtungen.

II. Historische Prosa.

III. Didaktische Prosa.

IV. Rhetorische Prosa.

Fünfter Zeitraum (1625—1725).

Erster Abschnitt. Allgemeine Uebersicht.

Erstes Capitel. Poesie.

I. Lyrische Poesie.

II. Didaktische Poesie.

III. Epische Poesie.

IV. Dramatische Poesie.

Zweites Capitel. Prosa.

I. Prosadichtungen.

II. Historische Prosa.

III. Didaktische Prosa.

IV. Rhetorische Prosa.

Zweiter Abschnitt. Schriftsteller und Denkmäler.

Erstes Capitel. Poesie.

I. Lyrische Poesie.

A. Erste Schlesische Schule.

II. Didaktische Poesie.

III. Epische Poesie.

IV. Dramatische Poesie.

Zweites Capitel. Prosa.

I. Prosadichtungen.

II. Historische Prosa.

III. Didaktische Prosa.

IV. Rhetorische Prosa.

Sechster Zeitraum (1725—1770).

Erster Abschnitt. Allgemeine Uebersicht.

Erstes Capitel. Poesie.

I. Lyrische Poesie.

II. Didaktische Poesie.

III. Epische Poesie.

IV. Dramatische Poesie.

Zweites Capitel. Prosa.

I. Prosadichtungen.

II. Historische Prosa.

III. Didaktische Prosa.

IV. Rhetorische Prosa.

Zweiter Abschnitt. Schriftsteller und Denkmäler.

Erstes Capitel. Poesie.

I. Die Anfänge der neuern Dichtung und der Kritik.

II. Die Sächsische Dichterschule.

III. Die Preußischen und Halberstädter Dichter.

IV. Klopstock und seine Nachahmer.

V. Das geistliche Lied.

VI. Lessing und Wieland.

Zweites Capitel. Prosa.

I. Prosadichtungen.

II. Historische Prosa.

III. Didaktische Prosa.

IV. Rhetorische Prosa.

Siebenter Zeitraum (1770—1830).

Erster Abschnitt. Allgemeine Uebersicht.

Erstes Capitel. Poesie.

I. Lyrische Poesie.

II. Didaktische Poesie.

III. Epische Poesie.

IV. Dramatische Poesie.

Zweites Capitel. Prosa.

I. Prosadichtungen.

II. Historische Prosa.

III. Didaktische Prosa.

IV. Rhetorische Prosa.

Zweiter Abschnitt. Schriftsteller und Denkmäler.

Erstes Capitel. Poesie.

I. Sturm- und Drangperiode.

II. Höchste Blüthe der Poesie.

III. Goethes und Schillers Zeitgenossen.

IV. Die Zeit der Romantik.

V. Die Zeitgenossen der Romantiker.

VI. Anschließen der Romantik an die Gegenwart.

VII. Gleichzeitige Dichter.

Zweites Capitel. Prosa.

I. Prosadichtungen.

II. Historische Prosa.

III. Didaktische Prosa.

IV. Rhetorische Prosa.

Uebersicht der neuesten Literatur.

I. Poesie.

II. Prosa.

Einleitung.

§ 1. Aelteste Nachrichten von den Deutschen.

Die Deutschen stammen aus Asien und gehören zu dem großen indogermanischen Völkerstamm; ihre Sprache ist sonach mit den alten Sprachen Indiens und Persiens, mit der griechischen und römischen und den slavischen verwandt, und zudem weisen Sagen, Sitten, Anschauungen und Rechtsgebräuche auf morgenländischen Ursprung. Wann die Deutschen aus Asien auswanderten, ist unbekannt; die frühesten Nachrichten, die wir von ihnen haben, gehen nicht weit über Christi Geburt hinaus; wir verdanken sie den Römern Cäsar, Plinius und Tacitus

§ 2. Sprache.

Die Deutschen zerfallen schon bei ihrem ersten Auftreten in verschiedene Stämme, deren jeder eine von den übrigen verschiedene Mundart sprach. Man unterscheidet vier Hauptsprachstämme, den gothischen, skandinavischen oder nordischen, niederdeutschen und hochdeutschen.

1. Der gothische Sprachstamm, der von den Gothen, Vandalen, Gepiden, Herulern u. s. w. gesprochen wurde, ist zwar untergegangen, da der gothische Volksstamm sich meist mit romanischen Völkern vermischte und deren Sprache annahm, doch haben sich in ihm gerade die ältesten Denkmäler deutscher Sprache erhalten.

2. Der skandinavische oder nordische Sprachstamm, der in den skandinavischen Ländern gesprochen wird, kann hier nicht in Betracht kommen, da die Völker, die denselben sprechen, sich politisch und literarisch von den übrigen deutschen Stämmen vollständig getrennt haben.

3. Der niederdeutsche Sprachstamm, der sich in Sächsisch, Angelsächsisch und Friesisch scheidet, lebt noch in Niederdeutschland, Holland, einem Theil von Belgien und England. Die holländische und die vlämische Mundart haben sich jedoch zu selbstständigen Sprachen entwickelt, so daß die Literatur derselben hier nicht in Betracht gezogen werden kann; noch weniger kann die englische Literatur berücksichtigt werden, da sich das Deutsche in England mit romanischer Sprache vermengt hat, und dadurch zur eigenthümlichen Sprache geworden ist. — Das Angelsächsische wird zwar nicht mehr gesprochen, besaß aber schon sehr früh, im 9. oder 10. Jahrhundert, eine nicht unbedeutende Literatur. Doch kann diese ebenfalls nicht in den Kreis der deutschen Literaturgeschichte gezogen werden, da sie ohne Einfluß auf diese blieb.

4. Der ober- oder hochdeutsche Sprachstamm (Franken, Bayern, Schwaben, Alemannen, Burgunden und Longobarden) ist durch das ganze südliche Deutschland verbreitet. Von den Völkern, die zu demselben gehörten, haben sich jedoch die Longobarden

ganz, die Burgunden beinahe gänzlich mit Romanen verschmolzen und ihre Sprache aufgegeben.[1])

§ 3. Hochdeutsch.

a. Hochdeutsch bedeutet ursprünglich nichts Anderes als Oberdeutsch, wie man früher das obere Deutschland auch Hochdeutschland nannte. Mit der Zeit hat das Wort Hochdeutsch eine ganz verschiedene Bedeutung angenommen und man versteht jetzt darunter die allen deutschen Stämmen gemeinsame Schriftsprache, die zugleich auch die Unterhaltungssprache der Gebildeten ist.

b. Von den frühesten Zeiten an erhoben sich nämlich vorzüglich ober- oder hochdeutsche Mundarten zur allgemeinen Schriftsprache, während die niederdeutschen schon mehr auf die Völker niederdeutschen Stammes beschränkt blieben, wenn sie auch zur schriftlichen Darstellung gebraucht wurden; und so nahm allmählich das Wort Hochdeutsch den Begriff an, den wir jetzt ausschließlich damit verbinden.

c. Das Hochdeutsche erscheint aber nicht zu allen Zeiten in derselben Gestalt, vielmehr unterscheidet man drei Hauptformen desselben, die man nach der Zeit ihres Erscheinens als Alt-, Mittel-, und Neuhochdeutsch bezeichnet. Die Veränderungen, welche das Hochdeutsche im Laufe der Zeiten erlitt, haben zwei neben und mit einander wirkende Ursachen: erstens die fortwährende Entwickelung der Sprache an sich und zweitens den Umstand, daß verschiedene Mundarten sich nach und nach zur allgemeinen Schriftsprache entwickelten, was zum Theil in der politischen Bedeutsamkeit der Stämme, deren Mundart vorherrschend wurde, theils in ihrer größeren Bildung begründet war.

d. Seitdem die Gothen sich Wohnsitze außerhalb Deutschland gesucht hatten, waren die Franken das herrschende Volk; sie breiteten sich nicht nur über das benachbarte Gallien aus, das sie sich zum Theil unterwarfen, sondern sie zwangen auch die andern deutschen Stämme, und zwar ober- wie niederdeutsche, ihre Oberherrlichkeit anzuerkennen. Doch drang ihre Mundart nicht entschieden zur Schriftsprache durch, theils weil die andern Stämme trotz ihrer Vereinigung mit dem großen Frankenreich immer noch so viele Selbstständigkeit behielten, daß sie sich ihrer eigenen Mundarten zu schriftlichen Darstellungen bedienten, theils weil manche derselben einen höhern Grad der Cultur erreicht hatten als die Franken. Namentlich zeichneten sich in dieser Beziehung die Alemannen aus, und wenn auch das Fränkische in Denkmälern jener älteren Zeit erscheint, so wird es allmählich doch von dem Alemannischen verdrängt. Somit liegt dem Althochdeutschen zunächst die fränkische Mundart zum Grunde, an deren Stelle je länger je mehr die alemannische tritt.

e. Als das schwäbische Geschlecht der Hohenstaufen über ein Jahrhundert lang die deutsche Kaiserwürde behauptete, und durch sie sowohl das Reich zu neuem Glanz und neuer Macht gelangte, als auch von ihrem Hofe aus feine Bildung sich über die andern Theile Deutschlands verbreitete, so war es natürlich, daß die Mundart ihres Stammlandes, die schwäbisch-alemannische, die Herrschaft, die sie schon erlangt hatte, noch mehr befestigte, und daß sogar die Dialekte, in denen bis dahin schon bedeutende Werke geschrieben worden waren, wie z. B. das Niederrheinische, vor ihr zurücktraten. So bildet die schwäbisch-alemannische Mundart den Kern des Mittelhochdeutschen. Gegen die bisherige Ansicht behauptet Franz Pfeiffer, daß die österreichische Mundart die

1) Vgl. Egenolff, J. A., Historie d. deutschen Sprache. Lpz. 1716–20, II. Adelung, J. Chr., Aelteste Geschichte der Deutschen, ihrer Sprache und Litter. bis zur Völkerwanderung. Lpz. 1806. Grimm, J., Geschichte der deutschen Sprache. Lpz. 1848, II. 2. Aufl. 1853 II. Schleicher, A., Die deutsche Sprache. Berlin 1860.

Grundlage des Mittelhochdeutschen sei,[1]) während Holtzmann behauptet, daß dem Mittelhochdeutschen wesentlich das Fränkische zum Grunde liege.[2])

f. Nach dem Untergang der Hohenstaufen gerieth das Reich in Verwirrung und Schwäche, die sich namentlich darin kund gab, daß die einzelnen Glieder immer mehr Rechte an sich rissen. Mit der politischen Verwirrung ging die sittliche und geistige Verwilderung Hand in Hand, und es war eine unausweichliche Folge beider Erscheinungen, daß auch die allgemeine Schriftsprache immer mehr zurückgedrängt wurde, die einzelnen Dialekte immer mehr hervortraten; dies zwar bei der Poesie in geringerem Grade und langsamer, desto mehr aber bei der Prosa, die sich eigentlich um diese Zeit erst kräftiger zu entwickeln begann. Gegen das Ende des 15. Jahrhunderts gewann jedoch die obersächsische Mundart durch den Einfluß der sächsischen Kanzlei eine Art Uebergewicht, da dieselbe sich durch gewandte und geschmackvollere Darstellung der Rechtsverhältnisse auszeichnete; doch gelangte sie erst durch die Reformation zur vollen Herrschaft. Da nämlich Luther seine Sprache nach der sächsischen Kanzlei bildete, theils weil er in Sachsen lebte, theils weil diese Sprache die gebildetste und verbreitetste war, da er dieselbe ferner mit genialer Kraft behandelte, und seine Bibelübersetzung sich bald über ganz Deutschland verbreitete, so war es natürlich, daß die Sprache, in der er schrieb und die, von seinem Geiste getragen, an Kraft, Gewandtheit, Bildsamkeit und Würde alle übrigen Dialekte übertraf, bald zur allgemeinen Schriftsprache ward. So liegt die obersächsische Mundart dem Neuhochdeutschen wesentlich zum Grunde.

g. Wenn aber auch eine bestimmte Mundart der jedesmaligen Form des Hochdeutschen zum Grunde liegt, so ist es keineswegs auf dieselbe beschränkt geblieben; vielmehr hat sich das Hochdeutsche in allen seinen Formen aus allen übrigen oberdeutschen (und selbst hie und da aus niederdeutschen) Mundarten fortwährend bereichert. So oft nämlich der ihm zu Grunde liegenden Mundart irgend ein Wort zum Ausdruck eines nothwendigen Begriffs fehlte, und sich ein passendes Wort in einer andern, vorzugsweise verwandten Mundart vorfand, nahm es dieses auf, indem es ihm die allgemeine hochdeutsche Form gab, woraus sich ergiebt, daß das Hochdeutsche alle Mundarten an Reichthum und Bildsamkeit übertrifft.

§ 4. Charakteristik der Sprachperioden.

a. Im Gothischen hat sich die älteste Gestaltung der deutschen Sprache erhalten, denn was wir aus frühern Zeiten von ihr wissen, beschränkt sich auf Völker-, Orts-, und Personennamen, die bei griechischen und lateinischen Schriftstellern vorkommen, so daß sich über den Charakter der vorgothischen Sprachgestaltung nur allgemeine Vermuthungen aufstellen lassen, die aus der Vergleichung des Ganges der Sprachentwickelung von den Gothen bis auf die neueste Zeit gezogen werden können. Das Gothische übertrifft an sinnlicher Fülle, an Vollkommenheit und Mannigfaltigkeit der Formen alle späteren Mundarten; zugleich treten die Wurzeln in den Ableitungen noch klar und kräftig hervor, so daß auch diese lebendig sinnliche Anschauung gewähren. Charakteristisch ist es ferner, daß Trübung der ursprünglich reinen Vocale durch Umlaut oder Assimilation nicht vorkommt, daß dagegen die Gesetze des Wohllauts noch einen mächtigen Einfluß auf den Wechsel der Laute, namentlich der Consonanten haben.[3])

---

1) Ueber Wesen und Bildung der höfischen Sprache in mittelhochdeutscher Zeit. Wien 1851. Freie Forschung. Kleine Schriften z. Gesch. der deutschen Literatur. Wien 1867. — 2) Altdeutsche Grammatik. Lpz. 1870. S. 340. 2. Aufl. 1868. Scherer, W., Zur Gesch. d. deutschen Sprache. Berl. 1868. — 3) Dietrich, Fr., Ueb. d. Aussprache d. Gothischen während d. Zeit i. Bestehens. Nebst e. krit. Anh. üb. d. Namen d. Jornandes. Marb. 1862.

b. Das Althochdeutsche, dessen Wortreichthum sehr groß ist, kommt an sinnlicher Fülle dem Gothischen nahe, wie denn die Wurzeln auch in ihm noch die größte Zeugungs- und Bildungskraft haben; dagegen tritt schon der Einfluß der Endungen auf die Wurzel ein; es zeigen sich Umlaute und Assimilationen, die je länger je mehr zunehmen. Aber auch die Endungen verlieren an Kraft; der Ton tritt immer entschiedener auf die Wurzelsilbe, woraus eine Abschwächung der Endungen entsteht, deren ursprüngliche Formen oft kaum mehr erkannt werden können. In der Flexion ist das Althochdeutsche viel ärmer als das Gothische, namentlich ist der Dualis in der Declination bis auf wenige Spuren, in der Conjugation gänzlich verschwunden, eben so das Passiv. Merkwürdig ist die Erscheinung der sogenannten Lautverschiebung, nach welcher gewisse gothische Consonanten im Althochdeutschen in verwandte übergehen.

Anm. Das Altniederdeutsche oder Altsächsische, dessen Literatur eben so wenig übergangen werden darf, als die mittel- oder neuniederdeutsche, ist an Vocalen ärmer als das Althochdeutsche, indem die Doppellaute in einfache Längen übergehen. Umlaut in der Wurzel, Assimilation in den Endungen zeigt sich wie im Althochdeutschen, wenn auch in geringerem Umfang.

c. Im Mittelhochdeutschen hat sich der Umlaut in der Wurzel noch viel weiter ausgebildet, und die Endungen sind immer schwächer geworden; die mannigfaltigen kräftigen Vocale, die noch im Althochdeutschen erscheinen, sind meist zu tonlosen e geworden. Die Gesetze des Wohllauts sind noch wirksam, oft sogar wirksamer als in der vorhergehenden Periode; besonders gelangen sie in dem regelmäßigen Wechsel der verwandten Consonanten, je nachdem sie in der Mitte oder am Ende der Wörter stehen, zur Erscheinung. Durch die Abschwächung der Bildungs- und Flexionssilben ist dagegen die Mannigfaltigkeit der Vocallaute verloren gegangen, und zugleich sind viele früher unterschiedene Formen so ganz ähnlich geworden, daß sie nicht mehr von einander unterschieden werden können, weshalb die Sprache schon in größerem Maße zur Zusammensetzung greifen muß.[1])

d. Wie sich das Mittelhochdeutsche nicht unmittelbar an das Althochdeutsche anschloß, so gieng auch das Mittelhochdeutsche nicht unmittelbar in das Neuhochdeutsche über, vielmehr lag zwischen den verschiedenen Perioden eine Uebergangszeit, in der die Dialekte sich wieder mächtig hervordrängten und die allgemeine Schriftsprache in Verwilderung gerieth, welcher erst wieder durch Luther ein glückliches Ende gemacht wurde. Schon vor ihm war aber eine Wandelung in der Sprache vor sich gegangen: es waren die Endungen noch mehr abgeschwächt worden und in Folge dessen noch eine größere Armuth an Formen entstanden. Und wie sich schon das Mittelhochdeutsche der Zusammensetzung bedient hatte, um den Abgang an Wortformen zu ersetzen, so griff auch das Neuhochdeutsche nach diesem Mittel, das in noch umfassenderer Weise angewendet wurde.

§ 5. Begriff der Literaturgeschichte.

a. Unter Literatur versteht man die Gesammtheit der schriftlichen Denkmäler eines Volkes, in denen sich die geistige Eigenthümlichkeit und fortschreitende Entwickelung desselben offenbart. Da die nationalen Eigenthümlichkeiten eines Volkes sich wesentlich in denjenigen schriftlichen Denkmälern beurkunden, welche aus freier Geistesthätigkeit hervorgegangen sind, so versteht man unter Literatur im engern Sinne nur die Gesammtheit derjenigen Denkmäler, welche auf künstlerischem Wege hervorgebracht wurden.

Anm. Da jedoch auch die Werke der Gelehrsamkeit auf die Entwickelung des gesammten Volkes mehr oder weniger von Einfluß sind, und sie sogar oft bedeutend auf die poetischen Erzeugnisse gewirkt haben, so müssen auch diese in den Kreis der Betrachtung gezogen werden, um ein vollständiges Bild von der geistigen Entwickelung des Volkes zu geben. Eben so gehören, genau genommen, die Volks-

1) Pfeiffer, Franz, Ueb. Wesen und Bildung d. höfischen Sprache in der mittelhochdeutschen Zeit. Wien 1861.

lieder nicht zur Literatur eines Volkes, da diese nur die schriftlichen Darstellungen umfaßt. Es muß aber der Volksgesang doch deßwegen von der Literaturgeschichte berücksichtigt werden, weil er bald in geringerem, bald in größerem Maße auf die Kunstdichtung Einfluß ausübte. Ferner begreift man gewöhnlich unter Literatur nur diejenigen schriftlichen Denkmäler, welche in der allgemeinen Schriftsprache abgefaßt sind; da jedoch die in den Mundarten geschriebenen Werke unzweifelhaft auch Aeußerungen des geistigen Lebens eines Volkes sind, so dürfen sie ebenfalls nicht übergangen werden.

b. Die Geschichte der Literatur soll den Gang derselben von der ältesten bis auf die neueste Zeit darstellen; sie soll ihre Entwickelung und ihr Fortschreiten zur Anschauung bringen, die verschiedenen Richtungen bezeichnen, die sie im Laufe der Zeiten genommen und die innern, so wie die äußern Einflüsse angeben, welche jene Richtungen hervorriefen oder verdrängten.

§ 6. Perioden der deutschen Literaturgeschichte.

Die Geschichte der deutschen Literatur zerfällt nach den drei Hauptgestaltungen der Sprache am füglichsten in drei Hauptperioden, welche man einfach als die alte, mittlere und neue Zeit bezeichnen kann. Da jedoch die zwei letztern Perioden theils wegen ihres äußern Umfangs, theils aber wegen der mannigfaltigen Bewegung, die sich in ihnen kund giebt, wieder in Unterabtheilungen zerlegt werden müssen, so erscheint es der leichtern Uebersicht wegen geeigneter, diese sogleich als Hauptabschnitte aufzufassen, und wir unterscheiden daher in der Geschichte der deutschen Literatur sieben Zeiträume, nämlich:

1. Zeitraum: Von den ältesten Zeiten bis zur Mitte des 12. Jahrhunderts; von den frühesten Spuren deutscher Literatur bis zum Beginn des Minnegesangs.

2. Zeitraum: Von der Mitte des 12. bis zur Mitte des 14. Jahrhunderts; Zeit der ritterlich höfischen Kunst des Minnegesangs.

3. Zeitraum: Von der Mitte des 14. bis zum zweiten Viertel des 16. Jahrhunderts. Zeit der bürgerlichen Dichtung; Entwickelung der Prosa.

4. Zeitraum: Vom zweiten Viertel des 16. bis zum zweiten Viertel des 17. Jahrhunderts; Zeit der Reformation. Ausbildung des Kirchenliedes.

5. Zeitraum: Vom zweiten Viertel des 17. bis zum zweiten Viertel des 18. Jahrhunderts; Zeit der Nachahmung und des Sprachverderbnisses.

6. Zeitraum: Vom zweiten Viertel des 18. Jahrhunderts bis ungefähr 1770. Streben nach nationaler Bildung; Periode der ästhetischen und literarischen Erziehung.

7. Zeitraum: Von ungefähr 1770 bis auf unsere Tage; höchste Blüthe der Poesie nebst beginnendem Verfall derselben, dem ein neuer Aufschwung zu folgen scheint.

Allgemeine Hülfsmittel.

1. Geschichte der Literatur. Bouterwek, F., Geschichte d. Poesie und Beredsamkeit. Bd. 9–11. Gött. 1812–19. — Cholevius, K. L., Gesch. d. deutschen Poesie nach ihren antiken Elementen. Lpz. 1854–56. II. — Ettmüller, L., Handb. d. d. Literaturgesch. Lpz. 1847. Desselben Herbstabende und Winternächte. Gespräche über deutsche Dichtungen und Dichter. Stuttg. 1865. III. — Gervinus, G. G., Geschichte der poet. Nationalliter. d. Deutschen. Lpz. 1835–42. V. 4. Aufl. (Gesch. d. d. Dichtung 1853–55. V. 5. Aufl. Bd. 1. 2. ebd. 1871. — Gödeke, K., Grundriß z. Gesch. d. d. Dichtung. Hann. 1859–1871. — Götzinger, M. W., D. d. Liter. I. (u. einzig.) Bd. 1844. — Hahn, Werner, Gesch. d. poet. Liter. d. Deutschen. Berl. 1860. 5. verb. Aufl. 1870. — Jördens, K. H., Lexikon deutscher Dichter und Prosaisten. Lpz. 1806–11. VI. — Koberstein, A., Grundr. z. Gesch. d. d. Nationallitter. Lpz. 1827. 4. Aufl. 1845–66. III. — Koch, Erduin J., Grundr. e. Gesch. d. Sprache u. Liter. d. Deutschen v. d. ältesten Zeiten bis auf Lessing. Berl. 1795–98. II. — Kurz, Heinrich, Gesch. d. d. Liter. mit ausgew. Stücken a. Illustrationen. Lpz. 1853–59. III. 5. Aufl. 1861. III. Bd. 4. Ebend. 1872 mit dem besond. Titel Geschichte der neuesten deutschen Literatur von 1830 bis auf die Gegenwart. Roquette, Geschichte der deutschen Literatur. Stuttgart 1862–1863. II. — Schäfer, J. W., Handb. d. Gesch. der d. Literatur. Bremen 1842. II. 2. Aufl. 1855. Ders., Literaturbilder. Lpz. 1861. II. — Vilmar, A. F. C., Vorlesungen üb. d. Gesch. d. d. Liter. Marb. 1845. 14. Aufl. 1870. II. — Wachler, L., Vorlesungen üb. Gesch. d. d. Nationallitter. Frkf. 1818. II. 2. Aufl. 1834. II. — Wackernagel, W., Gesch. d. d. Liter. Abth. 1–3 (unvollendet). Bas. 1848–55. — Uhland, L., Schriften z. Gesch. d. Dichtung und Sage. Stuttg. 1866–1870.

2. Tabellen. Gittner, B., Synchronist. Tabellen z. vergl. Uebers. d. Gesch. d. d. Nationallitter. Bresl. 1848–50. II. Liefr. 4. — Guden, A. F. W., Chronolog. Tabellen z. Gesch. d. d. Sprache und Nationallitter. 1831. III. 4. — Schäfer, J. W., Tabellen z. Gesch. d. d. Liter. Lpz. 1853.

3. Forschungs- und Sammelschriften. — Frommann, G. K., u. L. Häusser, Lesebuch d. poet. Nationallitter. d. Deutschen. Heidelb. u. Lpz. 1845–46. II. — Pischon, F. A., Denkmäler d. d. Sprache. Berl. 1838–52. VI. (7.) — Scholl, Gla. H. J., u. Traug. Ferd. Scholl, Deutsche Literaturgesch. in Biographien und Proben. Stuttg. 1841. 2. Ausg. 1844–45. II. — Wackernagel, W., Deutsches Lesebuch. 1. Th. Altd. Leseb. (nebst Wörterbuch). Bas. 1835. 2. Aufl. 1839. 2. Th. Proben d. deutschen Poesie seit 1500. Ebd. 1836. 2. Aufl. 1840. 3. Th. (2 Bde.) Prosa. Ebd. 1841–43. — Weber, G., Leseb. z. Gesch. d. d. Liter. Lpz. 1830. — Künzel, H., Drei Bücher deutscher Prosa v. Ulfilas bis auf die Gegenwart. Frkf. 1838–40. III. — Pischon, F. A., Handb. d. d. Prosa in Beispielen. 1. (u. einz.) Thl. (Geschichtl. Prosa.) Berl. 1818.

Erster Zeitraum.

Von den ältesten Zeiten bis zur Mitte des 12. Jahrhunderts.

Erster Abschnitt. Allgemeine Uebersicht.

Hülfsmittel und Quellen.[1])

1. Geschichte der Literatur. Hagen, F. H. v. d., und J. G. Büsching, Literar. Grundr. z. Gesch. d. d. Poesie von d. ältesten Zeiten bis ins 16. Jahrh. Berl. 1812. — Wackernagel, W., Die Verdienste d. Schweizer um d. deutsche Liter. Bas. 1833.

2. Forschungs- und Sammelschriften. Altdeutsche Blätter, herausgeg. v. M. Haupt und H. Hoffmann. Lpz. 1835–40. II. — Altdeutsche Wälder v. d. Brüd. Grimm. Cassel u. Frankf. 1813–16. III. — Anzeiger f. d. Kunde d. d. Mittelalters, hrsg. v. Hs. Frh. v. Aufseß u. Jos. Mone. 8. Jahrg. 4. München, spät. Nürnb. 1832–39. (Fortsetzung:) Anzeiger f. d. Kunde d. d. Vorzeit, hrsg. v. Hs. Frh. v. Aufseß, A. v. Eye u. G. Frommann. 19. Jahrg. 4. Nürnbg. 1853–71. Bibliothek d. ältesten deutschen Literatur-Denkmäler. Paderborn 1869. — Diemer, Jos., Deutsche Gedd. d. XI. und XII. Jahrh. Wien 1849. Desselben Beiträ. z. ältern deutschen Sprache u. Liter. Wien 1851–1868. VI. — Docen, B. J., Miscellaneen z. Gesch. d. d. Liter. Münch. 1807–9. III. — Endlicher, St. et H. Hoffmann, Fragmm. theotisca. Vindob. 1834. Ed. II. cur. Massmann. 1841. — Gödeke, K., Deutsche Dichtung im MA. Hann. 1854. — Graff, E. G., Diutiska. Denkmäler deutscher Sprache u. Liter. Stuttg. 1826–29. III. — Gräter, F. D., Bragur. E. literar. Magazin d. deutschen u. nord. Vorzeit. Lpz. u. Bresl. 1791–1802. VII. — Hattemer, H., Denkmale des MA. St. Gallen 1834. III. — Haupt, Mor., Zeitsch. f. deutsches Alterth. Lpz. 1841–59. XI. — Jahrb. d. Berlin. Gesellsch. f. deutsche Sprach- u. Alterthumskunde. Berl. 1836–55. X. — Hoffmann v. F., H., Fundgruben f. Gesch. d. d. Spr. u. Liter. Bresl. 1830–37. II. — Lachmann, K., Specimina linguae francicae. Berol. 1825. — Maßmann, Hs. F., Denkmäler deutscher Spr. u. Liter. Münch. 1828. — Maßmann, Die deutschen Abschwörungs-, Glaubens-, Beicht- u. Betformeln v. 8–12. Jahrh. Quedl. 1839. — Maßmann, Deutsche Gedd. d. 11. u. 12. Jahrh. Quedl. 1837. II. — Müllenhoff, K., und W. Scherer, Denkmäler deutscher Poesie u. Prosa aus d. VIII–XII. Jahrh. Berl. 1864. — Pfeiffer, Frz., Germania, Vierteljahrsschr. f. d. Alterthumsk. 16. Jahrgg. Stuttg. (später Wien) 1856–71. — Wald, M., Denkmäler d. d. Sprache v. 8–14. Jahrh. Münch. 1840. — Schilter, J., Thesaurus antiquitatum teutonicar. Ulm. 1728. III. fol.

§ 7. Charakter des Zeitraums und Eintheilung desselben.

Die alte nationale Bildung und Poesie wird von einer neuen fremden verdrängt; sie verschwindet bis auf wenige Spuren beinahe ganz, doch dringt jene nicht bis in das Volk, vielmehr bleibt sie nur Eigenthum eines einzelnen Standes, der Geistlichen. So zerfällt

1) Für den ersten und meist auch für die nächstfolgenden Zeiträume.

der Zeitraum in zwei Hauptabschnitte, von denen der erste die heidnische Zeit umfaßt, der zweite mit der Einführung des Christenthums beginnt, wobei jedoch zu bemerken ist, daß der Uebergang vom Heidenthum zum Christenthum bei den verschiedenen Stämmen zu ganz verschiedenen Zeiten Statt findet, und daß bei einzelnen Völkerschaften Leben und Poesie noch heidnisch sind, während sie bei den anderen schon seit Jahrhunderten christlich geworden.

§ 8. I. Die heidnischen Deutschen.

a. Die alten Deutschen waren keineswegs rohe Wilde, und nur der Jagd und dem Krieg ergeben; vielmehr besaßen sie eine gewisse Bildung, deren Umfang wir freilich nicht mehr ermessen können. So viel wissen wir bestimmt, daß sie den Gebrauch des Geldes und des Eisens kannten, auch verstanden sie die Kunst zu schreiben, doch war diese, wie schon der Name ihrer Schrift andeutet (Runen, von rûna, Geheimniß), nicht allgemein verbreitet, sondern wohl nur den Priestern bekannt.[1])

Anm. 1. Daß die alten Deutschen eine gewisse Stufe der Civilisation erreicht hatten, spricht schon der Umstand, daß sie sich die römische leicht und schnell aneigneten. Vielleicht war dies aber auch eine Folge der Eigenthümlichkeit des deutschen Charakters, der sich nur zu leicht mit Aufgeben der eigenen Nationalität in die fremde hineinlebt, eine Eigenthümlichkeit, die dem deutschen Volke allerdings einzelne Vorzüge vor den andern Nationen giebt, aber auch von den schädlichsten Folgen sein kann, wie denn die traurigsten Zeiten in der Geschichte des Reichs wie der Literatur ihren mächtigen Grund in der Abnahme und Schwächung des Nationalbewußtseins haben.

Anm. 2. Die uns bekannten Runen, deren es mehrere Arten giebt, sind zwar eine Buchstabenschrift, doch ist es wahrscheinlich, daß sie ursprünglich eine Bilderschrift waren, aus der sich später, wie bei andern Völkern, die alphabetische entwickelte.

Anm. 3. Aelteste Spuren deutscher Sprache in deutschen Namen, in deren Formen die Sprachforschung schon grammatische Regeln späterer Zeit und mundartliche Unterschiede zu erkennen vermochte. Aelteste deutsche Wörter in einem Glossar des Dioscorides (um 40 n. Chr.) weisen Zusammenhang zwischen Geten und Gothen und Anklänge an Kelten auf. (Goedeke.)

b. Tacitus berichtet, daß die alten Deutschen den Gott Tuisco und dessen Sohn Mannus als die Stammväter des Volkes, so wie auch den Römerbesieger Arminius in Gesängen feierten. Ferner spricht er von Schlacht- und Kriegsliedern und von Gesängen bei festlichen Mahlen. Außerdem mögen noch manche andere Gattungen von Gesängen im Gebrauch gewesen sein, so jedenfalls Zaubersprüche, Spottlieder, Räthsellieder u. s. w.

c. Es sind gewiß manche von diesen Gesängen, namentlich diejenigen, welche sich auf Glauben und Volksüberlieferungen bezogen, niedergeschrieben worden; doch haben sich davon nur einige kurze Bruchstücke in späteren Aufzeichnungen erhalten. Dagegen darf man wohl die Vermuthung wagen, daß manche Sagen, die wir erst in späterer Ausbildung finden, schon in den frühesten Zeiten den Stoff von Gesängen bildeten. Dies mag namentlich von der Siegfried- und von der Thiersage gelten, wenn auch anzunehmen ist, daß dieselben in den Stürmen der Völkerwanderung mancherlei und darunter sehr wesentliche Umgestaltungen erfahren haben mögen.

Anm. 4. Während bei andern Völkern besondere Sängerkasten erscheinen (die Skalden bei den Skandinaviern, die Barden bei den Kelten), war die Kunst des Gesanges bei den Deutschen nicht auf einen einzelnen Stand beschränkt, vielmehr war sie über das ganze Volk verbreitet.

d. Die älteste Form der deutschen Dichtung war die Alliteration, wie bei den Skandinaviern und den Angelsachsen. Die Alliteration verband je zwei unmittelbar auf einander folgende Verse von je zwei Hebungen mit mehr oder weniger Senkungen

---

1) Grimm, W., Ueb. deutsche Runen. Mit 11 Kupfertaf. Gött. 1821. Kirchhoff, Runenalphabet. Berlin 1851. Liliencron, R. v., u. K. Müllenhoff. Z. Runenlehre. (in d. Allg. Monatsschrift) Halle 1852.

dadurch, daß in dem ersten Verse zwei Wörter, in dem zweiten ein Wort den gleichen Anlaut hatte.[1])

§ 9. II. Entwickelung der Literatur seit der Völkerwanderung und der Einführung des Christenthums. — Einfluß der Völkerwanderung und der Einführung des Christenthums.

a. In den Stürmen der Völkerwanderung gieng die bisherige Bildung der Germanen unter; viele mächtige Stämme verloren sich, nachdem sie, wie die Gothen, die Longobarden und die Franken, große Reiche gegründet hatten, meist in den von ihnen unterjochten Völkern, so daß uns sogar nur dürftige Nachrichten von den früheren Zuständen überliefert worden sind. Aus den Stürmen der Völkerwanderung wurden nur die im Munde des Volkes lebenden Sagen gerettet, aber auch diese weder vollständig noch in ihrer ursprünglichen Gestaltung. Manche giengen ganz oder zum Theil verloren, öfters wurden verschiedene Sagen mit einander zu einem neuen Ganzen verschmolzen. Das ursprüngliche mythologische Element löste sich in den Erinnerungen an die großartigen Begebenheiten und Heldengestalten auf, welche von nun an den Stoff der Volksgesänge bildeten. Wegen dieser Vermischung des mythologischen und historischen Elements in den Sagen unterliegt die Erklärung derselben mannigfaltigen, zum Theil unüberwindlichen Schwierigkeiten.

Anm. Die Zeugnisse für die alten Heldensagen beginnen schon mit dem 6. Jahrhundert; sie finden sich bei Jornandes, einem gothischen Geistlichen des 6. Jahrhunderts,[2]) bei Paulus Diaconus, einem Longobarden des 8. Jahrh.[3]) in dem angelsächsischen Gedicht Beowulf aus dem 8. Jahrh. und den skandinavischen Eddaliedern.[4])

b. In noch höherem Maße wirkte die Einführung des Christenthums[5]) auf die deutschen Völker, da sie mit der Annahme desselben nicht bloß ihre alte heidnische Religion und die darauf gegründete Bildung, sondern bis auf einen gewissen Grad selbst ihre nationalen Eigenthümlichkeiten verloren. Wenigstens ist es sicher, daß die nationale Entwicklung in ihrem naturgemäßen Gang gestört wurde, was zum Theil dem Umstand zuzuschreiben ist, daß die Bekehrer der Deutschen fremden Ursprungs waren und daher keinen Sinn und kein Gefühl für die nationale Bildung und Sitte hatten.

c. Die ersten Bekehrer und ihre Nachfolger suchten namentlich die alten Volksgesänge jeglicher Art zu vernichten, weil sie wohl meist in Beziehung zum alten Götterdienst standen. Sie setzten ihnen, um ihren Zweck desto sicherer zu erreichen, christliche Lieder entgegen, wobei sie die alten Sangweisen beibehielten, um dem Volke die Annahme der neuen Worte zu erleichtern.

§ 10. Die Gothen.

a. Unter den deutschen Völkern haben die Gothen das Christenthum am frühesten angenommen. Auch sie hatten Lieder, in denen die Heldenthaten der Väter besungen wurden, wie denn der Geschichtsschreiber Jornandes seine Nachrichten über die älteste Geschichte des gothischen Volks aus diesen Liedern schöpfte.

b. Wahrscheinlich kannten die Gothen ebenfalls schon vor ihrer Bekehrung zum Christenthum die Kunst zu schreiben. Sie hatten eine Runenschrift, wie andere deutsche

---

1) Vgl. Lachmann, Ueber die Alliteration, in Ersch u. Gruber, u. in s. Schrift über das Hildebrandslied, so wie über althochd. Betonung u. Verskunst (in d. Abhandl. d. Berl. Akademie). Schneider, J. A., Die Alliterationsperiode deutscher Dichtung. Pistrich in Siebenbürgen. 1862. — 2) Jordanus, De Getar. s. Gothor. origine et reb. gestis, ed. C. A. Closs. Stuttg. 1861. — 3) Historia Langobardor. ed. O. Abel. Berlin, 1849. — 4) Vgl. die § 44 angeführten Schriften. — 5) Rettberg, F. W., Kirchengeschichte Deutschlands. Gött. 1846—48. R. Raumer, Rud. v., Die Einwirkung des Christenthums auf die althochd. Sprache. Stuttg. 1845.

Völker, aus der sich später das eigenthümliche gothische Alphabet entwickelte. Doch blieb die griechische Schrift nicht ohne Einfluß auf dasselbe; es wurde ihr ähnlicher gemacht und aus ihr ergänzt, wo es Lücken darbot. Dieses Verdienst erwarb sich der Bischof Ulfila, den die Ueberlieferung sogar als den Erfinder des gothischen Alphabets nennt.[1])

c. Die wenig zahlreichen, aber für die Geschichte der Sprache äußerst wichtigen gothischen Denkmäler, die sich bis auf unsere Zeiten erhalten haben, stammen sämmtlich aus der Zeit nach Einführung des Christenthums.

§ 11. Die übrigen deutschen Völker, insbesondere Franken und Alemannen.

a. Bei den übrigen deutschen Völkern wurde die Einführung des Christenthums noch folgereicher, indem der nationalen Bildung zugleich eine fremde, die römische, entgegengesetzt wurde, und es erhielt diese ein so großes Uebergewicht, daß selbst die lateinische Sprache in allen Fällen gebraucht wurde, wo nicht die Nothwendigkeit zwang, sich des Deutschen zu bedienen. Und selbst in diesem Falle blieb das Lateinische nicht ohne die schädlichste Wirkung auf die deutsche Sprache, die sich in Worten und Wendungen der lateinischen anschmiegen mußte, und daher in ihrem innersten Wesen verkümmert wurde.

b. Diese neue Bildung wurde vorzüglich durch die Klosterschulen verbreitet, und einige derselben erwarben sich in der That große Verdienste, so die zu St. Gallen (seit 705) und Fulda (744). Von ersterer ist insbesondere zu rühmen, daß sie mehr als die meisten andern deutsche Sprache und Poesie pflegte. In Fulda wirkte der gelehrte Hrabanus Maurus (geb. zu Mainz, seit 804 Vorsteher der Klosterschule zu Fulda, gest. als Erzbischof von Mainz 856). Später gelangten außer jenen Klosterschulen noch andere zu bedeutendem Aufschwung, so die zu Weißenburg, Corvey, Hirschau, Reichenau u. a. m.

c. Aus dieser Zeit haben sich nur wenige und meist nur in Bezug auf die Sprache wichtige Denkmäler erhalten.

§ 12. Die Zeit Karls des Großen und der Karolinger. (768 – 918).

a. Von dem unermeßlichsten Einfluß auf die politische wie auf die geistige Entwickelung des deutschen Volkes war Karl der Große (768 – 814). Er sicherte das Christenthum durch die Unterwerfung der Sachsen im Norden und die Besiegung der Araber im Süden; er vereinigte die sämmtlichen deutschen Stämme zu einem großen Ganzen und legte den Grund zum nachmaligen deutschen Reich, zugleich aber auch zu dessen Abschwächung, indem er es an die römische Kaiserkrone fesselte. Er entwickelte eine fruchtreiche Thätigkeit für die Bildung seines Volkes, doch nur in so fern, als er dadurch das Christenthum zu befestigen hoffte; deshalb verwendete er nur Geistliche und insbesondere Ausländer (Peter von Pisa, Paulus Diaconus, Alcuin), wodurch er den Einfluß der Geistlichkeit und die Verbreitung der fremden Bildung wesentlich beförderte.

b. Zwar bemühte er sich vielfach, die nationale Bildung zu fördern, er ließ unter Anderm die alten Heldenlieder des Volkes sammeln und regte auch wohl manche Geistliche an, in deutscher Sprache zu dichten; allein es blieben deren Dichtungen im Ganzen auf das rein Kirchliche beschränkt, und sie nahmen so wenig Antheil an der vaterländischen Poesie, daß sie die ihnen doch wohl zunächst anvertrauten Sammlungen Karls in unverantwortlicher Nachlässigkeit untergehen ließen.

1) Zacher, Jul., Das gothische Alphabet Vulfilas und das Runenalphabet. Mit e. Schrifttafel. Lpz. 1855.

c. Unter den frömmelnden Nachkommen Karls gelangte die kirchliche Bildung mit Vernachlässigung und Befeindung der vaterländischen immer mehr zur ungetheilten Herrschaft. Schon sein Sohn Ludwig der Fromme (814—840) trat zur nationalen Entwickelung in die vollständigste Opposition. Er hatte die von seinem Vater gesammelten deutschen Lieder in seiner Jugend gelernt; im reifern Alter aber verachtete er dieselben so sehr, daß er sie weder lesen noch hören wollte.

d. Bald nach Ludwigs Tod theilten die Enkel Karls durch den Vertrag zu Verdün (843) das große Frankenreich, wodurch Deutschland von dem schon romanisierten Frankreich getrennt wurde und die Kaiserwürde auf die Beherrscher Italiens überging. Doch wurde diese leider ein Jahrhundert später von Otto I. (936—973) wieder mit der deutschen Königskrone vereinigt, wodurch Deutschland aus sich selbst herausgerissen und in die unglücklichen Kämpfe mit Italien und dem Papstthum verwickelt wurde, die nach und nach das deutsche Reich schwächten und es seiner Auflösung entgegenführten.

e. Auch die aus der Zeit der Karolinger erhaltenen Denkmäler sind mit einer einzigen Ausnahme hochdeutsch. Nebst einigen Uebersetzungen in Prosa finden sich mehrere Dichtungen, welche anfangs noch heidnische Elemente darbieten, später ausschließlich christlichen Charakter tragen.

f. Die Alliteration, die sich noch in einigen Denkmälern zeigt, wird allmählich vom Reim verdrängt, der schon in früheren Zeiten neben der Alliteration gebraucht worden sein mag, und jedenfalls nicht in Nachahmung fremder Vorbilder eingeführt wurde.[1]

§ 13. Die Zeiten der sächsischen Kaiser (919—1024).

a. Unter den letzten Herrschern aus dem Geschlecht der Karolinger war die neue Bildung durch die räuberischen Einfälle der Normannen, Slaven und Ungarn wieder vernichtet worden. Zwar hob sie sich unter den sächsischen Kaisern wieder zu einiger Blüthe, aber wie früher, so war sie auch jetzt nur auf den Stand der Geistlichen beschränkt, welche meist nur lateinisch schrieben und beinahe ausschließlich kirchliche Stoffe behandelten.

Anm. Gegen das Ende des 10. Jahrh. schrieb die Nonne Hroswitha in Gandersheim lateinische Komödien nach Terenz.[2] Der Mönch Eckehard von St. Gallen (gest. 973) dichtete die Sage von Walther und Hildegunde nach alten Volksliedern in lateinischen Hexametern, und andere Mönche behandelten die Thiersage ebenfalls in lateinischer Sprache meist mit satirischer Tendenz.

b. Am kräftigsten erhielt sich die Bearbeitung der Muttersprache im Kloster St. Gallen; doch beschränkte sich die Thätigkeit der gelehrten Mönche meist auf Uebersetzungen, welche, wie die frühern, für die Kenntniß der Sprache von Bedeutung sind.

§ 14. Die Zeiten der fränkischen Kaiser und der darauf folgenden Jahre (1024—1150).

Die neue Blüthe (§ 13) war nur von kurzer Dauer; die Geistlichkeit, die immer mehr zu Reichthum und politischer Bedeutung gelangte, fieng an, ihre Studien zu vernachlässigen und sich in den Strudel der weltlichen Geschäfte und Zerstreuungen zu stürzen. Selbst die Klosterschulen wurden von der allgemeinen Verderbniß ergriffen; doch gerade der Umstand, daß die Geistlichkeit ihre bisherigen Studien und namentlich die lateinische Sprache vernachlässigte, auf welche jene gegründet waren, hatte die glückliche Folge, daß Einzelne von ihnen sich der Pflege der heimischen Sprache und

1) Vgl. Lachmann in d. § 8 d angeführten Schriften. — 2) Vgl. G. Freytag, De Hrosvitha poetica. Berol. 1839. Edm. Tarer. Hroswitha, mit einzelnen Uebersetzungen. Par. 1851. Ausg. v. Celtes. Nbg. 1501. fol. v. Barack. Nbg. 1858. Uebers. v. Bendixen. Alt. 1850. S. Französisch v. Magnin. Par. 1845. Vgl. Köpke, Hrotsuit von Gandersheim (im 2. Theil von dessen Ottonischen Studien. Berl. 1869).

Poesie zuwandten, und so sehen wir am Ende des Zeitraums einige nicht unbedeutende Versuche in geistlichen Dichtungen auftauchen. Zu gleicher Zeit fängt auch die volksmäßige Poesie wieder an, aus ihrer bisherigen Verborgenheit hervorzutreten.

Zweiter Abschnitt. Uebersicht der Denkmäler.

§ 15. Heidnische Denkmäler (§ 8).

a. Vier Zaubersprüche: 1) über die Fesseln eines Kriegsgefangenen (Idisi), 2) über den verrenkten Fuß eines Pferdes (Balderes volo),[1]) 3) eine Beschwörung Wuotans und Hirmins, die Hunde vor den Wölfen zu beschützen, 4) ein Wurmsegen [2])

b. Das Hildebrandslied, die älteste Dichtung aus der Heldensage mit vorwiegend niederdeutschen Formen, alliterirend, ist nur unvollständig erhalten; der Schluß fehlt. Es besingt das Zusammentreffen Hadubrands (Hadubraht) mit seinem Vater Hildebrand (Hiltibraht), dem Sohne Heribrands, der bei Dietrich von Bern gelebt hatte und von Hadubrand für todt gehalten worden war.[3])

§ 16. Gothische Denkmäler (§ 10).

a. Ulfila (Wulfila), geb. um 311, seit 348 Bischof, wurde 355 vom heidnischen König seines Volkes aus Dacien, dem damaligen Wohnsitz der Gothen, vertrieben, worauf er sich mit einer großen Anzahl seiner christlichen Landsleute am Fuß des Hämus niederließ; er nahm 388 an der großen Synode zu Konstantinopel Antheil, erkrankte aber bald darauf und starb noch in dem nämlichen Jahre. — Für die Verbreitung des Christenthums fortwährend thätig, übersetzte er die ganze Bibel mit Ausnahme der Bücher der Könige, weil er fürchtete, der Kriegslust seines Volkes durch dieselben neue Nahrung zu geben, und verfaßte außerdem noch mancherlei Uebersetzungen und Abhandlungen. Die Bibelübersetzung ist getreu, obgleich nicht sklavisch; sie ist die weitaus bedeutendste Urkunde des Gothischen und für Geschichte und Kenntniß der Sprache von hohem Werthe. Es haben sich von derselben nur Bruchstücke des Alten Testaments, dagegen vom Neuen das Meiste erhalten.[4])

Anm. Die bedeutendste Handschrift der Bibelübersetzung ist der sogenannte silberne Codex in Upsala; andere Handschriften in Wolfenbüttel und Mailand.

b. Außer der Bibelübersetzung des Ulfila haben sich noch einige kleinere Bruchstücke in gothischer Sprache erhalten.[5])

§ 17. Aelteste hochdeutsche Denkmäler (§ 11).

a. Die ältesten Urkunden der hochdeutschen Sprache bestehen in lateinisch-deutschen Wörterbüchern und Glossen, in Glaubensbekenntnissen, Beicht-, Gebets- und Abschwörungsformeln, und einigen

---

1) J. Grimm. Ueber zwei Gedichte aus d. Zeit d. deutschen Heidenthums. Berl. 1842. 4. Vgl. Berl. Jahrb. V, 19, wiederholt in dessen Kleinen Schriften 2, 1. — 2) Pfeiffer. Zwei Sprachdenkmale aus d. heidn. Zeit. Wien 1866. Vgl. Weinhold üb. das erste derselben. Ebd. 1858. — 3) Zuerst in: Eccard, Franc. orient. I, 864 ff. Vgl. W. Grimm, De Hildebrando antiquiss. carminis teutonici fragm. Gött. 1830. 4. Lachmann, Ueber d. Hildebrandslied (Abhandlg. d. Berl. Akademie 1833); A. Vollmer und K. Hofmann, D. Hildebrandslied. Lpz. 1850. W. Müller versuchte in Haupt's Zeitschr. 3, 447 ff. dem Hildebrandsliede die strophische Form zuzuweisen. D. Hildebrandslied nach d. Handschr. mit. ... v. Grein. Gött. 1858. Neue Ausgabe von Rieger, in Germania 9, 318. — 4) G. Waitz. Ueber das Leben und die Lehre des Ulfila. Hann. 1840. 4. Ausg. v. Fr. Junius, Dortrecht. 1665. II. 4.; von H. C. v. d. Gabelentz u. J. Löbe (Text, lat. Uebers., Glossar u. Grammatik) Altenb. u. Lpz. 1836—46. II.; v. Maßmann, Stuttg. 1855; v. Stamm, 4. Aufl. Paderb. 1869. Vgl. Bernhardt, Kr. Krit. Untersuchungen üb. d. goth. Bibelübersetzung. Elberf. 1864 u. 1868. — 5) Auslegung des Evangelii Johannis in goth. Sprache. Herausg. aus röm. u. mailänd. Handschr. mit lat. Uebersetzungen, gothisch-lat. Wörterbuch u. Schriftproben v. H. F. Maßmann. Münch. 1834. 4. Gothica minora, ed. Maßmann bei Haupt 1. 294—393.

Bruchstücken von Predigten.[1]) Wichtiger ist eine sprachgewandte Uebersetzung der Abhandlung de nativitate domini des Bischofs Isidor von Sevilla, deren Verfasser unbekannt ist.[2])

b. **Kero**, Mönch von St. Gallen (720–750), übersetzte die Regel des heil. Benedict wörtlich treu, aber ohne Gefühl für die Muttersprache. Auch wird ihm ein Vocabular wohl mit Unrecht zugeschrieben.[3])

c. **Das Wessobrunner Gebet** aus dem 8. Jahrh. (vom Kloster Wessobrunnen in Bayern, wo es aufgefunden wurde, so genannt), alliterirend, drückt in einfachen poetisch kräftigen Worten den Gedanken aus, daß Gott schon vor Erschaffung der Welt war; es schließt mit einem prosaischen Gebet um Tugend.[4])

§ 18. Denkmäler aus der Zeit Karls des Großen und der Karolinger (§ 12).

a. Die wichtigsten Prosadenkmäler dieser Zeit sind die Uebersetzung der Evangelienharmonie des Ammonius (nicht Tatian) von einem unbekannten Verf.;[5]) der Schwur der Könige und Völker zu Straßburg im J. 842[6]) und die Uebersetzung des Evangeliums Matthäi.[7])

b. **Muspilli** (Weltbrand), ein Bruchstück des alliterirenden Gedichts, welches von Ludwig dem Deutschen auf den Rand eines Buchs wahrscheinlich aus dem Gedächtniß niedergeschrieben wurde, beschreibt das jüngste Gericht und das Weltende in christlichem Sinn, aber mit heidnischen Anklängen.[8])

c. **Heliand**, ein alliterirendes Gedicht in altsächsischer Sprache, soll nach der Sage von einem sächsischen Bauern verfaßt worden sein, den eine Stimme im Schlafe dazu berufen habe. Ungelehrt kann aber der Dichter nicht gewesen sein, da er mehrere Kirchenväter benutzte.

Es erzählt die Geschichte Jesu nach den Evangelien (deshalb früher „altsächsische Evangelienharmonie" genannt), aber mit volksthümlicher Auffassung, indem es die Sitten, Rechtszustände, die localen Verhältnisse und selbst das Christenthum germanisirt. Die Sprache ist kräftig, und oft wie die Gedanken poetisch erhaben.[9])

d. **Otfrid**, der erste rein christliche Dichter, ein Franke aus dem Speiergau in der Nähe von Weißenburg im Elsaß, erhielt seine erste Bildung wahrscheinlich im dortigen Kloster, wurde dann zu seiner weiteren Ausbildung ins Kloster Fulda geschickt, welchem damals der gelehrte Hrabanus Maurus als Abt vorstand. Nach vollendeten Studien kehrte er nach Weißenburg zurück (in St. Gallen oder Konstanz war er nicht), wo er die Leitung der Klosterschule übernahm, und auf die Vermehrung der Bibliothek bedacht war. Seine Thätigkeit fällt in die Jahre 833–861; mit dem Jahre 868 verschwinden alle Spuren von ihm. Er dichtete ein „Evangelienbuch" in gereimten Langzeilen, und vollendete es im Jahre 867 oder 868.[10])

Wie der Heliand das Leben Christi behandelnd, hatte es, wie dieser, den Zweck, das Christenthum zu fördern, das Heidenthum zu verdrängen, wie Otfrid selbst in der Vorrede an den Erzbischof Liutbert von Mainz ausdrücklich sagt,[11]) und scheint sogar, stellenweise wenigstens, für den Gesang bestimmt

---

1) Vocabularius S. Galli (bei Hattemer) — die Casseler Glossen von W. Grimm. Berl. 1848. 4. Maßmann, Abschwörungsformeln; Roth, Denkmäler. — 2) Ausg. v. A. Holtzmann. Karlsr. 1836. — 3) Lachmann, Specimina; Hattemer I, 17 u. 20. — 4) Ausg. von den Br. Grimm 1812, v. W. Wackernagel. Berl. 1827. Vgl. W. Wackernagel in Zeitschr. für deutsche Philologie. I. 291. — 5) Ausg. v. Schmeller. Wien 1841. 4. — 6) Ausg. v. J. Grimm in Pertz, Monumenta II, 665. — 7) Ausg. bei Endlicher u. H. Hoffmann. — 8) Ausg. v. Schmeller in Buchners neuen Beiträgen z. vaterländ. Gesch. 1832. Vgl. Bartsch, d. Ueb. Muspilli (Germania 3. 7). — 9) Middendorf, Herm., Ueb. die Zeit der Abfassung des Heliand. Münster 1862. Vilmar, A. F. C., Deutsche Alterthümer im H. [illegible] Ausg. Marb. 1862. Th. Behringer, H. Würdig. d. Hel. Würzb. 1863 (gründlich und anziehend). Windisch, der Heliand u. s. Quellen. 1868. Grein, Heliandstudien. Cassel 1869. Ausg. v. Schmeller (mit Wörterbuch). Stuttg. 1830–1840. II. 4.; von Köne (mit Uebers., Anmerkg. und Wörterverzeichniß). Münster 1855; v. M. Heyne. Paderb. 1866. Uebers. von Kannegießer. Berl. 1847; von C. W. M. Grein. Rinteln 1854, von G. Rapp. Stuttg. 1856; v. Simrock. Elb. 1856. — 10) Ausg. bei Schilter T. I., v. Graff. Königsb. 1831. 4.; von J. Kelle (mit Einleit., Metrik, Grammatik und Glossar). Regensb. 1856–69. II, übersetzt von Rapp. Stuttg. 1858, von Kelle. Prag 1870. — 11) Bei Kelle I. 3

gewesen zu sein. Otfrid hat außer den Evangelien noch andere Quellen benutzt, darunter wahrscheinlich auch ein älteres deutsches Gedicht (vielleicht das Muspilli, von dem er einen Vers entlehnt hat). Obgleich an das Leben Jesu sich anlehnend, ist das Evangelienbuch ein Kunstgedicht und zeugt von poetischem Talent, namentlich in den mehr lyrischen Stellen, wenn es auch dem epischer gehaltenen Heliand weit nachsteht. Das Gedicht zerfällt in 5 Bücher, von denen das erste die Geburt Christi, das zweite und dritte dessen Wunder und Lehren, das vierte dessen Leiden und Tod, das fünfte dessen Auferstehung und Himmelfahrt berichtet.

e. **Das Ludwigslied**, ein Gedicht auf den Sieg Ludwigs III. über die Normannen bei Saucourt (881), ist bei seiner volksmäßigen Haltung wohl nicht von einem Geistlichen verfaßt, wie man früher vermuthete.[1])

§ 19. Denkmäler aus der Zeit der sächsischen Kaiser (§ 13).

Notker, genannt **Labeo** oder **Teutonicus**, Neffe des Mönchs Eckhard (§ 13) und ebenfalls ein Conventuale des Klosters St. Gallen, gest. an der Pest am 29. Juni 1022, übersetzte viele größere und kleinere Schriften aus dem Lateinischen, von denen sich eine Anzahl erhalten hat, so daß er eine Hauptquelle für die Geschichte und die Kenntniß der deutschen Sprache jener Zeit ist. Die bedeutendsten sind die Uebersetzungen zweier Abhandlungen des **Aristoteles**,[2]) der Schrift „vom Troste der Philosophie" von Boethius[3]) und der **Psalmen**.[4])

§ 20. Denkmäler aus der Zeit der fränkischen Kaiser und der nächstfolgenden Jahre (§ 14).

a. Von den Prosadenkmälern aus dieser Zeit sind die sogenannte **Augsburger Schenkungsurkunde** vom J. 1070[5]) (wohl die älteste Urkunde in deutscher Sprache), ein vielleicht von Notker verfaßter Aufsatz über **Musik**[6]) und vor Allem die **Rede umbe diu tier**[7]) zu erwähnen, in welcher nach Art des Physiologus von Joh. Chrysostomus die Eigenschaften der Thiere bildlich auf die Menschen, Christus und den Teufel gedeutet werden. Eine etwas spätere Bearbeitung des Gegenstandes ist unter dem Namen **Physiologus** bekannt.[8])

b. **Williram**, ein Franke und Schüler des berühmten Lanfrancus, Mönch in Fulda, zuletzt Abt des Klosters Ebersberg, gest. 1085, verfaßte eine **Paraphrase des Hohenliedes**, die von gründlichen theologischen Studien zeugt.[9])

c. **Merigarto** (der vom Meer umgebene Garten, so v. a. die Welt), Bruchstück eines größern Gedichts von der Welt, um das Jahr 1070 verfaßt, scheint einen Geistlichen zum Verfasser zu haben.[10])

d. **Poetische Bearbeitung der Bücher Mose** aus dem Anfang des 12. Jahrh. Die Sprache ist rauh und ungefügig, der Reim noch unentwickelt, die Darstellung oft liebenswürdig naiv.[11])

e. **Frau Ava**, vielleicht die Mutter der Dichter Hartmann und Heinrich, zog sich in höherem Alter in ein österreichisches Kloster zurück und starb am 8. Febr. 1127 in oder bei Göttweih. Sie brachte ein **Leben Jesu**[12]) nach den Evangelien in Reime, und beschloß das Gedicht mit der Schilderung des Antichrists und des jüngsten Tages. Nach ihrer eigenen Aussage wurde sie in der Arbeit von ihren beiden Söhnen unterstützt.

Das Gedicht folgt seinen Quellen mit naiver Treue, die Sprache bietet mehr alterthümliche Formen; statt des Reims tritt häufig bloße Assonanz ein, und oft blickt namentlich in den lebendigeren Stellen die Mutterliebe durch.

---

1) Elnonensia, publiée p. Hoffmann de Fallersleben. Gand. 1837. — 2) Ausg. v. Graff. Berl. 1837. — 3) Ausg. v. Graff. Qdb. 1837. — 4) Bei Schilter, T. I.; bei Hattemer, II. Th. — 5) Maßmann, Abschwörungsformeln. — 6) Hagen, Denkmäler. Berl. 1826. — 7) Hoffmann, Fundgruben. — 8) Hagen, a. a. O. — 9) Scherer, W., Leben Willirams, Abtes v. Ebersberg in Baiern. Beitr. z. Culturgesch. des 11. Jahrh. Wien 1866. Ausg. v. Hoffmann, Berlin 1827; v. Jos. Haupt, Wien 1864. — 10) Ausg. v. Hoffmann, Prag 1834, und in dessen Fundgruben. — 11) Ausg. bei Diemer a. a. O. — 12) Ausg. bei Diemer.

f. **Hartmann**, nach Diemer ein Sohn der Ava, vielleicht aber aus der Schweiz gebürtig, wurde in Passau zum Priester gebildet, flüchtete während des Investiturstreits nach St. Blasien, wo er Prior wurde, kam später nach Göttweih, wo er 1094 zum Abt erwählt wurde und im Januar 1114 starb. Er verfaßte ein Gedicht vom Glauben.¹)

Es ist eine weitläufige Paraphrase der Glaubensartikel, voll theologischer Gelehrsamkeit, mit dem Zweck, die Menschen zur Beobachtung der kirchlichen Satzungen aufzufordern und die Welt zu verlassen.

g. **Heinrich**, nach Diemer ebenfalls ein Sohn der Ava, nennt sich „Gottes armen Knecht" und einen Laien; er starb nach 1127. Er verfaßte ein Gedicht „Von des tôdes gehügede" d. i. „von dem Gedächtniß oder Nachdenken des Todes".²)

Es erinnert in seiner einfachen und dabei feierlichen Haltung an die großartige Einfachheit der Propheten. Die erste Hälfte, die er selbst als ein Lied vom gemeinen Leben bezeichnet, schildert mit schneidender Schärfe die Sitten seiner Zeit, besonders der Geistlichen, dann der weltlichen Richter, der Herren und Frauen, worauf er in der zweiten Hälfte ermahnt, an den Tod zu denken und Buße zu thun. — Ihm wird auch ein Gedicht „vom Pfaffenleben"³) und eine Litanei zu Gott und den Heiligen⁴) zugeschrieben.

1) Maßmann, Gedd. des XII. Jahrh. — 2) Maßmann, a. a. O. — 3) Altd. Blätter. — 4) Hoffmann, Fundgruben II.; eine jüngere Bearbeitung bei Maßmann a. a. O. I.

Zweiter Zeitraum.

Von der Mitte des 12. bis zur Mitte des 14. Jahrhunderts.

Erster Abschnitt. Allgemeine Uebersicht.

Hülfsmittel und Quellen.¹)

1. Geschichte. Barthel, E., D. klass. Periode d. d. Nationallitter. im MA. Bearb. u. hrsg. v. J. W. Zindel. Braunschw. 1857. — Rosenkranz, K., Gesch. d. d. Poesie im MA. Halle 1830. — Hoffmann, A. H., Gesch. d. d. Kirchenliedes. Berl. 1832. 2. Aufl. 1854. — Holland, Hyac., Gesch. d. altd. Dichtung in Bayern. Regensb. 1862.

2. Forschungs- und Sammelschriften. Barthel, E., D. klass. Periode d. d. Nationallitter. im MA. 1857. — Bartsch, K., Mitteldeutsche Gedd. Stuttg. 1860. Derselbe, Deutsche Dichtungen d. MA. 1. Bd. Lpz. 1872. — Beiträge z. Gesch. u. Litter. aus d. Archiven u. Bibliotheken d. Kanton Aargau, hrsg. v. Heinrich Kurz u. Pl. Weißenbach. 1. (u. einz.) Bd. Aar. 1846. — Benecke, G. F., Beiträge z. Kenntn. d. altd. Spr. u. Litter. Gött. 1810—32. II. — Bodmer, J. J., Samml. v. Minnesingern. Zür. 1758, 59. II. 4. — Genthe, F. W., Deutsche Dichtungen des MA. in vollst. Auszügen u. Bearbeitungen. Eisl. 1841. III. — Die Chroniken d. deutschen Städte vom 14.—16. Jahrh. Lpz. 1862—71. VIII. — Hagen, F. H. v. d., Minnesinger. Lpz. 1838. IV. 4. — Hagen, v. d., Denkmäler des MA. Berl. 1825. — Hagen, v. d., Heldenbuch. Altd. Heldenlieder a. d. Sagenkreise Dietrichs v. Bern u. d. Nibelungen. Lpz. 1855. II. — Hagen, v. d., u. J. G. Büsching, Deutsche Gedd. d. MA. Berl. 1808—25. II. (II. Bd. 3. Heldenbuch.) — Hahn, K. A., Gedd. d. XII. und XIII. Jahrh. Quedlinb. 1840. — Der Helden Buch, hrsg. v. Fr. H. v. d. Hagen und Primisser. 2 Abtheil. 4. Berl. 1820—25; ins Hochd. übers. v. F. H. v. d. Hagen. Berl. 1811. — Karajan, Th. v., Frühlingsgabe. Wien 1839. — Keller, A. v., Altd. Gedd. Tüb. 1846. — Keller, A. v., Altd. Erzählungen. Stuttg. 1855.

1) Für den zweiten und z. Th. für d. folgenden Zeiträume, mit Weglassung der schon oben angegebenen.

— Koloczaer Codex altd. Gedd., hrsg. v. J. N. Grafen Mailath u. J. P. Köffinger. Pesth 1817. — Laßberg, Jos. Frh. v., Lieder-Saal. Eppishausen 1820—25. IV.; (mit neuem Titel) St. Gallen u. Konst. 1846. — Des Minnesangs Frühling, hrsg. v. Lachmann u. M. Haupt. Lpz. 1857. — Museum f. altd. Liter. u. Kunst, hrsg. v. F. H. v. d. Hagen, B. J. Docen u. J. G. Büsching. Berl. 1809—11. II. — Myller, Ch. H., Sammlung deutscher Gedd. a. d. 12—14. Jahrh. Berl. 1784—85. III. 4. — Nyerup, Symbolae ad literaturam teutonicam. Havn. 1787. 4. — Pfeiffer, Frz., Zur d. Litteraturgesch. Wien 1855. Derselbe, Forschung u. Kritik auf d. Gebiet d. deutschen Alterthums. I. Heft. Wien 1863. Derselbe, Deutsche Classiker d. Mittelalters. Lpz. 1865—72. XII.

§ 21. Politische Verhältnisse und ihr Einfluß auf das geistige Leben.

a. In Folge der ununterbrochenen Kämpfe zuerst mit den Normannen und Ungarn, später in Italien, gewinnen die waffenfähigen freien Männer immer mehr an Bedeutung; es werden ihnen von den Kaisern immer mehr Vorrechte eingeräumt, um sie der Geistlichkeit entgegenzustellen, deren Macht so sehr gewachsen war, daß selbst das Kaiserthum vor ihr zitterte. So gelangte der **Herrenstand** nach und nach zu solcher Bedeutung, daß er mit der Zeit eine ungemessene Selbstständigkeit erlangte, und selbst den Kaisern furchtbar wurde.

b. Auf die Entwickelung des Herrenstandes hatte jedoch noch ein anderer Umstand wesentlichen Einfluß, nämlich die Ausbildung des **Ritterthums**, das zur Zeit des ersten Kreuzzugs bei den französischen Normannen bestimmte Formen annahm und sich zunächst über die übrigen romanischen Völker, dann auch über Deutschland verbreitete. Zur Aufnahme in dasselbe gehörte adeliche Herkunft, wodurch es sich von den übrigen Ständen abgrenzte; es suchte sich auch durch feinere (**höfische**) Sitte zu unterscheiden, die sich vorzugsweise auf das Aeußere richtete, wodurch sich das Scheinwesen ansetzte, welches das Ritterthum charakterisiert. Ein Hauptzug der ritterlich höfischen Sitte war die Verehrung der Frauen; der Ritter widmete sich einer Dame, so daß Alles, was er that, nur zu ihrer Verherrlichung geschah.

c. Neben dem weltlichen Ritterthum entwickelte sich auch das **geistliche**, welches sich dem Dienste Gottes und vorzüglich der heiligen Jungfrau auf dieselbe Weise weihte, wie die weltlichen Ritter dem Dienste ihrer Damen. Obgleich zunächst aus den Kreuzzügen hervorgegangen, lag ihm doch das weltliche Ritterthum und dessen eigenthümliche Lebensanschauung zum Grunde.

d. Im nördlichen Spanien und im südlichen Frankreich wurde durch die Nachklänge der römischen Civilisation und die vielfachen Berührungen mit den geistreichen Arabern das poetische Leben geweckt und zu künstlerischer Ausbildung geleitet. Mit der äußern Form des Ritterthums nahmen die Deutschen auch die geistige Bildung ihrer Vorbilder an, ohne jedoch Selbstständigkeit zu entwickeln, vielmehr schlossen sie sich sklavisch an die Franzosen an, die sie in Stoff und Form nachahmten.[1])

e. Die französisch-ritterliche Bildung gelangte zunächst durch die Kreuzzüge nach Deutschland, da während derselben die Deutschen mit den verschiedensten europäischen Völkern in Berührung kamen, unter welchen die Provenzalen und Nordfranzosen durch ritterliche und höfische Bildung hervorglänzten. Die Deutschen lernten deren Sprache, machten sich mit ihren Poesien bekannt, und bald regte sich die Lust, dieselben in die Muttersprache zu übertragen oder sie nachzuahmen. Dazu kam der Aufenthalt in fremden Ländern und der Umgang mit fremden Völkern, wodurch der Gesichtskreis bedeutend erweitert, und insbesondere auch der Sinn für Naturschönheit geweckt wurde. Noch unmittelbarer wirkte die Nähe von Belgien, wo die französische Poesie damals in hoher Blüthe stand; daher waren es auch **niederdeutsche** oder noch näher nieder-

---

1) Ueb. d. Einfluß der Franzosen auf Leben und Bildung der Deutschen im Mittelalter vgl. Wackernagel, Altfranz. Lieder und Leiche. Basel 1846 (S. 193 ff.).

rheinische Dichter (Heinrich von Veldeke), welche die höfische Dichtkunst in Deutschland begründeten. Diese geistige Regsamkeit hatte zur Folge, daß die Bildung, welche bis dahin ausschließliches Eigenthum der Geistlichen gewesen war, auf die Laien und insbesondere auf den Adel übergieng.

f. Doch auch in den Städten entwickelte sich ein regsameres Leben. Ursprünglich zur Abwehr feindlicher Einfälle gegründet, gewannen sie mit der Zeit immer mehr an Selbstständigkeit und wurden allmählich Stätten der Freiheit und der Macht, besonders als sie sich zu größern Bünden vereinigten (die Hansa — der Bund der rheinischen und der schwäbischen Städte). Mit dem steigenden Wohlstand der Städte erwuchs in ihren Bürgern Sinn für Wissenschaft und Kunst, der sich vorzugsweise in Werken der Baukunst äußerte, während sich besondere Neigung zur Poesie oder zur Beschäftigung mit derselben noch nicht entwickeln konnte, da die Bürger immer noch ganz auf das praktische Leben hingewiesen waren.

g. Da die ritterliche Poesie in Deutschland nicht in naturgemäßer Entwickelung der bisherigen Bildung, sondern aus dem Ausland herübergebracht worden war, bedurfte sie allseitiger und mächtiger Unterstützung, wenn sie gedeihen sollte. Diese wurde ihr zunächst durch die Hohenstaufen zu Theil, welche von 1138—1254 dem deutschen Reiche eine Reihe großartiger Herrscher gaben. Ihr Vorgang regte andere Fürsten und Herren zur Nachahmung an, unter welchen namentlich die Babenbergischen Herzoge von Oesterreich und die Landgrafen von Thüringen mit dem Kaiserhause wetteiferten.

Anm. Zwar verbreitete sich die höfische Kunst in wunderbarer Schnelligkeit bald über ganz Deutschland, doch fand sie ihre höchste und allseitigste Entwickelung vorzüglich im Süden, in Oesterreich, Schwaben und der angrenzenden Schweiz. — Ueber das Verhältniß Oestreichs, Thüringens zur deutschen Litteratur vgl. Weimarer Jahrb. 2, 41.

h. Durch die Theilnahme der Höfe und besonders des schwäbischen Kaiserhauses wurde die neue Bildung und Poesie in ihrem ursprünglichen Charakter befestigt; denn da die Hohenstaufen ihre eigene Bildung selbst im Auslande gewonnen hatten, so war es natürlich, daß sie diese fremde Bildung förderten. Und da ferner die Pflege der Dichtkunst von den Höfen der Fürsten ausgieng, so hatte dies zur nothwendigen Folge, daß sich vorzüglich der Adel der Ausübung der Poesie zuwenden mußte. Doch war es vorzüglich der ärmere, dienende Adel, welcher die Kunst wirklich ausübte, weil ihm dadurch die Mittel geboten wurden, sich Ehre, Ruhm und auch wohl weltliche Güter zu erwerben. Es finden sich auch bürgerliche Dichter, doch haben auch diese höfische Bildung angenommen.

i. Wie sehr aber der Adel nur durch äußere Umstände zur Pflege der Poesie geleitet ward, geht daraus hervor, daß er aufhörte, sich ihr zu widmen, als die Fürsten und Mächtigen, von den Zeitverhältnissen bedrängt, die Dichtkunst und die Dichter nicht mehr zu unterstützen vermochten. Schnell verschwand die angelernte Glätte des höfischen Lebens; der Adel verfiel in die alte Rohheit und überließ die Bildung und ihre Pflege dem von ihm verachteten Stande der Bürger.

k. Die Bildung des Adels war übrigens auch zur Zeit ihrer höchsten Blüthe nur gesellschaftlicher Natur; von wissenschaftlicher Bildung war bei ihm keine Rede, diese blieb immer noch das ausschließliche Eigenthum der Geistlichen. Da sich diese aber fortwährend der lateinischen Sprache bedienten und nur dann die Muttersprache gebrauchten, wenn sie zum Volke sprachen, so konnte sich die Prosa nur in geringem Umfange entwickeln. Weitaus die größte Anzahl der schriftlichen Denkmäler gehört daher in das Gebiet der Poesie.

Erstes Capitel. Poesie.

§ 22. Charakter der ritterlichen Poesie.

a. Die ritterliche Poesie war der Abglanz der höfischen Bildung; wie diese auf Eleganz und Feinheit der äußern Sitte beruhte, so strebte die Poesie auch vorzugsweise nach Schönheit der Form, und so wurden auch nur solche Gedanken und Ausdrucksweisen zugelassen, welche der höfischen Sitte entsprachen.

Anm. 1. So will Gottfried von Straßburg nicht von [illegible] und Arznei sprechen, er sagt ausdrücklich, daß er alle Worte vermeide, die nicht des Hofes sei u. s. w.

b. In dieser Beziehung haben die höfischen Dichter wirklich Großes geleistet; namentlich haben sie die Sprache außerordentlich gebildet und entwickelt; sie haben die höchste Vollendung im Ausdruck erreicht. Dagegen hat die Poesie bei dieser einseitigen Auffassung an Tiefe und lebensvoller Mannigfaltigkeit verloren. Nur einige Dichter haben diese Einseitigkeit überwunden und diese waren meist bürgerlichen Standes (Walther von der Vogelweide, Gottfried von Straßburg).

c. Vor Allem fehlt es der ritterlichen Poesie an Objectivität der Anschauung und an Wahrheit. Weil sie ursprünglich auf Nachahmung beruhte, sind ihre Stoffe meist erborgt und nachgebildet und die dargestellten Gedanken sind nur gemacht, nicht aus dem innersten Wesen der Dichter hervorgegangen. Selbst die Verherrlichung der Frauen war im Grunde affectiert, weil eine solche nur bei großer Sittenreinheit denkbar ist, welche aber zu jenen Zeiten keineswegs herrschte.

Anm. 2. Davon geben nicht bloß die zahlreichen kleinen Erzählungen unsittlichen Inhalts, sondern selbst die größeren epischen Gedichte der höfischen Dichter unverwerfliches Zeugniß.

d. Dieser Mangel an Objectivität und Wahrheit führte einerseits zur Eintönigkeit in Stoff und Darstellung, andrerseits zur Phantasterei, die selbst wieder zu mystischer Auffassung des religiösen Elements und endlich zur trocknen Allegorie führte.

§ 23. Verskunst.

a. Wie die Sprache, so erlitt auch die Verskunst in diesem Zeitraum eine völlige Umgestaltung, da das Abschleifen der frühern vollklingenden Bildungs- und Biegungssilben den Rhythmus gänzlich störte. Im Althochdeutschen hatte man statt des Reimes sehr häufig die bloße Assonanz gebraucht, was durch die Volltönigkeit der Endsilben ermöglicht war. Nunmehr aber verschwindet die bloße Assonanz immer mehr und es macht sich das Streben nach strengen und mannigfaltigen Reimen immer entschiedener geltend, bis diese Reinheit endlich ganz durchdrang und zur vollkommensten Ausbildung gelangte.

b. Wie der Reim, so zeigt auch die metrische Form der Dichtungen eine bewundernswerthe Mannigfaltigkeit. Die einfachste und früheste bestand aus bloßen Verszeilen von drei oder vier Hebungen mit gepaarten Reimen, weil die bessern Dichter einen wirkungsvollen Gegensatz zwischen Sinn und Form dadurch hervorbrachten, daß mit dem ersten Reim ein Satz und Gedanke abgeschlossen wurde und mit der zweiten Reimzeile ein neuer Satz begann. In dieser einfachen Form sind die meisten erzählenden Poesien der höfischen Dichter abgefaßt; doch zeigte sich das Bestreben nach kunstmäßiger Gliederung schon früh darin, daß die einzelnen Abschnitte der Gedichte durch längere Schlußzeilen oder durch einen dreifachen Reim bezeichnet wurden.

c. Aus diesen einfachen Versreihen entwickelte sich die Strophe, welche in den ältesten Gedichten noch sehr einfach war, indem zwei, drei oder mehr Reimpaare zu einem Ganzen verbunden wurden. Auf diese Weise wurde die sogenannte Nibelungenstrophe gebildet, welche aus einer Langzeile mit 7 Hebungen besteht und in zwei Hälften aus 4 und 3 Hebungen zerfällt, nur die vierte Zeile hat in ihrer zweiten Hälfte meist auch 4 Hebungen.[1] Ein weiteres Mittel, die Strophe zu einem Ganzen abzugrenzen, bestand darin, daß man zwischen das letzte Reimpaar derselben eine reimlose Zeile einschob, die man die Waise nannte, oder auch, daß man zwischen Langzeilen von 6 oder 7 Hebungen kurze Zeilen von nur 4 oder 3 Hebungen einschaltete, oder die kurzen Zeilen den langen vorangehen ließ

[1] Ueb. epische Verskunst vgl. M. Rieger in d. [illegible]. Lpz. 1855. F. Zarncke in d. Ausg. d. Nibelungenliedes Lpz. 1856. Pfeiffer in d. Ausg. Walthers von der Vogelweide. K. Simrock, D. Nibelungenstrophe und ihr Ursprung. 1858.

d. Später wurden auch künstlichere Strophen mit verschlungenen Reimen gebildet, die aber bei aller Mannigfaltigkeit des Baues stets ein festes Gesetz befolgten. Jede Strophe zerfiel in drei Glieder, deren zwei erste (die beiden Stollen oder der Aufgesang) symmetrisch gebaut und gereimt waren, während das dritte (der Abgesang) seinen eigenen Bau und seine eigene Reimstellung hatte. Die Strophe selbst hieß Lied. In Gedichten mit mehreren Strophen oder Liedern wurde die Form der ersten meistens auch in den folgenden wiederholt. Eine solche Strophenform hieß Ton und die Dichter suchten eine Ehre darin, neue Töne zu erfinden, woher es denn kommt, daß die höfische Poesie einen großen, seitdem nie wieder erreichten Reichthum an Strophenformen besaß.[1]

e. Nur lyrische Gedichte, welche immer unter Begleitung eines Musikinstrumentes, namentlich der Geige, gesungen wurden, sind in Strophen abgefaßt. Dagegen konnten solche bei den epischen Gedichten, welche bloß recitiert wurden (singen unde sagen), nicht angewendet werden. Zwar wurden auch Versuche gemacht, künstlich gebaute Strophen beim epischen Gedicht zu gebrauchen, z. B. von Wolfram von Eschenbach im „Titurel“; doch da solche Formen mit der ruhig fortschreitenden Natur des epischen Gedichtes im Widerspruch stehen, so müssen sie als verfehlt bezeichnet werden.

f. Von den Liedern sind die Leiche zu unterscheiden, in welchen die einzelnen Strophen mannigfaltige Formen hatten. Ursprünglich aus den lateinischen Kirchenliedern entstanden, waren sie in den früheren Zeiten auch vorzugsweise religiösen Inhalts. Später wurden sie auch auf weltliche Gegenstände übertragen, dann aber Reien oder Tänze genannt.[2]

g. Von den Liedern ist endlich auch der Spruch zu unterscheiden, der meist aus einer einzigen Strophe bestand, doch auch mehrere enthalten konnte. Die Strophe des Spruchs hatte ebenfalls drei Glieder, nur kommt es vor, daß der Abgesang auch zwischen die beiden Stollen eingeschoben wurde.

h. Mit der Zeit artete die Kunstform in Künstelei aus, so wie durch die Nachahmung fremder Vorbilder schon ziemlich früh die Sprache durch Einmischung fremder, besonders französischer Wörter verunstaltet wurde.

§ 24. Schulen.

Die mannigfaltigen Gesetze, welche bei der Abfassung der verschiedenen Gedichte beobachtet werden mußten, konnte der Dichter nur durch längeres Studium beherrschen lernen; ja es war dies wohl ohne praktische Anleitung nicht möglich. Daher mögen wohl schon früh Bildungsschulen bestanden haben, welche Vermuthung durch den Umstand unterstützt wird, daß die wenigsten Dichter schreiben und lesen konnten.

§ 25. Volkspoesie.

a. War auch der Volksgesang in der frühern Zeit von der Geistlichkeit bekämpft und zurückgedrängt worden (§ 11), so lebte er doch im Stillen fort und es ist wahrscheinlich, daß er wieder mächtig hervordrang, als die Geistlichkeit, in Unthätigkeit und Trägheit versunken, in der frühern Strenge gegen die Erinnerungen aus dem Heidenthum nachließ.

b. Da der Adel sich am Anfange des Zeitraums noch nicht in dem Maße von dem Volke geschieden hatte, als es bei der spätern Entwickelung des Ritterthums geschah, und er noch keine andere Bildung als das Volk hatte, so waren die Gesänge des Volkes natürlich auch sein Eigenthum. Und als er später mit der fremden Dichtkunst bekannt wurde und sie auf deutschen Boden verpflanzte, konnte die heimische Volkspoesie nicht ohne Einfluß bleiben, der in den frühesten Dichtungen der höfischen Dichter in Form und Anschauungsweise unverkennbar ist. Als aber der Einfluß der Fremden mächtiger wurde, trat das volksthümliche Element immer mehr und zuletzt ganz zurück.

c. Obgleich die Volkspoesie zur Zeit der Kreuzzüge einen mächtigen Aufschwung genommen zu haben scheint, sind uns doch nur wenige Gesänge erhalten worden, weil sie nicht niedergeschrieben wurden. Doch darf man annehmen, daß viele Volkslieder, die in den nachfolgenden Zeiten aufgezeichnet wurden, aus früheren Jahrhunderten

1) Grimm, J., Ueb. d. altdeutschen Meistergesang. Gött. 1811. — 2) Lachmann, Ueb. d. Leiche (Rhein. Museum f. Philologie 3, 3, 419). Wolf, F., Ueb. d. Lais, Sequenzen u. Leiche. Heidelb. 1841.

stammen, wenn sie auch im Munde des Volkes eine spätere Sprachform angenommen hatten. Die wenigen volksthümlichen Dichtungen, die uns in ihrer frühern Form erhalten worden sind, gehören zu dem Vortrefflichsten, was das Mittelalter hervorgebracht hat.

d. Wie die Volkspoesie auf die höfische Dichtkunst, so übte mit der Zeit diese einen nicht unbedeutenden Einfluß auf jene, welcher sich insbesondere in der Sprache geltend machte. Und wie die adelichen Sänger von Hof zu Hof zogen, so bildete sich allmählich ein eigener Stand von Volkssängern, fahrende Leute genannt, welche von Dorf zu Dorf wallfahrteten und theils allgemein bekannte Volkslieder, theils volksthümlich gebildete Gesänge vortrugen, zu denen sie vorzugsweise Stoffe aus der heimatlichen Heldensage wählten.[1]) Die fahrenden Leute waren jedoch keineswegs von den Höfen ausgeschlossen, vielmehr wurden ihre volksmäßigen Dichtungen auch dort gern gehört. Daher kamen sie mit den höfischen Dichtern in Berührung, von denen sie die künstlerischen Formen anwenden lernten.

§ 26. Poetische Gattungen.

Es wurden vorzüglich die lyrische und die epische Dichtungsform von den höfischen Dichtern gepflegt; doch ist auch die didaktische Poesie mit vielem Glück, ja sogar mit größerer Selbständigkeit behandelt worden, als die beiden andern Gattungen. Dagegen erscheint das Drama nur in seinen noch rohen Anfängen, von denen erst im folgenden Zeitraum die Rede sein kann.

I. Lyrische Poesie.

§ 27. Charakter und Gattungen derselben.

a. Wie bei den Provenzalen und Nordfranzosen bildete die Liebe (Minne) vorzugsweise den Stoff der lyrischen Gedichte, wie sie überhaupt der eigentliche Mittelpunkt aller poetischen Bestrebungen war, weshalb die sämmtlichen höfischen Dichter Minnesinger genannt, und selbst diejenigen darunter begriffen werden, die keine lyrischen Gedichte oder überhaupt keine Dichtungen verfaßt haben, die von der Minne handeln. In den der Minne gewidmeten Liedern, welche oft von großer Zartheit, oft derb sinnlich sind, durfte der Name der gepriesenen Dame nicht genannt werden. Nächst und mit der Minne wurde auch die Natur, insbesondere der Frühling und der Mai häufig besungen.

Anm. 1. Bei dem Mangel an Objectivität wiederholen sich im Minne- und Naturlied die nämlichen Anschauungen, daher die Lyrik den Charakter der Einförmigkeit hat, welche nothwendig zu Spielerei und Tändelei führte, aber die dargestellten Liebesgefühle waren meist nur gedacht, nicht aus der Wirklichkeit hervorgegangen. Die Dichter heuchelten Liebe und Liebesschmerz, um der Mode zu genügen.

Anm. 2. Die Lyrik des Zeitraums fußt, wie die Epik, auf dem Vorgang der Franzosen, namentlich gilt dies von der Form, wogegen sie sich im Gehalt selbständiger entwickelt hat. „Die Lyrik der Franzosen gehe beinahe ganz auf im Minnegesang", die Deutschen haben, wenn auch im Ganzen im beschränkten Maße, doch auch andere Verhältnisse (s. u. d. e. f.) besungen und insbesondere den Spruch (s. u. e.) entwickelt.[2])

Anm. 3. Nach den verschiedenen Beziehungen, welche in den Liedern dargestellt wurden, hatten dieselben auch verschiedene Benennungen. Tag- oder Wächterlieder hießen diejenigen, welche den Schmerz über die Trennung der Liebenden besangen.[3]) Botenlieder nannte man die, in welchen Boten eingeführt werden, die den Frauen Mittheilungen von den Rittern brachten. Außerdem unterschied man noch Wechselgesänge, Mai-, Frühlings- und Erntelieder, später auch Herbstlieder. Eigenthümlich ist der höfische Dorfgesang, der das Leben und die ländlichen Feste der Dorfbewohner darstellt.

1) Lachmann, K., Ueb. Singen u. Sagen. Berl. 1833. — 2) Wackernagel, a. a. O. S. 226 ff. — 3) Bartsch, K., Ueber d. romanischen u. deutschen Tagelieder. (Album d. liter. Vereins z. Nürnb. 1865.)

b. Eine große Anzahl von lyrischen Gedichten ist religiösen Inhalts, von denen die frühern noch volksthümliche Auffassung darbieten. Die spätern mit mehr kunstmäßiger Form besingen vorzugsweise die heilige Jungfrau und die Dreieinigkeit, verlieren sich aber bald in das Allegorische und Ueberschwängliche. Es haben sich mehrere geistliche Lieder aus dem Anfang des Zeitraums erhalten, einige sogar aus dem 11. Jahrhundert.[1])

Anm. 1. Die geistlichen Lieder hießen Leise und hatten ihren Namen von dem Kyrie Eleison der Litanei.

c. Die äußern und allgemeinern Lebensverhältnisse fanden bei dem Mangel an Objectivität wenig Beachtung. Zwar begegnen wir vielen Gedichten, welche an die Fürsten und Großen der Zeit gerichtet sind, doch beschäftigen sich die meisten derselben nur mit den persönlichen Beziehungen, in welchen die Dichter zu den Fürsten und Herren standen, und sie erscheinen als Lob- oder Strafgedichte, je nachdem die Milde und Freigebigkeit und ihr der Kunst erzeigter Schutz gepriesen oder ihre Kargheit und Verachtung der Dichter und der Dichtkunst getadelt wird. Edler sind die Klaggesänge um Verstorbene.

d. Nur wenige Dichter haben die politischen Verhältnisse der Zeit poetisch behandelt, so sehr dieselbe dazu anzuregen schien. Man findet keine Schlacht- und Kriegslieder; die Kämpfe der Kaiser mit der Kirche wurden nur von wenigen Sängern beachtet. Später, als das Reich in Verwirrung gerieth, erhoben zwar manche Dichter ihre Stimme, um dieselbe zu beklagen, die Entartung der Geistlichkeit und des Adels zu tadeln, aber ihre Dichtungen bewegen sich nur in Allgemeinheiten. Zudem hörten diese Klagen bald auf und an ihre Stelle traten die niedrigsten Schmeicheleien auf geistliche und weltliche Herren.[2])

e. In den Tagen der Zerrüttung wandten sich die bessern Gemüther von dem tändelnden Spiele des Minneliedes und von der unfruchtbaren Liebesklage ab, um sich der Betrachtung des Lebens zuzuwenden. So entstanden die Sprüche und gnomischen Gedichte, welche zwar ihrem Inhalte nach zur didaktischen Poesie gehören, aber wegen ihrer ganz lyrischen Form hierher gerechnet werden müssen. In diesen Sprüchen, welche bald rein betrachtend, bald belehrend und bald strafend sind, findet sich oft die kernhafteste Lebensweisheit ausgesprochen, die häufig durch Beispiele und Fabeln anschaulich gemacht wird. Oft geht die Darstellung ganz in die Allegorie über. Die Lob- und Strafgedichte, so wie die politischen Dichtungen, haben meist die Form von Sprüchen. Der Spruch erscheint schon früh, doch nimmt er je länger je mehr an Umfang zu, so daß sich die Lyrik beinahe ganz in demselben auflöste.

f. Noch sind endlich die Räthsel oder Hatte, so wie die Liederstreite zu erwähnen. Die Räthsel weisen meist auf volksthümlichen Ursprung hin, während die Liederstreite zwischen einzelnen Dichtern wohl aus den Tenzonen der südlichen Dichter hervorgegangen sind.

§ 28. Liedersammlungen.

Es wurden früh schon Sammlungen von lyrischen Dichtungen der Minnesänger angelegt, von welchen sich mehrere, obgleich nicht vollständig, bis auf unsere Tage erhalten haben. Die älteste ist die Weingartner, die reichste und schönste die Pariser Handschrift, von der man früher glaubte, sie sei vom Züricher Ritter Rüdger Manesse angelegt worden, daher sie Manessische Sammlung genannt wurde. (S. § 34. Anm. 1.) Außerdem ist noch die Heidelberger Liederhandschrift zu erwähnen.

---

1) Hoffmann v. Fallersleben, Gesch. d. deutschen Kirchenliedes bis Luther. 2. Aufl. Hann. 1861. Wackernagel, Ph., D. deutsche Kirchenlied von d. ältesten Zeit bis zu Anfang des XVII. Jahrh. Lpz. 1864—70. IV. (noch unvollendet). Koch, Gesch. d. Kirchenliedes u. Kirchengesanges. Stuttg. 2. Aufl. 1866. VI. — 2) Graß, T., Minnesänger als polit. u. sociale Partei. Güstrow 1846.

II. Didaktische Poesie.

§ 29. Charakter und Entwickelung derselben.

a. Der zur Beschaulichkeit sich neigende Charakter des deutschen Volkes führte schon früh zur didaktischen Poesie. Von jeher liebte es, die gesammelten oder von den Vätern ererbten Erfahrungen in kurzen Sprüchen auszudrücken, die mit Veränderung der Sprachform von Geschlecht zu Geschlecht überliefert wurden. Neben diesen finden sich schon in den älteren epischen Dichtungen der Geistlichen längere didaktische Stellen, z. B. bei Otfrid; doch hat sich die didaktische Poesie als besondere Gattung erst im Zeitalter des Minnegesanges festgesetzt und entwickelt.

b. Die älteren Denkmäler dieser Zeit schließen sich noch an die volksthümliche Darstellungsweise an und sind daher auch von höherem poetischem Werth als die spätern, deren Verfasser bei dem vorherrschenden Bestreben, auf die Sitten und das Leben des Volkes zu wirken, ihre Gedanken oft in der abstractesten Form darstellten.

c. Eine weitere Entartung der didaktischen Gedichte bestand darin, daß sie sich der mystisch-allegorischen Tendenz anschlossen, welche gegen das Ende des Zeitraums immer mehr überhandnahm.

§ 30. Gattungen derselben.

a. Die didaktische Poesie erscheint in zwei Hauptformen, als Spruch und als Lehrgedicht.

b. Der Spruch war nicht bloß seiner Form nach lyrisch (s. o. § 27. e.), sondern auch seinem Wesen nach. Denn die in demselben dargestellten Regeln der Lebensweisheit erscheinen nicht sowohl als Folge der Erfahrung und Beobachtung, sondern vielmehr als Wirkungen der besondern Stimmungen des Dichters oder der besondern Lebensverhältnisse desselben. Das Lehrgedicht verfuhr dagegen mehr objectiv, machte die mannigfaltigsten Lebensverhältnisse zum Gegenstande seiner Betrachtung und beurtheilte dieselben vom Standpunkte einer höhern Weltanschauung. Namentlich bekämpften die Dichter die Auswüchse ihrer Zeit und drangen auf wahre Religiosität und Sittenreinheit. Deshalb traten sie zu den höfischen epischen Dichtern in Gegensatz, in deren Poesien sie nur muthwillige Aeußerungen übermüthiger Ueppigkeit und frech erfundene Lügen erblickten. Da diese strenge Weltanschauung einen wesentlichen Charakterzug des später sich entwickelnden Bürgerthums bildet und zudem die hervorragendsten didaktischen Dichter bürgerlicher Abkunft waren, so müssen wir in ihnen die Grundlage der ernsten tüchtigen Richtung erkennen, welche sich um diese Zeit in den Bewohnern der Städte festsetzte.

c. Neben dem rein didaktischen Gedicht fand die Fabel vielfache und glückliche Bearbeitung. Sie entwickelte sich aus der alten Thiersage, wie sich denn die ältesten Fabeln an dieselbe anlehnen, und auch die spätern eine epische Breite und Ausführlichkeit zeigen, die sie von der sogenannten Aesopischen Fabel wesentlich unterscheiden, und die sich nur aus dem fortwirkenden Einfluß des Thierepos erklären läßt.

Anm. 1. Die Fabel hieß bîspel, was unserm Gleichniß entspricht. Das bîspel umfaßte daher nicht bloß die eigentliche Thierfabel, sondern bezeichnete überhaupt jede Erzählung mit didaktischem Zwecke und man unterschied es von dem maere, unter welchem man jede rein epische Erzählung (also auch das Thierepos) begriff.

Anm. 2. Beispiele und Fabeln sind theils in größern Dichtungen verwebt (in der Kaiserchronik, bei Thomasin, Freidank, Hugo von Trimberg), theils begegnen sie in der Form von Sprüchen bei den lyrischen Dichtern (bei Spervogel, Bruder Wernher, dem Marner, Reinmar von Zweter, Konrad von Würzburg), theils endlich finden sich auch vereinzelte Fabeln und ganze Sammlungen.

d. Unter den didaktischen Dichtungen begreifen wir endlich auch die Büchlein oder Briefe, d. h. Gedichte, welche in der Form von Sendschreiben gewöhnlich von

Liebesverhältnissen handeln und oft geradezu an Frauen gerichtet sind. Doch behandelten sie in spätern Zeiten auch ernstere Gegenstände, nur ließ man dann die Briefform fallen. Die Büchlein waren wie die andern didaktischen Gedichte zum Lesen bestimmt, doch gaben ihnen die Dichter öfters einen lyrischen Schluß, der dann gesungen werden mußte.

Anm. 3. Die Büchlein waren schon früh gebräuchlich (ein Bruchstück stammt aus dem 12. Jahrh.); im 13. und 14. Jahrh. kommen sie ziemlich häufig vor. Sie waren, wenn sie an vornehme Frauen geschickt wurden, gewöhnlich kostbar eingebunden.

Anm. 4. Mit Ausnahme einiger Gedichte in Strophenform sind alle didaktischen Sachen, also die Fabeln und didaktischen Erzählungen und die Büchlein, in kurzen Reimpaaren abgefaßt.

III. Epische Poesie.

§ 31. Allgemeine Entwickelung derselben.

a. Die ältesten epischen Dichtungen waren aus dem Volke hervorgegangen; nur waren sie von demselben von Jahrhundert zu Jahrhundert, wenn auch nicht in Bezug auf den Inhalt, doch rücksichtlich der Sprache und der rhythmischen Form umgestaltet worden. Zwar scheinen sie seit Karl dem Großen zu verschwinden, doch pflanzen sie sich im Volke von Geschlecht zu Geschlecht fort, und als seit dem 12. Jahrh. die Geistlichkeit den Volksgesang nicht mehr so eifersüchtig zurückdrängte, brach plötzlich ein so voller Strom von Liedern und Gesängen hervor, daß es vielleicht wegen dieses außerordentlichen Reichthums unmöglich wurde, sie alle den nachfolgenden Geschlechtern zu überliefern.

b. Dazu kam, daß sich die höfischen Dichter von den vaterländischen Stoffen abwendeten und sich lieber in der Nachbildung fremder, besonders französischer Dichtungen, und in der Behandlung ausländischer Stoffe ergiengen, worin sie übrigens eine große Thätigkeit und Fruchtbarkeit an den Tag legten. So blieb der Volksgesang mit den in ihm dargestellten Sagen in seiner weitern Ausbildung beinahe ausschließlich auf die Volkssänger, die fahrenden Leute beschränkt, und es mag deshalb eine große Anzahl solcher Gesänge nicht aufgezeichnet worden sein.

c. Die epischen Dichtungen zur Zeit des Minnegesangs scheiden sich daher sowohl rücksichtlich des Stoffs als der Dichter in zwei verschiedene, ja sogar ganz entgegengesetzte Seiten, die man als volksthümliche und höfische Epik bezeichnen kann.

1. Höfische Epik.

§ 32. Charakter.

a. Die höfische Epik hat im Allgemeinen den nämlichen Charakter wie die höfische Lyrik. Sie zeichnet sich wie diese durch geglättete Darstellung aus; wenn sie dagegen in der rhythmischen Form nicht auch so große Mannigfaltigkeit darbietet, so ist dies eine natürliche Folge der epischen Gattung. Doch haben die bessern Dichter die einfachen Reimpaare, in denen die epischen Werke geschrieben sind, mit großer Meisterschaft behandelt, im Reim großen Reichthum und überraschende Gewandtheit gezeigt und zudem mancherlei Kunstmittel mit großem Glück angewendet.

b. Die Eintönigkeit der Lyrik (§ 27. Anm. 1.) wiederholt sich im Epos. Die Minne und die Verehrung der Frauen bildet auch hier den Mittelpunkt der Dichtungen, nur wird sie an Begebenheiten zur Anschauung gebracht.

c. Den meisten Dichtern ist die Kunst der Composition fremd, daher die meist gehäuften Begebenheiten nur äußerlich verbunden sind und die unwichtigern Thatsachen gewöhnlich mit der nämlichen Ausführlichkeit berichtet werden wie die bedeutendsten. Die größern epischen Gedichte entbehren daher der wahren künstlerischen Einheit und es sind gerade die berühmtesten nichts Anderes als Biographien, in denen nicht nur das Leben des Helden von seiner Geburt bis zu seinem Tode erzählt, sondern auch das Leben seines Vaters und auch wohl seines Großvaters mit breiter Ausführlichkeit berichtet wird.

d. Die meisten höfischen Epiker haben nicht nur fremde Stoffe behandelt, sondern auch ihren Werken bestimmte ausländische, vornehmlich französische, öfters auch lateinische Dichtungen zu Grunde gelegt. Doch haben mehrere hiebei große Selbständigkeit der Behandlung gezeigt, und nicht bloße Uebersetzungen oder Nachbildungen, sondern vollständige Umgestaltungen ihrer Vorbilder gegeben, und diese namentlich durch tiefere Charakterzeichnung übertroffen.

e. Ist im Obigen auch der allgemeine Charakter der höfischen Epik gegeben, so lassen sich zwischen den Dichtern doch mancherlei Abstufungen unterscheiden, die ihren Grund theils in der Zeit ihres Auftretens, theils in ihrer Eigenthümlichkeit haben. Die frühern Werke sind in Sprache und Form noch ziemlich roh, doch zeigt sich in ihnen beinahe durchgehends mehr inneres Leben und Selbständigkeit der Auffassung. Das volksthümliche Element tritt oft noch kräftig hervor. In den spätern Dichtungen entwickelt sich immer größere Kunst der Behandlung: die Sprache wird edler und reiner, der Reim reicher und wohllautender; die Darstellung zeigt große Gewandtheit, die Schilderungen werden lebendig und ausführlich. Später artet aber die epische Breite in Weitschweifigkeit aus, die Reflexion drängt sich immer mehr vor und zugleich wird der Hang zum Allegorisiren, der schon in einigen der besten Dichtungen der Blüthezeit wahrgenommen wird, immer entschiedener.

Anm. Die kunstmäßige Behandlung begann mit Heinrich von Veldeke, und erreichte in Hartmann von Aue, Wolfram von Eschenbach und Gottfried von Straßburg ihre höchste Blüthe. Von den nachfolgenden Epikern haben sich die frühern an Hartmann oder Gottfried, die spätern an Wolfram angelehnt.

§ 33. Stoffe.

Am häufigsten und beinahe am Glücklichsten wurden die bretonischen Sagen von Artus und der Tafelrunde, an welche sich die Sage von Tristan und Isolt anschließt, so wie die Sage vom heiligen Gral behandelt; neben diesen wurde auch der Sagenkreis von Karl dem Großen, seinen Helden und seinen Ahnen bearbeitet.[1] Außerdem behandelte man die antike Heldensage, mannigfaltige religiöse oder kirchliche Stoffe, die Geschichte und die Thiersage, und endlich findet sich eine Menge kleinerer poetischer Erzählungen.

§ 34. Der bretonische Sagenkreis.

Daß der bretonische Sagenkreis mit der größten Vorliebe behandelt wurde, hat seinen Grund darin, daß er dem eigenthümlichen Geiste der ritterlichen Dichter am Besten entsprach. Da er fremd war und mit den Erinnerungen des Volkes in keiner Weise zusammenhieng, durfte man ihn nach Bedürfniß umgestalten. Daher tritt der Geist des Ritterthums auch am Lebendigsten in den Dichtungen dieses Kreises hervor. Die Helden sind vollendete Muster der Ritterschaft, d. h. ihr ganzes Leben ist auf äußern Schein gerichtet, nach den Forderungen der höfischen Sitte gemodelt. Nie tritt der wahre Mensch mit seinen Leidenschaften hervor; es werden diese durch die höfische Sitte zurückgedrängt, und sie zeigen sich höchstens im höfischen Gewande. Die Charaktere

1) Grässe, Die großen Sagenkreise des Mittelalters. Dresd. u. Lpz. 1842.

sind nach seinem Zuschnitte gemodelt und bedeutungslos; eben so die Begebenheiten, die zwar beim ersten Anblick mannigfaltig erscheinen, aber im Ganzen doch immer die nämlichen sind und nur durch die Nebenverhältnisse modificirt werden (Liebesabenteuer, Zweikämpfe, Turniere, Bezauberungen u. s. w.).

Anm. Artus, ein König der Briten, der im 6. Jahrh. den eindringenden heidnischen Angelsachsen siegreich widerstand, wurde später der Mittelpunkt einer weitverbreiteten Sage. Sein Hof war der Sammelplatz aller durch Tapferkeit und Tugend ausgezeichneten Helden, so wie der schönsten Frauen. Den Mittelpunkt dieses Kreises bildeten 12 Ritter, die zum Zeichen der Gleichheit unter Artus Vorsitz an einer runden Tafel (daher die Tafelrunde) saßen. Diese und die andern Helden zogen in alle Länder nach Abenteuern aus, deren Beschreibung den Inhalt der Gedichte dieses Sagenkreises bildet. Artus selbst ist nach der Sage nicht gestorben, seine Seele ist in einen Raben übergegangen und er wird einst (wie Friedrich Barbarossa) wiederkehren und sein Volk zu neuem Glanze führen.¹)

§ 35. Die Tristansage.

In oberflächlicher Verbindung mit dem Sagenkreis von Artus und der Tafelrunde steht die Geschichte von Tristan und dessen Liebe zu der schönen Isolt, welche sich von den übrigen bretonischen Sagen dadurch unterscheidet, daß in ihr die Liebe nicht als bloßes höfisches Verhältniß, sondern als wirkliche Leidenschaft erscheint, ob sie gleich nicht aus innerer Nothwendigkeit hervorgegangen, sondern durch äußere Umstände aufgedrungen war.²)

§ 36. Die Sage vom heiligen Gral.

a. Wie in den Gedichten aus dem Sagenkreis von König Artus und der Tafelrunde das weltliche Ritterthum in epischer Weise dargestellt wird, so stellen die Gedichte aus dem ebenfalls bretonischen Sagenkreis des heiligen Gral das geistliche Ritterthum dar.³)

Anm. Das welsche Wort Gral bedeutet zunächst ein Gefäß, dann das Opferbecken der Göttin Ceridwen, welches wiederum das Schiff der Erde, d. h. das Grab bezeichnete, durch welches die Seele wiedergeboren wird, weshalb es aufgesucht werden muß. Als das Christenthum in Britannien eindrang, bemächtigte es sich, wie überall, der Volkssage; der Gral wurde zur Abendmahlsschüssel, die bei dem letzten Abendmahle gedient und in welche Joseph von Arimathia bei der Kreuzigung das Blut Christi aufgefangen hatte. Die Gralsage verbreitete sich von Britannien, wo sie schon mit der Artussage in Verbindung gebracht worden war, über Nordfrankreich, von da über die andern romanischen Länder und Deutschland, wo sie überall Erweiterungen erhielt. Ihre vollständigste Ausbildung scheint sie in Spanien erhalten zu haben, wo sie orientalische Elemente in sich aufnahm, welche durch die Einwirkung der Kreuzzüge noch bedeutend erweitert wurden. Nach der ausgebildeten Sage war der heilige Gral (san greal, woraus später sang réal, heiliges Blut wurde) mit wunderbaren Kräften begabt; Engel hatten ihn vom Himmel, wohin er nach dem Tode des Heilandes entrückt worden war, auf die Erde gebracht, wo er zuerst durch jene Engel selbst, dann aber durch einen ihm geweihten Ritterorden, die Templeisen, welchen ein König (zuerst Titurel, dann Amfortas, nach ihm Parzival) vorstand, in einer tempelähnlichen Burg auf dem Montsalvatsch (mons salvatoris) gehütet wurde. Zu diesem Tempel konnte Niemand den Weg finden, der nicht vom Gral selbst zu seinem Ritter auserkoren war. Die Templeisen mußten der Welt, und insbesondere dem Frauendienst entsagen und vollkommen fleckenlos sein. Als daher das Abendland in sündiges Leben verfiel, wurde der Gral nach dem Morgenlande gebracht, aber es weiß Niemand, wo der neue Tempel steht.

b. Wie die französischen Dichter in ihren Gedichten vom heiligen Gral das Haus Anjou zu verherrlichen strebten, indem die Könige des Grals aus diesem Geschlecht stammten, so haben spätere deutsche Dichter die Stammsage des herzoglichen Hauses Brabant mit dem Gral in Verbindung gebracht.

---

1) Müller a. a. O. San-Marte (A. Schulz), Die Arthursage. Quedlinb. 1842. Derselbe, Zur Arthursage. Halle 1842. Derselbe, Beiträge zur bretonischen und celtisch-germanischen Heldensage. Quedlinb. 1847. — 2) Mone, F. J., Ueb. die Sage von Tristan. Heidelb. 1822. — 3) Lang, L., D. Sage vom heil. Gral. Erzählt u. erläutert. Münch. 1862. San-Marte (A. Schulz), Der heil. Gral, in dessen „Wolfram v. Eschenbach". Magdeb. 1836–41. II. Derselbe, Parzivalstudien. Halle 1861 ff. Heft 3: D. Gegensätze d. h. Grals u. d. Ritterorden. 1862.

§ 37. Der Sagenkreis von Karl dem Großen und seinen Helden.

a. Obgleich die Grundlage des karolingischen Sagenkreises deutsch war, so fand er in Deutschland selbst doch keine zusammenhängende Ausbildung; die mannigfaltigen Sagen, die nach und nach im Volke entstanden, blieben vereinzelt und lebten nur als Ortssagen fort, während sie in Frankreich zu einer allgemeinern Gestaltung gelangten. Besonders war dies mit denjenigen Sagen der Fall, in denen die Kämpfe Karls mit seinen mächtigen Lehensträgern dargestellt wurden.

Anm. Es ist bezeichnend, daß die deutschen höfischen Dichter diese Gruppe des Sagenkreises gar nicht bearbeiteten; sie wurde nur von niederländischen Dichtern behandelt. Unter den Gedichten dieser Gruppe ragt besonders das von den Haimonskindern durch großartige Auffassung des Kampfes, durch poetische Entwicklung der Charaktere und kräftige Composition hervor. Es wurde erst gegen das Ende des 15. Jahrh. ins Hochdeutsche übertragen.

b. Eine andere Gruppe des Sagenkreises bilden die Sagen von Karls Leben und Thaten, von seinen Ahnen, seiner Kindheit und Jugend, insbesondere von seinen und des Narbonner Heldengeschlechts (Aimerie und Wilhelm der Heilige) Kämpfen mit den Arabern, welche in Frankreich zur Zeit der Kreuzzüge zu großen epischen Gedichten verarbeitet und zum Theil von deutschen Dichtern nachgebildet wurden. Sie zeichnen sich vor den Dichtungen aus dem bretonischen Sagenkreis durch größere Wahrheit und edlern Stoff aus. Die Helden erscheinen zwar auch im Gewande des Ritterthums, aber der Frauendienst tritt beinahe ganz zurück; die Motive der Thaten sind Religion und Vaterland; den Hintergrund bilden großartige welthistorische Begebenheiten und nicht bloß vereinzelte Abenteuer irrender Ritter. Aber eben deshalb behagte der Stoff der phantastischen Richtung der höfischen Dichter nicht, und er fand daher nur wenige Bearbeiter.[1]

c. Mit der Zeit wurden ursprünglich ganz unabhängige Sagen mit Karl dem Großen in Verbindung gebracht; so die Sage von „Flos und Blanceflos" und die von der „guten Frau".

§ 38. Die antike Heldensage.

Die antike Heldensage fand vielfache Bearbeitung, jedoch auch wie die übrigen Stoffe durch Vermittelung der Franzosen, welche selbst nicht unmittelbar aus den Quellen, sondern aus lateinischen und griechischen Werken des Mittelalters geschöpft hatten. Die gewöhnlichsten Stoffe waren die Geschichte des Trojanischen Kriegs, des Aeneas und Alexanders des Großen. Die antike Göttersage fand dagegen nur kümmerliche Bearbeitung.

§ 39. Religiöse und kirchliche Stoffe; Legenden.

a. Die höfische Epik schließt sich namentlich durch die Behandlung religiöser und kirchlicher Stoffe an die frühern Dichtungen der Geistlichen an; nur wurden diese Stoffe jetzt mit freierem Geiste behandelt. Die Dichter hielten sich nicht mehr ausschließlich an die biblischen Quellen, sondern benutzten auch die apokryphischen Evangelien.

b. Die Legende wurde vielfältig sowohl von geistlichen als auch von weltlichen Dichtern (und zwar von diesen mit entschiedenerem Glück) bearbeitet; viele hieher gehörige Dichtungen haben jedoch nur wenig poetischen Werth und hatten wohl auch nur den Zweck, den ungebildeten Mönchen und Nonnen als Andachtsbücher zu dienen. Manche dagegen sind theils wegen der frühen Zeit ihrer Abfassung, theils wegen ihres poetischen Werthes oder ihrer glücklichen Darstellung bemerkenswerth. Im Allgemeinen

1) Uhland, L., Ueb. d. altfranzösische Epos (im Fouqué's Musen 1812, 3, 59 ff.).

ist zu beachten, daß die Legendendichtung um so häufiger bearbeitet wird, je mehr die ächte Religiosität und der wahre poetische Sinn abnimmt. Die meisten unter den poetisch bedeutungslosen behandeln die Wundermacht der heiligen Jungfrau.

§ 40. Poetische Bearbeitung der Geschichte.

Während in den ältern Werken dieser Art die Geschichte mit den verschiedensten Sagen durchwebt war, und die Dichter wohl selbst manche Thatsache dichterisch ausschmückten und entwickelten, haben sich die spätern Arbeiten genauer an die beglaubigten Begebenheiten gehalten, weshalb sie um so viel mehr an historischer Bedeutung gewinnen, als sie in poetischer Beziehung verlieren.

§ 41. Andere epische Gedichte. Poetische Erzählungen.

a. Außer den in den vorhergehenden Abschnitten (§ 34–40) verzeichneten epischen Dichtungen giebt es noch eine reiche Anzahl von größern und kleinern Gedichten, welche weder zu einander noch zu einem der berührten Sagenkreise in Beziehung stehen.

b. Die hieher gehörigen größern epischen Gedichte, welche irgend eine vereinzelte, zum Theil auf historischer Grundlage beruhende Sage behandeln, stellen wie die Gedichte aus einem bestimmten Sagenkreise das Ritterthum und das höfische Leben dar.

c. Die poetischen Erzählungen, deren Anzahl außerordentlich groß ist, sind an Umfang, Inhalt und Darstellung sehr mannigfaltiger Art. Einige grenzen an Ausführlichkeit beinahe an das Epos, während andere von gedrängtester Kürze sind. Manche stellen das Leben von seiner ernsthaftesten Seite dar, oder sind sogar legendenartig, während eine große Anzahl anderer nicht bloß einen heitern und schalkhaften, sondern selbst den muthwilligsten Charakter haben, ja sogar die Ausgelassenheit bis zur rohesten Unzüchtigkeit steigern. Bei den Einen ist die Darstellung künstlerisch schön, bei den Andern wird die Gemeinheit des Inhalts durch die Gemeinheit des Ausdrucks wo möglich noch überboten. In ihrer Gesammtheit erhalten diese Erzählungen einen höchst bedeutenden Werth, weil sie uns ein treues und lebendiges Gemälde der damaligen Zustände vor die Augen führen, die freilich nichts weniger als erfreulich sind. Das höchste Interesse gewähren die Erzählungen, die das Leben und Treiben der Bürger und Bauern schildern, weil sie gewöhnlich auf volksthümlichen Geschichten beruhen, während die Erzählungen, in denen Ritter oder Mönche die Hauptpersonen sind, meist französischen Quellen nachgebildet sind[1].

§ 42. Die Thiersage.

Den Uebergang vom höfischen zum volksthümlichen Epos bildet die Thiersage. Sie ist zwar ursprünglich deutsch, allein außer einigen abgerissenen Erzählungen, welche theils einzeln (übrigens schon mit didaktischer Färbung) selbstständig behandelt, theils in größere Dichtungen, wie in die Kaiserchronik, eingereiht wurden, haben wir nur ein einziges Gedicht, in welchem eine Reihe von Erzählungen aus der Thiersage zu einem epischen Ganzen vereinigt sind. Doch ist auch dieses Gedicht nach einem französischen Vorbild bearbeitet. Bemerkenswerth und charakteristisch ist es, daß die ritterlich-höfischen Dichter auch die Thiersage nicht behandelten.[2]

---

1) Vgl. Liebrecht, Beitr. z. Novellenkunde in Pfeiffers Germania I, 251. — 2) Grimm, J., Reinhart Fuchs. Berl. 1834. Derselbe, Sendschreiben an K. Lachmann. Ueb. Reinh. Fuchs. Lpz. 1840. A. Rothe, Le Roman de Renard. Paris 1845. Edélestand du Méril, Poésies inédites du Moyen Age. Par. 1854. Paulin Paris, Nouv. Etude sur le Roman de Renart. Paris 1861. (Vgl. J. Grimms Recension in Gött. Anzeigen, 1862 S. 1373). W. J. A. Jonckbloet, Etude sur le Roman de Renart. Groningue 1863.

2. Volksthümliches Epos.

§ 43. Charakter desselben.

a. Das volksthümliche Epos, das zur Zeit des Minnegesangs plötzlich hervorbricht und zugleich zur höchsten Blüthe gelangt, war eine naturgemäße Entwickelung des epischen Volksliedes. Diesen Charakter und seine großartige Entfaltung verdankt es namentlich zwei günstigen Umständen, erstens, daß sich das Volkslied in ungeschwächter Kraft und Aechtheit erhalten und fortgebildet hatte, daß es mit dem Volke auf das Innigste verwachsen war, so daß der Dichter, der es in kunstgemäßer Gestaltung vortragen wollte, nicht wagen durfte, es in seinem Wesen zu verändern; zweitens, daß es nicht höfische Dichter waren, welche sich des Stoffs bemächtigten, sondern fahrende Sänger, Dichter des Volks, bei welchen die höhere Bildung und Sprachgewandtheit das Gefühl für den ächten Volksgesang nicht getrübt hatte, und die von lebendigem Nationalbewußtsein erfüllt waren, worin sie sich wesentlich von den höfischen Dichtern unterschieden.[1])

Anm. 1. Die Behauptung, daß den volksthümlichen epischen Dichtungen alte Volkslieder zum Grunde liegen, ist vollkommen richtig. Daß solche Gesänge noch zur Zeit des Minnegesangs vorhanden waren, läßt sich aus mancherlei Zeugnissen der Zeitgenossen beweisen, so wie, daß sie von den Volkssängern zu ihren größeren Dichtungen benutzt wurden. Aber es ist irrig, weiter behaupten zu wollen, daß die Volkssänger jene alten Lieder in roher Weise zusammengeschweißt hätten; vielmehr haben sie durch ihre Behandlung große poetische Kraft bewiesen, und insbesondere eine Kunst der dichterischen Composition dargethan, von der selbst die besten höfischen Dichter keine Ahnung hatten. Vorzüglich bewunderungswürdig ist es aber, daß die Dichter zugleich den Geist des ächten Volksliedes in seiner ungetrübtesten Lauterkeit bewahrt haben.

Anm. 2. Es ist allerdings unzweifelhaft, daß die volksthümlichen Epen aus alten Volksliedern erwachsen sind, allein da den Dichtern gewiß verschiedene Lieder über einen und denselben Stoff vorlagen und sie ohne Zweifel nach Bedürfniß bald dieses bald jenes benutzten, jene alten Lieder aber eben so gewiß in verschiedenen Strophenformen abgefaßt waren, die bei der neuen Bearbeitung auf eine einzige zurückgeführt werden mußten, so ist es ein mehr als kühnes Unternehmen, die alten Lieder aus der späteren Bearbeitung wieder herausfinden zu wollen. Wer solches wagt, wird sich stets in Willkür verlieren und in Widersprüche verwickeln.

b. Nicht alle uns überlieferten volksthümlichen Gedichte sind gleich großartig und bedeutend. Bei manchen hat ein fremder Einfluß die volksthümliche Haltung getrübt; bald macht sich der Einfluß der Kreuzzüge (König Rother, Herzog Ernst u. s. w.), bald der Einfluß der höfisch gelehrten Bildung geltend (die „Klage“, „Biterolf und Dietlieb“, zum Theil auch der „Zwerg Laurin“ und „Dietrichs Flucht“), weshalb bei diesen statt der volksthümlichen Strophenformen die kürzern Reimpaare des höfischen Epos eintreten.

c. Als die dem volksthümlichen Epos angemessenste Form erscheint diejenige, welche nach der größten in ihr verfaßten Dichtung Nibelungenstrophe (§ 23 c.) genannt wird. Sie kommt zwar erst in Dichtungen vor, welche aus dem Ende des 12., oder dem Anfange des 13. Jahrhunderts stammen; allein es hat alle Wahrscheinlichkeit, daß sie schon früher in den Volksgesängen gebräuchlich war, wenn auch nicht in der vollendeten Ausbildung, wie sie im Nibelungenliede erscheint.

§ 44. Stoffe.

a. Die ältesten epischen Volkslieder waren ohne Zweifel mythologischen Inhalts. Die alten Göttersagen wurden aber durch die Völkerwanderung und das Christenthum theils ganz vernichtet, theils zurückgedrängt und zu bloßen Heldensagen umgestaltet,

---

1) Vgl. die § 44 angeführten Schriften v. W. Grimm, Gräße u. Lachmann.

mit welchen die großen Helden aus den Zeiten der Völkerwanderung verschmolzen wurden.[1])

Anm. Es ist schwer, die alten mythologischen Bestandtheile in den volksthümlichen Gedichten aufzufinden, weil sich nicht sicher ermitteln läßt, was ursprüngliche Göttersage ist, und was aus derselben auf die späteren Helden übertragen wurde. Doch sind gewiß die zwei Hauptgestalten der Heldensage Vermenschlichungen alter Götter: Siegfried mag ursprünglich der Drachentödter Freyr, Dietrich der Donnergott Thor gewesen sein, der noch am glühenden Athem erkennbar ist. Doch ist Dietrich zugleich eine historische Person, welche die Sage später mit dem verdrängten Gott verschmolz. Dietrich war ursprünglich ein deutscher König, der in Bern (der alte Name von Köln) herrschte; später wurde er mit Theoderich dem Großen verschmolzen, der seinen Sitz in Verona hatte, welches ebenfalls Bern genannt wurde.[2])

b. Es hatten sich bei den verschiedenen Stämmen auch verschiedene Sagen festgesetzt, doch sind nicht alle bis zur poetischen Gestaltung durchgedrungen, oder sie sind mit den betreffenden Stämmen untergegangen. Erhalten haben sich nur die derjenigen Völkerschaften, welche in Folge ihrer welthistorischen Kämpfe zur Zeit der Völkerwanderung zu größerer Bedeutung gelangten, aber auch nicht einmal alle, da die Lieder der Burgunden, Alemannen, Sachsen und Thüringer entweder ganz verloren gegangen sind, oder nur in Verbindung mit den Sagen anderer Stämme erscheinen.

c. So führt uns das volksthümliche Epos des 12. und 13. Jahrh. nur in die Sagenwelt der Franken, Gothen, Longobarden und Normannen ein, und zum großen Theil sogar nur in einer Verschmelzung, welche aus den Zeiten Karls des Großen und seiner unmittelbaren Nachfolger stammt.

§ 45. Der fränkische Sagenkreis.

Die fränkische Sage, deren Hauptheld Siegfried ist, wird nur in einem einzigen, dem 15. Jahrh. angehörenden Gedichte selbstständig dargestellt, welches sich ohne Zweifel auf ältere Lieder gründet. Außerdem erscheint Siegfried nur in Verbindung mit der burgundischen und gothischen Sage, bald hervorragend, wie in den Nibelungen, bald aber in untergeordneter Stellung, wie in einigen Gedichten, die zur Dietrichssage gehören.

Anm. Es ist eine merkwürdige Erscheinung, daß auch die Volkssänger die Sagen von Karl dem Großen nicht behandelt haben.

§ 46. Der ostgothische Sagenkreis.

Dietrich von Bern, d. h. Theodorich der Große von Verona, aus dem Geschlechte der Amelungen, ist der Held, den die gothische Sage verherrlicht (vgl. § 44. Anm.). Sie erzählt dessen Vertreibung aus seinem Reich in Italien durch den Verrath seines Oheims, des römischen Kaisers Ermenrich, seine Flucht zu Etzel, dem König der Hunnen, (welcher ursprünglich ebenfalls ein deutscher, sächsischer König war), in dessen Kämpfen er handelnd auftritt, und seinen Zug nach Italien, zur Wiedereroberung seines Landes. In einigen Gedichten ist das historische Element vorwiegend, in andern das mythologische, nämlich in denen, in welchen Dietrich in mannigfache Verbindung mit andern Sagen von Zwergen, Riesen und Drachen gebracht wird, und in welchen er vielleicht durchaus als Vermenschlichung Thors angesehen werden muß.[3])

1) Vgl. Grimm, W., D. deutsche Heldensage. Gött. 1829. 2. Aufl. Berlin 1867. — Gräße a. a. O. Raßmann, D. deutsche Heldensage. Hann. 1857–58. II. Müller, P. E., Untersuch. üb. d. Gesch. u. d. Verhältn. d. nord. u. d. Heldensage. übers. v. G. Lange. Frankf. 1832. Grimm, J., Deutsche Mythologie. Gött. 1835. 2. Aufl. Ebd. 1844. III. Hagen, Fr. H. v. d., Nord. Heldenromane, Bresl. 1814. IV. Mone, F. J. Untersuchungen z. Gesch. d. d. Heldens. Quedl. u. Lpz. 1836. Lachmann, K., Kritik d. Sage v. d. Nibelungen (in d. Anmerkgn. zu d. Nibelungen). — 2) Vgl. Raßmann, a. a. O. Bd. 2. — 3) Vgl. Uhland, Dietrich von Bern (Germania 1, 304).

§ 47. Der longobardische Sagenkreis.

Dieser hat sich in den Bearbeitungen der Volkssänger am wenigsten rein erhalten. In allen zu demselben gehörenden Dichtungen wird die Sage mit dem Orient in Verbindung gebracht.

§ 48. Sächsisch-Normannischer Sagenkreis.

Die frühe Romanisirung der Normannen hat Sagen und Lieder dieses Stammes, dem Bewußtsein der übrigen deutschen Völkerschaften entrückt; es hat sich nur ein einziges, aber freilich vortreffliches Gedicht aus diesem Sagenkreis erhalten (die „Gudrun“).

§ 49. Verbindung mehrerer Sagenkreise.

In mehreren Dichtungen sind der fränkische, burgundische und gothische Sagenkreis bald mehr äußerlich und willkürlich, bald inniger verbunden, bald zu vollkommener Einheit verschmolzen. Eines derselben (das Nibelungenlied) ist die großartigste Schöpfung volksthümlicher Epik.

Zweites Capitel. Prosa.

§ 50. Entwickelung und Charakter.

a. Die lateinische Sprache blieb auch jetzt noch die Sprache der Wissenschaft, wie in Italien und Frankreich, so auch in Deutschland, wo einige hochbegabte Männer (z. B. Albertus Magnus 1205—1280) den verbreitetsten Ruf erlangten. Dadurch schloß sich die Wissenschaft vollständig vom Volke ab, und konnte nur mittelbaren Einfluß auf dasselbe ausüben. Es hatte dies auch die nothwendige Folge, daß die Sprache der Prosa noch in den ersten Anfängen der Entwickelung stand, als sich die Poesie schon zur höchsten Blüthe entfaltet hatte; doch sind einige Versuche gemacht worden, wissenschaftliche Gegenstände in deutscher Sprache zu bearbeiten, so wie sich auch deutsch geschriebene Urkunden und Gesetzbücher vorfinden, obgleich auch für diese die lateinische Sprache fortwährend das Uebergewicht behielt. Die Stadt- und Landrechte sind meist in den Mundarten abgefaßt.

b. Die ältesten Gebete und Erbauungsschriften waren meist aus dem Lateinischen übersetzt, ebenso die Predigten und Homilien; erst als um die Mitte des 13. Jahrh. die Predigermönche eine fruchtreiche, auf die Bildung des Volkes gerichtete Thätigkeit entwickelten, und sie sich in ihren Schriften von dem Einfluß des Lateinischen zu befreien, ihre Sprache an der des Volkes zu bilden begannen, erhob sich die philosophisch-betrachtende und die rhetorische Prosa zu einer bedeutenden Höhe.[1])

c. Weitaus die meisten historischen Schriften der Zeit wurden in lateinischer Sprache abgefaßt, doch finden sich auch einige, wenn gleich schwache, doch bemerkenswerthe Anfänge der Geschichtschreibung.

d. Romane in Prosa scheinen nicht beliebt gewesen zu sein, wenigstens ist uns ein einziger bekannt, von dem nur ein kleines Bruchstück auf uns gekommen ist.

e. Die Prosa ist in ihrer ersten selbstständigen Entwickelung ein Erzeugniß des Bürgerthums; alle Denkmäler der Prosa sind, sobald sich dieselbe vom Einflusse des Lateinischen losgerungen hatte, entweder von Männern bürgerlicher Herkunft oder mit vorzüglicher Rücksicht auf die Städte und deren Bewohner abgefaßt worden.

Anm. Außer einigen Briefen in dem „Frauendienst“ Ulrichs von Lichtenstein besitzen wir keine prosaischen Schriften adelicher Verfasser; und es ist bezeichnend für den deutschen Adel jener Zeit, daß von den Tausenden, welche nach Italien oder in das heilige Land gezogen waren, kein einziger auch nur Eine Zeile von seinen Reisen, seinen Kämpfen, seinen Abenteuern und merkwürdigen Erlebnissen niederschrieb.

1) Kehrein, Gesch. d. kathol. Kanzelberedsamkeit der Deutschen (mit Proben). Regensb. 1843. II.

f. Diesen bürgerlichen Charakter behielt die Prosa auch in den nachfolgenden Jahrhunderten, bis sich die Gelehrsamkeit ihrer bemächtigte. Weil bis dahin aber weder der Adel noch die Gelehrten sich der prosaischen Sprache bedienten und sich die Prosa beinahe ganz unabhängig von der Poesie entwickelte, gewann dieselbe einen viel freiern und selbstständigern Charakter, als die Sprache der Poesie, welche den Einfluß des Auslandes nie ganz verläugnen konnte. Die Prosa dieser Zeit ist rein, genau, klar, beweglich und mannigfaltig, und ist als die vorzüglichste Grundlage deutscher Sprachentwickelung zu betrachten.

Zweiter Abschnitt. Uebersicht der Schriftsteller und Denkmäler.

Erstes Capitel. Poesie.

I. Lyrische Poesie (§ 27).

§ 51. Aeltere Dichter und Denkmäler. Anfänge der höfischen Lyrik.

a. Zu den ältesten Denkmälern des Zeitraums gehören einige religiöse Lieder; ein „Lobgesang auf die heilige Jungfrau“, ein „Weihnachts-“ und mehrere „Osterlieder“.[1])

b. **Dietmar von Aist** (Aist, Eist) aus dem Thurgau, um die Mitte des 12. Jahrh. Seine Lieder sind volksthümlich in Form und Anschauung, innig und tief, oft nur assonirend.[2])

c. Der **Kürenberger**, vielleicht aus der Burg Kürenberg im Breisgau, nach Pfeiffer aus Oesterreich stammend, trägt noch volksthümlicheres Gepräge als Dietmar. Seine in der Nibelungenstrophe gedichteten Lieder bestehen aus kleinen epischen Bildern wie die Volksgesänge der Tyroler.[3])

d. **Spervogel** (der ältere), wahrscheinlich aus Oberdeutschland, bürgerlicher Abkunft, dichtete meist Sprüche und Fabeln voll gesunder und kernhafter Lebensweisheit in schlichter, aber wirkungsvoller Sprache, dann auch religiöse Lieder, die bei kunstloser Einfachheit der Darstellung sich zur Erhabenheit der Psalmen steigern.[4])

e. **Friedrich von Hausen**, aus den Rheingegenden, war 1175 mit Friedrich I. in Italien, schloß sich dem Kreuzzuge desselben an, und fiel tapfer kämpfend bei Philomelium (14. Mai 1190). Er gehört zu denen, welche nächst Veldeke die höfische Kunstform in die Lyrik eingeführt haben, doch wiegt bei ihm das volksthümliche Element noch vor. Die Weisen sind einfach, die Reime noch unvollkommen, obgleich nicht mehr bloß assonirend.[5])

Seine meisten Lieder beziehen sich auf seinen italienischen Zug und seine Kreuzfahrt, sind von Sehnsucht nach dem Himmel erfüllt und tragen das Gepräge der Wahrheit. Eines seiner Lieder ist deshalb merkwürdig, weil es die Form der italienischen Stanze hat. Auch hat er provenzalische Dichter benutzt.

f. Heinrich von Veldeke (s. u. § 63). — Kaiser Heinrich VI., geb. 1165, 1169 zum römischen König gekrönt, folgte 1190 seinem Vater Friedrich I. in der Kaiserwürde und starb 1197 zu Messina, vielleicht an Gift. Von ihm sind noch zwei Lieder vorhanden, deren Zartheit mit seinem tyrannischen Charakter im vollsten Widerspruche steht.

g. **Heinrich von Morungen**, wahrscheinlich ein Niederdeutscher, aus dem Anfang des 13. Jahrh., dichtete Liebeslieder, die in Sprache und Haltung noch etwas

---

1) Hoffmann, Kirchenlied. S. 33 ff. Hagen, F. H. v. d., Minnesänger. Bd. 4. (In dieser vollständigen Sammlung stehen alle lyrischen Dichter der Zeit, es ist daher überflüssig, sie immer wieder anzuführen.) — 2) Des Minnesangs Frühling. Vgl. Germania v. Pfeiffer 2. 493. 4. 445. 505. — 3) Ausg. v. W. Wackernagel. Berl. 1827. Hoffmann, Fundgruben I. 301. Des Minnesangs Frühling. — 4) Des Minnesangs Frühling, Fundgruben. Gradl. Fr., Lieder und Sprüche der beiden Meister Spervogel. Prag 1869. Scherer, W., Deutsche Studien. I. Spervogel. Wien 1870. — 5) Des Minnesangs Frühling.

Alterthümliches darbieten und meist einfachen Strophenbau haben, ob sich gleich auch künstlerische Bildungen finden. Sie haben raschen, lebendigen Gang und sind reich an wirkungsvollen Bildern und geistreichen Wendungen. Er benutzte provenzalische Lieder.[1])

§ 52. Blüthe der höfischen Lyrik.

a. **Hartmann von Aue** (s. u. § 59).

\+ b. **Reinmar von Hagenau**, gewöhnlich Reinmar der Alte genannt, aus Elsaß, lebte in Oesterreich, wo er Walther von der Vogelweide in der Sängerkunst unterrichtete, nahm Theil an einem Kreuzzuge (1190) und starb vor Walther, der seinen Tod rührend beklagt. Ein genialer und fruchtbarer Dichter, verfaßte er Minnelieder voll Zartheit, und scheint die Form der Welsenlieder eingeführt zu haben. Selbst in seinen Kreuzliedern bildet die Minne den Mittelpunkt. Trefflich ist sein Klagelied auf den Tod Herzog Leopolds von Oesterreich und merkwürdig sein Spottlied auf Kaiser und Papst.[2])

× c. **Walther von der Vogelweide**, wahrscheinlich aus der Schweiz und bürgerlicher Abkunft, lernte in Oesterreich „singen und sagen". Ein wandernder Sänger und arm, durchzog er viele Länder („von der Elbe bis zum Rhein, und bis Ungarn, von der Seine bis zur Mur, von der Trave bis zum Po"). Er hielt sich zuerst am Hofe Herzog Friedrichs des Katholischen von Oesterreich († 1198) auf, begab sich darauf zu Philipp dem Hohenstaufen, dessen Partei er ergriff, wohnte dessen Krönung in Mainz bei, war 1200 vorübergehend in Wien, und wandte sich hierauf nach Thüringen zum Landgrafen Hermann (Wartburgkrieg, s. u. § 53). Nach Philipps Ermordung erklärte er sich für Otto von Wittelsbach und ergriff dessen Partei gegen den Papst Innocenz III., doch trat er später auf die Seite Friedrichs II., als er von Otto kein Heil mehr erwartete. Friedrich II., den er 1228 wahrscheinlich nach Palästina begleitete, erkannte seine Größe, gab ihm ein Lehen und bestellte ihn unter Leitung des Erzbischofs Engelbrecht von Köln zum besondern Erzieher und Lehrer seines Sohnes Heinrich, an dem er wenig Freude erlebte. Wann er starb, ist nicht bekannt; er soll zu Würzburg im Lorenzgarten des neuen Münsters begraben liegen. — Walther war einer der größten Dichter aller Zeiten und Völker, und ragt namentlich durch die vollendete Harmonie des Inhalts und der Form vor allen übrigen Minnesingern hervor. Von wenigen wird er an Vielseitigkeit, an Wahrheit und Tiefe der Empfindung, an Gedankenreichthum, Mannigfaltigkeit, Gewandtheit und Schönheit der Sprache, an Tüchtigkeit und Adel der Gesinnung erreicht, von keinem übertroffen. Er ist groß im Minnelied, worin er sich durch „sinnliche Kraft der Darstellung, durch die Anschaulichkeit und den Farbenglanz der Lebensbilder" auszeichnet; ob er die Liebe als Sache des Herzens darstellt, oder heiter tändelt, immer ist er poetisch-schön und wahr. Groß ist er als vaterländischer Dichter; seine Gedichte, in denen er seine Stimme für den vom Papst bedrängten Kaiser erhob, sind von gewaltiger Kraft; rührend ist seine Klage über die verschwundene Herrlichkeit des Reiches, erhebend das Lob des deutschen Volkes. Die edelste Gesinnung spricht sich in den Gedichten aus, in denen er gegen die Anmaßungen der Kirche eifert, die Habsucht der Geistlichkeit tadelt, das falsche Spiel der Päpste aufdeckt; aber dabei ist er von der reinsten und kindlichsten Frömmigkeit durchdrungen und für die Befreiung des heiligen Grabes begeistert. In seinen Sprüchen endlich, welche sich über allgemeine Lebensverhältnisse verbreiten, spricht er die kernhafteste Lebens- und Weltweisheit aus.[3])

---

1) Des Minnesangs Frühling. Vgl. Bartsch, Ueb. H. v. A. in Germania 3, 304. — 2) Docen im Altd. Museum I, 162. Des Minnesangs Frühling. — 3) Ausg. v. Lachmann. Berl. 1827, 4. Aufl. 1864. Nebst Ulrich von Singenberg und Leutold von Seven, herausg. v. W. Wackernagel u. M. Rieger. Gießen 1862, von Pfeiffer,

Anm. 1. Walthers Einfluß auf gleichzeitige und spätere Dichter, auf Ulrich von Singenberg, Reinmar von Zweter, Bruder Wernher u. s. w. ist unverkennbar, er war ihr Vorbild sowohl in Behandlung der Form als in der Wahl der Stoffe.

Anm. 2. Die mächtige Wirkung von Walthers politischen Gedichten bezeugt Thomasin von Zirclære. Durch das Wort, daß der Papst mit deutschem Gute seine welschen Taschen füllen wolle, sagt er, hat Walther Tausende bethört, daß sie Gottes und des Papstes Gebot überhört hätten.

d. Wolfram von Eschenbach (s. u. § 61). Gottfried von Straßburg (s. u. § 60). — Ulrich von Singenberg, aus dem Thurgau, Erbtruchseß des Abts von St. Gallen, stand zu Walther in nahem persönlichem Verhältnisse und erlernte wahrscheinlich von diesem die Kunst des Gesangs. Seine Lieder sind lieblich und heiter, gewandt in Sprache und Form. Albrecht von Johannsdorf, der an einem Kreuzzug Antheil nahm (1197 oder 1228), ist einer der Hauptrepräsentanten der adelichen Dichtung; in seinen Liedern herrscht die volksthümliche Kunstform neben der Beschränktheit der geistlichen Welt. Mangel an Objectivität und wahrer Leidenschaft, so wie Neigung zur affectirten Liebesklägelei.[1])

e. **Nithart** aus Bayern, adelicher Herkunft, vielleicht aus dem Geschlechte der Fuchs, auch nach seinem Lehen Riuwental der Riuwentaler genannt, begleitete den Herzog Ludwig I. von Bayern ins heilige Land, wo er verwundet wurde. Nach seiner Rückkehr verlor er die Gunst des Herzogs und mußte seine Freunde und sein liebes Riuwental verlassen (1230). Er wandte sich nach Oesterreich, wo ihn Herzog Friedrich II. freundlich aufnahm. Er ist wahrscheinlich nach 1234 gestorben und liegt in Wien begraben. — Nithart schildert in seinen Liedern die Freude und Lust des Landvolks, dessen Feste, Tänze und Schlägereien, versinkt dabei oft ins Pöbelhafte. In vielen erzählt er die Streiche, die er den Bauern gespielt, weshalb er in späterer Zeit der Träger einer Menge von Schwänken wurde. So sehr seine Lieder ihren Stoffen nach von allen denen der übrigen Minnesinger abweichen, so wenig unterscheiden sie sich von denselben in der Form, weshalb man sie und ihre zahlreichen Nachahmungen ganz passend mit dem Namen der „höfischen Dorfpoesie" bezeichnet. Sie wirken ganz vorzüglich durch den Widerspruch zwischen dem rohen Inhalt und der feinen, geglätteten Form. Uebrigens sind sie für die Sittengeschichte der Zeit von großer Wichtigkeit.[2])

f. Süßkind, mit dem Zunamen von Trimberg, ein Jude, lebte am Anfange des 13. Jahrh. zu Würzburg. — Graf Otto von Botenlauben, aus dem Geschlechte der Grafen von Henneberg, zog 1217 in das heilige Land, wo er eine Adelgeborene heirathete. Nach ihrem Tode (vor 1244) trat er in das von ihm gestiftete Kloster Frauenrode bei Kissingen, als dessen Probst er 1254 starb. Otto ist einer der gemüthlichsten Dichter seiner Zeit, in der Darstellung oft neu, glücklich in der Wahl von Bildern und von größerer Objectivität als die meisten Minnesinger.[3]) — Christian von Hamle, vermuthlich aus der Schweiz, lebte um die Mitte des 13. Jahrh., dichtete Lieder, die sich durch brennende Gluth der Darstellung, durch Wahrheit und Neuheit der Bilder und Wärme der Empfindungen auszeichnen. Er hat sich wahrscheinlich mehr an der Volkspoesie als an der höfischen Kunst herangebildet, wenn auch die Form seiner Lieder durchaus kunstgemäß ist. — Gottfried von Neifen, ein schwäbischer Ritter, der vielleicht noch 1270 lebte, dichtete Minnelieder gewöhnlichen Schlags, daneben andere, in denen er das Leben der Dorfbewohner schildert. In diesen, welche das Gepräge des Volksmäßigen tragen, ist er derb, aber nicht pöbelhaft.[4])

g. Bruder **Wernher** (auch Wirner), ein wandernder Sänger, wahrscheinlich aus Oesterreich, zog ins heilige Land, und zwar, wie man vermuthen darf, als Pilger. Seine trotz der engen Form gedankenvollen Sprüche sind meist tadelnd und oft bitter, sind aber von Interesse, weil sie die Zeit und ihre Verhältnisse schildern.

Lpz. 1864, v. W. Wilmanns. Halle 1869. Hg.; übersetzt u. erklärt v. Simrock. Bonn 1870. Hornig, Glossarium zu W. v. d. V. Quedl. 1844. Uebers. v. Simrock, mit Anmerkgn. v. W. Wackernagel. Berl. 1833. 4. Aufl. ohne Anmerkungen 1869. 11.; v. G. A. Weiske. Halle 1852. Vgl. Uhland, Walther v. d. V. ein altd. Dichter. Stuttgart 1822. Daffis, Z. Lebensgesch. Walthers v. d. V. Berl. 1854. Karajan, Th. G. v., Ueb. zwei Gedichte Walthers v. d. V. Wien 1851. 4. Pfeiffer, Fr., Ueb. Walther v. d. V. Wien 1860. Rieger, Max, D. Leben Walthers v. d. V. Gießen 1863. Kurz, Heinr., Ueber Walthers v. d. V. Herkunft u. Heimat. Aar. 1863. 4. v. Menzel, Rud., D. Leben Walthers v. d. V. Lpz. 1865. W. Wackernagel, Leben und Wirken Walthers v. d. V. (in Ergänzungen zu Herzogs Real-Encyklopädie).

1) Des Minnesangs Frühling. — 2) Ausw. in [illegible] Beitr., Ausg. v. M. Haupt, Lpz. 1858. — 3) Geschichte u. Gedd. herausg. v. L. Bechstein. Lpz. 1845. — 4) Ausg. v. Haupt, Leipz. 1851.

h. **Der Marner**, mit dem Vornamen Konrad, ein wandernder Sänger aus Schwaben, soll, wie Rumeland berichtet, als blinder kranker Greis schändlich ermordet worden sein (vor 1287). Er galt seinen Zeitgenossen als der beste lebende Dichter, ein Ruf, den er nicht sowohl wegen seiner immerhin schönen Minnelieder als wegen seiner gedankenreichen und formell schönen Sprüche verdiente. Voll tiefen Ernstes bekämpfte er das Böse, wo es sich zeigte; mit klarem Auge erkannte er die Gebrechen seiner Zeit, insbesondere den innern Verfall des Papstthums und der Geistlichkeit. Bei alle dem ist er kindlich fromm und voll Ergebung in den Willen Gottes.

i. **Der Tannhäuser**, ein fahrender Sänger, hielt sich abwechselnd an verschiedenen Höfen, namentlich in Oesterreich und Bayern, auf, deren Fürsten ihn unterstützten; er starb wahrscheinlich vor 1273. In seinen Liedern besingt er das Landleben, weder so pöbelhaft als Nithart, noch so volksmäßig als Gottfried von Neifen. Er will mit seinem Wissen glänzen und mischt viele französische Wörter ein. Sein Name knüpft sich bekanntlich an die Sage vom Venusberg.[1] — **Ulrich von Lichtenstein** (s. u. § 55). — **Schenk Ulrich von Winterstetten**, aus Schwaben, lebte um die Mitte des 13. Jahrh. Seine Lieder haben volksthümliches Gepräge, sind frisch und lebendig, und von reicher und wohlklingender Bewegung, weshalb sie in den Mund des Volks übergiengen.

k. **Reinmar von Zweter**, am Rhein geboren, aber in Oesterreich aufgewachsen, hielt sich vorzüglich in Böhmen, später in den Rheingegenden auf, doch besuchte er als wandernder Sänger verschiedene Länder und Höfe. Er starb gegen 1270. Außer zwei größeren Gedichten schrieb Reinmar nur Sprüche, alle in Einem und demselben Ton, aber von mannigfaltigem Inhalt. Er berührt beinahe alle Verhältnisse des öffentlichen und häuslichen Lebens, nur tritt die Minne merklich in den Hintergrund, oder wo er sie behandelt, ist er von dem süßlichen Spiel anderer Dichter weit entfernt. Er nahm lebendigen Antheil an den Zeitverhältnissen und sprach sich kräftig gegen die Uebergriffe der geistlichen Gewalt aus, aber auch in politischen Dingen hatte er klare und freie Ansichten. Seine religiösen Sprüche sind von tiefer Innigkeit und andächtiger Begeisterung. Er sprach gern in Bildern; seine Gleichnisse werden manchmal zur vollständigen Fabel, in deren Behandlung er sehr glücklich ist. Von seinen Räthseln sind manche gelungen, andere zu dunkel.[2])

Anm. 3. Neuere Forscher wollen in Reinmar von Zweter und dem Marner nur Eine Person erblicken, was indessen kaum möglich scheint.

§ 53. Ausgänge der höfischen Lyrik.

a. **Konrad von Würzburg** (s. u. § 64). — **Der Meißner**, ein wandernder Sänger aus der zweiten Hälfte des 13. Jahrh., schrieb Lobgedichte auf die Großen, die ihn belohnten, Spottlieder auf diejenigen, die ihm Nichts gaben. Seine übrigen Gedichte sind ganz didaktischer Natur, ja selbst ganz prosaisch. Gedankenarm, benutzte er vorzüglich Walther. Anzuerkennen ist seine sittliche Gesinnung, zu erwähnen seine Vorliebe zu Sprichwörtern und sprichwörtlichen Redensarten. — **Meister Stolle**, wahrscheinlich aus Oberdeutschland, lebte gegen das Ende des 13. Jahrh. Seine meisten Gedichte sind religiösen Inhalts, in vielen Sprüchen wiederholen sich die Gedanken früherer Dichter; in einigen zeigt sich selbständige und geistige Auffassung. Bemerkenswerth ist ein Gedicht über den Adel. Seine Sprüche sind in der Stollenform gedichtet, die er selbst erfunden zu haben scheint. — **Der Schulmeister von Eßlingen** dichtete Schmählieder auf König Rudolf I., dessen Kargheit und Habsucht er mit Bitterkeit tadelt.

Steinmar, aus dem Thurgau, einer der letzten adelichen Dichter, behandelte das Minnelied in der althergebrachten Weise, doch mit Talent und lebendiger Frische, weil er das Volkslied auf sich wirken ließ. Seine meisten Lieder schildern Abenteuer mit Dorfdirnen. — **Hermann der Damen**, ein fahrender Sänger aus Norddeutschland, wahrscheinlich Frauenlobs Lehrer in der Dichtkunst, schrieb Loblieder auf die Fürsten und Herren, von denen er Gaben empfieng. Wichtig ist ein Gedicht, aus dem wir Frauenlobs wahren Namen erfahren.

b. **Meister Johannes Hadlaub**, aus Zürich, kam als wandernder Sänger bis nach Oesterreich. Er bearbeitete das eigentliche Minnelied und die höfische Dorfpoesie,

---

1) Gräße, Die Sage vom Tannhäuser. Dresd. u. Lpz. 1846. Zander, D. Tannhäuserlied u. d. Minnesinger Tannh. Marb. in Pieter 1858. Das Lied v. Tannh., s. Uhland, Volkslieder, S. 1037. — 2) Hoppe, B., De Reimaro de Zweter. Crefeld 1861.

die ihm ihre höchste Ausbildung verdankt. Seine Minnelieder sind reich an Extravaganzen und an affectirter Sentimentalität; in den Herbstliedern schildert er unmäßige Gelage bei Wurst und Wein, in den Erntliedern malt er die Lust der Schnitter und Schnitterinnen mit lebendigen Farben. Außerdem hat er in Nithartischer Weise Schlägereien der Bauern und endlich auch Wächterlieder gedichtet.[1])

Anm. 1. In einem Gedichte berichtet er, daß Herr Rüdiger Manesse in Zürich große Liedersammlungen gebaut habe, was zu der Annahme Veranlassung gab, daß die Pariser Liederhandschrift, die allerdings früher in der Schweiz war, von dem Züricher Ritter veranstaltet worden sei.

c. **Heinrich Frauenlob**, gewöhnlich nach seinem Geburtsort Heinrich von Meissen genannt, gegen 1260 geboren, erwarb sich auf der Domschule seiner Vaterstadt eine für seine Zeit und seinen Stand bedeutende Gelehrsamkeit. Er durchwanderte Nord- und Süddeutschland, ließ sich 1311 (oder 1312) in Mainz nieder, wo er sich verheirathete (also war er kein Geistlicher) und der Sage nach die erste Meistersängerschule stiftete. Er starb 1318, wurde von Frauen zu Grabe getragen und im Dom bestattet. — Frauenlob war einer der fruchtbarsten und vielseitigsten Dichter seiner Zeit; auch erfand er viele neue Töne. Ein großer Theil seiner Dichtungen ist wegen des schwülstigen und gezwungenen Ausdrucks, so wie wegen ihrer mystischen Auffassung und spitzfindigen Gelehrsamkeit dunkel und selbst unverständlich. In den Sprüchen, in denen er diesen Irrweg vermeidet, ist er tüchtig und liebenswürdig. Viele stellen das Verderbniß der Zeit dar, geißeln mit großer Kühnheit die Sittenlosigkeit der Geistlichen oder die Entartung der Fürsten und Herren; andere entfalten treffliche Lehren der Lebensweisheit. Mancher Spruch besingt das Lob der Frauen auf würdige Weise. — Unangenehm berührt seine Selbstüberschätzung („Ich bin der Meister aller Dever, die je gesungen haben, und noch singen"). Frauenlob hat durch seine Ueberschwenglichkeit und gesuchte Ausdrucksweise zur Allegorie geführt, die später großes Uebergewicht erhielt; aber er hat auch durch seine dem Leben zugewendeten Sprüche die freie Anschauungsweise mit begründet, die in den Städten erstarkte und allmählich zur Idee der Freiheit führte, welche zuerst in der Reformation zur bleibenden Erscheinung gelangte.[2])

d. **Barthel Regenbogen**, ein Schmied und wandernder Sänger, von dessen Heimat, Leben und Tod Nichts bekannt ist, als daß er sich in Mainz aufhielt, nahm, von Frauenlobs Ruf begeistert, zuerst diesen zum Nachtheil seines Talents als Vorbild. Später zur Selbstständigkeit gelangt, dichtete er Sprüche, die trotz der Unbeholfenheit der Form von großer Begabung, Innigkeit und Tiefe des Gefühls zeugen. Er trat der mystisch gelehrten Richtung Frauenlobs entgegen und wurde der Hauptrepräsentant und Träger des bürgerlichen Elements, das nun in der Literatur vorherrschend wurde. Treuherzigkeit, Tüchtigkeit der Gesinnung, klare Beurtheilung des Lebens und der öffentlichen Verhältnisse, Gedankenfülle, Reichthum und Klarheit des Ausdrucks charakterisiren seine Dichtungen. Berühmt ist sein Liederstreit mit Frauenlob (Weib oder Frau).

e. „**Der Sängerkrieg auf der Wartburg**" aus dem Ende des 13. Jahrh. von einem unbekannten Dichter (vielleicht von Frauenlob) ist die Bearbeitung des Sängerstreites, der der Sage nach im J. 1206 zwischen den berühmtesten Dichtern der damaligen Zeit stattgefunden haben soll und bewegt sich meist in dunkeln Räthseln, die sich die Dichter aufgaben.[3])

---

1) Ausg. v. L. Ettmüller, Zür. 1840. — 2) Ausg. v. L. Ettmüller, Quedlinb. 1843. — 3) Ausg. v. Ettmüller, Ilmenau 1830; v. Simrock (mit Uebers. u. Erläut.). Stuttg. u. Augsb. 1858. Vgl. A. Koberstein, Ueb. d. wahrscheinl. Alter u. d. Bedeut. d. Gedichts v. Wartburgkrieg. Naumb. 1823. Rinne, Es hat keinen Sängerkrieg zu Wartburg gegeben. Zeitz 1842. Lucas, Ueb. d. Wartburgkrieg. Königsb. 1838. H. v. Plötz. Ueber d. Sängerkrieg auf Wartburg, nebst e. Beitr. z. Literatur des Räthsels. Weimar 1851.

Anm. 2. Nach den Berichten der Chronisten des Mittelalters sollen mehrere Dichter, welche am Hofe des Landgrafen Hermann von Thüringen lebten, nämlich Wolfram von Eschenbach, Heinrich von Ofterdingen, Walther von der Vogelweide, Reinmar von Zweter, Biterolf, und der tugendhafte Schreiber im J. 1206 (od. 1208) einen Wettgesang gehalten haben, der so ernst gemeint gewesen, daß der Besiegte gehängt werden sollte. Zuerst sei Walther von H. v. Ofterdingen besiegt worden, dieser sei aber durch die plötzliche Erscheinung der Landgräfin Sophie so sehr in Verwirrung gerathen, daß er endlich für überwunden erklärt worden sei. Er habe auch schon den schimpflichen Tod erleiden sollen, doch habe die Landgräfin auf seine Bitte den Zauberer und Dichter Klinsor aus Ungerland herbeiholen lassen, um in einem zweiten Wettstreit Schiedsrichter zu sein. Dieser habe nun Heinrich für den besten Sänger erklärt, aber zugleich eine allgemeine Versöhnung herbeigeführt.

§ 54. Volkslieder und Lieder von ungenannten Dichtern (§ 25).

Wenn sich auch nur wenige Volkslieder in ihrer ältesten Fassung erhalten haben, so sind deren doch wohl mehr auf uns gekommen, als wir mit Sicherheit bestimmen können, indem manche derselben bekannten Dichtern zugeschrieben worden sein mögen, wie z. B. das von Wernher von Tegernsee aufbewahrte liebliche Liedchen: Du bist min, ich bin din. Ganz vollständig ist das „Traugemundslied", dessen Aufzeichnung zwar nicht über die Hälfte des 13. Jahrh. zu reichen scheint, aber ohne Zweifel viel älter ist. Es enthält dies eine Reihe zu einem Ganzen verbundener Räthsel volksthümlicher Art mit dramatisch lebendiger Form.[1])

II. Didaktische Poesie.

§ 55. Lehrgedichte (§ 30).

a. „Der Winsbeke", eines der schönsten Denkmäler der ältern Literatur, ward im Anfang, vielleicht erst in der Mitte des 13. Jahrh. von einem unbekannten Dichter verfaßt. Es scheint nicht in seiner ursprünglichen Gestalt auf uns gekommen zu sein; vielleicht ist es die Ueberarbeitung eines ältern volksthümlichen Gedichts.[2])

Ein Vater giebt seinem Sohn Anweisung zu einem tugendhaften, frommen und thätigen Leben, damit er auch in den Stürmen der Welt sein besseres Selbst bewahre. Der Sohn wird von der Wahrheit der Lehren seines Vaters so mächtig ergriffen, daß er diesen ermahnt, sein Vermögen auf die Stiftung eines Spitals zu verwenden, in welches sie dann beide ziehen wollen. Der Vater willigt mit Freuden ein, und erklärt, daß er seinen „eigenen Knaben" die Freiheit gebe, und sein sämmtliches Vermögen dem zu gründenden Spital überlasse.

b. „Die Winsbekin", eine Nachahmung des vorigen Gedichts, hat einen dramatischeren Gang, ist aber nicht von der nämlichen Liebe und Innigkeit durchdrungen.[2])

Eine Mutter giebt ihrer Tochter Lehren der Weisheit; sie soll züchtig und schamhaft sein. Sich vor der Männer Falschheit hüten, vor der nur Unredlichkeit Schein stelle. Nun will die Tochter wissen, was Minne sei, worauf ihr die Mutter eine Erklärung giebt, die eher zu einem Ritterroman als zu dem Anfang des Gedichts paßt.

c. Thomasin von Zircläre, aus dem Geschlecht der Circlaria in Friaul, lebte zur Zeit Ottos IV. und Friedrichs II. Außer einem Buch über höfisches Leben und höfische Sitte in welscher Sprache schrieb er, noch nicht 30 Jahre alt, in zehn Monaten ein

---

1) Vgl. Schmeller, J. A., Carmina burana. Lat. u. deutsche Gedd. einer Hdschr. des 13. Jahrh. Stuttg. 1847. Sammlungen von Volksliedern sind seit Herder häufig veranstaltet worden: Stimmen der Völker. Lpz. 1778—79 (der jedoch meist ausländische mittheilte). Des Knaben Wunderhorn (nebst Kinderliedern) v. Ach. v. Arnim u. Cl. Brentano. Heidelb. 1806—10. IV.; neue Ausg. Charlottenburg u. Berl. 1845—54. Sammlung deutscher Volkslieder von Büsching und v. d. Hagen. Berl. 1807. Alte deutsche Volkslieder in der Mundart des Kuhländchens v. Meinert. Wien u. Hamb. 1817. Uhland, L. Alte hoch- und niederdeutsche Volkslieder. 1. Abtheil. Stuttg. 1844. II. Simrock, K., Die deutschen Volkslieder. Frankf. 1851. Mittler, Fr. L., Deutsche Volkslieder. Marb. u. Lpz. 1855. 2. Aufl. 1864. Vilmar, Handbüchlein f. Freunde d. deutschen Volkslieds. 2. Aufl. 1868. Ein feyner kleyner Almanach vol schönerr echterr liblicherr Volckslieder ... Daniel Seuberlich. (Fr. Nicolai) 1777—78. II. — 2) Der Winsbeke u. d. Winsbekin. Mit Anmerkgn. v. M. Haupt. Lpz. 1845.

deutsches Gedicht, das er, mit Beziehung auf sein Vaterland, den „Welschen Gast" nannte. Thomasin war ein gelehrter, wohlmeinender, verständiger und praktischer Mann; sein Gedicht hat zwar keinen hohen poetischen Werth, ist aber für die Kenntniß der Sitten seiner Zeit und auch schon darum sehr wichtig, weil sich in ihm schon Spuren eines feindlichen Gegensatzes zur höfischen Poesie zeigen. Die Darstellung ist breit, aber nicht ohne Gewandtheit.¹)

Thomasin legt der Entwickelung seiner Gedanken eine Art System zu Grunde, indem er alle Tugenden von der Beharrlichkeit (stæte), alle Laster und Sünden dagegen von der Veränderlichkeit (unstæte) ableitet. Obgleich er im Allgemeinen über Welt und Kirche frei denkt, erscheint er doch in der praktischen Anwendung oft befangen. Die Einflechtung von Mären, Fabeln, Erzählungen und Geschichten giebt dem Gedicht Leben und Anschaulichkeit.

d. **Freidank** (Vridanc). Ob dieser Name bloß angenommen (s. v. a. Freidenker) oder ein wirklicher ist, läßt sich nicht mit voller Bestimmtheit entscheiden. W. Grimm hält Freidank und Walther von der Vogelweide wegen auffallender Uebereinstimmung der Sprache und der Gesinnung für eine und dieselbe Person. Pfeiffer ist der Meinung, daß der Dichter **Bernhard Freidank** geheißen, später als Walther gelebt habe, ein fahrender Sänger bürgerlichen Standes gewesen, und zu Treviso gestorben und begraben, daß er im Grunde wenig mehr sei als ein Sammler, Ordner und Ueberarbeiter von Sprüchen und Sprichwörtern, die vor ihm zum Theil schon in gebundener Rede vorhanden gewesen. Das Gedicht, welches Freidanks Namen trägt, heißt „Bescheidenheit" d. h. Einsicht, Belehrung, überhaupt das, was Bescheid giebt, und besteht aus einzelnen Sprüchen, die nach ihrer allgemeinen Verwandtschaft zu mehreren Hauptabschnitten verbunden sind. In allen herrscht die vollständigste Einheit der Gesinnung und Lebensanschauung; Frömmigkeit, Menschenliebe, glühendes Gefühl für Freiheit und Recht liegen dem ganzen Gedicht zu Grunde. Unter den Sprüchen befinden sich viele allgemein bekannte, die er mit großer Kunst in die rhythmische Form seines Gedichts gebracht hat. Neben Sprichwörtern erscheinen auch Priameln, Räthsel, Gleichnisse und Fabeln.²) Bei seinen Zeitgenossen in hohem Rufe, oft angeführt und benutzt, und auch später in großem Ansehen (zahlreiche Handschriften), wurde er von Seb. Brant in die Sprache seiner Zeit übertragen und der Lebensanschauung derselben angepaßt.

Die „Bescheidenheit" ist ein „Weltspiegel, in welchem die verschiedenen Stände von dem Papst und Kaiser bis herab zu den Knechten, die öffentlichen und häuslichen Verhältnisse, der religiöse Glaube, Tugenden und Laster in mannigfaltiger Abwechslung dargestellt werden" (W. Grimm). Des Dichters Lebensanschauung beruht auf Gott, er beginnt daher mit dem Spruch, daß der Anfang aller Weisheit von dem Glauben an Gott und der Unterwerfung unter seine Gebote ausgehe, woran er Bemerkungen über das Verhältniß der Menschen zur Gottheit knüpft. Hierauf spricht er von der Seele, ihrer Unergründlichkeit, ihrem räthselhaften Zusammenhang mit dem Körper, und verbreitet sich sodann über die Laster und die Gebrechen, welche den Menschen am Meisten von Gott abwenden (Hoffart, Uebermuth, Geiz, Habsucht, Verläumdungssucht u. s. w.). Unter den Abschnitten, in welchen er auf die Verhältnisse seiner Zeit näher eingeht, sind diejenigen die wichtigsten, in denen er von der Geistlichkeit, von Rom, von den Königen und Fürsten mit sittlicher Entrüstung spricht.

e. **Der Stricker** (s. u. § 66).

f. **Ulrich von Lichtenstein**, aus einem angesehenen Geschlechte der Steiermark, wurde am Anfang des 13. Jahrh. geboren, war vom 12. bis 17. Jahre Edelknabe bei einer Dame, der er von da an sein Leben widmete. Darauf wurde er am Hofe Herzog Heinrichs von Oesterreich in ritterlichen Uebungen unterrichtet, und 1223 zum

---

1) Ausg. (mit sprachl. u. geschichtl. Anmerkgn.) v. Rückert, Quedlinb. 1852. Vgl. L. Diestel, Der wälsche Gast u. d. Moral des 13. Jahrh. (in d. Allg. Monatsschr. f. Wissensch. u. Lit. 1853. S. 541). —
2) Ausg. v. W. Grimm. Gött. 1834. Übersetzt von A. Bacmeister, Reutl. 1861; v. K. Simrock. Stuttg. 1867. Vgl. W. Grimm, Ueber Freidank. Berl. 1850. 1. Nachtrag. Ebend. 2. Nachtrag. Gött. 1855. 4. Pfeiffer, Forsch. z. deutschen Literaturgesch. Drei Untersuchungen. Stuttg. 1855. (S. 37 ff.) Derselbe, Ueb. Bernh. Freidank. (in Germania 2, 129, und in Freie Forschung 1867.

Ritter geschlagen. Von da an erscheint er als der Don Quixote des Frauendienstes, er läßt sich seiner Dame zu Ehren den mißgestalteten Mund operiren, schneidet sich einen Finger ab, den er ihr schickt, geht 1227 nach Venedig, von wo aus er, als Venus verkleidet, durch die Lombardei, Friaul, Kärnthen, Steier, Oesterreich und Böhmen zieht, überall die Ritter zum Kampf auffordernd, überall zu Ehren seiner Herrin kämpfend, die ihn übrigens immer zum Besten hatte und ihm die ärgsten Streiche spielte. Endlich verlor er die Geduld und erkor sich eine andere Dame, der zu Ehren er 1240 einen zweiten abenteuerlichen Zug als König Artus unternahm. Im J. 1246 wurde er von zwei bis dahin ihm befreundeten Männern gefangen genommen und an eine Kette geschmiedet und erst im folgenden Jahr befreit. Im Jahr 1268 des Hochverraths angeklagt, wurde er 26 Wochen lang in strenger Gefangenschaft gehalten, von der er sich nur durch die Uebergabe seiner Burgen befreien konnte. Er starb wahrscheinlich zwischen 1274 und 1277. — Ulrich hat sein abenteuerliches Leben bis zu seiner Befreiung aus der Gefangenschaft in dem „Frauendienst" geschildert, das er 1255 vollendete, und außerdem noch ein didaktisches Gedicht „Itwitz (d. h. Vorwurf, Tadel, Spott) oder der Frauen Buch" verfaßt.[1])

Der „Frauendienst" ist, abgesehen von seinem biographischen Werth für die Kenntniß der ritterlichen Sitten und Anschauungen von großer Wichtigkeit und auch schon deshalb, weil aus demselben unverkennbar hervorgeht, daß die höfische Dichtkunst auf durchaus unwahrer Sentimentalität beruht. Das „Frauen Buch" enthält in der Form eines Gespräches zwischen einem Ritter und einer Dame Klagen über den Verfall des ritterlichen Frauendienstes. Der Ritter wirft die Schuld auf die Frauen, welche unfreundlich gegen die Männer seien, sich nicht mehr schmücken, äußere Frömmigkeit heucheln, dabei aber doch nach niedriger Minne streben. Die Dame dagegen behauptet, daß die Ritter ausgeartet seien, Gelage, Jagd und noch Schlimmeres der Minne edler Frauen vorzögen, worauf Ulrich selbst den Streit zu schlichten sucht, indem er seine phantastischen Ansichten über den Frauendienst auseinandersetzt.

Die Lieder Ulrichs gehören in Zierlichkeit der Sprache und Wohllaut des Verses zu den vollendetsten Erscheinungen der Zeit. — Als er seiner Herrin den Finger schickte, den er sich, durch ihren Spott verletzt, hatte abnehmen lassen, begleitete er ihn mit einem sehr „gefügen" d. h. kunstreichen Büchlein, das er zu diesem Zwecke gedichtet hatte, und das zu seinen besten Erzeugnissen gehört.

Das Büchlein ist an Frau Minne gerichtet, welcher er die Vorwürfe macht, die eigentlich seiner Dame gelten. Frau Minne antwortet tröstend.

g. Hugo von Trimberg, aus dem Dorfe dieses Namens bei Bamberg, war, obgleich nicht geistlichen Standes, von 1260 bis 1309 Rector der Schule am Collegiatstift der Theuerstadt vor Bamberg; er schrieb „Sieben Büchlein in deutscher Sprache", von denen sich eines erhalten hat. Ein anderes, „Der Sammler", gieng schon bei seinen Lebzeiten verloren. — Das noch vorhandene Gedicht, den „Renner", hatte er schon 1300 gedichtet, schloß es aber erst 1309 ab, da er immer neue, meist leicht erkennbare Zusätze einschaltete, durch welche es im Einzelnen allerdings gewann, aber zugleich die ursprüngliche Einheit einbüßte. Die Zusätze sind meist Fabeln, Erzählungen, Märchen, dann auch Stellen oder Gedanken aus verschiedenen Büchern (z. B. dem Freidank). — Der Vortrag ist populär und klar und streift nur selten an mystische Anschauungsweise.[2])

Der „Renner" stellt das Leben des Menschen und den Sittenverfall in einer Allegorie dar: Auf einer Haide war ein mit Birnen beladener Baum, unter demselben wonnigliches Gras, dabei ein wilder Dornstrauch neben einer Lache und einem Brunnen. Ein Theil der Birnen wurde gepflückt, ehe sie reif waren, als sie zeitig waren, kam ein Wind (Fürwitz genannt), der den Baum so heftig schüttelte, daß alle Birnen herabfielen, ein Theil in die Lache, in den Brunnen, in die Dornen, und diese verdarben schnell.

---

1) Ulrich v. L. (Frauendienst u. Frauenbuch), herausg. v. Lachmann, mit Anmerkgn. v. Th. v. Karajan. Berl. 1841. Frauendienst, bearb. v. L. Tieck. Stuttg. 1812. Vgl. Schopf, K. W., die Töne Ulrichs von Lichtenstein. Prag 1854. 4. Falk, Ant., Beitr. z. Gesch. Ulrichs v. L. Marb. i. Steierm. 1856. — 2) Ausg. d. Heile. Bamberg 1833. 4. Frankf. 1549. Fol. (Erneuerung in protestantischem Sinne.) Vgl. Janicke, K., Ueb. Hugos v. Tr. Leben und Schriften (in Germania 3, 363).

ein Theil in das Gras, und diese bleiben sich länger. Adam und Eva bedeuten den Baum, denn sie waren beide ohne Sünde. als sie aber Gottes Zorn auf sich zogen, da wuchs der Hasberi Dorn, und manche Sündenlache, doch hatten sie große Reue und dies bedeutet das grüne Gras. Die Heide ist die Welt, die Birnen sind die Menschen. — In der Entwickelung des Gedichts, welches den Zweck hat, die Sittenverderbniß zu züchtigen, zur Frömmigkeit und Gottesfurcht anzuleiten, wendet sich der Tadel des Dichters vorzüglich gegen die bevorrechteten Stände, die Fürsten, den Adel und die Geistlichkeit, während er die untern Volksclassen mit Liebe und Milde, wenn auch gerecht beurtheilt. Hugo repräsentiert hiedurch das beginnende Bürgerthum mit seiner zweifachen Opposition gegen das Ritterthum und die römische Kirche.

§ 56. Ascetische, symbolische, mystische und allegorische Gedichte (§ 30).

a. Die „Tochter Sion", von einem unbekannten Dominicaner am Rhein, versinnlicht die damals allgemein beliebte Darstellung von der Vermählung der Seele mit Gott.[1] — Konrad von Würzburg (s. u. § 64. a.)

b. **Konrad von Ammenhausen**, aus dem Thurgau, Mönch und zugleich Leutpriester zu Stein am Rhein, lebte in der ersten Hälfte des 14. Jahrh. und machte große Reisen durch Frankreich, die Provence, und Churwalchen (Bünden). Er verfaßte ein Gedicht „Schachzabelbuch" nach dem Buch des französ. Dominicaners Jacobus de Cessolis in wenig gewandter Darstellung mit Einflechtung von mancherlei Zusätzen, die zum Theil aus andern Schriften entlehnt, zum Theil aus dem Leben und der Geschichte seiner Heimat und Zeit entnommen sind.[2]

Das Gedicht zerfällt in vier Theile. Der erste handelt von der Erfindung des Schachspiels, der zweite und dritte geben eine allegorische Erklärung der Figuren, deren jede einen besondern Stand repräsentiert, wobei sich der Dichter über die Tugenden und Pflichten verbreitet, die jedem Stande zukommen, und über die Laster, die jeder zu vermeiden hat. Bei jeder passenden Gelegenheit werden Beispiele aus der Geschichte oder Erzählungen aus dem Leben mitgetheilt. Im vierten Theil beschreibt der Dichter die Einrichtung des Schachspiels und den Gang der Figuren, woran er ebenfalls moralische Nutzanwendungen knüpft.

§ 57. Büchlein oder Briefe (§ 30).

a. **Hartmann von Aue** (s. u. § 59); **Ulrich von Lichtenstein** (s. o. § 53).

b. **Seifried Helbling**, aus Oesterreich, wahrscheinlich ritterlicher Abkunft, wurde um 1230 geboren, und starb nach 1300. Er war für seinen Stand und seine Zeit sehr gebildet, konnte lesen, kannte die Bibel und die deutschen Dichter. Er schrieb fünfzehn Büchlein, deren erstes die Ueberschrift: „Der junge Lucidarius" trägt. Dieses und einige andere Gedichte sind in Form von Gesprächen zwischen ihm und seinem Knappen abgefaßt. Ohne großes Talent zu verrathen, sind Helblings Gedichte von großer Beweglichkeit und Frische; die Gesprächsform ist geschickt behandelt, und durch Einflechtung von Erzählungen oder Schilderungen gehoben.[3]

Die einzelnen Gedichte stehen in keinem äußern Zusammenhang; dagegen hat der Dichter bei den meisten den nämlichen Zweck, nämlich den, die Gebrechen seiner Zeit und seines Volkes freimüthig zu rügen. Am häufigsten klagt er über das Eindringen fremder Sitte; dann tadelt er die Verletzung der alten Landesverfassung, insbesondere die Einführung der Hofgerichtstage an der Stelle der alten Landtage; endlich beklagt er die Entartung der Ritterschaft, die neben dem größten Luxus die größte Rohheit zeigt.

§ 58. Fabeln (§ 30).

a. **Der Stricker** (s. u. § 66).

b. **Ulrich Boner**, aus Bern, wo er in der ersten Hälfte des 14. Jahrh. als Predigermönch lebte, verfaßte hundert Fabeln (darunter am Ende einige Schwänke), die er unter dem Titel „Der Edelstein" sammelte. Edelstein nannte er das Buch, weil es in sich Beispiele mancher Klugheit trage und wie der Edelstein eine innere

---

1) Ausg. v. O. Schade. Berl. 1849. Uebers. v. K. Simrock. Bonn 1851. — 2) Vgl. W. Wackernagel in den Beiträgen v. Heinrich Kurz u. Weißenbach. Aarau 1846. — 3) Ausg. v. Karajan in Haupts Zeitschr. 4, 1.

Kraft habe. Die Stoffe entlehnte er meist zwei ältern lateinischen Fabeldichtern, dem Anonymus des Nevelet und dem Avian, behandelte sie aber mit epischer Breite, so daß die beinahe ganz abstracte Form der alten Fabel zu einem lebensvollen Gemälde wird. Die Darstellung ist von schmuckloser Einfachheit („einfältig an allen Orten und ungeziert sind meine Worte"). Die Moral ist stets mit der größten Klarheit ausgesprochen, meist in Sprichwörtern, die er oft dem Freidank entlehnt. Gewöhnlich gehören immer zwei Fabeln zusammen, so daß die zweite den Gegensatz der ersten bildet. Der Edelstein war vielfach verbreitet, wie die zahlreichen Handschriften beweisen.[1])

Charakteristisch ist es, daß Boner die Erscheinungen der sinnlichen Welt, durch die er eine Wahrheit veranschaulichen wollte, nicht als bloß zufällige Erscheinungen ansah, sondern als bestimmte und nothwendige Aeußerungen irgend einer Wahrheit, welche Gott auf sinnliche Weise habe aussprechen wollen, damit der Mensch sie desto leichter begreife („Gott verleihe, daß wir erkennen die Geschöpfe, die Er uns hat gegeben zu einem Spiegel, daß wir unser Leben richten auf den hohen Grad der Tugenden und auf der Ehren Pfad"). Die Moral, die er vorträgt, beruht auf der innigsten Frömmigkeit und Gottesfurcht ohne klösterliche Beschränktheit. Aus dem „Edelstein" spricht die edle und gesunde Gesinnung des Volks und wie Hugo, so ist auch Ulrich Boner ein ächter Repräsentant des Bürgerthums. So tadelt er die, welche ohne Arbeit ein angenehmes Leben, Ruhm und Ehre haben wollen; er preist die sorglose Ruhe der Armen vor dem mit Sorgen überfüllten Leben der Reichen, und endlich tritt auch bei ihm der Widerspruch gegen die kirchlichen Verhältnisse seiner Zeit hervor.

III. Epische Poesie.

I. Höfische Epik.

§ 59. Der bretonische Sagenkreis (§ 34).

a. **Hartmann von Aue** stammte höchst wahrscheinlich aus dem Geschlecht der Herren von Wespersbül im Thurgau, welche Dienstmannen des Klosters Reichenau (gewöhnlich die Au genannt) waren, was damit übereinstimmt, daß er sich selbst einen „Dienstmann zu Aue" oder „Hartmann den Auer" nannte. Er zog nach dem Tode seines Lehnsherrn, den er mehrfach beklagte, wahrscheinlich im Jahr 1195, ins heilige Land und scheint zwischen 1210 und 1220 gestorben zu sein. „Er war so gelehrt, daß er in den Büchern las, was er darin geschrieben fand", verstand französisch und lateinisch. Er verfaßte drei größere epische Gedichte und eine poetische Erzählung, jene nach französischen Vorbildern, diese nach einer lateinischen Quelle. „Erec" und „Iwein", beide nach Chrestien de Troies, behandeln Stoffe aus dem Sagenkreis von König Artus und der Tafelrunde; „Gregorius" (nach dem Gedicht eines Unbekannten aus dem 12. Jahrh.) ist eine mit epischer Breite dargestellte Legende; die poetische Erzählung „Der arme Heinrich" endlich theilt eine rührende Geschichte mit, die sich in Schwaben zugetragen hatte. Hartmann ist nach Heinrich von Veldeke der Erste, welcher die schon ausgebildete epische Poesie der Franzosen in Deutschland mit glücklichem Erfolge nachahmte. Seine Sprache ist rein und schön, der Reim mit großer Sorgfalt behandelt, besonders aber zeichnet er sich durch künstliche Gestaltung des Stoffs vor allen übrigen höfischen Epikern aus, da er nicht das ganze Leben seiner Helden beschrieb (nur der „Gregorius" macht eine Ausnahme), sondern sich auf eine zusammenhängende Reihe der wichtigsten Begebenheiten beschränkte, die in ihrem Zusammenhang nicht nur den Charakter des Helden und der Nebenpersonen in klarem Lichte erscheinen, sondern auch eine höhere Idee hervortreten lassen, welche den Dichter bei seiner Darstellung

---

1) Der Edelstein. Bamberg, bei Albr. Pfister. Fol., 1461. (Das erste in deutscher Sprache gedruckte Buch.) u. später o. O. u. J. Neue Ausg. v. Benecke, Berl. 1816, von Pfeiffer, Lpz. 1844. Vgl. Stürler, Mor., Das bernische Geschlecht der Boner (Germania 1, 107.).

leitete. Künstlerische Mäßigung ist der vorwaltende Charakter seiner Dichtungen, in denen er mit tiefer Kenntniß des menschlichen Herzens wahres Gefühl und wahre Leidenschaft schildert. In allen lebt eine edle, aller sentimentalen Schwärmerei abholde Gesinnung; daher nicht der schmachtende und spielende Minnedienst mit seinen affectirten Empfindungen, sondern die Kampf- und Thatenlust den Mittelpunkt der Darstellung bildet und die Sinnlichkeit in den Hintergrund tritt, wie denn Hartmann überhaupt durchaus sittlich ist.[1])

In dem nicht vollständig erhaltenen „Erek“, der in Sprache, Versbau und wegen der weitschweifigen Darstellung das schwächste Erzeugniß des Dichters ist, will derselbe die weibliche Treue und Hingebung verherrlichen. Erek, ein Ritter des Königs Artus, heirathet die schöne Enite, und lebt nur ihr und der Liebe. Als Enite erfährt, daß man deshalb von ihrem Gemahl mit Verachtung spreche, wird sie von Schmerz erfüllt. Erek bemerkt ihren Kummer und zwingt sie, ihm dessen Grund mitzutheilen. Da beschließt er, der Welt zu zeigen, daß er noch der tapfere Ritter von früher sei, zugleich aber auch sein Weib für ihren Zweifel an seinem Muth zu bestrafen. Er befiehlt ihr, ihn auf seinen abenteuerlichen Zügen zu begleiten, verbietet ihr aber, ihn jemals anzureden. Schon bald nachher übertritt sie das Gebot, um ihn vor drohender Gefahr zu warnen, wofür er sie straft; allein das hält sie nicht ab, ihre Warnungen zu wiederholen, so hart sie auch immer büßen muß. In einem schweren Kampf mit zwei Riesen, die er erschlägt, fällt er, vom Blutverlust ermattet, ohnmächtig nieder; Enite will sich mit seinem Schwert durchbohren, ein vorüberreitender Graf entreißt es ihr und bringt sie mit dem todtgeglaubten Erek auf sein Schloß. Der Graf will Eniten zwingen, sein Weib zu werden, und mißhandelt sie, da sie widersteht. Erek wird von ihrem Geschrei aus seiner Ohnmacht erweckt; er springt im Leichentuch herbei und erschlägt den Grafen. Nach Heilung seiner Wunden und einigen andern Abenteuern kehrt er an Artus Hof und nach seines Vaters Tod in sein Reich zurück, das er, von Enitens Liebe beglückt, bis zu seinem Tode regiert.[2])

Der „Iwein“ ist Hartmanns bestes Werk, und überhaupt das regelmäßigste und in der Form vollendetste unter den höfischen Gedichten. Die zu Grunde liegenden Ideen spricht der Dichter in seinen ersten Versen aus: „Wer an rechte Güte Wendet sein Gemüthe, Dem folget Glück und Ehre.“ — Iwein erschlägt den König des Waldes, Herrn eines Zauberbrunnens, unter Beihülfe Lunetens, einer Jungfrau der Königin Laudine. Lunete überredet diese, den Ritter zum Gemahl zu nehmen. Bald darauf zieht Iwein an Artus Hof, verliert aber, da er gegen sein Versprechen länger als ein Jahr ausbleibt, die Liebe seiner Gattin. Er verfällt darüber in Wahnsinn, von dem er jedoch bald wieder geheilt wird. Nun zieht er weiter, um seine Gattin aufzusuchen, er befreit einen Löwen von den Umschlingungen eines Drachen; der Löwe verläßt ihn seitdem nicht mehr. Als er zum Zauberbrunnen gekommen, erfüllt ihn die Erinnerung an das verlorene Glück mit solchem Schmerz, daß er vom Pferde herabfällt, sich an seinem Schwerte verwundet und laute Klage erhebt. Eine Jungfrau, die in einer nahen Kapelle gefangen liegt, erkennt ihn, und erzählt, man habe sie als Verrätherin angeklagt, weil sie ihrer Herrin einen Ritter zum Gemahl anempfohlen habe, der sie später böswillig verlassen; sie solle am folgenden Tage verbrannt werden, weil Niemand mit dem Ankläger und dessen zwei Brüdern zu kämpfen wage. Es war Lunete. Iwein besiegt die drei Gegner und entfernt sich wieder, ohne sich zu erkennen zu geben. Nach mehreren andern Abenteuern kehrt er mit dem Löwen zum Brunnen zurück und erlangt durch Lunetens kluge Hülfe der Gattin Huld und Liebe wieder.[3])

Im „Gregorius“ spricht sich der Gedanke aus, daß herzliche Reue und Buße selbst den größten Sünder wieder mit Gott versöhnt. Gregorius, die Frucht blutschänderischer Liebe zweier Geschwister, wird bald nach seiner Geburt ausgesetzt. Zwei Fischer, die ihn finden, übergeben ihn dem Abte eines nahen Klosters, der ihn taufen und erziehen läßt. Als er herangewachsen war und erfährt, daß er ein Findelkind sei, zieht er aus, die Heimat aufzusuchen. Er gelangt in dieselbe, ohne es zu wissen, befreit die aufrührerischen Vasallen seiner Mutter, die ihn aus Dankbarkeit heirathet. Später wird das gräßliche Verhältniß offenbar. Gregorius verläßt sein Reich und zieht sich auf einen wilden Felsen mitten in der See zurück, an den er sich mit einer Kette anschließen läßt. Der Fischer, der ihn anfesselt, verläßt ihn mit der trostlosen Versicherung, daß er nicht eher auf Gottes Hülfe hoffen dürfe, als bis sich der Schlüssel zur Kette, den er ins Meer wirft, wieder finde. Gregorius bleibt wunderbar erhalten, siebenzehn Jahre auf dem Felsen; da erhalten die Römer die göttliche Weisung, ihn zum Papst zu wählen. Als die Gesandten kommen, findet der Fischer den Schlüssel im Bauch eines Fisches. Gregorius zieht nach Rom,

1) A. Barthel, Leben u. Dichten Hartmanns von Aue. Berl. 1854. Lemcke, Hartmann v. A. Stettin, 1863. Fr. Pfeiffer in Germania. 4. Werke, herausg. v. Fedor Bech. Lpz. 1869. III. — 2) Erek, herausg. v. M. Haupt. Lpz. 1839; übersetzt von S. O. Fistes. Halle 1851. — 3) Iwein, Ausg. in Müllers Sammlung; v. G. F. Michaeler, Wien 1786. II.: von Lachmann u. Benecke, Berl. 1827, u. 2. Ausg. 1843. Wörterbuch dazu von Benecke, Gött. 1833; übers. v. W. Graf v. Baudissin, Berl. 1845.

wo er viele Wunder verrichtet. Seine Mutter, die von der Heiligkeit des neuen Papstes hört, eilt nach Rom, um von ihm Vergebung ihrer Sünden zu erflehen. Gregorius ertheilt ihr dieselbe, worauf sich beide erkennen und im Vertrauen auf Gottes Gnade Beruhigung finden.[1])

Im „armen Heinrich“, der durch Tiefe der Empfindung und seelenvolle Gemüthlichkeit hervorragt, erblicken wir die Verherrlichung der weiblichen Treue und Hingebung. Ein reicher Ritter, Herr Heinrich von Aue, wird vom Aussatz befallen, er zieht nach Salern, wo ihm ein Arzt sagt, daß er nur durch das Blut einer reinen Jungfrau geheilt werden könne, die sich freiwillig für ihn dem Tode weihe. Verzweifelnd kehrt er in die Heimat zurück und lebt einsam auf einem kleinen Meierhofe. Die zwölfjährige Tochter seines Meiers, die ihn sorgsam pflegt, erfährt nach drei Jahren den Ausspruch des Arztes und beschließt, sich für den Ritter aufzuopfern. Dieser reist mit ihr nach Salern; schon hat der Arzt das Messer angesetzt, als der Ritter den Mord verbietet und mit der darob zürnenden Jungfrau nach Schwaben zurückkehrt. Weil sich aber der Ritter vor Gott demüthigte, mit dem er bisher gehadert hatte, genest er von seiner Krankheit und nahm das Mägdlein zum Weibe, es für seine liebevolle Treue zu belohnen.[2])

Hartmann hat ferner Lieder, so wie einige gedankenreiche Büchlein gedichtet, in denen schon die höchste Ausbildung der Form zu bemerken ist; er hat sich auch in diesen von der gesuchten Empfindelei der späteren Minnesänger frei gehalten. Auszuzeichnen sind seine Kreuzlieder.[3])

b. Ulrich von Zatzikhoven, aus dem Thurgau, ein Zeitgenosse Hartmanns, dichtete den „Lanzelet“ nach einem französischen Gedicht, dessen Verfasser unbekannt ist. Die Anlage ist sehr kunstlos, die Erzählung schleppt sich unbeholfen in chronologischer Ordnung von der Geburt des Helden bis zu dessen Tode fort; viele, aber einander sehr ähnliche Abenteuer ohne innern und äußern Zusammenhang werden roh aneinandergereiht, und der Dichter gefällt sich in weitläufigen und doch nicht anschaulichen Schilderungen. Widrig berührt der Mangel an jedem edleren Gefühl. Inhalt: Lanzelet war der Sohn des Königs Pant, der Reich und Leben verlor, als der Sohn erst zwei Jahre alt war. Eine Meerminne nahm sich des Knaben an und ließ ihn sorgfältig erziehen. Im 15. Jahre zog er nach Abenteuern aus, erschlug viele Ritter, führte ihre Töchter und Nichten mit sich, bis er wieder andere fand, die ihm besser behagten; heirathete endlich die schöne Iblis, Iwerets Tochter, den er ebenfalls erschlagen hatte, küßte einen Drachen, der sich dann in ein schönes Weib verwandelte u. dgl. m. Er und Iblis starben an einem und demselben Tage.[4])

c. **Wirnt von Gravenberg**, aus einem ritterlichen Geschlechte Frankens, im letzten Viertel des 12. Jahrh. geboren, diente als Edelknabe dem Grafen Berthold IV. von Meran, nahm wahrscheinlich 1228 das Kreuz und soll im Kampfe gegen die Ungläubigen gefallen sein. Sein Gedicht „Wigalois“ verfaßte er nach der mündlichen Erzählung eines Knappen. Er nahm sich Hartmann zum Muster, verstand es aber nicht, sich so zu beschränken wie dieser, daher er sein Gedicht mit Erzählungen von Abenteuern und mit weitläufigen Schilderungen überfüllt, auch breite Reflexionen einflicht, in denen er sich übrigens reich an zarten und warmen Empfindungen, so wie an tüchtiger Menschen- und Weltkenntniß zeigt und eine schöne sittliche Gesinnung beurkundet.[5])

Wigalois sucht seinen Vater Gawein auf, den er nie gesehen hatte, und kommt an Artus Hof, wo er der Obhut Gaweins anvertraut und zum Ritter geschlagen wird. Darauf eilt er in das Königreich Korntin, der bedrängten Königin Larie zu Hülfe, erschlägt einen Drachen, erlöst Lariens als Geist in den Flammen brennenden Vater, besiegt deren Feind Roas (eine herrliche Stelle bietet die Klage von dessen Weibe um den erschlagenen Gatten), heirathet Larie, ladet seinen Vater zu sich, dessen Namen er von dem Geist erfahren hatte, und empfängt von demselben gute Lehren.

d. Heinrich von dem Türlin, aus Kärnten, dichtete um 1220 „Die Krone“, in welcher er alle Abenteuer der Ritter der Tafelrunde zu einem Ganzen vereinigte. Er gefällt sich in der Darstellung solcher Abenteuer, welche das Wunderbare noch überbieten, ist in der Schilderung der Liebesverhältnisse

---

1) Lippold, Fromm. Ueb. d. Quelle d. Gregorius. Lpz. 1869. Ausg. v. Greith, im Spicilegium Vaticanum. Frauenfeld 1838. von Lachmann, Berlin 1838; übers. v. Fiedler. Halle 1851. — 2) Ausg. in Müllers Sammlung; v. F. H. Büsching, Zür. 1810; v. d. Gebrüder Grimm, Berl. 1815; v. W. Müller, Gött. 1842; v. Haupt (Lieder u. Büchlein u. d. arme Heinrich) Lpz. 1842; v. W. Wackernagel, Basel 1855, übers. v. Simrock, Berl. 1830; v. Chamisso im Musenalmanach 1839; von Fr. Koch; von Marbach. — 3) Ausg. v. Haupt (S. oben Anm. 2); und in „des Minnesangs Frühling.“ — 4) Bächtold, Jac., D. Lanzelet des Ulrich v. Zatzikhoven. Frauenfeld 1870. Ausg. v. Hahn. Frkf. 1845. — 5) Ausg. v. Benecke (mit Wörterbuch). Berl. 1819; von Pfeiffer, Lpz. 1847.

jedoch nicht roher als andere höfische Dichter; seine Darstellung ist trocken und langweilig, nur hie und da etwas belebter.[1])

c. Wigamur, der Ritter mit dem Adler, ein Gedicht aus dem bretonischen Sagenkreis, von einem unbekannten Verfasser, das um die Mitte des 13. Jahrh. entstanden sein mag, besteht in der rohen Anhäufung von mannigfachen, in ermüdender Breite dargestellten Abenteuern, die denen aus dem Iwein, dem Parzival und andern Gedichten nachgebildet sind.[2]) — Wigamur wird als Kind von einem Meerweib, diesem von einem Meerwunder geraubt, das ihn ritterlich erzieht. Erwachsen, zieht er auf Abenteuer aus, befreit einen Adler von einem Geier, worauf jener ihm beständig nachfliegt, und findet endlich seinen Vater, der ihm ungefähr die nämlichen Lehren ertheilt, wie Gawein dem Wigalois. Er heirathet die schöne Dulciflur, worauf eine neue Reihe von unbegründeten Abenteuern beginnt.

d. Der Stricker (s. u. § 66. f.).

§ 60. Die Tristansage (§ 35).

a. Meister Gottfried von Straßburg, wahrscheinlich aus Straßburg, lebte am Ende des 12. und am Anfange des 13. Jahrh. und war daher ein Zeitgenosse Hartmanns, Walthers und Wolframs. Er war bürgerlicher Herkunft,[3]) vielseitig gebildet, vielleicht geistlichen Standes und starb wahrscheinlich in noch kräftigem Mannesalter, da er bei der Abfassung seines unvollendet gebliebenen Gedichtes (1210) noch jung war. — Gottfried steht an künstlerischer Gestaltung dem von ihm gerühmten Hartmann nach; sein „Tristan und Isolt" ist eine in chronologischer Ordnung sich bewegende Biographie, die schon mit der Geschichte vom Vater des Helden beginnt, doch beschränkt er sich in der Erzählung der Abenteuer und weiß dieselben künstlerisch zu motivieren. Zwar hat auch er nach fremdem Vorbilde gedichtet (nach Thomas von Britanje oder einer aus diesem abgeleiteten Quelle), allein er hat den überlieferten Stoff durch selbstständige und tiefpoetische Behandlung zu seinem vollsten Eigenthum gemacht. Er vor Allen behandelt die Minne als Leidenschaft, nicht als bloße empfindsame Spielerei, weiß sich aber von der die höfischen Dichter beherrschenden Sinnlichkeit nicht frei zu erhalten. Bei seiner Beobachtung und tiefer Kenntniß des menschlichen Herzens ragt er in der Zeichnung der Charaktere hervor, die er durch die Handlungen der Personen zur Anschauung bringt. Ein Meister in der Schilderung von äußern Erscheinungen wie von Seelenzuständen häuft er sie dennoch nicht, wie er auch nicht in unkünstlerische Breite verfällt. Ueberhaupt besitzt er wie kein anderer Epiker der Zeit einen lebendigen Sinn für das Schöne und vermeidet Alles, was einen veredelten Geschmack verletzen kann. Seine Darstellung ist gefällig, ja oft reizend, der Ausdruck immer gewählt und reich, durch glückliche, geschmackvolle Gleichnisse und geistreiche Wendungen gehoben; zu tadeln ist nur, daß er zu viele französische Wörter und Redensarten einwebt. Seine vollkommen schön gegliederte Satzbildung läßt den Gedanken in vollster Klarheit hervortreten. An Wohllaut ist er dem großen Walther gleich; den Reim beherrscht er mit Sicherheit und Anmuth.[4])

Tristan der Traurige, so genannt, weil er unter unglücklichen Umständen das Licht der Welt erblickte, wurde von Rual, dem Marschall seines Vaters, heimlich erzogen, um ihn vor den Nachforschungen Morgans sicher zu stellen, der das väterliche Reich erobert hatte. Im 14. Jahre entführten ihn norwegische Kaufleute, die ihn bei einem Sturme, vom Gewissen gequält, in Kurnewale aussetzten, wo Marke, sein mütterlicher Oheim, herrschte. Dieser gewann ihn wegen seiner Kenntnisse und Kunstfertigkeiten lieb, denn Rual hatte ihn aufs Sorgfältigste erzogen, und bestimmte ihn zu seinem Nachfolger, als er drei

---

1) Ausg. v. G. H. F. Scholl, Stuttg. 1853. — 2) Ausg. v. J. G. Büsching in Hagens Gedd. d. Mittelalters. — 3) Nach Hermann Kurz (Allg. Ztg. 1868 Nr. 63 ff. Zum Leben Gottfrieds von Straßburg. Wien 1870) stammte Gottfried von e. adelichen Geschlecht ab, das schon vor dem 13. Jahrh. in Straßburg ansässig war. — 4) Gottfrieds von Straßburg Werke (nebst den Fortsetzungen des Tristan), herausg. v. F. H. v. d. Hagen, Berl. 1823. II. Tristan u. Isolt: Ausg. in Müllers Samml. mit den Fortsetzungen v. E. v. Groote, Berl. 1821. 4.; mit Ulrichs Forts. v. Maßmann, Lpz. 1843. Tristan, herausg. v. Reinh. Bechstein, Lpz. 1869 II. Uebers. v. Herm. Kurz, Stuttg. 1844; v. Simrock, Lpz. 1855. II., umgedichtet von K. Immermann, Düsseld. 1841.

Jahre später erfuhr, daß Tristan sein Neffe sei. Darauf erobert Dieser seines Vaters Reich wieder, findet aber bei seiner Rückkehr den König Marke in großer Trauer; denn es war so eben Morolt aus Irland gekommen, um einen schmählichen, früher aufgedrungenen Tribut zu erheben. Tristan kämpft mit Morolt und tödtet ihn. Aber auch er wird verwundet, und nur die Königin Isolt, Morolts Schwester, kann die vom vergifteten Schwerte desselben beigebrachte Wunde heilen. Morolts Leichnam wird nach Irland gebracht, und der König befiehlt, daß jeder, der aus Kurnewale ans Land komme, umgebracht werden solle. — Da Tristans Wunde sich verschlimmerte, schiffte er nach Irland, wo er sich Tantris nannte und für einen Spielmann ausgab. Die Königin, durch sein Spiel für ihn eingenommen, heilt ihn, worauf er ihrer Tochter, die ebenfalls Isolt hieß, Unterricht im Saitenspiele gab. Doch verließ er Irland aus Furcht entdeckt zu werden. — Einige Zeit nach seiner Rückkehr zu seinem Oheim entschloß sich Dieser zu heirathen, und Tristan räth ihm die schöne Isolt an. Er übernimmt es, sie ihm zuzuführen, und schifft nach Irland, wo er sich für einen Kaufmann ausgiebt. Dort hauste damals ein Drache, der Land und Leute furchtbar schädigte; der König hatte dem seine Tochter versprochen, der den Wurm tödte. Tristan erlegt ihn, wird als der Sänger Tantris, aber bald darauf auch als der Mörder Morolts erkannt. Doch söhnt er sich mit dem König aus, der ihm die Tochter für seinen Oheim zusagt. Die Königin bereitet einen Zaubertrank, den die schöne Isolt und Marke trinken sollten; aber auf der Reise tranken ihn Tristan und Isolt, die sogleich von der heftigsten Leidenschaft zu einander ergriffen wurden. Ehe Isolt zu ihrem Gemahle kam, hatte sie schon die eheliche Treue gebrochen; die Liebenden setzten ihren Umgang auch später fort; dieser wurde zwar entdeckt, aber immer gelang es ihnen, den König zu täuschen. Endlich verbannte sie Dieser vom Hofe; sie zogen in eine Wildniß, wo sie längere Zeit im völligen Glücke lebten. Durch neue List getäuscht, berief sie der König wieder an den Hof; doch wurde er bald selbst Zeuge ihrer Untreue. Tristan entfloh, zog auf Abenteuer aus, kam zuletzt zu Herzog Jovelin, dem er sein Land wieder erobern half. Dieser hatte eine Tochter, Isolt Weißhand, für die ihn eine neue Leidenschaft erfaßte. Doch macht er sich Vorwürfe über seine Treulosigkeit und bricht in Klagen aus, mit welchen das unvollendete Gedicht schließt.

Gottfried hat auch mehrere schöne lyrische Gedichte verfaßt.[1]) Ein umfangreiches Lob auf die heilige Jungfrau, welches ihm bisher zugeschrieben wurde, ist, wie Franz Pfeiffer nachweist, nicht von ihm.[2])

b. Ulrich von Türheim, aus dem im Oesterreichischen noch blühenden Geschlecht der von Türheim, ein armer Ritter, der seinen Unterhalt an dem Hofe König Heinrichs, des Sohnes Friedrichs II., fand, setzte Gottfrieds Tristan fort; seine Darstellung ist trocken und nüchtern; er geht nur darauf aus, die Geschichte abzuschließen.[3]) Inhalt: Tristan heirathet endlich Isolt Weißhand, kann aber von der schönen Isolt nicht lassen, und lebt längere Zeit in Verkleidung in ihrer Nähe. Bei einem Abenteuer wird er durch einen giftigen Speer auf den Tod verwundet. Die heilkundige Isolt eilt auf seine Bitten zu ihm; da ihm aber seine Gattin die falsche Nachricht gegeben, daß jene nicht komme, stirbt er vor Schmerz. Als die blonde Isolt bei ihrer Ankunft seinen Tod erfuhr, stürzte sie sich auf die Bahre und verschied. König Marke, der nun von dem Zaubertrank vernahm, ward von Mitleid ergriffen, er holte die Leichname selbst ab, ließ sie neben einander beerdigen, auf Tristans Grab einen Rosenstock und auf Isoltens eine Rebe setzen, welche auf wunderbare Weise zusammenwuchsen.

c. Heinrich von Freiberg, wahrscheinlich aus Sachsen, im letzten Drittel des 13. Jahrh. am Hofe Wenzels II. von Böhmen lebend, setzte ebenfalls Gottfrieds Tristan fort, wobei er neue Personen und neue Verhältnisse einführte und die Tristansage mit der von Artus und der Tafelrunde in Verbindung brachte. Die Darstellung ist geistreicher und gewandter als bei Ulrich.[4]) Inhalt: Tristan heirathet Isolt Weißhand, setzt jedoch den verbrecherischen Umgang mit der schönen Isolt fort; beide werden entdeckt und zum Feuertode verdammt, doch Tristan entkommt auf dem Wege zum Richtplatz, befreit die Geliebte und lebt ein Jahr mit ihr in der schon einmal bewohnten Grotte. Marke findet sie, läßt sich nochmals täuschen, und verzeiht. Das Ende wie bei Ulrich.

§ 61. Die Gralsage (§ 36).

a. **Wolfram von Eschenbach**, aus dem damals zu Bayern gehörenden Städtchen Eschenbach im Nordgau (bei Ansbach), war ritterlichen Geschlechts, aber arm, worüber er öfters bitter klagt. Er lebte meist am Hofe des Landgrafen Hermann von Thüringen, hielt sich aber auch bei den Grafen von Wildberg und Abenberg auf. Wolfram konnte weder lesen noch schreiben, verstand aber französisch und war überhaupt durch

1) In Hagens Ausg. — 2) Vgl. Gottfried v. St., ein Sänger der Gottesminne, v. Pfeiffer in Germania 3, 60 ff. u. Desselben „Freie Forschung". — 3) Ausg. s. o. bei Gottfried, u. Ulrichs Fortsetzung von Wolframs Willehalm § 64. — 4) Ausg. in Hagens Gottfried.

das Leben gebildet. Er starb um 1230. — Wie die höfischen Dichter alle dichtete auch er nach französischen Quellen, die jedoch bis jetzt nicht aufgefunden worden sind. Wolfram wird beinahe allgemein, aber wohl mit Unrecht, für den größten Dichter des Mittelalters gehalten. Seine Liebe zum Sonderbaren und Seltsamen wurde schon von Gottfried getadelt; noch unangenehmer berührt die oft hervortretende gesuchte Empfindelei des höfischen Ritterthums. Es fehlt ihm an künstlerischer Mäßigung, sowohl in der Wahl der Begebenheiten, die er zur unübersichtlichen Fülle anhäuft, als in der Darstellung der einzelnen Verhältnisse und Gegenstände, die er, die bedeutungslosesten wie die bedeutendsten, bis zu unerquicklicher Breite ausmalt. Eben so entbehrt er der Mäßigung im einzelnen Ausdruck, seine Liebe zu seltsamen Wendungen, Bildern und Allegorien geht bis zur Geschmacklosigkeit. Seine reiche Phantasie war mehr nach dem Innern als nach dem Aeußern gerichtet, wie denn sein Talent mehr lyrisch als episch war; daher ließ er sich leicht von seinen Gedanken und Empfindungen hinreißen, und suchte mit Vorliebe geheimnißvolle Beziehungen auf. Auch ist er der Sprache nicht immer Meister und wird nicht selten vom Reime beherrscht. Zudem verstand er die Kunst der Composition und künstlerischen Anordnung des Stoffes nicht; sein „Parzival" ist eine chronologisch sich entwickelnde Biographie, welcher die Lebensbeschreibung des Vaters des Helden vorausgeschickt, die seines Sohnes angefügt wird. Neben diesen Mängeln hat er allerdings große Vorzüge, namentlich übertrifft er alle seine Zeitgenossen an Reichthum, Fülle, so wie an Tiefe und Großartigkeit der Gedanken. Mit dem edelsten sittlichen Ernst (den er nur selten verläugnet) verband er die lebendigste Empfänglichkeit für alles Hohe und Schöne, das innigste und zarteste Gefühl für die rein menschlichen Regungen des Herzens. So bildet er einen erfreulichen Gegensatz zur frivolen Zeit und zur frivolen höfischen Poesie. Endlich hat er vor allen Dichtern des Mittelalters seine Personen mit Bewußtsein individualisiert; jede, selbst die unbedeutendste, hat ein festes, bestimmtes Gepräge; nur spricht sich ihre Individualität weniger in Dem aus, was sie thun, als in Dem, was sie sprechen und denken.[1])

Sein Hauptwerk ist der „Parzival", in welchem er zwei Ideen darstellt, im ersten Theil, daß die Unschuld des Herzens sicherer führt als die Weltklugheit, im zweiten, daß die Treue, der ernste männliche Wille, das Höchste erreicht. Aber beide Ideen sind nicht zur Einheit verschmolzen, und während die erste beinahe bis zum Schluß vortrefflich veranschaulicht ist, tritt die zweite keineswegs lebendig in die Erscheinung. Der größte Fehler des ersten Theils liegt darin, daß die kindliche Einfalt des Helden zuletzt zur Albernheit wird, des zweiten Theils, daß der Held willenlos erscheint und nicht durch eigene Thätigkeit zum Ziele seines Strebens gelangt. Der Gegensatz des weltlichen und geistlichen Ritterthums, den der Dichter vielleicht darstellen wollte, tritt nur mangelhaft hervor. Der „Parzival" enthält eine große Menge von einzelnen, keineswegs motivierten Abenteuern, wodurch die Uebersichtlichkeit und selbst das Verständniß sehr erschwert wird. — Wolfram bearbeitete das Gedicht nach Guiot (Kyot) von Provins, den er einen Provenzalen nennt, dessen Gedicht jedoch in französischer Sprache geschrieben sei.

Gamuret heirathet die Mohrenkönigin Belkane, verläßt sie aber und ihren Sohn Feirefiß, kommt nach Spanien, wo er im Turnier die Königin Herzeloide gewinnt. Beider Sohn Parzival wird von seiner Mutter in der Einsamkeit und in bäuerischer Einfalt erzogen, doch regt sich die Thatenlust so mächtig in ihm, daß die Mutter ihn nicht mehr zurückhalten kann. Sie giebt ihm aber Thorenkleider, um

1) San Marte (Alb. Schulz), Leben und Dichten Wolframs v. Eschenbach. Magdeb. 1836—41. II. 2. Ausg. (Parzival übers.) Lpz. 1858. II. Schmeller, Ueb. W's Heimat u. Grab (Schr. d. Münchener Akad. 1837). W. v. Esch., hrsg. v. Lachmann, Berl. 1833. 2. A. 1854. v. Bartsch, Lpz. 1870. II. Uebers. v. Simrock. Stuttg. 1842. II. Ed. 1849. Ed. 1858 von San-Marte. 2. Aufl. Lpz. 1858.

ihm der Fahrt zu verleiden, und ertheilt ihm Lehren, die er in seiner Einfalt zu wörtlich befolgt.¹) Er kommt an Artus Hof, wo er sich durch Tapferkeit auszeichnet, gelangt dann zur Burg des greisen Gurnemanz, der ihn in höfischer Sitte unterrichtet und unter mancherlei Lehren auch die giebt, nicht zu viel zu fragen. In Belrapeire besiegt er den Feind der Königin Condwiramur und wird ihr Gemahl, verläßt sie aber bald wieder, um seine Mutter aufzusuchen. Da gelangt er in eine Burg, deren König eine schwere Wunde hat. Alles was er sieht, erregt seine Bewunderung, aber jener Lehre eingedenk fragt er Nichts. Kaum hat er die Burg verlassen, als er von seiner Muhme Sigune erfährt, daß es Montsalvatsch, die Burg des Grals sei, zu der Niemand gelange, der sie suche. Als Sigune vernimmt, daß er nicht gefragt habe, verwünscht sie ihn, weil der König Anfortas nur dann gesund werden könne, wenn man ihn um die Ursache seiner Krankheit frage. Bald darauf wird Parzival in die Tafelrunde aufgenommen, diese aber von Kundrie, der Botin des Grals, dadurch für entehrt erklärt; und Kundrie flucht ihm, daß er nicht gefragt habe. Hier verläßt der Dichter seinen Helden und berichtet von Gawains Thaten in breiter Ausführlichkeit. Darauf kehrt er zu Parzival zurück. Dieser sucht immer nach dem Gral. Auf seinen Irrfahrten begegnet er einem alten Ritter, welcher ihn, der nicht an Gott denkt, zur Buße ermahnt. Er will von Gott Nichts wissen; aber es überfällt ihn Reue, und um Gottes Güte auf die Probe zu stellen, überläßt er sich seinem Pferd, das ihn zu einem frommen Einsiedler bringt. Diesem gesteht er, daß ihn die Sehnsucht nach dem Gral und seiner Gemahlin unglücklich mache. Der Einsiedler, der sein Oheim ist, macht ihn mit den Geheimnissen des Grals bekannt, zu dessen Aufsuchung er weiter zieht. Er trifft mit Gawein zusammen, der Klinschors Zauberschloß entzaubert und die schöne Königin Orgeluse geheirathet hatte. Parzival wird wieder in die Tafelrunde aufgenommen, aber die allgemeine Freude erinnert ihn an sein Weib und er reitet heimlich hinweg. Bald begegnet er einem heidnischen Mann, den er nach hartnäckigem Kampfe als seinen Halbbruder Feirefiß erkennt. Sie gehen zusammen an Artus Hof, wo Feirefiß in die Tafelrunde aufgenommen wird. Gleich darauf bringt die Botin des Grals die Nachricht, daß Parzival zum König desselben ernannt worden sei, in welcher Würde ihm sein Sohn Lohengrin folgen solle. Parzival reitet sogleich nach dem Gral, fragt nach der Krankheit des Königs, worauf dieser sogleich gesund wird. Seine Gemahlin kommt mit zwei Söhnen zu ihm. Feirefiß wird getauft, heirathet und zieht wieder nach Indien, wo ihm seine Frau einen Sohn gebiert, welcher der Priester Johannes hieß. Den Schluß bildet die Erzählung von Lohengrins Geschichte.²)

Vom zweiten Gedicht Wolframs, dem „Titurel", sind nur zwei Bruchstücke vorhanden und vielleicht hat er nicht mehr gedichtet. Sie sind in einer eigenthümlichen Strophenform geschrieben, die, obgleich der Nibelungenstrophe nachgeahmt, doch wenig episches Leben hat. Der Inhalt zeugt wiederum von Wolframs Seltsamkeit.

Das erste Bruchstück behandelt die aufkeimende Liebe Schionatulanders und Sigunens, und deren gegenseitige Sehnsucht, als sie von einander getrennt sind. Im zweiten wird erzählt, daß Schionatulander einen Bracken mit einem köstlichen Seil gefangen hatte, auf welchem eine Inschrift mit der Geschichte zweier Liebenden stand. Während Sigune diese liest, entspringt der Hund; Sigune erklärt, daß sie sich dem Geliebten nicht eher ergeben würde, als bis er den Hund herbeigeschafft habe.

Das dritte Gedicht, „Willehalm", welches einen Stoff aus dem Karolingischen Sagenkreis behandelt, ist unvollendet.³) In Bezug auf die Composition ist es dem Parzival vorzuziehen, da sich Alles um die beiden Hauptbegebenheiten, die Schlacht auf Alischanz und die Belagerung von Oransche gruppiert.

Markgraf Wilhelm von Oransche hatte Arabellen, die Gemahlin des heidnischen Königs Tybalt, mit ihrem Willen entführt und geheirathet. Tybalt zieht, um sich zu rächen, mit zahlreichen Schaaren übers Meer und vernichtet das christliche Heer Wilhelms in den Ebenen von Alischanz. Der Markgraf bleibt allein mit 14 Rittern am Leben; er schlägt sich durch drei heidnische Heere bis nach Oransche durch, wo seine Gemahlin weilt, verläßt sie aber bald wieder, um Hülfe zu holen. An dem Hofe König Lowis, der ihm ein mächtiges Heer anvertraut, findet er den Knappen Rennewart, von riesenmäßiger Stärke, den Kaufleute als Kind heidnischer Leute gebracht hatten. Er nimmt denselben mit. Wilhelm kommt mit dem Heere zu günstiger Zeit an; die Heiden hatten Oransche bestürmt und in Brand gesteckt; sie zogen sich aber beim Anblick der Christen zurück. Rennewarts Aehnlichkeit mit Arabellen, seit ihrer Taufe Gyburc genannt, erregt allgemeine Aufmerksamkeit; Gyburc befragt ihn über seine Herkunft, er muß aber wegen eines Eides schweigen. Bald darauf ziehen die Christen gegen das heidnische Heer; dieses wird vorzüglich durch Rennewarts Tapferkeit vollständig geschlagen, er bleibt aber am folgenden Tage vermißt.

---

1) [illegible] thut dasselbe, aber aus muthwilliger Schalkhaftigkeit. — 2) Ältere Druck des Parzival. O. O. 1477. Schulz, Alb., Bed. d. Eigennamen im Parzival (Germania 8, 385). Lucas, C., De Parzivalis aliquot locis. Halle 1852. — 3) S. u. § 62. Ulrich von Türheim u. Ulrich von dem Türlin.

Die Lieder Wolframs zeigen, wie selbst seine epischen Gedichte, von großem lyrischen Talent. Er dichtete meist Tagweisen oder Wächterlieder, als deren Erfinder er gilt. Sie zeichnen sich durch kühne Bildersprache, glühende Leidenschaft, Reichthum an Reimen und großen Wohllaut aus. Seine übrigen Minnelieder, obgleich immerhin schön und ächt poetisch, stehen jenen doch weit nach.[1])

b. Albrecht von Scharfenberg bearbeitete und ergänzte am Ende des 13. Jahrh. die Fragmente Wolframs vom „Titurel“, weshalb sein Gedicht der jüngere Titurel heißt. Es ist in siebenzeiligen Strophen geschrieben. Die Gralsage ist darin in entschiedenem mystischen Sinne aufgefaßt, weshalb es auch bei seinen Zeitgenossen und noch mehr in den nachfolgenden Jahrhunderten zu großem Ansehen gelangte, und sogar dem Wolfram zugeschrieben wurde. Mit Ausnahme einiger Stellen ist es dunkel und trotz der Anhäufung wunderbarer Abenteuer langweilig.[2])

c. Konrad von Würzburg (s. u. § 64 a.).

d. Lohengrin, von einem unbekannten Dichter, erzählt die brabantische Stammsage, welche durch den Helden des Gedichts, den Sohn Parzivals, mit der Gralsage in Verbindung gebracht, und mit vielen willkürlich erdachten Zusätzen erweitert ist.[3])

Der Verfasser wiederholt den zweiten Theil des Kriegs zu Wartburg, und läßt, daran anknüpfend, durch Wolfram erzählen, daß Lohengrin, vom Gral der Gräfin Elsa von Brabant zu Hülfe geschickt, sich mit dieser vermählt habe, doch unter der Bedingung, daß sie niemals nach Namen und Herkunft des Gatten frage. Dieser zeichnet sich in den Kriegen Heinrich des Voglers gegen die Ungarn aus. Bei seiner Rückkehr fragt ihn die Gräfin um seine Herkunft; er sagt es ihr zwar, verläßt sie aber sogleich darauf. Elsa stirbt vor Gram.

§ 62. Der Karolingische Sagenkreis (§ 37).

a. Der Pfaffe Konrad war vermuthlich Kapellan bei Heinrich dem Löwen (1139—1195), auf dessen Antrieb er das „Rolandslied“ aus dem Französischen in deutsche Reime brachte, „ohne hinzuzufügen noch auszulassen“, wie er selbst sagt. Die Darstellung ist steif und trocken, chronikartig berichtend, der Ausdruck rauh und von einer Kürze, die dem Epos nicht natürlich ist.[4])

Karl zieht nach Spanien gegen die Heiden, unterwirft es bis auf Saragossa, wo Marsilie herrschte. Hart bedrängt, heuchelt dieser Unterwerfung; Karl zieht ab und läßt Roland zurück. Sogleich greift Marsilie die Christen an, wird drei Mal geschlagen, aber ein viertes Heer, das er gegen sie führt, bringt die erschöpften Christen in große Bedrängniß. Da bläst Roland in sein Horn, dessen Schall bis zu Karl dringt. Als dieser ankommt, sind die Heiden geschlagen, aber auch seine besten Helden sind gefallen und selbst Roland ist an seinen Wunden gestorben. Karls Trauer ist so groß, daß er Blut weint; der Stein, auf dem er saß, ist jetzt noch naß. Ein neues Heidenheer zieht heran, wird aber vernichtet, und Karl zieht nach Aachen zurück, wo er Genelun hinrichten läßt, durch dessen Verrath die Christen in Bedrängniß gekommen waren.

b. Karlmeinet, von einem unbekannten Dichter oder vielmehr Ueberarbeiter mehrerer, von ihm zu einem Ganzen verbundener Dichtungen, umfaßt die Lebensgeschichte Karls des Großen, von seiner Kindheit bis zu seinem Begräbniß. Es ist in niederrheinischer Sprache geschrieben und wahrscheinlich nach einer niederländischen, aus dem Französischen geschöpften Dichtung gearbeitet.[5])

c. Wolfram v. Eschenbach's „Willehalm“ (s. o. § 61).

d. Ulrich von Türheim (s. o. § 60) gab unter dem Titel „Rennewart“ eine Fortsetzung des „Willehalm“, in welcher er dessen Leben bis zu seinem Tode im Kloster erzählt; die Hauptperson ist jedoch der starke Rennewart, dessen Thaten und Lebensgeschichte in langweiliger Darstellung berichtet werden. Auch die Geschichte von dem Sohne Rennewarts, Malifer, ist angefügt. Der Dichter suchte ohne Erfolg Wolframs Weise und Sprache nachzuahmen.[6])

e. Ulrich von dem Türlin, aus Kärnten, der zwischen 1250 und 1290 lebte, schrieb eine Vorrede zu Wolframs „Willehalm“, d. h. ein Gedicht, in welchem er die frühere Lebensgeschichte des Helden, seine Gefangenschaft bei den Heiden, und die Entführung Arabellens, so wie deren Taufe weitläufig, aber schlicht erzählt.[7])

---

1) Ausg. v. Lachmann. — 2) Ausg. Jos. o. O. u. J. (1477). v. Hahn. Quedlinb. 1842. — 3) Ausg. v. Görres, Heidelb. 1813; v. Rückert, Quedlinb. u. Lpz. 1858. — 4) Ausg. v. W. Grimm. 1838. v. Karl. 1844; v. H. Rückert 1858. — 5) Ausg. v. A. v. Keller. Stuttg. 1858. K. Bartsch, Ueber Karlmeinet. Nbg. 1861. — 6) Bruchstücke, herausg. v. K. Roth. Regensb. 1856. — 7) Ausg. v. Casparson. Cassel 1781. 4.

f. **Konrad Fleck**, wahrscheinlich aus Elsaß, blühte ungefähr im ersten Drittel des 13. Jahrhunderts.[1]) Er verfaßte das liebliche Gedicht „Flore und Blanscheflur“ nach einem französischen Werke. Er nahm sich zwar Gottfried von Straßburg zum Muster, mehr aber in der Sprache, welche von anmuthiger Einfachheit ist, als in der Ausführung. Er gefällt sich in breiten Schilderungen und weiß die wichtigern Thatsachen nicht vor den unwichtigern gebührend hervorzuheben. Aber alle stehen in einem nothwendigen Zusammenhang und bewegen sich fest nach dem Hauptzwecke der Dichtung. Die dem Gedichte zu Grunde liegende Idee ist, daß wahre Liebe mit Besiegung aller Hindernisse zu ihrem Zweck gelangt.[2])

Flore, der Sohn einer heidnischen Königin, und Blanscheflur, die Tochter einer gefangenen Christin, wurden an demselben Tage geboren, von derselben Amme gesäugt und zusammen erzogen. Schon früh entwickelte sich gegenseitige Neigung. Als der König es gewahrte, schickte er den Sohn fort, und als auch Dieses dessen Liebe nicht schwächte, verkaufte er Blanscheflur an Kaufleute, die sie nach Babylon brachten und dem „Amiral“ verkauften. Als Flore heimkehrte und die Sache erfuhr, zog er aus, die Geliebte aufzusuchen. Beim Abschied gab ihm seine Mutter einen Zauberring, der vor jeder Verletzung schützte. Unter mancherlei Abenteuern kam er nach Babylon, wo Blanscheflur in einem Thurme verwahrt wurde. Es gelang ihm, zu ihr zu kommen; aber bald wurde Dies entdeckt und der erzürnte Amiral verdammt Beide zum Feuertod. Vergebens will Flore der Geliebten den Zauberring aufdringen; da sie ihn nicht nimmt, wirft er ihn hinweg, da er ohne sie nicht leben will. Dies rührt den Amiral; er begnadigt die Liebenden, die nach Spanien zurückkehren. Flore läßt sich taufen und heirathet die Geliebte. Sie erzeugen eine Tochter, die Pipins Gemahlin, und Mutter Karls des Großen wurde; sie aber wurden hundert Jahre alt und starben an einem und demselben Tage.

g. Die „gute Frau“ wurde im 13. Jahrh. von einem unbekannten Dichter nach einer französischen Quelle abgefaßt.[3])

Zwei Eheleute trennen sich aus frommer Schwärmerei. Nach einiger Zeit heirathet die Frau, die den Mann für todt hält, drei Mal wieder; ihr dritter Gatte ist ihr erster, welcher König wird, und mit dem sie schon in der früheren Ehe Pipin und Karl gezeugt hatte.

h. Der Stricker (s. unten § 66 c).

§ 63. Die antike Heldensage (§ 38).

a. Der Pfaffe Lamprecht, ein Geistlicher aus dem letzten Drittel des 12. Jahrh., wahrscheinlich vom Niederrhein,[4]) dichtete nach dem Französischen den „Alexander“ mit künstlerischer Unterordnung des Unwichtigern in einfacher Darstellung mit poetischer Lebendigkeit, ohne je selbst bei Erzählung märchenhafter Begebenheiten in das Phantastische zu verfallen. Die Charaktere sind gut gezeichnet, die Schilderungen großartig und voll Wahrheit, die Märchenwelt in lebendig inniger Weise aufgefaßt.[5])

Nach einer Einleitung von Alexanders Herkunft, Geburt, Jugend, Erziehung und Thaten bis zu seiner Thronbesteigung berichtet der Dichter von dessen Zuge nach Persien, den er ausführlich und lebendig erzählt. (Großartige Schilderungen der Schlachten.) Nach Unterwerfung Persiens zieht Alexander gegen Porus, besiegt ihn; geht nach Scythien und gelangt ans Ende der Welt, von wo er Briefe an seine Mutter und an Aristoteles schreibt, worin er seine Abenteuer seit seiner Besiegung des Porus berichtet. (Treffliche Schilderung der gesehenen Wunder, darunter der Mädchen, die im Frühling im Schatten eines Waldes aus Blumenkelchen hervorgehen und im Herbste mit den Blumen sterben.) Jetzt will Alexander von den Engelchören Zins erzwingen und fängt an, sich als Weltbeherrscher zu zeigen, „unersättlich wie die Hölle“. Er gelangt zur Mauer des Paradieses, begehrt Einlaß; er wird abgewiesen, erhält aber einen wunderbaren Stein, der ihm würde zu erkennen geben, wie es um ihn stehe. Er kehrt nach Griechenland zurück; ein alter Jude erklärt ihm die Bedeutung des Steines: er sei ein Bild seines Uebermuthes und mahne ihn an den Tod. Alexander geht in sich und regiert milde bis zu seinem Tode.

---

1) Vgl. Pfeiffer, Fr. Litteraturgesch. S. 89 ff. — 2) Ausg. v. Sommer, Quedlinb. 1846. Uebers. (mit gegenüberstehendem Text) und erklärt v. J. Wetzel, Freib. 1856. — 3) Ausg. v. Sommer in Haupts Zeitschr. 2, 385. — 4) Holtzmann („Der Dichter des Annoliedes“, Germania 2, 1 ff.), hält ihn für den Mönch Lambert von Hersfeld († nach 1077), und schreibt ihm außerdem das „Annolied“ zu (s. u. § 65. a.). — 5) Ausg. von Diemer in d. Gedd. d. 11. u. 12. Jahrh.; v. Weismann, mit Uebers. u. Zugaben. Frankf. 1850. II. Vgl. Rochat, Ueb. e. Quelle d. deutschen Alexanderliedes (in Germania 1, 273.).

b. Heinrich von Veldeke (Veldekin?), ein ritterlicher Dichter aus der Gegend der Abtei St. Trudpen in den Niederlanden, lebte am Hofe zu Cleve, wo er um 1176 nach dem „Eneas" des Benoit de Sainte-More die „Eneit" dichtete. Sie wurde ihm vor ihrer Vollendung entwendet, er erhielt sie aber 9 J. später zurück, worauf er sie zu Ende führte. Außerdem dichtete er eine verloren gegangene Legende „Servatius". Er starb, wahrscheinlich in hohem Alter, wohl schon vor 1200. In der „Eneit" erscheint das Alterthum in höfisch-ritterlicher Einkleidung; aus dem trojanischen Helden ist ein irrender Ritter geworden. Die Minne bildet den Mittelpunkt des Gedichts, sie ist die Triebfeder, die Alles bestimmt. Zwar erscheint sie meist als wahres Gefühl, das der Dichter mit lieblicher Anmuth zu schildern weiß, aber doch bricht schon spielende und gesuchte Sentimentalität durch. Heinrich wurde der Begründer der neuen epischen Kunst, die freilich vorzugsweise formeller Natur war. Er führte eine genauere Versmessung, reinen und wohllautenden Reim, die Zierlichkeit des Styls und die Ausführlichkeit der Darstellung ein.[1])

Nach einem trockenen Bericht von Aeneas Flucht aus Troja und seinen Abenteuern bis zu seiner Ankunft in Karthago erzählt der Dichter in ausführlicher Breite das Liebesverhältniß des Helden mit Dido. Hierauf werden die weiteren Fahrten des Aeneas bis zu seiner Ankunft in das Land des Latinus vorgetragen, dessen Tochter Lavinia in Liebe zu ihm entbrennt. Von da an wird Alles frischer und lebendiger. Aeneas muß mit Turnus um die Geliebte kämpfen, den ihre Mutter begünstigt. Turnus wird von Aeneas getödtet, der Friede geschlossen; Lavinia wird des Helden Gemahlin, worüber sich ihre Mutter zu Tode grämt. Eine der vorzüglichsten und literarisch wichtigsten Stellen ist das Gespräch Lavinias mit ihrer Mutter über die Minne, in welchem schon Alles enthalten ist, was die späteren lyrischen und epischen Dichter über diesen Lieblingsgegenstand sagen.

In seinen Liedern hat Veldeke zuerst den Ton angeschlagen, der die höfischen Lyriker charakterisiert: Mai und Minne sind die stets wiederkehrenden Grundgedanken; doch beklagt er schon, daß man die wahre Minne nicht mehr kenne.[2])

c. Herbart von Fritzlar, aus Hessen, verfaßte noch in jugendlichem Alter, wahrscheinlich schon vor 1210, auf Veranlassung des Landgrafen von Thüringen, an dessen Hof er lebte, das „Liet von Troje" nach einer französischen Quelle, der er sehr treu folgte. Er nahm sich dabei Heinrich von Veldeke zum Muster, den er jedoch nicht erreichte. Der Styl ist trocken, steif und unbeholfen, die Sprache stark mit Niederdeutschem versetzt.[3])

Das Gedicht beginnt mit der Sage von Jason und dem Zug der Argonauten, an deren Erzählung sich die Geschichte von Paris und dem Raube der Helena anschließt. Die Griechen ziehen nach Troja, deren Belagerung und Eroberung breit erzählt wird. Den Schluß bilden die Abenteuer der griechischen Helden auf ihrer Rückfahrt oder nach ihrer Heimkehr.

d. Rudolf von Ems (s. u. § 64 h.). — Konrad von Würzburg (s. u. § 64 k.). — Albrecht von Halberstadt, der am Hofe des Landgrafen Hermann von Thüringen lebte, bearbeitete auf dessen Antrieb Ovids „Metamorphosen". Doch ist dies Gedicht nur in einer spätern Umarbeitung von G. Wickram (s. u. § 127.) vorhanden.[4])

§ 64. Religiöse Stoffe. Legenden (§ 39).

a. Pilatus, eine nur unvollständig erhaltene Legende, von einem unbekannten Dichter, ist eines der ältesten mittelhochdeutschen Gedichte, in welchem der Reim schon in großer Reinheit erscheint und der Vers mit Sorgfalt behandelt ist.[5]) Inhalt: Pilatus, der Sohn eines rheinischen Königs, erschlägt seinen Bruder, wird dem Julius Cäsar als Geisel gegeben, wird aber, nachdem er einen andern Jüngling erschlagen, nach Pontus geschickt, das er unterwirft, worauf ihn Herodes nach Palästina zu Hülfe ruft, dem er jedoch bald die Herrschaft entreißt. Nach Christi Kreuzigung tödtete er sich selbst, sein Geist wird auf den Pilatusberg in der Schweiz gebannt. — Crescentia, ein mittelrh. Gedicht

1) Ausg. v. L. Ettmüller, Lpz. 1852. Kugler, Fr., D. Bilderhandschrift der Veldekischen Eneide aus d. 12. bis 13. Jahrh. Berl. 1834. Ueb. d. Verhältn. zum Original vgl. Alex. Pey im Jahrb. f. roman. Liter. V, 1 ff. — 2) Ausg. bei Ettmüller u. in „Des Minnesangs Frühling". — 3) Ausg. von G. K. Frommann. Quedlinb. 1837. Vgl. G. Frommann, Herbort v. Fritslar u. Benoit de Sainte-More (Germania 1. 49 ff.). — 4) K. Bartsch, A. v. H. u. Ovid im Mittelalter. Quedlinb. 1861. — 5) Ausg. in Anzeiger 4, 434, bei Wackernagel I. 145.

aus dem 12. Jahrh., wurde der spätern Kaiserchronik (s. diese) eingefügt, in der es uns allein aufbewahrt ist.[1]) Inhalt: Crescentia wird von ihrem Schwager, der ihr selbst nachgestellt, der Untreue beschuldigt, sie wird in die Tiber geworfen, aber gerettet. Nach vielen Leiden und Wundern wird ihre Unschuld anerkannt und sie geht mit ihrem Gemahl ins Kloster. — Alberus, ein Geistlicher, der im 12. Jahrh. lebte, bearbeitete die irische Legende vom „Tundalus", welche auch in einer noch etwas ältern niederrheinischen Bearbeitung vorhanden ist.[2]) Inhalt: Das Gedicht erzählt die Visionen des irischen Ritters Tundalus, der während eines wunderbaren Schlafs von einem Engel durch Hölle, Fegfeuer und Himmel geführt wird. — Wernher vom Niederrhein verfaßte im 12. Jahrhundert mehrere Gedichte, darunter den „Vespasianus" und die Legende von der „heiligen Veronika".[3]) Inhalt: Veronika trocknet mit ihrem Tuche dem sterbenden Heiland den Todesschweiß ab; sein Bild bleibt an dem Tuche haften und wirkt seitdem Wunder.

b. **Wernher von Tegernsee**, lebte als Diaconus im bayerischen Kloster dieses Namens in der 2. Hälfte des 12. Jahrh.[4]) Obgleich der Muttersprache mit Liebe zugethan, hat er doch im Sinn und Sitte seiner Zeit das Meiste lateinisch geschrieben, darunter ein „Osterspiel vom Antichrist". In deutscher Sprache hat er um 1178 das „Leben der Jungfrau Maria" nach dem Lateinischen des Hieronymus gedichtet, das aber mit Ausnahme eines kleinen Bruchstückes nur in späterer, doch noch dem 12. Jahrh. angehörender Ueberarbeitung vorhanden ist. Die Darstellung ist anspruchslos, naiv und lebendig, nur oft zu breit.[5])

Das Gedicht zerfällt in drei Lieder, von denen das erste die Geschichte der heil. Anna, der Mutter Marias, dann die Geburt und Kindheit der heil. Jungfrau, das zweite die Jugend und Vermählung derselben, so wie die Geburt Christi, das dritte endlich die weitern Begebenheiten bis zur Rückkehr aus Aegypten erzählt.

c. „Orendel", ein Gedicht des 12. Jahrh., das jedoch nur in einer Ueberarbeitung aus dem 14. vorhanden ist, beruht auf deutscher Sage, die aber auf die Legende übertragen ist und sich in ihr bis auf wenige Spuren verliert.[6])

Das Gedicht beginnt mit der Erzählung der wunderbaren Schicksale des von der heil. Jungfrau gewirkten, nicht genähten Rockes Christi seit dessen Tod, geht dann über zu der Geschichte der Abenteuer Orendels, eines Königssohnes aus Trier, der ins Morgenland zog, um die schöne Königin Breide zu gewinnen. Ein Schiffbruch warf ihn ans Land, er verdingte sich bei einem Fischer, der bald darauf einen Wallfisch fing, in dessen Bauch sich der Rock Christi befand. Orendel kaufte ihn und zog nach Jerusalem, wo er durch seine Tapferkeit die Liebe der Königin gewann. Nach vielen Kämpfen mit den Heiden, in deren einem Orendel gefangen, aber nach zwei Jahren von Breide befreit wurde, kehrt er nach Trier zurück, seinem Vater zu Hülfe, der von den Heiden bedrängt wurde. Er besiegt sie und zieht sogleich wieder in das heilige Land, das die Heiden erobert hatten, läßt aber den Rock Christi in Trier. Nach Befreiung des heil. Grabes will er sich mit Breide vermählen; ein Engel verbietet es ihnen und verkündet ihren baldigen Tod. Sie entsagen der Welt und am bestimmten Tage führt sie der Engel in das Himmelreich.

d. „St. Oswalds Leben", im 12. Jahrh. von einem Unbekannten gedichtet, ist nur in zwei Ueberarbeitungen aus dem 14. Jahrh. auf uns gekommen; die ältere ist von lebendig geistreicher, mit heiterm Humor durchzogener Darstellung.[7])

Oswald, König in England, will um die schöne Pamige, die Tochter des Königs Aaron werben, doch will Niemand der Bote sein, da der wilde Heide alle Werber tödtet. Oswald schickt seinen Raben mit einem Brief an Pamige ab, die ihn in einem Schreiben auffordert, sie mit Heeresmacht zu holen. Es gelingt ihm mit Hülfe des Raben, die Jungfrau zu entführen. Der König zieht ihm nach, wird aber besiegt, worauf Oswald mit ihm und Pamige nach England schifft. Er veranstaltet ein großes Fest zu seiner Vermählung, bei welchem ihm der Heiland erscheint, der den Vermählten baldigen Tod verkündet und sie ermahnt, den Weltfreuden zu entsagen. Sie gehorchen der Ermahnung und sterben in der verkündigten Zeit.

---

1) Ausg. v. Schade (in 4zeiligen Strophen). Berl. 1853. — 2) Niederrheinische Bearbeitg. herausg. v. Lachmann, in den Abhandlgn. d. Berl. Akad. 1836. Die des Alberus herausg. v. Hahn in d. Gedd. des 12. u. 13. Jahrh. — 3) Ausg. v. W. Grimm, Gött. 1839. 4. — 4) Soll nach Holland, Gesch. d. altdeutschen Dichtkunst in Bayern, Regensb. 1862, kein Mönch gewesen sein. — 5) Kugler, De Werinhero tegernseensi. Berl. 1831. 4. Ueberarbeitg. hrsg. v. Oetter. Nürnb. 1802; in d. Fundgruben 2, 147. — 6) Ausg. v. d. Hagen: Der ungenähte Rock Christi. Berlin 1844. Orendel und Breide, e. Rom. d. deutschen Heldenthums, umgedichtet im 12. Jahrh. zu e. befreiten Jerusalem. Hrsg. v. L. Ettmüller. Zür. 1858. Uebers. v. [illegible], Trier 1845; v. Simrock, Stuttg. 1845. — 7) Ausg. v. Ettmüller, Zür. 1835.

e. **Konrad von Fußesbrunnen**, aus Oesterreich,[1]) vermuthlich geistlichen Standes, verfaßte nach dem Lateinischen ein Gedicht von der „Kindheit Jesu“, das zu den besten Legendendichtungen des 12. Jahrh. gehört, da er den einfachen Charakter der Legende richtig aufgefaßt und in anmuthiger Sprache dargestellt hat.[2])

Konrad erzählt die Vorgeschichte in kurzen Zügen, in größerer Ausführlichkeit die Geburt Christi, die Anbetung der Hirten und der Weisen, so wie die Flucht nach Aegypten, auf welcher das Kind schon durch Wunder seine göttliche Macht offenbart. Es spielt mit Drachen und Löwen, läßt Wasser aus einem Baume quellen und verkürzt den Weg; in einem Tempel stürzen die Götter bei seinem Anblick auf den Boden und zerbrechen. Von dem aussätzigen Weibe eines Räubers gebadet, heilt das Wasser, das jene aufbewahrt, alle Wunden und sie wird dadurch reich. Auch nach der Rückkehr verrichtet das Kind Wunder, zieht zu kurz geschnittene Bretter in die Länge, bringt Wasser in einem Korbe nach Haus, macht lahme Kinder und Vögel aus Lehm lebendig. Zuletzt berichtet der Dichter, wie ein Schulmeister Jesum in seine Schule nahm, aber bald fand, daß der Knabe mehr wisse als er selbst.

f. **Meister Otte** (nach Maßmann Otto von Freisingen), ein gelehrter Mann, bearbeitete im Anfang des 13. Jahrh. nach Gautier d'Arras einen „Eraclius“, der eine mit lebendigen Zügen durchwebte Sage darstellt. So treu sich Otte in Stoff und Entwickelung an sein Vorbild hält, verbessert er ihn im Einzelnen durch Weglassung überflüssiger oder unpassender Dinge, durch Erweiterung wesentlicher Verhältnisse und Zustände. Die Gespräche sind lebendig, der Charakter den Personen angemessen, wie überhaupt der Dichter feine Beobachtung und tiefe Menschenkenntniß beurkundet. Die meist kurzen und schlagenden Bemerkungen über Armuth, Tod, Minne u. s. w. sind vortrefflich, und gehen ungezwungen aus den Verhältnissen hervor. Die Behandlung ist selbst bei bedenklichen Stellen zart, der Ausdruck gewandt und geschmackvoll.[3])

Das Gedicht zerfällt in zwei willkürlich verbundene Theile. Zur Zeit des Kaisers Fokas ward Eraclius geboren, dem Gott die Fähigkeit ertheilt hatte, die Natur der Steine, die Tüchtigkeit der Pferde und das Gemüth der Frauen zu erkennen. Da seine Mutter in Armuth geräth, verkauft sie ihn dem Kaiser, der auf seinen Rath eine schöne Jungfrau von niedrigem Stande heirathet. Als Fokas einst das Reich wegen eines Kriegszugs verließ, ließ er seine Gemahlin trotz Eraclius Warnung in einen Thurm einschließen. Sein Mißtrauen erfüllte sie mit Unzufriedenheit und verleitete sie endlich zum Treubruch, der von Eraclius vermöge seiner Wundergabe entdeckt wurde. Der Kaiser will sie mit ihrem Buhlen verbrennen lassen, verzeiht ihnen aber auf den Rath des Eraclius; die Liebenden heirathen einander und leben glücklich. Der zweite, unbedeutendere Theil erzählt die Geschichte von der Wiedergewinnung des heiligen Kreuzes durch Eraclius, der nach Fokas Tod Kaiser geworden war.

g. **Hartmann von Aue** (s. o. § 69).

h. **Rudolf von Ems**, Dienstmann des Grafen von Montfort, dichtete schon im Jahre 1220 und starb 1254 in Italien, wohin er wahrscheinlich Kaiser Konrad IV. begleitet hatte. Er war sehr fruchtbar: mehrere Gedichte sind verloren, in denen er ritterliche Stoffe behandelt zu haben scheint; fünf zum großen Theil große haben sich erhalten. Es fehlt ihm an poetischer Kraft, er hat aber dagegen das Talent, die Seelenzustände zu schildern und das innere Leben der Personen in ihren Handlungen poetisch zu gestalten. Die Darstellung ist schön und gebildet.

Die Legende „Barlaam und Josaphat“ dichtete Rudolf zwischen 1220 und 1223 nach einer lateinischen Quelle, die selbst Uebersetzung aus dem Griechischen war,[4]) gleichsam zur Buße für seine frühern weltlichen Gedichte, aber auch zur Mahnung an alle Sünder, sich zu bekehren. Auch ist das Gedicht die vollendetste Verherrlichung des christlichen Glaubens in seinem Verhältniß zu allen andern Religionen. Das Interesse, welches das Gedicht an sich gewährt, wird durch viele mit Glück eingeflochtene Erzählungen noch bedeutend erhöht.[5])

1) Vgl. Pfeiffer, z. Litteraturgesch. S. 33 f. — 2) Ausg. v. Hahn in den Ged. d. 12. u. 13. Jahrh.; v. Jul. Feifalik. Wien 1859 (nach ihm nicht von Konrad). — 3) Ausg. v. Maßmann nebst d. franz. Ged. Quedlinb. 1842. — 4) Ueb. die Quelle d. „Barlaam“ vgl. Liebrecht im Jahrb. f. roman. Liter. 2, 314 ff. Fr. Pfeiffer, Forschung u. Kritik S. 30 ff. — 5) Ausg. v. Köpke, Berl. 1818; v. Frz. Pfeiffer, Lpz. 1843.

Der indische König Avenier will seinen Sohn Josaphat mit dem nämlichen Hasse gegen die Christen erfüllen, den er selbst gegen sie hegt; aber Gott sendet dem Jüngling den weisen Barlaam, der ihn im Christenthum unterrichtet. Der Vater sucht ihn, jedoch vergeblich, zu seinem Glauben zurückzuführen. Endlich theilt er sein Reich mit dem Sohne, der das Christenthum ausbreitet und in allen Unternehmungen glücklich ist, während der Vater größtentheils Unglücksfälle erleidet, was ihn endlich bewegt, Christ zu werden und sich in die Einsamkeit zurückzuziehen. Nach dessen Tode legt auch Josaphat die Krone nieder und geht in die Wüste, wo er seinen alten Lehrer Barlaam wiederfindet und mit ihm fastend und betend lange zusammenlebt. Nach ihrem Tode werden ihre Leichname nach Indien gebracht, auf ihrem Grabe geschehen Wunder.

Von noch größerem Werth ist „Der gute Gerhard", eine wahrscheinlich nach einem lateinischen Buche gedichtete Erzählung, in welcher die durch Zeit und Oertlichkeit getrennten Begebenheiten zu einem Gesammtbild künstlerisch angeordnet sind. Die Darstellung ist zwar breit, aber dabei von ruhiger gleichmäßiger Haltung; die beiden Hauptgestalten sind lebendig, wahr und scharf gezeichnet.[1])

Kaiser Otto war fromm, weise, gerecht, mild und freigebig, und glaubte eben deshalb, den Himmel verdient zu haben. Eine Stimme vom Himmel verwies ihm seine Ruhmredigkeit, da er das Gute nur um weltlichen Ruhmes wegen gethan habe; ein Kaufmann, der gute Gerhard in Köln, thue das Gute nur um des Guten willen. Der Kaiser reist nach Köln und läßt sich von Gerhard seine Lebensgeschichte erzählen; was dieser in demüthiger Bescheidenheit thut. Er hatte englische Ritter und norwegische Jungfrauen, darunter die Königstochter, die dem englischen König Wilhelm verlobt war, mit Aufopferung seines Guts aus heidnischer Gefangenschaft befreit, die Ritter nach England befördert, die Königstochter nach Köln gebracht, wo er sie lange Jahre bei sich behielt. Da der König sie aber nicht abholte, verlobte sie sich mit seinem Sohne; eben sollte die Vermählung gefeiert werden, als der König erschien. So schmerzlich es ihm fiel, dem Sohne die geliebte Braut zu entreißen, schwankte er nicht in der Erfüllung seiner Pflicht: er führte die so lange Geschiedenen auf eigene Kosten nach England. Die von ihm befreiten Ritter erkannten ihn und wollten ihn zum König wählen, er aber führte ihnen den Todtgeglaubten zu. Ohne Belohnung anzunehmen, kehrte er wieder heim. Der Kaiser wurde von der schlichten und bescheidenen Erzählung so gerührt, daß er in sich ging und wegen seiner Ruhmredigkeit Buße that.

In einem dritten Gedicht, „Wilhelm von Orlens", hat sich Rudolf Gottfried von Straßburg zum Muster genommen und sich dessen zierliche Darstellung anzueignen gesucht, ist aber in Bezug auf poetische Auffassung weit hinter dem großen Meister zurückgeblieben. Es sind nur einzelne Bruchstücke gedruckt, ebenso vom „Alexander", der übrigens nicht vollständig erhalten ist. Beide Gedichte aber haben dadurch historischen Werth, daß Rudolf in ihnen frühere und gleichzeitige Dichter nennt und mit Glück charakterisiert. Endlich besitzen wir noch von ihm eine „Weltchronik", über deren Abfassung er starb; sie geht nur bis zu Salomons Tod. Die biblische Geschichte bildet den Haupttheil derselben, doch werden in einzelnen Abschnitten auch die Geschichten der heidnischen Völker angefügt. Hauptquelle ist die Bibel, doch benutzte er auch lateinische Werke. Rudolfs Weltchronik und ein ähnliches Gedicht eines Unbekannten wurden im 13. Jahrh. verschmolzen.[2])

1. Reinbot von Durn (Türn, Turne), aus Bayern, wurde von Otto dem Erlauchten (1231–1253), dessen Dichter er sich nennt, veranlaßt, die Legende vom „heil. Georg" nach einem französischen Vorbild zu dichten. Der Stoff bewegt sich um ekelhafte Marterscenen, aber viele Stellen beweisen des Dichters Talent; er erzählt mit großer Gewandtheit und Lebendigkeit; auch ist er reich an schönen, oft kühnen Wendungen und an glücklichen Bildern.[3]) — Bruder Philipp, ein Carthäusermönch, dichtete um die Mitte des 13. Jahrh. ein „Marienleben", welches zugleich eine ausführliche Geschichte Christi enthält, nach einem lateinischen Gedichte. Das in schlichter Darstellung sich bewegende Werk Philipps trägt den Charakter liebenswürdiger und gemüthlicher Herzlichkeit und kindlicher Gläubigkeit.[4])

1) Ausg. v. Haupt, Lpz. 1840; übers. v. Lersch, Berl. 1847; v. Simrock, Frankf. 1847; in Prosa v. Söckeris in der Hamb. Morgenzeitung 1840. Vgl. Köhler, Reinh. Die dankbaren Todten und der gute Gerhard (Germania 3, 199). — 2) Vilmar, A. C., Die zwei Recensionen u. d. Handschriftenfamilien der Weltchronik Rudolfs v. Ems, mit Auszügen. Marb. 1839. 4. Die histor. Bücher d. A. T., in einer gereimten Uebers. mitgeth. v. G. Schütze. Hamb. 1779–81. II. (Enthält den gemischten Text.) — 3) Ausg. in Hagens Gedd. des Mittelalters. Vgl. Goedeke, Deutsche Dichtung des MA. Bd. 1, S. 161. Holtzmann in Germania 1, 371. — 4) Ausg. v. Rückert. Quedlinb. 1853.

k. **Konrad von Würzburg**, aus Würzburg gebürtig, lebte in der zweiten Hälfte des 13. Jahrh. Er war ein wandernder Sänger, lebte jedoch meistens am Oberrhein, in Straßburg und Basel, wo er am 31. Aug. 1287 mit seiner Frau und seinen beiden Töchtern starb.[1]) Ein Meister in der Behandlung der Form, hatte er kein hervorragendes poetisches Talent; seine Gedankenarmuth suchte er durch allegorische Auffassung zu verdecken. Konrad hat sich alle poetischen Mittel seiner Vorgänger, namentlich seines Vorbilds Gottfried angeeignet; er besitzt insbesondere wunderbare Fülle des Ausdrucks und reiche Mannigfaltigkeit nebst fließender Gewandtheit der Darstellung. Sprache und Reim sind von vollendeter Reinheit und großer Kunst des Wohllauts. Aber er wirkt nur durch verschwenderischen Aufwand der äußern Mittel, weshalb er oft in Uebertreibung und Geschmacklosigkeit verfällt. Er hat sich in allen poetischen Gattungen versucht und die mannigfaltigsten Stoffe behandelt. Die Legenden gehören zu seinen besten Schöpfungen.[2]) Der „heilige Alexius", nach einer lateinischen Quelle bearbeitet, erzählt eine damals beliebte kirchliche Sage, mit dem Zwecke, das ehelose, Gott allein gewidmete Leben zu verherrlichen. Das Gedicht ist breit ausgesponnen, läßt sich aber angenehm lesen.[3])

Alexius, ein reicher und vornehmer Römer, trennt sich am Hochzeitstage von seiner jungen Frau, zieht in die Welt, kommt nach zehn Jahren zurück und lebt bis zu seinem Tode unerkannt als armer Pilger unter der Treppe seines väterlichen Hauses. Bei seinem Tode läuten alle Glocken von selbst. Ein Pergament, das er in der Hand hält, kann von Niemandem, selbst nicht vom Papste, nur von seiner Braut weggenommen werden; aus demselben erfährt man erst, wer er gewesen.

Mit noch größerer Gewandtheit ist der „Silvester" erzählt, ebenfalls nach lateinischer Quelle, in welchem die Macht und Wahrheit des Christenthums dem Judenthum entgegengesetzt wird.[4])

Papst Silvester streitet auf Veranlassung Kaiser Constantins mit zwölf jüdischen Meistern über die Wahrheit der christlichen Religion, wobei der Dichter große Gelehrsamkeit an den Tag legt. Elf von seinen Gegnern verstummen endlich; der zwölfte läßt voll Grimm einen wilden Stier herbeiführen, dem er den Namen seines Gottes ins Ohr raunt, worauf der Stier sogleich todt niederstürzt. Die Juden jubeln, die Christen erschrecken, aber Silvester macht durch inbrünstiges Gebet den Stier wieder lebendig, was der Jude nicht kann, weshalb sich alle Juden bekehren. (Vgl. Herder, „Tödten und Lebendigmachen".)

Eine dritte Legende, „Pantaleon", erzählt die Bekehrung, Wunderthaten, Marter und Tod eines Jünglings; es ist eine gewöhnliche Martergeschichte.[5])

Unter Konrads übrigen epischen Gedichten zeichnet sich der „Trojanische Krieg", den er nach einer französischen Bearbeitung des Dares dichtete, durch seinen Umfang (60,000) Verse aus; er selbst vergleicht ihn mit einem endlosen Fluß, darin ein Berg versinken könnte. Diesen Umfang erhielt er nicht bloß durch die dem Dichter eigenthümliche Breite, sondern auch dadurch, daß viel andere Sagen hineingearbeitet sind.[6])

Die antiken Helden erscheinen wie bei seinen Vorgängern im Gewande des Ritterthums, nur schwindet bei ihm der Reiz des Antiken. Auf Seiten der Griechen stehen Christen (Ungarn, Russen, Dänen, Waringisen, Deutsche u. A. m.), auf Seiten der Trojaner dagegen Mohammedaner (der Sultan von Babylon, der König von Jerusalem u. s. w.).

Der „Schwanenritter" behandelt die brabantische Stammsage mit vieler Freiheit; er rückt sie in die Zeiten Karls des Großen, den er wiederum zum Zeitgenossen des ersten Kreuzzugs macht.[7])

Am Besten ist Konrad in den kleinen poetischen Erzählungen. „Das Herze" erzählt in Gottfriedscher Manier die bekannte Sage, welche Uhland in dem „Castellan von Coucy" so zart behandelt hat.[8]) Manche Erzählungen tragen seinen

1) Vgl. Wackernagel, K. v. W. aus Würzb. od. aus Basel? (Germania 3, 266.) — 2) Pfeiffer, Fr., Ueb. Konrad v. Würzburg. Wien 1866. — 3) Ausg. v. Maßmann, Quedlinb. 1843; in Haupts Zeitsch. 3, 534. — 4) Ausg. v. W. Grimm. Gött. 1841. — 5) Ausg. v. Haupt in s. Zeitschr. 6, 193. — 6) Ausg. v. A. v. Keller. Stuttg. 1858. — 7) Ausg. v. W. Grimm. in d. Altd. Wäldern 3, 49. — 8) Ausg. v. Fr. Roth, Frankf. 1861, in Gesammtabenteuer 1. 227.

Namen, die gewiß nicht von ihm sind („Alten Weibes List“, „Die halbe Birn“ u. a. m.). Die liebliche Erzählung „Engelhart und Engeltrut“ behandelt nach lateinischer Quelle, aber in selbstständiger Ausführung, die Sage von Amicus und Amelius, die der Dichter auf deutsche Personen und Zustände überträgt.[1])

Der Burgunder Engelhart schließt mit dem ihm täuschend ähnlichen Dietrich von Brabant einen Freundschaftsbund. In Dänemark besteht Dietrich einen Zweikampf an der Stelle seines Freundes, der des Umgangs mit Engeltrut, der Tochter des Königs, angeklagt war und sich schuldig fühlte. Engelhart wird der Jungfrau Gemahl. Nach einigen Jahren wird Dietrich vom Aussatz befallen; da er nur mit dem Blute unschuldiger Kinder geheilt werden kann, tödtet Engelhart die seinigen und der Freund genest. Aber die Wärterin findet die beiden Kinder spielend, jedes mit einem rothen Faden um den Hals.

„Kaiser Otto“ ist eine der besten Erzählungen Konrads und übertrifft selbst die vorige in Betreff der Charakterschilderung; sie ist ebenfalls nach lateinischer Quelle gedichtet.[2])

Einst erschlug der tapfere Ritter von Kempten den Truchsessen des Kaisers Otto, der einen dem Ritter anvertrauten Knaben wegen geringen Vergehens blutig geschlagen hatte. Erzürnt schwur der Kaiser bei seinem Barte, daß der Ritter sterben müsse. Da dieser wußte, daß der Kaiser Nichts widerrief, was er auf diese Weise beschworen habe, ergriff er ihn beim Bart, warf ihn nieder und drohte ihn zu tödten, wenn er seinen Schwur nicht zurücknähme. Der Kaiser that es, aber verbannte ihn bei Todesstrafe aus seiner Gegenwart. Zehn Jahre später entbot der Kaiser in einem schweren Kriege alle Lehensmannen nach Italien; so mußte auch Heinrich von Kempten mitziehen. Einst wurde der Kaiser von den Feinden überfallen; der Ritter, der gerade badete, sprang nackt aus der Wanne und rettete den Kaiser, der ihm von da an seine Huld zuwandte.

Nebst mehreren Fabeln, die er mit Glück behandelte, verfaßte Konrad auch zwei allegorisch-didaktische Gedichte, „Der Welt Lohn“[3]) und „Die Klage der Kunst“.[4])

In der „Welt Lohn“ erzählt der Dichter, wie der Ritter (und Dichter) Wirnt von Gravenberg (§ 39 c.) von seinem weltlichen Trachten nach Ehre und Ruhm bekehrt wird und sich zu Gott wendet. — In der „Klage der Kunst“ klagt die bettelhaft gekleidete Kunst gegen die falsche Milde, welche die Kunstlosen bereichert; und die Gerechtigkeit fällt das Urtheil, daß wer dem Kunstlosen Gut und Ehre gebe, von der Minne gemieden werden solle.

Unter Konrads lyrischen Gedichten nimmt die „Goldene Schmiede“, in welcher er das Lob der heiligen Jungfrau besingt, den ersten Rang ein; sie gehört zu den künstlerisch vollendetsten Dichtungen. Die höchste Wirkung suchte Konrad durch Fülle von Bildern und Gleichnissen zu erreichen, von denen er viele aus der Bibel, namentlich aus den Psalmen entnahm.[5]) Auch in seinen Liedern zeigt sich Konrad als Meister der Form, durch welche er seine Gedankenarmuth zu verdecken suchte, die in den Liedern noch mehr hervortritt, als in seinen andern Gedichten. Wegen der Künstlichkeit seiner Töne stand er bei den spätern Meistersängern in hohem Ansehen. Freilich verleitete ihn die leichte Behandlung des Reims zu Reimspielereien. Er dichtete Minne, Tanz-, Mai- und Wächterlieder; viele seiner lyrischen Gedichte enthalten Klagen über den Verfall der Kunst, die Nichtachtung derselben Seitens der Reichen und Mächtigen.

l. Das „Leben der heiligen Elisabeth“, von einem unbekannten, wahrscheinlich thüringischen Dichter um 1300 in schöner fließender Sprache geschrieben, ergreift durch die darin wehende religiöse Begeisterung. Der Dichter will die Idee veranschaulichen, daß Selbstverläugnung und Weltverachtung vor Gott angenehm machen.[6])

Das Gedicht beginnt mit der Verkündigung von Elisabeths Geburt (während des Sängerkriegs), erzählt von ihrer Erziehung, ihrer Jugend und ihrer Frömmigkeit, die sich auch später gleich bleibt, und sich namentlich durch Spendungen an die Armen, Pflege der Kranken und Selbstkasteiung offenbarte. Nach

---

1) Ausg. v. Haupt, Lpz. 1844. Alter Druck, Frankf. 1573. — 2) Ausg. v. Hahn, Quedlinb. 1838, und in Gesammtabent. I, 69. — 3) Ausg. v. Roth, Frankf. 1843, und in Gesammtabent. I, 400. — 4) Ausg. in Hagens Museum, I, 62. — 5) Ausg. v. W. Grimm, Gött. 1840. — 6) Noch ungedruckt. Auszug bei Graff, Diutiska I, 344.

dem Tode ihres Gemahls, des Landgrafen Ludwig, den bittersten Demüthigungen ausgesetzt, ertrug sie dieselben mit standhafter Ergebung bis zu ihrem Tode, der von Wundern begleitet war.

§ 65. Poetische Bearbeitungen der Geschichte (§ 40).

a. „Das Annolied", ein Lobgesang auf den heiligen Anno, Erzbischof von Köln († 1075), nach der gewöhnlichen Annahme bei Gelegenheit seiner Heiligsprechung (1183), aber wahrscheinlich viel früher, vielleicht schon im 11. Jahrh. von einem unbekannten Dichter verfaßt, der am Niederrhein lebte.¹) Es ist dies eine der großartigsten Dichtungen voll Tiefe und Innigkeit, von ächt poetischer Auffassung und künstlerischer Composition, „eine wahrhaft Pindarische Hymne" (Herder), reich an glücklichen, oft kühnen Bildern, trefflichen Schilderungen von ergreifender Wahrheit bei knapper Darstellung, daher unmöglich aus der Kaiserchronik entnommen, deren übereinstimmende Stellen in jeder Beziehung tiefer stehen.²)

Nach einer Einleitung von Erschaffung der Welt, vom Sündenfall, von der Erlösung, den vier Weltmonarchien, wobei der Dichter an Daniels Traum anschließt, von der Verbreitung des Christenthums, das auch zu den Franken und nach Köln gebracht wird, geht das Gedicht auf die Schilderung Annos über, den es als Mensch, Christ, Staatsmann charakterisiert, worauf es von seinen Mildthätigkeiten, von seinem Tod und seinen Wundern berichtet.

b. Die Kaiserchronik erzählt nach lateinischen Quellen, wohl auch nach ältern deutschen Gedichten die Geschichte der römischen und deutschen Kaiser bis auf Lothar (1139), und in jüngern Handschriften bis auf 1147. Ein wunderbares Gewebe der seltsamsten Art, erhält das Gedicht durch Einflechtung vieler Sagen und Legenden vielseitige Bedeutung. Die Darstellung ist ungleich, oft von glücklicher Kürze, lebendig und anschaulich, oft wieder trocken, doch meist in guter Sprache. Der Reim ist noch wenig ausgebildet und erscheint öfters als bloße Assonanz.³)

Viele Sagen, Legenden, Erzählungen und Fabeln (aus der Thiersage), die sich im Gedichte befinden, sind wahrscheinlich, wenigstens zum Theil, ältern Dichtungen entnommen und mehr oder weniger überarbeitet. (Die Legende von der heil. Familie, die Thiermäre vom Hirschen und Fuchs, die Geschichte der Crescentia § 64 a. u. a. m.) Der Dichter hält Sagen und Märchen für wahre Geschichte, nur die deutsche Heldensage scheint ihm lügenhaft. Die Begebenheiten sind wunderbar durch einander gewirrt: Tarquinius regiert nach Nero, Marcus Curtius lebt zur Zeit des Kaisers Cajus, Alarich zur Zeit des Commodus.

c. Jans Enenkel oder Eninkel, aus Wien (1190—1250), schrieb mehrere Werke, theils in Prosa, theils in Reimen, unter denen das „Fürstenbuch von Oesterreich"⁴) und die „Weltchronik"⁵) die berühmtesten sind. Beide enthalten durch die eingeflochtenen Märchen, Sagen, Schwänke und Geschichtchen, welche oft mit heiterem Humor, oft mit naiver Derbheit erzählt sind, mannigfaches Interesse. Einzelne Züge sind merkwürdig, z. B. daß Noah auch ein Paar Teufel in die Arche aufnimmt, damit die Art nicht untergehe. — Rudolf von Ems (s. a. § 64 b.). — Meister Gotfried Hagen, Stadtschreiber von Köln, schrieb um 1270 eine „Reimchronik der Stadt Köln" in niederrheinischer Mundart. Von Freiheits- und Vaterlandsliebe erfüllt, schildert er namentlich die Kämpfe der Bürgerschaft mit den Erzbischöfen Konrad von Hochstetten und Engelberg von Falkenburg (1250—1270) mit Begeisterung und dramatischer Lebendigkeit. Daß er mit der deutschen Heldensage und dem volksthümlichen Epos vertraut war, bezeugen Anspielungen und daraus entnommene Wendungen.⁶)

§ 66. Andere epische Gedichte. — Poetische Erzählungen. (§ 41.)

a. „Herzog Ernst", ein Gedicht aus dem letzten Drittel des 12. Jahr., ist nur in Bruchstücken vorhanden;⁷) eine spätere Bearbeitung aus der ersten Hälfte des

1) Vgl. a. § 63, Note 3. — 2) Ausg. v. Opitz, Danzig 1639; von Hegewisch (mit Uebers.) in Eggers deutschem Magazin 1791, I. 585; von Goldmann (mit Uebers.), Lpz. 1816; von Roth (mit Uebers. u. Erläuter.), München 1847, 1. Heft; v. H. E. Bezzenberger, Quedlinb. 1848; [illegible]. — 3) Ausg. v. Diemer, 1. Th. (Text), Wien 1849; v. Maßmann (mit Erläuterungen), Quedlinb. 1849—54. III. Vgl. Gredy, Fr. W., Ueber die Kaiserchronik. Mainz 1851. — 4) Ausg. v. Megiser, Linz 1618 u. 1740; in Rauch, Script. rer. austriacar. 1. — 5) Bruchstücke in Pez, Script. 2., Docen Miscell. 2, 60; Haupt, Zeitschr. 5, 268; Hagen, Gesammtabent. 2, 499; Maßmann, Kaiserchron. 3. — 6) Ausg. v. E. v. Groote, Köln 1834. — 7) Ausg. v. Hoffmann, Fundgruben 1, 228.

13. Jahrh. ist durch spätere Zusätze entstellt. Es bringt eine ursprünglich deutsche Sage mit dem Morgenland in Verbindung und stellt die geographischen Kenntnisse der damaligen Zeit zusammen.[1])

Das Gedicht zerfällt in zwei Theile. Der erste erzählt die Kämpfe des Herzogs Ernst von Bayern mit Kaiser Otto, seinem Stiefvater; der zweite weitaus bessere Theil dessen Abenteuer auf seiner Pilgerfahrt nach dem heiligen Grabe, die er unternahm, als er dem Kaiser nicht länger widerstehen konnte. Er kommt nach einem mächtigen Sturm und langem Umtreiben auf dem Meere nach dem Land Grypia. Dort war eine prächtige Burg, die von Leuten mit Kranichhälsen und Schnäbeln bewohnt war. Ihr König hatte die schöne Tochter des Königs von Indien geraubt, um sich mit ihr zu vermählen; Ernst will sie befreien, sie wird aber von dem „Schnabelvolk“ mit ihren Schnäbeln durchbohrt. Nach blutigem Kampfe gelingt es dem Herzog, wieder zu seinem Schiffe zu gelangen. Hierauf wird er an den Magnetberg getrieben, wo das Schiff hängen bleibt. Alle seine Gefährten bis auf sieben sterben Hungers, die übrigen lassen sich, in Häute eingenäht, von Greifen forttragen. Sie werden in eine von Gebirgen umschlossene Wildniß gebracht, aus der ein Fluß durch den Berg strömt. Sie bauen ein Floß, fahren durch den Berg, gelangen in ein Land, dessen Einwohner nur Ein Auge haben, stehen ihnen in einem Kriege gegen die „Plattfüße“ und andere ungestaltete Völker bei. Nach sechs Jahren schiffen sie sich wieder ein, kommen nach Jerusalem und von dort wieder in die Heimat.

b. „Salman und Morolf“, ein Gedicht aus dem 14. Jahrh., das eine ursprünglich deutsche Sage bis zur gänzlichen Verkennung auf König Salomo überträgt, ist die Ueberarbeitung einer ältern Dichtung aus dem 12. Jahrh. Sie hat einen fahrenden Sänger zum Verfasser, ist in Sprache und Darstellung roh (die ursprüngliche Strophenform ist zum Theil verwischt), enthält aber ächt poetische Züge und treffliche Entwickelung der Charaktere.[2])

König Pharao zieht nach Jerusalem gegen König Salman, ihm dessen schöne Gemahlin Salome zu rauben. Er wird gefangen und gegen Morolfs Rath der Königin zur Hut anvertraut, die ihm entfliehen hilft und ihm bald darauf folgt. Morolf sucht die Entflohene auf, findet sie, wird erkannt und gefangen genommen. Er schläfert die Wächter ein, entflieht, spielt dem König arge Streiche und kehrt endlich nach Jerusalem zurück. Salman zieht nun mit Heeresmacht übers Meer. Das Heer verbirgt sich in der Nähe der Stadt; Salman geht verkleidet auf die Burg, wird erkannt und soll gehängt werden. In der Nähe des Galgens gibt er ein Zeichen mit dem Horn. Morolf stürzt zur Hülfe herbei; Pharao wird gefangen und gehängt. Morolf räth, auch die Königin hängen zu lassen, aber von ihr bethört, schenkt ihr Salman das Leben. Nach sieben Jahren läßt sich die Königin zum zweiten Male entführen; Morolf entdeckt sie wieder, besiegt ihren Buhlen und bringt sie nach Jerusalem, wo er ihr die Adern öffnen läßt.

c. „Salomon und Morolf“, ein zweites Gedicht, ist nach einem lateinischen Werke bearbeitet. Es stellt den Gegensatz zwischen der gelehrten Bildung und dem rohen, aber gesunden Menschenverstand dar. Auch dieses Gedicht ist nur in einer Ueberarbeitung aus dem 14. Jahrh. vorhanden, welche den derben Witz des ursprünglichen Gedichts bis zur Gemeinheit und Unfläthrei verzerrt hat, die tüchtige Anlage aber noch erkennen läßt.[3])

Das Gedicht beginnt mit der bis ins Ekelhafte ausgeführten Schilderung Morolfs, der hier ein Bauer ist, und seiner Frau. Das Uebrige entwickelt sich in Gesprächen zwischen Salomon und Morolf, der den König vortrefflich verspottet. Das Ganze schließt mit der Geschichte der Entführung der Königin, was aber erst später aus dem ersten Gedichte hinzugefügt worden zu sein scheint.

d. **Hartmann von Aue** (s. o. § 59. a.).

e. **Der Stricker**, ein fahrender Sänger aus Oesterreich, lebte um die Mitte des 13. Jahrh. Er war sehr fruchtbar und behandelte mancherlei Stoffe und poetische Gattungen; am Glücklichsten ist er in den auch für die Sittengeschichte wichtigen kleinern **Erzählungen** ernsten und scherzhaften Inhalts, die er zum Theil nach fremden, vorzüglich französischen Quellen, zum Theil aber selbstständig bearbeitete; viele (und

1) Ausg. in Hagens Gedd. des MA. I. — 2) Ausg. in Hagens Gedd. d. Mittelalters, Bd. I; v. [illegible], Wien 18.. — 3) Ausg. in Hagens Gedd. d. Mittelalters, Bd. I. Uebers. v. Simrock, Berl. 1839. Vgl. Goedeke, a. a. O. Bd. 7, S. 1 ff.

es sind dies die besten) hat er dem Volksmund entnommen. Die meisten erfreuen durch gewandte und frische Darstellung, so wie durch den heitern Humor, der sie belebt.[1])

Erzählungen ernsten Inhalts: „Richter und Teufel", „Der nackte König", „Die zwei Könige"; scherzhafte: „St. Martins Abend", „Der kluge Knecht", „Der geäffte Pfaffe" u. a. m.

Seine ziemlich zahlreichen Fabeln, Parabeln und Gleichnisse dichtete er ebenfalls meist nach fremden Quellen, mehrere nach Aesop, wenige nach deutschen Vorbildern. Die Fabel bearbeitete er wie Boner mit einer den Alten unbekannten epischen Breite.

Fabeln: „Der Wolf und die Gänse", „Das Mär vom Luchse", „Der Agistel"; „Märe von den Gäuhühnern" (Wien 1866), kräftige Schilderung der Tyrannei der Edlen gegen die Bauern. Parabel: „Der Jäger und die Aeffin".

Des Strickers bedeutendstes Werk ist „Der Pfaffe Amis", eine Sammlung von Schwänken, die zwar durch Personen und Oertlichkeit nach England weisen, aber gewiß keiner englischen Quelle nachgebildet sind. Wahrscheinlich lebten viele einzelne Erzählungen im Volksmund, wofür die volksthümliche Darstellung bürgt. Den meisten Schwänken liegt der Gegensatz zwischen der höhern und dabei unpraktischen Bildung und dem rohen, aber gesunden Menschenverstand zu Grunde, was aber der Dichter nicht klar fühlte, da er den Pfaffen oft zu einem gewöhnlichen Betrüger stempelt. Bemerkenswerth ist die feindselige Haltung gegen die höhere Geistlichkeit und einzelne Lehren der Kirche. Viele Schwänke wurden später auf Eulenspiegel übertragen.[2])

Der Pfaffe Amis zog sich durch Reichthum und Freigebigkeit den Haß seines Bischofs zu, der ihn zu verderben suchte und ihm daher eine Reihe verfänglicher Fragen vorlegte, die Amis so beantwortete, daß der Bischof ihm Nichts anhaben konnte. Dann trug er ihm auf, einen Esel lesen zu lehren, was er glücklich löste, so daß Jener ihn nunmehr in Ruhe ließ. Da sein Vermögen bei seiner großen Freigebigkeit geschwunden war, zog er in die Welt, um sich durch listige Streiche neues Gut zu erwerben, was ihm auch in hohem Grade gelang (Münsterbau, zu dem nur treue Frauen beitragen sollten; Malerei, die nur von ehelich Geborenen gesehen werden kann; Heilung von Kranken durch Todesfurcht; Prellerei an einem Kaufmann verübt, dem er sich wahnsinnig ausgiebt). Mit reichem Gute kehrt er heim, bekehrt sich und stirbt als frommer Abt eines Klosters.

Von den größern Rittergedichten des Strickers ist „Karl" bei Weitem das beste. Es ist nach Konrads „Rolandslied" (§ 62. a.) mit freier Selbstständigkeit unter Benutzung anderer Quellen bearbeitet. Der Dichter hat seinen Vorgänger oft glücklich erweitert, dessen skizzenhafte Darstellung er zur anschaulichen Schilderung umgestaltet, indem er einzelne Züge und Thatsachen hinzufügt, die Begebenheiten häufig mit Glück motiviert. Eigenthümlich ist ihm namentlich der Eingang, in welchem er Karls Jugendgeschichte erzählt.[3])

Karls Vater, Pipin, hatte von einer ihm durch Treulosigkeit untergeschobenen Frau drei Söhne hinterlassen, von denen zwei Karl tödten wollen. Dieser entflieht nach Spanien, wird aber nach einiger Zeit in Kerlingen als König anerkannt. Er kehrt in die Heimat zurück, wo ihn der Gedanke, daß so viele Heiden den wahren Gott nicht kennen, mit Kummer erfüllt. Er beschließt, sie zu bekehren und zieht mit Heeresmacht nach Spanien. Das Uebrige wie bei Konrad, nur erweitert.

„Daniel von Blumenthal", nach einem französischen Gedicht, ist ein mißlungener Versuch, einen Zweig der Artussage nach Hartmann'scher Weise zu dichten. (Ungedruckt.) Endlich verfaßte der Stricker noch mehrere kleine Lehrgedichte oder Satiren, darunter „Die Klage" über den Verfall der Gottesfurcht, die Zwietracht der Laien und Pfaffen, die Mißachtung der Armen, die Habsucht und den Ungehorsam der Fürsten, die Leichtfertigkeit der Höfe, die schlechten Richter und den Verfall der wahren Minne. In einem zweiten Gedicht „Der Fraß" beklagt er den Verfall der Kunst; in einem dritten verspottet er diejenigen, welche den Edelsteinen übernatürliche Kräfte zuschrieben.[4])

f. Wernher der Gartenäre, (der Umherwandernde,) ein fahrender Sänger aus Oesterreich, um die Mitte des 13. Jahrh. nach Nitharts Tod zur Zeit Friedrichs des Streitbaren lebend, dichtete eine größere Erzählung „Meier Helmbrecht", die kaum

1) Einzelne Erzählungen gedruckt in Hahn, Kleinere Gedd. von dem Stricker. Quedlinb. 1839; dann in Hagens Gesammtabent., in Haupts Zeitschr. — 2) Ausg. im Koloczaer Codex u. in Benecke, Beiträge, Bd. 2. — 3) Ausg. v. Scherz in Schilters Thesaurus; von Bartsch, Quedlinb. 1857. — 4) Hahn a. a. O. Berl. Jahrb. 2. Altdeutsche Wälder 2.

von einem andern Gedichte des Mittelalters (die volksthümlichen ausgenommen) erreicht wird. Wenige Begebenheiten werden zu einem reichen Leben entfaltet (bei den Rittergeschichten verhält es sich meist umgekehrt); die Erzählung ist rasch und lebendig; die Schilderungen sind anschaulich und nothwendig zur Charakteristik der Personen und Verhältnisse; die Charaktere sind scharf, natürlich und wahr gezeichnet; die Darstellung ist frisch, lebendig und von ächt volksthümlichem Humor getragen. Der Dichter hat die Absicht, der phantastischen Welt der Dichter die Wirklichkeit entgegenzusetzen.[1])

Meier Helmbrecht, der Sohn eines reichen Bauern, verläßt trotz der Vorstellungen seines schwachen, aber redlichen Vaters die Heimat, um der schweren Arbeit zu entgehen. Zuerst tritt er bei einem Raubritter in Dienste, wo er einer der verwegensten und schlimmsten Gesellen wird, vor dem Nichts sicher ist. Nach Jahresfrist kehrt er heim, französisch, niederdeutsch u. s. w. radebrechend. Bemerkenswerth ist ein Gespräch, in welchem sein Vater die alten Sitten, er die neuen schildert. Bald zieht er wieder zu seinen Raubgesellen, deren Einem er seine Schwester zum Weibe giebt. Aber bei der Hochzeitsfeier wird das Nest von den Gerichten überfallen und Alles gefangen. Helmbrecht wird geblendet, und als er heimkommt, von seinem Vater verstoßen. Die Bauern verhöhnen und mißhandeln ihn und hängen ihn endlich an einen Baum.

c. Konrad von Würzburg (s. o. § 64). — Aus der ersten Hälfte des 14. Jahrh. hat sich eine große Anzahl Erzählungen erhalten, die meist gut und gewandt erzählt sind, und theils auf französischer Quelle beruhen, theils dem wirklichen Leben entnommen sind. Viele sind frivol und selbst zuchtlos, manche zart und sittlich rein. Oftmals sind die Dichter genannt, häufig verschwiegen, manchmal haben sie sich einen falschen Namen gegeben. Die bedeutendsten Dichter sind: Herrant von Wildonie, aus Steier, Mitte des 13. Jahrh., mehrere Erzählungen (darunter die „Von der Katzen") in lebendiger Darstellung.[2]) Rüdiger der Hunthover („Der Schlägel"). Ruprecht von Würzburg („Die zwei Kaufleute und die treue Hausfrau"). Pseudonym sind: Der Freudenleere („Die Wiener Meerfahrt"), Niemand („Die drei Mönche von Kolmar"). Unter den Erzählungen, deren Verfasser unbekannt sind, zeichnen sich aus: „Der Weinschwelg", „Der Jungherr und der treue Heinrich" (ein allerliebstes Märchen), „Die Heidin" u. a. m. Ganz volksthümlich und durch heiteren, unbefangenen Humor erfreuend, sind: die „Lügenmärchen", die auf älteren Ursprung weisen und in späterer Zeit zum Theil wiederkehren. Zu denselben gehört „Die verkehrte Welt", „Das Schlaraffenland", „Die Wachtelmär" u. s. w.[3])

§ 67. Die Thiersage (§ 42).

Heinrich der Glichezare, ein fahrender Sänger aus dem Elsaß, dichtete um die Mitte des 12. Jahrh. nach französischer Quelle einen „Reinhart", von dem sich jedoch nur ein nicht ganz zusammenhängendes Bruchstück erhalten hat. Dagegen besitzen wir aus nicht viel späterer Zeit eine beinahe vollständige Ueberarbeitung desselben, die sich nur auf die Sprache und den Reim erstreckt, die Dichtung in ihrem Wesen unverändert läßt.[4])

Reinhart, der gewaltigen Hunger leiden muß, bietet sich dem Wolf als Geselle an, den er bald darauf zu verrathen sucht, indem er um dessen Weib buhlt. Aber auch Isengrimm meint es nicht ehrlich; er frißt ein Schwein ganz auf, das beide durch Reinharts List gewonnen hatten. Darauf führt Dieser den durstigen Wolf und die Wölfin in einen Klosterkeller, wo sie sich berauschen und von den Mönchen tüchtig durchgeprügelt werden. Später beredet Reinhart den Wolf, Mönch zu werden, begießt ihm, weil er als solcher eine Platte haben müsse, mit heißem Wasser, das Haar und Haut abbrüht. Dann führt er ihn zu einem Fischteich, beredet ihn, den Schwanz ins Wasser zu halten, der angefriert; ein Ritter kommt vorbei, hetzt seine Hunde auf den Wolf, der nur mit Zurücklassung seines Schwanzes

1) Ausg. v. Bergmann, Wien 1839; in Haupts Zeitschr. 4, 321; in Hagens Gesammtabent. 3, 271. Vgl. Fr. Pfeiffer, Forschung u. Kritik I, 5 ff. Keinz, Meier Helmbrecht u. s. Heimat, München 1865. C. Schröder, Heimat u. Dichter des Helmbrecht in Germania 10, 455. — Uebers. von demselben. Wernher der Gärtner, d. älteste deutsche Dorfgeschichte. Wien 1865. — 2) Vier Erzählungen, herausg. v. E. Bergmann. Wien 1841. — 3) Hauptsammlungen: Hagen, Gesammtabenteuer; A. v. Keller, Altd. Gedichte u. Altd. Erzählungen; einzelne Erzählungen gedruckt in Laßberg, Liedersaal; Haupt, Zeitschrift; Grimm, Altd. Wälder; Berliner Jahrbuch; Maßmann, Denkmäler u. s. w. — 4) Grimm, Reinhart Fuchs. Berlin 1834. Desselben Sendschreiben an Lachmann über Reinhart Fuchs. Lpz. 1840. 4. Vgl. die Werke von Mone, Jonckbloet, Paulin Paris und die Anzeigen derselben von J. Grimm in d. Götting. Anzeigen.

entflieht. Der Fuchs springt zufällig in einen Brunnen; er beredet den Wolf, sich im leeren Eimer hinabzulassen, wodurch er selbst hinaufgezogen wird; der Wolf wird aber von Mönchen, die Wasser holen, halb todt geschlagen. Unterdessen war dem Löwen eine Ameise durch das Ohr in das Gehirn gekrochen und verursachte ihm große Schmerzen. Da er dies für eine Strafe Gottes ansieht, daß er lange nicht Gericht gehalten habe, läßt er einen Hof ansagen. Alle Thiere erscheinen, nur Reinhart nicht, gegen den bittere Klagen erhoben werden. Braun der Bär soll ihn herbeibringen. Reinhart verleitet ihn, in einem gespaltenen Block Honig zu suchen. Jener zieht den Keil heraus und Braun kann sich nur mit Verlust des Hauts und der Ohren retten. Der Kater, der darauf abgeschickt wird, geräth durch Reinharts List in eine Falle, aus der ihn nur ein Zufall befreit. Erst dem Dachs gelingt es, den Fuchs an den Hof zu bringen. Er erscheint als Arzt, beredet den Löwen, dem Wolf, dem Bären und dem Kater die Haut abziehen zu lassen, weil er nur mit ihrer Hülfe genesen könne. Durch die Wärme gelockt, kriecht die Ameise, nur von Reinhart bemerkt, aus dem Ohr des Löwen, er giebt ihr aber die Freiheit, weil sie ihm tausend Burgen verspricht. Er rächt sich noch an andern Feinden, erbittet sich Belohnung für seine Freunde, denen sie aber, wie er wohl wußte, zum Schaden gereicht. Zuletzt giebt er dem König einen giftigen Trank und entflieht, die Thiere schwören ihm Rache.

Anm. 1. Da das Gedicht, nach welchem der Glichezare gearbeitet hat, verloren gegangen ist und die noch vorhandenen französischen Bearbeitungen der Thiersage späteren Ursprungs sind als der „Reinhart", so gewährt dieser die älteste Form der Sage und hat daher den Werth der ursprünglichen verlorenen Quelle.

Anm. 2. Einzelne Abenteuer befinden sich in Bearbeitungen unbekannter Dichter aus dem 12. und 13. Jahrh.: „Der Fuchs u. d. Rabe", „Der Wolf in der Schule", „Des Hundes Not", „Wolf u. Gänse", „Wolf u. Weib"; andere wurden von bekannten Dichtern behandelt: „Der Wolf, der Fuchs und der Esel", von Hugo von Trimberg, der „Esel" von Thomasin u. a. m.[1])

II. Volksthümliches Epos.

§ 68. Der ostgothische Sagenkreis (§ 46).

a. Von dem „Zwerg (oder König) Laurin" haben sich nur spätere Bearbeitungen erhalten. Die älteste und zugleich kürzeste derselben,[2]) die ein anderer Dichter fortsetzte, wurde im Anfang des 14. Jahrh. von einem höfischen Dichter umgearbeitet. So roh die Bearbeitung ist, so hat sie doch den poetischen Gehalt der Sage nicht verdunkelt; der Vortrag ist öfters von überraschender Leichtigkeit, die Sprache verliert manchmal ihre Unbeholfenheit, hie und da brechen die kräftigen Töne des Volksgesangs durch. Das Gedicht ist auch unter dem Namen „Der kleine Rosengarten" bekannt.[3])

Dietrich von Bern verwüstet mit seinen Gesellen (nur Hildebrand blieb weg) den Rosengarten des Zwerges Laurin. Dieser erscheint und verlangt schmähliche Buße; es kommt zum Kampfe, in welchem Dietrich in große Noth geräth. Auf Hildebrands Rath, der aus Angst um seinen Herrn herbeigekommen war, streift dieser dem Zwerg den Zauberring von dem Daumen, entreißt ihm den Zaubergürtel und die unsichtbar machende Kappe, worauf er ihn leicht überwindet. Der Zwerg hatte Dietleibs Schwester Similt geraubt und zum Weibe genommen. Die Helden gehen mit Laurin in den Berg; Similt bittet ihren Bruder, sie zu befreien. Laurin aber gedachte, die Helden zu verderben; er lockt Dietleib in ein Seitengemach und sperrt ihn ein, den andern giebt er einen einschläfernden Zaubertrank, worauf er sie fesselt. Similt befreit sie wieder; es entsteht ein grimmiger Kampf zwischen den Helden und den Zwergen, denen sie mit Mühe, aus dem Berge siegreich hervorgehen. Die Helden bemächtigen sich der Schätze Laurins, der nun seine Nahrung mit Arbeit verdienen muß. Er wurde ein Gaukler, der seine Künste vor Fürsten und Herren trieb.

b. „Sigenot", ein Gedicht, dessen Mittelpunkt Dietrich ist, liegt ebenfalls nur in spätern Bearbeitungen vor. Die ältere kürzere ist mit dem „Eckenlied" verbunden.[4]) Die spätere, die einen höfischen Dichter zum Verfasser hat, fügt außer einer Einleitung, in welcher die frühern Begebenheiten als Motive der im Gedicht erzählten berichtet werden und einigen unbedeutenden Episoden keine wesentlichen Thatsachen hinzu, erweitert aber die der frühern Bearbeitung in großer Ausführlichkeit.[5])

---

1) A. a. O. — 2) S. Nyerup, Symbol. — 3) Ausg. v. Ettmüller, Jena 1829. Alte Drucke: im alten Heldenbuch, Straßb. um 1477, dann besonders Straßb. 1500. 4.; Ebd. 1509. 4. Nürnb. o. J. (um 1560); nach diesem herausg. v. Schade, Lpz. 1854. — 4) Ausg. v. Laßberg, 1830, u. in Hagens Heldenb. 2, 1. — 5) Alte Drucke: Nürnb. 1490; Straßb. 1505. Fol. Ebd. um 1560. Nürnb. Gutknecht u. Nürnb. um 1540 (darnach v. O. Schade, Hann. 1854); Straßb. 1577 u. ö.

Dietrich hatte einst eine Riesin erschlagen (nach dem alten Gedicht Hugewolts Frau, nach dem späteren Grims Frau); nach längerer Zeit geräth er mit Sigenot in Kampf, der ihn überwältigt und gebunden in einen finstern Thurm wirft. Hildebrand sucht seinen Herrn auf, begegnet dem Riesen und erschlägt ihn. Mit Hülfe eines Zwerges befreit er Dietrich.

c. Das „Eckenlied", das später mit „Sigenot" in Verbindung gebracht wurde, ist von bedeutend höherem Werth als dieses, namentlich reicher an poetischen Motiven. Die Darstellung ist lebendiger, die Composition wirkungsvoller. Das alte Gedicht ist unvollendet, wird aber in den alten Drucken fortgeführt.[1]

Der Riese Ecke sucht Dietrich auf, von dessen Kühnheit er gehört hatte, und verspricht den jungen Königinnen, ihn gefangen herbeizuführen. Endlich findet er ihn; es kommt zum Kampfe, der mit steigender Lebendigkeit geschildert wird. Er dauert zwei Tage lang mit abwechselndem Glück; endlich bekommt Dietrich den Riesen in seine Gewalt; da dieser sich nicht ergeben will, durchsticht ihn Dietrich und schlägt ihm das Haupt ab. Hierauf begegnet er dem Riesen Fasolt, der, über seines Bruders Ecke Tod ergrimmt, ihn angreift; doch er wird überwunden und muß sich ergeben. Doch sinnt er auf Rache und weiß Dietrich noch in mehrere gefahrvolle Kämpfe zu ziehen, die er alle siegreich besteht. Hier bricht das Gedicht ab. Die alten Drucke erzählen weiter, daß Fasolt, der immer neue Tücken ersinnt, endlich von Dietrich erschlagen wird, daß Dieser zu den drei Königinnen kommt, die ihn reich bewirthen, worauf er nach Bern zurückkehrt.

d. „Alpharts Tod", ein unvollständiges Gedicht, gehört zu den schönsten dieses Kreises. Die Charakteristik ist großartig, die Darstellung oft ergreifend.[2]

Alphart zieht mit Dietrich dessen Oheim Ermenrich entgegen und wird von den Verräthern Heime und Witich überfallen und getödtet. Durch diese Schändlichkeit empört, greift Dietrich die Feinde mächtiger an und treibt sie in die Flucht; die Stadt Ravenna gewährt ihnen Schutz vor gänzlichem Untergang.

e. „Dietrichs Ahnen und Flucht", ein Gedicht, als dessen Verfasser sich Heinrich der Vogler nennt, ist in Reimpaaren gedichtet.[3]

Ermenrich, der seines Bruders Diether Söhne getödtet hatte, sucht auch seines Bruders Dietmars Sohn Dietrich zu fangen; Dieser besiegt ihn; später werden die Getreuen von Ermenrich gefangen: er giebt all sein Gut, sie zu lösen, zieht nach Hunnenland, kommt mit einem Heer zurück, schlägt den Oheim bei Mailand, später bei Ravenna. Zwischen den beiden Schlachten war er zu den Hunnen zurückgekehrt, wo er Herrat, die Schwester von Etzels Frau (Helche) geheirathet hatte.

f. Die „Rabenschlacht" erzählt die Schlacht bei Ravenna in größter Ausführlichkeit; sie ist in sechszeiligen Strophen gedichtet. Nach Ettmüller ist ein Theil des Gedichts, der Tod von Helchens Söhnen, ursprünglich ein selbständiges Werk, das ein späterer Dichter in seine Darstellung der Rabenschlacht eingeflochten habe.[4]

Etzel, zu dem Dietrich geflüchtet war, verspricht ihm Hülfe, giebt ihm seiner Gemahlin Schwester zur Frau. Etzels Söhne ziehen mit Dietrich, so sehr ihre Mutter Helche wegen eines unheilverkündenden Traumes warnt. In Bern übergiebt sie Dietrich nebst seinem jüngern Bruder Diether dem tapfern Elsan, der ihnen auf ihre Bitte gestattet, aus der Stadt zu reiten. Sobald er seine Rüstung angelegt, eilt er ihnen nach, kann sie aber wegen eines starken Nebels nicht erspähen. Auf einer Haide begegnen sie dem starken Witich, der sie erschlägt. Unterdessen war das hunnische Heer vor Ravenna angekommen, es wird belagert; Ermenrich versucht einen Ausfall; in der Schlacht kämpfen alle bekannten Helden der Sage, so Siegfried, der von Dietrich besiegt wird. Jetzt erfährt Dieser der Knaben Tod, an deren Wunden er Witichs Schwert erkennt. Während er ihren Tod beklagt, erblickt man Witich. Dietrich eilt ihm nach, Dieser aber flieht bis an das Meer, wo ihn ein Meerweib rettet. Dietrich kehrt nach Ravenna zurück und erobert es. Doch gelingt es Ermenrich, zu fliehen; die Hunnen ziehen wieder in die Heimath, wo die blutigen Leichen von Etzels Kindern Klage und Trauer erwecken. Erst nach langem Bitten gelingt es Rüdiger, Etzel mit Dietrich zu versöhnen.

g. „Dietrich und seine Gesellen" (auch „Dietrichs Drachenkämpfe", von dem neuesten Herausgeber „Dietrichs erste Ausfahrt" genannt), ein langes Gedicht in 13zeiligen Strophen, behandelt den Kampf Dietrichs und der Seinen mit Riesen und Drachen, ohne poetisches Talent.[5]

. . .

1) Ausg. v. Laßberg, 1832, u. in Hagens Heldenb. 2, 19. Alte Drucke (mit mancherlei Abkürzungen und Erweiterungen): Ausg. o. J.; Nürnb. 1512; Straßb. 1559 (darnach v. C. Schade, Hann. 1853); o. O. 1566; Straßb. 1577. — 2) Ausg. in Hagens Heldenb. 1, 219. Vgl. Germania 2, 502. — 3) Ausg. in Hagens u. Primissers Heldenbuch, Bd. 2. — 4) Ausg. bei Hagen u. Primisser, u. in Hagens Heldenbuch 1, 247. Mär von vroun Helchen sünen, herausg. v. Ettmüller, Zür. 1846. — 5) Ausg. in Hagens Heldenb. 2, 103; v. Fr. Stark, Stuttg. 1860.

§ 69. Der longobardische Sagenkreis (§ 47).

a. „König Rother“ ist nur in späterer Ueberarbeitung aus dem letzten Drittel des 12. Jahrh. vorhanden, die wahrscheinlich einen fahrenden Sänger aus den Gegenden des Niederrheins zum Verfasser hat. Er ist in Reimpaaren gedichtet; der noch unausgebildete Reim schlägt oft in Assonanz über; auch blickt die Alliteration durch. Es überträgt eine ursprünglich deutsche Sage mit Beibehaltung der Personen auf das Morgenland. Einzelne Stellen sind tief poetisch gedacht, aber nicht glücklich ausgeführt.[1])

Rother sendet 12 Grafen, darunter Lupold, nach Konstantinopel, daß sie für ihn um die Tochter des Königs werben, der König läßt sie in schmähliches Gefängniß werfen. Rother schifft mit Heeresmacht nach Konstantinopel, es begleitet ihn der Riese Asprian mit zwölf andern Riesen, darunter der wilde Widolt. Dort geht er unter dem Namen Dietrich zu dem König, gewinnt seine Neigung und später die Liebe seiner Tochter, die mit ihm entflieht. Einem Spielmann des Königs gelingt es, dieselbe durch List wieder in die Heimat zurückzuführen. Rother zieht wieder nach Konstantinopel, schleicht sich in den Palast, wird aber erkannt und soll gehängt werden. Im Wald, wo er den Tod erleiden sollte, waren die Seinigen verborgen, die Riesen erschlagen den größten Theil seiner Feinde und der König willigt in Rothers Vermählung mit seiner Tochter. Sie gebar Pipin, den Vater Karls.

b. „Ortnit“ behandelt eine deutsche, vermuthlich in Tirol ausgebildete Sage und bringt sie mit dem Morgenland in Verbindung, es hat Dies aber geringern Einfluß auf Gang und Entwickelung als bei andern Gedichten dieser Art.[2])

Ortnit, König in Lamparten, will ins Morgenland ziehen, um die schöne Tochter des Königs zu Suders zu gewinnen, die ihr Vater selbst heirathen will, weshalb er alle Werber tödten läßt. Während gerüstet wird, geht Ortnit, mit einem Zauberring seiner Mutter versehen, auf Abenteuer. Er trifft auf den Zwerg Alberich, der, von ihm überwunden, ihm seinen Beistand bei seiner Brautwerbung verspricht, und ihm zuletzt offenbart, daß er sein Vater sei. Nun zieht Ortnit nach dem Morgenlande, besiegt den Heidenkönig, der ihm fortwährend die Tochter versagt; mit Hülfe Alberichs gelingt es ihm, dieselbe aus der belagerten Burg ihres Vaters zu entführen. Er schifft sich mit ihr ein, läßt sie während der Fahrt taufen und heirathet sie, sobald er in der Heimat ankommt. Um sich zu rächen, läßt der König zwei Eier eines ungeheuern Wurms nach Lamparten bringen; bald kriechen junge Würmer heraus, die so mächtig wuchsen, daß nach einem Jahr ein Rind nicht mehr hinreichte, sie zu sättigen. Sie verheerten das Land, so daß sich Ortnit entschloß, sie zu bekämpfen; aber er wurde von ihnen im Schlafe, dem er sich gegen Alberichs Warnung hingegeben hatte, verschlungen. Nach drei Jahren, in denen die Ungeheuer fortwährend hausten, wollte man die Königin zwingen, wieder zu heirathen, aber da sie sich nur dem vermählen wollte, der den Wurm erschlüge, ward sie in einen Thurm gesperrt. — Eine spätere Fassung, in welcher die Sage mit der von Wolfdietrich in nähere Verbindung gebracht wurde, schließt deshalb da, wo der Jäger die Dracheneier nach Lamparten bringt.

c. Von „Hugdietrich“ besitzen wir nur zwei spätere Bearbeitungen, wovon die Eine aus dem 13. Jahrhundert,[3]) die andere erweiterte aus dem 14.[4]) stammt. Beide sind ziemlich roh gehalten, ohne daß jedoch die tüchtige und liebliche Anlage zurückgedrängt werden konnte.

Um die schöne Hildburg, die Tochter des Königs Walgunt, zu gewinnen, verkleidet sich Hugdietrich, König von Konstantinopel, als Mädchen, weiß zur Jungfrau zu gelangen und ihre Liebe zu erwerben. Als sie Mutter wurde, kehrte der Held nach Konstantinopel zurück; das Kind wurde einem Wächter anvertraut, der, um es vor der alten Königin zu verbergen, es in einen Hag legte, wo es von Wölfen genährt wurde. Bald darauf fanden Jäger den Knaben, überbrachten ihn dem König, der ihn lieb gewann, und unter dem Namen Wolfdietrich taufen ließ. Die Mutter erkannte ihn an einem rothen Kreuz zwischen den Schultern, sie entdeckte sich ihrer Mutter, welcher es gelang, den König mild zu stimmen, so daß er in die Heirath mit Hugdietrich willigte. Dieser wurde herbeigerufen, kehrte aber nach vollzogener Vermählung mit dem schönen Weibe in die Heimat zurück.

d. Das Gedicht vom „Wolfdietrich“ ist ebenfalls in zwei Bearbeitungen erhalten, die von einander bedeutend abweichen. Die ältere hat vermuthlich einen Geistlichen zum Verfasser, da das religiöse Element entschieden hervortritt.[5]) Die spätere stammt dagegen wohl von einem höfischen Dichter her, da sich französische Ausdrücke darin befinden.[6])

---

1) Ausg. bei Maßmann, Gedd. d. 12. Jahrh., u. H. Rückert, Lpz. 1872. Vgl. Goedeke I. 62. — 2) Ausg. v. Mone, Berl. 1821; v. Ettmüller, Zür. 1838. — 3) Ausg. in Haupts Zeitschr. 4, 401. — 4) Ausg. v. Oechsle, Oehringen u. Stuttg. 1834 (unvollständig); Hagens Heldenbuch 1, 167. — 5) Ausg. in Haupts Zeitschr. 4, 450. — 6) Ausg. in Hagens Heldenb. 1, 171.

Wolfdietrichs Brüder berauben ihn seines Erbes; er sucht, es wieder zu gewinnen, wird aber geschlagen und kann sich nur mit seinem getreuen Berchtung und zehn von dessen Söhnen in den Wald retten, wo er mit einem wilden Weibe zusammenkommt, die sich später im Jungbrunnen in eine schöne Jungfrau verwandelt, worauf er sich mit ihr vermählt. Nun zieht er nach Lamparten, um mit Ortnit zu kämpfen, mit dem er jedoch Freundschaft schließt. Nach der Heimat zurückgekehrt, wird ihm seine Frau entführt; er befreit sie zwar, aber sie stirbt kurze Zeit darauf. Unterdessen war Ortnit vom Wurm verschlungen worden. Wolfdietrich zieht nach Lamparten, wo er die Ungeheuer erlegt und Ortnits Wittwe heiratet.

§ 70. Der sächsisch-normannische Sagenkreis (§ 48).

„Gudrun", nach den Nibelungen das vortrefflichste Gedicht aus der deutschen Heldensage, ist zwar ohne Zweifel aus alten Liedern hervorgegangen, nicht aber aus solchen zusammengesetzt. Uebrigens besitzen wir es wohl nicht in seiner ursprünglichen Gestalt. Der spätere Bearbeiter ist zwar von den Einflüssen der Zeit und der höfischen Kunst nicht frei geblieben, aber er hat die alte Sage nicht zum Rittergedicht herabgedrückt; er stellt uns vielmehr mit großer Wahrheit und Unmittelbarkeit der Auffassung das kühne Treiben der seefahrenden Völkerschaften vor, und läßt zugleich in den wilden Helden auch die Menschen mit ihren angebornen bessern Gefühlen zur Erscheinung gelangen. Die Charaktere sind vortrefflich gehalten und mit großer Kunst entwickelt. Die Idee des Gedichts ist unwandelbare Treue in der Liebe, wie in den Nibelungen; aber während in diesen „auf Liebe Leid folgt", findet in der Gudrun treue Liebe ihre endliche Belohnung, wo sie Alles beseligt, was in ihre Nähe kommt. Die Trägerin dieser Idee, und somit die Hauptgestalt des Gedichtes, ist Gudrun, daher es größeres Gewicht auf die Frauen und das häusliche Leben legt als andere Dichtungen. Der Einfluß der Zeit und der Bildung macht sich in der Gudrun bemerklicher als im Nibelungenlied. Es giebt sich darin schon christliche Gesinnung mit dem Gepräge des ritterlichen Mittelalters kund; auch stehen die Helden, wenn sie auch immer Personen ihrer Zeit und ihres Volkes sind, doch der ritterlich höfischen Bildung näher als in den Nibelungen, was sich im Glanz der Hoffeste und der Turniere, so wie in der ritterlichen Galanterie gegen die Frauen zeigt. Auch die feinere und gewandtere Darstellung und das unverkennbare Streben nach Künstlichkeit (z. B. in der Behandlung der Strophe) erinnert an die höfische Dichtung; doch war der Verfasser gewiß kein höfischer Dichter, sondern ein fahrender Sänger, der im zweiten Viertel des 13. Jahrh. gelebt haben mag und wahrscheinlich aus dem südlichen Deutschland stammte.[1])

Die Gudrun zerfällt in drei leicht erkennbare, aber zur Einheit verbundene Theile, deren zwei erste, wie bei den höfischen Dichtern, eine Vorgeschichte mit genealogischer Entwicklung enthalten. I. Hagen, der Sohn Königs Sigebant von Irland, wird von einem Greif geraubt, entgeht wunderbar dem Tod und wird von drei Königstöchtern ernährt, die ebenfalls vom Greif geraubt worden waren. Diesen tödtet er, als er kräftiger geworden, und kehrt mit den Jungfrauen in die Heimat zurück, deren Eine, die Königstochter Hilde aus Indien, er heiratet. Sie gebiert eine Tochter, ebenfalls Hilde genannt, die er nur einem mächtigern Fürsten, als er selbst ist, vermählen will, daher er alle Boten, die um sie werben, tödten läßt. II. Hettel, ein mächtiger König zu Hegelingen, sendet die Helden Wate, Frute und Horant nach Irland, die schöne Hilde für ihn zu gewinnen. Sie geben sich für Kaufleute aus; der sangeskundige Horant überredet die Jungfrau, mit ihm zu König Hettel zu entfliehen. Hagen segelt ihnen mit Heeresmacht nach; in Waleis kommt es zum Kampf; Hagen wird schwer verwundet, aber von Wate unter der

1) Ausg. bei Hagens u. Primissers Heldenb. (in der neuern Sprache der einzigen Handschrift); von Ziemann, Quedlinb. 1835 (in mittelhochd. Sprache umschrieben); von Vollmer, Lpz. 1845; v. Müllenhoff, Kiel 1845 (vermeintliche Interpolationen ausscheidend); v. K. Hahn, Wien 1850 (nach Müllenhoff); von Ettmüller, Zür. 1841 (der drei einander erweiternde Bearbeitungen annimmt), v. K. Bartsch, Lpz. 1865, 2. Aufl. 1867; v. W. v. Plönnies (mit Uebers.), Lpz. 1853 (mit Ausscheidung der Interpolationen); Uebers. v. San-Marte, Berl. 1839; von A. Keller, Stuttg. 1840; v. Simrock, Stuttg. 1843, v. Fr. Koch, Lpz. 1847. — Vgl. E. H. Die Gudrunsage, Lpz. 1867. M. Bersch, Beitr. z. Gesch. u. Kritik d. Gudrun, Wien 1868.

Bedingung, daß er sich versöhne, geheilt. Nach der Vermählung der Liebenden kehrt er in die Heimat zurück. III. Die schöne Hilde gebiert ihrem Gemahl einen Sohn, Ortwin, und eine Tochter, Gudrun, um welche wegen ihrer Schönheit die mächtigsten Helden werben, die Könige Siegfried aus Mohrenland, Hartmut von Normandie, Herwig von Seeland, die sämmtlich von Hetel zurückgewiesen werden. Herwig überfällt Hetels Burg, es kommt zum Kampf, den Gudrun aus Angst für den Vater schlichtet; sie wird mit Herwig verlobt, doch läßt die Jungfrau noch ein Jahr in der Heimat bleiben. Darüber ergrimmt, fällt Siegfried in Herwigs Land ein. Hetel kommt Herwig zu Hülfe und Beide besiegen ihn. Unterdessen aber fällt Hartmut in Hetels von Vertheidigern entblößtes Land ein, erstürmt die Burg und führt Gudrun mit 63 Frauen hinweg, unter denen sich Hildburg befand, die mit Hagen bei den Greifen gewesen. Sobald Hetel die Unglücksnachricht hört, bricht er mit Herwig auf und ereilt die Räuber auf dem Wülpensand. Im blutigen Kampf wird Hetel von Ludwig, Hartmuts Vater, erschlagen; in der Nacht ziehen Ludwig und Hartmut mit der Geraubten heimlich ab, und die Hegelingen, die zur Verfolgung zu schwach sind, kehren in die Heimat zurück. Gudrun wird in Normandie von Hartmuts Eltern, Ludwig und Gerlint, hart behandelt, weil sie ihrem Verlobten die Treue nicht brechen will; sie muß die niedrigsten Arbeiten verrichten, nur Ortrun, Hartmuts Schwester, ist mild gegen sie. Die Hegelingen haben fortwährend gerüstet, und nach dreizehn Jahren fahren sie nach Normandie, wo sie an einer verborgenen Stelle landen. Ortwin und Herwig gehen auf Kundschaft, treffen Gudrun und Hildburg am Meere waschend an, die Verlobungsringe führen zur Erkennung. Ortwin will die Schwester nicht heimlich, sondern im Kampfe mit den Räubern gewinnen, daher die Jungfrauen in die Burg zurückkehren. Am andern Morgen erscheinen die Hegelingen vor der Burg; Ludwig und Hartmut ziehen ihnen entgegen; Ortwin wird verwundet, Ludwig von Herwig erschlagen; Gerlint will Gudrun tödten, Hartmut rettet sie; die Hegelingen stürmen gegen die Burg; eben wollte Wate Hartmut erschlagen, als Gudrun auf Ortruns Bitte ihm das Leben rettet; er wird gefangen, die Burg wird erstürmt, Alles erschlagen, so auch Gerlint, und dann das ganze Land erobert, worauf die Sieger mit Gudrun und den Gefangenen (Hartmut und Ortrun) in die Heimat zurückkehren. Herwig vermählt sich mit Gudrun, Ortwin mit Ortrun, Hartmut mit der treuen Hildburg und König Siegfried mit Herwigs Schwester.

§ 71. Verbindung mehrerer Sagenkreise (§ 49).

a. Die „Klage" ist nach einem lateinischen Buche verfaßt, doch hat der Dichter, ein Geistlicher, der am Ende des 12. Jahrh. lebte, gewiß auch deutsche Gedichte, aber nicht das Nibelungenlied benutzt. Er selbst berichtet, der Bischof Pilgrin von Passau habe die Geschichte von dem Untergang der Burgunden durch einen Meister Konrad lateinisch aufzeichnen lassen. Die Darstellung ist breit, matt, prosaisch und schleppend, das Gedicht aber wichtig, weil es mehrere Punkte der Sage aufhellt.[1])

Nach einer kurzen Einleitung, in welcher der Kampf und Untergang der Burgunden berichtet wird, erzählt der Dichter, daß die Erschlagenen von den übrig gebliebenen Helden (Dietrich, Hildebrand und Etzel) aufgesucht werden, um sie zu bestatten. So oft ein Todter aus dem Haufe gebracht wird, brechen sie in Klagen aus, wobei sie dessen Tapferkeit preisen. Die Waffen der Gefallenen werden in die Heimat geschickt. Ueberall, wo die Boten hinkommen, erregen sie Schmerz und Wehklage, besonders bei Rüdigers und Gunthers Witwe. Frau Ute stirbt vor Schmerz. Nach der Rückkehr der Boten beurlaubt sich auch Dietrich von Etzel und zieht in die Heimat.

b. Dem „Nibelungenlied" liegen alte Sagen und Volksgesänge zum Grunde, es besteht aber nicht aus der bloßen, durch mehr oder weniger geschickte Interpolationen verbundenen Anreihung alter Lieder, wie Lachmann annahm, der mit großem Scharfsinn, aber auch mit großer Willkür die alten Lieder (zwanzig an der Zahl) auszuscheiden versuchte. Dagegen sind unzweifelhaft zwei von einander unabhängige Gedichte zu unterscheiden, von denen das erste Siegfrieds Tod, das andere Kriemhildens Rache besingt. Beide wurden von einem spätern Bearbeiter zusammengefügt, durch einen nicht unpassenden Uebergang verbunden, wobei er die Schlußworte des zweiten Theils: „Dies ist der Nibelungen Noth" in „Dies ist der Nibelungen Lied" umwandelte, weshalb wir auch diese Bezeichnung beibehalten, wenn von den beiden Gedichten als einem Ganzen gesprochen wird. — Die Dichter waren ohne Zweifel Volksdichter, aber von der höfischen Kunst herangebildet, von der sie sich jedoch nicht so weit beherrschen ließen,

1) Ausgg. in denen des Nibelungenlieds, u. einzeln v. Ad. Holtzmann, Stuttg. 1859. Vgl. Dümmler, Pilgrin v. Passau u. d. Erzbisthum Lorch. Lpz. 1854.

daß sie Personen und Verhältnisse in das ritterliche Mittelalter herabgedrückt hätten; daher einerseits die künstlerische schöne Form und gebildete Sprache, und anderseits die alterthümliche Auffassung der Helden, die zwar das Gewand mittelalterlicher Ritter tragen, aber ihrem Wesen nach Gestalten aus der ältesten Heldenzeit sind. Die Dichter mögen im letzten Viertel des 12. Jahrhunderts gelebt haben, ihre Heimat das südliche Deutschland, vielleicht die Schweiz gewesen sein.[1]) Den beiden Gedichten liegt die nämliche Idee zum Grunde, die nämlich, daß „auf Liebe Leid folgt". Beide sind von einfacher Größe, von trefflicher, höchst wirkungsvoller Composition, die z. B. Bergangers als Episode einflicht. Sie sind reich an poetischen Motiven, die oft schon lange vorher vorbereitet sind und daher um so kräftiger wirken. Die Zeichnung der Charaktere ist von hoher Großartigkeit; die Personen sind auf das Trefflichste individualisiert und von überraschender Wahrheit. Es findet sich nirgends eine Spur von gesuchter Sentimentalität und phantastischem Treiben, überall tritt mächtige, aber wahre Leidenschaft hervor. — Die Dichter haben die Sagen in ihrem ursprünglichen Sinne erfaßt, daher das heidnische Element in aller Kraft hervortritt, obgleich Alles in das Gewand des Christenthums gekleidet ist. Vom Anfang bis zum Ende sind die Gedichte vom Geist des lebendigen Volksgesangs durchdrungen; daher ist die Darstellung der Begebenheiten rasch und fortschreitend; die Schilderungen sind kurz, aber von hoher Anschaulichkeit. Zu bewundern ist der Reichthum der Erfindung, der sich besonders in der großen Mannigfaltigkeit bei den Schilderungen der Kämpfe beurkundet. Bei glücklicher Wahl der Epitheta sind die Dichter sparsam an Gleichnissen, aber diese wenigen sind von großer Schönheit.[2])

Das erste Gedicht enthält 19, das zweite 20 Gesänge (Abenteuer).

I. 1. Kriemhilde, Schwester der Könige Gunther, Gernot und Giselher von Burgunden, träumt, daß zwei Adler einen Falken, den sie erzogen, erwürgt hätten; ihre Mutter Ute deutet es auf ihren künftigen Gemahl, der durch Mord fallen würde. 2. Zu derselben Zeit lebte zu Xanten in den Niederlanden ein herrlicher Jüngling, Siegfried, Sohn König Sigmunds, 3. der nach Worms zieht, um Kriemhilden zu gewinnen. Dort kennt ihn Niemand als Hagen, der von seinen früheren Thaten, dem Kampf um den Nibelungenhort, mit dem Zwerg Alberich um die unsichtbar machende Tarnkappe, und mit einem Lindwurm erzählt. Ein ganzes Jahr blieb Siegfried in Worms, ohne die Jungfrau zu sehen. 4. Die Könige der Dänen und Sachsen sagen den Burgunden Krieg an. Siegfried zieht mit Diesen gegen die Feinde

1) Pfeiffer, Fr., „Der Dichter des Nibelungenliedes" (Wien 1862), nimmt einen einzigen Dichter an, als welchen er den Kürnberger bezeichnet. Mohler, „Der Nibelunge Noth" (Lpz. 1864), will ihn dagegen in Friedrich von Husen finden. — 2) Ausg. v. Hagen, Berlin 1810, Breslau 1820, von Lachmann, Berl. 1826, 4. Ausg. 1867 (Anmerkgn. u. Lesarten dazu, Ebd. 1837); von Vollmer, 1843; Zwanzig Lieder v. d. Nibel. v. Lachmann, Berl. 1840, Fol.; von Hahn, Prag 1851; von Laßberg, St. Gallen 1842; von Schönhuth, 3. Aufl. Heilbr. 1862; v. Zarncke, Lpz. 1856, 2. Aufl. 1865; v. Holtzmann, Stuttg. 1857, 2. Ausg. Ebd. 1863; von Bartsch, Lpz. 1866; Schulausg. v. dems., Ebd. 1866; Uebersetzungen v. Simrock, 21. Aufl. Stuttg. 1870; von G. Pfizer 1843; v. Marbach nebst einführender Abhandlung in d. Nibel. und die altgerman. Volksdichtg. Lpz. 1840; von K. Bartsch 1867; v. Scherr u. A. Vgl. Lachmann, Ueb. d. ursprüngl. Gestalt des Nibelungenl., Berl. 1816; v. d. Hagen, D. Nibel. ihre Bedeutung für d. Gegenwart u. f. immer, Berl. 1819; Rosenkranz, D. Heldenb. und d. Nibel., Halle 1829; A. v. Spaun, Heinr. v. Ofterdingen u. d. Nibelungenl., Lpz. 1840; Müller, Versuch e. mytholog. Erklärung der Nibelungensage, Berlin 1841; Ders., Ueb. d. Lieder von d. Nibel., Gött. 1845; H. Timm, D. Nibelungenl. nach Darstell. u. Sprache ein Urbild deutscher Poesie, Halle 1852; Max Rieger, Die Nibelungensage (Germania 3, 163); H. Haas, Die Nibelungen in ihrer Beziehung z. Gesch. d. Alt. Erlang. 1860. — Gegen Lachmann: Holtzmann, Untersuchungen üb. d. Nibelungenl. Stuttg. 1854; Ders., Kampf um der Nibelungen Hort gegen Lachmanns Nachtreter, Ebd. 1855; Zarncke, Z. Nibelungenfrage, Lpz. 1854; Ders., Beitr. z. Erklärg. u. Gesch. d. Nibelungenliedes, Ebd. 1857; J. G. Hermann, Widersprüche in L.'s Kritik d. Nibelungen, Wien 1855; Fischer, D. Nibelungenlied oder Nibelungenlieder, Hann. 1859. Für Lachmann: Müllenhoff, Z. Gesch. d. Nibelungen Not, Braunschw. 1855; Rieger, Z. Kritik d. Nibelungen, Gießen 1855; R. v. Liliencron, Ueber d. Nibelungenhandschr. C., Weimar 1856; Bosch, D. Nibelungenhandschriften A. u. C., Berleburg 1863. — K. Bartsch, Untersuchungen über die Nibel., Wien 1865.

und besiegt sie. 5. Bei dem Siegesfest sieht er Kriemhilde zum ersten Mal; „da zwang sie zu einander der sehnenden Minne Noth". 6. Gunther will um Brunhilde, berühmt durch Schönheit und Kraft, werben; Siegfried sagt ihm Hülfe zu, wenn er Kriemhilde zum Lohn erhalte. 7. Die Helden segeln nach Brunhildens Land, wo Siegfried unsichtbar für Gunther in Kampfspielen Brunhilden besiegt, die ihre Mannen Gunthern als ihrem künftigen König huldigen läßt. Da sie aber alle ihre Dienstmannen herbeiruft, befürchtet man Verrath; Siegfried holt Hülfe, 8. tausend Nibelungen. Brunhilde zieht mit den Burgunden an den Rhein. 9. Siegfried wird vorausgeschickt und von Kriemhilden freudig empfangen. 10. Große Festlichkeiten bei der Ankunft Gunthers und Brunhildens; Verlobung Siegfrieds mit Kriemhilden. Siegfried zwingt unsichtbar die starke Brunhilde, sich ihrem Gemahl zu ergeben, nimmt aber ihren Ring und Gürtel mit. 11. Siegfried zieht mit Kriemhilden in die Heimat und wird König. 12. Nach 10 Jahren geht er mit Kriemhilden und seinem Vater Sigmund auf Gunthers Einladung nach Worms, 13. wo sie unter Festlichkeiten empfangen und bewirthet werden. 14. Es entsteht ein Zank zwischen den beiden Königinnen; Kriemhilde höhnt Brunhilden, daß Siegfried sie bezwungen und zeigt ihr Ring und Gürtel. Brunhilde ergrimmt, Hagen verspricht ihr, sie zu rächen. 15. Aus Angst um den geliebten Gemahl entdeckt Kriemhilde dem falschen Hagen, daß Siegfried nur zwischen den Schultern verwundbar sei. Auf Hagens Rath läßt Gunther eine große Jagd ansagen. 16. Von schweren Ahnungen erfüllt, sucht Kriemhilde vergeblich Siegfried zurückzuhalten. Dieser übertrifft alle Jäger. Während er an einer Quelle trinkt, durchbohrt ihn Hagen. Der Leichnam wird nach Worms gebracht. 17. Kriemhildens Schmerz. Bestattung Siegfrieds. 18. Sigmund kehrt nach Xanten zurück, Kriemhilde bleibt in Burgunden. 19. Sie versöhnt sich mit Gunther, nicht aber mit Hagen. Sie läßt sich bewegen, den Nibelungenhort nach Worms bringen zu lassen, den Hagen in den Rhein versenken läßt. So war Kriemhilde mit neuem Leid belastet, auch ruhte ihre Klage nimmer, so lange sie lebte.

II. 20. König Etzel läßt durch Markgraf Rüdiger von Bechlaren um Kriemhilden werben. Alle begünstigen die Werbung, nur Hagen widerspricht, weil er Unheil befürchtet, auch Kriemhilde schenkt dem Antragen kein Gehör, bis Rüdiger ihr verspricht, sie an Allen zu rächen, die sie beleidigt. Da zog sie bald darauf mit Rüdiger, Markgrafen Eckewart und ihrem Marschall von dannen. 21. Auf der Reise wird sie überall festlich empfangen, so in Passau von ihrem Oheim, dem Bischof Pilgrim. 22. In Wien wurde ihre Hochzeit mit Etzel, der ihr entgegengekommen war, gefeiert, worauf sie nach Etzelnburg zogen. 23. Im 7. Jahre gebar Kriemhilde einen Sohn, Ortlieb; doch konnte sie des Leides nicht vergessen, das ihr in der Heimat zugefügt worden war. Da bat sie einst den König Etzel, er möge ihre Verwandten aus Burgundenland einladen, was Dieser gern gewährte. 24. Als Gunther Etzels Boten empfangen und dessen Wunsch vernommen, berieth er sich mit seinen Freunden. Alle riethen, die Einladung anzunehmen, nur Hagen nicht, da er dieselbe für eine Falle ansah. 25. Nach vollendeten Vorbereitungen tritt der König mit 1000 Rittern und 9000 Knechten den Zug an, den Hagen, des Weges kundig, anführt. 26. An der Donau verkündet Diesem ein Meerweib, daß alle Burgunden in Etzels Land das Leben verlieren würden. 27. Nach heißem Kampfe mit den Bayern gelangen sie über Passau in Rüdigers Land, 28. wo Giselhers Verlobung mit Rüdigers Tochter beschlossen wird. Rüdiger begleitet sie auf ihrer weitern Fahrt. 29. Dietrich von Bern kommt ihnen entgegen und warnt sie vor Kriemhilden. Diese empfängt die Burgunden mit falschem Muth; sie ladet die Gäste ein, ihr die Waffen auszuliefern, was Hagen verweigert. 30. Kriemhilde führt 400 Hunnen gegen Hagen, aber sie wagen nicht, den Helden anzugreifen. Als die Nacht hereinbricht, zieht sich Gunther mit den Seinen in den ihnen angewiesenen Saal zurück; Hagen und Volker wachen. 31. Am folgenden Tag Messe und Kampfspiele, darauf großes Gastmahl. Kriemhilde sucht, Dietrich zu bewegen, Siegfrieds Tod zu rächen; allein der edle Held will sich keiner Treulosigkeit schuldig machen. Dagegen gewinnt sie Blödelin durch glänzende Versprechungen. Dieser dringt mit seinen Mannen in den Saal, wo Dankwart mit seinen Knechten zu Tische saß. Alle Burgunden werden erschlagen, nur Dankwart rettet sich kämpfend, 32. und eilt in den Saal, wo die Fürsten zu Tische saßen. Als er seinem Bruder Hagen das Vorgefallene mitgetheilt, schlug Dieser voll Grimm dem jungen Ortlieb (Etzels und Kriemhildens Sohn) das Haupt ab und wüthete mit Volker unter den Hunnen. Allgemeiner Kampf. 33. Dietrich verlangt freien Abzug, weil er keinen Antheil an dem Kampf nehmen will. Er wird ihm bewilligt und er führt Kriemhilde und Etzel hinaus. Auch Rüdiger verläßt mit den Seinigen den Saal. Alle zurückgebliebenen Hunnen werden erschlagen. 34. Hagen verhöhnt Etzel; Kriemhilde verspricht Dem die herrlichste Belohnung, der ihr Hagens Kopf bringen würde. 35. Iring von Dänemark, Irnfried von Thüringen und Hawart stürzen sich mit den Ihrigen auf die Burgunden; sie werden jedoch alle erschlagen, worüber Etzel und Kriemhilde laute Klage erheben. 36. Die Burgunden verlangen freien Abzug; Kriemhilde will ihn nur gegen Hagens Auslieferung bewilligen, was Diese empört zurückweisen. Die Königin läßt in der Nacht das Haus anzünden, aber die Helden halten die herabfallenden Brände mit den Schildern von sich ab, löschen ihren Durst im Blut der Erschlagenen und schlagen die Hunnen von Neuem zurück, als Diese am folgenden Morgen angreifen. 37. Rüdiger, der an dem Kampfe keinen Antheil nehmen wollte, weil die Burgunden seine Gastfreunde waren, kann den Bitten Etzels und Kriemhildens nicht länger widerstehen. Aber auch er wird nach tapferm Kampf mit all den Seinigen erschlagen. 38. Als Dietrich Rüdigers Tod vernimmt, will er nicht daran glauben; er schickt Hildebrand zu den Burgunden, um die Wahrheit zu erfahren; die Recken Dietrichs begleiten ihn. Da die Burgunden sie höhnen, entspinnt sich ein heftiger Kampf, in welchem die besten Helden fallen; von den Burgunden bleiben nur Gunther und Hagen, von Dietrichs Mannen nur der alte Hildebrand am Leben, und auch dieser kommt schwer verwundet zu Dietrich, der, über Rüdigers Tod ergrimmt, nun mit Hildebrand Gunther und Hagen aufsucht. Er verspricht ihnen Rettung, wenn sie sich ihm als Geisel ergeben wollten. Hagen antwortet höhnisch; Dietrich ergrimmt, verwundet ihn und Gunther, und bringt beide zu Kriemhilden, die sie gebunden ins Gefängniß werfen läßt. Kriemhilde geht zu Hagen, und verspricht ihm, seiner zu schonen, wenn er ihr entdecke, wo der Nibelungenhort sei. Der aber erwiedert, er habe geschworen, es Niemanden zu entdecken, so lange noch Einer von seinen Herren am Leben sei. Da läßt sie Gunthern das Haupt abschlagen; als Hagen es erblickt, ruft er aus, er sei nun der Einzige, der das Geheimniß kenne, und er würde es ihr nie entdecken. Ergrimmt reißt ihm Kriemhilde das Schwert aus der Scheide, das nämliche, das Siegfried getragen, als sie ihn zum letzten Male sah, und schlägt dem Verhaßten das Haupt ab. Kaum war die That vollbracht, als Hildebrand voll Grimm auf sie lossprang und sie erschlug. Dietrich und Etzel aber erheben laute Klage um die Gefallenen.

c. „Biterolf und Dietlieb", ein in kurzen Reimpaaren abgefaßtes Gedicht, ist ein Versuch, die heimische Heldensage in höfischer Weise zu behandeln, daher sich bei ihm, wie bei den Rittergedichten, eine übermäßige Anhäufung unzusammenhängender und unmotivierter Abenteuer findet. Der Dichter, der ohne Zweifel aus Süddeutschland war, und in dem Einige den Verfasser der „Klage" wiedererkennen wollen, hat die Sage oft willkürlich entstellt, dagegen eine ausgebreitete Kenntniß derselben an den Tag gelegt, weshalb das Werk in dieser Beziehung wichtig ist.[1]

Biterolf, ein König in Spanien, verläßt die Seinigen heimlich, um die Herrlichkeit Etzels zu schauen, in dessen Dienste er zehn Jahre lang viele Heldenthaten verrichtet. Nach dieser Zeit zieht sein 12jähriger Sohn Dietlieb aus, ihn aufzusuchen. Nach mancherlei Abenteuern (er besiegt sogar den mächtigen Hagen) gelangt er nach Etzelnburg, wo er seinen Vater, der einen fremden Namen angenommen hatte, erst nach langer Zeit erkennt. Da Dietlieb eine ihm von den Burgunden zugefügte Beleidigung zu rächen hatte, zieht er mit einem hunnischen Heer, mit welchem sich Dietrich vereinigte, an den Rhein. Am Kampfe nehmen alle Helden der Sage Antheil; die Burgunden werden besiegt, die Hunnen ziehen in die Heimat, worauf Biterolf und Dietlieb nach Spanien zurückkehren. Doch ging Dietlieb bald in die Steiermark, mit der er von Etzel belehnt worden war, und lebte meist bei demselben.

d. „Walther und Hildegunde", ein Gedicht aus der Mitte des 13. Jahrh., von welchem sich nur zwei Bruchstücke erhalten haben, beruht auf lebendiger Volkssage, ist aber in höfischer Ausführlichkeit behandelt. Das erste Bruchstück erzählt die Heimkehr Walthers und Hildegundens, das zweite deren Hochzeit.[2]

e. „Der (große) Rosengarten", so genannt, weil ein Rosengarten Grund und Ort des geschilderten Kampfes ist, liegt in mehreren Bearbeitungen aus dem 14. Jahrh. vor, von denen aber keine die ursprüngliche sein kann. Die einzelnen Bearbeitungen, welche im Wesentlichen den nämlichen Inhalt haben, aber in wichtigen Punkten von einander abweichen, gehören zu den besten Erzeugnissen der volksthümlichen Epik. Eine Hauptgestalt ist der Mönch Ilsan, in welchem sich der Widerspruch zwischen der kampflustigen Gesinnung und dem Klosterleben in höchst ergötzlicher Weise ausspricht.[3]

Kriemhild, die Tochter des Burgundenkönigs Gibich, besitzt einen prächtigen Rosengarten, zu dessen Wächtern zwölf Helden bestellt sind, darunter Siegfried, der eben um die Jungfrau warb. Einst ließ sie den Helden Dietrich auffordern, mit seinen Helden den Kampf zu bestehen; ein Rosenkranz und ein Kuß sollte der Lohn des Siegers sein, die Besiegten aber sollten Dienstmannen der Sieger werden. Dietrich nimmt die Aufforderung an und beredet den Mönch Ilsan, Hildebrands Bruder, mitzuziehen, um die Zahl zwölf vollständig zu machen. Die burgundischen Helden werden meist besiegt, selbst Siegfried von Dietrich, der ihm nur auf Kriemhildens Bitte das Leben schenkt. König Gibich wird von Hildebrand überwunden und muß sein Land von Dietrich als Lehen annehmen.

1) Ausg. bei Hagen u. Primisser 1, 69 f. Vgl. Jänicke, Ueb. Entstehung d. Sage v. Biterol. und Dietl. (Berl. Jahrb. 6, 15.). — 2) Ausg. in Karajans „Frühlingsgabe". — 3) Ausg. bei Hagen und Primisser, v. W. Grimm, Gött. 1836; von Bartsch in Germania 4, 1.

Zweites Capitel. Prosa.

§ 72. Urkunden und Gesetzbücher (§ 50).

a. Zu den ältesten Urkunden in deutscher Sprache gehören der „Frankfurter Judeneid"[1]) aus dem 12. Jahrh. u. „Kaiser Friedrichs II. Landfriede" vom J. 1235.[2]) — Unter den zahlreichen Stadt- u. Landrechten sind zu erwähnen das friesische Asegabuch (Richterbuch) aus dem 12. Jahrh.[3]) und die „Willküren der Brokmänner" aus dem 13. Jahrh.,[4]) ferner die „Schwäbische Verlöbnißformel" aus dem 12. Jahrh.,[5]) das „Braunschweigische Stadtrecht" v. 1227,[6]) der „Züricher Richtebrief" v. J. 1258,[7]) und das „Augsburger Stadtrecht" v. J. 1276.[8])

b. Der „Sachsenspiegel", eine Sammlung der im nördlichen Deutschland geltenden Rechtsgewohnheiten, denen auch Urtheilssprüche der Schöppen beigefügt sind, wurde zwischen 1215 und 1235 von dem sächsischen Ritter Eike oder Eke von Repgow veranstaltet. Obgleich einzelne Spuren vom Einflusse des römischen und canonischen Rechts darbietend, vertritt er doch die ursprünglich deutsche Rechtsentwickelung, widerstand lange dem Eindringen des fremden Rechts und behielt auch noch dann sein Ansehen, als Gregor XI. im Jahre 1374 mehrere Sätze für ketzerisch erklärte. Er wurde die Grundlage der spätern in Süddeutschland gesammelten Rechtsbücher. Eike hatte seine Sammlung zuerst lateinisch abgefaßt und erst später in niederdeutsche Sprache übergetragen. In der Folge wurde sie auch ins Oberdeutsche übersetzt, und zudem in beiden Fassungen vielfach überarbeitet und vermehrt.[9])

c. Der „Schwabenspiegel", auch „Kaiserrecht" genannt, nach Pfeiffers wahrscheinlicher Vermuthung von Bruder David im J. 1276 gesammelt, hat den „Sachsenspiegel" zur Grundlage, der unter Benutzung einiger älterer deutscher Gesetzbücher so wie des römischen und canonischen Rechts nach den in Süddeutschland geltenden Rechten abgeändert wurde. Auch er erlitt im Laufe der Zeit mehrfache Umarbeitungen, die Sprache ist schon sehr gebildet, der Styl durch Reichthum der Wendungen bemerkenswerth.[10])

d. Hieher gehören auch die sogenannten „Weisthümer" (Rechtsbeschreibungen), von denen J. Grimm eine vortreffliche Sammlung veranstaltet hat.[11])

§ 73. Naturwissenschaftliches. Ascetische und mystische Schriften (§ 50).

a. Die sogenannte „Meinauer Naturlehre" aus dem Ende des 13. Jahrh. erklärt die bekanntesten Naturerscheinungen nach den damals verbreiteten Ansichten.[12]) Eine große Anzahl von Gebeten sind in verschiedenen Handschriften erhalten; viele derselben sind gedruckt.[13]) Von den größern Erbauungsschriften waren wohl die meisten aus dem Lateinischen übersetzt. — Der veter Buoch. Eine Sammlung von Aussprüchen und Erzählungen frommer Menschen, aus dem Lateinischen.[14])

b. Bruder David, mit dem Zunamen von Augsburg, 1210 und 1220 wahrscheinlich zu Regensburg geb., war Novizenmeister und Professor der Theologie, zuerst in seiner Vaterstadt, dann in Augsburg, wo er am 5. Nov. 1271 starb. Außer vielen lateinischen Schriften hinterließ er auch deutsche (Reden, religiös-moralische Betrachtungen,

1) Ausg. v. Höfer, in Auswahl der ältesten Urkunden deutscher Sprache. Hamb. 1835, 8., und in Dorow, Denkmäler alter Sprache und Kunst 1, 2. — 2) Ausg. in Schilter u. in Zeitschr. f. Archivkunde u. s. w. v. Höfer u. A. Bd. 2. Hamb. 1835. — 3) Ausg. v. Wiarda, Berl. 1805. 4. — 4) Ausg. v. Wiarda, Berl. 1820. — 5) Ausg. in W. Wackernagels Lesebuch 1, 180. — 6) Ausg. in Leibniz, Script. Brunsvic. 3, 434. — 7) Ausg. in d. Helvet. Bibliothek, 2. Th. S. 5. — 8) Ausg. v. Max v. Freiberg in d. Samml. Deutscher Rechtsalterthümer. — 9) Ausg. (mit verwandten Rechtsbüchern) von Homeyer, Berl. 1835—44. III.; von Schöne, Elberfeld 1858. Ficker, Jul., Ueb. d. Entstehung d. Sachsenspiegels und die Ableitung d. Schwabenspiegels aus d. Deutschen Spiegel. Innsbr. 1859; (vgl. Germania 5, 251.). — 10) Ausg. v. Laßberg. Tüb. 1840; v. Wackernagel, Zür. u. Frauenf. 1840. Vgl. Pfeiffer in Haupt 9, 8. — 11) Gött. 1840—63. IV. — 12) Ausg. v. Wackernagel, Stuttg. 1851. — 13) „[illegible] etc.: Fundgruben 1, 327; Diemer, Deutsche Gedd.; Graffs Diutiska, u. a. m. Wackernagel, Altd. Predd. u. Gebete; sind leider noch nicht erschienen. — 14) Ausg. v. Palm. Stuttg. 1863.

Gebete), die sich durch Tiefe, Vielseitigkeit und Wahrheit der Gedanken, durch edle Gesinnung, durch gebildete und reine Sprache, schöne und gewandte Darstellung auszeichnen. Unter denselben sind die „Sieben Vorregeln der Tugend" und der „Spiegel der Tugend" am Bedeutendsten.[1])

c. Meister **Eckhart**, aus der zweiten Hälfte des 13. Jahrh., wahrscheinlich aus Augsburg gebürtig, trat in den Dominicanerorden, erwarb sich in Paris als Lehrer der Philosophie so hohen Ruf, daß Papst Bonifaz II. ihn nach Rom berief; er wurde daselbst Doctor der Theologie, 1304 Provinzial von Sachsen, 1307 Generalvicar von Böhmen, begab sich dann nach Straßburg und von dort nach Köln, wo er eine große Anzahl junger Männer um sich sammelte, darunter Tauler und Suso. Da seine Ansichten mit denen der Kirche nicht immer übereinstimmten, sprach Papst Johann XXII. über dessen Schriften in einer Bulle vom 27. März 1329 die Verdammung aus; doch war er schon vorher gestorben. Eckhart bildete die Sprache des Volks zur Sprache der Wissenschaft, indem er sie auf Theologie und Philosophie anwendete und sie durch neue Wortschöpfungen bereicherte. Seine Darstellung ist bei aller Tiefe der Gedanken klar und verständlich, so sehr es bei seiner Hinneigung zur Mystik, deren Begründer er wurde, nur sein konnte. Seine Schriften sind noch nicht gesammelt, nur wenige gedruckt.[2])

§ 74. Homilien und Predigten (§ 50).

a. Es ist eine große Anzahl von Homilien und Predigten auf unsere Zeit gekommen, von denen mehrere gedruckt worden sind.[3]) Sehr viele derselben waren nicht für das Volk, sondern für die Unterweisung der Cleriker bestimmt. Sie waren meist kurz und bestanden in Erläuterung oder Anwendung eines biblischen Textes. Als Muster dienten vorzugsweise die Predigten der Kirchenväter, die meist mit ängstlicher Gewissenhaftigkeit benutzt, stellenweise auch übersetzt wurden.

b. Bruder **Berthold**, mit dem Familiennamen Lech, geb. zwischen 1220 und 1230, wahrscheinlich aus Regensburg (gewiß nicht aus Winterthur), trat daselbst in den Franciscanerorden, wurde Davids Schüler, durchzog als wandernder Prediger, meist von seinem Lehrer begleitet, der wahrscheinlich seine Predigten aufzeichnete, den größten Theil des südlichen Deutschlands und selbst Schlesien, Sachsen und Thüringen. Er starb in Regensburg im J. 1272. — Von der wunderbaren Kraft und Wirkung seiner Predigten berichten Zeitgenossen und spätere Schriftsteller. Wo er erschien, konnte keine Kirche die Menge der Zuhörer fassen, daher er gewöhnlich von einem Baume oder einer Anhöhe herab zu dem Volke sprach. Grund dieser Wirkung waren sein Vortrag, der Inhalt seiner Predigten und ihre eben so natürliche als verständliche Sprache.[4])

Unter vielen trefflichen, fruchtreichen und neuen Gedanken bemerken wir manche kühne Ansichten über äußerliche Religionsübung, Opfer und Wallfahrten, wiewohl er daneben auch mit Strenge vor ketzerischen Lehren warnt. Meist bespricht er die gewöhnlichsten Lebensverhältnisse, um die Menschen zu frommem und tugendhaftem Lebenswandel anzuleiten. — Gewöhnlich macht er die seine Zuhörer umgebenden Gegenstände zur Grundlage seiner Betrachtungen, auch kleidet er die einzelnen Gedanken in Bilder, die er aus der nächsten Umgebung entnimmt, und entfaltet hierbei ein wahrhaft poetisches Talent.

---

1) Ausg. in Pfeiffer, Deutsche Mystiker. II. — 2) Pfeiffer a. a. O. — Heidrich, D. d. theolog. System des M. Eckhart. Posen 1864. — Bach, Jos. Meister Eckart, d. Vater d. deutschen Speculation. Wien 1864. Lasson, Adolf, Meister Eckhart der Mystiker. Berl. 1868. — 3) Roth, Deutsche Predd. d. XII. u. XIII. Jahrh. Quedl. 1839; Leyser, Predd. d. XIII. u. XIV. Jahrh. Qdb. 1838; Griesbaber, Deutsche Sprachdenkmäler relig. Inhalts. Rast. 1842; Desselben Deutsche Predd. d. XIII. Jahrh. Stuttg. 1844. Kelle, Speculum ecclesiae. Altdeutsch. München 1858; Fr. Pfeiffer, Altd. Predigten u. Tractate (Haupt, Zeitschr. 8); Desselben Deutsche Mystiker, Stuttg. 1845—57. II. Desselben Sprüche deutscher Mystiker (Germania 3, 225). — 4) Ausgabe v. Kling. Berl. 1824; vgl. J. Grimm in d. Wiener Jahrb. 32, 194; v. Göbel, Regensb. 1857; Ausg. v. Frz. Pfeiffer. Wien 1862. II.

§ 75. Geschichtschreibung (§ 50).

a. Die „Sachsenchronik“ ist nach den neuern Forschungen dem Sammler des Sachsenspiegels, Eike von Repgow, zuzuschreiben und wurde daher mit Recht auch Repgowische Chronik genannt. Eben so unzweifelhaft ist es aber auch, daß Eike ein Geistlicher war, der jedoch über der Kirche sein Vaterland nicht vergaß. Offenbares Streben nach Wahrheit, ehrenhafte und parteilose Gesinnung, schlichte, doch nicht ungewandte Darstellung charakterisiert die für Zeit- und Sittengeschichte gleich wichtige Chronik. Der ursprüngliche niederdeutsche Text geht bis zum Jahr 1250.[1]) Die hochdeutschen Umbildungen führen die Geschichte weiter, die spätern bis zum J. 1395.[2])

b. Christian der Küchenmeister, vermuthlich kein Mönch, sondern ein Bürger der Stadt St. Gallen, setzte die lateinischen Casus monasterii S. Galli bis zum J. 1331 unter dem Titel „Die nuwen Casus monasterii S. Galli“ in deutscher Sprache fort.[3])

§ 76. Roman (§ 50).

Der älteste Roman, und zugleich der einzige aus dem vorliegenden Zeitraum, ist bis auf ein sehr kleines Bruchstück verloren gegangen. Er behandelte eine Sage aus dem Sagenkreis von Artus und der Tafelrunde.[4])

---

1) Ausg. (verkürzt) in Eccard, Corpus hist. med. aevi, von Maßmann (vollständig und mit der alten latein. Uebersetzung). Stuttg. 1857; von Gust. Schoene, Elberf. 1859. — 2) Vgl. Maßmann, Kaiserchronik; Pfeiffer, Friedr., Untersuchungen üb. d. Repgowische Chronik, Berl. 1854. Repgowische Chronik. Das Buch der Könige. Hg. v. Gust. Schoene. Elberfeld 1859. — 3) Ausg. Helvetische Bibliothek, Bd. V. — 4) Ausg. in W. Wackernagel, Lesebuch 1, 713.

Dritter Zeitraum.

Von der Mitte des 14. bis zum ersten Viertel des 16. Jahrhunderts.

Hülfsmittel (außer den früher angeführten): Uhland, Vorlesungen über d. Geschichte d. deutschen Dichtkunst im 15. u. 16. Jahrh. im 2. Band seiner Schriften; Deutsche Dichter u. Prosaisten. 1. Abth. v. Heinr. Kurz; 2. Abth. Bd. 1. 2. v. K. Paldamus; Bd. 3 v. Heinr. Kurz. Lpz. 1858 ff. — Wolf, Rud., Biographien z. Kulturgeschichte der Schweiz. Zürich 1858—1862. IV. — Gödeke, K., Elf Bücher deutscher Dichtung. Von Seb. Brant (1500) bis auf die Gegenwart. Lpz. 1849. II. Deutsche Dichter des 16. Jahrh. Mit Einleitungen und Worterklärungen. Hg. v. K. Gödeke u. Jul. Tittmann. Lpz. 1867—1872. VI. — Gosche, Rich., Jahrb. f. Literaturgesch. 1. (u. einz.) Bd. Berl. 1865. — Derselbe, Archiv f. Literaturgesch. Lpz. 1869—1876.

Erster Abschnitt. Allgemeine Uebersicht.

§ 77. Aeußere und innere Verhältnisse Deutschlands, und ihr Einfluß auf Bildung und Literatur.

a. Die Bemühungen der Hohenstaufen, das Reich Karls des Großen wiederherzustellen, hatten die Auflösung des deutschen Reichs vorbereitet, da in Folge der fortwährenden Kämpfe mit Italien und dem Papstthum die Lehensträger immer größere Unabhängigkeit gewannen, die Macht der Kaiser immer mehr geschwächt wurde. Die unter König Rudolf (1273—1291) wieder aufblühende Ordnung wurde durch die nachfolgenden Kämpfe um die Kaiserkrone wieder vernichtet, um so mehr als einige Kaiser (Heinrich VII. 1308—13, und Ludwig der Bayer 1314—47) wieder ihre Blicke nach

Italien wendeten, was zu feindseligen Berührungen mit dem Papstthum, zu Interdict und Bann und in Folge dessen zu unsäglichen Verwirrungen führte.

b. Dazu kam, daß seit Rudolf die Kaiser vor Allem an die Vergrößerung ihrer Hausmacht dachten, was die Fürsten zur Nachahmung reizte und fortgesetzte Fehden der Fürsten und des Adels theils unter sich, theils mit den Städten zur Folge hatte. So wuchs die Gesetzlosigkeit von Tag zu Tag mehr (Faustrecht). Um das Unglück voll zu machen, wurde Deutschland um jene Zeit von Ueberschwemmungen, Mißwachs, Hungersnoth und einer furchtbaren Seuche (dem schwarzen Tod) heimgesucht, und endlich begannen mit den Hussitenkriegen unter Kaiser Sigismund (1410—37) die ersten Religionskriege.

c. Die Entartung der Geistlichkeit, namentlich der höhern, nahm mit der Vergrößerung ihrer Macht zu. Ihre Zuchtlosigkeit und Unwissenheit war so groß geworden, daß sie selbst bei dem Volk in Verachtung gerieth. Nur diejenigen Classen der Geistlichkeit, welche dem Volk am Nächsten standen, zeichneten sich durch reines Leben, Bildung und selbst Gelehrsamkeit aus, so wie durch das Bestreben, geläuterte Ansichten über Religion und Kirche zu verbreiten, wodurch sie auf die spätere Reformation vorbereiteten.

d. Mit den Fürsten stand es um Nichts besser. An den Höfen war der Geschmack so gesunken, daß die Fürsten ihre Unterhaltung statt wie früher bei den wandernden Sängern, nunmehr bei Hofnarren suchten. Erst im 15. Jahrh. finden wir wieder eine lebendigere Theilnahme der Höfe an der Literatur, doch beinahe nur bei den Frauen. Kaiser Maximilian I. scheint allein Sinn für höfische Poesie gehabt zu haben, doch blieben seine Bemühungen, dieselbe wieder zu beleben, fruchtlos.

e. Der Adel war nach und nach ganz verwildert, in Schlemmerei und Rohheit versunken, seine Burgen waren zu Raubnestern geworden, von denen aus sie die Städte brandschatzten oder die vorüberziehenden Kaufleute plünderten. („Sich vom Sattel nähren.")

Anm. 1. Noch manches Volkslied erzählt vom Eppele von Geilingen, vom Schüttensam, vom Junker Hemmerlein von Kristall, vom Lindenschmidt und vielen andern edeln Rittern, welche auf dem Rabenstein endigten.

f. In dem Maße aber, als die höhern Stände verwilderten, nahmen die Städte an Macht und Bildung zu. Die Kämpfe, die sie mit den Bischöfen, den Fürsten und dem Raubadel zu bestehen hatten, gaben den Bürgern Gelegenheit, kriegerischen Muth zu entwickeln; die glückliche Abwehr mächtiger Feinde weckte in ihnen Selbstgefühl und männlichen Stolz. Handel und Gewerbfleiß vermehrte den Wohlstand, der wiederum ein politisch und geistig reges Leben hervorrief. So wurde die Kunst, namentlich die Baukunst, von den Städten gefördert (Kirchen, Rathhäuser). Viele machten sich von der Oberherrlichkeit der Fürsten und Bischöfe frei; leider fehlte es ihnen an genialen und staatsklugen Führern, welche die Siege gegen Fürsten und Adel hätten benutzen können, um die Freiheit auf immer zu begründen, und die Kaiser waren, wie schon früher die Hohenstaufen, gegen die Städte feindselig gesinnt. (Karls IV. goldene Bulle.)

g. Wie die Bürger beinahe ausschließlich die Träger der bessern Sitte und der Bildung waren, so fand auch die Poesie in den Mauern der Städte ihren letzten Zufluchtsort. Das bürgerliche Element wurde in derselben ganz vorherrschend. Die Dichter waren beinahe ausschließlich bürgerlichen Standes und der Volksgesang gewann an Bedeutung und Umfang.

h. Selbst die Wissenschaft gelangte in die Hände bürgerlicher Laien; doch blieb die Gelehrsamkeit im Allgemeinen ohne Einfluß auf das Volk und somit auch auf die Literatur, weil die Gelehrten sich pedantisch abschlossen, und, die Muttersprache verachtend, meist lateinisch schrieben, während in Italien gerade Diejenigen, welche die classischen Studien am Eifrigsten beförderten, Petrarca und Boccaccio, eine nationale Literatur begründeten.

i. Hatte aber auch die Gelehrsamkeit, und selbst die Gründung von Universitäten[1] keinen unmittelbaren Einfluß auf die Bildung des Volkes und die Entwickelung der Literatur, so gelangten doch die Gelehrten selbst durch ihre Beschäftigung mit dem classischen Alterthum zu höherer und freierer Bildung. (Humanismus.) Die scholastische Philosophie mit ihrem geisttödtenden Formenwesen ward immer mehr zurückgedrängt und es bildeten sich unter den Gelehrten je länger je mehr freie Ansichten über Kirche und Papstthum, welche um so entschiedener zur Umgestaltung der kirchlichen Verhältnisse führen mußten, als auch der gesunde Sinn des Volks nach einer solchen drängte.[2] Die Beschäftigung mit dem classischen Alterthum hatte aber selber auch die unglückselige Folge, daß das römische Recht, wie früher von den Geistlichen, so jetzt von den Gelehrten dem heimischen entgegengesetzt wurde. Die Fürsten begünstigten es, weil es ihre Ansprüche auf Landeshoheit und Unterdrückung der Volksrechte unterstützte.

k. Es hatten zwar schon seit dem 12. Jahrh. die reformatorischen Bestrebungen der Waldenser und anderer Sekten in Deutschland (Straßburg, Köln) Eingang gefunden, doch gewannen sie erst Kraft und Erfolg, als sich in den Städten das demokratische Element entwickelte. Sie traten daher am Entschiedensten in den Städten hervor, welche im Kampf mit Fürsten, Adel und Bischöfen nach politischer Freiheit rangen. Zudem wurden sie von den Bettelmönchen (s. oben c.), insbesondere von den Dominicanern, wesentlich gefördert, indem sie die unglückliche Zeit benutzten, um die Gemüther von dem Aeußerlichen auf das Innere zu lenken und sie für religiöse Ansichten zu gewinnen; so Tauler und alle diejenigen, die man unter dem Namen Mystiker begriff, und die weitaus zum größten Theil dem Dominicanerorden angehörten.[3]

Anm. 2. Die Mystiker hielten die biblischen Geschichten für bloße Symbole, erwarteten die Gottähnlichkeit nicht von der Gnade Gottes, sondern von der innern Kraft des Menschen selbst und suchten, in der Verläugnung der Persönlichkeit zur Gemeinschaft mit Gott zu gelangen. Sie nannten sich selbst Gottesfreunde und sprachen es als Zweck aus, die Kirche auf ihre reinste Form zurückzuführen.

l. Die Gelehrten machten sich in einer Beziehung um die Bildung des Volkes verdient, indem nun auch Schulen in den Städten gegründet wurden.

Anm. 3. Vorzüglich zeigten sich darin die Brüder des gemeinsamen Lebens,[4] auch Hieronymianer und Gregorianer genannt, eine von Gerrit Groote aus Deventer (1340—1384) um 1376 gestiftete geistliche Brüderschaft, die zunächst zwar mehr moralische und praktische, als wissenschaftliche Zwecke im Auge hatte, indem sie vor Allem den in der Kirche herrschenden Mißbräuchen entgegenzuwirken strebte, aber auch die classischen Studien eifrig beförderte. Aus ihr gingen viele bedeutende und einflußreiche Männer hervor; so Thomas von Kempis, J. Wessel, Rud. Lange, Hegius, Hermann von dem Busch und Rud. Agricola.

m. Die geistige Bewegung wurde endlich gegen das Ende des Zeitraums durch die Erfindung der Buchdruckerkunst (Joh. Gutenberg aus Mainz; erster Druck: Bibel i. J. 1450) mächtig unterstützt, welcher kurz vorher die Erfindung des Lumpenpapiers vorausgegangen war.

1) Prag 1348, Wien 1365, Köln 1388, Heidelberg 1386, Erfurt 1392, Leipzig 1409, Rostock 1419, Trier 1454, Greifswalde 1456, Freiburg 1456, Ingolstadt 1472, Mainz und Tübingen 1477, Wittenberg 1502, Frankfurt a. O. 1506. — 2) Kampschulte, F. W., D. Universität Erfurt in ihrem Verhältniß zu d. Humanismus u. d. Reformation. Trier 1858—1860. II. Voigt, G., D. Wiederbelebung d. class. Alterthums od. d. erste Jahrh. des Humanismus. Berl. 1859. — 3) Greith, K., Die deutsche Mystik im Predigerorden. Freib. 1861. — 4) Delprat, G. H. M., D. Brüderschaft d. gemeins. Lebens. Nach d. Holländ. v. G. Mohnike. Lpz. 1840. Raumer, Gesch. d. Pädagogik. 3. Aufl. Stuttg. 1857. Bd. 1. S. 66 ff.

§ 78. Charakter der Literatur.

Mit dem Uebergang der Bildung von den bevorrechteten Ständen auf der Bürger gewann die Literatur einen neuen Charakter. An die Stelle des phantastischen Elements der höfischen Dichtung trat der praktische Sinn, an die Stelle der Schwärmerei trat die That; der Gedanke, der schon in den frühern Spruchdichtern vorherrschend geworden war, gewann immer mehr Kraft. Daher trat die Poesie immer mehr zurück, während sich die Prosa als die dem Gedanken und dem praktischen Sinn angemessene Darstellungsform rasch und glücklich entwickelte.

Erstes Capitel. Poesie.

§ 79. Charakter derselben.

Der bürgerliche Charakter der Poesie zeigt sich mehr in dem Inhalt und den Stoffen als in der Form, da die bisherige streng bewahrt wurde, was freilich zum Nachtheil der Poesie gereichte, da die große Mannigfaltigkeit in den Formen der höfischen Dichtkunst dem einfachen, vorzüglich auf Belehrung gerichteten Sinn der bürgerlichen Dichtung nicht entsprach, und der Widerspruch zwischen Inhalt und Form um so mehr Geschmacklosigkeit erzeugte, als die Dichter, wie schon am Ende des vorigen Zeitraums, durch Künsteleien aller Art zu glänzen suchten. Da der überlegende Gedanke die freie Schöpfungskraft der Phantasie immer mehr zurückdrängte, mußte die Poesie auch immer mehr eine entschieden belehrende Richtung annehmen, die sich selbst in denjenigen Gattungen offenbarte, denen an sich das didaktische Element widerstrebt.

§ 80. Verskunst.

a. Mit der Verwilderung der Sprache (s. § 3. f.) verlor die Versmessung ihren bisherigen Halt. Statt wie früher die Verse nach Hebungen zu messen, wurden jetzt die Silben gezählt, besonders in den lyrischen Gedichten. In den Strophen erhielten sich die frühern Gesetze, besonders das der Dreitheiligkeit (s. § 73. c.). Man erfand viele neue Strophenformen, die aber meist in Künsteleien ausarteten. (Rohe und unbeholfene Versuche in antiken Strophenformen.) — Der Reim verlor seine frühere Reinheit und Regelmäßigkeit; der frühere Wohlklang konnte durch Reimkünsteleien nicht ersetzt werden. Der Sinn für den Reim war so ganz verloren gegangen, daß man sich oft mit bloßer Assonanz begnügte, oder die Wörter bis zur Verunstaltung verkürzte, dehnte oder sonst veränderte, um sie in den Reim zu zwingen.

b. In volksthümlichen Liedern erhielt sich wenigstens die Berücksichtigung des Hauptaccents; das Gesetz der Dreitheiligkeit konnte in denselben der Kürze der Strophen wegen keine Anwendung finden.

§ 81. Die Dichter.

a. Unter den Dichtern, deren Zahl um so mehr zunahm, je äußerlicher die Kunst wurde, unterscheidet man hauptsächlich zwei Classen, die Dichter von Gewerbe und die Meistersänger.

b. Die Dichter von Gewerbe, die man nun Gehrende nannte, zogen wie die frühern an den Höfen der Fürsten herum. Sie machten jedoch selten Glück und standen auch nicht in besonderer Achtung; nur wenige, wie Michael Beheim, gelangten zu Ansehen. Ihre Stoffe nahmen sie aus der deutschen Volkssage, wobei sie wohl die alten Dichtungen zu Grunde legten (mit dem Verfall der höfischen Kunst verschwand auch die Vorliebe zu ausländischen Stoffen). Besonders aber verfaßten sie Gelegenheitsgedichte aller Art (Lob- und Preisgedichte auf die Fürsten und Herren, mit oft niedrigen und geschmacklosen Schmeicheleien). Unter den Gehrenden waren die Wappendichter am Geachtetsten, welche Wappenbeschreibungen mit eingeflochtenem Lob der Wappenträger machten. Sie waren als Wappenkundige meist auch Herolde. Was die

Wappendichter bei den Turnieren der Fürsten und Herren, das waren bei den Schützenfesten der Bürger die Pritschenmeister, denen zugleich oblag, die Festlichkeiten zu beschreiben, die besten Schützen in Lobgedichten zu besingen. Bei Hochzeiten, Taufen u. s. w. zogen die Bürger Dichter oder Reimer bei, welche gewöhnlich improvisirend Lobreime auf Wirthe und Gäste machten; es lag ihnen ob, die vorgeschriebene Ordnung zu erhalten, was sie meist in possenhafter Weise thaten, daher sie auch gewöhnlich hanswurstmäßig gekleidet waren. Solche Leute hießen Spruchsprecher und waren in manchen Städten von der Obrigkeit in ihrem Amte bestätigt. Pritschenmeister und Spruchsprecher gelangten jedoch erst im 16. und 17. Jahrh. zu Ansehen. Die bekanntesten sind Wilhelm Weber von Nürnberg und Ulrich Wirri von Aarau.

c. Die Meistersänger waren Bürger, später sogar meist Handwerker, welche sich zu Vereinen gesellten und ausschließlich lyrische Gedichte nach bestimmten Gesetzen abfaßten. Ueber den Ursprung dieser Vereine läßt sich nichts Bestimmtes ermitteln.

Anm. 1. Nach einer alten Sage sollen zwölf oder vier Meister, darunter die berühmtesten aus dem 13. Jahrh. (Frauenlob, Walther von der Vogelweide, Marner, Regenbogen), im J. 962 den Meistergesang erfunden haben, alle zu gleicher Zeit, ohne daß Einer vom Andern gewußt hätte. Kaiser Otto I. habe sie dann als Verein bestätigt, mit vielen Freiheiten begnadet, und mit einer goldenen Krone beschenkt. Die älteste Urkunde über die Meistersänger ist ein Freibrief K. Karls IV. (1378), worin er den Meisterschulen Wappenrecht bewilligt oder bestätigt.

Anm. 2. Die älteste Schule war wohl die zu Mainz, die nach der Ueberlieferung von Frauenlob gestiftet worden sein soll; sie war gleichsam die hohe Schule der Meistersänger; bei ihr wurden die Urkunden der Genossenschaft aufbewahrt. Nächst ihr waren die in Straßburg, Colmar, Nürnberg, Augsburg, Ulm, Regensburg und Frankfurt die blühendsten und berühmtesten, einzelne Schulen waren auch in Oesterreich, Schlesien und selbst in Danzig. Doch gelangten die meisten erst im folgenden Zeitraum zu Ansehen. Einige erhielten sich bis in die neueste Zeit; so löste sich die Ulmer erst am 21. Oct. 1839 auf.

d. Außer den Dichtern von Gewerbe und den Meistersängern gab es noch eine nicht kleine Zahl von Dichtern, welche die Kunst in freierer Weise behandelten und entweder den eigentlichen Minnegesang fortzuführen suchten, oder als wahre Volksdichter im Sinne und Geist des Volkes dessen Empfindungen und Gefühle, dessen Freuden und Leiden besangen.

§ 82. Der Meistergesang.

a. Der Meistergesang ist in der That nichts Anderes als eine Fortsetzung des Minnegesanges, wie es denn die Aufgabe der Schulen war, die Reinheit der überlieferten Kunst zu bewahren. Die Meistersänger unterschieden sich von den Minnesingern, abgesehen von dem Stande und der Bildung der Dichter, dadurch, daß sie eine geschlossene Gesellschaft mit festen, die Behandlung der Kunst genau bestimmenden Gesetzen bildeten, während die Minnesinger die Kunst in freier Weise behandelten und sich nur von den Gesetzen bestimmen ließen, die in ihr lagen.

b. Die Sammlungen der Gesetze und Ordnungen, nach welchen die Meisterlieder abgefaßt werden mußten, hießen die Tabulatur, zu welcher noch die Statuten der Singschulen kamen. Die einzelnen Schulen standen in keiner äußern Verbindung mit einander; jedoch wichen sie in ihren Tabulaturen nur in unwesentlichen Dingen von einander ab.

Anm. 1. Die Versammlungen der Meistersänger zur Ausübung ihrer Kunst hießen Schulen, (Festschulen in Kirchen, Singschulen in den gewöhnlichen Herbergen). Jede Schule hatte einen Vorstand, die drei Merker, mit der Aufgabe, die Fehler der Singenden zu bestimmen, und Ordnung zu erhalten; sie saßen auf einer Bühne, Gemerk, auf der jederzeit die Bibel liegen mußte. Wer „in der Kunst glatt" war, d. h. die Gesetze der Tabulatur beobachtet hatte, erhielt als Preis den „König David", d. h. es wurde ihm eine silberne Kette mit dem Bildniß Davids um den Hals gehängt; die nächste Gabe war ein Kranz aus seidenen Blumen. —

Anm. 1. Ein Gesang, Bar, bestand aus Gesätzen (Strophen), das Gesätz aus zwei Stollen mit gleichem Ton und Maß, und dem Abgesang mit anderem Ton und Maß. Diese drei Abschnitte wurden durch ein ‡ bezeichnet. Selten kam noch ein Schlußstoll hinzu. — Die Versmaße dieser Gebäude, die Versarten mit ihren Singweisen hießen Töne oder Weisen und hatten oft die seltsamsten Namen, denen man die Namen der Erfinder beifügte; z. B. die überkurz Abendroth-Weis G. Hagers, die Weber-Kratzenweis Andreas Wetzgers, die gestreift Safran-Blümleinweis Hans Findeisens u. s. w. Die vollkommen regelrecht gebildeten Töne hießen Meistertöne. — Die Tabulatur bezeichnete 33 Fehler, welche bestraft wurden; die bedeutendsten waren: Fehler gegen die „reine Deutsche Sprach in Luthers Bibel“, falsche Meinungen (unchristliche Lehren, unzüchtige Wörter u. s. w.), blinde Meinungen (Undeutlichkeit), blinde (unverständliche) Wörter, Laster (Veränderungen des Vocals wegen des Reims), Halbwörter (Verkürzungen), Anhänge (Verlängerungen von Wörtern), Klebsilben (willkürliche Zusammenziehungen) und Milben (des Reimes wegen abgebrochene Wörter). Falsche Melodey entstand, wenn man den Ton anders lang, als ihn der Meister gedichtet hatte, falsch Gebänd, wenn die einzelnen Verse anders gebunden wurden, als im ursprünglichen Ton. Wer Fehler gegen die Reinheit der Sprache, des Metrums oder der Gesinnung beging, hatte sich versungen und konnte sogar ausgeschlossen werden. — Wer die Tabulatur noch nicht verstand, hieß Schüler, wer Alles in derselben wußte, Schulfreund, wer mehrere Töne singen konnte, ein Singer, wer nach andern Tönen Lieder machen konnte, ein Dichter, wer einen Ton erfunden hatte, ein Meister. Die Mitglieder der Genossenschaft hießen Gesellschafter; die einzelnen nannten sich Liebhaber des deutschen Meistergesangs (nicht Meistersänger).

c. Die Bestrebungen der Meistersänger waren noch ganz äußerlichen Dingen gerichtet, und schulgerechte Reimerei war das Höchste, was sie erzielen wollten. Daher stehen ihre Leistungen auch unter der Mittelmäßigkeit, sowohl in Bezug auf die Form, die sie allzusklavisch behandelten, als rücksichtlich des Inhalts, da ihnen dieser mit Ausnahme der falschen Meinungen, die auch am Strengsten bestraft wurden, gleichgültig war.

d. Dennoch haben diese Vereine von schlichten Bürgern und Handwerkern viel Gutes gestiftet, indem sie namentlich Religiosität und Sittlichkeit förderten und auch auf die geistige Bildung der Städte segensreich einwirkten.[1])

§ 83. Gekrönte Dichter.

a. In diesem Zeitraum begann die den Römern nachgeahmte Sitte, Dichter mit einem Lorbeerkranz zu krönen, allgemeiner zu werden. Zwar hatten die Kaiser schon im 13. Jahrh. Dichterkrönungen veranstaltet, doch waren dieselben bald wieder in Vergessenheit gerathen. Erst Friedrich III. führte die Sitte wieder ein (Aeneas Sylvius, Konrad Celtes), sein Sohn Maximilian übte sie fort, doch war er mit der Krone weniger freigebig als sein Vater (Cuspinianus, Bebelius, Thomas Murner, Hutten).

b. Lange Zeit wurden nur solche Dichter gekrönt, die lateinisch geschrieben hatten; Opitz war der erste, der wegen seiner deutschen Dichtungen die Dichterkrone erhielt. Die Sitte war nie volksthümlich, aber sie verlor auch bei den Gelehrten an Geltung, als seit Maximilian I. die kaiserlichen Pfalzgrafen, später auch die Universitäten das Recht erhielten, die Krönung zu ertheilen. Doch hörte sie erst mit dem Untergang des Reichs auf.

§ 84. Poetische Gattungen.

Da die Phantasie immer mehr zurücktrat und der Gedanke oder die freie Untersuchung sich immer mehr vordrängte, war es eine nothwendige Folge, daß die didaktische Poesie an Umfang und Bedeutsamkeit zunehmen mußte und daß sogar die übrigen Gattungen vom vorherrschenden didaktischen Element ergriffen wurden. In der That gehören weitaus die bedeutendsten Erscheinungen zur didaktischen Gattung und auch die lyrische Poesie der Kunstdichter ist nur in so fern beachtenswerth, als sich ihr Inhalt an die didaktische Richtung anschließt. Die epische Poesie verschwand

---

1) Puschmann, Ad., Gründlicher Bericht des Deutschen Meistergesangs. Görlitz 1571. 4. Spangenberg, Cyr., Von d. Musik u. d. Musicis, wie auch v. Ursprung d. Meister-Sänger. Hrsg. v. A. v. Keller. Stuttg. 1861. Wagenseil, J. Chr., Von d. Meister-Singer holdsel. Kunst (in seiner De Civitate Noribergensi Commentatio). Altd. 1697. 4. Grimm, Jac., Ueb. d. altdeutschen Meistergesang. Gött. 1811.

immer mehr, da die bürgerlichen Dichter ihre Stoffe und Anschauungen aus den nächsten Verhältnissen entnahmen. Die wenigen epischen Dichtungen der Zeit erscheinen nur als matter Abglanz der vorigen Periode, oder sie neigen sich zur allegorischen Darstellung. Endlich begann in diesem Zeitraum auch die dramatische Poesie sich zu entwickeln.

I. Lyrische Poesie.

§ 85. Letztes Erscheinen der höfischen Lyrik.

Die Versuche, den lyrischen Minnegesang wieder zu beleben, mußten schon deswegen erfolglos bleiben, weil die ganze Zeitrichtung demselben entgegenstand, und sie weder bei den Fürsten oder dem Adel, noch bei den Bürgern Anklang finden konnten.

§ 86. Lyrik der Meistersänger.

Die Meistersänger behandelten im Ganzen die nämlichen Stoffe wie die bürgerlichen Lyriker des vorigen Zeitraums. Sie wählten mit Vorliebe biblische Gegenstände, die sie bei zunehmendem Einfluß der Mystiker in mystisch-allegorischer Weise behandelten; ferner wurden Grundsätze der christlichen Sittenlehre in die Form von Meistergesängen eingezwängt. Wenige Lieder besingen die Liebe und die Natur.[1])

Anm. Die Anzahl der Meistersänger und ihrer Dichtungen ist außerordentlich groß, doch sind nur wenige näher bekannt, und diese mehr wegen ihrer übrigen Dichtungen als wegen ihrer Meistergesänge; auch gebrauchten sie die Kunst als Erwerbsmittel (was bei den späteren Meistersängern nie der Fall war), weshalb sie auch eher zu den Fahrenden zu zählen sind.[2])

§ 87. Volksmäßige Lyrik.

a. Am Erfreulichsten sind die Erscheinungen im Gebiete der volksmäßigen Lyrik, die zu reichem Umfange gedieh, indem sich die Zeit auch die Gesänge der frühern Jahrhunderte aneignete, welche in die neue Sprachform übertragen und zum Theil fortgebildet wurden.

b. Die Form der Volkslieder ist einfach und leicht (meist vierzeilige Strophen); die Sprache ist klar und bei aller Freiheit der Behandlung des Reimes und Versmaßes wohllautend, die Darstellung einfach, gewöhnlich mit dem schlichtesten Ausdruck die größte Wirkung hervorbringend.

c. Die Stoffe sind sehr mannigfaltig. Am häufigsten sind die Liebeslieder (bald ernst und innig, bald muthwillig und schalkhaft), die Naturlieder (die der Minnesinger an Wahrheit und Tiefe der Empfindung übertreffend) und Trinklieder (zum Theil vortrefflich, die reine Lebenslust mit heiterm Humor und in leichter, einfacher Sprache darstellend). Die im 15. Jahrh. besonders häufigen Priameln und Weingrüße rühren meist von Kunstdichtern her. Neben diesen Gattungen finden sich noch Handwerkslieder, Jägerlieder, Bergreihen, Soldaten- und besonders Reiterlieder, dann auch einige politische Lieder. Vor Allem sind aber die zahlreichen balladenähnlichen Volkslieder mit epischer Grundlage zu erwähnen. Sie gehören zu den vortrefflichsten aller Zeiten und Völker, ihre Form ist einfach, frei und doch rhythmisch schön; die Stoffe sind der Wirklichkeit entnommen, daher Personen und Verhältnisse von großer Wahrheit. Die meisten haben einen ernsten, schwermüthigen und selbst tragischen Charakter, viele auch einen heitern oder komischen Inhalt. — Eine eigene Gattung bilden die Neujahrsgedichte, welche mit dem Worte „Klopfan" beginnen; sie sind in Haltung und Inhalt sehr verschieden, bald zart, bald ausgelassen und selbst frech.[3])

d. Historische Volkslieder, dann Kriegs- und Siegeslieder (s. u. § 92. a).

§ 88. Das geistliche Lied.

Das geistliche Lied hat durchaus volksthümliche Grundlage, denn weder die Minnesinger noch die Geistlichkeit, die bei den gebotenen lateinischen Gesängen ver-

---

1) Görres, J., Altdeutsche Volks- u. Meisterlieder. Frankf. 1817. — 2) Bartsch, Kolmarer Handschrift. — 3) Schade, O., Klopfan. E. Beitr. z. Gesch. d. Neujahrsfeier. Hann. 1855.

herrte, dichteten für die Gemeinde. Es haben sich aus dem 13. Jahrh. einzelne Oster- und Pfingstlieder erhalten, die ganz volksthümliches Gepräge haben. Außerhalb der Kirche wurden im 14. und 15. Jahrh. häufig geistliche Lieder gesungen, namentlich bei Bitt- und Wallfahrten; so von den Geißlern oder Flagellanten. Auch die Mystiker dichteten deutsche Lieder, und später auch einzelne Geistliche, die sich jedoch meist auf Nachbildungen lateinischer Kirchengesänge, oder auf Umbildung weltlicher Lieder in geistliche beschränkten. Oft wurden auch neue Lieder für alte Melodien der lateinischen Kirchengesänge oder deutsche weltliche Lieder gedichtet.[1])

II. Didaktische Poesie.

§ 89. Charakter derselben.

Die didaktische Poesie erscheint zwar als eine Fortsetzung Dessen, was die vorige Periode angebahnt hatte, aber während die frühern Dichtungen mehr die allgemeinen menschlichen Zustände zum Gegenstand ihrer Darstellung machten, wurden nunmehr die speciellsten Verhältnisse der Betrachtung unterstellt, die Gebrechen und Thorheiten der einzelnen Stände und Classen geschildert und selbst die politischen und kirchlichen Verhältnisse der Zeit mit Kühnheit getadelt, weshalb die Gedichte oft zu eigentlichen Satiren wurden. Daraus erklärt sich aber auch zur Genüge, daß die didaktischen Dichtungen dieses Zeitraums an poetischem Werthe denen der vorigen Periode eben so sehr nachstehen, als sie dieselben in praktischer Hinsicht überbieten. Sie versanken zu sehr ins Specielle, als daß sie einen höhern allgemeineren Standpunkt hätten erfassen können, der allein zu wahrer poetischer Gestaltung führen kann.

§ 90. Gattungen derselben.

a. Bei Weitem die meisten didaktischen Dichtungen der Zeit sind Spruchgedichte oder Reden von kleinem Umfang; doch wurden auch viele in lyrischen Formen gedichtet, und namentlich gestalteten die Meistersänger ihre moralisierenden und allegorischen Reimereien als Lieder. Die meisten dieser Spruchgedichte sind von kleinem Umfang, führen nur Einen Hauptgedanken durch oder verbreiten sich nur über ein einzelnes Lebensverhältniß.

b. Erst gegen das Ende des Zeitraums erschienen Spruchgedichte von größerm Umfang, indem die Dichter eine Anzahl von kleinern, an sich unabhängigen Sprüchen durch eine episch-allegorische Einkleidung zu einem Ganzen vereinigten.

c. In einer Reihe von Gedichten dient die Allegorie nicht bloß zur Einkleidung, sondern bildet ihre durchgehende Grundlage, weshalb sie auch weit weniger ins Praktische hinübergreifen.

d. Die Fabel wurde zwar bearbeitet, jedoch weder mit der Vorliebe noch mit dem Erfolg wie in der vorigen Periode.

e. Eine eigenthümliche Art des didaktischen Gedichts ist die Priamel, welche in diesem Zeitraum, wenn auch nicht zuerst bearbeitet (sie findet sich schon bei Spervogel, im Freidank u. A.), doch zuerst unter diesem Namen erscheint. Sie ist die ursprüngliche Form des deutschen Epigramms, in Form und Darstellung durchaus volksthümlich, weshalb sie sich erst recht entfalten konnte, als das Volksleben Kraft und Bedeutung gewann. Die Priamel besteht aus einer Reihe von kurzen Vordersätzen, auf welche ein sie alle umfassender, ebenfalls kurzer Nachsatz folgt, und enthält eine Lehre, die jedoch nicht ausdrücklich ausgesprochen wird.

---

1) Vgl. Wackernagel, a. a. O.

III. Epische Poesie.

§ 91. Charakter derselben.

In der epischen Poesie der dritten Periode erblicken wir beinahe nur das fortgesetzte Absterben der früheren Blüthe, fast nirgends den Keim zu neuer Erhebung. Ihr waren weder die Zeitverhältnisse noch die reformatorische Richtung der Zeit günstig, da sie vor Allem auf der ungefesselten, durch keine äußern Rücksichten beschränkten Thätigkeit der Phantasie und dem freudigen Rückblick auf die Vergangenheit beruht.

§ 92. Stoffe.

a. Die Stoffe sind im Ganzen die nämlichen wie früher; doch giebt sich der Einfluß der neuen Zeitrichtung darin kund, daß die ausländischen, zumal die bretonischen, fast gänzlich zurücktreten. Die Karlssage fand zwar mehr Theilnahme, doch sind die hiehergehörigen Dichtungen meist nur Uebersetzungen niederländischer Gedichte, die selbst französischen Dichtungen entnommen waren; wenige sind unmittelbar dem Französischen nachgebildet.

b. Nicht glücklicher sind die Bearbeitungen der deutschen Heldensage, nur in wenigen ist noch die ursprüngliche Kraft des Volksliedes sichtbar.

c. Auch andere nicht zur Heldensage gehörige ältere Gedichte wurden neu bearbeitet; sie sind zwar ohne großen Werth, doch zum Theil nicht unwichtig, weil sich von manchen die ältere Gestalt nicht erhalten hat. Sie sind fast alle zu Liedern in Strophenform bearbeitet; ihre Verfasser sind meist unbekannt, einige haben die frühere Form und den größern Umfang bewahrt.

d. Als Ausgang des ritterlichen Epos erscheinen die epischen Allegorien, die nicht nur meist von adelichen Dichtern verfaßt sind, sondern auch Stoffe der höfischen Kunst, namentlich die Minne, behandeln. Von den zahlreichen Allegorien dieser Art sind einige nicht ohne Werth, viele frostig, und es haben die meisten eine solche Familienähnlichkeit, daß man immer wieder auf die gleichen Gedanken, Formen und Einkleidungen stößt. Einige haben religiös-allegorischen Inhalt.

e. Von den zahlreichen Legenden erhebt sich kaum Eine über die Mittelmäßigkeit. Gegen den Schluß des Zeitraums verlieren sie ihren epischen oder mystisch-allegorischen Charakter und werden im Sinne der Zeit moralisirend.

f. Die gereimten Weltchroniken verschwinden beinahe ganz; dagegen wurden gleichzeitige Begebenheiten oder die Geschichten merkwürdiger Zeitgenossen häufig in Reimen dargestellt. Ohne poetischen Werth bieten sie für die Zeit- und Sittengeschichte mannigfaches Interesse.

g. Weitaus bedeutender sind die historischen Volkslieder, welche Kriege und Schlachten besingen, selbst solche, welche das deutsche Volk nicht unmittelbar berührten. Unter ihnen ragen die Schlacht- und Siegeslieder aus den Kämpfen der Städte und Landgemeinden mit den Fürsten und dem Adel hervor, namentlich die der Schweizer und Ditmarsen. Bei weitem die meisten sind im Interesse des Volks, nur wenige in dem der Fürsten gedichtet. — Viele historische Lieder beziehen sich auf die Raubzüge des Adels; aber auch einzelne Thatsachen, z. B. Mordthaten, Naturerscheinungen u. s. w. bilden den Stoff solcher Lieder.

h. Auch die Thiersage fand erneuerte Bearbeitung. Zwar ist das einzige hiehergehörige Gedicht eine Uebersetzung aus dem Niederländischen, aber es ist nicht nur die weitaus bedeutendste Erscheinung der Zeit, es hat auch das Verdienst, die lange vergessene Thiersage wieder in die Literatur eingeführt zu haben.

i. Am Reichsten ist die Zeit an kleinern, zum Theil auch größern poetischen Erzählungen, gereimten Novellen, deren Stoffe man aus frühern Dichtungen, oder aus den Schriften des classischen Alterthums, häufig aus neulateinischen, französischen und besonders italienischen Novellen (Boccaccio), oder auch aus verschiedenen Sammlungen schöpfte, die gerade damals große Verbreitung erhielten, wie das „Buch der sieben Meister", und die „Thaten der Römer". Die zahlreichen Erzählungen und Novellen dieser Art sind von sehr ungleichem Werth; am Besten sind die komischen (Schwänke).

IV. Dramatische Poesie.

§ 93. Ursprung, erste Entwickelung und Gattungen derselben.

a. Die Denkmäler der dramatischen Poesie scheiden sich in zwei von einander sehr unterschiedene Gattungen, die geistlichen und die weltlichen Spiele. Zwar sind die Denkmäler der ersten Art viel älter als die der zweiten, doch sind diese sicherlich viel frühern Ursprungs.[1])

b. Es haben schon die heidnischen Deutschen ohne Zweifel dramatische Vorstellungen gekannt und gehabt; dieselben waren sicherlich, wie ihre Poesie überhaupt, religiöser Natur und haben sich bis in die neuesten Zeiten in vielen Volksgebräuchen erhalten.

Anm. 1. Das sogenannte Austreiben des Todes, d. h. des Winters, die Umzüge der heiligen drei Könige, des Knecht Ruprecht, des heiligen Nicolaus mit seinem Bedienten u. s. w., in denen die dramatische Anlage nicht zu verkennen ist, sind gewiß heidnischen Ursprungs.

c. Auch nach der Bekehrung zum Christenthum verschwanden die alten dramatischen Belustigungen nicht, nur suchte man ihren heidnischen Charakter zu verbergen.

Anm. 2. Daß schon in sehr früher Zeit weltliche Spiele gehalten wurden, beweist der Umstand, daß unter den Nachfolgern Karls des Großen den Schauspielern verboten wurde, geistliche Kleider anzulegen. Ferner berichten die Chronisten von Schauspielern und Gauklern bei Gelegenheit der Vermählung K. Heinrichs III. (1043). Ein fernerer Beweis, daß das volksthümliche Drama uralt ist, liegt in der einfachen rohen Form, in der es zuerst erscheint. Da es sich seit den ältesten Zeiten nur bei den niedern Ständen erhalten hatte, so hatte ihm eine künstlerische Entwickelung nicht zu Theil werden können; diese begann erst, als das Volk und namentlich das Bürgerthum an Wohlstand und Bildung zuzunehmen begann. Endlich liegt auch darin ein Beweis für das hohe Alterthum des volksthümlichen Dramas, daß es sogleich in großer Fülle erscheint, woraus man den Schluß ziehen darf, daß viele Stücke nur Umgestaltungen oder Erneuerungen alter Spiele sind, was auch erklärt, daß bei den wenigsten die Dichter genannt werden.

§ 94. Die geistlichen Spiele.

a. Die geistlichen Spiele (mit Unrecht Mysterien genannt) sind sicherlich aus den weltlichen hervorgegangen, und wurden diesen von der Geistlichkeit entgegengesetzt, wie sie früher schon christliche Lieder den heidnischen entgegengesetzt hatte. Dies konnte um so leichter geschehen, als in den Gebräuchen der Kirche mannigfaches dramatisches Element liegt, das sich von selbst weiterer Entwickelung darbot. Schon die Wechselgesänge der Liturgie, die Responsorien der Priester und der Gemeinde mit ihren mannigfaltigen Gebräuchen, die Prozessionen, in denen zum Theil einzelne Züge aus der biblischen Geschichte dargestellt wurden, haben dramatischen Charakter. Einen solchen haben auch manche Abschnitte des Neuen Testaments, die sich schon größtentheils in dialogischer Form bewegen, so daß es nahe lag, die Personen durch verschiedene

---

1) Gottsched, Nöthiger Vorrath z. Gesch. d. deutschen dramat. Dichtkunst. Lpz. 1757—65. II. Freiesleben, Nachlese z. 1. Th. Ebd. 1760. Kehrein, Jos., Die dramatische Poesie d. Deutschen. Lpz. 1840. II. Prutz, R. E., Vorlesungen üb. d. Gesch. d. deutschen Theaters. Berl. 1847. — Devrient, E., Geschichte d. deutschen Schauspielkunst. Lpz. 1848—1861. IV.

Schauspieler darstellen zu lassen. Solche dramatische Versinnlichungen kommen schon frühe vor, jedenfalls schon vor dem 13. Jahrh.

b. Die ältesten uns aufbewahrten geistlichen Spiele stammen aus dem 13. Jahrh., sie sind durchgängig in lateinischer Sprache abgefaßt. Später wurden einzelne Zeilen oder auch größere Stellen in deutscher Sprache eingeschoben, vermuthlich weil auch Laien zur Darstellung zugezogen wurden.[1])

c. Im 14. Jahrh. wurden sie schon ganz in deutscher Sprache abgefaßt, wodurch sie ihren rein kirchlichen Charakter verloren, wenn schon immer noch ausschließlich religiöse Stoffe behandelt und die Spiele von der Geistlichkeit geleitet wurden.

Anm. 1. So lange die geistlichen Spiele ihren kirchlichen Charakter bewahrten, wurden sie von der Kirche geduldet; als dies nicht mehr der Fall war, erließen Päpste und Concilien seit dem 13. Jahrh. wiederholte Verbote gegen dieselben, die aber meist ohne Erfolg blieben.

d. Da die geistlichen Dramen nur an den höchsten Kirchenfesten, also zu Weihnachten, am Charfreitag und zu Ostern aufgeführt wurden, so war hiemit auch der Stoff vorgeschrieben, den sie zu behandeln hatten: die Geschichte der Geburt Christi, seines Leidens, seines Todes, so wie seiner Auferstehung, an welche sich auch die Himmelfahrt anschloß. Man nannte daher die Dramen nach ihrem Inhalt und der Zeit ihrer Darstellung Weihnachts-, Passions- und Osterspiele. Uebrigens wurden auch schon ziemlich frühe andere Abschnitte der heiligen Geschichte dramatisch bearbeitet und sogar der Stoff aus der Legende entnommen. Mit Vorliebe wurde die Geschichte der heiligen Jungfrau, ihr Leben, ihre Wunder und ihre Himmelfahrt zum Gegenstand dramatischer Vorstellungen gewählt.

e. Da man sich in den ältesten Stücken genau an den biblischen Text hielt, so hatten sie einen ganz epischen Charakter, den sie fortwährend bewahrten. Eine Folge davon war, daß Alles vorgeführt wurde, was überhaupt geschehen war und in irgend einer Beziehung zur Hauptperson oder zur Haupthandlung stand. So gediehen die Spiele zu unverhältnißmäßiger Breite; sie wurden zu Biographien, wie das Epos, von dem sie sich nur durch die dialogische Behandlung unterschieden.

Anm. 2. Und auch hierin war der Unterschied in der That nur scheinbar, da im Epos die Reden der Personen nicht berichtet, sondern mit ihren eigenen Worten angeführt werden, und in den Spielen die scenischen Bemerkungen, also das, was im Epos der reinen Erzählung entspricht, in den frühern Zeiten von dem Herolde ertheilt wurden, wie dieser auch jede Person, wenn sie zum ersten Mal vortrat, den Zuschauern nannte.

f. Es blieb das geistliche Drama auch in der spätern Zeit auf der nämlichen Stufe, auf welcher es begonnen hatte, es entwickelte sich nur nach Außen, nur im Umfange, nicht aber nach Innen, nicht in künstlerischer Weise; und selbst der Dialog erscheint in den spätern Stücken meist noch in großer Unvollkommenheit.

g. Um den Spielen größern Umfang zu geben, wurden mit der Zeit längere Episoden eingeschoben, die nicht im biblischen Text begründet waren, ja oft mit demselben im Widerspruch standen, wie dies namentlich bei den komischen Zwischenspielen der Fall war, die mit der Zeit immer mehr Eingang fanden.

Anm. 3. Als komische Figuren gebrauchte man zuerst die Teufel, dann erhalten auch die Juden und die Wächter am Grabe komischen Zuschnitt. Doch können die hiehergehörigen Scenen, oder diejenigen, in welchen das ausgelassene Leben der Maria Magdalena dargestellt wurde, nicht als eigentliche Episoden gelten, da sie mehr oder weniger im Stoffe begründet waren. Dagegen tragen die Scenen der Osterspiele, in denen der Marktschreier oder Kaufmann, wie er gewöhnlich heißt, den drei Marien Salben verkauft, vollständig den Charakter eines Zwischenspiels, weil sie sich selbständig entwickeln und mit der Haupthandlung in keinem innern Zusammenhange stehen. Daß ein Krämer oder Quacksalber, dessen

1) Mone, F. J., Altteutsche Schauspiele. Quedlinb. 1841. Mone, Schausp. d. Mittelalters. Karlsr. 1846. II. Schröer, K. Jul., Deutsche Weihnachtspiele aus Ungarn. Wien 1858. Derselbe, Ein deutsches Weihnachtsspiel aus Siebenbürgen. Herausg. v. J. K. Schuller. Hermannst. 1859. Hase, K., Das geistliche Schauspiel. Lpz. 1858.

Weib und Knecht die Hauptfiguren dieser komischen Zwischenspiele bilden, zeigt auf den Ursprung derselben. Zur Zeit der großen Kirchenfeste wurden nämlich Jahrmärkte abgehalten, auf denen Gaukler aller Art durch ihre dramatischen Darstellungen das Volk anzogen. Um Diesem auch bei den geistlichen Spielen ähnliche Unterhaltung zu gewähren und es um so sicherer herbeizuziehen, verfiel man auf den Gedanken, Diesen ähnliche Scenen beizufügen. Die geistlichen Dramen suchten auf diese Weise die weltlichen Spiele in sich aufzunehmen.

h. Diese komischen Episoden gaben den geistlichen Spielen ein volksthümliches Gepräge; aber sie hatten dieses in der That auch schon vorher, da sie nur für das Volk verfaßt wurden. Auch traten sie schon bald in feindlichen Gegensatz gegen die höfische Bildung und verspotteten sie und den Minnegesang, so wie den entarteten Ritterstand, besonders dessen Unthätigkeit und Prahlsucht in den Wächtern des heil. Grabes, die stets als Ritter dargestellt werden. In den spätern Spielen treten die bürgerlichen und reformatorischen Elemente immer entschiedener hervor.

i. Eine merkwürdige Erscheinung ist endlich, daß die geistlichen Spiele, welche den nämlichen Gegenstand behandeln, eine auffallende Aehnlichkeit mit einander haben, und nicht bloß in dem Stoff und Inhalt, sondern auch in der Ausführung übereinstimmen, was nur daraus zu erklären ist, daß sich schon früh ein allgemeiner Text bildete, der allen weitern Bearbeitungen zum Grunde gelegt wurde. Daher wurde bei einigen nur der scenische Gang aufgezeichnet.

k. Wenn auch die geistlichen Spiele nur kunstlose Zusammenstellungen chronologisch geordneter Scenen und Gespräche waren, so finden sich doch einzelne Stellen und Reden, ja selbst längere Dialoge, die von großer Wirkung sind und von tiefem poetischen Gefühl zeugen, besonders wenn sie die leidenschaftlichen Regungen der Personen darstellen. Nicht weniger Beachtung verdienen die komischen Episoden, die von überaus komischer Kraft sind, freilich auch oft in Derbheit ausarten.

§ 95. Theatralische Aufführung der geistlichen Spiele.

Die geistlichen Spiele wurden am Tage aufgeführt; als die Stücke an Umfang zunahmen, dauerte die Darstellung oft zwei und mehr Tage, obgleich man von Früh bis Abends spielte. Anfangs fand die Aufführung in den Kirchen Statt; als Diese nicht mehr hinlänglichen Raum darboten, wurden sie auf dem Markt und an öffentlichen Plätzen auf einem besonders dazu errichteten Gerüste dargestellt. Dieses Gerüst war sehr groß, da die verschiedenen Oertlichkeiten, in welchen das Stück spielte, neben oder über einander angebracht waren. (Eine im Jahre 1437 zu Metz errichtete Bühne bestand aus 9 Stockwerken). Die Bühne hatte keinen Hintergrund, sondern war nur rechts und links abgeschlossen; die Zuschauer standen oder saßen auf der vordern und hintern Seite. — Da Alles dargestellt wurde, was in der Quelle des Spiels stand, so wuchs mit dem Umfang der Spiele auch die Anzahl der Personen, die sich oft auf mehrere Hundert beliefen. Die Schauspieler blieben immer auf der Bühne und saßen an den Seiten, wenn sie nicht beschäftigt waren. Decorationen kannte man nicht; man begnügte sich mit den allerdürftigsten Andeutungen, doch waren auch schon Anfänge von Theatermaschinen vorhanden.

§ 96. Die weltlichen Spiele.

a. Die ältesten weltlichen Dramen, die uns erhalten sind, stammen aus dem 15. Jahrh.; sie heißen gewöhnlich Fastnachtsspiele, weil sie zur Zeit der Fastnachtslustbarkeiten ausgeführt wurden.¹)

b. Die meisten sind in Anlage, Ausführung und Darstellung noch sehr einfach, und sogar roh, ohne Exposition, ohne Handlung, ohne Charakteristik der Personen; selbst der Dialog ist noch ganz unentwickelt, indem die Personen meist nur Ein Mal auftreten und dann gleich Alles sagen, was sie vorzubringen haben.

c. Alle beginnen damit, daß der Einschreier (Vorläufer, Herold) den Wirth, d. h. den Bürger, in dessen Haus gespielt wurde, um die Erlaubniß zu spielen bittet, worauf sogleich das Stück beginnt. Hat die letzte Person gesprochen, so dankt der Herold als Ausschreier für die dem Stück geschenkte Aufmerksamkeit und bittet um Entschuldigung, wenn man sich etwa zu große Derbheiten erlaubt haben sollte, was beinahe immer der Fall ist. Die einzelnen Personen beginnen ihre Reden damit, daß sie sich nennen.

d. Die Stoffe sind nicht sehr mannigfaltig und meist ohne dramatisches Leben; der Dichter geht gewöhnlich nur darauf aus, plumpe Scherze oder Derbheiten anzubringen; denn es ist ein durchgehender Charakterzug der Fastnachtsspiele, daß sie unzüchtige Stoffe in den nacktesten Ausdrücken behandeln.

---

1) Keller, A., Fastnachtsspiele aus d. XV. Jahrh. Stuttg. 1853. III. Nachlese, Ebd. 1858.

Anm. 1. In vielen Stücken wird zwischen Eltern, Nachbarn und Brautleuten über eine Heirath verhandelt, oder ein Bursche wird einem Mädchen, oder ein Mädchen wird Mehreren zur Frau angeboten, oder eine Dirne verklagt ihren Liebhaber wegen nicht gehaltenen Eheversprechens. Mehrere stellen häusliche Streite vor; andere entnehmen ihre Stoffe dem Leben auf der Gasse oder dem Markte (Krämer und Quacksalber mit ihren täppischen Knechten) und erinnern an die Zwischenspiele des geistlichen Dramas. Selbst die Fastnacht bildet oft den Stoff. Wenige Spiele berühren die Zeitverhältnisse; einige dramatisieren frühere Erzählungen und diese sind meist entwickelter und reicher, oder die alten Räthselfragen; ein einziges behandelt die alte Heldensage; zwei haben ihren Stoff dem bretonischen Sagenkreis entnommen; mehrere erscheinen als Umarbeitungen geistlicher Spiele.

Anm. 2. Neben den Fastnachtsspielen wurden auch Neujahrsspiele aufgeführt, die ursprünglich geistlichen Inhalts waren und in der Kirche dargestellt wurden, aber bald zu solcher Ausgelassenheit ausarteten, daß sie schon ziemlich früh aus derselben entfernt wurden. Es haben sich leider keine Texte von Spielen dieser Art erhalten. Als sie aus der Kirche verdrängt waren, erhielten sie sich zwar fortwährend, haben aber allmählich weltliche Stoffe angenommen. Ihr früherer Zusammenhang mit den geistlichen Spielen ist darin ersichtlich, daß sie einen größern Umfang hatten als die Fastnachtsspiele.

c. Die Sprache der weltlichen Spiele ist unbeholfen, hart und roh, die Darstellung trocken, selten von einiger Lebendigkeit oder wirklich witzig.

Anm. 3. Die weltlichen Spiele waren vorzüglich in Nürnberg beliebt; doch wurden dergleichen auch in andern Städten, z. B. in Augsburg, aufgeführt; einige auch in der Schweiz. Mehrere sind in niederdeutscher Sprache geschrieben, doch blühten sie vorzüglich in Süddeutschland.

§ 97. Aufführung der weltlichen Spiele.

Die weltlichen Spiele wurden von größern und kleinern Gesellschaften in Privathäusern ohne alle Zurüstung oder theatralische Vorbereitung aufgeführt. Junge Leute aus dem Bürgerstande zogen von Haus zu Haus und trugen ihre Stücke vor, wenn ihnen von dem „Wirth“ Erfrischungen, vielleicht auch Geld dargereicht wurde. Wahrscheinlich machten auch Einzelne eine Art Gewerbe aus den dramatischen Darstellungen. Die Spielenden waren verkleidet; ihr Anzug war ins Abenteuerliche und Komische gezogen. Die weiblichen Personen wurden von jungen Männern dargestellt.

§ 98. Allgemeiner Charakter des deutschen Dramas.

So roh und unentwickelt das deutsche Drama in seinem ersten Erscheinen war, so lag in ihm doch der Keim zu tüchtiger Entwickelung; namentlich hatte es einen ganz nationalen Charakter; denn wenn auch das französische Drama nicht ganz ohne Einfluß, namentlich auf die geistlichen Spiele geblieben sein mag, so war derselbe doch nicht so groß, daß das nationale Gepräge verloren, oder auch nur zurückgedrängt worden wäre. Leider hat das deutsche Drama diese nationale Selbständigkeit nicht bewahrt; sie wurde vielmehr später durch mancherlei Einflüsse getrübt.

§ 99. Versuche, die römische Komödie nachzubilden.

a. Es waren schon im 10. Jahrh. Versuche gemacht worden, die römische Komödie nachzubilden; doch blieben dieselben ohne Einfluß auf das deutsche Drama, weil sie lateinisch geschrieben waren. Es sind uns zwar nur die Komödien der Dichterin Hroswitha erhalten (s. o. § 33), doch ist es sehr wahrscheinlich, daß sie nicht vereinzelt dastanden. Uebrigens verschwindet von da an jede weitere Beziehung auf das classische Drama, welches erst im 15. Jahrh. wieder die Aufmerksamkeit auf sich zog, als überhaupt die Beschäftigung mit dem classischen Alterthum größere Verbreitung gewann.

b. Um diese Zeit begann man denn auch Stücke des classischen Theaters, namentlich des Terenz und Plautus ins Deutsche zu übersetzen, wahrscheinlich mit der Absicht, dadurch auf das vaterländische Drama zu wirken, was aber nicht gelingen konnte, da die Uebersetzungen meist steif und unbeholfen waren. Von tieferem Verständnisse der alten Dichter zeugten die Nachbildungen in lateinischer Sprache, besonders die von J. Reuchlin (Capnio, 1455—1522) aus Pforzheim (Sergius, Henno), Jac. Wimpheling (1450 bis 1528) aus Schlettstadt (Stylpho), Jac. Locher, gen. Philomusus (1470—1528) aus Ehingen (De sene amatore), u. A.

c. Auch wurde es zur Sitte, auf Schulen und Universitäten lateinische Komödien aufführen zu lassen, was nicht ohne Einfluß auf die Ausbildung des deutschen Dramas blieb.

Zweites Capitel. Prosa.

§ 100. Entwickelung, Charakter und Gattungen derselben.

a. Die Prosa, deren Entwickelung erst gegen das Ende des vorigen Zeitraums begonnen hatte, hob sich zu immer größerer Blüthe, sie wuchs mächtig an Umfang, Mannigfaltigkeit und allseitiger Bedeutsamkeit. Es wurden *alle Gattungen der prosaischen Darstellung* behandelt.

b. Der schon im vorigen Jahrhundert vorwiegend *bürgerliche Charakter* der Prosa prägte sich noch entschiedener aus, da die meisten Schriftsteller bürgerlichen Standes und ihre Werke für ihre Standesgenossen berechnet waren. Nur an den *Prosadichtungen* nahmen die höhern Stände Antheil, doch überwiegt auch hier die Thätigkeit der bürgerlichen Schriftsteller; ein Theil der Dichtungen ist sogar ganz volksmäßig. Die *historische Prosa*, die sich kräftig zu entwickeln beginnt, wird ausschließlich von Bürgern gepflegt, welche die Geschichte ihrer Stadtgemeinden in zusammenhängender Darstellung aufzuzeichnen begannen. Die Werke der *didaktischen* und *rhetorischen Prosa* haben zwar Geistliche zu Verfassern, allein theils waren dieselben selbst auch bürgerlichen Standes, theils mußten sie ihren Darstellungen das Gepräge der Volksthümlichkeit aufdrücken, weil sie vorzüglich auf die Menge zu wirken suchten.

1. Prosadichtungen.

§ 101. Entwickelung, Charakter und Gattungen derselben.

a. Die Liebe zu den alten Sagen war in den höhern Kreisen noch nicht erloschen; da man die frühere Sprache aber nicht mehr geläufig verstand, brachte man die alten Dichtungen in ein allgemein verständliches Gewand, und so entstanden *prosaische Umarbeitungen* der alten epischen Gedichte. Weil aber diese zunächst von den höhern Ständen veranlaßt oder selbst geschrieben wurden, ist es erklärlich, daß bei deren Abneigung gegen alles Volksthümliche kein einziges Gedicht aus der deutschen Heldensage in Prosa aufgelöst wurde. Zwar enthält der „Anhang zum Heldenbuch“ prosaische Auszüge aus ältern, zum Theil verlorenen Gedichten; allein diese trockene Uebersicht ist sicherlich nicht von Personen höheren Standes gemacht, noch von solchen veranlaßt worden. Aber auch selbst von den deutschen Gedichten, welche fremde Sagenkreise behandelten, sind nur wenige in Prosa umgearbeitet worden.

b. Wie früher suchten die höhern Stände ihre Vorbilder im Ausland, und da die Franzosen bereits begonnen hatten, ihre Rittergedichte in Prosa aufzulösen, so wurden nun die französischen Prosaromane in zahlreichen Uebersetzungen nach Deutschland verpflanzt. Diese wurden hauptsächlich von fürstlichen Frauen begünstigt, ja zum Theil von solchen verfaßt.

c. Der Stil dieser Uebersetzungen ist meist rauh, unbeholfen und sie tragen das Gepräge der fremden Sprache; dieselben werden aber dadurch wichtig, weil sich aus ihnen im 16. Jahrh. die meisten von denjenigen Erzählungen entwickelt haben, welche wir unter dem Namen *Volksbücher* begreifen (§ 155 u. 186). Daß dies geschehen konnte, lag nicht allein in ihrem abenteuerlichen und märchenhaften Inhalte, der das Volk allerdings mächtig anziehen mußte, sondern auch und vorzüglich darin, daß in denselben das Bürgerthum hervorgezogen und die Kluft vernichtet wurde, die zwischen diesem und den höhern Ständen lag. Leute aus den niedersten Ständen erhoben sich zur höchsten Würde (Hug Schapeler); fürstliche Frauen verbanden sich mit Männern niedern Standes (Hirlande aus Britannien), oder Fürsten mit Bauern- und Bürgermädchen (Griseldis).

d. Neben diesen Uebersetzungen größerer Romane finden sich eine große Zahl von kleinen Erzählungen, Novellen, Schwänken, Anekdoten, Märchen, Fabeln und moralischen Beispielen, welche theils aus Umbildung alter Gedichte entstanden, theils ebenfalls aus der Fremde entlehnt sind.

Anm. Hauptquellen sind: das „Buch der sieben weisen Meister", die „Gesta Romanorum", das „Directorium humanae vitae" von Johannes von Capua, die „Disciplina clericalis" des Petrus Alfonsus. Neben ihnen wurden vorzüglich die italienischen Novellisten (Boccaccio, Sacchetti, Masuccio, Straparola), dann lateinisch geschriebene Erzählungen damaliger, besonders italienischer Schriftsteller (Aeneas Sylvius, Poggio) übersetzt oder benutzt.

II. Historische Prosa.

§ 102. Entwickelung, Charakter und Gattungen.

a. Das Bedürfniß nach Aufzeichnung der Geschichte entstand erst mit den Städten und ihrer selbstständigen Entwickelung.

Anm. 1. Die Thaten des Adels hatten keine historische Bedeutung, weil sie als abgerissene Begebenheiten ohne lebendigen Zusammenhang, ohne bedeutsamen Grund, ohne nachhaltende Wirkungen erschienen. Auch war die Geistesrichtung des Adels nicht für historische Aufzeichnungen geeignet.

Anm. 2. Die größern und umfassendern, das ganze Land und Volk berührenden Begebenheiten konnten nur von Solchen aufgezeichnet werden, die ihnen und den handelnden Personen nahe standen, z. B. von den Kanzlern der Fürsten; diese waren aber Geistliche, welche sich immer der lateinischen Sprache bedienten.

b. Als die Städte ihre ganze Thatkraft auf Einheit und Selbstständigkeit richteten und ihrem Ziele durch lange Reihen von Jahren zusteuerten, als daher denkwürdige, für diese oder jene Stadtgemeinde wichtige Begebenheiten sich einander drängten, fand man bald, daß deren Aufzeichnung für die Zukunft bedeutsam werden konnte. Und da diese Aufzeichnungen für die gesammte Bürgerschaft oder doch für die Rathsversammlungen bestimmt waren, deren Mitglieder meist keine gelehrte Bildung hatten, war es nothwendig, sie in der Muttersprache abzufassen.

c. So entstanden die Stadt- und Landchroniken, die sich mit der Zeit von bloßer chronologischer Aufzeichnung der denkwürdigsten Begebenheiten zu einer mehr künstlerischen Auffassung und Darstellung entwickelten, namentlich als die immer häufiger auftauchenden Uebersetzungen der römischen Historiker einen wohlthätigen Einfluß auf den Stil zu üben begannen. Am Reichsten ist unter allen Ländern deutscher Zunge die Schweiz vertreten.[1])

d. Nur Wenige versuchten die Geschichte des gesammten Deutschlands darzustellen; noch seltener wurde die Weltgeschichte und die Geschichte des Alterthums behandelt, und wenn es geschah, begnügte man sich mit Umschreibungen alter Reimchroniken, oder mit Uebersetzung lateinischer Werke, zunächst solcher, die, im frühern Mittelalter verfaßt, die Geschichte des Alterthums in ein ritterlich romanhaftes Gewand eingekleidet hatten, später erst die Meisterwerke der römischen Geschichtschreiber.

Anm. 3. Sehr häufig beginnen die Stadt- und Landchroniken ihre Erzählung mit der Erschaffung der Welt oder wenigstens mit der Sündfluth, als wollten sie eine Weltgeschichte schreiben; aber wenn sie nach rascher Uebersicht der Hauptbegebenheiten bis zur Geschichte ihrer Heimat gekommen sind, beschränken sie sich ganz auf dieselbe und nehmen selbst auf die stammverwandten Länder nur die nothdürftigste Rücksicht.

e. Um diese Zeit begannen auch die Reisebeschreibungen aufzutauchen, die immer mehr zur Lieblingslectüre wurden. Die frühesten sind Uebersetzungen ausländischer Reisebeschreiber; später machten auch Deutsche größere Reisen in andere Welttheile, namentlich aber nach dem heiligen Land, und beschrieben sie meist mit liebenswürdiger Naivetät.

1) Die Chroniken der deutschen Städte vom 14.—16. Jahrh. Lpz. 1862—72. [illegible]

f. Den Uebergang von der Prosadichtung zur Geschichtschreibung machen die **Legenden**, welche theils nach ältern Gedichten, theils nach lateinischen Texten abgefaßt wurden. Sie sind meist werthlos. Wie in diesen herrscht noch in andern Werken mit geschichtlicher Grundlage das Wunderbare oder Allegorische vor.

III. Didaktische Prosa.

§ 103. Entwickelung, Charakter und Gattungen.

a. Da die Mystiker, oder noch näher die Dominikaner nach Verbesserung der kirchlichen Zustände strebten (§ 77. k.), sie aber von der hohen Geistlichkeit und den Fürsten Nichts erwarten durften, wandten sie sich mit ihren Ansichten und Lehren an das Volk, auf welches sie durch Predigten und Erbauungsschriften zu wirken suchten. Sie mußten sich daher der deutschen Sprache bedienen; und es wurde dieselbe durch die Nothwendigkeit, die tiefsten Gedanken darzustellen, eben so sehr gehoben als bereichert. So sind die **Dominikaner** die eigentlichen Begründer der **didaktischen Prosa**, da sie es zuerst versuchten, die deutsche Sprache zur Darstellung von abstrakten Gedanken zu gebrauchen und darin bewundernswürdige Meisterschaft erreichten.[1])

b. Nicht ohne Einfluß auf religiöse Bildung wie Entwickelung der Sprache blieben auch die Versuche, die **Bibel** zu übersetzen, obgleich keine einzige Uebersetzung von solcher Bedeutung war, daß sie sich allgemeine Geltung hätte verschaffen können.

Anm. Bis zur Erfindung der Buchdruckerkunst wurde die **ganze** Bibel nur selten übersetzt; erst als die reformatorischen Bestrebungen an Umfang und Bedeutsamkeit gewannen, wurde sie häufiger übertragen. Dagegen wurden einzelne Theile des Alten und Neuen Testaments oft übersetzt.[2])

c. Im Allgemeinen blieb die lateinische Sprache für wissenschaftliche Gegenstände nicht theologischer Natur (und auch solche wurden, mit Ausnahme der Schriften der Mystiker, meist lateinisch geschrieben) vorherrschendes Darstellungsmittel; doch finden sich auch mehrere zum Theil vortreffliche Versuche, andere nicht rein theologische Gegenstände in deutscher Sprache zu behandeln, besonders solche, welche in das Gebiet der **Moralphilosophie** einschlagen. Außerdem erschienen Versuche, **naturwissenschaftliche** und selbst **astronomische Gegenstände** in deutscher Sprache abzufassen. Die Aufzeichnungen der **Rechtsverhältnisse** wurden fortgesetzt, wobei meist auf den Grund der frühern Werke gebaut wurde, die jedoch weder an innerer noch an äußerer Bedeutsamkeit erreicht wurden. Endlich sind die **Anweisungen zur schriftlichen Darstellung**, besonders zur Abfassung von gerichtlichen Schriften und Geschäftsaufsätzen zu erwähnen.

IV. Rhetorische Prosa.

§ 104. Entwickelung und Charakter.

a. Die Nämlichen, welche die didaktische Prosa begründeten und zu hoher Blüthe entwickelten, also die Predigermönche und Mystiker, waren zum Theil auch zugleich **Diejenigen**, welche durch ihre Predigten die **rhetorische Prosa**, wenn auch nicht schufen, doch weiter förderten. Daher hat dieselbe im Allgemeinen den nämlichen Charakter wie die didaktische Prosa; sie beruht auf der Volkssprache und ist auch in ihrem Wesen volksthümlicher Natur, die sich auch bei den spätern Kanzelrednern erhielt.[3])

b. Die **politische Beredsamkeit** konnte sich erst mit der Freiheit der Städte entwickeln; die Chronisten berichten zwar Manches von bedeutenden Rednern, ohne jedoch Näheres mitzutheilen. Nur zwei oder drei machen hiervon eine rühmliche Ausnahme.

---

1) **Pfeiffer, Franz**, Deutsche Mystiker des 14. Jahrh. Lpz. 1845—57. II. **Greith, K.**, Die deutsche Mystik im Predigerorden. Freib. i. Br. 1861. — 2) **Kehrein, J.** Gesch. der deutschen Bibelübersetzung vor Luther. Stuttg. 1851. — 3) **Kehrein**, Gesch. d. kathol. Kanzelberedsamkeit. Mainz 1844. II.

Zweiter Abschnitt. Denkmäler.

Erstes Capitel. Poesie.

I. Lyrische Poesie.

§ 105. Letztes Erscheinen der höfischen Lyrik (§ 85).

a. Graf Hugo II. von Montfort, Herr zu Bregenz, geb. 1357, machte mit Oswald von Wolkenstein eine Wallfahrt nach Jerusalem und starb 1423.

Seine Lieder sind formell oft ungenügend, dagegen frisch und natürlich, weil er neben dem höfischen Gesang auch das Volkslied auf sich wirken ließ und er darin von seinen Erlebnissen sprach. Außerdem dichtete er Allegorien und Briefe aber Reden. Nur Weniges von ihm ist gedruckt.

b. Oswald von Wolkenstein, geb. 1367 zu Gröden in Tirol, begleitete 1406 mit Hugo von Montfort den Herzog Albrecht ins heilige Land, besuchte die Nordküste von Afrika und später theils als Gesandter Kaiser Sigmunds, theils als dessen Begleiter England, Frankreich und Spanien, verlor in einer Fehde gegen Herzog Friedrich das rechte Auge durch einen Pfeilschuß, zog 1419 gegen die Hussiten und starb 1445.

Die Gedichte Oswalds von W. sind von reicher Mannigfaltigkeit sowohl der Form als des Inhalts. Minnelieder, Tanzweisen, geistliche Gesänge, Allegorien.[1]

§ 106. Wandernde Sänger. Uebergang zum Meistergesang (§ 81 u. 86).

a. Heinrich von Mügeln (s. u. § 111); Michael Beheim (s. u. § 110). — Der Suchensinn, ein wandernder Sänger aus dem Ende des 14. und Anfang des 15. Jahrh., gehört zu den Dichtern, welche den Uebergang vom Minnegesang zum eigentlichen Meistergesang vermitteln. Seine Gedichte besingen meist das Lob der Frauen mit didaktischer Färbung; sie sind leicht und voll Bewegung.[2]

b. Muskatblüt, aus dem Anfange des 15. Jahrh., vermuthlich ebenfalls ein wandernder Sänger, dichtete geschmacklose Marienlieder in Frauenlobs überkünstelter Sprache, Minne- und Naturlieder voll Wahrheit und Mannigfaltigkeit, die durch ihre Form an die bessern höfischen Dichter erinnern, Lieder gegen die Hussiten und politische Lieder, in denen er den trostlosen Zustand des Reichs beklagt, außerdem gute Erzählungen und Schwänke.[3]

§ 107. Volksmäßige Lyrik (§ 87).

Es mögen wohl schon frühe Sammlungen von Volksliedern veranstaltet worden sein, doch stammen die ältesten, die uns erhalten worden sind, erst aus dem 15. Jahrh. Die bekannteste ist die, welche nach der Schreiberin Clara Hätzlerin aus Augsburg genannt wird, und im J. 1471 geschrieben wurde.[4] Mehrere wurden schon am Anfang des 16. Jahrh. gedruckt.[5] Viele Lieder sind nur auf fliegenden Blättern erhalten; doch gehören diese Drucke erst in den folgenden Zeitraum. Mit Benutzung dieser und anderer Quellen wurden in der neuern Zeit viele Sammlungen von Volksliedern veranstaltet, von denen jedoch die meisten auch solche Lieder aufnahmen, die aus viel spätern Zeiten stammen.[6]

---

1) Ausg. (mit Einleit. u. Wörterb.) v. Beda Weber, Innsbr. 1847, vgl. Zingerle, J. V. Beiträge z. ältern tirolischen Literatur. Wien 1870. B. Weber. Osw. v. W. u. Friedrich mit der leeren Tasche. Ebd. 1850. — 2) Einzelne gedruckt im Liederbuch der Clara Hätzlerin u. in Fichards Frankf. Archiv 3, 273. — 3) Ausg. v. E. v. Groote. Cöln 1852. — 4) Ausg. v. K. Haltaus. Quedlinb. 1840. — 5) Augsb. bei Oeglin 1512; Mainz bei Pet. Schöffer 1513. Cöln bei Arndt v. Aich, o. J. (um 1519); Straßb. b. Pet. Schöffer u. Mthi. Apiarius, o. J. (um 1536); Bergkreyen, Nürnb. (zwischen 1529 u. 1537) neu hrsg. v. C. Schade. Weimar 1854. — 6) S. oben § 54. Anm. 7.

§ 108. Geistliches Lied (§ 88).

a. Johannes Tauler (s. u. § 137). — Von Konrad von Queinfurt, Pfarrer zu Steinkirch am Queiß († 1382), hat sich ein Osterlied in 17zeiligen Strophen: „Du Lenze gut" erhalten. — Die Lieder der Geißler oder Flagellanten zeichnen sich durch tiefe Empfindung und Innigkeit, so wie durch wirkungsvolle Einfachheit aus. Einige sind uns durch den Straßburger Chronisten Closener (s. u. § 139) erhalten worden. — Hermann, Mönch von Salzburg aus der zweiten Hälfte des 14. Jahrh., gehört zu den wenigen Geistlichen, die schon im 14. Jahrh. für den deutschen Kirchengesang thätig waren. Er übersetzte lateinische Hymnen und Sequenzen; seine Sprache ist roh und unbeholfen und erreicht die Schönheit seiner Vorbilder nicht. Besser sind seine eigenen Lieder geistlichen und weltlichen Inhalts, obgleich sich auch diese nicht über die Mittelmäßigkeit erheben.

b. Heinrich von Laufenberg, aus Laufenburg am Rhein, Priester, später Dekan des Domkapitels in Freiburg im Breisgau, trat 1445 in das Johanniterkloster zu Straßburg, wo er vermuthlich starb.

Heinrich v. L. ist der fruchtbarste und bedeutendste Dichter geistlicher Lieder im 15. Jahrh.; er dichtete Nachbildungen alter lateinischer Kirchengesänge und selbständige Lieder, meist zum Preis der heiligen Jungfrau. Am besten sind seine geistlichen Umdichtungen weltlicher Lieder. Er verfaßte außerdem zwei größere didaktische Gedichte, den „Spiegel menschlichen Heils", das den Sündenfall und die Erlösung zum Gegenstande hat, und das „Buch der Figuren", in welchem er die Geschichten des Alten Testaments als Figuren oder Symbole zu Ehren der heiligen Jungfrau betrachtet.

c. Martin Myllius, eigentl. Müller, wahrscheinlich aus Ulm, Chorherr im Wengenkloster daselbst, später im österreich. Kloster Schwarzthal, gest. 1521, dichtete geistliche Lieder nach den Melodien lateinischer Kirchengesänge. Es sind roh und hart gereimte biblische Sprüche. Er bemühte sich, antike Strophenformen nachzubilden.[1]

II. Didaktische Poesie.

§ 109. Spruchgedichte (§ 90).

a. Heinrich der Teichner, ein Oesterreicher, der zwischen 1340 und 1375 blühte, besaß vielseitige Kenntnisse, namentlich auch der vaterländischen Literatur. Seine Richtung war vorwiegend didaktisch; er dringt entschieden auf sittlich reines Leben.

Seine Spruchgedichte sind sehr zahlreich (über 700) und berühren sowohl die religiösen und sittlichen, als die bürgerlichen und politischen Zustände, die er mit strengem Ernst in ihren Mängeln und Gebrechen tadelte. Am heftigsten eifert er gegen Geistlichkeit und Adel. In ähnlichem Sinn dichtete er auch einige Allegorien, Erzählungen, Fabeln und selbst Schwänke.[2]

b. Peter der Suchenwirth (s. u. § 119); Hugo von Montfort (s. o. § 105).

§ 110. Didaktische und satirische Gedichte (§ 90).

a. Sebastian Brant, geb. 1458 zu Straßburg, studierte in Basel, wo er nach einander Baccalaureus, Licentiat und Doctor der Rechte wurde und als Lehrer an der Universität durch Förderung der classischen Studien segensreich wirkte, kehrte 1501 in die Vaterstadt zurück, wo er 1503 die Stelle eines Stadtschreibers erhielt und am 10. Mai 1521 starb. Sein Hauptwerk, das „Narrenschiff", schildert in einer nicht fest durchgeführten allegorischen Einkleidung die verschiedenen Gattungen von „Narren" seiner Zeit, wodurch es das reichste und treueste Bild der damaligen Zustände wird. Es unterscheidet sich darin von ähnlichen Gedichten der frühern Zeit, daß der Dichter seine Lehren nicht wie jene auf kirchliche Satzungen, sondern auf die von Gott in die Menschenbrust gelegten ewigen Sittengesetze gründete. So ernst und streng die im Gedicht niedergelegte Moral ist, so wird sie doch von dem Geist echt christlicher Milde getragen. Die Thorheiten und Laster werden nicht mit übertriebenem Eifer bekämpft, sondern mit den einfachsten Mitteln lächerlich gemacht, als der menschlichen Natur und

1) Valete Christl. Reichsmann 1517, 4. — 2) Viele einzelne Gedd. bei Laßberg. Vgl. Th. v. Karajan, Ueb. Heinrich den Teichner. Wien 1855. 4.

Vernunft widersprechend dargestellt. Diese Auffassungsweise bildet das Wesen der Satire und Brant ist durch sein „Narrenschiff" der Begründer dieser Gattung geworden, welche im Zeitalter der Reformation beinahe ganz vorherrschend wurde. — Die einzelnen Abschnitte stehen mit einander in keinem Zusammenhang, die Darstellung ist bei ihrer populären Haltung von großer Lebendigkeit; sie ist besonders reich an komischen, meist aus der Volkssprache entnommenen Wendungen und bewegt sich oft in echt poetischem Humor. Auch liebt es Brant, sprichwörtliche Redensarten einzuflechten, freilich auch oft gelehrte Anspielungen zu machen. Die Sprache, er schrieb im elsässischen Dialekt, ist hart; in Behandlung des Reimes und des Versmaßes erhebt er sich nicht über seine Zeitgenossen.[1])

Im „Narrenschiff" bekämpft Brant zunächst den Unglauben und den daraus erwachsenden Aberglauben. Er klagt, daß man die heilige Schrift und ihre Mahnungen zur Buße verachte, des äußern Gottesdienstes vergesse, ja sogar denselben entheilige, daß das Christenthum nicht nur bei uns durch falsche Lehrer verunstaltet, sondern auch im Orient verdrängt worden sei. Der Glaube ist verschwunden, dagegen wuchs der Aberglaube, ein jeder Narr will die Zukunft in den Sternen lesen. — Nächst dem Glauben ist die Weisheit die Führerin, der sich der Mensch anvertrauen soll, d. h. die auf Frömmigkeit und Tugend gegründete Lebensklugheit; daher der Dichter vorzüglich auf Selbsterkenntniß dringt. — Das „Narrenschiff" wurde bald nach seinem Erscheinen umgearbeitet und durch Sittenschilderungen und Erzählungen bereichert, die nicht ohne Werth sind.[2]) Außerdem wurde es ins Lateinische, Niederdeutsche, Französische und Niederländische übersetzt und Geiler von Kaisersberg hielt eine Reihe von Predigten über dasselbe (s. u. § 137). — Brant übersetzte ferner die Sittensprüche des „Cato"[3]) und des „Facetus",[4]) so wie manches Andere, verfaßte mehrere kleine Gedichte, darunter treffliche Priameln, gab eine Bearbeitung des „Freidank" heraus[5]) und verfaßte endlich Anweisungen zum Geschäftsstyl und zu Führung von Processen.[6])

b. **Pamphilus Gengenbach** (s. u. § 124).

c. **Thomas Murner**, geb. am 24. Dec. 1475 zu Oberehenheim bei Straßburg, nach August Stöber in Straßburg,[7]) trat früh in den Barfüßerorden, besuchte die Hochschulen in Paris, Freiburg, Köln, Rostock, Prag, Wien und Krakau, wo er zugleich selbst als Lehrer auftrat, studierte nebst der Theologie auch die Rechte, wurde beider Wissenschaften Doctor, 1506 von Maximilian I. zum Dichter gekrönt. Später war er Lesemeister der Barfüßer in Bern, hielt sich dann in Trier, Bologna, Venedig, Frankfurt und Straßburg auf und reiste 1523 nach England, wohin ihn Heinrich VIII. als Gegner Luthers gerufen hatte. Nach Straßburg zurückgekehrt, gerieth er mit dem Rath in Streit und mußte 1526 in die Schweiz flüchten, wurde in Luzern Prediger, nahm an den Religionsstreitigkeiten Antheil, wohnte der Badener Disputation bei, deren Akten er herausgab, mußte aber 1529 auf Verlangen Zürichs und Berns die Schweiz wieder verlassen und gieng nach Heidelberg. Seine letzten Schicksale und das Jahr seines Todes sind unbekannt.[8]) Murners Charakter ist von seinen Gegnern übermäßig geschmäht worden; wenn er auch viele schwache Seiten hatte, war er doch keineswegs das Ungeheuer, als welches sie ihn schildern. Als Dichter ahmt er zwar Brant nach, übertrifft aber denselben an poetischer Gestaltung und Macht der Sprache, welche viel leichter, beweglicher, frischer und volksthümlicher ist, aber auch oft in das Gemeine und Pöbelhafte verfällt.[9])

---

1) Ausg. Bas. 1494, 1495, 1499, 1506, 1509; Straßb. 1512; viele Nachdrucke. Neu hrsg. v. A. W. Strobel, Quedlinb. 1839, und vortrefflich (nebst den übrigen deutschen und lat. Gedichten) v. F. Zarncke, Lpz. 1854. — 2) Das nüw Schiff von Narragonia, Straßb. 1494; u. ö. — 3) Bas. o. J. — 4) Bas. 1490. — 5) Straßb. 1508. 4. — 6) Der Leienspiegel, (Straßb.) o. J. Fol.; Richterlicher Clagspiegel, o. O. (Straßb.) u. J. Fol. — 7) Le satirique Thomas Murner est-il né à Obernai ou à Strasbourg? (Revue d'Alsace). — 8) Nach Gyß, Histoire de la ville d'Obernai (II, 469) soll er im J. 1536 in Oberehenheim als Pfarrer an der St. Johanniskirche gestorben sein. — 9) Vgl. Waldau, Nachrichten v. Murners Leben u. Schriften. Nbg. 1775; Ulenspiegel, hrsg. v. Lappenberg, S. 381 ff. Hidber, Murners Streithandel mit d. Eidgenossen v. Bern u. Zürich. (Bern) 1858.

Die „Narrenbeschwörung", von dem Narrenschiff angeregt, ist doch wesentlich von diesem verschieden, da Brant die Thorheiten und Laster nur in ihrer allgemeinsten Erscheinung bekämpft, Murner die Lasterhaften selbst (die Geistlichen, Fürsten, Ritter u. s. w.) mit muthiger Derbheit angreift.[1] In der „Schelmenzunft", einer Nachahmung seiner eigenen Narrenbeschwörung, schildert er mehr die Privatverhältnisse in ihrer Verworfenheit; doch enthält sie auch die heftigsten Angriffe gegen die Geistlichkeit und selbst gegen die Kirche, deren Reformation er überhaupt mächtig vorbereiten half. Die an Sprichwörtern reiche Darstellung ist noch rücksichtsloser und derber als in der Narrenbeschwörung.[2] — Die „geistliche Badefahrt" beruht auf dem lächerlichen Vergleich Christi mit einem Bader, indem Alles, was zu einem Bade gehört, symbolisch auf die Bekehrung des Menschen gedeutet wird.[3] „Die Gäuchmatt" verspottet die „Gäuche", d. h. die Weiberdiener und Buhler; die allegorisch-epische Einkleidung ist nicht durchgeführt.[4] — „Von dem großen lutherischen Narren", ist ein durch Composition, Inhalt und lebendige Darstellung ausgezeichnetes Gedicht, in welchem die schwachen Seiten der Reformation mit glücklicher Ironie, freilich auch oft mit leidenschaftlicher Derbheit lächerlich gemacht werden.[5] Der Dichter beschwört den großen Narren, d. h. die Personification der reformatorischen Bestrebungen. Es kommen aus dessen Haupt die gelehrten Narren, welche die Bibel nach ihrem eigenen Sinn erklären, aus seiner Tasche die, welche nach den Schätzen der Kirche lüstern sind, aus seinem Bauch die künftigen Bundesgenossen.[6] Luther wird zum Hauptmann des Bundes ernannt; die Banner tragen die Inschriften „Evangelium", „Freiheit", „Wahrheit"; die treuen Christen stellen sich dem Bund entgegen, denn deren Fahnen sind ihnen von ihm geraubt worden. Der Bund greift an. Kirchen und Klöster werden zerstört, der Angriff auf die Hauptfestung aber mißlingt, weil Murner selbst sie vertheidigt. Luther sucht, ihn zu gewinnen, indem er ihm seine Tochter (wieder die Reformation) zur Frau verspricht. Diese hat aber den Grind und Murner vertreibt sie mit Schlägen. Darauf wird Luther krank, stirbt ohne die Tröstungen der Kirche und wird als Ketzer begraben. Auch der große Narr stirbt, die Erbschaft erweckt Streit, den der Dichter auf seine Weise schlichtet, indem er selbst auf die Narrenkappe Anspruch macht. — Außerdem erzählte Murner die Geschichte „Von den fier Ketzeren Prediger Ordens", die zu Bern verbrannt wurden[7] und dichtete „Die Mülle von Schwyndelßheim und Gredt Müllerin Jarzeit",[8] so wie ein bedeutendes „Lied von dem Untergang des christlichen Glaubens", das ebenfalls gegen die Reformation gerichtet ist.[9] und eine gereimte Uebersetzung von Virgils „Aeneide".[10] — Seine prosaischen Schriften satirischen und polemischen Inhalts verdienen zum Theil Beachtung: „Von dem babylonischen gefenknuß der kirchen Doctor Mt. Luthers";[11] „Von Luthers leren und predigen";[12] „An den adel tütscher Nation";[13] „Ob der künig vß engelland ein lügner sey oder der luter";[14] „Der lutherischen evangelischen kirchendieb vnd ketzer kalender";[15] „Die Disputation (zu Baden) vor den XII Orten"[16] u. a. m.

d. Johann von Morßheim, Hofmeister in der Pfalz, am Ende des 15. Jahrh., dichtete den „Spiegel des Regiments in der Fürsten Höfe, da Frauw Untrew gewaltig ist",[17] worin er in scharfen Zügen schildert, wie die Diener der Fürsten diese zum Berauben der Unterthanen betrügen. — Die „Welschgattung" von einem unbekannten Verfasser, stellt die Sittenverderbniß der Zeit dar und klagt insbesondere über die Rechtspflege, die Advocaten und das Eindringen des geschriebenen Rechts; daher gehe das Reich zu Grund, das nur dadurch gerettet werden könne, daß die Fürsten sich wieder dem Kaiser unterwerfen.[18]

§ 111. Allegorisch-didaktische Gedichte (§ 90).

a. Heinrich von Mügeln oder Müglin, aus dem Meißnischen, lebte in der 2. Hälfte des 14. Jahrh. am Hof K. Karls IV. und Herz. Rudolfs von Oesterreich.

Er dichtete eine poetisch unbedeutende Allegorie „Der maide kranz", in welcher die als „Maide" personificierten Künste und Wissenschaften sich an Karl IV. mit der Bitte wenden, zu entscheiden, welcher von ihnen der Vorrang gebühre. Das Gedicht gewährt durch die eingeflochtenen Mittheilungen über die damaligen Kenntnisse in den verschiedenen Wissenschaften mannigfaches Interesse.[19] Seine Lieder, größtentheils Meistergesänge und Sprüche, sind voll aufdringlicher Gelehrsamkeit; ein „Lobgesang auf die heilige Jungfrau" ahmt Konrads goldene Schmiede nach, übertrifft sie aber in Geschmacklosigkeit. Die Fabeln und Parabeln enthalten manchen guten Gedanken, sind aber in der Ausführung trocken.[20] Außerdem schrieb er eine Chronik von Ungern[21] und übersetzte den Valerius Maximus.[22]

1) Ausg. s. a. O. u. J. (1506?); Straßb. 1518, u. ö.; Bearbeitung v. G. Wickram (§ 127). — 2) 4. Frankf. 1512; u. ö.; v. Waldau, Halle 1788, 8.; zuletzt in Scheible's Kloster. — 3) Straßb. 1514. 4. — 4) Bas. 1519. 4. — 5) Straßb. 1522. 4. (zwei Ausgg.); n. Heinrich Kurz, Zür. 1848. — 6) S. a. Gervinus § 185. — 7) Straßb., o. J. 4. — 8) Ebd. 1515. — 9) O. O. u. J. (zwei Ausgg.); Abdruck bei Uhland. — 10) Straßb. 1515. — 11) O. O. u. J. — 12) O. O. 1520. — 13) Straßb. 1520. — 14) Ebd. 1522. — 15) O. O. 1527; neue Ausg. v. Waldau 1804. — 16) Luzern, bei Thom. Murner, 1527. — 17) Oppenheim 1515, u. ö.; von Gödeke, Stuttg. 1856. — 18) Straßb. 1513. — 19) Vgl. Wilken, Heidelb. Bibliothek. Heidelb. S. 329 ff. — 20) Fabeln u. Minnelieder, herausg. v. W. Müller, Gött. 1847. — 21) G. Kovachich, Samml. kleiner Stücke d. ungar. Gesch. Ofen 1805. — 22) 1489. Fol.

b. Konrad Vintler, aus dem Tirol, dichtete um 1410 die „Blume der Tugend" nach italienischem Vorbild, worin er die Laster und Tugenden der Zeit in oft schwerfälliger Sprache darstellt und durch Erzählungen veranschaulicht. Voll Interesse ist der Abschnitt über den Aberglauben.[1] — Heinrich von Laufenberg (s. o. § 108. c.); Hermann von Sachsenheim (s. u. § 117).

§ 112. Fabeln und Priameln.

a. Heinrich von Mügeln, Fabeln, s. o. § 111. a. — Gerhard, Dekan zu Minden, verfaßte 1370 nach Aesop 102 Fabeln in niederdeutscher Sprache; er erzählt „mehr breit als ausführlich, doch weiß er mitunter geschickt zu localisiren".[2]

b. Die Priameln sind mit Ausnahme derer von Rosenblüt u. Folz (s. u. § 124) meist von unbekannten Dichtern und haben wohl zum Theil volksthümlichen Ursprung. Eine annähernd vollständige Sammlung dieser in großer Zahl vorhandenen Gedichte wäre sehr wünschenswerth.[3]

III. Epische Poesie.

§ 113. 1. Gedichte aus der bretonischen Sage (§ 92).

Ulrich Fürterer od. Füetrer, ein Briefmaler zu München aus der zweiten Hälfte des 15. Jahrh., bearbeitete in der Titurelstrophe die sämmtlichen Zweige des bretonischen Sagenkreises nebst dem des heiligen Grals, welchen er eine Art Einleitung von dem Ursprung der Heiden- und Ritterorden und seltsamer Weise auch die Geschichte des Trojanischen Kriegs und des Argonautenzugs voranschickte. Das Gedicht ist geschmacklos, langweilig und in einer ganz barbarischen Sprache geschrieben, doch wichtig, weil mannigfaltige Quellen benutzt sind.[4] Auch schrieb Fürterer eine „Bayerische Chronik".

§ 114. 2. Uebersetzungen (§ 92).

Valentin und Namelos, ein niederdeutsches, auf karolingischer Sage beruhendes Gedicht, ist wahrscheinlich schon in der Mitte des 14. Jahrh. nach einem niederländischen Werke bearbeitet worden.[5] — Malagis, Reinold von Montalban und Ogier von Dänemark, Gedichte des nämlichen Sagenkreises, sind im 15. Jahrh. gleichfalls aus dem Niederländischen in schwerfälliges, mit niederdeutschen Reimwörtern gemischtes Hochdeutsch wörtlich übersetzt.[6] — Hans von Bühel, die Königstochter aus Frankreich (s. u. § 119). — Johann von Soest, eigentlich Joh. Grumelkut, geb. 1448 zu Unna in Westphalen, seit 1471 Singermeister am Hofe zu Heidelberg, später Arzt in verschiedenen Städten, zuletzt in Frankfurt a. M., wo er 1506 starb, übersetzte 1470 die „Margarete" oder „die Kinder von Limburg" aus dem Niederländischen;[7] auch schrieb er seine „Lebensgeschichte" in Reimen.[8] Nach Einigen soll er auch den „Malagis, Reinold und Ogier" übersetzt haben.

§ 115. 3. Bearbeitungen der deutschen Heldensage (§ 92).

a. Das (alte) „Heldenbuch" ist eine rohe Bearbeitung der zu einem Ganzen vereinigten Gedichte von Ortnit, Wolfdietrich, dem großen und kleinen Rosengarten (Laurin); es wurde oft gedruckt; die zum Grunde liegende Handschrift scheint verloren zu sein. Merkwürdig ist der Anhang, der unter dem Titel „Von Helden, Gezwergen, und Riesen" prosaische Auszüge aus alten zum Theil verlorenen Gedichten enthält.[9]

b. Das „Nibelungenlied" wurde am Ende des 15. Jahrh. ebenfalls nach einer noch nicht aufgefundenen Quelle bearbeitet. Das Gedicht, das in der sogenannten Hildebrandsstrophe abgefaßt ist,

---

1) Ausgab. 1486. Fol. Vgl. Haupt, Zeitschrift f. d. A. 10, 253. Grimm, Mythologie. — 2) Zum Theil gedruckt in Wiggert, „Zweites Scherflein", Magdeb. 1836. — 3) Alte Sammlung: [illegible] Zusammt [illegible] alten Sprüchen, Basel 1560, 1575; neuere in Eschenburg, Denkmäler S. 394 ff.; Bericht der deutschen Gesellsch. in Leipzig 1837; A. Keller, Alte gute Schwänke, Lpz. 1847; dessen Fastnachtsspiele Bd. 3 u. m. O. — 4) Auszug bei Hofstätter, Altd. Gedd. aus der Zeit der Tafelrunde, Wien 1811. II. — 5) Bei Staphorst, Hamb. Kirchengesch. 4, 271 ff. — 6) Bruchstücke dieser drei Gedd. in Adelung, Fortges. Nachr. S. 64 ff. u. 93 ff., in den Heidelb. Jahrb. 1808, S. 416 ff. u. in Mones Anzeiger 1837, S. 180 ff. — 7) Ausg. in Mones Anzeiger 1835, S. 164 ff. — 8) Vgl. Fichards Archiv 1, 73 ff. — 9) O. O. u. J. Fol.; Ausg. 1491. Fol., u. ö. Neue Ausg. v. F. H. v. d. Hagen, Lpz. 1855. II. v. Ad. v. Keller, Stuttg. (Lit. Verein) 1867.

nennt sich selbst „Das Nibelunge liet“ und zerfällt in zwei Theile, Siegfrieds Hochzeit und Etzels Hochzeit. — Die Handschrift wurde erst vor einigen Jahren von F. Pfeiffer entdeckt. — Das „Lied vom hörnen Siegfried“ erzählt des Helden Jugendgeschichte und seine Drachenkämpfe. Durch die rohe Behandlung bricht noch die Kraft des Volksgesangs durch. Das Lied ist nur in alten Drucken erhalten[1]. — Ermenrichs Tod, ein niederdeutsches Lied in der Nibelungenstrophe.[2] — Das „Hildebrandslied“ in einer vierzeiligen Strophe, dem sogenannten Hildebrandston, hat sich nur in alten Drucken erhalten.[3])

c. Kaspar von der Rön, aus Münnerstadt in Franken, ein herumziehender Bänkelsänger, der um die Mitte des 15. Jahrh. lebte, bearbeitete oder sammelte spätere Bearbeitungen der alten Heldensage, die unter dem Titel des „Neuen Heldenbuchs“ bekannt sind.

Das Werk enthält jedoch nicht bloß Stoffe aus der eigentlichen Heldensage (Ortnit, Wolfdietrich, Etzels Hofhaltung, Ecken Ausfahrt, Sigenot, Dietrich und seine Gesellen, Zwerg Laurin, Rosengarten und Hildebrandslied), sondern auch eine Bearbeitung von „Herzog Ernst“ und ein Gedicht, das „Meerwunder“ genannt. Die Bearbeitungen sind roh und geistlos, insofern aber von Wichtigkeit, daß der Umdichter ältere, jetzt verlorene Quellen benutzte.[4])

§ 116. Bearbeitungen anderer deutscher Sagen (§ 92).

„Der Ritter von Staufenberg“ wird im alten Druck einem Dichter Eckenolt, den der spätere Bearbeiter Fischart Eckenbold nennt, zugeschrieben. Die Zeit der Abfassung ist unbekannt; nach der Sprache gehört es in die Mitte des 14. Jahrh., die ächt poetische Auffassung, die leichte, bewegliche Darstellung, die treffliche Zeichnung der Charaktere lassen ein höheres Alter vermuthen; vielleicht ist es eine gelungene Umarbeitung eines ältern Gedichts.[5])

Peter von Temringen, vom Schlosse Staufenberg in der Ortenau, schließt mit einem wunderschönen Weib von übernatürlicher Macht einen Liebesbund, wobei sie die Bedingung stellt, daß er bis an seinen Tod kein eheliches Weib nehmen dürfe, widrigenfalls er in drei Tagen sterben müsse. Ueberall, wo er sich befand, und er durchzog viele Länder, erschien sie ihm, sobald er es nur wünschte. Nach seiner Rückkehr bot ihm der König seine Nichte, die Erbin von Kärnthen, zur Gemahlin an; als er, darob erschrocken, sein Verhältniß entdeckt, erklären die Geistlichen seine Geliebte für den Teufel und überreden ihn, den Bund zu lösen. Bei der Hochzeit erscheint durch die Decke des Saals der schönste Frauenfuß als Zeichen, daß er sterben müsse. Und so geschah es auch; die Braut aber gieng in ein Kloster.

§ 117. Episch-allegorische Gedichte (§ 92).

a. Peter der Suchenwirt (s. u. § 119. a.); Johannes Rothe (s. u. § 118).

b. Hermann von Sachsenheim, ein schwäbischer Ritter, der noch im 90. Jahre dichtete, 1458 starb und in der Stuttgarter Pfarrkirche begraben wurde, erwarb sich vorzüglich durch sein episch-allegorisches Gedicht „Die Mörin“ bei seinen Zeitgenossen großen Beifall, ob es gleich höchst mittelmäßig und wirkungslos ist und sich in breiter Darstellung und vielfachen Wiederholungen bewegt. Häufige Anspielungen bezeugen, daß der Dichter die Heldensage und die höfische Poesie genau kannte.[6])

Inhalt: Der Dichter wird in einem Wald von einem Greis und einem Zwerg gefangen und zu Frau Venus gebracht, wo über ihn wegen Treulosigkeit Gericht gehalten wird. Der Tannhäuser, Gemahl der Königin, führt den Vorsitz; die Mörin Brinhild ist die Anklägerin, der treue Eckardt des Dichters Vertheidiger. Während die Richter über das Urtheil verhandeln, unterhält sich der Dichter mit dem Großhofmeister, wobei er über die Zuchtlosigkeit der Geistlichen, die Willkür der Fürsten und den Uebermuth der Städter klagt. Hierauf wird er freigesprochen. — Noch unbedeutender ist der „goldene Tempel“, den er im 90. Jahre verfaßte, eine verfehlte Nachahmung der „goldenen Schmiede“. Von seinen lyrischen Gedichten ist nur das Lied „Von der Gans wegen“ bekannt, in welchem ein alter Mann einen

1) Abg. o. J. (zwischen 1530—34); u. ö. — 2) Ausg. v. Gödeke, Hann. 1851; in Hagens Heldenbuch 2, 537. — 3) Straßb. o. J.; Abg. o. J.; (1520); u. ö.; Erneuerg. v. Eschenburg im deutschen Museum 1776, 1, 291; v. Uhland in den Volksliedern. — 4) Ausg. bei Hagen und Primisser. — 5) Ausg. v. Engelhardt. M. Kf. Straßb. 1823; alter Druck, Straßb. o. J. (1480); Bearbeitung von Fischart, Straßb. 1588; Ebd. 1598. Vgl. Bartsch in der Germania 1, 53. — 6) Ausg. v. Joh. Adelphus, Straßb. 1512. Fol.; Worms 1538. Fol.; Ebd. 1539. Fol.

Bauernbirne seine Liebe in höfischen Redensarten erklärt, von ihr aber mit plumpen, selbst rohen Worten verspottet wird.¹) Noch werden ihm andere Gedichte zugeschrieben.

c. **Meister Altswert**, ein Elsässer, verfaßte mehrere allegorische Gedichte: „Altswert", den „Kittel", „der Tugenden Schatz" und vielleicht noch einige andere, die in Sprache und Haltung manche Aehnlichkeit mit der „Mörin" von Hermann von Sachsenheim haben.²)

d. **Kaiser Maximilian** I. (1459—1519) suchte, wie überhaupt die alte Zeit, so auch die alte Poesie zu verjüngen, Beides mit vergeblichem Aufwand von Talent und Kraft. Er dichtete in diesem Sinne „Die geuerlichkeiten des Helds vnd Ritters Tewerdancks", ein Gedicht, das vorzüglich durch die Pracht des Druckes, die Schönheit der Holzschnitte und den Namen des Verfassers die Aufmerksamkeit der Zeitgenossen erregte, aber wegen der Aermlichkeit der Erfindung, der matten Darstellung und der langweiligen Ausführung ohne Wirkung blieb. Es wurde vor dem Drucke von Marx Treizsaurwein von Ehrentreitz und dann von Melchior Pfinzing aus Nürnberg (1481—1535), Geheimschreiber des Kaisers, überarbeitet.³)

Das Gedicht erzählt die Abenteuer des Kaisers (Tewerdank) auf seinen Jagden, Kämpfen und bei andern Gelegenheiten, sie werden sämmtlich um die Geschichte der Brautwerbung des Helden um die Königstochter Ehrenreich (Maria von Burgund) gruppiert.

In ähnlicher Weise schrieb er in Prosa den „Weißkunig", in welchem er die Geschichte seines Lebens mit Veränderung der Namen in rein chronologischer Ordnung und sehr ungleicher, aber nie bedeutender Darstellung erzählt. Das Buch wurde von Marx Treizsaurwein in die jetzige Ordnung gebracht und zum Theil überarbeitet.⁴)

§ 118. Legenden (§ 92).

Johannes Rothe, aus Luxemburg, Mönch zu Eisenach, Kaplan der Landgräfin Anna von Thüringen († 1434), dichtete wahrscheinlich nach einem lateinischen Original und mit Benutzung des ältern Gedichts (s. o. § 64, p.) ein „Leben der heiligen Elisabeth" ohne poetische Weihe.⁵) Außerdem verfaßte er in niederdeutscher Sprache, wie jenes Gedicht, eine „Düringische Chronik", nicht ohne historische Kunst und mit glücklicher Einflechtung bedeutsamer Züge und Anekdoten.⁶)

§ 119. Historische Gedichte (§ 92).

a. **Peter**, genannt der Suchenwirt, ein wandernder Sänger und Wappendichter aus Oesterreich, lebte in der zweiten Hälfte des 14. Jahrh. und stand mit dem Teichner, dessen Tod er in einer schönen Lobrede beklagte, in freundschaftlichen Verhältnissen. Ohne gelehrte Bildung zu haben, besaß er viele Kenntnisse; so war er auch mit der ältern deutschen Poesie bekannt, was auf seine Darstellung günstigen Einfluß ausübte.

Er hat in 19 historisch-biographischen Gedichten, die er „Ehrenreden" nennt, fast die ganze Geschichte seiner Zeit berührt, indem er darin die Thaten der berühmtesten Helden jener Tage, vorzüglich aber österreichischer Edlen mit großer Genauigkeit erzählt, wodurch diese Gedichte für die Geschichte und selbst für die Geographie jener Zeit bedeutend werden. Die Darstellung ist nicht ohne Lebendigkeit, dagegen fehlt es an poetischer Erfindungsgabe. Eine seiner besten Reden ist die „Von fünf Fürsten", in welcher er eine Darstellung der Schlacht bei Sempach vom österreichischen Gesichtspunkt giebt. Ferner verfaßte er eine Reihe von Spruchgedichten, die durch Inhalt und Gesinnung Interesse erwecken. Er tadelt, wie der Teichner, die Mängel und Gebrechen seiner Zeit, in den Sprüchen „Von dem Pfenning" und „Von der Geistlichkeit" die Habsucht, in der „Kriegsgehalt" die Verkehrtheit des Adels, deren Grund er in der schlechten Erziehung erblickt, in dem „Rat von dem ungelt" die Fürsten, welche

1) Bei Clara Hätzlerin. — 2) Ausg. v. W. Holland u. A. Keller. Stuttg. 1850. — 3) Nbg. 1517. Fol.; Augsb. 1519. u. ö.; neue Ausg. v. K. Haltaus, Quedlinb. 1836. Ueberarbeitung von B. Waldis, Frankf. 1553. — 4) Mit Holzschnitten v. Hanns Burgmair. Wien 1775. Fol. — 5) Ausg. in Mencke, scriptores II, 2033. — 6) Ebd. hrsg. v. R. v. Liliencron. Jena 1859.

das Volk mit Sternen erobelten. Oft gebe er seinen Gedichten die Form von Allegorien, die er jedoch nicht mit Sicherheit zu behandeln weiß.[1])

b. **Michael Beheim**, geb. 1416 zu Sulzbach im Württembergischen, war zuerst Weber, nahm dann Kriegsdienste, durchzog später als Sänger viele Länder bis nach Dänemark und Norwegen, und war 1462 in Wien, als sich die Stadt empörte. Dem Kaiser ergeben, theilte er alle Gefahren und Leiden der Belagerung, die er später besang. Wegen dieses Gedichts den Wienern verhaßt geworden, mußte er 1466 Oesterreich verlassen; er trat in die Dienste des Pfalzgrafen Friedrich I. von der Pfalz, dessen Thaten er besang. Er starb nach 1474. — Seine historischen Gedichte haben geringen poetischen, großen historischen Werth, da er die erzählten Begebenheiten meist selbst erlebte.

Das bedeutendste ist das „Buch von den Wienern“,[2]) in welchem er den eben erwähnten Aufstand zwar genau, aber mit großer Parteilichkeit gegen die Wiener erzählte. Außerdem verfaßte er die schon erwähnte „Geschichte Friedrichs I.“ in Reimen und mehrere andere historische Gedichte (über den Türkenkrieg, über die ungarischen Verhältnisse u. s. w.).

Seine zahlreichen lyrischen Gedichte behandeln mannigfache Stoffe, sind aber an Inhalt und Darstellung unbedeutend; er gehört zu den spätern Meistersängern, die das Wesen der Poesie in der äußern Form suchten.

c. Die Reimchronik des Appenzeller Kriegs von einem unbekannten Dichter schildert den siebenjährigen Krieg der Appenzeller gegen den Abt von St. Gallen.[3]) — Hans Rosenblüt (s. u. § 124). — Joh. Lenz, aus Freiburg,[4]) und Nicolaus Schradin, Schreiber zu Luzern,[4]) schrieben Reimchroniken des Schwabenkriegs ohne poetisches Talent, aber mit vaterländischer Gesinnung. — Püterich, von Reichertshausen bei Pfaffenhofen, verfaßte einen „Ehrenbrief“, in welchem er (1462) die ihm bekannten Rittergeschlechter und die damals noch vorhandenen bäuerlichen Ritterbücher aufzählt.[5])

§ 120. Historische Volkslieder (§ 92).

a. **Halb Suter** (oder Hans Suter?) dichtete das treffliche Lied „Von dem Streit zu Sempach“, im Tone des Volksgesangs.[7])

b. **Veit Weber**, aus Freiburg im Breisgau, ein wandernder Sänger, besang in einer Reihe von Liedern die Schlachten des Burgunderkrieges, in denen er selbst mitkämpfte.[8])

Anm. Die Kriegs- und Siegeslieder der Schweizer (darunter ein „Spruch von Sempach“, „Ein alt Lied von der Schlacht bei Näfels“, „Das Waldshuterlied“ von Steinhuser, „Von dem Streit zu Murten“ von Hans Viol (od. Viol) und von Matthias Zoller, „Das recht Tornachreimb“, der „Schwabenkrieg“ von Peter Wehler und Ludw. Sterner u. a. m.) sind in Heinr. Kurz, Die Schweiz (Bern 1837), gesammelt, bei Rochholz, Eidgen. Liederchronik (Bern 1835), willkürlich erneuert, aber mit guten Erläuterungen begleitet.

c. Die Kriegslieder der Ditmarsen sind nebst denen der Schweizer bei Weitem die bedeutendsten Gedichte der Art.[9])

§ 121. Die Thiersage (§ 92).

Das einzige Gedicht, welches die Thiersage behandelt, der „Reineke Vos“, ist nach einer niederländischen Bearbeitung des alten Stoffs von einem Unbekannten,

---

1) Werke herausg. v. Al. Primisser. Wien 1827. Vgl. A. Koberstein, Ueber die Sprache d. Suchenwirt, Naumb. 1828. 4; u. dessen Quaestiones Suchenwirtianae. Ebd. 1842. 4. — 2) Buch von den Wienern. Herausg. v. Th. v. Karajan. Wien 1843. Zehn Gedd. zur Gesch. Oesterreichs u. Ungarns, herausg. v. Karajan. Ebd. 1848; Einzelne Meistergesänge bei Hagen, Samml. f. altd. Lit. u. Kunst. 1, 45; d. Mone, Anzeiger 4, 452. — 3) Ausg. v. Ildef. v. Arx, St. Gallen 1831. — 4) Ausg. v. H. v. Diesbach, Zür. 1849. — 5) Sursee 1500. 4.; neue Ausg. im „Geschichtsfreund der V Orte“, Bd. 6. — 6) Ausg. in Haupt, Zeitschr. Bd. 6. — 7) Ausg. v. Ettmüller und Mittheilgn. d. antiquar. Gesellsch. zu Zürich. Bd. 2. Vgl. Lorenz, Ottokar, L. Sempacher Schlachtlieder. Wien 1861. Rauchenstein, A., Winkelried ist keine Fabel. Aarau 1861 u. a. m. — 8) Ausg. v. H. Schreiber, Freib. 1819. — 9) Gedruckt in Neocorus Chronik, herausg. v. Dahlmann. Sammlungen historischer Volkslieder von Soltau. Leipzig 1836, 2. Band von H. R. Hildebrand. Ebd. 1856; von R. v. Liliencron, Lpz. 1865—1869, IV.; ferner v. Körner, Wolff u. A. Auch in den S. 34. Anm. 2 angeführten Sammlungen befinden sich histor. Volkslieder.

wohl nicht von Niklaus Baumann, ins Niederdeutsche mit großer Selbstständigkeit übertragen worden. Es ist mit großer Kunst angelegt und glücklich ausgeführt; die Begebenheiten sind mit steigender Lebendigkeit erzählt, die Charaktere mit großer Wahrheit gezeichnet.[1])

Nobel, der König, läßt einen Hoftag ansagen und einen allgemeinen Landfrieden gebieten. Alle Thiere erscheinen, nur Reineke nicht, aus Furcht vor derber Anklage, die auch nicht ausblieb. Der König läßt ihn vor Gericht laden. Braun, der Bär, und Hinze, der Kater, werden an ihn abgeschickt, aber Beide kehren unverrichteter Sache zurück, nachdem sie Reinekes Bosheit erfahren. Ein dritter Bote, Grimbart, der Dachs, Reinekes Freund, ist glücklicher. Vor Gericht gestellt, vertheidigt sich Reineke mit großer Gewandtheit, doch ohne Erfolg; er wird zum Tode verurtheilt. Als er schon auf der Leiter steht, verlangt er, öffentlich zu beichten; der König bewilligt es, und nun weiß er, durch Bericht von einem großen Schatz König und Königin nach demselben lüstern zu machen, so daß ihn der König begnadigt. Von Lampen, dem Hasen, und Bellin, dem Widder, begleitet, begiebt er sich in seine Feste Malepartus, wo er Lampen verzehrt und dessen Kopf in ein verschlossenes Ränzchen packt, das Bellin dem Könige übergeben soll. Er giebt Diesem vor, in dem Ränzchen sei ein wichtiges Schreiben enthalten, das den König freuen würde, weshalb er ihm sagen solle, daß er dazu geholfen habe. Als der König Lampens Kopf erblickt, sieht er ein, wie arg ihn der Schalk Reineke betrogen; Bellin wird dem Bären und dem Wolf Isegrim, die sich am Meisten über Reinekes Bosheit zu beklagen hatten, zur Sühnung übergeben. Der König beschließt, Reineken in dessen Feste zu belagern. Statt darüber zu erschrecken, entschließt sich Dieser, selbst an den Hof zu gehen und sich zu vertheidigen. Unterwegs beichtet er dem Dachs seine Sünden, die er auf feine Weise durch das Beispiel des Königs und der Geistlichen entschuldigt. Wegen Lampe zur Verantwortung gezogen, stellt er sich, als ob er von dessen Tod Nichts wisse, klagt Bellin des Mordes an, der ihn wahrscheinlich geplündert habe, um sich die Kostbarkeiten anzueignen, die er, Reineke, dem König und der Königin durch die Beiden übersendet habe. Durch die glänzende Schilderung dieser Kleinodien weiß er den König so zu gewinnen, daß Dieser schon entschlossen ist, ihn freizugeben. Isegrim legt Verwahrung ein und fordert Reineken zum Zweikampf, in welchem es Reineken gelingt, den Gegner zu bewältigen; er hätte ihn getödtet, wenn nicht der König auf Bitten von Isegrims Freunden dem Kampf ein Ende gemacht hätte. Reineke aber, der den König ganz für sich gewann, wurde von Diesem zum Reichskanzler ernannt und er lebte von nun an in großem Ansehn.

§ 122. Erzählungen und Schwänke (§ 92).

a. **Hans von Bühel** (oder der Büheler), Hofbeamter Friedrichs von Sarwerden, Erzbischofs von Köln (um 1400), bearbeitete das Buch von den „Sieben weisen Meistern" (§ 128, a.) nach einer prosaischen Uebersetzung unter dem Titel „**Diocletianus Leben**". Er erzählt mit Leichtigkeit und Gewandtheit; dagegen ist die Sprache und der Vers hart.[2])

Diocletianus, der Sohn des Kaisers Pontianus, wird nach der Mutter Tod fern vom Hof von sieben weisen Meistern erzogen. Der Kaiser verheirathet sich zum zweiten Mal und beruft den Sohn an den Hof; die Stiefmutter verliebt sich in ihn, und da sie verschmäht wird, verklagt sie ihn beim Kaiser, daß er ihr Ungebührliches zugemuthet; der Kaiser verurtheilt ihn zum Tode. Diocletianus darf nicht reden, weil die Weisen in den Gestirnen erkannt haben, daß er sterben müsse, wenn er vor dem siebenten Tage ein Wort spreche; aber die Meister erzählen nach einander Geschichten, durch welche der Kaiser bewogen wird, die Hinrichtung aufzuschieben. Jedes Mal setzt die Kaiserin des Abends eine andere Geschichte entgegen, die den Kaiser bestimmt, Befehl zur Hinrichtung zu geben. Am siebenten Tage erzählt Diocletian eine fünfzehnte Geschichte, durch welche er sich rechtfertigt und die Untreue der Kaiserin nachweist, welche mit ihrem Buhlen verbrannt wird. Unter den Erzählungen sind hervorzuheben: „Der redende Vogel"; „Der Raub des Schatzes"; „Der treue Hund" u. a. m.

Ein anderes Gedicht des Bühelers, „**Von eines Königs Tochter von Frankreich**", ist wahrscheinlich nach einem französischen Vorbild abgefaßt.[3])

Es erzählt die in vielen Formen sich wiederholende Geschichte von einer Königstochter, die, um der sündlichen Neigung ihres Vaters zu entgehen, in die Fremde flieht, als Magd dient, die Gemahlin

---

1) Ausg. Lübeck 1498, 4.; Rostock 1517 u. ö.; neue Ausg. v. F. J. Hackmann, Wolfenb. 1711; von Gottsched, Eutin 1798; von Hoffmann v. Fallersleben, Bresl. 1834, 1852, v. Lübben, Oldenb. 1867. Vgl. Lübben, die Thiernamen im R. V. Oldenb. 1863. Knorr, Reinaert de Vos und R. Vos. Eutin 1857. Vgl. die bei dem Glichezare (§ 67) angeführten Schriften. — 2) Ausg. v. A. Keller, Quedlinb. 1841. — 3) Straßb. 1500, Fol. Neue Ausg. v. Merzdorf. Oldenb. 1867.

des Königssohns wird, aber, unschuldig angeklagt, neuerdings flüchten muß und erst nach langen Leiden wieder mit dem Gemahl und dem Vater vereinigt wird.

b. **Philipp Frankfurter**, lebte in Wien und verfaßte ein Gedicht, „Der Pfaffe von Kahlenberg", das sich am Besten als ein späterer Nachklang des Pfaffen Amis bezeichnen läßt. Hier wie dort wird zur Anschauung gebracht, wie der angeborne Mutterwitz mit seiner Klugheit und Menschenkenntniß den Unterschied zwischen höhern und niedern Ständen ausgleicht, wenn diese jene ihre Ueberlegenheit fühlen lassen, und sich mit Hülfe derselben Erwerbsquellen eröffnen, die ihnen durch die politischen und bürgerlichen Verhältnisse verschlossen sind. Nur ist das spätere Gedicht in Anschauung und Sprache viel roher gehalten als das frühere, wie es in den Bildungsverhältnissen der Zeit begründet war. Wie bei Amis und dem spätern Eulenspiegel sind manche alte, selbst im Auslande verbreitete Schwänke auf ihn übertragen.[1])

Wigand von Theben (Tirnen, Tewin) bei Wien, ein armer Student, brachte dem Herzoge von Oesterreich einen großen Fisch zum Geschenk. Der Pförtner ließ ihn aber nur unter der Bedingung vor den Herzog, daß er das Gegengeschenk mit ihm theile. Wigand erbittet sich vom Herzog eine Tracht Prügel, von der der Pförtner seinen Antheil erhält. Da er sich durch diesen Schelmstreich die Gunst des Herzogs erworben hatte, wurde er von demselben bald darauf zum Pfarrer von Kahlenberg ernannt, wo er allerhand tolle Streiche spielte, die um so größern Beifall fanden, je roher und unflätiger sie waren. Zunächst waren die Bauern die Zielscheibe seines Witzes, aber er verschonte auch keine geistlichen Vorgesetzten und selbst den Herzog nicht.

c. **Heinrich Wittenweiler**, aus Bayern oder der Schweiz, dichtete in der zweiten Hälfte des 15. Jahrh. ein komisches Gedicht, „Der Ring", mit der Absicht, den rohen Uebermuth der Bauern zu züchtigen, wohl aber auch aus Neid und Ingrimm über deren steigenden Wohlstand. Das Gedicht, eine seltsame Mischung vom höchsten Ernst und der niedrigsten Komik, zeugt von Erfindungs- und Beobachtungsgabe, so wie von dem ächt komischen Talente des Verfassers, der an Einfällen unerschöpflich ist und die lächerlichsten Situationen mit Geschick herbeizuführen weiß.[2])

Bertschi Triefnas von Lappenhausen bewirbt sich um Mätzli Rüerenzumpf, läßt ihr einen höchst sentimentalen Brief schreiben, wirft denselben an einem Steine in ihre Kammer, wobei er sie am Kopf verwundet; doch wird er erhört. Die Bekannten aus den benachbarten Dörfern werden zur Hochzeit geladen. Auf das Mahl, das mit großer Lebendigkeit dargestellt wird, folgt Tanz, der mit Prügelei zwischen den Lappenhausern und den Fremden endigt, welche verjagt werden. Diese wollen sich rächen: es kommt am folgenden Tag zum Kampf, der mit der Vernichtung der Lappenhauser endigt, deren Dorf verbrannt wird. Nur Triefnas entkommt, der sich in eine Einsiedelei im Schwarzwald zurückzieht, wo er nach großem Leid das ewige Leben verdient.

d. **Hans Rosenblüt und Hans Folz**, Schwänke s. u. § 126.

Anm. Viele Erzählungen und Schwänke stellen das Bauernleben von seiner roheren Seite dar; gewöhnlich bildet eine Hochzeit, die mit Schlägerei endigt, den Mittelpunkt. Solcher Art sind Meier Betz[3]) und Metzen Hochzeit.[4]) In vielen dieser Schwänke spielt Nithart der Bauernfeind eine Hauptrolle; sie wurden unter dem Titel „Neidharde" gesammelt.[5]) Aber auch andere, vorzüglich unzüchtige Stoffe sind vielfältig bearbeitet worden. Die Dichter nennen sich selten; öfters verbergen sie sich unter falschen Namen; doch läßt sich häufig nicht ermitteln, ob der angegebene Name der richtige oder ein angenommener ist. Fritschel von Leybnitz, „Der Weber Pallerers";[6]) Heinrich Slußer: „Von dem Wolf";[7]) Hans Rosenplüt: „Der Berner";[8]) Steffen Bobbart, von Oesterreich: „Der Kolb und Pfaffe";[9]) Christian Awer: „Die Wolfsklag";[10]) Hans Angler: „Der Windbeutel"[11]) u. s. w.

IV. Dramatische Poesie.

§ 123. Geistliche Spiele (§ 94).

a. Lateinische Spiele: „Ludus paschalis de adventu et interitu antichristi";[12]) „Ludus scenicus de nativitate domini",[13]) ein lateinisches Spiel mit deutschen Stellen, „Ludus paschalis sive de pas-

1) Ausg. o. O. u. J. (aus dem 15. Jahrh.); Frankf. 1550 u. ö.; neu herausg. in Hagen's Narrenbuch. — 2) Ausg. v. L. Ettmüller, mit Einleitg. v. A. Keller, Stuttg. 1851. — 3) Hätzlerin S. 259. — 4) Laßberg IV, 399. — 5) Frankf. 1566. — 6) Ungedruckt. — 7) Keller, Fastnachtspiele S. 1231. 8) Ebd. 1346. — 9) Ebd. 1373. — 10) Ebd. 1437. — 11) Ebd. 1469. — 12) Pez, Thesaurus 2, III, 185. — 13) Schmeller, Carmina bur. Stuttg. 1847. S. 80.

[illegible] chamlai".[1]) alle aus dem 13. Jahrh. — Ein Bruchstück eines Passionsspiels (Handschrift in Marun) ist aus dem Anfang des 13. Jahrh., somit das älteste, das uns erhalten worden. Sprache und Orthographie weisen nach der Schweiz, Reim und Versbau auf die Blütezeit der mittelhochdeutschen Poesie.[2]) — Die „Kindheit Jesu", aus dem 14. Jahrh., „vereinigt den prophetischen und historischen Charakter", und ist deshalb merkwürdig, weil in ihm die erste Spur der lustigen Person vorkommt.[3]) „Zuerst treten die Altväter und Propheten auf als Verkündiger des nahenden Messias, hierauf schließt sich die Vermählung Josephs mit Maria und die Heimsuchung, die Geburt, die Anbetung durch die Hirten und die drei Könige, Herodes Befehl zum Kindermord, die Flucht nach Aegypten, endlich die Aufforderung des Engels zur Heimkehr nach Nazareth". (Weinhold.) — Das Spiel von den zehn Jungfrauen, das 1322 in Eisenach aufgeführt wurde, ist eines der bemerkenswerthesten geistlichen Spiele.[4]) — Das Insbrucker Osterspiel oder besser Spiel von der „Auferstehung Christi", in einer Handschrift von 1391 erhalten,[5]) zerfällt in vier Abschnitte, von denen der dritte ein komisches Zwischenspiel enthält, in welchem der Kaufmann mit seiner Frau und seinem Knechte Rubin die Hauptrolle spielen. Im Rubin, einem aus Einfalt und Schalkheit zusammengesetzten Charakter, finden wir den Typus der Possenreißer, wie sie noch heute bei Seiltänzern u. s. w. vorkommen. — Das Alsfelder Passionsspiel ist zwar nur in einer Handschrift vom Ende des 15. Jahrh. erhalten, ist aber offenbar älter.[6]) Es gehört zu den umfangreichsten Spielen der Art, und führt viele Scenen aus, die bei andern nur angedeutet sind, so die Bekehrung der Maria Magdalena, die viel dramatisches Leben hat. — Das Spiel von der „heiligen Dorothea" aus dem 14. Jahrh. ist vielleicht dasselbe, bei dessen Aufführung zu Bautzen (1412) ein Theil des Hauses einstürzte und 33 Personen erschlug.[7]) — Die Legende des Theophilus, der sich aus Ehrgeiz dem Teufel verschreibt, dann durch wunderbare Einwirkung der heiligen Jungfrau bekehrt und gerettet wird, ist mehrfach dramatisch behandelt worden. Man kennt drei niederdeutsche Bearbeitungen, die man nach den Handschriften als die Trierer,[8]) die Helmstädter[9]) und die Stockholmer[10]) bezeichnet.

b. Theoderich Schernberk, Meßpfaff zu Mühlhausen, dichtete 1480 „Ein schön Spil von Frau Jutten", das zwar formlos ist und noch einen ganz epischen Gang hat, aber in der markigeren Zeichnung der Charaktere Fortschritte beurkundet.[11])

Lucifer trägt in einer Rathsversammlung der Teufel [illegible] auf, die Jungfrau Jutte für die Hölle zu gewinnen. Sie zieht als Mann verkleidet mit ihrem Buhlen nach Paris, wo beide Doctoren werden, dann sich nach Rom wenden, wo sie zu Cardinälen, und Jutte später unter dem Namen Johannes zum Papste ernannt wird. Ein Besessener macht bekannt, daß sie ein Weib sei und ein Kind trage. Christus, der die Schuldige bestrafen will, läßt sich durch Maria zur Milde bestimmen; Jutte soll der Hölle entrissen werden, wenn sie sich wegen ihres Mißthuns der Welt Schande unterwerfen wolle, was sie auch, von Reue erfüllt, thun will. Christus befiehlt dem Tod, ihr das Leben zu nehmen, sie stirbt darauf während der Geburt. Der Teufel ergreift ihre Seele und führt sie in die Hölle, doch läßt sie Christus auf Fürbitte Marias und des heil. Nicolaus vom Erzengel Michael befreien und in den Himmel führen.

§ 124. Weltliche Spiele (§ 96).

a. Hans Rosenblüt, mit dem Beinamen der Schnepperer oder Schwätzer, aus Nürnberg, der schon im J. 1431 und noch nach 1460 dichtete, war ein Wappendichter und zog als solcher an den Höfen herum, doch lebte er meist in seiner Vaterstadt, an deren Fehde gegen die benachbarten Fürsten und Herren er persönlich Antheil nahm, so wie er auch als Freiwilliger die Streifzüge gegen die Hussiten mitmachte. Er ist der fruchtbarste dramatische Dichter seiner Zeit. Außer den gewöhnlichen Stoffen von Ehestreitigkeiten, Heirathsverhandlungen, Hochzeiten, Quacksalbern, die er in der gewöhnlichen Weise, d. h. mit Anhäufung von Unsittlichkeiten behandelt, hat er auch bedeutendere bearbeitet und hierdurch die Grenzen des Dramas erweitert, es aus dem engen Kreis der Fastnachtsposse gezogen und den Keim zum eigentlichen Lustspiel gelegt. So hat er die politischen Zustände dramatisch behandelt, er geißelt die Zuchtlosigkeit

1) Schmeller, Carmina bur. Stuttg. 1847. S. 95. — 2) Ausg. v. [illegible] i. d. Beitr. von Kurz u. Weißenbach; besser v. K. Bartsch, Wien 1863. — 3) Mone, 1, 143. — 4) Ausg. v. Ludwig Bechstein (in der Wartburgbibliothek) 1855, nach einem jüngeren Texte von M. Rieger in Germania Bd. 10; übers. v. Albert Freybe, Lpz. 1870. — 5) Mone, 1, 109. — 6) Ausg. v. Vilmar in Haupts Zeitschr. 3, 478. — 7) Fundgruben 2, 304. — 8) Ausg. v. H. Hoffmann, Hann. 1853. — 9) Ausg. v. H. Hoffmann. Ebd. 1854. — 10) Ebd. — 11) Alte Ausg. v. Hieronymus Tilesius, Eisleben 1565; später von Gottsched im Nöth. Vorrath. 2, 84, u. von Keller, Fastnachtspiele S. 900.

der Geistlichen und das unwürdige Treiben des Adels und zeigt sich als einen Freund der Städte und des Bürgerthums.[1])

Fastnachtsspiele der gewöhnlichen Art sind die „von Mönch Berthold“, „von einem Edelmann und einer Frau“, „von den zwölf Pfaffenknechten“, „der Bauern Vasnacht“; am Besten von allen das „Spiel wie Frauen ein Kleinot nachwussten“, in welchem oft ein köstlicher Humor durchbricht. (Einige Frauen machen bekannt, daß sie den Mann mit einem Kleinod beschenken wollen, der zu seiner Frau die größte Liebe trage. Zehn Männer bewerben sich um den Preis, von denen sich Jeder bemüht, seine Liebe in den stärksten Ausdrücken zu schildern.) Geistliche Stoffe sind behandelt im „Kaiser Constantinus“ und in „des Endkrist Vasnacht“. (Der Endchrist wird trotz aller Warnungen der Propheten nicht bloß von den Juden, sondern selbst von dem Kaiser und den Rittern, so wie von der Geistlichkeit unter Verläugnung Christi als der wahre Gott angebetet.) Im „Waldbruder“ wird die Zuchtlosigkeit der Geistlichen gegeißelt; die politischen Zustände bilden den Stoff der Spiele „Vom Papst, Cardinal und Bischoffen“,[2]) „Des Königs auß Schnokenland Vasnacht“ (die Ritter und Herren decken einander ihre Streiche auf), „Die verdient ritterschaft“ (die Ritter beichten dem Kaiser, auf welchem Weg sie zu ihrer Würde gelangt sind: durch Turniere, durch Reit- und Fechtkunst, durch Fertigkeit im Singen, Tanzen und Springen); „Des Türken vasnachtspiel“ (der Großtürke kommt nach Nürnberg, um die Sünden auszurotten, in denen die Christen befangen sind, die mit großer Derbheit geschildert werden). — Zwei Stücke: „Der Kunzen Mantel“[3]) und das „Vasnachtspiel mit der Kron“ behandeln Stoffe aus der Artussage.

Seine epischen Gedichte sind theils ernsthafter Natur, theils Schwänke. Die ersten zeugen von tüchtiger Gesinnung und scharfer Beobachtungsgabe, so wie von Liebe zu seiner Vaterstadt und zur Freiheit. In Allegorien war er nicht glücklich; dagegen hatte er ein ausgezeichnetes Talent für die kleinere Erzählung. Seine zahlreichen Schwänke sind von großer Derbheit in Stoff und Darstellung, mit Leichtigkeit, ja oft mit Anmuth erzählt, besonders wenn er Gelegenheit findet, seinen heitern Humor durchblicken zu lassen.

Ernste Erzählungen: „Ein Spruch von einem Einsiedel“[4]) und „Vom Krieg zu Nürnberg“.[5]) Allegorie: „Die sechs Aerzte“.[6]) Kleinere Erzählungen: „Der kluge Narr“,[7]) „Der König im Bade“,[8]) „Die Beichte“.[9]) Schwänke: „Der Mann im Garten“,[10]) „Das Bürdlein zu Lichtenau“,[11]) „Von der Wolfsgruben“,[12]) „Von der Tinte“[13]) u. a. m.

Seine tiefgemüthlichen „Weingrüße“ und „Weinsegen“ bezeichnen ihn als einen der besten Lyriker seiner Zeit;[14]) endlich hat er auch eine Reihe von trefflichen Priameln gedichtet, darunter einige geistliche.[15])

b. Hans Folz, aus Worms, ein jüngerer Zeitgenosse Rosenblüts (zwischen 1447 und 1482), seines Berufs ein Barbier, übte wohl zugleich die Wundarzneikunst aus. Er mag schon frühe nach Nürnberg gezogen sein, wo er auch eine eigene Druckerei gehabt zu haben scheint. Er ist nach Rosenblüt der bedeutendste Dramatiker seiner Zeit. Das Fastnachtsspiel erhielt durch ihn eine „gebundenere, vollkommenere Gestalt“, dagegen war er bei Weitem nicht so fruchtbar als sein Vorgänger, auch ist er in seinen Stoffen viel weniger mannigfaltig als Jener.

Nur in zwei Stücken, „Die alt und neu Ee, die Sinagog von überwindung der Juden in ir Talmut“ u. s. w.[16]) und „Salomon und Markolf“,[17]) behandelt er andere als die gewöhnlichen Gegenstände. Die übrigen Stücke bewegen sich in den hergebrachten Stoffen von Buhlerei, Heirathsverhandlungen, Quacksalbereien u. dgl. und sind in der gemeinsten Sprache abgefaßt, ohne die geringste Spur von Witz oder Humor; ein einziges, „Das Bauernspiel“,[18]) hat durch die Erzählung mehrerer Liebesabenteuer einige komische Wirkung. Andere Fastnachtsspiele sind: „Von einer gar pawrischen pawrn heyrat“;[19]) „Von einem pawrn gericht“;[20]) „Von einem reichen bauern“[21]) u. a. m.

---

1) Abg. in Kellers Fastnachtsspielen. — 2) H. Kurz. Liter. Gesch. 1, 732. — 3) Ebd. 733. — 4) Keller, S. 1134. — 5) Ausg. v. Kochart, Abg. 1849. — 6) Keller S. 1083. — 7) Götz, Hans Sachs 3, 177. — 8) Bamb. 1483. 4. Deutsches Museum 1784, 2, 347. — 9) Keller 1096.; H. Kurz a. a. O. I, 651. 10) Bamb. 1493. Götz, Hans Sachs 3, 170.; Kurz, a. a. O. — 11) Keller, Erzähl. aus altdeutschen Handschriften S. 120.; Kurz, a. a. O. — 12) Ebend. S. 165. — 13) Keller, Fastnachtsp. S. 1186. — 14) Haupt, Altdeutsche Blätter 1, 401. — 15) Vgl. Keller a. a. O. — 16) Keller, S. 1. — 17) Ebd. 523. — 18) Ebd. 230. — 19) Abg. 1419 (1519); Keller S. 66. — 20) Abg. a. J.; Keller S. 807. — 21) Abg. gedruckt von Hansen Folzen, Barbier. 1494. Keller S. 1222.

Weit mehr Witz und Humor beurkunden seine Schwänke, die freilich meist roh und schmutzig sind. Einige haben die Natur der Parabel, andere sind legendenartig; manche sind ältern Gedichten oder italienischen Novellen nachgebildet; in andern ist der Stoff aus dem Leben entnommen.

„Von dreye Pawrn Frag";[1]) „Von [illegible] die [illegible] kommen";[2]) „Von dreyen weiben die einen porten funden";[3]) „Von einem Kauffmann, der gen Rom [illegible]";[4]) „Von der Juden Messias";[5]) „Von zweier Frawen Krieg".[6])

Folz hat auch eine Anzahl ernsthafter Spruchgedichte verfaßt, in denen sich ein edles Gemüth oder vaterländische Gesinnung kund giebt. „Wider den bösen Rauch, ein Lied von dem Lob der Ee".[7]) „Historj von kaiser und kunig römisch reichs seinen ursprung hab".[8]) Seine Meistergesänge erheben sich in der Behandlung über die gewöhnliche Beschränktheit.[9])

c. Pamphilus Gengenbach, Bürger und Buchdrucker zu Basel, der 1509—1522 dichtete und druckte, war ein eifriger Anhänger Oesterreichs, aber später ein entschiedener Feind des Papstthums. Außer drei Dramen, die ihn als den bedeutendsten Dramatiker des 16. Jahrh. bezeichnen, hat er einige bemerkenswerthe satirisch-didaktische Gedichte, mehrere historische Gedichte, Meistergesänge und einige prosaische Schriften verfaßt, diese, so wie ein Theil der satirischen Gedichte, im Sinne der Reformation.[10])

Dramatische Gedichte. „Die X Altern dyser welt" beginnt die Geschichte des neueren weltlichen Schauspiels: „an der Reihe der zehn Alter schreitet der Einsiedel und fragt jede Stufe nach ihrer Art und Neigung". (Gödeke.) — „Die Gouchmat" ist nicht gegen Murners gleichnamiges Gedicht gerichtet; der Dichter schildert, wie die verschiedenen Alter und Stände auf die Gouchmat laufen, d. h. sich an liederliche Weiber hängen und darüber arm und krank werden. Versuch, die Charaktere zu individualisieren. Im „Nollhart" fragen die politischen Mächte (darunter auch der Jude) den Bruder Nollhardus, die Beguine und die Sibylle von Cumä um ihre Zukunft. Jedem Stande werden seine Fehler gesagt. Vorliebe für Oesterreich, Haß gegen Frankreich. — Didaktisch-satirische Gedichte. „Liber vagatorum" schildert das Treiben der Bettler. Der „Welschfluß" stellt die französisch-italienischen Kriege unter der Form eines Kartenspiels dar. „Practica", eine Satire auf die Kalendermacher und ihre Prophezeiungen. Die „Todtenfresser", das erste Gedicht, mit welchem Gengenbach auf die Seite der Reformation trat, ist eine Satire auf die Geistlichen, die von Todtenmessen Unterhalt und Wohlleben gewinnen. „Novella", die letzte Satire gegen Murner und dessen lutherischen Gegnern. Murner will die Reformation beschwören, wird aber vom bösen Geist verschlungen. — Historische Gedichte. „Der alt Eydgenoß" mahnt die Schweizer ab, sich mit den Fürsten einzulassen. Lieder von dem Kriege mit den Venetianern, von der Schlacht von Novarra u. s. w. — Prosaische Schriften. 1. „Der Bundtschu", mit gereimter Vorrede, enthält eine genaue Darstellung der Bauernverschwörung. 2. „Der Laienspiegel". 3. „Der Evangelisch burger". 4. „Von drien Christen" sind gegen das Papstthum gerichtet.

d. Von den Stücken unbekannter Verfasser erwähnen wir als besonders bemerkenswerth die Spiele „Von eim Kaiser vnd eim apt", „Von Fürsten und Herren", zwei „Neidhartspiele", „Von dem Freiheit", „Von pulschaft", und „Der kluge Knecht".[11])

Das „Spiel von eim Kaiser vnd eim apt" behandelt den durch Bürgers Gedicht allgemein bekannt gewordenen Stoff mit mehr als gewöhnlichem Geschick; merkwürdig ist darin der Versuch, die nachfolgenden Begebenheiten zu motivieren und die Charaktere zu individualisieren. Der Dialog ist gewandter als bei den meisten übrigen Spielen. — Das Spiel „Von Fürsten und Herren" stellt die Geschichte dar, wie Aristoteles sich durch die Schönheit eines Weibes verleiten läßt, sich von ihr reiten zu lassen. — „Die Neidhartspiele" stellen Schalksstreiche und Possen des Bauernfeindes Neidhart dar; sie sind roh und schmutzig. Das „Spil von der Freiheit" behandelt die im Volke lebenden Räthselfragen. Das Fastnachtspiel „Der kluge Knecht" ist eines der bedeutendsten Dramen der Zeit; es hat weit mehr Handlung als die übrigen Stücke, und die Fabel bietet mehr Interesse dar.

---

1) Abg. v. J. Merkel, bibl. Magazin 4, 121. H. Kurz, a. a. O. 1, 667. — 2) Haupt, Zeitschr. 8, 537. — 3) O. O. u. J.; Haupt, Zeitschr. 8, 534. — 4) Abg. 1479. Haupt, Zeitschr. 8, 517. — 5) O. O. u. J.; Keller 1322. — 6) O. O. u. J.; H. Kurz, a. a. O. 1, 684. — 7) O. O. u. J.; Gödeke, Mittelalter S. [illegible]. 8) Abg. Gedruckt von Hannsen volzen zu nürmberg; Keller 1301. — 9) Einige bei Keller, Bd. 3, 1279. u. 4, 310. — 10) Vortreffliche Ausg. v. K. Gödeke, Hann. 1856, wo auch die alten Drucke genau verzeichnet sind. — 11) Alle bei Keller.

§ 125. Uebersetzungen (§ 99).

Die älteste Uebersetzung lateinischer Dramen ist die des „Eunuchus" von Terenz durch Hans Nythart.[1]) Bald darauf folgten alle Stücke des nämlichen Dichters von einem unbekannten Uebersetzer;[2]) und erst später versuchte sich Albrecht von Eyb, der auch die „Philogenia" aus dem Italienischen des Ugolini übersetzte, an einer Uebertragung zweier Lustspiele des Plautus.[3])

Zweites Capitel. Prosa.

I. Prosadichtungen.

§ 126. Auflösung alter Gedichte und Uebersetzungen (§ 101).

Das Gedicht vom Herzog Ernst[4]) wurde gegen das Ende des 15. Jahrh., der Wigalois von Wirnt von Gravenberg[5]) im J. 1472 in Prosa aufgelöst. Ueber den Anhang zum Heldenbuch s. o. § 113, a. — Elisabeth, Gräfin von Nassau und Saarbrücken, übersetzte (1437) die Geschichte von „Loher und Maller"[6]) aus dem Französischen, welche ihre Mutter Margarethe, Herzogin von Lothringen, aus dem Lateinischen übertragen hatte; später übersetzte sie auch die „Historie des Hug Schapler" (die sagenhafte Geschichte Hugo Capets) ebenfalls aus dem Französischen.[7]) Eleonore von Schottland, Gemahlin des Herzogs Sigmund von Oesterreich, übersetzte den Roman „Pontus und Sidonia" aus dem Französischen.[8]) — Ebenfalls aus dem Französischen verdeutschte Thüring von Ringoltingen (od. Ruggeltingen) aus Bern im J. 1456 die Geschichte der Meerfeie „Melusine"[9]) und Wilh. Ziely aus Bern den Roman „Valentin und Namelos" (von welchem eine frühere Bearbeitung aus dem J. 1465 noch ungedruckt ist), sowie die Geschichte von „Olivier und Artus".[10]) Marquard vom Stein übersetzte nach französischem Vorbild den „Ritter vom Turn".[11]) — Von unbekannten Uebersetzern sind die Geschichte der „Haimons Kinder",[12]) des „Lanzelot"[13]) und die bekannte Sage vom „Fortunatus" (dieser wahrscheinlich schon um die Mitte des 15. Jahrh.), alle ohne Zweifel aus dem Französischen, sowie der „Fierabras",[14]) obgleich dessen Quelle wohl in Spanien zu suchen ist. Nach dem Italienischen des Boccaccio wurde die „Historie von Florio und Bianceffora"[15]) übersetzt. Selbst der ganze Boccaccio wurde unter dem Titel „Cento novelle" von H. Steinhöwel (§ 120) ins Deutsche übertragen.

§ 127. Volksbücher (§ 101).

a. Der „Eulenspiegel", das älteste und verbreitetste eigentliche Volksbuch der Deutschen, mag gegen das Ende des 15. Jahrh. und zwar in niederdeutscher Fassung gedruckt worden sein,[16]) die Uebersetzung ins Hochdeutsche rührt vielleicht von Thomas Murner her.[17]) Zwar hat ein Eulenspiegel gelebt (er war aus Kneitlingen im Braunschweigischen), aber die witzigen Schalksstreiche, die von ihm im Volksbuche berichtet werden, sind wohl nur zum kleinen Theil auf ihn zu beziehen; es sind vielmehr alle im Volke lebenden Erzählungen dieser Art nach und nach auf ihn übertragen worden, und so begegnen wir bei ihm manchem Schwank, der schon bei dem Pfaffen Amis oder dem Pfaffen von Kahlenberg gefunden wird.

Der Eulenspiegel repräsentiert die Seite des Volkswitzes, bei welchem sich das Volk mit dem Bewußtsein seines gesunden Verstandes den höhern und gebildeteren Ständen entgegenstellt. Zugleich repräsentiert er die zahlreiche Klasse von fahrenden Leuten, welche damals die deutschen Lande durchzogen und ihre hauptsächlichen Erwerbsquellen in den Schalksstreichen fanden, die sie auf ihren Wanderungen verübten. Eulenspiegels Schalksstreiche drehen sich meistens darum, daß er die ihm ertheilten Befehle wörtlich ausführt und eben deshalb Alles ungeschickt macht. Es ist dies aber nicht Dummheit, sondern schalk-

---

1) Ulm 1486. Fol. — 2) Straßb. 1499. Fol. — 3) In dessen „Spiegel der Sitten". — 4) O. O. u. J. Fol. u. ö. — 5) Augsburg 1493. Fol. u. ö. — 6) Straßb. 1514. Fol. u. ö. — Fr. Schlegel (oder vielmehr dessen Frau) bearbeitete die Geschichte von „Loher und Maller" nach einer alten Handschrift. Frankf. 1805. — 7) Straßb. 1500. Fol. u. ö. — 8) Augsb. 1498. Fol. u. ö. — 9) O. O. u. J. (Straßb. um 1478) Fol. u. ö. — 10) Basel 1500. Fol. u. ö. — 11) Basel 1493. Fol. u. ö. — 12) Simmern 1535. Fol.; Cöln 1604. 4. — 13) Ungedruckt. — 14) Augsb. 1509. 4.; Ebd. 1530. 4. Ebd. 1534. 4. u. ö. — 15) Metz 1499. 4., Frankfurt a. M. 8. — 16) Tyel Ulenspiegel in niederdeutscher Mundart nach dem ält. Druck photolithographisch nachgebildet. Berl. 1865. — 17) Straßb. 1519. 4.; o. O. u. J. (Köln, aber später); und Umdichtg. v. Fischart, Frankf. a. M., Neue Ausg. v. J. M. Lappenberg, Lpz. 1854.

hafter Muthwille; er will den Leuten begreiflich machen, daß der Buchstabe tödtet und der Geist lebendig macht. Es ist daher begreiflich, daß ihn Fischart (in Reimen) bearbeitete.

Anm. „In Süddeutschland ist noch gegen die Mitte des 16. Jahrh. der Name Eulenspiegel fast gänzlich unbekannt und es galt dafür der Name Bockerl." S. Seb. Franck, Guldin Arch (1538, Fol.), Bl. 267, v. Kirchhof, Wend-Unmuth, Nr. 430 u. 418.

b. Die Gespräche „Salomons mit Markolf" wurden nach einem lateinischen Original in deutsche Prosa gebracht.[1])

Salomo stellt den Bauer Markolf auf die Probe, ob er ihm alle seine Fragen beantworten könne; dieser bleibt keine Antwort schuldig. Salomos Fragen sind voll pedantischer Gelehrsamkeit, Markolfs Antworten sind stets richtig, aber grob und meist unflätig.

§ 128. Erzählungen, Novellen und Schwänke (§ 101).

a. Die Geschichte „von den sieben weisen Meistern", über deren Inhalt schon berichtet wurde (§ 112), wurde früh prosaisch bearbeitet und oft gedruckt.[2])

Das Buch beruht auf indischer Quelle, nach welcher es beinahe in alle orientalischen Sprachen übersetzt wurde; eine griechische Bearbeitung stammt aus dem 11. Jahrh., eine lateinische ist vielleicht noch älter. Im Mittelalter war es außerordentlich beliebt und verbreitet; in beinahe allen europäischen Sprachen erschienen Bearbeitungen, von denen die französischen die ältesten sind. In Deutschland scheint es erst im 15. Jahrh. große Verbreitung gewonnen zu haben. Die deutschen prosaischen Bearbeitungen weichen in so fern von einander ab, als sie von verschiedenen Bearbeitern herrühren; die Einkleidung der Geschichten stimmt in allen und auch mit der des Bühelers (s. o. § [illegible]) überein. Die Sprache ist einfach, von naiver Anmuth und volksthümlich.

b. Die „Gesta Romanorum" oder der „Römer Tat" sind eine Sammlung von Erzählungen, Anekdoten, Märchen, Legenden, welche sämmtlich auf die römische Kaisergeschichte zurückgeführt werden, aber das Gepräge des Ritterthums an sich tragen. Sie geben ein anschauliches Bild von den Sittenzuständen des frühern Mittelalters und der spätern Zeiten, in welchen das Buch eine allgemein beliebte Lectüre war. Sie sind, wie das Buch der „sieben weisen Meister", die Quelle zahlreicher Novellen und Erzählungen.[3])

Die „Gesta Romanorum" sind um das Jahr 1340, nach andern schon im 13. Jahrh. in lateinischer Sprache abgefaßt worden. Es giebt verschiedene, sehr abweichende Bearbeitungen des lat. Buchs, und auch die deutschen Nachbildungen weichen sowohl von einander, als von den lat. Vorbildern ab. Es ist in einige derselben das Buch von den „sieben Meistern" ganz oder zum Theil übergegangen. Später wurden „Glosen" d. h. moralische und mystische Auslegungen, hinzugefügt.

c. Das Buch der Beispiele der alten Weisen, auch „Buch der Weisheit", „Der alten Weisen Exempelsprüch", ist eine ähnliche Sammlung von Erzählungen und stammt ebenfalls aus Indien. Das sanskritische Original ist verloren gegangen (eine spätere Bearbeitung ist der „Pantschatantra"), eben so eine altpersische Uebersetzung desselben, aus welcher eine arabische Uebersetzung (Kalila und Dimna von Bidpai) veranstaltet wurde, die ihrerseits einigen (nicht vollständig bekannten) Uebersetzungen in verschiedenen Sprachen, unter andern in das Hebräische zur Grundlage diente. Diese hebräische Uebersetzung wurde von Johann von Capua ins Lateinische übertragen (Directorium humanae vitae) und aus dieser floß die deutsche Uebersetzung, welche auf Graf Eberhards von Württemberg Befehl veranstaltet wurde (1480). Da die hebräische Uebersetzung auf einem ältern arabischen Text beruht, als der jetzt bekannte, dieser aber nicht mehr vollständig vorhanden ist, da die lateinische oft unverständlich, die deutsche Uebertragung derselben dagegen den Sinn in bewunderungswürdiger Weise herstellt, so erscheint diese als der getreueste Spiegel des ältesten Textes und ist zudem die Quelle, aus welcher beinahe alle spätern Uebersetzungen (ins Dänische, Holländische, Spanische, Italienische u. s. w.) hervorgiengen, so daß sie auch dadurch eine hohe Bedeutung gewinnt.[4])

d. Niklas von Wyle, aus Bremgarten im Aargau, Schulmeister in Zürich, 1445—1447 Rathsschreiber in Nürnberg, später an verschiedenen Höfen sich aufhaltend und thätig, 1450—1469 Stadtschreiber in Eßlingen, 1470 Kanzler des Grafen Ulrich von Würtemberg, nach 1478 gestorben, war vielseitig gebildet, mit alter und neuer

1) Aug. 1490. 4. u. 8.; niederdeutsch o. O. u. J. — 2) Ausg. o. O. u. J. Fol., Augsb. 1473, Fol. u. ö. 3) O. O. u. J. Fol.; Augsb. 1489, Fol. u. ö.; Neue Ausg. v. A. Keller, Stuttg. 1842. — 4) Urach 1480, Fol., Ulm 1483, Fol., v. W. Holland, Stuttg. 1860. Vgl. Th. Benfey, Ueb. die alte deutsche Uebersetzung u. s. w. im „Orient und Occident", hrsg. v. Benfey, Gött. 1860, Bd. 1. S. 138 ff.

Literatur vertraut, und zugleich ein geschickter Maler. Er übersetzte viele kleinere Werke, theils ältere, vorzüglich aber neuere Schriftsteller, die in classischem Latein geschrieben hatten. Diese Uebersetzungen zeugen von Geschmack, sind aber oft zu sklavisch gehalten. Ihr Hauptwerth besteht darin, daß er durch dieselben auf die Hebung des bessern Geschmacks hinwirkte, indem er den Ritterromanen Schriften entgegensetzte, deren Werth in der geistreichen Darstellung einfacher Geschichten bestand, und in denen das innere Leben der Menschen in tief psychologischer Weise entwickelt wurde.[1])

Bedeutendste Uebersetzungen: „Der goldne Esel" von Lucian; „Euriolus und Lucretia", und die Schrift „über den Nutzen der klassischen Studien" von Aeneas Sylvius (Pius II.), mit dem er in genauer Beziehung stand; „Bericht über Proceß und Tod des Hieronymus von Prag" von Poggio; „von dem Adel" von Hemmerlin; „Guiscardus und Sigismunde" von Boccaccio nach der lateinischen Uebersetzung des Aretin u. s. w. — Woher Ed. v. Bülow seine Notiz, daß die erste deutsche Bibelübersetzung von Niklas v. W. sei (Novellenb. Bd. 1. S. XXXIX), geschöpft hat, ist mir unbekannt.

e. Heinrich Steinhöwel, aus Weil an der Würm, lebte als Arzt in Ulm. Er übersetzte mehrere Schriften italienischer Schriftsteller, welche in lateinischer Sprache geschrieben und diese mit Gewandtheit im Geiste des Alterthums behandelt hatten, so die Schrift „Von den erlauchten Frowen" von Boccaccio[2]) und einige Schwänke des Poggio.[3]) Am Bedeutendsten sind aber seine Uebersetzungen des „Decamerone" von Boccaccio[4]) und der „Aesopischen Fabeln" nebst dem fabelhaften „Leben Aesops"[5]) aus dem Lateinischen, in welchem Aesop als der ebenbürtige Genosse Eulenspiegels erscheint. Wie sich darin eine entschieden volksthümliche Richtung kund giebt, so ist auch die Sprache klar und verständlich.

Dem Geiste seiner Zeit huldigte er durch die Uebersetzung des Romans „Appollonius von Tyrus" aus dem Lateinischen des Gottfried von Viterb.[6]) Endlich hat er auch eine freilich nur tabellarisch aufgeführte „Deutsche Cronike" geschrieben.[7])

f. Albrecht von Eyb, s. u. § 134.

II. Historische Prosa.

§ 129. Stadt- und Landchroniken (§ 102).

a. Fritsche Closener, geb. zu Straßburg im ersten Viertel des 14. Jahrh., Domherr daselbst, gest. 1384, schrieb eine Straßburger Chronik mit Benutzung eines ältern lateinischen Werks und der Repgowischen Chronik. Sie ist von großem historischen Werth; die Darstellung ist im Ganzen trocken, doch öfters lebendig und warm.[8])

b. Die Limburger Chronik wurde von Einigen dem Stadtschreiber Johann Gensbein (geb. 1347) zugeschrieben, wahrscheinlicher ist es, daß der Stadtschreiber Tielmann Adam Emmel sie verfaßt, der Kanonikus G. Emmel und später Adam Emmel sie fortgeführt haben. Sie ist für die Sittengeschichte von hohem Interesse und enthält unter Anderem wichtige Mittheilungen über den Volksgesang. Leider besitzen wir sie nur in modernisierten Ausgaben.[9])

c. Heinrich von Mügeln, „Ungarische Chronik" (s. o. § 111). — Ulrich Füeterer, „Baierische Chronik" (s. o. § 119). — Joh. Rothe, „Thüringische Chronik" (s. o. § 118).

d. Jakob Twinger von Königshofen, geb. zu Straßburg 1386, gest. daselbst

---

1) Ausg. o. O. u. J. (Eßlingen 1478.) Fol. u. 4., v. Keller, Stuttg. 1860. „Proceß des Hieronymus", hrsg. von Miemuller, Gerfeld 1852. 4.; Zehnte Translation (über d. Nutzen der klass. Studien) mit einleit. Bemerkgn. über Niklas von Wyle Leben und Schriften, hrsg. v. Heinrich Kurz. Aarau 1853. 4. — 2) Ulm, o. J. Fol. u. 4. — 3) Im „Aesop". — 4) Ausg. v. Keller, Stuttg. 1860. — 5) O. O. u. J. Fol.; Augsb. 1487. Fol. u. 4. — 6) Augsb. 1471. Fol. u. 4. — 7) Ulm 1473. Fol. — 8) Herausg. v. Schott, Stuttg. 1842, u. v. Schilter, Code histor. de la Ville de Strasbourg. Strasb. 1843. — 9) Fasti Limburg. 1617. hrsg. von Vogel. Wetzl. 1828.

1420, verfaßte eine „Elsässische und Straßburg'sche Chronik", mit Benutzung der Arbeit Closeners, dessen Berichte er verbesserte und erweiterte.[1])

e. Gregor Hagen schrieb im J. 1406 eine Oestreichische Chronik, seine Berichte über die ersten Zeiten sind fabelhaft, die spätere Geschichte ist getreu und wahrhaft.[2])

f. Peter Eschenloer, aus Nürnberg, geb. im ersten Viertel des 15. Jahrh., wurde 1450 Rector in Görlitz, 1455 Stadtschreiber in Breslau und gest. 1481. Seine „Geschichte der Stadt Breslau von 1440 — 1479" ist eine der bedeutendsten Erscheinungen der Zeit; sie zeichnet sich dadurch aus, daß sie mit Verschweigung der gewöhnlichen Vorfälle die Verhandlungen im Rath, in der Gemeinde, auf Land- und Fürstentagen, so wie die diplomatischen Unterhandlungen ausführlich berichtet.[3])

g. Die „Cronica von der hilligen stat van Coellen" von einem unbekannten Verfasser, ist in niederdeutscher Mundart geschrieben.[4]) Manche Abschnitte sind ganz aus Gottfr. Hagen's Reimchronik (§ 65) entnommen, die spätern Geschichten sind selbstständiger bearbeitet, überall zeigt sich „ein eigenthümliches Gemisch kritiklosen Unglaubens und gelehrter Kritik" (Wackernagel).

§ 130. Schweizerische Chroniken (§ 102).

a. Konrad Justinger, Stadtschreiber von Bern († 1426), verfaßte unter Benutzung alter Bücher, Chroniken und Urkunden eine „Berner Chronik", welche sich durch Wahrheitsliebe, männlichen Freimuth und patriotische Gesinnung, so wie durch klare, einfache und treuherzige Darstellung auszeichnet.[5])

b. Benedict Tschachtlan, Venner und Mitglied des Raths zu Bern, setzte die Justinger'sche Chronik bis 1466 fort,[6]) wobei er die Beschreibungen „Des alten Zürcher Kriegs" (1436—1450) von Joh. Fründ aus Luzern und Ulrich Wagner von Schwyz benutzte.

c. Thüring Frickard, aus Brugg, geb. 1429, studierte die Rechte in Bologna oder Pavia, wurde daselbst Doctor Juris, 1469 Stadtschreiber von Bern, als welcher er mehrere wichtige diplomatische Sendungen mit erfolgreicher Gewandtheit ausführte, 1497 Mitglied des kleinen Raths, nahm 1499 am Congreß zu Basel Theil, wo er den Entwurf zum Friedensschluß zwischen Maximilian I. und der Eidgenossenschaft verfaßte, wurde 1512 aus dem kleinen Rath wegen hohen Alters entlassen, zog sich nach Brugg zurück, wo er gegen 1519 über 90 Jahre alt starb. Thüring Frickard hat die Geschichte des sogenannten „Twingherrenstreits" zwischen dem Adel und der Bürgerschaft der Stadt Bern (1470) unter vorzüglicher Berücksichtigung der Verhandlungen in den Räthen mit staatsmännischem Blick und erfreulicher Kunst der Darstellung, worin Sallust sein Meister war, beschrieben. Leider ist das Werk nur in einer Abschrift aus dem 16. Jahrh. erhalten.[7])

d. Melchior Ruß, geb. in Luzern um die Mitte des 15. Jahrh., Gerichtsschreiber daselbst, wurde 1476 als Gesandter zum König von Frankreich, 1479 nach Ofen zum König Matthias Hunyad von Ungarn geschickt, der ihn eigenhändig zum Ritter schlug. Von seinem spätern Leben ist Nichts bekannt. Seine „Chronik der Stadt Luzern", die sich nicht vollständig erhalten hat, nimmt bald den Charakter einer allgemeinen eidgenössischen Geschichte an; seine Darstellung ist einfach, schmuck- und kunstlos, jedoch nicht ohne naive Kraft.[8])

e. Diebold Schilling, aus Solothurn, Unterschreiber und Seckelmeister in Bern, nahm an dem burgundischen Kriege (1476) persönlichen Antheil, ward 1482 Gerichts-

1) Ausg. von Schilter, Straßb. 1698. 4. u. Schützenberger, Code u. s. w. — 2) Bei Pez, Script. rer. Austr. I, 1051. — 3) Ausg. v. Kunisch, Bresl. 1827. II. — 4) Ausg. Cölln 1499. Fol.; u. E. v. Groote. — 5) Modernisierte Ausgabe von E. Stierlin u. J. R. Wyß, Bern 1819; nach den Handschriften von G. Studer, Bern 1871. — 6) Modernisierte Ausg. v. Stierlin u. Wyß, Bern 1820. — 7) Ausg. v. Eman. v. Rodt. 2. Ausg. Bern 1837. — 8) Ausg. v. J. R. Wyß, Bern.

schreiber und starb 1485. Seine „Chronik der Stadt Bern" (drei starke Bände mit interessanten Gemälden) ist in den zwei ersten Theilen einfache Abschrift von Justinger und dessen Fortsetzung; der letzte Band, welcher die Geschichte der Stadt von 1460—1480, und mit besonderer Ausführlichkeit die burgundischen Kriege erzählt, ist sein unbestrittenes Werk. Es ist in demselben ein Fortschritt der historischen Kunst unverkennbar, indem er die Begebenheiten ausführlich berichtet und in ihre Ursachen und Wirkungen einzudringen versucht. Die Darstellung ist einfach, aber kräftig und anschaulich. Verdienstlich ist, daß er die Schlacht- und Siegslieder von Veit Weber, Mathias Zoller und Hans Viol aufgezeichnet hat.[1])

f. Diebold **Schilling**, aus Luzern, ein Geistlicher, dessen Geburtsjahr unbekannt ist, nahm an den burgundischen Feldzügen persönlich Theil, begleitete seinen Vater, den Unterstadtschreiber von Luzern, an den berühmten Tag zu Stanz; er hatte sich Kaiser Maximilians Vertrauen in so hohem Grade erworben, daß derselbe ihn (1508) nach Constanz einlud, um mit ihm persönlich über die politischen Verhältnisse zu verhandeln. Er scheint zwischen 1518 und 1522 gestorben zu sein. Seine in einer schlichten Sprache abgefaßte „Schweizer-Chronik" ist für die Geschichte seiner Zeit von großer Wichtigkeit.[2])

g. Petermann **Etterlin**, Gerichtsschreiber in Luzern, nahm am burgundischen und Schwabenkriege Antheil und starb nach 1507. Er verfaßte unter Benutzung seiner Vorgänger eine „Kronika von der löbl. Eydtgenossenschaft", die bis in die frühere Sagengeschichte zurückgeht, aber erst für die zweite Hälfte des 15. und die ersten Jahre des 16. Jahrh. wichtig wird, deren Geschichte er als Zeitgenosse und zum Theil als mithandelnder Zeuge erzählt.[3])

§ 131. Deutsche und Weltgeschichte (§ 102).

Heinrich **Steinhöwel**, „Deutsche Cronika", s. o. § 129. c. — Eberhard **Windeck**, aus Mainz, trat 1412 in die Dienste König Sigmunds, von dem er zu Staatsgeschäften verwendet wurde. Von 1424 hielt er sich meist in Mainz auf, wo er eine Zeit lang großen Einfluß genoß. Er starb gegen 1442. Seine „Lebensgeschichte König Sigmunds", in der er meist Selbsterlebtes berichtet, verbreitet sich aber über die gesammte deutsche Geschichte. Sie ist getreu, wahr und freimüthig, aber breit, schleppend und unklar.[4]) — An Weltgeschichten sind nur die Uebersetzungen von Werner Rolevinks Fasciculus temporum[5]) und von Hartmann Schedels Liber cronicarum von G. Alt[6]) zu erwähnen.

§ 132. Reisebeschreibungen (§ 102).

a. Die vortreffliche Reisebeschreibung des Venetianers Marco Polo wurde zwar schon früh übersetzt,[7]) aber sie wurde bald von der des englischen Ritters John Maundeville (Mandeville od. von Montevilla) zurückgedrängt, weil sie die nach Wundern begierige Lesewelt mehr anzog, als die des wahrhaftigen Venetianers. Sie wurde mehrfach übersetzt, einmal von Michel Velser,[8]) später von dem Mainzer Domherrn Otto von Diemeringen,[9]) der die Erzählung des Verfassers mit neuen Wundern erweiterte, weshalb seine Uebersetzung größere Verbreitung gewann, als die andere, obgleich sie dieser an Tüchtigkeit nachstand.

b. Hans **Schiltberger**, aus München, der im J. 1395 als Kriegsgefangener bis in die Mitte von Asien gebracht worden war, beschrieb nach seiner Rückkehr seine Reisen und Abenteuer.[10])

c. Bernhard von **Breydenbach**, Dekan des Hochstiftes Mainz, machte 1483 eine Pilgerreise nach Jerusalem und durch die Wüste nach dem Sinai, auf welcher ihn

1) Gedruckt ist nur die Geschichte der Burgunderkriege, Bern 1743 mit Abb. — 2) Luzern 1862. — 3) Basel 1507. Fol. mit Holzschn., neu herausg. v. Spreng Ebd. 1752. — 4) Ausg. in Mencke, Script. I, 1074. — 5) Ein Büchlin der zyt. Basel 1481. Fol. — 6) Buch der Croniken und geschichten. Nürnb. 1493, mit Holzschn. — 7) Nürnb. 1477. Fol. — 8) Augsb. 1482. Fol. — 9) Straßb. 1484. Fol. Mit Holzschn.; Ebd. 1488. Fol.; Ebd. 1499. Fol. u. ö. — 10) Ulm 1473. Fol.; herausg. v. Penzel, Münch. 1814. v. Neumann, Ebd. 1859.

ein Maler begleitete, der von den merkwürdigen Städten u. s. w. Zeichnungen machen mußte. Er starb 1497. Seine Reisebeschreibung, die er zuerst lateinisch, dann deutsch bearbeitete, schildert die Oertlichkeiten mit genauer Ausführlichkeit und verbreitet sich über Sitten, Glauben, Secten u. s. w.[1] Sie wurde ins Holländische, Französische und Spanische übersetzt.

§ 133. Legenden, märchenhafte Geschichten und historische Allegorien (§ 102).

a. **Hermann**, nach seinem Geburtsort von Fritzlar genannt, der gegen die Mitte des 14. Jahrh. große Reisen durch Italien, Frankreich, Spanien und Portugal machte, schrieb ein „Buch von der heiligen lebine", das er aus vielen andern Büchern und Predigten zusammentrug. Das größte Interesse gewähren die eingestreuten Schilderungen von Sitten und Gebräuchen der Völker, die er besucht hatte, und die Mittheilungen legendenartiger Sagen und Geschichten; — manche Züge sind ächt poetisch, einzelne Stellen von großer Schönheit.[2]

b. Maximilian I., der „Weißkunig", s. o. § 117. a.

III. Didaktische Prosa.

§ 134. Mystiker (§ 103).

a. Johannes **Tauler**, „Von der Nachfolgung des armen Lebens Christi", s. u. § 138.

b. **Heinrich**, nach seiner Vaterstadt von Nördlingen genannt, flüchtete 1331 nach Basel, weil er Kaiser Ludwig nicht anerkennen und wegen des Interdicts nicht predigen wollte, wurde dort mit Tauler bekannt, gieng nach Avignon und kehrte 1348 nach Basel zurück, von welcher Zeit an alle weitern Nachrichten über ihn verschwinden. Er entwickelte vornehmlich die gemüthliche und weiche Seite der Mystik und wurde deshalb vorzüglich bei dem weiblichen Geschlechte beliebt. Von seinen zahlreichen Briefen an Frauen haben sich die an „Margaretha Ebnerin" erhalten.[2]

c. **Heinrich der Seuse**, (Suso), aus dem Geschlecht derer vom Berg aus dem Hegau, wurde 1300 zu Constanz geboren, trat im 18. Jahre in den Dominicanerorden, gieng bald darauf nach Köln, wo er ein eifriger Schüler Eckarts wurde und mit Tauler in enge Verbindung trat. Nach einem wandernden Leben voll Verfolgungen starb er 1366 in Ulm. Ein Mystiker im edelsten Sinne des Worts, behandelte er die religiösen Fragen mit Tiefe und poetischem Schwung.

Seine wichtigste Schrift, „Das Büchlein von der ewigen Weisheit" (d. h. Christus), entwickelt in einem Gespräch zwischen Christus und einem Diener der ewigen Weisheit die Grundlagen zu einem christlichen Wandel. Außerdem hat er sein „Leben" selbst beschrieben. Seine „Briefe" sind von einer ‚geistlichen Tochter' gesammelt und von ihm durchgesehen, abgekürzt und nach Bedürfniß umgestaltet worden.[4]

d. Rulman Merswin, geb. 1307 in Straßburg, Wechsler und Kaufmann, entsagte 1347 der Welt, stand mit Tauler, Heinrich von Nördlingen u. A., besonders aber mit Nicolaus von Basel in Verbindung und starb am 18. Juli 1382. Er schrieb 1352 das „Buch von den neun Felsen" (herausg. von C. Schmidt. Lpz. 1859), in welchem er in Form seltsamer Gesichte und oft in schön poetischer Darstellung und mit großem Ernst die Gebrechen aller Stände der Christenheit schilderte, und 1353 ein Büchlein „Von den vier Jahren seines anfangenden Lebens".

e. Der Verfasser der „Deutschen Theologie", ein „Gottesfreund", lebte gegen das Ende des 14. Jahrh. und war Custos und Priester im Hause der deutschen Herren in Frankfurt.

---

1) L. D. u. F. Fol., Mainz 1486. Fol., Augsb. 1488. Fol.; Mainz 1491. Fol.; alle mit Holzschn. — 2) Ausg. in Pfeiffer, Deutsche Mystiker. — 3) Ausg. in Neumann, Opuscula, Nürnb. 1747. 4. — 4) Augsb. 1482. Fol. Ebd. 1512 Fol. Leben und Schriften (modernisiert) von M. Diepenbrock. Regensb. 1829; 1854. Schmidt, K., D. Mystiker Heinrich Suso. Hamb. 1843. Volkmann, W., D. Mystiker H. Suso. Duisburg 1869.

Kunst des mit Begeisterung geschriebenen Büchleins ist, die Hauptgrundsätze der mystischen Anschauungsweise zu entwickeln. Luther machte zuerst auf die treffliche Schrift aufmerksam, gab 1516 einen Theil davon mit Vorrede heraus¹) und besorgte auch die erste vollständige Ausgabe.²)

f. Otto von Passau, einer der späteren Gottesfreunde, Lesemeister im Franciscanerkloster zu Basel, verfaßte im Jahre 1386 (nach Andern 1383) unter dem Titel „Die vier und zwanzig alten oder der gulden tron der minnenden selen", eine Blumenlese von Sprüchen, Sentenzen und größeren Stellen aus andern, meist lateinischen Schriften in gebildeter Sprache mit vieler Selbständigkeit der Behandlung.³)

§ 135. Bibelübersetzungen (§ 103).

Von den älteren handschriftlichen Uebersetzungen einzelner Theile oder der ganzen Bibel sind die Verfasser unbekannt, nur in der zu Leipzig aufbewahrten Handschrift einer Uebersetzung der Evangelien aus dem Jahr 1343 hat sich der Uebersetzer, Mathias von Beheim, Klausner zu Halle, angegeben. Auch in den frühesten gedruckten Bibelübersetzungen sind die Uebersetzer nicht genannt.⁴)

§ 136. Moralphilosophische und wissenschaftliche Schriften (§ 103).

a. Albrecht von Eyb, geb. 1420, studierte in Padua, wurde 1449 Domherr zu Bamberg, später zu Eichstädt und Würzburg und daselbst auch Archidiakonus. Er starb 1487 (od. 1483). Vom Geiste der Alten durchdrungen, machte er wie Niclas von Wyle und Steinhöwel auf die Italiener aufmerksam und bemühte sich, die aus Diesen und den Alten geschöpfte künstlerische Bildung auf die deutsche Sprache und Darstellung zu übertragen.

Er schrieb den „Spiegel der Sitten", eine Sammlung von Stellen aus den Kirchenvätern, den Römern und neuern Italienern, denen allerlei Geschichten beigefügt wurden.⁵) Bedeutender ist sein zweites Werk „Ob einem manne sey zunemen ein eelich weib oder nit".⁶) Auch in diesem werden alte und neue Schriftsteller vielfach benutzt, doch enthält es auch viele selbständige Stellen. Am Werthvollsten sind die größeren Erzählungen, die er theils übersetzte, theils nachdichtete, darunter Boccaccios „Guiscardus", die von Goethe erneuerte Geschichte „vom klugen Procurator" und die Legende von „Gregorius auf dem Stein". (Uebersetzung des Plautus s. u. § 185.)

b. Konrad von Megenberg, wahrscheinlich der Conradus de monte puellarum, welcher 1309 geboren und Domherr zu Regensburg war, übersetzte das „Buch der Natur" aus dem Lateinischen mit großer Freiheit und unter Beifügung mancherlei eigener Zusätze. Es ist eine allgemeine Naturgeschichte, als solche interessant, weil sie uns mit den damaligen Kenntnissen in derselben bekannt macht, für Culturgeschichte wichtig durch die Aufführung von vielerlei Sagen und abergläubischen Meinungen.⁷)

IV. Rhetorische Prosa.

§ 137. Kanzelredner (§ 104).

a. Von Nicolaus, von Straßburg gebürtig, einem Dominicaner, den Papst Johann XXII. im J. 1326 mit der Aufsicht über die Dominicanerklöster in Deutschland beauftragte, haben sich 15 Predigten erhalten, die bei all ihrer mystischen Richtung doch faßlich und populär sind.⁸)

b. Johannes Tauler, im J. 1290 zu Straßburg geboren, trat schon frühe in Köln in den Dominicanerorden und wurde Eckarts Schüler. Er nahm dessen Ansichten zwar nicht in ihrem ganzen Umfange an, doch entfernte er sich in manchen Punkten von den Glaubenssätzen der Kirche, weshalb er Verfolgungen zu erdulden hatte und selbst vom Papst in den Bann gethan wurde. Von Köln zog er wieder nach Straßburg, wo er 1361 starb. Er erwarb sich frühe hohen Ruf als Prediger, der noch

---

1) Wie der alte u. der neue Mensch sei? Wittenberg 1516. 4. — 2) Wittenb. 1518. 4. u. ö. Neue Ausg. von Troxler. St. Gallen 1837, von Pfeiffer. Stuttg. 1851. — 3) O. O. u. J. Fol., Augsb. 1480. Fol. u. ö. — 4) Erste: O. O. u. J. (Straßb. Eggestein 1466.) Kehrein, Zur Gesch. d. deutschen Bibelübersetzung vor Luther. Stuttg. 1851. — 5) Augsb. 1511. Fol. — 6) O. O. u. J. Fol., Nürnb. 1472. 4. u. ö. — 7) O. O. u. J. 4.; Augsb. 1475. Fol. u. ö.; h. gg. v. Pfeiffer. Stuttg. 1861. — 8) Pfeiffer, Deutsche Mystiker.

höher stieg, als er von Nicolaus von Basel, dem geheimen Obern der Gottesfreunde, belehrt, seinen Predigten einen praktischern Gehalt und eine volksthümlichere Richtung zu geben begann. Leider sind seine Predigten erst spät im Druck erschienen und vom Herausgeber in Sprache und Inhalt willkürlich verändert.[1])

Von seinen didaktischen Schriften sind die meisten noch ungedruckt; die größte und wichtigste ist die „Von der Nachfolgung des armen Lebens Christi“, in welcher er Anleitung zu einem christlichen, gottgefälligen Wandel giebt.[2]) Taulers Schriften sind auf die Entwickelung der Sprache von großem und bleibendem Einfluß gewesen; Luther verdankte ihm für seine Sprachbildung sehr viel. — Tauler hat auch einige geistliche Lieder gedichtet, die sämmtlich das Gepräge seiner mystischen Richtung tragen.

c. Johann Geiler von Kaisersberg, aus Schaffhausen, geb. 1445, wurde nach dem Tode seines Vaters von seinem Großvater in Kaisersberg erzogen, besuchte das Gymnasium und die Universität in Freiburg, zog 1471 nach Basel, um sich ganz der Theologie zu widmen, ward 1476 Professor der Theologie in Freiburg und 1477 Pfarrer in Straßburg, wo er 1510 starb.[3]) Von seinen zahlreichen Predigten hat er selbst keine bekannt gemacht; auch schrieb er sie in lateinischer Sprache nieder, wenn er sie auch in deutscher hielt. Viele seiner Zuhörer schrieben sie nach, machten sie später bekannt, unter diesen namentlich Johannes Pauli (§ 107.)

In seinen Predigten, die ohne Ausnahme den scholastischen logischen Gang haben, wollte er weniger rühren als überzeugen, wobei er auch alle Mittel benutzte, die zu diesem Zweck führen können (Vergleichungen, Bilder, Allegorien, Legenden, Fabeln, selbst Witzworte, Scherzreden, Sprichwörter u. dgl.). Das große Ansehen, das er sich als Kanzelredner erworben, beruhte namentlich auf der Freimüthigkeit, mit welcher er das Schlechte (selbst an der hohen Geistlichkeit und den weltlichen Behörden) tadelte, so wie auf der klaren, ruhigen Entwickelung seiner Gedanken und seiner volksthümlichen Sprache. Unter seinen Predigten sind vorzüglich die zu erwähnen, die er über Brants Narrenschiff hielt.[4])

---

1) Werke. Köln 1543; Predigten Lpz. 1498, Frankf. 1826 III (in der Sprache verändert), von J. Hamberger. 2. Aufl. 1867. Vgl. Schmidt, Johannes Tauler, v. Straßburg. Beitrag z. Gesch. d. Mystik u. d. relig. Lebens im 14. Jahrh. Hamb. 1841. — 2) Köln a. R. 1621; Frankf. 1656, von Casseder, Luzern 1823 (mit veränderter Sprache). — 3) Ammon, F. W. Ph. v., Geilers Leben und Schriften, Erlangen 1826. — 4) Predigten. Augsb. 1505. Fol.; Narrenschiff gepredigt, Straßb. 1520. Der Seelen Paradies. Ebd. 1510. Fol.; Das Buch Granatapfel, Augsb. 1510. Fol.; u. a. m.

Vierter Zeitraum.

Vom zweiten Viertel des 16. bis zum zweiten Viertel des 17. Jahrhunderts.

Hülfsmittel und Quellen.

1. Geschichte: Horn, Frz., Die Poesie und Beredsamkeit d. Deutschen v. Luthers Zeit bis z. Gegenwart. Berl. 1822—29. IV. — Weller, Em., Annalen der poet. Nationallit. im 16. u. 17. Jahrh. Freib. i. B. 1862—64.

2. Forschungs- und Sammelschriften: Meisterlieder aus der Kolmarer Handschrift, herausg. v. K. Bartsch, Stuttg. 1862. — Gebauer, Aug., Deutscher Dichtersaal von Luther bis auf unsere Zeiten Lpz. u. Merseburg 1836. IV. — Deutsches Theater, herausg. v. L. Tieck. Berl. 1817. II. — Das Kloster, herausg. v. Scheible. Stuttg. 1845 ff. — Deutsche Bibliothek, herausg. v. Heinrich Kurz, Lpz. 1861—1868. VII. — Deutsche Dichter des 16. Jh. Herausg. v. K. Goedeke u. Jul. Tittmann. Lpz. 1867—72.

Erster Abschnitt. Allgemeine Uebersicht.

§ 138. Aeußere und innere Verhältnisse Deutschlands und ihr Einfluß auf Bildung und Literatur.

a. Die politische und kirchliche Bewegung waren im 16. Jahrh. Hand in Hand gegangen; im 16. Jahrh. trennte sich die kirchliche Reformation von der demokratischen Richtung, was zur Folge hatte, daß diese unterdrückt wurde, jene nicht zu dem Umfange gelangte, den sie im Verein mit der demokratischen Bewegung hätte gewinnen müssen, ja daß sogar ihre ersten Erfolge mit der Zeit bedeutend geschmälert wurden.

b. Die Reformation erwarb sich allerdings dadurch, daß sie die Sache der politischen Freiheit aufgab, eine wichtige Stütze an den Fürsten; aber diese Stütze war insofern unzuverlässig, als die Fürsten sich hauptsächlich nur aus äußern Gründen an die Reformation anschlossen, theils weil sie in ihr eine ganz unerwartete Hülfe gegen die demokratischen Bestrebungen fanden, theils weil die Reformation ihnen Gelegenheit gab, ihre nie vergessenen Bestrebungen nach Unabhängigkeit von Kaiser und Reich zu fördern, weshalb es denn erklärlich ist, daß die Kaiser sich der Reformation feindseligzeigten.

c. Die natürliche Stütze der Reformation waren die Städte, in denen sie im vorigen Zeitraum mächtig vorbereitet worden war, und das Landvolk, das sich beinahe überall derselben mit Begeisterung anschloß, weil es von ihr mit Verbesserung der kirchlichen Zustände auch eine Umgestaltung der socialen und politischen Verhältnisse erwartete, deren Druck von Tag zu Tag unerträglicher wurde. Aber statt sich dem Landvolk anzuschließen und dessen Bewegung klug zu leiten, als es sich im Jahr 1525 erhob, um die politische Freiheit zu erkämpfen, trat ihm die Reformation und vor Allem ihr mächtigster Geist, Luther, feindlich entgegen, dessen Wort vernichtender wirkte, als die gesammte Macht des Adels und der Fürsten.

d. Von nun an verlor die Reformation mit ihrer demokratischen Bedeutung auch ihren nationalen und volksthümlichen Charakter; sie sank in politischer Beziehung zur völligen Bedeutungslosigkeit herab, und in geistiger Hinsicht verlor sie ihre Frische und lebendige Kraft, indem sie sich auf theologische Zänkereien beschränkte, durch welche in ihrem eigenen Schooß die widrigsten Spaltungen erzeugt wurden (Calvinisten und Lutheraner), aus denen der römischen Hierarchie neue Kraft erwuchs.

e. Diese fand namentlich durch den neugestifteten Orden der Gesellschaft Jesu (durch Ignaz von Loyola 1540) eine mächtige Hülfe, der zunächst zu dem Zwecke gegründet wurde, den „Ketzereien“ entgegenzuwirken. Die Gefahren, welche durch denselben dem Protestantismus drohten, erkannte man schon bald, und wie die erste Hälfte des Zeitraums durch den Kampf gegen das Papstthum, wird die zweite Hälfte durch den Kampf gegen den Jesuitismus bezeichnet. Allein die reformatorische Kraft war schon so gebrochen, daß nur Wenige diesen Kampf mit einigem und auch nur vorübergehendem Erfolg führten (Fischart).

§ 139. Charakter der Literatur.

a. Unter solchen Umständen konnte die Literatur nicht gedeihen; und während in England, Italien, Spanien und selbst in Portugal (Shakspeare; Ariosto und Tasso; Lopez de Vega und Cervantes; Camoens) der nationale Geist sich hebt, die Literatur zur höchsten Blüthe gelangt, sinkt sie in Deutschland immer tiefer, und erhält sich nicht einmal auf der Stufe, auf welcher sie im vorigen Zeitraum stand. Dazu kam die fortwährende Theilnahmlosigkeit der Fürsten, des Adels und der Gelehrten an der vaterländischen Literatur, die ganz in die Hände der Ungebildeten gerieth, denen wiederum das einzige Mittel zur höheren Entfaltung ihrer Kräfte, ein großer nationaler Aufschwung, durch die Engherzigkeit der Reformatoren verkümmert wurde. Dies gilt ganz vorzüglich von der Poesie, welche im Ganzen nur dürftig gepflegt ward. Sie erhebt sich nur da zu größerer Bedeutsamkeit, wo sie noch von der Kraft des reformatorischen Geistes getragen wird, wie im Kirchenlied und bei Fischart, oder wo sie zugleich auf volksthümlicher Grundlage beruht, wie bei Hans Sachs.

b. Größeres wurde in der Prosa geleistet; aber beinahe nur in der ersten Hälfte des Zeitraums, wo der ursprüngliche freie und nationale Geist der Reformation noch in voller Kraft wirkte, weshalb die Schriften dieser Zeit, wie an Zahl und innerer Bedeutsamkeit, so auch an Tüchtigkeit, Kraft und Schönheit der Darstellung Alles übertreffen, was in der zweiten Hälfte geschrieben wurde (der einzige Fischart macht eine Ausnahme), weil jener Geist sich in Spitzfindigkeit und Pedantismus verloren hatte.

c. Die Reformation übte einen heilsamen Einfluß auf die Wissenschaften; der Geist der freien Forschung verbreitete sich unaufhaltsam und wurde durch die classischen Studien mächtig unterstützt. Allein auch hierin trat bald Ermattung und Pedantismus ein; und da die Gelehrten sich auch jetzt noch der lateinischen Sprache bedienten, so konnten selbst die größern Geister unter ihnen (Eobanus Hessus, Nicodemus Frischlin, Petrus Lotichius, Loriti Glareanus u. A.) keinen belebenden Einfluß auf die Gesammtheit gewinnen. An den Universitäten und gelehrten Schulen wucherte der Geist gelehrter Abgeschlossenheit, so daß die Männer, die aus ihnen hervorgiengen, für das Leben und das Volk keine Bedeutung gewinnen konnten. Wohlthätigern Erfolg hatte die Gründung der Stadt- und Landschulen, welche Luther und seine Anhänger mit lobenswürdigem Eifer zu fördern suchten.

d. Da die geistige Thätigkeit von der Reformation, den Reformatoren und ihren Anhängern ausgieng, so hatte die Literatur einen vorwiegend protestantischen Charakter; die Katholiken nahmen nur sehr geringen Antheil an derselben, und da sie sich zudem gegen die neue Entwickelung, selbst gegen die Sprache, feindlich verhielten, sind ihre Erzeugnisse meist unbedeutend.

e. Als leitende Hauptgestalt, welche den Gang der Literatur bestimmte, erscheint eigentlich nur Luther, der die neuhochdeutsche Sprache begründete und ihr den Stempel seines mächtigen Geistes aufdrückte, wie er auch der gewaltigste Förderer reformatorischer Bestrebungen war. Neben ihm ragen jedoch noch einige bedeutende Persönlichkeiten hervor, welche, ohne daß sie bestimmenden und bleibenden oder umfassenden Einfluß auf die Entwickelung der Literatur gehabt hätten, durch ihre Leistungen oder ihre Eigenthümlichkeit sich auszeichnen. Es sind dies Ulrich von Hutten, der Vorläufer der Reformation und der edle Repräsentant ihrer politischen Seite, Ulrich Zwingli, der Reformator der Schweiz, der dem demokratischen Ursprung der Reformation treu blieb, Hans Sachs, das größte poetische Talent der ganzen Zeit, und endlich Johannes Fischart, der gewaltigste Gegner des Jesuitismus, in welchem die reformatorische Kraft zum letzten Mal aufleuchtete und der der Begründer der humoristischen Darstellung wurde.

Erstes Capitel. Poesie.

§ 140. Charakter derselben.

a. Der Charakter der Zeit drückt sich auch in den poetischen Erzeugnissen derselben aus, und wie wir in der Entwickelung des deutschen Lebens während der vorliegenden Periode zuerst ein großartiges Aufstreben wahrnehmen, das ganz auf dem Volke beruht, dann ein tiefes Sinken, weil die Volkskraft gebrochen wurde, so verhält es sich auch mit der Poesie. In der ersten Hälfte des Zeitraums entfaltet sich die volksthümliche Dichtung mit großer Kraft, kann sich aber nicht zu künstlerischer Höhe erheben, weil die gebildeten Stände sich von ihr abwenden; in der zweiten sinkt sie immer tiefer herab, oder begleitet das Volk in seine Zurückgezogenheit.

b. Die kunstmäßige Dichtung hatte sich schon seit den letzten Zeiten der vorigen Periode ganz in die Hände der Meistersänger verloren, bei denen sie in pedantischem Formenwesen untergeht. Erst gegen das Ende des Zeitraums beginnen die Gelehrten sich mit der Poesie zu beschäftigen; aber da sie sich immer mehr vom Volke abschlossen, und weder die ältere Dichtung noch den Volksgesang kannten, dagegen in Folge ihrer Reisen die Literatur des Auslandes, namentlich die der Italiener und Franzosen, immer genauer kennen lernten, so wurden sie um so mehr zur Nachahmung derselben gedrängt, als sie in der Nachahmung der fremden Vorbilder das einzige Mittel erblickten, die deutsche Poesie von der Rohheit zu befreien, in welche sie gesunken war. Einige wenige suchten zwar die Dichtung durch Zurückgehen auf das volksthümliche Element zu beleben, doch blieben ihre Bemühungen zu vereinzelt, als daß sie von segensreichem Einfluß hätten werden können.

a. Auch in diesem Zeitraum gab es wandernde Volkssänger (bekannt ist Gressenwald), doch mußte die immer größere Ausbreitung der Buchdruckerkunst dieselben immer mehr verdrängen.

§ 111. Sprache und Verskunst.

a. Während die Prosa sich herrlich entfaltete, blieb die Sprache der Poesie auf dem niedern Standpunkte stehen. Da die Dichtung vorzugsweise in den Händen der Ungebildeten war, konnte die neuhochdeutsche Sprache noch nicht in dieselbe eindringen, vielmehr blieb die Macht der Mundart beinahe noch ganz ungebrochen. Zwar verstanden einige Dichter, namentlich Hans Sachs, die Sprache mit einer gewissen Meisterschaft zu behandeln, aber es fehlte ihnen doch an der nöthigen ästhetischen Bildung, um ihrer Sprache den Stempel der Vollendung aufzudrücken. Erst in der zweiten Hälfte des Zeitraums begannen die Dialekte vor dem Einfluß der Schriftsprache zurückzutreten.

b. Eben so blieb auch die Verskunst verwildert, roh und ungeschlacht, wie im vorigen Zeitraum, ja sie sank noch tiefer, da man sogar das Gefühl für betonte und unbetonte Silben verlor und sich mit bloßer Zählung derselben begnügte. Diese Entartung zeigt sich namentlich bei den Meistersängern, während die volksmäßigen Gedichte noch lebendigeres Gefühl für das Gesetz der Betonung bewahren. Auch der Reim verwilderte immer mehr, und wurde ohne allen Sinn für Wohllaut behandelt. Im Ganzen finden sich die früher gebräuchlichsten Strophenformen, doch wurden neben diesen, namentlich gegen das Ende des Zeitraums, auch viele fremde gebraucht (Sonette, Terzinen, Alexandriner, Madrigale u. s. w.). Eben so wurden Versuche gemacht, die antiken Versmaße und Strophenformen nachzubilden, so von J. Fischart, Paul Rebhun und Konrad Geßner (Hexameter), doch waren sie noch äußerst roh und unbeholfen.

§ 112. Gattungen der Poesie.

Zwar wurden alle Gattungen der Poesie behandelt, doch nur in denen Bedeutenderes geleistet, welche auf volksthümlicher Grundlage beruhten. Im Lyrischen erhebt sich namentlich das Volkslied und nebst diesem das Kirchenlied, das ganz volksthümliche Natur hatte, zu hoher Blüthe; im Epischen findet nur die Erzählung, namentlich die komische, der Schwank, umfassende und glückliche Behandlung. Wirkliches Fortschreiten ist besonders im Drama sichtbar, dessen tüchtige Grundanlage sich aber nicht zu künstlerischer Gestaltung zu entwickeln vermag. In der didaktischen Poesie endlich, für welche die Zeit am Meisten geeignet schien, zeigen sich nur wenige Versuche, die zudem hinter den Leistungen der frühern Jahrhunderte weit zurückbleiben.

I. Lyrische Poesie.

§ 113. Die Meistersänger.

So zahlreich die Dichtungen der Meistersänger sind, so verdienen sie doch kaum vorübergehende Beachtung. Wie die Form des Meistergesangs an Rohheit und Ungeschicklichkeit zunahm, so wurden die Stoffe einseitig und unpoetisch. An die Stelle der früheren mystischen Allegorien oder biblischen Stoffe wurden die neuen kirchlichen Ansichten poetisch behandelt und mit der ganzen Nüchternheit des praktischen Verstandes und der größten Unbeholfenheit des Ausdrucks vorgetragen. Außerdem wurde, obgleich weniger häufig, die Fabel von den Meistersängern in lyrischer Strophenform behandelt; auch reimten sie Geschichten aus dem Alterthum.

§ 144. Die Lyrik der Gelehrten.

Die Gelehrten behandelten vorzugsweise das Kirchenlied (s. § 145); später erst versuchten sie sich im weltlichen Liede, einige mit Beachtung des Volksgesangs, allein ohne Einfluß zu gewinnen, andere unter Nachahmung des Auslandes, wodurch die nachfolgende Periode schon vorbereitet wurde.

§ 145. Das Kirchenlied.

a. Wenn auch deutsche geistliche Gesänge sich schon in den vorigen Zeiträumen vorfinden (§ 108), so waren sie doch nie in den allgemeinen Gebrauch gedrungen; der lateinische Gesang war allein von der Kirche anerkannt. Erst durch die Reformation, und namentlich durch Luther, der überhaupt die Rechte der Muttersprache für den kirchlichen Gebrauch mit Nachdruck vertheidigte, ward der deutsche Gesang in der Kirche eingeführt und sogar zu einem wesentlichen Bestandtheil des Gottesdienstes erhoben. Luther wirkte nicht bloß durch eigenen Vorgang, sondern auch dadurch, daß er alle diejenigen, die er für tüchtig hielt, dringend aufmunterte, Kirchenlieder zu dichten und zu componieren. Berufene und Unberufene folgten seinem Beispiel und seiner Ermahnung, so daß gegen das Ende des Zeitraums die Zahl der Kirchenlieder schon bedeutend groß war, und diese Dichtungsart an Umfang wie an Bedeutsamkeit als der Mittelpunkt der poetischen Bestrebungen des Zeitraums angesehen werden muß.

b. Luther wurde der Schöpfer des neuern Kirchenliedes, weil er mit genialem Blicke erkannt hatte, was es sein und leisten müsse, wenn es seinem höchsten Zweck, die zu gemeinsamer Andacht versammelte christliche Gemeinde zu erbauen, entsprechen sollte. Er hatte erkannt, daß es seinem volksthümlichen Ursprung getreu bleiben (§ 88) und daher auf alle Künstelei der Form verzichten müsse. Volksthümliche Einfachheit und Kraft des Ausdrucks, tief religiöse Auffassung, strenge Gläubigkeit wurden durch ihn der Charakter des neuen Kirchenliedes.

c. Seine Nachfolger blieben zum größten Theil weit hinter ihm zurück, theils weil sie weder die Gedankentiefe noch die Sprachgewalt ihres Vorbildes besaßen, theils weil viele von ihnen dessen volksthümliche Auffassung nicht zu bewahren wußten, theils endlich weil sie, besonders in der zweiten Hälfte der Periode, die theologischen Zänkereien, um welche sich das ganze Treiben der Zeit bewegte, zum Stoff ihrer Lieder nahmen.

Anm. 1. Es waren freilich auch schon in den ersten Zeiten der Reformation polemische, gegen die Katholiken gerichtete Kirchengesänge gedichtet worden; allein es waren diese von dem kräftigen Geist und der Begeisterung der Zeit getragen, und bewegten sich nicht, wie die späteren Lieder polemischen Inhalts, um pedantische und rechthaberische Auslegungen einzelner Bibelstellen, sondern suchten durch Spott und Verhöhnung der von ihnen bekämpften Verhältnisse zu wirken.

d. Eine weitere Entartung des Kirchenliedes bestand darin, daß die Dichter, statt das Gemüth zu Gott zu erheben, den Verstand mit Darstellung unfruchtbarer dogmatischer Begriffe beschäftigten, oder eine trockene, leblose Moral in gezwungenen Reimen vortrugen.

e. Viele Kirchenlieder sind nur mehr oder weniger gelungene Uebersetzungen oder weitschweifige Paraphrasen biblischer Abschnitte, namentlich der Psalmen, in welche die Dichter nicht wie Luther in seine Lieder dieser Art den Geist des Evangeliums zu legen

vorhanden. Bedeutender sind im Ganzen die Uebersetzungen der lateinischen Kirchengesänge, auf welche Luther ebenfalls hingewiesen hatte, so wie die Umarbeitungen oder Verbesserungen älterer geistlicher Volkslieder.

f. Nicht bloß die meisten, sondern im Ganzen auch die besten Kirchenlieder sind aus der lutherischen Kirche hervorgegangen, in welcher der Kirchengesang schon früh zu einem wesentlichen Bestandtheil des Gottesdienstes erhoben wurde, weshalb man sich fortwährend bemühte, denselben nach innen und außen immer lebendiger auszubilden. Von den Reformierten (Zwinglianern und Calvinisten) wurde das eigentliche Kirchenlied nur sehr sparsam bearbeitet, da bei ihnen der Kirchengesang beinahe ganz vor der Predigt zurücktrat und sie fast ausschließlich Psalmen sangen. Auch von den Katholiken, die seit der Reformation nur um desto strenger am lateinischen Gesang hielten, wurden wenige deutsche Kirchenlieder gedichtet, doch konnte die katholische Kirche nicht ganz zurückbleiben, weil der Gebrauch der Muttersprache bei dem Gottesdienst auch in ihrer Mitte noch laut und oft genug verlangt wurde. Daher sah man sich gezwungen, den Liedern der Protestanten andere im katholischen Sinne entgegenzusetzen; doch wurden hauptsächlich nur alte lateinische Kirchengesänge ins Deutsche übertragen.[1] Zwischen den lutherischen und altkatholischen Gesängen stehen die zahlreichen Lieder der Böhmischen Brüder, welche weniger dogmatische Färbung haben, als die lutherischen, sich mehr in der sinnlichen Auffassungsweise der göttlichen Personen bewegen, eben deshalb in schwärmerische und oft läppische Darstellung verfallen, was sie vom altkatholischen Gesang unterscheidet. In den weniger bekannt gewordenen Liedern der Wiedertäufer zeigt sich deren Lehre viel reiner und edler, als in den Berichten der Geschichtschreiber. Es scheint, daß sie mit Vorliebe Geschichten von älteren und gleichzeitigen Märtyrern zum Stoff ihrer Gesänge nahmen.

g. Die meisten geistlichen Lieder sind hochdeutsch; doch wurden auch viele theils ursprünglich niederdeutsch gedichtet, theils aus dem Hochdeutschen ins Niederdeutsche übersetzt.

h. Wie schon früher wurden auch in diesem Zeitraum weltliche Volkslieder in geistliche umgewandelt; noch häufiger wurden neue Kirchenlieder zu beliebten Melodien alter weltlicher Volksgesänge gedichtet.

i. Der Kirchengesang gewann dadurch auch Bedeutung und Umfang, daß ihm viele bedeutende Componisten ihre Talente widmeten und Melodien im Sinn des ächt evangelischen Kirchenliedes schufen. Mehrere derselben, wie die beiden Johann Walther, Johann Steurlein u. a. m., waren zugleich auch Liederdichter.[2]

§ 146. Das Volkslied.

a. Durch die wachsende Selbstständigkeit des Volkes wurde dessen poetische Kraft mächtig angeregt, was sich in der Fülle von Volksliedern beurkundet, die in diesem Zeitraum auftaucht. Viele derselben stammen allerdings aus frühern Jahrhunderten (§ 80), aber die damalige Zeit hatte sie doch zu ihrem Eigenthum gemacht, indem sie viele derselben für ihre Verhältnisse und ihre Sprache mit mehr oder weniger Selbstständigkeit umdichtete.

b. Im Ganzen sind die nämlichen Stoffe behandelt wie im vorigen Jahrhundert: Liebesfreude und Liebesschmerz, jugendliche Lebenslust sind auch jetzt die vorherrschenden Stoffe des Volksgesanges. Bei vielen sprach sich muthwilliger Uebermuth aus, der in manchen bis zur unsittlichen Ausgelassenheit gesteigert war, weshalb dann die Reformatoren und später die Geistlichen laute Klage gegen das Singen der „Gassenhauer“ u. s. w. erhoben.

---

1) Kehrein, Katholische Kirchenlieder, Hymnen, Psalmen. Würzb. 1859. II. — 2) Heerwagen, F. F. Tr., Litter. Gesch. d. evang. Kirchenlieds. Neust. a. d. Aisch 1792—97. II. Wackernagel, Ph., D. deutsche Kirchenlied v. Luther bis auf Nic. Hermann u. s. w. Stuttg. 1841. II. Derselbe, Bibliographie d. Kirchenlieds im 16. Jahrh. Frankf. 1855. Pressel, K. T., geistl. Dichtung von Luther bis auf Klopstock. Stuttg. 1853. Koch, Ed. Emil, Gesch. d. Kirchenl. Stuttg. 1852. II. Cunz, F. A., Gesch. d. deutschen Kirchenl. Lpz. 1855. II. Mützell, J., Geistl. Lieder d. evangelischen Kirche aus d. 16. Jahrh. Berl. 1855—58. III. Winterfeld, C. v., D. evangel. Kirchengesang u. s. Verhältniß z. Kunst d. Tonsatzes. Lpz. 1843—47. III. Rambach, A. J., Anthologie christlicher Gesänge. Alt. 1816—22. IV.

c. Außer den Liebesliedern finden sich noch Tanzlieder, zahlreiche und zum Theil vortreffliche Trinklieder, dann Jägerlieder, Bergreihen, Studenten-, Soldaten- und Handwerkslieder.[1])

d. Die Lieder, welche religiöse und kirchliche Fragen, meist im Sinne der Reformatoren, mit großer Bitterkeit gegen das Papstthum behandeln, sind sehr zahlreich; dagegen finden sich nur wenige rein politische Lieder; es mögen viele derselben nach Unterdrückung des Bauernaufstandes vernichtet worden sein.

e. An historischen Volksliedern ist das 16. Jahrh. ebenfalls nicht arm, vielmehr ist beinahe jede noch so unbedeutende Thatsache besungen worden, aber nur wenige haben poetischen Werth.

II. Didaktische Poesie.

§ 147. Charakter und Gattungen derselben.

a. Obgleich die Zeit vorzugsweise eine didaktische Richtung verfolgte, wurde doch die didaktische Poesie wenig bearbeitet, theils weil man sich lieber der Prosa bediente, um seine Ansichten zu verbreiten, theils weil man mit Vorliebe lebendigere Formen, namentlich die dramatische, wählte. Unter den nicht zahlreichen didaktischen Dichtungen sind nur wenige, die sich über die Mittelmäßigkeit erheben, die meisten behandeln religiöse oder sittliche Verhältnisse.

b. Aus der ersten Hälfte der Periode finden sich keine eigentlichen Lehrgedichte von größerem Umfang; die Zeit war hiefür allzu aufgeregt: erst gegen das Ende des Zeitraums beginnen mit der größern Ruhe auch die größern didaktischen Gedichte wieder aufzutauchen, welche jedoch meist allegorisches Gewand annahmen. Doch erhebt sich das didaktische Gedicht im Allgemeinen nicht über den Umfang des Lehrspruchs mit bald belehrender, bald satirischer Tendenz. Eine sehr beliebte, durch die fortschreitende Entwickelung des Dramas hervorgerufene Form war das Kampfgespräch. Die Satire wurde vielfach behandelt, doch bedienten sich die Dichter während der Reformationszeit auch zu dieser gern der dramatischen oder auch wohl der epischen Form, in welcher sie die persönlichen Beziehungen, an deren Darstellung ihnen vor Allem lag, schroffer und kecker konnten hervortreten lassen.[2]) Endlich wurden gegen das Ende des Zeitraums auch die ersten Versuche gemacht, das Epigramm im Sinne der Griechen und Römer in die deutsche Literatur zu verpflanzen.

III. Epische Poesie.

§ 148. Charakter und Gattungen derselben.

a. Der epische Geist sinkt immer tiefer und kann sich beinahe nur noch in der kleinen poetischen Erzählung geltend machen. Mit dem Geiste der epischen Kunst verschwanden auch die Stoffe, und mit den fremden auch die einheimischen. Die Erinnerung an die alte Sagenwelt verschwindet immer mehr. Beim Volk wird sie wohl durch die politischen und kirchlichen Bewegungen, die sein ganzes Leben in Anspruch nehmen, nur zurückgedrängt, bei den Gelehrten stirbt sie dagegen beinahe ganz ab. Nur wenige haben noch Kunde von ihr, und unter diesen zeigte eine nur sehr kleine Zahl noch lebendige Theilnahme für dieselbe (Fischart).

---

1) Hoffmann von Fallersleben, D. deutschen Gesellschaftslieder des 16. u. 17. Jahrh. 2. Aufl. Lpz. 1860 II. — 2) Schade, O., Satiren u. Pasquille aus d. Reformationszeit. Hann. 1856. I. III.

b. Reimchroniken von Ländern und Städten finden sich zwar ziemlich häufig, aber sie sind, wie die weniger zahlreichen historischen Gedichte, ohne poetischen Werth. Unter diesen nehmen die Beschreibungen der Freischießen und die historischen Schilderungen der Hoffeste nicht zwar an Bedeutsamkeit, aber doch an Zahl den ersten Rang ein.

c. Die Thiersage wurde zwar nicht bearbeitet, aber der „Reineke Vos" (§ 121) rief eine Anzahl von Gedichten hervor, welche das Thierleben episch zu schildern versuchten, um daran Belehrungen aller Art zu knüpfen, oder um die Schilderungen aus dem Thierleben zu satirischer Darstellung des Menschenlebens zu benutzen. Ein einziger Dichter (Fischart) behandelt die Erscheinungen des Thierlebens mehr an sich und im Geiste des alten Thierepos. Eben so rief Steinhöwels „Deutscher Aesop" (§ 128) eine große Menge von Fabeln hervor; so arm das 15. Jahrh. an solchen Darstellungen war, so reich ist dagegen das 16. in diesem Gebiete.

d. Noch reicher ist die Erzählung vertreten, und zwar sowohl die didaktisch moralische als ganz besonders die komische, der volksthümliche Schwank, und es gehören die Gedichte dieser Gattung zu den besten Erzeugnissen der Poesie im vorliegenden Zeitraum. Einige größern Erzählungen mit überwiegend komischem Charakter und volksmäßiger Grundlage stehen den frühern Dichtungen ähnlicher Art weit nach.

e. Endlich dauern die allegorischen Erzählungen noch fort, doch bildet nicht mehr die Minne den hauptsächlichsten Stoff dieser Dichtungen, vielmehr werden Tugenden und Laster allegorisch behandelt, wie auch die kirchlichen, seltener die politischen Verhältnisse Anlaß und Stoff darbieten.

IV. Dramatische Poesie.

§ 149. Charakter und Gattungen derselben.

Die Liebe zu dramatischen Darstellungen nahm immer mehr zu und verbreitete sich über ganz Deutschland; aber von den äußerst zahlreichen Spielen, die im 16. Jahrh. gedichtet wurden, drangen nur wenige über die Grenzen ihrer Heimat, so daß kein oder ein nur sehr beschränkter Einfluß selbst der besten Dichter auf die übrigen sichtbar wird. Konnte sich auf diese Weise kein gegenseitiger Eifer unter den Dichtern entwickeln, so wurden diese auch durch Mangel an einem großen gebildeten Publicum nicht zu größern Anstrengungen veranlaßt. Wenn im Ganzen auch Fortschritte nicht geleugnet werden können, so waren diese doch nur ganz äußerer Natur: das neuere Drama entwickelte sich zuerst, wie das ältere geistliche Spiel, nicht in künstlerischer Gestaltung, sondern fast ausschließlich nur im Umfange. Es war daher ein Anstoß von Außen nöthig, um ihm eine neue Richtung zu geben.

§ 150. Die Bemühungen der Gelehrten um das Drama.

a. Die Gelehrten fuhren in ihren Uebersetzungen römischer Dramatiker rüstig fort und versuchten sogar, griechische Meisterwerke in das Deutsche zu übertragen. Leider war Keiner unter diesen Uebersetzern fähig, weder den Geist der Vorbilder zu erfassen, noch eine diesen entsprechende Sprache zu schaffen, vielmehr sind ihre Uebersetzungen meist steif, roh und ungeschickt, so daß sie weder formell noch dem Inhalte nach nachhaltenden Einfluß gewinnen konnten. Doch wurden einzelne Versuche gemacht, griechische und römische Stücke nachzubilden.

b. Der Beifall, welchen die lateinischen Schulkomödien (§ 99, auch in weitern Kreisen gefunden hatten, veranlaßte die Gelehrten, sich nunmehr auch in deutschen Dramen zu versuchen, welche die lateinischen Spiele immer mehr zurückdrängten.

Anm. 1. Diese blieben jedoch keineswegs ganz aus, sondern wurden von den Jesuiten mit dem größten Eifer wieder aufgenommen, wogegen das deutsche Drama bei den Katholiken nur an einzelnen Orten Theilnahme und Bearbeiter fand.

c. Wenn die deutschen Dramen der Gelehrten auch zunächst zum Zwecke hatten, in den Schulen aufgeführt zu werden, so verließ man doch die antiken Stoffe und wählte solche, die auch einem größern Publicum verständlich sein konnten. Aus der ganzen Zeitrichtung ergiebt es sich, daß man beinahe ausschließlich biblische Stoffe behandelte; daß man aber vorzugsweise das Alte Testament benutzte, hatte darin seinen Grund, erstens daß es dem durch die Reformation veredelten Gefühl widerstrebte, den Heiland zum Gegenstand theatralischer Darstellung zu machen, und dann, daß das Alte Testament weit mehr dramatische Stoffe darbietet, als das Neue. Am häufigsten wurden die Geschichten der Susanna, des Tobias, der Judith, der Esther, Jacobs, Josephs u. s. w., aus dem Neuen Testament die Geschichten von Lazarus und dem verlornen Sohn behandelt.

Anm. 2. Das biblische Drama wurde vorzüglich in Mitteldeutschland, besonders in Sachsen (Zwickau, Magdeburg, Wittenberg) bearbeitet, doch fand es auch im Norden, wo man sich öfters der niederdeutschen Sprache bediente, und im Süden (in Schwaben, im Elsaß und in der Schweiz) zahlreiche Freunde und Bearbeiter.

Anm. 3. Die biblischen Spiele sind sehr zahlreich; doch findet sich nur bei Einem der früheren Bearbeiter (Rebhun) Streben nach künstlerischer Darstellung; die meisten Dichter suchten nur, ihren Stücken den größtmöglichsten Umfang zu geben, nicht aber die Handlung dramatisch lebendig zu entfalten.

d. Die Dichter biblischer Stücke verfolgten in denselben oft didaktische Zwecke, ohne daß diese jedoch offen hervortreten. Neben denselben finden sich aber auch zahlreiche Spiele, bei denen die belehrende Absicht entschieden vorherrscht, sei es, daß sie für Schulen bestimmt, oder auf ein größeres Publicum berechnet waren.

e. Alle diese Stücke waren in protestantischem Sinne geschrieben, ohne jedoch den Gegensatz zum Katholicismus besonders hervortreten zu lassen, wenn er auch hie und da mehr oder weniger scharf angedeutet wurde. Dagegen wurden auch manche Dramen mit der Absicht geschrieben, diesen Gegensatz und die Ansichten der Reformation über das Papstthum darzulegen. Diese waren meist mit großer Schärfe und Bitterkeit geschrieben und wirkten durch den Spott, den sie über die Mängel und Gebrechen der bisherigen kirchlichen Verhältnisse und Einrichtungen ausgossen, nicht wenig zur Verbreitung der neuen Lehre, um so mehr, als sie ihrer größten Zahl nach zu den volksmäßigen Spielen gehörten. Katholischerseits scheinen nur wenige polemische, gegen die Reformation gerichtete Dramen verfaßt worden zu sein, dagegen sind von Lutheranern mehrere Spiele gegen die Calvinisten geschrieben worden.

§ 151. Volksthümliche Spiele.

a. Das gelehrte Drama konnte trotz seiner großen Verbreitung das volksthümliche Spiel nicht zurückdrängen; vielmehr entfaltete sich dieses sowohl in Nürnberg, seinem alten Stammsitze, als auch in andern Gegenden, besonders im Elsaß und in der Schweiz zu reicher Blüthe.

b. Es blieb vom Einfluß des antiken Dramas, mit welchem auch die Volksdichter durch die Uebersetzung der Gelehrten bekannt wurden, nicht ganz unberührt: die Dichter strebten nach größerer Regelmäßigkeit, sie ahmten die Eintheilung in Akte und Scenen nach, freilich mit großer Willkür (16 und mehr Akte), versuchten, den Personen einen bestimmten Charakter zu geben, eine Handlung durchzuführen und den Dialog lebendiger zu gestalten; doch treten diese Fortschritte nur schwach hervor und das antike Drama übte im Ganzen weder auf die Form noch auf die Stoffe der volksthümlichen Spiele einen wesentlichen Einfluß. Ja, es war das volksthümliche Drama so kräftig, daß es auch dann seinem eigenthümlichen Wesen nicht untreu wurde, wenn es antike Stoffe nach antiken Vorbildern behandelte.

c. Die zwei Hauptzweige des volksthümlichen Dramas, das geistliche Spiel, welches gegen das Ende des vorigen Zeitraums eine immer entschiedener volksthümliche Richtung genommen hatte, und das rein weltliche Spiel, fanden auch in der vorliegenden

Periode vielfache Bearbeitung, und obgleich letzteres das im 15. Jahrh. gewonnene Uebergewicht beibehält, so erhebt sich jenes daneben auch zu größerem Aufschwung; besonders ist Dies in der Schweiz der Fall, wo sich das volksthümliche geistliche Spiel in bemerkenswerther Fülle zeigt.[1]) Doch findet es sich auch in andern Gegenden Deutschlands.

d. Von den weltlichen Spielen erscheint das Fastnachtsspiel immer noch in reicher Fülle, besonders in Nürnberg. Im nördlichen Deutschland und in der Schweiz, in der schon nationale Spiele auftauchen, kommt es nur noch vereinzelt vor; dagegen bietet das Elsaß eine große Zahl solcher Stücke, welche meist in der Dramatisirung lustiger, wohl auch schmutziger Schwänke bestehen, deren Stoffe zum Theil aus italienischen Quellen, namentlich aus Boccaccio geschöpft sind. Mehr ernster Natur waren die Spiele, in denen romantische Stoffe behandelt wurden, welche die Dichter theils aus den Volksbüchern, theils aus fremden, namentlich italienischen Quellen entnahmen. Ja, es finden sich sogar schon Bearbeitungen aus dem Spanischen.

§ 152. Weitere Entwickelung des volksthümlichen Schauspiels unter dem Einfluß des englischen Theaters.

a. Das gelehrte und das volksthümliche Drama giengen beinahe das ganze Jahrhundert neben einander her, ohne wesentlichen Einfluß auf einander auszuüben; gegen das Ende desselben gelangte das Volksschauspiel zu einem unverkennbaren Uebergewicht, das übrigens schon durch Hans Sachs vorbereitet worden war, der wie der fruchtbarste, so auch der talentvollste dramatische Dichter der ganzen Zeit war. Dieses Uebergewicht hatte es einem fremden Einfluß zu verdanken.

b. Im letzten Viertel des 16. Jahrh. erschienen nämlich plötzlich die „Englischen Komödianten", die sich bald über ganz Deutschland verbreiteten und fremde Dramen aufführten, welche die mannigfaltigsten Stoffe in einer von den Gelehrten, wie von den Volksdichtern ungeahnten dramatischen Lebendigkeit darstellten. Wo die fremden Schauspieler mit ihren ergötzlichen oder romantisch ergreifenden Dramen erschienen, drängten sie die eintönigen biblischen Stücke der Gelehrten zurück, und zwar um so entschiedener, als die Gelehrten sich nicht entschließen konnten, ihre Spiele nach dem Vorbilde der fremden Stücke zu bearbeiten.

c. Ganz anders verhielt es sich mit dem Volksschauspiel; da es schon den Stoffen nach jenen Stücken näher gerückt war, konnte es sich leicht die Eigenthümlichkeiten aneignen, durch welche die fremden Dramen so mächtig anzogen, ohne seine eigene zu verlieren. Indem Dieses in der That geschah, nahm es bald einen höheren Aufschwung; leider erstand kein bedeutendes Talent, durch welches es zu fester Ausbildung hätte gelangen können, so daß es den unglücklichen Verhältnissen nicht widerstehen konnte, die im 17. Jahrh. die volksthümliche Grundlage der Literatur vernichteten.

Anm. 1. Die bisherigen volksthümlichen Schauspiele waren eigentlich bloße Skizzen, denen jegliche Ausführung fehlte. Die Dichter lernten nun von den Engländern, die dramatischen Keime zu entfalten, die Handlung oder die bloß skizzenhaften Andeutungen emporzuheben, das Drama nach Innen zu erweitern, wie es bis dahin nur nach Außen gewachsen war.

Anm. 2. Die englischen Vorbilder hatten noch die weitere bedeutsame Wirkung, daß die lustige Person eine bestimmte Gestaltung gewann. In den früheren Spielen, den geistlichen, wo er meist als (dummer) Teufel auftrat, wie in den weltlichen, war der Narr mehr reflectirend als handelnd, er hatte eher die Bedeutung eines Chors, als daß er eine bestimmte Persönlichkeit mit entschiedenem Charakter gewesen wäre. Diesen erhielt er erst durch den Vorgang der „Engländer", und er bewahrte ihn, auch wenn er den Namen wechselte (Jodel, Johann Bouschet, John Clown, [illegible], Pickelhering, Hans

1) Tittmann, J., Schauspiele aus dem 16. Jahrh. Lpz. 1868. II. Weller, Emil, D. alte Volkstheater der Schweiz. Frauenf. 1863.

Wurst). Dieser Charakter war plumpe Tölpelhaftigkeit, die sich ein Vergnügen und ein Geschäft daraus machte, die Leute zu necken und ihnen Possen zu spielen (wie Eulenspiegel), oder auch Gefräßigkeit, besonders wenn die lustige Person als Hans Wurst erschien.

Anm. 2. Die „englischen Komödianten" hießen Anfangs „niederländische"; es waren aber ohne Zweifel deutsche Schauspieler, welche sich nur so nannten, weil sie vorzugsweise englische Dramen aufführten, die sie wahrscheinlich in den Niederlanden hatten kennen lernen.

§ 153. Theatralische Aufführungen.

a. Am Anfang der Periode fanden die theatralischen Aufführungen in derselben Weise statt, wie im vorigen Zeitraum (§ 95 u. 97): das volksmäßige geistliche Spiel auf öffentlichen Plätzen mit besondern Gerüsten oder auch in großen öffentlichen Gebäuden; doch errichtete die Meistersängerzunft in Nürnberg schon im J. 1550 ein ungedecktes amphitheatralisch gebautes Schauspielhaus; später folgte auch Augsburg. Die Fastnachtsspiele wurden wie früher in Privathäusern oder in Wirthsstuben, die Schulkomödien wurden ohne Zweifel zuerst in Schulsälen aufgeführt; später, als sie deutsch geschrieben wurden und zu größerm Umfang gediehen, wurden größere Localitäten und wohl auch freie Plätze benutzt.

b. Bei den Schulkomödien waren zunächst Schüler und Studenten thätig, in den biblischen Stücken spielte die „jüngere Bürgerschaft". Wie früher machten in größern Städten auch wohl Einzelne eine Art Gewerbe aus solchen Darstellungen; eigentliche Schauspielergesellschaften kamen erst mit den „englischen Komödianten" zum Vorschein, vermehrten sich aber ziemlich schnell. Herzog Heinrich Julius von Braunschweig (§ 165) hatte schon im J. 1605 eine eigene stehende Truppe, und dies mag wohl das älteste Hoftheater gewesen sein.

Zweites Kapitel. Prosa.

§ 154. Charakter und Gattungen.

a. So Großes im vorigen Zeitraum im Gebiete der Prosa geleistet worden war, so hatte dieselbe doch nicht zur Einheit gelangen können, weil jeder Schriftsteller in seiner Mundart schrieb. Erst Luther führte durch seinen mächtigen Einfluß als Reformator, so wie durch die Kraft und Gewandtheit, mit welcher er die Sprache behandelte, wieder zur Einheit zurück: die Sprache, in welcher er die Bibel übersetzt hatte, wurde zur allgemeinen Schriftsprache. Doch wurde sie es nicht sogleich und nicht nach allen Richtungen. Daß die Dichter immer noch meist in ihrer Mundart schrieben, ist schon berichtet worden; das Neuhochdeutsche drang aber auch in der Prosa nicht überall durch, weil in den von Sachsen weit abliegenden Ländern die Mundart noch so viel Kraft hatte, daß sie nur allmählich der neuen Sprache wich; und endlich drang diese erst viel später in die katholischen Provinzen, weil man sie, allerdings mit Recht, für ein Werk der Reformation hielt.

b. Uebrigens hielt sich die Sprache nicht lange auf der Höhe, die wir in Luthers Werken, dann auch in vielen andern Schriften seiner Zeitgenossen bewundern; mit der Kraft der Reformation fiel auch die Kraft der Sprache, und mit dieser verlor sich auch ihre Reinheit so wie ihre schöne und wohllautende Bewegung und ihre Klarheit; sie wurde breit, unbeholfen, schwerfällig, unklar, gespreizt, affectiert, mit einem Worte ein getreues Abbild ihrer Zeit: die pedantischen Streitigkeiten der Theologen konnten keinen schönen und würdigen Ausdruck haben.

c. Am Längsten erhielt sich die historische Prosa noch auf ihrer Höhe, doch konnte auch sie gegen das Ende des Zeitraums dem Verderben nicht entgehen. Auch die Sprache der Prosadichtungen bewahrte ihre Reinheit ziemlich lange, theils weil das poetische Element dem Stile eine gewisse Hebung verlieh, theils weil einige Schriftsteller, namentlich aber Fischart, eine seltene Sprachkraft und ein eben so seltenes Talent der Darstellung besaßen. Rascher verfiel die didaktische Prosa, was eine unausbleibliche Folge der Schwächung des reformatorischen Elements war, und weil an der Stelle der großen weltbewegenden Ideen erbärmliche Spitzfindigkeiten Gegenstand der Darstellung wurden. Eben so verhielt es sich mit der rhetorischen Prosa, da das

Bewußtsein Dessen, was sie sein und leisten soll, am Schnellsten und Entschiedensten verloren wurde.

I. Prosadichtungen.

§ 155. Charakter, Entwickelung und Gattungen.

a. Die Werke der Prosadichtung sind im Ganzen nicht sehr zahlreich, besonders wenn man die vielfachen Uebersetzungen nicht in Anschlag bringt. Dieser geringe Umfang findet aber in der Trefflichkeit der Leistungen einen vollständigen Ersatz.

b. Der Zeitraum ist dadurch vorzüglich merkwürdig, daß in demselben die meisten Volksbücher die Gestalt erhielten, die sie im Ganzen bis auf den heutigen Tag bewahrt haben. Sie sind in ihrer Mehrzahl vortrefflich, und entsprechen mit ihrer einfachen, naiven Darstellung und ihren reichen Phantasiegebilden dem innersten Wesen des Volksgemüths. Es ist jedoch lebhaft zu bedauern, daß die meisten fremden Ursprungs sind, weil das nationale Bewußtsein des Volkes, welches durch dieselben fortwährend über die Grenzen der Heimat geführt wurde, nothwendig geschwächt werden mußte.

c. Allerdings sind auch mehrere Volksbücher unbestritten deutschen Ursprungs, allein so bedeutend auch einzelne derselben sind, so findet sich doch keines, welches die heldenmüthige oder auch wilde Tapferkeit (wie die Haimonskinder oder der Fierabras), die Beständigkeit treuer Liebe (wie die Magelone), die Herrlichkeit des weiblichen Gemüths (wie die Genovefa und Griseldis) dargestellt hätte, d. h. kein einziges, in welchem die größten und lieblichsten Aeußerungen des menschlichen Herzens erzählt worden wären. Die ursprünglich deutschen Volksbücher stellen bei allen ihren sonstigen Vorzügen ein weit beschränkteres Leben dar, und zudem fehlt ihnen die belebende Kraft der schaffenden Phantasie. Die darin mitgetheilten Begebenheiten stehen meist ohne allen innern Zusammenhang.

Anm. Ein eigenthümlicher Charakterzug dieser ursprünglich deutschen Volksbücher ist, daß in ihnen die Märchenwelt entweder verneint oder ganz verbannt wird, wodurch sie sich, wenigstens in ihrer Zusammensetzung, als Werke der Gelehrten zu erkennen geben, daher sie auch weit weniger in das Bewußtsein und Eigenthum des Volkes dringen, als jene aus der Fremde hergebrachten Märchen, in welchen Phantasie und Gemüth namentlich reichere Nahrung fand.

d. Wichtiger und bedeutender sind die zahlreichen Novellensammlungen, weil die darin erzählten Geschichten und Schwänke, Züge und Sagen zum großen Theil deutschen Ursprungs sind, und selbst die den Fremden nacherzählten Novellen meist in selbstständiger Fassung erschienen. Viele Stoffe sind unmittelbar dem Munde des Volkes entnommen, mit dessen Leben im weitesten Umfange des Worts wir durch sie bekannt werden. Auch rücksichtlich des ächt deutschen, einfachen und naiven Stils sind diese Sammlungen bemerkenswerth. Es finden sich allerdings viele allzufreie Erzählungen in diesen Sammlungen, weshalb sie im 17. Jahrh. von berufenen und unberufenen Eiferern mit großem Erfolg bekämpft wurden, so daß sie sich nach und nach aus den Händen des Volks verloren. Viele Geschichten haben sich jedoch bis auf unsere Tage in lebendiger Ueberlieferung erhalten und werden von Zeit zu Zeit in den Kalendern wieder erzählt.

e. An größern Dichtungen in Prosa (Romane) ist der vorliegende Zeitraum nicht reich; dagegen gelangte die Prosasatire zu bedeutsamer Entwickelung, und es hat in der Mitte der Periode besonders Ein Schriftsteller in dieser Gattung Ausgezeichnetes geleistet. (Fischart.) Doch finden sich auch in der ersten Hälfte des Zeitraums viele persönliche oder solche Satiren, welche die religiösen und kirchlichen Verhältnisse der Zeit betreffen.[1])

1) Schade, O., Satiren u. Pasquille aus d. Reformationszeit, 3 Bde. Hann. 1856—58.

II. Historische Prosa.

§ 156. Entwickelung und Gattungen.

a. Der Fortschritt in der Geschichtschreibung erhält sich; zwar wird die Form der Chronik auch jetzt noch nicht verlassen, aber sie wird zur höchstmöglichen Ausbildung gebracht. Die Darstellung macht erfreuliche Fortschritte, indem die Geschichtschreiber theils die bisherige verständig weiter entwickelten, theils die Meisterwerke des Alterthums glücklich benutzten oder nachahmten, theils endlich auch dem Vorgange Luthers nacheiferten. Daher schrieben auch viele Historiker der Zeit in neuhochdeutscher Sprache.

b. Die meisten Geschichtswerke sind immer noch Länder- und Stadtchroniken, und unter diesen zeichnen sich wiederum die der Schweizer vortheilhaft aus; doch finden sich auch in andern Ländern, sowohl im Süden als im Norden, einzelne hervorragende Historiker. Es wurden auch einzelne gelungene Versuche gemacht, die allgemeine Geschichte darzustellen. Die Geschichte einzelner Begebenheiten wurde nur selten selbstständig und noch seltener mit Glück bearbeitet. Endlich ist zu erwähnen, daß in diesem Zeitraum auch die ersten politischen Zeitungen erscheinen, Anfangs als fliegende Blätter, später in regelmäßigen Zeiträumen.[1])

c. Die Biographie wurde ziemlich häufig und nicht ohne Glück bearbeitet, und es finden sich nicht bloß einzelne Lebensbeschreibungen, sondern auch größere Sammlungen. Die Lebensbeschreibungen einzelner Personen (meist Selbstbiographien) sind für die Zeit und Sittengeschichte von großem Interesse.

d. Auch an geographischen Werken nimmt der Reichthum zu; neben der großen Zahl von Reisebeschreibungen, von denen jedoch nur wenige besonderer Erwähnung werth sind, und die immer noch meist den Orient betreffen, entstehen schon Kosmographien oder Weltbeschreibungen. Die ältern Reisebeschreibungen werden gesammelt, z. B. „Reyßbuch des heiligen Landes" (Frankf. 1584. Fol. u. ö.).

III. Didaktische Prosa.

§ 157. Entwickelung und Gattungen.

a. Die Werke der didaktischen Prosa stehen unter allen prosaischen Sprachdarstellungen am Höchsten und sind auch die Grundlagen der neuhochdeutschen Sprache geworden. Dies gilt besonders von Luthers Schriften und insbesondere von seiner Bibelübersetzung. Aber so bedeutend die Höhe war, welche die didaktische Prosa am Anfange der Periode erreichte, eben so schnell und tief sank sie später; ihr Verfall beginnt schon mit der zweiten Hälfte des 16. Jahrh., als die Theologen sich in geistlose Zänkereien verloren und sich in abgeschmackten Sophistereien bewegten.

b. Die bedeutendsten Erscheinungen der didaktischen Prosa gehören in das Gebiet der Theologie. Da sich aber die Reformatoren und ihre nächsten Nachfolger zunächst an das Volk wendeten und wenden mußten, so sind ihre Schriften in Ausführung und Sprache durchaus populär. Diese Schriften waren meist von kleinem Umfang, es waren Flugschriften, die durch ihre innere und äußere Vortrefflichkeit die größte Verbreitung fanden. Viele derselben waren polemischer Natur und streiften sogar an das Gebiet der Satire. Es blieb beinahe keine Seite des katholischen Cultus unangefochten, besonders gab die übertriebene Verehrung der Heiligen vielfachen Anlaß zur bittersten Verspottung. Aehnliche Schriften erschienen auch in der zweiten Hälfte des Zeitraums

1) Zeitungen des 16. Jahrh., s. Weim. Jahrb. I, 344. — Prutz, Rob., Gesch. d. deutschen Journalismus. I. (u. einz.) Bd. Hann. 1845.

in großer Anzahl, aber sie haben beinahe ohne Ausnahme eben so wenig Werth als die Gegenschriften der Katholiken. Außer den kleinern Flugschriften belehrenden oder polemischen Inhalts erscheinen auch größere Abhandlungen oder Werke über religiöse Verhältnisse, welche zu den besten Erscheinungen der Zeit gehören. Auch von diesen rühren nur wenige von Katholiken her.

c. Die höchste Bedeutung gewannen die Bibelübersetzungen, namentlich die Lutherische, welche die Quelle der ganzen neuen Sprachbildung wurde. Ihr wurden von katholischer wie von reformierter Seite andere entgegengesetzt, alle stehen aber tief unter dem Werke Luthers, das an gewaltiger Behandlung der Sprache und großartiger Auffassung des Geistes der verschiedenen biblischen Schriften noch unerreicht ist.

d. Wie die bisher genannten Schriften, so waren auch die Sprichwörtersammlungen, die nun aufzutauchen begannen, für das Volk bestimmt. Sie giengen aus dem tiefern Verständnisse des Volks hervor und thaten zugleich in überzeugender Weise dar, daß das Volk die unversiegbare Quelle der höchsten praktischen Weisheit ist.

e. Die für die Gelehrten bestimmten Schriften aus dem Gebiete der Theologie wie der andern Wissenschaften sind überwiegend lateinisch geschrieben; es sind daher nur wenige in deutscher Sprache abgefaßt, und von diesen wenigen ist nur ein kleiner Theil von Bedeutung. Zu diesen gehören namentlich diejenigen, welche Gegenstände der speculativen oder mystischen so wie der praktischen Philosophie behandeln. Die Rechtsbücher sind zum größten Theil ohne stilistischen Werth; eben so die naturwissenschaftlichen und medicinischen Werke, von denen sich nur einige durch bedeutsamen Inhalt auszeichnen. Bedeutender sind mehrere Schriften über Kunst und mathematische Wissenschaften. Endlich verdienen noch einzelne Arbeiten über die Muttersprache Anerkennung.

IV. Rhetorische Prosa.

§ 158. Entwickelung und Gattungen.

a. Durch die Reformation erreichte die Kanzelberedsamkeit eine hohe, leider nur kurz andauernde Blüthe. Sie sank bald wieder, namentlich in Folge der zwischen den Protestanten ausgebrochenen Streitigkeiten, da die Predigt ihres Zweckes, den reinen Glauben und eine darauf beruhende reine Sittenlehre zu verkünden, immer mehr vergaß und sich in die abgeschmacktesten Darstellungen der Dogmatik, oder in die rohesten Ausfälle gegen die andern Kirchen verirrte. Unter den Katholiken zeichneten sich mehrere Kanzelredner vortheilhaft aus, aber auch die besten können nicht mit den großen Rednern der Protestanten zusammengestellt werden. Uebrigens herrschte bei den Predigern der Katholiken ein unerquicklicher polemischer Geist vor, der oft bis zum gemeinen Schimpfen ausartete.[1])

b. Die wissenschaftliche Rede blieb unbebaut, da bei solchen ausschließlich die lateinische Sprache im Gebrauche war. Dagegen sind einige höchst bedeutende Erscheinungen im Gebiete der politischen Beredsamkeit zu erwähnen. Von den eigentlichen Reden sind Huttens Meisterwerke leider lateinisch; dagegen sind die hieher gehörenden Sendschreiben der Reformatoren deutsch.

c. Während der Reformationszeit wurde die Form des Gesprächs sehr häufig gebraucht, um die bedeutendsten kirchlichen und zum Theil auch politischen Fragen in populärer Weise darzustellen. Viele dieser Gespräche zeichnen sich durch lebendige Behandlung der Form oder durch große Kraft der Satire aus.

1) Beste, W. D. bedeutendsten Kanzelredner d. ältern luther. Kirche v. Luther bis Spener in Biographien und Ausw. ihrer Predigten. Bd. 1. u. 2. Lpz. 1856–58. Lehrein, a. a. O.

Zweiter Abschnitt. Schriftsteller und Denkmäler.

Erstes Capitel. Hauptgestalten des Zeitraums.

§ 159. Ulrich von Hutten.

Ulrich von Hutten, geb. 21. April 1488 auf der Burg Stackelberg in Franken, kam als 11jähriger Knabe in das Stift Fulda, entfloh 1504, gieng nach Erfurt und dann nach Köln, 1506 nach Frankfurt a. d. O., wo er die Magisterwürde erhielt, trieb sich hierauf mehrere Jahre im Norden herum und kam nach Greifswalde, wo er vom Bürgermeister Lötz beraubt und mißhandelt wurde, von da 1509 nach Rostock, 1510 nach Wittenberg, reiste dann durch Böhmen und Mähren nach Wien (1511), wo er sich durch Talent und Anmuth des Umgangs viele Freunde erwarb; 1512 nach Italien, hatte in Pavia zuerst von den Franzosen, dann von den Schweizern Mißhandlungen zu erdulden, trat aus Noth als Landsknecht in das kaiserliche Heer, mit welchem er 1514 nach Deutschland zurückkehrte. Im J. 1515 schrieb er in lateinischer Sprache seine meisterhaften Reden gegen den Herzog Ulrich von Württemberg, der seinen Vetter Hans von Hutten ermordet hatte; bald darauf mit Crotus Rubianus u. A. die Epistolae obscurorum virorum, durch welche er den Mönchen und ihrem finstern Treiben einen furchtbaren Schlag versetzte. 1516 war er in Rom, 1517 wieder in Deutschland, 1518 wurde er vom Kaiser Maximilian zum Ritter geschlagen und zum Dichter gekrönt. Nachdem er eine Zeitlang im Dienste des Kurfürsten von Mainz gewesen, verließ er denselben, um seiner Idee, Deutschland vom römischen Joch zu befreien, ungetheilt zu leben. Nach einem verunglückten Versuch, Karl V. für diese Idee zu gewinnen, wandte er sich 1520 zu Sickingen, auf dessen Burg er mehrere Schriften herausgab und wo er auch anfieng, deutsch zu schreiben. Noch bevor Sickingen seinen Kampf mit den Fürsten begann, gieng er in die Schweiz. In Basel von Erasmus feig verleugnet, von der Geistlichkeit unerbittlich verfolgt, irrte er von Stadt zu Stadt und fand eine Zuflucht erst auf der Insel Ufenau im Zürichsee, wo er am 29. Aug. 1523 starb.[1])

Hutten bekämpfte das Papstthum zuerst vom Standpunkt des Humanismus, wie Reuchlin, Erasmus u. A.; das erste Auftreten Luthers hielt er für bloße Mönchszänkerei, weshalb er sich von demselben fern hielt; als er aber die Tragweite von Luthers Kampf erkannte, nahm er entschieden für ihn Partei. Das große Talent, welches er in seinen lateinischen Schriften beurkundet, kommt in seinen deutschen nur ungenügend zur Erscheinung, weil die Sprache, die er vorfand, zu ungebildet und er zudem der Sprache nicht Herr war. Sie sind aber bemerkenswerth, weil sie das Gepräge des ursprünglich freien und entschiedenen Geistes der Reformation an sich tragen.

Zu seinen besten Werken gehören die zuerst lateinisch abgefaßten und erst später in deutscher Sprache überarbeiteten. Die Satiren, „Febris die Erst“, „Febris die Ander“, „Vadiscus oder die römische Dreifaltigkeit“, „Die Anschauenden“ sind in Gesprächsform meisterhaft geschrieben und fassen in vortrefflicher Weise Alles zusammen, was sich damals gegen das päpstliche Kirchenregiment und die an Zucht und Wissenschaft so tief gesunkene Geistlichkeit sagen ließ. In abhandelnder Form schrieb er „Teutsche Klag an Herzog Friedrich von Sachsen“ und „Klagschrift an alle Stend teutscher Nation“ mit großer rhetorischer Kraft. Seine deutschen Gedichte sind formell beinahe schwach zu nennen; dagegen sind sie von sehr bedeutendem Inhalt. Die „Klag über den luterischen Brand zu Menz“ stellt die vom Erzbischof von Mainz befohlene Verbrennung der Schriften Luthers als eine Verhöhnung der Befehle Gottes

---

1) Meiners, Ulr. v. Hutten. Zür. 1797. G. W. Panzer, Ulr. v. Hutten in literar. Hinsicht. Nbg. 1798. A. Wagenseil, Ulr. v. H. nach Leben, Charakter und Schriften. Nbg. 1823. A. Bürck, Ulr. v. H. der Ritter, d. Gelehrte, d. Dichter, d. Kämpfer f. deutsche Freiheit. Lpz. u. Dresd. 1846. D. Fr. Strauß, Ulr. v. Hutten. Lpz. 1857. III. Werke, hrsg. v. E. Münch, Berl. 1821. V.; v. Böcking, Lpz. 1859 ff., V. und Spl.

bar. In der „Klag und vermanung gegen den übermäßigen unchristlichen Gewalt des Papstes zu Rom und der ungeistlichen geistlichen" fordert er offen zum Kampf gegen Rom auf, von dem für Deutschland nur Unheil zu erwarten sei. Sie ist zu gedehnt und ohne klare Anordnung, doch sind einzelne Stellen lebendig und von überzeugender Wahrheit. Von größerer politischer Einsicht als Luther sprach Hutten seine Ansichten über die deutschen Verhältnisse in der „Beklagunge der freistette teutscher nation" aus, in der er die Städte auffordert, mit dem Adel gemeinschaftliche Sache gegen die Fürsten zu machen, welche die gemeine Freiheit unterdrückten und durch ihre Bestrebungen nach Unabhängigkeit dem Reich Verderben und Untergang drohten. Sein einziges lyrisches Gedicht, „Ich hab gewagt mit Sinnen", spricht die herrschende Stimmung vortrefflich aus.

§ 160. Martin Luther.

a. Martin Luther, geb. 10. Nov. 1483 zu Eisleben, besuchte 1497 die Schule zu Magdeburg, 1498 in Eisenach, studierte 1501 in Erfurt, erhielt 1505 die Magisterwürde und begann Vorlesungen über Philosophie zu halten, trat bald darauf in das Augustinerkloster, wurde 1507 Priester, 1508 Professor der Philosophie in Wittenberg, reiste 1510 in Angelegenheiten des Ordens nach Rom, wurde 1512 Doctor der Theologie, schlug am 31. Oct. 1517 die berühmten 95 Sätze gegen den Ablaßkram an, begab sich 1518 nach Augsburg, wo ihn der Cardinal Cajetan vergeblich zum Widerruf aufforderte, disputierte 1519 mit Eck, wurde 1520 vom Papst Leo X. in den Bann gethan, worauf er die Bannbulle und die päpstlichen Decretalien verbrannte; vertheidigte sich 1521 vor dem Reichstag in Worms; da er nicht widerrief, wurde die Reichsacht über ihn ausgesprochen, worauf ihn Kurfürst Friedrich von Sachsen, um ihn vor Meuchelmord zu schützen, auf die Wartburg bringen ließ; 1522 kehrte er nach Wittenberg zurück, trat 1524 aus dem Orden, verheirathete sich 1525, erklärte sich gegen den Bauernaufstand; 1530 Gespräch mit Zwingli in Marburg. Er starb am 18. Febr. 1546 in Eisleben und wurde in Wittenberg beerdigt.[1])

b. Luther begründete die neuhochdeutsche Sprache, wobei er sich die Sprache der sächsischen Kanzlei zum Muster nahm, sich an Tauler so wie an dem Verfasser der „deutschen Theologie" und überhaupt an den Mystikern des 15. Jahrh. bildete und die Sprache des Volks der seinigen zum Grunde legte („Schloß- und Hofwörter kann ich nicht brauchen"). Seine Darstellung ist wahrhaft genial, er wählte immer und sicher die passende Form, woraus zum Theil der mächtige Eindruck zu erklären ist, den seine Schriften hervorbrachten.[2]) Er ist groß als Uebersetzer und Erklärer der Bibel, als polemischer Schriftsteller, als Kanzelredner und endlich als Schöpfer des neueren Kirchenliedes.

c. Sein größtes Meisterwerk ist die „Bibelübersetzung",[3]) durch welche seine Sprache zur allgemeinen wurde.

Sie ist durch ihre Reinheit und echt deutsches Gepräge eine der lautersten Quellen der deutschen Sprache und ist zudem in der Auffassung des Geistes und Charakters, selbst der Form der einzelnen biblischen Bücher noch unübertroffen.[4]) Die Vergleichung seiner ersten Versuche mit den nachfolgenden zeigt sein fortgesetztes Streben in Behandlung der Sprache.

---

1) Leben von Schröckh. Lpz. 1778; von G. Pfizer. Stuttg. 1836; von J. K. Jürgens. Lpz. 1846, von K. Zimmermann, 3. Aufl., Darmst. 1855. Deutsche Werke: Wittenb. 1539—59. Fol. XII.; Jena 1555—58. VIII., Altenb. 1661—64. Fol. X.; hrsg. v. Walch, Halle 1739—53. 4. XXIV.; v. Irmischer, Erlangen 1826 ff. LXVII. — 2) Hoffmann von Fallersleben. Luthers Verdienste um die deutsche Sprache (im Album d. literar. Abtheilg. d. Berl. Künstlervereins). Berl. 1838. Dietz, Wörterbuch. — 3) Die Sieben Bußpsalmen. Wittenb. 1517. 4. Das Newe Test. Wittenb. 1522. (Sept.) Fol. Ebd. 1522. (Dec.) Fol. Das Alte Test. Wittenb. 1523—32. V. Die ganze Bibel. Wittenb. 1534. Fol. VI. — 4) Göze, J. M., Kritik u. Historie d. Bibelübersetzung Luthers. Hamb. 1769. Panzer, G. W., Gesch. d. Bibelübersetzg. Luthers. Nürnb. 1783. Teller, Darstellung u. Beurtheilung der deutschen Sprache in Luthers Bibelübersetzung. 1794. II. Marheineke, Ph., Ueb. d. relig. Werth d. Bibelübers. Luthers. Berl. 1815. Bilchon, F. T., hohe Wichtigkeit d. Uebers. d. heil. Schrift. Berl. 1834. 4. Hopf, G. W., Würdigung der luth. Bibelübers. mit Rücks. auf ältere und neuere Uebersetzungen. Nürnb. 1847.

d. Seine Auslegungen und Erklärungen der biblischen Schriften sind eben so tief gedacht, als geistreich und überzeugend ausgeführt, und die Vorreden zu den einzelnen biblischen Büchern enthalten treffliche und eindringliche Charakteristiken. Seine Katechismen¹) sind Muster einer für das Volk und die Kinderwelt angemessenen Darstellung; seine verschiedenen Schriften über einzelne Glaubenslehren sind Meisterwerke gründlicher Entwicklung, voll Kraft, Klarheit und wahrer Beredsamkeit, z. B. „Daß der freie Wille nichts sey", „Daß die Worte Christi (das ist mein Leib) noch feste stehen"; „Großes Bekenntniß vom Abendmal Christi", „Vom ehelichen Leben", „Von den guten Werken" u. a.

e. Luthers polemische Schriften sind unübertreffliche Meisterwerke, voll Kraft, die jedoch oft zur übermäßigen Derbheit wird, wie in den Schriften „Das Pabstthum mit seinen Gliedern" und „Wider das Pabstthum zu Rom vom Teufel gestiftet"; namentlich aber überschreitet er in denen alle Grenzen der Mäßigung, welche gegen die aufrührerischen Bauern („Wider die mörderischen und räuberischen Rotten der Bauern"), gegen die Wiedertäufer („Wider die himmlischen Propheten"), gegen Heinrich VIII. von England („Antwort auf König Heinrichs in Engelland Buch") und gegen den Herzog Heinrich von Braunschweig („Wider Hans Worst") gerichtet sind.

f. Seine Predigten sind Ergüsse der wahrsten Beredsamkeit, voll Klarheit, feuriger Kraft, Innigkeit und Gedankenreichthum, oft auch derb im Ausdruck. Er sprach meist über biblische Texte, an welche er sich genau hielt, und die er zum klarsten Verständniß zu bringen suchte. Zu den vorzüglichsten gehören der „Sermon vom Ablaß und Gnade", die sieben Predigten gegen die Bilderstürmer u. a. m.²)

g. Vielleicht noch größeres rednerisches Talent entwickelt Luther in seinen Sendschreiben: „An den Christlichen Adel deutscher Nation: von des Christlichen Standes Besserung", worin er die damaligen Zustände in Kirche und Wissenschaft betrachtet, ihre Verkehrtheit zeigt und seine Ansichten über ihre Verbesserung entwickelt. „An die Radherren aller Stedte deutsches Lands: daß sie Christliche Schulen aufrichten und halten sollen". Seine zahlreichen Briefe sind darin meisterhaft, daß sie stets den rechten Ton treffen.³) Von großer Wichtigkeit für die Kenntniß seines Wesens und Wirkens sind seine Tischreden.⁴)

h. Seine 37 Kirchenlieder⁵) sind volksthümlich in Auffassung und Ausdruck und sprechen die lebendigste Glaubensüberzeugung aus. („Komm heiliger Geist"; „Ach Gott vom Himmel"; „Aus tiefer Not"; „Ein feste Burg"; „Vom Himmel hoch da komm ich her".) Uebrigens sind nur fünf selbstständig gedichtet, die übrigen sind Uebersetzungen oder Ueberarbeitungen lateinischer Kirchengesänge oder alter deutscher geistlicher Volkslieder; einige sind Bearbeitungen von Psalmen oder einzelner Bibelstellen. Aber auch diese sind bewunderungswürdig, theils wegen der Treue, mit welcher er den Geist seiner Vorbilder wiedergab, theils wegen der Selbstständigkeit, mit welcher er das Einzelne umarbeitete und besserte. — Daß Luther auch für andere Dichtungen Talent hatte, bezeugen seine Lieder „Frau Musica" und „Vom Hofleben" so wie seine Fabeln.⁶)

§ 161. Huldrich Zwingli.

a. Huldrich Zwingli, geb. am 1. Jan. 1484 zu Wildhaus im Toggenburgischen, studierte die Theologie in Basel, Bern und Wien, wurde 1506 Pfarrer in Glarus, machte 1512 und 1515 die italienischen Feldzüge als Feldprediger mit und wurde nach seiner Rückkehr Prediger in Einsiedeln, wo er sich großen Ruf als Kanzelredner erwarb; 1519 Pfarrer am großen Münster in Zürich, wo er seine schon in Einsiedeln begonnenen reformatorischen Bestrebungen fortsetzte und mit solcher Mäßigung und zugleich mit solcher Ueberzeugungskraft durchführte, daß die Reformation in Zürich schon 1522 entschieden war. Im J. 1524 heirathete er; 1529 erfolglose Zusammenkunft mit Luther, von dem er nicht bloß in einzelnen Glaubenssätzen abwich, sondern sich auch darin unterschied, daß er dem demokratischen Ursprung der Reformation treu blieb. Sein kräftiges Auftreten gegen den Fremdendienst (Reislaufen) wurde die Ursache, daß die Reformation in einigen Theilen der Schweiz wieder zurückgedrängt wurde. Er wurde

1) Kleiner Katechismus. Nürnb. 1529; Großer Kat., Ebd. 1529. — 2) Jonas, J., Die Kanzelberedsamkeit Luthers. Berl. 1852. — 3) Briefe, Sendschreiben u. Bedenken, gesamm. von W. M. L. de Wette, fortges. v. Seidemann, Berl. 1825—56, VI. — 4) Ausg. v. Aurifaber, Eisleben 1566. Fol.; v. K. E. Förstemann u. H. E. Bindseil. Berl. 1850, IV. — 5) Ausg. v. K. v. Winterfeld, Lpz. 1840; v. Ph. Wackernagel, Stuttg. 1848. 4., u. K. E. Th. Schneider, nebst e. kurzen Gesch. von ihrer Entstehung. Berl. 1856. — 6) Etliche Fabeln aus dem Esopo verdeutscht. C. O. 1540.

am 12. Oct. 1531 in der Schlacht bei Kappel, bei der er sich als Feldprediger befand, erschlagen.

b. Zwingli besaß eine gründliche und umfassende Gelehrsamkeit; der vertrauten Bekanntschaft mit den Alten verdankte er seinen milden und freien Sinn. Sein klarer ruhiger Geist spricht sich auch in seinen Schriften aus, die daher mehr überzeugen als begeistern. Sein Stil ist einfach und klar, aber, obgleich weit entfernt von Luthers Feuer, doch voll Kraft und natürlicher Beredsamkeit. Daß er in seiner heimatlichen Mundart schrieb, hat die weitere Verbreitung seiner Schriften gehindert.[1])

c. Unter seinen reformatorischen Schriften sind folgende am Meisten bemerkenswerth: „Die Ußlegen und Gründ der schlußreden oder articklen", die er im ersten Religionsgespräch zu Zürich (1523) aufgestellt hatte, enthält eine klare und vollständige Entwicklung seiner Grundsätze, die er später in dem „Ratschlag von den bildern und der meß", in der „kurzen underrichtung vom nachtmal Christi" und in der „Erklärung des christlichen glaubens" weiter entwickelte. — Von großer Vortrefflichkeit sind auch seine pädagogischen Schriften, unter welchen sich das „Leerbiechlein, wie man die Knaben Christlich underwysen und erziehen sol" auszeichnet.

d. Auch seine Predigten beurkunden seinen praktischen Sinn, weshalb er am Liebsten in die Darstellung der christlichen Sittenlehre eingeht und sogar, jedoch mit großer Mäßigung, die politischen Verhältnisse bespricht. Die berühmtesten sind die „Von der ewig reinen magd Maria", in welcher er die Verehrung der Mutter Jesu auf ihr richtiges Maß zurückzuführen suchte, und die zwei, welche er zur Zeit des Religionsgesprächs in Bern hielt.

e. In den politischen Sendschreiben herrscht ein praktischer und richtiger Blick, Kraft und Entschiedenheit der Ueberzeugung, ein frommer und zugleich ächt republikanischer Sinn. Am Eindrucksreichsten war die „Vermanung an die Eidgenossen, daß sy sich vor frömden Herren hütind" und die „Vermanung an die eydgnossen, daß sy sich nach irer vordern bruch und gstalt leitind".

f. Die wenigen geistlichen Lieder Zwinglis sind immer gemüthreich und tief gefühlt, aber in einer schwerfälligen Form. Außerdem hat er noch zwei allegorische Gedichte verfaßt, „Das Labyrinth" und das „Fabelisch gedicht von einem Ochsen und etlichen Thieren", in welchen sich seine tiefe Entrüstung über die Verderber des Volks und seine treue Vaterlandsliebe lebendig ausspricht.

§ 162. Hans Sachs.

a. Hans Sachs, geb. 5. Nov. 1494 in Nürnberg, besuchte vom 7. bis zum 15. J. die lateinische Schule und kam sodann zu einem Schuhmacher in die Lehre. Im 17. J. trat er seine Wanderschaft an, durchreiste einen großen Theil von Deutschland, hielt sich längere Zeit in Regensburg und anderen süddeutschen Städten auf; in Insbruck, wo er eine Zeitlang Waidmann am Hofe Kaiser Maximilians war, entschloß er sich (1513) zum Meistergesang, begab sich deshalb nach München, wo der Leinweber Leonhard Nunnenbeck sein Lehrer wurde. Im J. 1516 kehrte er in die Heimat zurück, wo er sich als Meister niederließ. Er verheirathete sich mit Kunig. Creutzerin (40jährige Ehe), schloß sich sehr früh der reformatorischen Bewegung an und schrieb Manches in Versen und Prosa zur Unterstützung derselben. Viele Gedichte, die diesen Zweck nicht haben, sind im Geist der neuen Lehre abgefaßt, selbst Fabeln, Schwänke und Spiele. Im J. 1561 verheirathete er sich zum zweiten Male (67 J. alt) mit der 17jährigen Barbara Harscherin und lebte auch mit dieser glücklich. Er starb am 19. Jan. 1576, beinahe 80 J. alt.[2])

---

1) Leben von H. W. Rotermund, Bremen 1818, von J. L. Heß, Zür. 1811. Hottinger, H. Zwingli u. s. Zeit. Zür. 1842. Röder, G. v., H. Zwingli, s. Freunde u. Gegner. St. Gallen 1855. Mörikofer, Ulrich Zwingli nach den urkundlichen Quellen, Lpz. 1867 2 Th. Eine vortreffliche Darstellung von Zwinglis Thätigkeit u. Charakter giebt die Gräfin Dora D'Istria in der „Deutschen Schweiz". Zür. 1857. III. Werke: Zür. 1530. Fol. III.; Ebd. 1544. Fol. IV.; Neue Ausg. von Schuler u. Schultheß. Ebd. 1828—42. 8 B. — 2) Leben von Sal. Ranisch. Altenb. 1765; J. G. Hoffmann. Hans Sachs Leben u. Wirken aus s. Dichtungen nachgewiesen. Nürnb. 1847; K. J. Kimmel, de [illegible]. Karlsr. 1851; E. Lombeck, Hans Sachs als dramat. Dichter. Rottweil 1847. Weller, Emil, D. Volksdichter Hans Sachs u. s. Dichtungen. Nürnb. 1868.

b. Hans Sachs war von außerordentlicher Fruchtbarkeit.[1]) Seine sehr mannigfaltigen Stoffe schöpfte er theils aus dem Leben, theils aus Büchern. Er war kein schöpferischer Geist, der den im Stoff liegenden Keim zum reichen Gebilde zu gestalten vermag; allein er besaß eine große Beobachtungsgabe, eine allseitige Menschen- und Weltkenntniß, ferner im hohen Grade das Talent, Erlebtes und Gesehenes anschaulich darzustellen. Dagegen fehlte es ihm trotz seiner großen Belesenheit an künstlerischer Bildung, weshalb er auch öfters bei der Leichtigkeit, mit welcher er Verse schrieb, in bloße Reimerei verfiel. Sein Versbau ist mangelhaft, der Reim sehr häufig hart und unbeholfen, die Sprache rauh und ungefüg, und eben so weit von der rhythmischen Schönheit der ältern Dichter als von dem natürlichen Wohlklang der Volkspoesie entfernt. Dagegen ist die Darstellung in seinen bessern Dichtungen leicht und ungezwungen, die Sprache natürlich und treuherzig, der Ausdruck reich und angemessen, die Wendungen äußerst glücklich und von tief poetischem Sinne so wie von dem liebenswürdigsten Humor zeugend.[2])

c. Hans Sachs hatte ein entschiedenes Talent für das Drama, allein seine Dichtungen sind eigentlich bloß Skizzen, in denen zwar alle Keime zu einem vollkommenen Drama liegen, welche aber nicht zu lebendiger Entfaltung gelangen, theils weil ihm die höhere Schöpferkraft fehlte, theils auch wohl, weil er den beschränkten Umfang des zur gesellschaftlichen Unterhaltung bestimmten Dramas nicht überschreiten durfte, und daher weder das Leben in seiner Fülle darstellen, noch die Leidenschaften entwickeln konnte, vorzüglich aber, weil es an einem großen und bewegten Leben fehlte, das ihn hätte emporheben, in welchem er Vorbilder für seine Personen und Handlungen hätte finden können. Bei alle dem sind seine Verdienste um das Drama sehr groß: er hat den Kreis desselben mächtig erweitert, indem er neue und fruchtbare Stoffe einführte; er hat es auch in formeller Hinsicht gehoben, indem er zuerst einen eigentlichen Dialog durchführte, die Handlungen zu exponieren und zu motivieren versuchte, die Personen individualisierte und ihren Charakter mit großer Kunst zeichnete. Es ist bei ihm namentlich anzuerkennen, daß er das große Gebiet der Geschichte und Sage (deutsche und fremde) in den Kreis der dramatischen Behandlung zog. Es stehen die historischen Dramen zwar den übrigen nach, weil er sich meist zu schüchtern an die ihm vorliegende Quelle hielt; sie sind jedoch seinen biblischen Stücken vorzuziehen, in denen er am Wenigsten selbstständig gestaltend auftrat. Nur wenn ihm zugleich eine volksthümliche Sage zu Hülfe kam, bewegte er sich lebendiger und freier. Seine Eigenthümlichkeit läßt sich vielleicht am Besten aus den Stücken erkennen, die er den Alten (Griechen und Römern) nachbildete; es wird aus ihnen recht ersichtlich, wie tüchtig er den eigentlichen Punkt zu erfassen und die Charaktere zu zeichnen, wie wenig er aber dagegen die glückliche Anlage zu entwickeln wußte.

Am Höchsten steht er in seinen „Fastnachtsspielen“, weil diese eine größere Entfaltung am Ersten entbehren konnten, und sie auch seinem heitern Sinn am Meisten zusagten. Es sind meistens kleine Anekdoten und Schwänke die er mit großem Geschicke dramatisch gestaltete. Auch viele „Komödien“ und „Tragödien“, deren Wesen er freilich nicht erkannt hatte, zeugen von dramatischem Talent. Bedeutendste Dramen: Das Hofgesind Veneris (erstes Drama 1517), Plutus (nach Aristophanes).

---

1) Im J. 1567 hatte er nach seiner eigenen Angabe 4275 Meistergesänge, 208 dramatische Spiele, 1492 Fabeln, Schwänke, Sprüche und Gespräche, 66 Psalmen, geistliche, weltliche, Liebes- u. Kriegslieder und 7 Dialoge in Prosa, im Ganzen 6048 Stücke gedichtet, zu denen bis zu seinem Tod noch mehr kamen. Nur ein Theil davon ist gedruckt. — 2) Werke: Nürnb. 1558—79. V. Fol. (Bd. 1—3 in mehr. Drucken); Kempten 1612. V. 4. Ausg. v. A. v. Keller. Stuttg. 1870. V. Auswahl v. Bertuch. Weimar 1778; v. J. A. Häßlein. Bd. 1. Nürnb. 1781; v. J. G. Büsching. Ebd. 1816—24. III. (modernisiert); v. J. A. Göz. Ebd. 1829—30. IV.; v. G. W. Hopf. Ebd. 1856. II. v. Goedeke u. Tittmann. Lpz. 1870—1871. III.

Menächmo (nach Plautus), Hekastus (nach Macropedius), die Buhlerin Thais (nach Terenz, letztes Drama); die Tragödie: Lisabetha. die Komödien: der Karg und Mild, Griselda, die ungleichen Kinder Evä; die edel Fraw Beritola; der Jüngling im Kasten; die Fastnachtspiele: der Bauer im Fegfeuer; das Weib im Brunnen, Eulenspiegel mit den Blinden; der Ketzermeister; der Roßdieb zu Fünsingen; der Teufel nam ein alt weib zur Ehe; das Narrenschneiden, die kuppler Schwieger mit dem alten Kaufmann.

d. Noch größer ist Hans Sachs in seinen Erzählungen, insbesondere in den komischen, den Schwänken, da es sich bei diesen nicht darum handelt, ein reiches, bewegtes Leben in seiner ganzen innern und äußern Mannigfaltigkeit darzustellen, sondern nur die enge Welt, die ihn umgab, zu schildern, was seinem Talent am Meisten entsprach. Wenn er über diesen Kreis hinausgieng, verfiel er häufig in bloße Reimereien; daher sind die meisten biblischen Erzählungen und historischen Gedichte schwach; in nur wenigen gelingt es ihm, die entlegenen Verhältnisse zu beherrschen.[1])

In den Schwänken treten seine Eigenthümlichkeiten am Kräftigsten hervor, heitere Laune, schalkhafter Humor und herzliche Gemüthlichkeit. Manche sind nach unsern Begriffen schmutzig, aber so treuherzig erzählt, daß das Unzüchtige fast ganz zurücktritt. — Viele Erzählungen haben eine allegorische Einkleidung, worin er der Neigung seiner Zeit folgte. Die wenigen Legenden, die er dichtete, sind Muster der komischen Behandlung dieser Gattung. Weniger Werth haben seine zahlreichen Fabeln, von denen jedoch einige ebenfalls vortrefflich erzählt sind: Erzählungen und Schwänke: Die zehn guten nützlichen Lehren einer Nachtigall; die halbe Roßdeck, der Wolf im Kasten, Ursprung bewährter Feindschaft zwischen Hund, Katz und Maus. Eulenspiegel ein Brillenmacher; der Bergisch Edelmann mit dem Mönnich von Wallsachsen, der verlogen Knecht mit dem großen Fuchs, die ungleichen Kinder Evä; Von der Schwaben Ankunft und ihrem treuen Regiment, das Schlauraffenland; der Schneider mit dem Panier; der Bauer mit dem Zopf, Ursprung des ersten Münchs; Ursprung des Weihwassers; Von dem frommen Adel; der Maler mit dem Studenten. Legenden: St. Peter mit der Geiß, St. Peter mit dem faulen Bauernknecht. Fabeln: Der geizend Hahn; die zwo Mäus; das Zipperlein und die Spinne.

e. Seine didaktischen Dichtungen, die besten der Zeit, ragen durch die treffliche Erkenntniß und die Mannigfaltigkeit des Inhalts hervor. Es giebt beinahe kein Verhältniß des öffentlichen, wie des häuslichen Lebens, keine Seite des menschlichen Herzens, die er nicht mit inniger Treuherzigkeit besprochen hätte. Besonders sind die Gedichte auszuzeichnen, in denen er die kirchlichen und politischen Verhältnisse, und namentlich die kritische Tendenz des Kaisers bespricht. Auch die Form ist sehr mannigfaltig: Spruchgedichte, Allegorien, Kampfgespräche (wo er öfters selbst als Zwischenredner auftritt), Vergleichungen. Spruchgedichte: Der ganz hausrat, die hundert Thierlein mit ihrer Art und Natur; die Wittenbergisch Nachtigall; Klagred über die Lehre Luthers, das klagend Evangelium, die gemartert Theologia; das schedlich Thier der eigennutz; der wunderlich Traum von meinem abgeschiden lieben Gemahel. — Allegorien: Der klagend Ehrenhold über Fursten und Adel. Von dem Teuffel, dem die hell will zu eng werden: — Kampfgespräche: Die unwehig Fraw Schalckheit; Wahrheit und Gewalt, Zorn und Sanftmuth; Alter und Jugend; die Frauen mit ihrem hausknecht; Wasser und Wein; — Vergleichungen: Herz und Mühle. Leben und Brettspil: Geizhals und Otter; Tyrann und Panther; Buler und Blau.

f. Hans Sachsens Meistergesänge, deren er eine große Zahl (4275) gedichtet hat, zeigen alle poetische Armuth, alle Mängel und Unformen der Schule, daher er auch selbst keinen einzigen in die Sammlung seiner Werke aufnahm. Daß er aber auch lyrisches Talent hatte, beweisen seine ([illegible]) geistlichen Lieder, worunter dreizehn Psalmen, die den Stempel seines reinen kindlichen Gemüths tragen, und im Geiste der Reformation gedichtet sind. Darunter das treffliche Lied: „Warum betrübst du dich mein Herz". Einige sind Umdichtungen weltlicher Lieder, z. B. „Ach Jupiter hetts gewalt", geistlich verändert: „O Gott Vater, du hast gewalt". Sie sind einzeln gedruckt,[2]) aber nicht in seine Werke aufgenommen, wogegen die Umdichtungen der „Psalmen", des „Jesus Sirach", der „Sprüche Salomonis" in den gewöhnlichen Reimpaaren darin abgedruckt sind. Von seinen weltlichen Liedern (Gassenhauer, Kriegslieder, Buhllieder) scheinen keine erhalten zu sein.

g. Seine Theilnahme an der Reformation beurkundete er endlich auch durch einige prosaische, in Gesprächsform geschriebene Flugschriften; sie behandeln die wichtigsten Fragen der Zeit in einfacher und gemüthlicher Weise.[3])

---

1) Schwänke (30) hrsg. v. J. A. Keller, Kiel 1877. — 2) Dreizehn Psalmen, o. O. 1526; Christliche Lieder, Nbg. o. J. — 3) Vier Dialoge, hrsg. v. Reinhold Köhler, Weim. 1858.

§ 163. Johannes Fischart.

a. **Johannes Fischart**, geb. zu Straßburg um 1550, besuchte die Schule zu Worms bei seinem Vetter Caspar Scheidt (s. u. § 174), studierte an verschiedenen Orten, unter Anderm wahrscheinlich auch in Tübingen, 1573 in Basel, wo er auch 1574 als Doctor der beiden Rechte promovierte, lebte seit ungefähr 1576 zu Straßburg, zuerst wohl bei seinem Schwager, dem Buchdrucker Jobin, nahm dort an den theologischen Streitigkeiten (1578—1580) Antheil, und vermählte sich gegen 1583 mit der Tochter des Amtmanns Bernh. Herzog (§ 189). Vor 1575 reiste er nach England, noch früher auch nach den Niederlanden, Italien und Frankreich, jedenfalls besuchte er die Schweiz, Schwaben, Franken und die meisten andern deutschen Länder. Im J. 1581—1582 war er Advocat am Reichskammergericht zu Speier, wahrscheinlich seit 1584 Amtmann zu Forbach. Er starb im Winter 1589.[1])

b. Fischart ist für die zweite Hälfte des 16. Jahrh. das, was Luther für die erste war; daß seine Wirksamkeit beschränkter war, lag vorzüglich in der Abnahme der reformatorischen Kraft, die beinahe in ihm allein durch seine Bekämpfung des Jesuitismus noch einen Vertreter findet. In ihm verbinden sich vielseitiges Talent, ausgebreitete Gelehrsamkeit und gesinnungsvolle Charaktergröße. So umfassend seine Gelehrsamkeit war (alte und neue Sprachen, große theologische, juristische und historische Kenntnisse), so war sie ihm doch nur Mittel zu höhern Zwecken: Bekämpfung des Jesuitismus und Sicherstellung der Reformation vor dessen geheimen und offenen Angriffen, Hebung des Volks in Sitte und vaterländischer Gesinnung. Er ist in seinen prosaischen Schriften am Größten, wie er denn die Prosa auch viel glücklicher behandelt als den Vers. In Behandlung desselben übertrifft er zwar seine Zeitgenossen, allein er steht doch im Ganzen auf demselben Standpunkt wie sie. In der Prosa steht er dagegen ganz allein da. Seine Sprache ist großartig und genial. Reiche Fülle des Ausdrucks, geistreiche, wenn auch oft kecke Wortbildungen, in denen er eine seltene Kraft des Sprachgefühls entfaltet, meisterhafter Periodenbau, Reichthum an wirkungsvollen Wendungen sind die hervorragendsten Seiten seines Stils. Diesem entspricht der innere Gang seiner Darstellung. Kräftig, lebendig, oft scheinbar willkürlich, ins Ungeheure abirrend, aber nach langen und inhaltreichen Umschweifen stets zum Ziele zurückkehrend. Wenn dieser Gang auch unkünstlerisch ist, so entschädigt uns dagegen die reiche Fülle von Gedanken, Beobachtungen, Thatsachen aus Geschichte, Sage, überhaupt aus dem ganzen Umfang des Volkslebens. Alles wird durch reichen Humor, unerschöpflichen Witz auf das Glücklichste belebt.

c. Seine Hauptwerke sind **Satiren**, in denen er bald besondere Erscheinungen der Zeit (Jesuitismus), ja selbst bestimmte Persönlichkeiten (Nas), bald allgemeine Gebrechen bekämpft, jene voll edlen Zorns mit bitterm Spott und vernichtendem Witz, diese mit heiterm Humor oder muthwilliger Ausgelassenheit; jene meist in Versen, diese in Prosa.

d. Von seinen prosaischen Schriften nimmt die „Geschichtklitterung (zuerst „Geschichtschrift“) der Thaten der Helden und Herren Gorgellantua und Pantagruel“ (o. O. 1575, Grensing im Gänsreich 1582, 1590 u. ö.), eine Uebersetzung oder vielmehr (namentlich in der ersten Hälfte) selbständige Bearbeitung des „Gargantua“ von Rabelais, die erste Stelle ein. Wie Dieser, stellt er darin die Rohheit dar, welche sich zu seiner Zeit des ganzen Lebens, namentlich aber der höhern Stände bemächtigt hatte, doch erweitert er die Umrisse seines Vorbildes zu reichen Gemälden. Die Geschichte seines Helden ist ihm in der That nur Nebensache, daher dieselbe auch sehr einfach ist. Inhalt: Schilderung des Lebens

1) Vilmar, Joh. Fischart, in d. Encyklop. v. Ersch u. Gruber. I. Section. Bd. 51. Desselben Zur Literatur Fischarts 2. verm. Aufl. Fft. 1865. W. Wackernagel, Johann Fischart von Straßburg und Basels Antheil an ihm. Basel 1870.

am Hofe Grandgusiers. Dieser heirathet Gargamelle, die ihm einen Sohn gebiert (Abschweifung über wunderbare Geburten), während Grandgousier ein großes Gelage hält (meisterhafte Schilderung desselben). Dem Neugeborenen wird nach dem ersten Wort, das er spricht, der Name Gargantuas oder Gurgellantua gegeben (schöne und inhaltreiche satirische Abschweifung über die Taufnamen, dann über die damalige Tracht, die Wappenfarben u. s. w.). Der Prinz wächst zuerst in aller Unschuld auf, erst später erhält er einen Lehrer, in welchem der Dichter den Pedantismus des Gelehrten verspottet; der König erkennt die falsche Wahl und gibt dem Sohn einen andern Lehrer von praktischem Sinne, mit welchem Dieser nach Paris zieht, wo er sich zuerst rohem Leben ergibt, dann aber von seinem Lehrer auf bessere Wege geführt wird. Den Schluß bildet die Erzählung eines von Gargantua siegreich geführten Krieges; darin tritt nur Eine Hauptperson auf, der Mönch Jan Onkapaunt, in welchem der Dichter die Rohheit, Unwissenheit und das unzüchtige Leben der Mönche geißelt.

e. Im „Aller Praktik Großmutter" (o. O. 1572. 4.; o. O. 1574 in 8 Ausgg. u. ö.), ebenfalls nach Rabelais, aber in der späteren Ausgabe selbständig erweitert, verspottet er die Kalendermacher mit ihren abergläubigen Prophezeiungen, indem er ihrem Unsinn ähnlichen, aber in komischer Uebertreibung entgegensetzt. — Der „Catalogus" (gedruckt zu Nienendorf bei Nirgendheim im Nebelgrund 1590) ist gegen die pedantische Gelehrsamkeit seiner Zeit gerichtet, welche die abgeschmacktesten und nutzlosesten Fragen mit dem größten Ernst behandelte. Das „Podagrammisch Trostbüchlein" (o. O. 1577. 2. Ausgg.; o. O. 1591), die Erweiterung zweier lateinischer Schriften über das Podagra (von Carnarius und Pirkheimer), ist von dem heitersten Humor eingegeben. Das „Philosophisch Ehezuchtbüchlein" (Straßb. 1578. Ebd. 1591) ist eine geistreiche Uebersetzung zweier Abhandlungen Plutarchs („Von der Ehe und von der Kinderzucht") und eines Gesprächs von Erasmus („Klage des Ehestandes"), welchen sich eine selbständige Abhandlung „Von Ehegebräuchlichkeiten" anschließt, die voll der schönsten Bemerkungen ist und von der Tiefe und dem Adel seines Gemüths wie von seinem köstlichen Humor zeugt. Der gegen die päpstliche Hierarchie gerichtete „Bienenkorb des h. Röm. Immenschwarms" (Christlingen 1579. 1580; 1581 u. ö.) ist eine Bearbeitung des „Bienkorf" von Marnix, der namentlich in der vierten Auflage mit reichen Zusätzen vermehrt ist, welche den Hauptwerth des Buchs bilden.

f. Unter den in Reimen gefaßten Satiren ist der gegen einen Apostaten, Jakob Rabe, gerichtete „Nachtrab" (o. O. 1570) die frühste und unbedeutendste. Gegen den Franciscaner Joh. Nas (s. u. § 185), der eine Reihe von Schmähschriften gegen Luther und die Reformation geschrieben hatte, ist das Gedicht „Von S. Dominici und S. Francisci artlichem Leben und großen Greweln" (o. O. 1571) gerichtet. Es ist eine vortreffliche Abwehr von Nasens Behauptung, daß die Protestanten in ihrer Zwietracht lebten und daß Luther mit dem Teufel Gemeinschaft gehabt habe, indem er nachweist, daß diese Beschuldigungen auf die Mönchsorden zurückzuwerfen seien, wodurch das Gedicht zugleich eine allgemeinere Bedeutung gewinnt. Inhalt: Als einst St. Franciscus den heil. Dominicus über einen Fluß getragen, frug er ihn, ob er Geld bei sich habe, und ließ ihn, als dieser es bejahte, ins Wasser fallen, weil er kein Geld tragen dürfe. Daher kommt die Feindschaft zwischen Dominicanern und Franciscanern. Aber auch zwischen den einzelnen Orden besteht Feindschaft, nicht etwa wegen Glaubensartikeln, sondern um äußerer Dinge willen. Die Mönche unterscheiden sich sogar in der Farbe der Kutte, nur im Müßiggang sind sie gleich, und darin, daß alle es verstehen, den Leuten ihr Geld abzuschwatzen; wie sie lügen können, zeigt Nas in seinen „Centurien" (s. u. § 185). So sage er, Luther sei des Teufels Eigenthum gewesen, weil er Anfechtungen vom Teufel gehabt habe; dergleichen habe auch Dominicus gehabt, dessen Wundergeschichten mit beißendem Witze lächerlich gemacht werden. — „Der Barfüßer Secten- und Kuttenstreit" (Holzschn. in Fol. o. O. u. J.) ist eine weitere Entwicklung des vorigen Gedichts, aber unbedeutender. Er ist in dem „Alcoran" von Er. Alberus (s. u. § 178) abgedruckt.

g. Noch bitterer und heftiger ist die nach einem gleichzeitigen französischen Gedichte bearbeitete „Legend des vierhörnigen Hütleins";[1] aber es ist dieses Gedicht, welches gewöhnlich das „Jesuitenhütlein" genannt wird, künstlerisch viel bedeutender als die vorigen (Gedruckt zu Lausannen b. Gangwolf Gauchach 1580; 1591; 1593; nach d. letzten Druck hrsg. v. Chr. Schad, Lpz. 1845). Inhalt: Nach Christi Himmelfahrt beruft Lucifer alle Teufel. Die Welt, sagt er, verachtet jetzt die Hölle und ihr Abzeichen, das Horn; er wolle ihnen wieder die alte Ehrfurcht gewinnen. Er läßt nun eine Mütze mit einem Horn (Kappe), dann eine mit zwei Hörnern (Bischofsmütze), dann eine mit drei (Tiara) machen, in welche er alle möglichen Laster einnähen läßt. Zuletzt befiehlt er, ein vierhörniges (Jesuiten-) Hütlein zu bilden, das viermal mehr Gift enthalten solle, als die andern zusammen; denn es solle von vierfachen Bösewichtern getragen werden, die sich noch mehr verstellen können, als der Teufel selbst, weshalb sie sich Jesuiten nennen würden, obgleich sie Jesuwider heißen sollten. Ignaz Lugvoll (Loyola) werde die Gesellschaft stiften. Alle Teufel, selbst Lucifers Großmutter, arbeiteten an dem Hütlein und vernähten in die vier Hörner Ehrgeiz, Lügengeschwätz, Verführung der Jugend und Unfrieden, worauf es der Teufel einsegnete.

[1]) Kurz, Heinrich. Ueber die Quelle des Jesuitenhütleins. In Herrigs Archiv. Bd. 24. S. 61.

h. Mehr epischer Haltung sind der „Eulenspiegel Reimensweiß" (Frankf. o. J.), den er auf Veranlassung seines Lehrers Scheidt abfaßte, die Erneuerung des „Ritters von Staufenberg" (o. O. 1588; vgl. § 118) und „Die Flöhhatz" (Straßb. 1573; 1577; 1578), in der er eine bedeutende Erfindungsgabe an den Tag gelegt hat. Inhalt: Ein Floh, der kaum dem Tod entronnen ist, bittet Jupiter, die Weiber für ihre Mordsucht zu bestrafen. Die Mücke, welche ihn klagen hört, sucht ihn zu trösten und nun entspinnt sich ein Gespräch, das der Dichter benutzt, theils um eine Fülle von geistreichen Bemerkungen über Leben und Welt niederzulegen (die Mücke ist nämlich nicht vergeblich durch die Welt geflogen), theils um eine Menge der ergötzlichsten Flohgeschichten zu erzählen, deren Darstellung lebendig, bis zur Ausgelassenheit muthwillig, aber keineswegs unsittlich ist. Die zweite Hälfte des Gedichts enthält die Verantwortung der Weiber, die Klagen werden Punkt für Punkt vorgenommen und mit komischem Ernst bekämpft, worauf das Urtheil erfolgt, welches den Weibern das Recht einräumt, die Flöhe zu tödten.

i. Als Meister in der ernsten Erzählung zeigt sich Fischart in dem Gedicht „Das Glückhafft Schiff von Zürich", das die Fahrt der Züricher Schützen zu dem Straßburger Schießen erzählt. (D. älteste Ausg. ist noch unbekannt; o. O. u. J. 4. m. d. „Abtrab"; o. O. u. J. (Nachdruck); nach diesem herausg. v. K. Halling, mit e. Beitr. z. Gesch. d. Freischießen v. Uhland, Tüb. 1828.) Inhalt: Nachdem der Dichter die Veranlassung der Fahrt kurz erwähnt, zeigt er uns das Einschiffen der Schützen unter dem Jubel der Zuschauer, und nun fliegt das Schiff dahin; bald hat es die Limmat und die Aar verlassen und den Rhein erreicht, den die Schützen freundlich begrüßen. Alles ist personificiert, die Sonne, das Schiff, die Limmat, die Aar, der Rhein, der die Eidgenossen an die Thaten der Ahnen erinnert. Die Hindernisse bei Laufenburg (Rheinfall), bei Istein (Strudel) werden glücklich überwunden; auch die heißesten Strahlen, welche die Sonne aus Neid über die Schnelligkeit der Schiffer versendet, können sie nicht abhalten, und so erreichen sie Straßburg noch vor Abend. Den Schluß bildet die Geschichte ihres Aufenthalts in der befreundeten Stadt. — Bald nach Erscheinen des „Schiffs" wurde die Fahrt der Züricher in einer elenden Reimerei lächerlich gemacht. Fischart schleuderte gegen diesen „Schmachspruch" seinen „Nothwendigen Abtrab", welcher die gemeine Gesinnung jenes Reimers in ihrer ganzen Erbärmlichkeit aufdeckt.

k. Fischart ist auch als Lyriker auszuzeichnen. Seine „Psalmen" (Gesangbüchlein von Psalmen u. s. w. Straßb. 1576; neue Ausg. Berl. 1849) führen die Gedanken und Anschauungen des Originals im Geiste desselben zu einem Gemälde voll Farbenglut aus. Sein einziges weltliches Lied, ein „Tanzlied" (im „Ehezuchtbüchlein"), ist vortrefflich. Andere lyrische Gedichte sind wegen ihres Inhalts bedeutend, so die „Ermanung an die Teutschen",[1] das „Lob deß Landlufts",[2] eine Umschreibung des Horazischen „Beatus ille", das Gedicht „auf seine Bücher" (im „Gargantua"), die trefflichen Gedichte, die er bei Gelegenheit des zwischen Bern, Zürich und Straßburg geschlossenen Bündnisses (1588) verfaßte,[3] die „Ermanung zu christlicher Kinderzucht"[4] u. a. m. Endlich erwähnen wir seine sieben „Sonette",[5] die in Form und Inhalt gleich anziehend sind.[6]

Zweites Kapitel. Uebersicht der Schriftsteller und Denkmäler nach den Gattungen der Darstellung.

Erstes Hauptstück. Poesie.

I. Lyrische Poesie.

§ 164. Die Meistersänger (§ 143).

Hans Sachs, s. o. § 163. — Ambrosius Metzger, aus Nürnberg, Lehrer das. (1573—1632), einer der wenigen Gelehrten unter den Meistersängern; außer Meistergesängen eine Uebersetzung der „Psalmen" (Nürnb. 1630) und von Ovids Metamorphosen (ungedruckt). — Adam Puschmann, Schuhmacher aus Görlitz (1532—1600), besang seines Lehrers Hans Sachs Leben und dichterisches Wirken mit meister-

1) Im „Eikones d. i. w. Bildnussen der XII ersten ältesten Teutschen Königs", Straßb. 1573. — 2) Im „Siben Bücher von dem Feldbau", übers. v. Melch. Sebitz, Straßb. 1579. Fol. u. 4. — 3) In d. „Beschreibung, welcher gestalt die Bündnuß der Stätt Zürich, Bern u. Straßburg ist erneuert worden", Straßb. 1588. 4.; neue Ausg. von Heinr. Kurz in den Beiträgen v. Kurz u. Weissenbach. — 4) Im „Catechismus", Straßb. 1578, neue Ausg. in Vilmar, Zur Liter. Joh. Fischarts, Marb. 1846. 4. — 5) Im „Außschreiben d. Stände in Frankreich". Aus dem Französ. durch Emericum Erbeham, o. O. u. J.; abgedruckt in Heinr. Kurz, Literaturgesch. 2, 29. — 6) J. Fischarts sämmtl. Dichtungen. Herausg. u. mit Erläuterungen versehen v. Heinr. Kurz. Leipz. 1866 f. III.

bürgerlicher Treue und Unabhängigkeit,[1]) und dichtete außer vielen Meistergesängen auch eine „Comedie von dem Patriarchen Jacob, Joseph und seinen Brüdern“ (Görlitz 1578).

§ 165. Die Lyrik der Gelehrten (§ 150).

a. **Hutten** s. o. § 159. **Luther** s. o. § 160. **Fischart** s. o. § 162. **Ringwaldt** s. u. § 173. **Andreä** s. u. § 173.

b. **Paul Schede**, bekannt unter dem Namen Melissus, aus Mellrichstadt in Franken, geboren 20. Dec. 1539, studierte in Erfurt und Jena, wurde 1561 wegen seiner lateinischen Gedichte vom Kaiser Ferdinand zum Dichter gekrönt und 1564 geadelt. Nach des Kaisers Tod hielt er sich abwechselnd in Prag, Wittenberg, Leipzig und Würzburg, dann in Wien auf, machte von dort aus einen Feldzug in Ungarn, bereiste Frankreich und Italien, erhielt in Padua den Titel eines Hofpfalzgrafen, in Rom den eines Römischen Bürgers, ließ sich hierauf in Heidelberg nieder, reiste aber nach kurzem Aufenthalt zum zweiten Mal nach Italien, Frankreich und England, wo ihn die Königin Elisabeth zu fesseln suchte, die Liebe zur Heimat zog ihn aber wieder nach Heidelberg, wo er am 3. Februar 1602 starb.[2])

Schede war Einer der wenigen Gelehrten, welche die Muttersprache zu Ehren zogen, was um so verdienstlicher war, als er seinen Ruf nur seinen lateinischen Dichtungen zu verdanken hatte. Der Ton und die Sprache seiner Lieder sind dem lebendigen Volksgesang entnommen, den er künstlerisch zu veredeln suchte. Auch war er der Erste, welcher die schönen Formen des Auslandes (Sonette, Terzinen, daneben auch Alexandriner) nachbildete, freilich noch in steifer und ungelenker Weise. Außer fünf Liedern, die sich erhalten haben (in Zinkgrefs Ausg. von Opitz), hat er die 50 ersten Psalmen in deutsche Verse gebracht (davon 37 in Terzinen), wobei er sich besonderer Zeichen bediente, um die prosodischen Verhältnisse anschaulich zu machen (Heidelb. 1572).

c. **Peter Denaisius**, aus Straßburg, geb. 1. Mai 1561, gest. 20. Sept. 1610 zu Heidelberg,[3]) und **Ernst Schwabe von der Heyde** (dessen Gedichte: Frankf. a. d. O. 1616, verloren gegangen sind), lehrten schon vor Opitz die Verse kunstmäßig zu behandeln; auch geht die Sage, daß sich Opitz nach ihnen gebildet habe.

d. **Georg Rudolf Weckherlin**, aus Stuttgart, geb. 15. Sept. 1584, studierte in Tübingen, war seit 1601 beinahe immer auf Reisen (in Deutschland, Frankreich und England), wurde 1610 herzoglicher Sekretär in seiner Heimat, wobei er das Amt eines Hofdichters versah und die Hoffeste besang; 1620 Sekretär der deutschen Kanzlei in London, wo er sich das Zutrauen Jacobs I. und Karls I. erwarb, die ihm wichtige Sendungen nach Schottland, Irland, den Niederlanden, Italien und Spanien anvertrauten. Er starb um 1651 in London.

Seine zahlreichen Dichtungen sind von ungleichem Werth, am Schwächsten sind die Gelegenheitsgedichte, obgleich auch in diesen sein poetisches Talent durchblickt; in den übrigen ist Gedankenfülle, ächt poetisches Gefühl und dichterische Erfindungskraft anzuerkennen. Frische Liebeslieder, heitere Trinklieder; ernste Lieder voll edler, männlicher Gesinnung und inniger Liebe zum Vaterland. Das Gedicht „Gustav Adolfs Ebenbild“ erhebt sich oft zur Würde und Höhe des epischen Gedichts. Großartig sind die meist in neuen, den Franzosen nachgebildeten Strophenformen gedichteten Psalmen. Die formell schönen Sonette sind durch gehaltvolle Gedanken belebt, auch machte er den ersten Versuch das Epigramm im Sinne der Griechen und Römer zu bearbeiten. In der Versbehandlung schwankte er zwischen volksthümlicher Behandlung und französischer Silbenzählung.[4])

§ 166. Das Kirchenlied der Lutheraner (§ 145).

a. **Martin Luther** s. o. § 160. **E. Alberus** s. u. § 174. **Hans Sachs** s. o. § 161. **Seb. Franck** s. u. § [illegible]. **Barth. Ringwaldt** s. u. § 173. **Joh. Mathesius** s. u. § [illegible]. **Cyr. Spangenberg** s. o. § [illegible]. **Burkh. Waldis** s. u. § 174. **Joh. Fischart** s. o. § 162. **G. Rud. Weckherlin** s. o. § 165. **Paul Schede** s. o. § 165.

---

1) Vgl. Genée, Hans Sachs. S. 317. — 2) Ostermaier, Vita Melissi Schedii. Wirceb. 1824. Otto Taubert, De vita et scriptis P. Schedii M. Bonn. 1859. Derselbe, P. Schede. Leben u. Schriften. Torgau 1863. — 3) Adam, Vitae germ. ictorum. Heidelb. 1620. — 4) Das Erste Buch Oden und Gesänge. Stuttg. 1618, das ander Buch. Ebd. 1619. Geistl. u. Weltl. Gedd. 7 Thle. Amst. 1641. Ebd. 1648. Vgl. Höpfner, G. R. Weckherlins Oden und Gesänge. I. Beitr. z. Gesch. d. d. Dichtung. Berl. 1865.

b. Lazarus Spengler (1479—1534), Rathsschreiber in Nürnberg: „Durch Adams Fall ist ganz verderbt". — Paul Speratus (von Spretten), aus Augsburg (1484—1554), Einer der Begründer der Reformation in Preußen: „Es ist das Heil uns kommen her", das zur Einführung der Reformation in Magdeburg u. Halle mächtig wirkte. — Johann Poliander (Gramann und Graumann), aus Neustadt in Bayern (1487—1541): „Nun lob mein Seel den Herren." — Hans Witzstat, von Wertheim (Wiedertäufer): „Der geistlich Buchsbaum".

c. **Niklas Hermann**, Cantor im Joachimsthal, wo er den 3. Mai 1561 starb.

Er dichtete Kirchenlieder zunächst für die Jugend. Sie sind der Ausdruck inniger und glaubenskräftiger Frömmigkeit, ihr Ton ist kindlich und volksthümlich. „Hört ihr lieben Kinderlein!" „Ein Wittwe hat ein einigen Sohn".[1] Außerdem haben wir von ihm die „Sontags Evangelia uber das gantze Jar in Gesenge verfasset", worin er auch frühere Lieder wieder mittheilte.[2]

d. **Paul Eber**, geb. zu Kitzingen 1511, Stadtpfarrer in Wittenberg und Generalsuperintendent von Sachsen, gest. 1569.

Seine im Geiste Luthers und des Volks gedichteten Kirchenlieder sind gedankenreich, voll Gefühl und inniger Frömmigkeit, ohne alle Schwärmerei: „Herr Jesu Christ, wahr Mensch und Gott."[3]

e. **Nicolaus Selnecker**, aus Innsbruck (1530—1592), Generalsuperintendent in Leipzig.

Er entwickelte eine große Thätigkeit für den Kirchengesang; er gab ein Gesangbuch heraus und dichtete mehrere Lieder („Ach bleib bey uns, Herr Jesu Christ"; „Laß mich dein sein und bleiben") im ächtesten Kirchenstil.[4]

f. **Philipp Nicolai**, geb. 1556 zu Mengeringhausen im Waldeckischen, Pastor in Hamburg, gest. 1608.

Er bahnte durch seine zahlreichen schon subjectiv gehaltenen Lieder die der spätern Zeiten an, in welchen sich das religiöse Gefühl als überschwengliche Minne gestaltete:[5] „Wie schön leuchtet der Morgenstern"; „Wachet auf, ruft uns die Stimme".

g. Es folgten auch mehrere fürstliche Personen der allgemeinen Neigung, geistliche Lieder zu dichten: Johann Friedrich der Großmüthige, Kurfürst von Sachsen („Wies Gott gefällt, gefällts mir auch"). Moritz, Kurfürst von Sachsen („Mein Herz, das hat kein ruhen nicht"). Johann Wilhelm, Herzog zu Sachsen („Ich armes Fürstlein klag mein Leid"). Christian, Herzog und Kurfürst zu Sachsen („Zu Gott allein hab ichs gestellt"). Albrecht, Markgraf von Brandenburg („Was mein Gott will, das gescheh allzeit"); dann die Frauen: Maria, Königin von Ungarn, Schwester Karls V. („Mag ich Unglück nicht widerstahn"), Elisabeth, Kurfürstin zu Sachsen („Ach Gott mich thut verlangen").

§ 167. Das Kirchenlied der Reformierten (§ 145).

a. Ulrich Zwingli, s. o. § 101, Kolrosz s. u. § 161. — Leo Jud, aus Zürich (1482—1542): „Din, din, daß sie, das Herze mir". — Johann Zwick, Prediger zu Constanz († 1542), gab ein Gesangbuch heraus, in welchem außer seinen eigenen Liedern (z. B. „Ach trauter Gott, du hast obsiegt") auch die von Leo Jud stehen. (Zürich 1540.) — Wolfgang Capito, aus Hagenau (1478—1541), „Die Nacht ist hin, der Tag bricht an".

b. Ambrosius Lobwasser, aus Schneeberg (1515—1585), verfaßte eine gereimte Uebersetzung des ganzen Psalters nach französischen Vorbildern, die zu hohem Ansehen gelangte und namentlich Eingang bei den Reformierten fand (Lpz. 1573. 8.). Er brachte auch die Hymnen der Kirchenväter (Hymni Patrum z. a. geistl. Männer rc. 1578) und Anderes in Reime und dichtete Epigramme. (Deutsche Epigrammata o. O. 1611.)

§ 168. Das Kirchenlied der böhmischen Brüder (§ 145).

Michael Weiße, aus Neiße, Pfarrer der deutschen Brüdergemeinde in Landskron und Fulnek († 1534), gab ein deutsches Gesangbuch der böhmischen Brüder mit 155 Liedern heraus. Die meisten sind aus dem Böhmischen übersetzt, einige hat er selbst gedichtet („Nu laßt uns den Leib begraben"), und zwar ganz im Geiste der Einfalt und Innigkeit jener ältern Gesänge. (Ein New Gesengbuchlein. Jung Bunzel 1531. Neue veränderte Aufl. v. Joh. Horn. Nürnberg 1544.)

---

1) Drey geystliche Weynachtlieder. o. O. u. J. Der Christliche Morgen- u. Abendsegen. o. O. 1573. — 2) Wittenb. 1560 u. oft nachgedruckt. Vgl. Ernst Pfeiffer, Nic. Hermann. Berl. 1858. — 3) Vgl. Chr. H. Sixt, Paul Eber. Heidelb. 1843; Ansb. 1857. — 4) Christliche Psalmen, Lieder u. Kirchengesenge. Lpz. 1587. — 5) In Ph. Nicolai, Freuden Spiegel des ewigen Lebens. Frankf. 1599. 4. Ebd. 1607. 4. Vgl. Nicolai's Leben u. Lieder nach den Quellen von L. Curtze. Halle 1859.

§ 169. Das Kirchenlied der Katholiken (§ 145).

Kaspar Querhammer, Bürgermeister in Halle († 1557), übersetzte alte lateinische Kirchengesänge ins Deutsche; sie stehen in Michael Vehe's „Gesangbüchlein", (Leipz. 1537. Herausg. v. Hoffmann v. F. Hannover 1853.) — Georg Witzel s. u. § 166. Johann Leisentritt gab mit Benutzung von Vehe's Sammlung eine neue heraus („Geistliche Lieder und Psalmen", Budissin 1567. II.), in welcher sich auch Lieder der Reformatoren befinden.

§ 170. Die niederdeutschen Kirchenlieder (§ 146).

Johannes Agricola s. u. § 187. — Nicolaus Decius, Prediger in Stettin, erneuerte die alte Hymne Gloria in excelsis: „Allein Gott in der Höh' sei Ehr". — Nicolaus Boye († 1542) und Marcus Boye († 1567), beide aus dem Ditmarschen, dichteten einige Lieder, die sich lange im Gebrauche erhielten. — Hermann Bonn (1504—1548), Superintendent in Lübeck, wurde durch sein niederdeutsches Gesangbuch („Geystlike leder und Psalmen", Magdeb. 1543) der eigentliche Begründer des niederdeutschen Kirchengesangs. — Johannes Freder, aus Cöslin (1510—1562), Superintendent in Wismar, der bedeutendste niederdeutsche Dichter von Kirchengesängen, verfaßte 14 Lieder, die zum Theil in die hochdeutschen Gesangbücher übergiengen.

§ 171. Geistliche Umdichtungen weltlicher Lieder (§ 145).

Hans Sachs, s. o. § 152. — Heinrich Knaust, aus Hamburg, wahrscheinlich Advocat in Erfurt, wo er nach 1577 starb, gab heraus: „Gassenhawer, Reuter und Bergliedlein, Christlich moraliter und sittlich verendert" (Frankf. 1571), mit dem Zweck, sie den damals häufig gesungenen „schandparen" Liedern entgegenzusetzen. Diese Umdichtungen haben den volksmäßigen Ton bewahrt und ihn auf religiöse Verhältnisse glücklich angewendet. — Hermann Vespasius, Prediger in Stade, war durch sein „Nie Christlike Gesenge und Lede up allerley art Melodien der besten olden düdeschen Leder" (Lübeck 1571) für das Niederdeutsche das, was Knaust für das Hochdeutsche.

§ 172. Das Volkslied (§ 146).

In der vorliegenden Periode sind viele Liedersammlungen herausgegeben worden, welche für das Volkslied eine reiche Ausbeute gewähren, nur müssen sie mit Vorsicht benutzt werden, weil sie oft nicht den ursprünglichen Text enthalten. Dieser wird immer mit größerer Sicherheit aus den Drucken, welche auf einzelnen (fliegenden) Blättern erschienen, hergestellt werden können.

Folgende Sammlungen verdienen vor allen Beachtung: 1) Eine Sammlung ohne Titel mit Noten. Augsb., Erhard Oeglin 1512. 4. (43 geistl. u. weltliche Lieder.) 2) Eine ähnliche: Mentz. Peter Schöffer, 1513. 3) Bergkreien o. O. u. J. (Nürnb. um 1534); Abdruck v. O. Schade. Weimar 1854. 4) Ein auszug guter alter und newer Teutscher liedlein. (Gesammelt von G. Forster.) 5 Thle. Nürnb. 1539—56. 5) Newe Teutsche liedlein. Von Orlando di Lassus. 3 Thle. München 1567—76. 6) Liederbüchlein, darin begriffen sind 262 allerhand schöne weltliche Lieder. Frankf. 1578 u. 1582; neu herausg. v. Jos. Bergmann unter dem Titel: „Das Ambraser Liederbuch". Stuttg. 1845. 7) Newe Teutsche Weltliche Lieder. Durch Valentin Haußmann. Nürnb. 1592. 4. (Von diesem noch mehr Sammlungen.) 8) Lustgarten Newer Teutschen Gesäng, Balletti, Galliarden und Intraden (v. H. L. Hasler). Nürnb. 1601. 4. u. ö. 9) Deutsche weltliche Gesäng und Täntze durch Melchiorem Franckum (Franck) (Coburg 1604—5. II.), und noch andere Sammlungen von demselben.

II. Didaktische Poesie.

§ 173. Lehrgedichte und Lehrsprüche (§ 147).

a. Ulrich von Hutten, s. o. § 159. — Hans Sachs, s. o. § 152. — B. Waldis, s. u. § 190. — J. Fischart, s. o. § 153.

b. Bartholomäus Ringwaldt, aus Frankfurt a. O., geb. 1530, trat schon 1557 in ein geistliches Amt, wurde 1567 Pfarrer zu Langfeld in der Neumark, wo er wahrscheinlich im J. 1598 starb.[1] Unter seinen Dichtungen sind die didaktischen

---

1) Wippel, J. W., Leben B. Ringwaldts, Berl. 1751. 4.; Hoffmann, H., Bt. Ringwaldt u. Benj. Schmolck, Bresl. 1833.

„Die lauter Wahrheit" und die „Christliche Warnung des treuen Eckarts" am Bedeutendsten. Sie zeugen zwar nicht von großem schaffenden Talent, enthalten aber eine reiche Fülle von Beobachtungen und fromme, durch ihre sittliche Reinheit erfreuliche Bemerkungen über seine Zeit.

„Die lauter Wahrheit (o. O. u. J., Erfurt 1585 u. ö.), worinnen angezeigt, wie sich ein Geistlicher und Weltlicher Kriegs-Mann in seinem Beruf verhalten soll", zählt zuerst die Eigenschaften eines guten Kriegsmannes auf und fügt diesen eine „Application" auf das Leben eines Christen hinzu. So schildert er die Lebensverhältnisse, Beziehungen und Zustände der damaligen Zeit, meistens freilich von ihrer Schattenseite, um daran Warnungen und Belehrungen anzuknüpfen. Doch weiß er auch die schöneren Seiten des Lebens anmuthig darzustellen. Ueberall ist er ernst, wahrheitsliebend und freisinnig; er schont keines Alters und keines Standes, weshalb er sich viele Feinde zuzog. Die zahlreichen schnell auf einander folgenden Ausgaben beweisen die große Theilnahme, welche das Gedicht bei seinen Zeitgenossen fand. — Die „Christlich Warnung des treuen Eckarts" (Frankf. a. O. 1588 u. ö.), die Erweiterung eines früheren Gedichts („Neue Zeitung, So Hans Frommann mit sich aus dem Himmel und der Hellen bracht hat." Amberg 1582) schildert den Himmel und die Hölle in einem Gesicht des treuen Eckart mit großer Ausführlichkeit, aber ohne bedeutende Erfindungsgabe, da die seit Jahrhunderten verbreiteten Ansichten einfach wiederholt werden. Am Gelungensten ist die Schilderung der Hölle; es werden die verschiedenen Stände vorgeführt: Wucherer, Junker, Fürsten, Räthe, Holzverkäufer, Juristen, putz- und gefallsüchtige Frauen, Bauern u. s. w., die der Dichter aus eigener Beobachtung, vielleicht auch mit Benutzung älterer Dichter, namentlich Seb. Brants darstellt.

Seine lyrischen Gedichte sind sämmtlich religiösen Inhalts, wenn auch nur ein Theil reine Kirchenlieder sind. Viele stehen in besondern Sammlungen („Trostlieder in Sterbensläuften", Frankf. a. O. 1581 u. a. m.), andere sind seinen didaktischen Gedichten beigefügt.

Die rein kirchlichen Gesänge sind meist Umdichtungen von biblischen Stellen, in fließender und reiner Sprache, aber ohne die Kraft und Pracht der morgenländischen Darstellung. Mehrere haben sich bis heute in den Gesangbüchern erhalten („Herr Jesu Christ, du höchstes Gut", „Ach lieben Christen, trauert nicht!"). Die nicht rein kirchlichen Gesänge sind von größerem Werth, weil sie meist objectiv gehalten sind, nur sind sie oft zu breit („Lied der Kriegsleut wider den Erbfeind"). — Mehrere Gelegenheitsgedichte, zum größern Theil Hochzeitslieder, geben von seinem heitern frischen Geist, die „Klage eines Wittwers" (Frankf. a. O. 1590) von seiner tiefen Empfindung ein schönes Zeugniß. — Nicht ohne Werth und namentlich in vielen einzelnen Stellen bedeutend ist sein Drama „Speculum mundi" (Frankf. a. O. 1590), welches das Leben eines wegen seiner Wahrheitsliebe verfolgten Predigers und seine Entlassung aus den Händen seiner Verfolger oft recht anschaulich darstellt.

c. **Johann Valentin Andreä**, aus Herrenberg im Württembergischen, geb. 17. Aug. 1586, brachte seine Jugend nach dem frühzeitigen Tode seines Vaters in großer Armuth zu, wurde Hofmeister, studierte mit dem ersparten Gelde Theologie in Tübingen, erhielt 1614 seine erste Stelle, wurde 1620 Stadtpfarrer in Calw, 1639 Hofprediger in Stuttgart, 1650 Abt und Generalsuperintendent zu Bebenhausen, 1654 Abt zu Adelsberg, und starb am 27. Juni 1654 zu Stuttgart. — Ein ausgezeichneter Theolog, vielseitig gebildet und gelehrt und von geläutertem Geschmack, legte Andreä leider zu wenig Werth auf seine deutschen Schriften, die er, wie er selbst sagt („An den Grübler"), ohne Kunst, Mühe und Fleiß hinwarf. Sie sind in der Sprache des täglichen Gespräches, ohne jedoch volksthümlich zu sein. Von seinen zwei didaktischen Gedichten beruht das Eine ganz auf dem praktischen Leben und der Erfahrung, das andere bewegt sich in allegorischer Einkleidung.[1])

In dem ersten Gedichte: „Vom Besten und Edelsten Beruff des wahren Diensts Gottes wider der Welt Urtheil" (Straßb. 1615), erzählt der Dichter, wie er in seiner Jugend den Beruf eines Geistlichen erwählt habe, weil er von diesem ein behagliches Leben hoffte. Er habe fleißig studiert, darauf eine gute Pfründe gesucht; aber es habe ihm nirgends gefallen wollen. Auf seiner Wanderung begegnet er einem alten Pfarrer, der zuerst seinen gelehrten Dünkel mit beißender Ironie verspottet und ihm dann zeigt, was ein rechter Pfarrer sein solle. — Das zweite Gedicht: „Die Christenburg"

1) Hoßbach, J. V. Andreä u. s. Zeit, Berl. 1830; Selbstbiographie, Winterth. 1799. J. V. Andreae vita ab ipso conscripta, ed. F. H. Rheinwald, Berl. 1849.

(Freib. 1649; herausg. v. G. Grüneisen. Leipz. 1836), stellt die Christenheit unter dem Bild einer von den Frommen auf einer Insel erbauten Stadt dar, die, als die Bewohner in Sorglosigkeit verfielen, von dem Antichrist angegriffen wurde. Die Christenburger erlitten eine große Niederlage, und sie wollten sich schon ergeben, als es einem alten Mann, Melosmeior, gelang, sie wieder zu ermuthigen; auch kam ihnen Gott mit einem Wunder zu Hülfe, so daß die Feinde sich einander selbst erschlugen.

Die lyrischen Gedichte Andreä's, die er theils in besonderen Sammlungen herausgab, theils seinen größern Dichtungen einverleibte, sind religiösen Inhalts, aber ganz eigenthümlicher Art, indem sich in ihnen die Klarheit des Gedankens mit der mystischen oder pietistischen Anschauungsweise der Zeit zu wohlthuender Einheit verbindet.

§ 174. Satiren und Epigramme (§ 147).

a. **Caspar Scheidt**, Schulmeister in Worms, wo er 1565 mit Weib und Kindern an der Pest starb, war der Lehrer des großen Fischart. Er übersetzte den „Grobianus" von Friedrich Dedekind (Worms o. J. [1551?] 4. Ebd. 1552. 4. u. ö.) mit großer Freiheit, indem er das Gedicht an zahlreichen Stellen erweiterte, Vieles von dem Seinigen, insbesondere Anekdoten, hinzufügte, und zwar mit solchem Glück, daß Dedekind diese Zusätze bei einer spätern Auflage seines Gedichts benutzte.

Es sei eine alte Sitte, heißt es in der Einleitung, das Gebotene zu unterlassen, das Verbotene zu thun; er wolle daher das Laster loben, Tugend und Scham schelten, vielleicht würde man dann das Gegentheil thun. Das erste Buch schildert, wie ein junger Mensch, welcher Diener eines Herrn ist, sich „grobianisch" benehmen solle; im zweiten wird gelehrt, wie er sein Betragen einzurichten habe, wenn er selbst Herr geworden sei. Es bleibt kein Verhältniß unberührt, für welches der junge Grobianer nicht eine Lehre erhielte (Aufstehen, Niederlegen, Essen, Trinken, Gesellschaft u. s. w.), und alle in den gröbsten und auffälligsten Ausdrücken, wie sie eben für solche Lehre passen.

b. Wendelin Hellbach, von Mülberg in Thüringen, übersetzte unter Benutzung von Scheidt den Grobianus von Dedekind; auch er fügte Geschichten hinzu (Frankf. 1567 u. ö.). — Johannes Fischart s. o. § 163. — Weckherlin, Epigramme, s. o. § 165. — [illegible], Epigramme, s. o. § 160.

III. Epische Poesie.

§ 175. Reimchroniken und historische Gedichte (§ 148).

Jak. Ayrer, s. o. § 155. — Nicolaus Marschalk, aus Thüringen, gest. 1525 als Professor der Geschichte in Rostock: „Reimchronik von Meklenburg" (in Pistorius, Amoenitates I, 1165). — Viele Lieder auf verschiedene Begebenheiten (den Bauernkrieg, den schmalkaldischen Krieg, besonders auf die Schlacht von Pavia, auf die Reformation) oder auf Personen der Zeit (auf Herzog Ulrich von Würtemberg und dessen Vertreibung, auf Sickingen, den Seeräuber Claus Kniphof u. a. m.). So riefen die sogenannten Grumbachischen Händel manche Lieder und Gedichte hervor, unter denen die von Lessing wieder veröffentlichte „Nachtigall" historisch am wichtigsten, poetisch ohne besondern Werth ist. (O. O. 1567. Lessing, hrsg. von Lachmann X.) — G. Rud. Weckherlin, s. o. § 165.

§ 176. Beschreibungen von Freischießen und Hoffesten (§ 148).

Johannes Fischart, s. o. § 163. — Benedict Edlbeck, Beschreibung des Freischießens in Zwickau (vgl. Wolff's Volkslieder). — Joh. Heinrich Grob, Lobspruch der Schützen (Zür. 1608. Haupt, Zeitschr. 3, 240.); Heinrich Wirri oder Wirre, aus Aarau, verfaßte außer Beschreibungen von verschiedenen Hoffesten in Wien eine „Beschreibung der Hochzeit Herrn Wilhelm Herzog in Bayern mit Fräwlein Renata, Herzogin auß Lothringen" (Augsb. 1568. Fol.); Jacob Frischlin, eine Beschreibung der Hohenzoller'schen Hochzeit (Augsb. 1599. Neue Ausg. v. Ant. Birlinger, Freib. 1860) und der Hochzeit Herzog Ulrichs von Würtemberg mit Sabina von Bayern.

§ 177. Thiergedichte (§ 148).

a. **Georg Rollenhagen**, aus Bernau in der Mark, geb. 22. April 1542, studierte seit 1560 in Wittenberg, wurde 1563 Rector der Johannesschule in Halberstadt, 1567 Prorector und 1575 Rector in Magdeburg, seit 1573 zugleich Prediger von St. Sebastian, später zu St. Nicolai daselbst. Er starb am 18. Mai 1609.[1]) — Rollenhagen machte sich besonders durch den „Froschmeuseler“ berühmt, den er in Nachahmung von Homers Batrachomyomachie bearbeitete. Er hat eine ganz didaktische Tendenz; die erzählte Geschichte soll nur eine Einkleidung sein, die ihm Gelegenheit giebt, seine Ansichten über Staatsverhältnisse darzulegen. Die Composition ist einfach, aber keineswegs übersichtlich und geschickt, weil die einzelnen Geschichten in einander eingeschachtelt sind. Freilich erhält der Dichter dadurch Gelegenheit, eine Menge von Thiermärchen einzuflechten, die meist frisch, lebendig und mit epischer Ausführlichkeit, oft freilich allzuweitschweifig erzählt sind.[2])

Der Froschkönig Bausback vergnügt sich an einem Brunnen mit seinen Hofdienern im Mittelspiel; Bröseldieb, der Sohn des Mäusekönigs Partecktenfresser, der hinzukommt, um seinen Durst zu löschen, wird gut aufgenommen; er erzählt von seinem Geschlecht und dessen Feinden, namentlich dem Kater Murner, der ihn auf Reinecke Fuchs zu sprechen bringt, von welchem er allerlei, zum Theil der alten Thiersage entnommene Geschichten berichtet. Das zweite Buch, welches beinahe ausschließlich aus Bausbacks Bericht von den Fröschen besteht, ist insofern als der Mittelpunkt des Ganzen anzusehen, als der Dichter seine Ansichten über „geistliches und weltliches Regiment“ hineingearbeitet hat, und zwar mit großem Geschick, indem er mit glücklicher Benutzung einiger alten Froschfabeln die mannigfaltigen Verhältnisse des Staatslebens an die vom König Bausback erzählte Geschichte vom Reich der Frösche anknüpft. Nach Vollendung dieses Berichts ladet Bausback den Prinzen Bröseldieb in sein Wasserschloß, er nimmt ihn auf den Rücken; aber da ihm eine Wasserschlange begegnet, vergißt er aus Angst den Gastfreund, taucht unter, und der arme Sohn des Mäusekönigs kommt elendiglich im Wasser um. Die Mäuse wollen den Tod ihres Prinzen rächen. Kriegsrath der beiden Parteien, die den Krieg beschließen. Nachdem sie sich beiderseits gehörig gerüstet, wird der Kampf eröffnet, dessen Schilderung sich ganz an das griechische Gedicht anlehnt. Die Entscheidung schwankt lange; endlich gewinnen die Mäuse die Oberhand, aber Gott erbarmt sich der Frösche und schickt ihnen die Krebse zu Hülfe, denen es gelingt, die Mäuse zu vertreiben.

Rollenhagen versuchte sich auch als Dramatiker; er dichtete „Abrahams Leben und Glauben, der Jugent in Schulen vnd Gesellschaften zu vnterricht vnd zu nutzlicher Christlicher übung“ (Magdeb. 1569).

b. Hans Christoph Fuchs, ein fränkischer Ritter, Erbherr auf Wallenburg und Bimbach, von dessen Leben Nichts bekannt ist. Übersetzte das maccaronische Gedicht Moscaea des Italieners Teofilo Folengo, der unter dem Namen Merlinus Coccajus bekannt ist. Sein „Mücken-Krieg“ (Schmalkalden 1580; hrsg. v. F. W. Genthe. Eisleben 1833), der weder dem Inhalt noch der Ausführung nach Auszeichnung verdient (die erzählten Geschichten sind nicht der lebendigen Sage entnommen, sondern willkürlich erfunden), war früher sehr beliebt, so daß er von Balthasar Schnurr, aus Lendsiedel, Pfarrer zu Amlishagen (1578 bis nach 1634), als „Ameisen- und Mückenkrieg“ bearbeitet wurde (Straßb. 1612; hrsg. v. J. G. Büsching, Lpz. 1806).

c. **Johannes Fischart**, s. o. § 163.

d. **Wolfhart Spangenberg** (Lycosthenes Psellionoros Andropediacus), der Sohn des Cyriacus Sp., aus Mansfeld gebürtig, scheint den größten Theil seines Lebens in Straßburg zugebracht zu haben und dort gestorben zu sein. Er war sehr fruchtbar und schrieb viele Werke mannigfaltiger Art, darunter die bisher Fischart zugeschriebenen Gedichte „Lob der Mucken“ nach Lucian, und „deß Flohes Strauß mit der Lauß“.[3])

„Der Gans-König“ (Straßb. 1607) ist ein seltsames Gedicht ohne eigentlichen Plan, so daß es am Ende aus Mangel an Stoff abstirbt. Die 6 Gesänge oder „Capitein“, die nur lose zusammenhängen und die der Dichter in sechs auf einander folgenden Jahren am Fest des heil. Martin zum Lobe der Gans verfaßte, haben sämmtlich die nämliche Einkleidung: dem Dichter erscheint die Phantasie im Traume, welche ihm die geschilderten Begebenheiten sehen oder Reden hören und Briefe schreiben läßt. Nach einer Aeußerung in der Vorrede muß W. Spangenberg noch mehrere andere Thiergedichte geschrieben haben (Krieg der Mäuse und Katzen, Eselkönig, Gauchhößenkönig, Froschkönig), doch scheinen dieselben nicht gedruckt worden zu sein. Inhalt: 1. Rathsversammlung der Vögel. Wahl der Gans zum König, weil sie im

---

1) Lölke, Leben des G. R. (Progr.) Berl. 1846. 47. 4°. — 2) Magdeb. 1595 u. ö.; zuletzt Lüb. 1819. In neuerer Zeit wurde es umgearbeitet (v. Stengel, Köln 1796) und auszugsweise erneuert (v. Kapper. Stuttg. 1816, v. Rob. Bruchig. Wesel 1841). — 3) Gedruckt in der „Flöhhatz“ von 1610. Vgl. Wackernagel, Fischart S. 115.

Wasser, auf der Erde und in der Luft leben kann; doch wird sie nur auf Ein Jahr gewählt und soll am Ende desselben durch das Feuer ihr Leben verlieren, um auch dem vierten Element zu genügen. II. Testament der Gans, in welchem sie Vorschriften zu ihrem Begräbniß giebt, wobei die katholischen Gebräuche verspottet werden. III. Nach ihrem Tod kommt sie in den „Papiernen Himmel", aber in den Kalender, bei welcher Gelegenheit der Dichter den Heiligendienst mit Witz und Humor persiflirt. IV. Sie wird unter die Gestirne versetzt. V. Lobspruch der Gans, d. i. allegorische Erklärung ihrer Gestalt und ihrer Eigenschaften. VI. St. Martin führt den Dichter nach Wien und zeigt ihm ein Gemälde, auf welchem ein Wolf dargestellt ist, der den Gänsen predigt, unter den Gänsen seien die Menschen zu verstehen.

Als Dramatiker verdient W. Spangenberg ebenfalls Beachtung. Er übertrug mehrere Stücke aus dem Griechischen und Lateinischen, wie „Alcestis" (Straßb. 1604) und die „Hekuba" (Ebd. 1605) des Euripides, den „Ajax" des Sophokles (Ebd. 1608), den „Amphitruo" des Plautus (Ebd. 1608); dann verdeutschte er einige biblische Spiele, z. B. den „Jeremias" von Naogeorg (Ebd. 1603). Er selbst dichtete einen „Saul" (Ebd. 1606), der bei aller Mangelhaftigkeit der Form wegen der Kenntniß menschlicher Leidenschaften und des dichterischen Ausdrucks derselben als eine seltene Erscheinung zu bezeichnen ist. Von rein moralischer Tendenz sind der „Mammons Sold" (Erfurt 1614) und „Geist und Fleisch" (Straßb. 1608); in den Spielen „Wie gewonnen, so zerronnen" (Magdeb. 1613) und „Glücks Wechsel" (Ebd. 1613) sind volksthümliche Schwänke mit Glück dramatisirt.

§ 178. Fabeln, Erzählungen in Legenden und Allegorien (§ 148).

a. **Zwingli**, s. o. § 161. **Hans Sachs**, s. o. § 162. **Fischart**, s. o. § 163.

b. **Erasmus Alberus**, aus Sprendlingen in der Wetterau (nach Vilmar aus Staden, wo er jedenfalls erzogen wurde), geb. um 1500, studierte um 1520 Theologie in Wittenberg, wo er sich an Luther anschloß, wurde 1525 Schulmeister zu Ursel, 1527 Pfarrer in Sprendlingen, führte die Reformation im Ländchen Dreieichen ein, wurde später Hofprediger in Berlin, aber es wurde ihm diese so wie einige andere Stellen, die er nach und nach bekleidete, in Neubrandenburg, Staden, Rotenburg an der Tauber, Babenhausen, Magdeburg (1548), wieder entzogen, weil er gegen die willkürlichen Eingriffe der weltlichen Gewalt in die kirchlichen Angelegenheiten eiferte, oder seine Ansichten über einzelne Dogmen nicht aufgeben wollte. Er starb als Generalsuperintendent zu Neubrandenburg im Mecklenburgischen den 5. Mai 1553.

Seine „Fabeln", die er meist in der ruhigen Zeit seines Lebens in Ursel und Sprendlingen dichtete, erschienen in mehreren Ausgaben; die erste „Etliche Fabel Esopi verteutscht" (Hagenau 1534) enthält 17 Fabeln, die meist kurz, oft bis zur Undeutlichkeit gedrängt sind, und denen ganz allgemeine Lebens- und Klugheitsregeln zum Grunde liegen. In den spätern Ausgaben: „Das Buch von der Tugend und Weisheit" (Frankf. 1550 u. ö.), welche 49 Stücke (darunter auch die frühern zum Theil umgestaltet) enthalten, strebt er dagegen nach epischer Entwicklung und braucht die Fabel zur Darstellung seiner Ansichten über Religion, Kirche und Staat, sogar zur Bekämpfung anderer Meinungen. Viele Fabeln sind den Aesopischen, mehrere ältern deutschen Dichtern (z. B. Hugo von Trimberg) nachgebildet, andere hat er selbst erfunden. In der Fabel „Von einem Frosch und Storche" ist der Frosch, der auf vielen Universitäten studiert hat, aber überall von dem neuerwachten Geist der Wissenschaft und von der auftauchenden Ketzerei vertrieben worden ist, der Repräsentant der Partei, welche nicht bloß die neue Bewegung in der Kirche, sondern auch die regen Bestrebungen in der Wissenschaft verachtete und verfolgte; daher er auch als der größte Ignorant erscheint. — Die Fabel „Vom Papst Esel" wendet die bekannte Fabel vom Esel mit der Löwenhaut auf das Papstthum an, das für unfehlbar gehalten wird, bis ihm ein muthiger Mann die geborgte Hülle abstreift. In der „Vom Löwen und Esel" bekämpft er die nicht lutherischen Protestanten; in der „Vom Löwen, Bären, Wolf und Fuchs" geißelt er die Leute, die aus Furcht zu keiner Partei halten.

Seine Kirchenlieder sind im volksthümlichen Ton; die Darstellung ist rauh und hart, der Ausdruck seiner ungebeugten Ueberzeugung. Viele sind noch jetzt in den Gesangbüchern zu finden, z. B. „Freut euch, ihr Gotteskinder all"; „Ihr lieben Christen freut euch nun"; „Wohlauf, ihr Kinder, alle sprecht"; „Freut euch, freut euch in dieser Zeit" u. a. m. — Von seinen Prosaschriften ist „der Barfüßer Mönche Eulenspiegel und Alcoran" mit einer Vorrede Luthers (Wittenb. 1542) weitaus am bedeutendsten. Es ist dies ein witziger Auszug des berüchtigten Buches Liber conformitatum, in welchem die Aehnlichkeit des H. Franciscus mit Christus durch eine Menge der abenteuerlichsten Wunder dargethan wird. — Von seinen andern meist polemischen und satirischen Prosaschriften erwähnen wir die „Vom Basilisken zu Magdeburg" rc. (Hamb. o. J.; in L. C. Heldich, Genealog. Tabellen vom Haus Solms. 1709), weil darin eine kurze „Beschreibung der Wetterau" vorkommt und er auch von seinem Leben spricht. (Abgedruckt in J. Ad. Bernhard, Antiquitates Wetteraviae. Frankf. 1745, 4.)

c. **Burkhard Waldis**, aus Allendorf in Hessen, geb. zwischen 1480 und 1490, war 1523 Franciscaner in Riga, wurde von dem dortigen Erzbischof nebst zwei andern Mönchen nach Deutschland geschickt, um des Kaisers Hülfe gegen die Gewaltthätigkeiten der Anhänger Luthers anzurufen, bei seiner Rückkehr vom Magistrat ins Gefängniß geworfen, nach einigen Wochen jedoch wieder frei gelassen, weil er zur neuen Lehre übertrat. Nach seiner Befreiung wurde er Zinngießer und machte als solcher große Reisen zu Wasser und zu Land. Ehe er nach Hessen zurückkehrte, war er lange Zeit gefangen, doch kennt man weder die Veranlassung, noch die Zeit und Dauer und eben so wenig den Ort seiner Gefangenschaft. Im J. 1544 wurde er Pfarrer in Abterode in Hessen, wo er 13 Jahre später noch lebte. Das Jahr seines Todes ist unbekannt.[1])

Von seinen zahlreichen Schriften sind seine Fabeln, Erzählungen und Schwänke am bedeutendsten: „Esopus. Gantz New gemacht und in Reimen verfaßt. Mit sampt Hundert newer Fabeln"[2]) in 4 Büchern von je 100 Fabeln. Sehr viele Stücke, namentlich des 4. Buchs sind Erzählungen und Schwänke; in einigen hat er die Legende komisch bearbeitet. Den Stoff hat er theils aus den alten Fabeldichtern (Aesop u. a.) oder ältern deutschen Gedichten, wohl auch aus Boccacio, theils aus mündlichen Mittheilungen geschöpft; einigen liegen eigene Erlebnisse zu Grunde. Die Darstellung ist heiter, humoristisch, naiv, die Sprache reiner und gebildeter als bei Alberus. Der Ausdruck ist oft derb und ungeschminkt, doch nie verletzend oder frivol. Er erzählt mit behaglicher Breite, nicht weitschweifig, unterordnet die Moral der Erzählung, moralisirt gern und geschickt, daher ist er selbst bei entlehnten Stoffen neu. Seine Fabeln und Erzählungen beziehen sich meist auf besondere Zeitverhältnisse, die er mit freiem und klarem Geiste beurtheilt. In der Fabel „Vom Bauern und dem Gott Hercules" spricht er unverholen aus, daß Beten allein nicht helfe, der Mensch vielmehr selbst mit seiner Kraft und Thätigkeit eingreifen, sich das Rechte selbst erobern müsse, wenn er zu demselben gelangen wolle. Im andern geißelt er die Tyrannen, die stets Diejenigen verfolgen, welche die Wahrheit zu verkündigen wagen oder die Uebelstände in der Kirche, die Habsucht der Pfaffen („Vom Bischoff und einem Holtzhawer"), die Zuchtlosigkeit der Geistlichen, die Heuchelei und Unwissenheit der Mönche („Von St. Peter und einem Mönche", „Wie ein Sawhirt zum Abt ward"), den Papst und die Concilien („Von einer römischen Reise"; „Vom Juden und Heyden"). Von andern nicht polemischen Erzählungen sind zu erwähnen das liebliche Märchen „Von einem Bawren"; die Erzählungen „Vom lügenhaften Jüngling", „Vom reichen und armen Mann", „Von zweyen Brüdern" u. a. m.

Sein gereimter „Psalter" (Frankf. 1553) zeugt von Sprachgewandtheit und glücklicher Auffassung des Textes; das geistliche Spiel „De parabell vam vorlorn Szohn" (o. O. u. J.; hrsg. v. A. Höfer, Greifsw. 1851) in plattdeutscher Sprache dichtete er wahrscheinlich während seiner Gefangenschaft. — Andere Schriften waren von seinem glühenden Haß gegen das Papstthum eingegeben, das er seit seiner Bekehrung mit der größten Heftigkeit bekämpfte. In diesem Sinne schrieb er „Ein warhafftige Historien von zweyen Mönchen, so die [illegible] im [illegible] haben verbrennen lassen. Darumb daß sie ein Monstrantzen Sacrament gefressen hatten" (o. O. 1543; neu von H. Kurz im „Esopus") und übersetzte Naogeorgi Regnum Papisticum (o. O. 1555). Außerdem Bearbeitung des „Teuerdank" (Frankf. 1553, Fol.) u. a. m.

d. **Eucharius Eyering**, aus Königshofen im Grabfeld (zu Königshoven, mein Vaterland I, 191), geb. 1520, wurde in seiner Jugend lutherisch und starb 1597 als Pfarrer zu Streufdorf. Von ihm hat man „Proverbiorum copia. Mit schönen Historien, Apologis, Fabeln und Gedichten geziert". (Eisleben 1601–3, III.) Diese Historien rc., welche den vorangestellten Sprichwörtern zur Erläuterung dienen, sind zwar keineswegs gut erzählt, aber deshalb wichtig, weil er zum Theil alte, vielleicht verloren gegangene Gedichte benutzte und viele im Munde des Volks lebende Sagen, Märchen und Geschichten mittheilte. Dieselbe Fabel ist öfters mehrmals, aber verschieden erzählt; aber die Fabeln passen nicht immer zu den Sprichwörtern. — **Lazarus Sandrub**, „ein Studiosus der Philosophie und Theologie, der Poeterey besonderer Liebhaber", verfaßte eine „Historische und Poet. Kurtzweil" (Frankf. 1618) eine Sammlung von Geschichten, Anekdoten und Schwänken nach verschiedenen Quellen; sie sind in der kürzesten Fassung erzählt.[3])

---

1) Goedeke, B. Waldis, Hann. 1852. F. L. Mittler, Herzog Heinrichs v. Braunschweig Klaglied. Mit e. Nachw. üb. d. Leben u. d. Dichtungen des B. W. Cassel 1855. C. A. Berkholz, B. W. im Jahre 1527 in Riga. Riga 1856. 4. Buchenau, G., Leben und Schriften des B. W. Marb. 1858. — 2) Frankf. 1548. 1555. 1557 u. ö. Neue Ausg. v. Heinr. Kurz, Lpz. 1862, II. — 3) Die „Schimpfreden, Gleichnüsse u. Historien" von Huldrich Wolgemuth (Frankf. 1615, II.) sind nur eine Sammlung von Fabeln u. Erzählungen früherer Dichter, namentlich von Waldis (319 Stücke), dann von Alberus und Hans Sachs. Vgl. B. Waldis, herausg. v. H. Kurz. Bd. 1. S. XVII.

§ 179. Größere Erzählungen (§ 148).

a. **Hans Sachs**, s. o. § 162; **Fischart**, s. o. § 163.

b. **Achilles Jason Widmann** oder **Wiedmann**, aus Hall in Schwaben, aus der zweiten Hälfte des 16. Jahrh., verfaßte die „History Peter Lewen, des andern Kalenbergers“, worin er in ziemlich unbeholfener Darstellung die Geschichte eines possenhaften Geistlichen erzählt, der die Bauern und andere Leute durch seine Possen zugleich ärgert und ergötzt (Frankf. o. J.; Nürnb. 1560 u. ö.; hrsg. v. F. H. v. d. Hagen im „Narrenbuch“).

Peter Leu aus Hall, von seiner ungeheuern Körperkraft so genannt, ernährte sich zuerst vom Weintragen, wurde später ein Gerberknecht, zog dann gegen die „Armengecken“, fieng im 30. Jahre an, die Schule zu besuchen und wurde endlich Pfarrer, zuerst in Bieken, wo er kaum das tägliche Brot hatte. Später nahm ihn der Pfarrer von Westein zum Helfer, wo er sich durch die Streiche, die er dem Pfarrer, dessen Köchin und den Bauern spielte, bessere Wohnung, Kleider, Wäsche u. s. w. zu verschaffen wußte. Oft haben seine Streiche keinen andern Grund, als seine angeborne Lust, Andere zum Besten zu halten.

c. **Georg Thym**, eigentlich Klee, aus Zwickau, ein Schüler Melanchthons, war 1540 Schulmeister, d. i. Rector in Zwickau, später zu Wernigerode und starb 1561 in Wittenberg. Er verfaßte ein dem Stoff nach sehr bedeutendes, formell ganz mangelhaftes Gedicht „Des Edlen Heldes Thedel Unverferden von Walmoden, eine wunderbarliche Geschicht“ (Magdeb. 1558), nach einer Familiensage der Walmoden und andern Ueberlieferungen. Die zu Grunde liegende Sage steht mit denen des Mittelalters in Verbindung, in welchen der Sieg der wahren Frömmigkeit über die Versuchungen des Teufels dargestellt wird. Sie erscheint als Gegenstück zur Faustsage, da sich der Held gerade dadurch die Macht der Hölle dienstbar macht, daß er bei seinem lebendigen Glauben an Christus verharrt und seinerseits nur eine sehr untergeordnete Bedingung eingeht.

IV. Dramatische Poesie.

§ 180. Uebersetzungen (§ 149).

a. Es wurden vorzüglich die römischen Dramatiker, vor Allem Terenz, dann auch Plautus, von den Griechen besonders Euripides, von Sophokles und Aristophanes nur je ein Stück übersetzt. Den ganzen Terenz übersetzte Valentin Boltz von Ruffach (Tüb. 1540); einzelne Stücke übertrugen Joh. Agricola (s. u. § 197) u. A. Von Plautus wurden nur einzelne Stücke übersetzt von Joach. Greff, Martin Hayneccius, Wolfg. Spangenberg (s. o. § 177), der auch Stücke von Euripides und Sophokles übertrug. Isaak Fröreisen übersetzte die „Wolken“ des Aristophanes (Nubes. Straßb. o. J.). Nachbildungen antiker Vorbilder lieferte vorzüglich Hans Sachs, s. o. § 162.

b. Auch die lateinischen Spiele der Zeit wurden ins Deutsche übersetzt. Mehrere Stücke von Naogeorg: „Der [illegible]“ (a. d. 1541) durch Just. Menius, „Pammachius“ (Zwickau o. J.) durch Tiroff u. a. m.; von Nicod. Frischlin „Rebecca und Susanna“ (Frankf. 1589) und „Jul. Cäsar“ (Speier 1592) durch Jac. Frischlin; „Julius und Cicero redivivus“ durch Jac. Ayrer (s. dessen Opus § 186) u. s. w.

§ 181. Biblische und geistliche Dramen (§ 150).

a. **Hans Sachs**, s. o. § 162; **Ad. Puschmann**, s. o. § 164; **B. Waldis**, s. o. § 178; **Barth. Krüger**, s. u. § 186; **G. Maurillus**, s. u. § 188; **G. Wickram**, s. u. § 187; **W. Spangenberg**, s. o. § 177; **Jac. Frey**, s. u. § 187.

b. **Paul Rebhuhn**, aus Berlin stammend, studierte in Wittenberg, war zuerst Rector in Kahla, 1536 in Zwickau, später in Plauen, 1534 Pfarrer in Oelsnitz, zuletzt Superintendent in Voigtsberg, wo er wohl auch starb.

Rebhuhns Dramen sind aus der Schulkomödie hervorgegangen, wie daraus ersichtlich ist, daß er Belehrung zu verbreiten und die Alten in Bezug auf die Form nachzuahmen suchte. Er war einer der ersten, der die Dramen in Akte und Scenen eintheilte, ohne dabei jedoch über das Aeußerliche hinauszukommen. Auch wich er von dem gebräuchlichen achtsilbigen Vers ab und brauchte andere Maße in überlegter Abwechslung, darunter antike lyrische Formen in Chören, die freilich unbeholfen genug behandelt waren. Auch in Anordnung des Stoffs und in der Ausführung suchte er die Alten nachzuahmen; er bestrebt sich, die Begebenheiten zu motivieren, die Charaktere zu zeichnen. Aber es fehlt ihm an poetischem Talent, seine Darstellung ist trocken und entbehrt alles Schwungs und dichterischen Schmucks. Er dichtete zwei Dramen, „Susanna“ (Zwickau 1536) und die „Hochzeit zu Cana“ (Ebd. 1538

drucke hrsg. v. Herm. Palm, Stuttg. 1853), dann eine Reihe von Gesprächen unter dem Titel: „Klag des armen Manns von Sargrewel" (Ebd. 1540), auch gab er eine „Hochzeit Predigt vom Christlichen Hausfrieden" heraus (Wittenb. 1546).

c. Hans Tirolf, zu Cala, dichtete eine „Heirat Isaacs" (Wittenb. 1539), die sich durch Beweglichkeit der Handlung und leichte Behandlung des Dialogs auszeichnet. — Die Acte nennt er „Händel", die Scenen „Fürtragen", „Fürbringen", „Eindringen" oder „Bericht". — Johannes Krüginger oder Krügingen, in Wartenberg, gebrauchte in seiner „Comödie Von dem Reichen Mann und Armen Lazaro" (Zwickau o. J.) neben den vierfüßigen Jamben auch fünf- und sechsfüßige nicht ohne Geschick. — Thiebolt Gart, aus Schlettstadt, behandelt in dem „Joseph" (Straßb. 1540), einem der besten Spiele der Zeit, den Dialog besser als die meisten andern Dichter dieser Periode, wodurch die Handlung Bewegung und Lebendigkeit gewinnt. — Joh. Kolroß, „Teutsch Schulmeister zu Basel", verfaßte ein „Spiel von fünfferley betrachtnussen den menschen zur Buß reytzende" (Bas. 1532), mit Chören in gereimten Sapphischen Strophen, auch Kirchenlieder, die in die Gesangbücher aufgenommen wurden, und ein „Enchiridion d. i. Handbüchlein teutscher Orthographie" (Nürnb. 1534). — Sixt Birk (Xystus Betulejus), in Basel. In der ganz holzschnittmäßigen „Susanna" (Bas. 1532) erscheint ein Chor in Sapphischer Strophe, die er noch unbeholfener behandelt als Kolroß; „Judith" (Augsb. 1539) am Gelungensten u. a. m. — Jacob Ruoff, s. u. § 184. — Hans von Rüte, s. u. § 183. — Johannes Aal, von Bremgarten, Pfarrer in Solothurn: „Tragödia, Joannis des Täufers Histori" (Bern 1549). Kraftvolle Sprache, edler Ausdruck, richtige Auffassung und Zeichnung der Charaktere; den Teufel vertritt die lustige Person. — Nicodemus Frischlin, aus Balingen (1547—1590), ein durch Charakter und Schicksal merkwürdiger Mann, dichtete in deutscher Sprache mehrere Spiele: „Ruth", „Hochzeit zu Cana", „Frau Wendelgard" (Deutsche Dichtungen hrsg. v. D. Fr. Strauß, Stuttg. 1857).

§ 182. Didaktische Dramen (§ 150).

Johannes Stricker, „Der düdesche Schlömer", in welchem die Macht der Sünde und die noch größere Macht des Glaubens veranschaulicht wird. (Lüb. 1584; in Goedeke, „Homulus und Hekastus", Hann. 1865 — hochdeutsch: 1588.) — Joh. Chryseus: „Hoffteuffel, den Gottfürchtigen zu trost, den Gottlosen zur warnung" (Wittenb. 1545). — Bartholomäus Ringwaldt, s. o. § 172. — Wolfh. Spangenberg, s. o. § 177. — Thomas Birck, Pfarrer zu Untertürkheim, Komödie von den „Doppelspilern" (Tüb. 1590) mit Personification der Kartenblätter.

§ 183. Polemische Dramen (§ 150).

a. Eine Pantomime, welche vor Karl V. in Augsburg aufgeführt wurde, hatte folgenden Gang. Reuchlin bringt Holzscheiter, die er im Hof herumwirft. Erasmus bemüht sich, dieselben in Ordnung zu bringen. Darauf kommt Luther und zündet sie an. Einer im kaiserlichen Ornat schlägt mit dem Schwerte drein, um das Feuer zu löschen, das nur noch stärker auflodert; der Papst will Wasser hineingießen, und erwischt ein Faß mit Oel, so daß die Flamme nicht mehr zu löschen ist.[1]) Ähnlicher Art ist die „Tragödie", gehalten in dem k[önig]lichen Sal zu Paris (o. O. 1524; in Illgen, Zeitschr. f. histor. Theologie, 1858).

b. Niklaus Manuel, aus Bern, geb. 1484, Maler, Schüler Holbeins und Titians, 1512 Mitglied des Großen Raths, nahm 1522 Kriegsdienste, wohnte dem Sturm von Novarra und der Schlacht bei Pavia bei. Nach seiner Rückkehr Vogt von Erlach, 1528 Mitglied des Kleinen Raths, 1529 Venner, Beförderer der Reformation, gest. am 30. April 1530.[2]) Er wirkte nicht bloß als Staatsmann, sondern auch als Maler (Todtentanz) und als Dichter für die Reformation. Seine Fastnachtsspiele, „Die Todtenfresser" und „Von dem unterscheid zwischen dem Babst und Christum Jesum" (o. O. 1524 u. ö., zuletzt Bern, 1846), sind von großer volksthümlicher Kraft; die Personen lebendig und wahr, die Darstellung voll Humor und Witz, die Sprache kernhaft, dagegen fehlt es an poetischer Entwickelung.

Das Spiel „Die Todtenfresser" geht von der Todtenmesse aus, die als eine reiche Einnahmequelle der Geistlichkeit dargestellt wird, und verbreitet sich dann über die Entartung der Kirche und ihr Streben, sich die weltliche Gewalt zu unterwerfen. Es werden die einzelnen Glieder des Klerus, vom Papste bis zum geringsten Bettelmönch, aufgeführt, welche mit aller Offenheit von ihrem Treiben berichten. — In dem zweiten Spiel unterreden sich zwei Bauern über den Gegensatz vom Leben Christi

---

1) Kollmer, de Comoedia muta Carolo V exhibita. Altdorf, 1795. 4. — 2) Leben Manuels in Scheurer, Bernerisches Mausoleum, 5 St. Grüneisen, Niklaus Manuels Leben u. Werke. Stuttg. 1837.

und seines Statthalters. Während ihres Gesprächs geht ein doppelter Zug an ihnen vorüber, auf der einen Seite Christus auf einem Esel mit seinen armen Jüngern, auf der andern der Papst zu Roß in prächtigem Schmuck, von reich gekleideten Cardinälen und Prälaten umgeben. — Ein drittes Fastnachtspiel, „Von dem Elslin trag den Knaben" (o. O. u. J.; hrsg. v. A. Keller in „Fastnachtspielen"), trägt ganz den Charakter der weltlichen Dramen dieser Art; es stellt den gerichtlichen Handel zwischen einer Dirne und einem jungen Burschen dar, welcher, ob er ihr gleich die Ehe versprochen, sie nicht heirathen will, sich aber zuletzt doch dazu bequemt. — In Prosa schrieb Manuel die „Klag der Götzen und Tempelbilder" (o. O. u. J.) und ein Gespräch „Eine kläglich Botschaft, dem Papst zukommen" (o. O. 1528), das mehr dramatische Lebendigkeit als die zwei Spiele hat, und überhaupt zu dem Vortrefflichsten gehört, was die polemische Literatur jener Zeit hervorgebracht hat. Die Messe wird als krank vorgestellt, der Papst beruft die Ärzte Rumdeck (Dr. Eck) und [illegible], aber sie verschlimmern nur den Zustand der Kranken, und da auch geistliche Mittel (geweihte Kerzen, letzte Ölung u. dergl.) nichts fruchten, entfliehen sie voll Entsetzen. Hierauf folgt das Testament der Messe, welches von beißendem Witze sprudelt. Ein Brief „an den Rath der Stadt Bern" (bei Grüneisen), in welchem er den Wein personificiert und dessen Lebensgeschichte erzählt, ist ein Muster von naiv launiger Darstellung.

§ 184. Weltliche und volksthümliche Spiele (§ 151).

Hans Sachs, s. o. § 162. — Niklaus Manuel, s. o. § 183. — Jakob Ruef, Wundarzt und Steinschneider aus dem St. Gallischen Rheinthal, seit 1525 Bürger in Zürich, gest. 1558: „Vom wol- und übelstand einer lobl. Eidgenossenschaft" (1578), gegen die Bündnisse mit den Fürsten;[1]) „Spiel von Wilhelm Thellen" (Zür. o. J., hrsg. v. Mayer, Pforzheim 1843), die Erweiterung eines alten in Uri aufgeführten Dramas, das nur noch in späterem Druck vorhanden ist. Biblische Dramen: „Von der Erschaffung Adams und Heva" (Zür. 1550); „Abraham" (Ebd. o. J.); „Lazarus" (Ebd. 1548) u. a. m. (Vgl. Scherer, St. Gallische Handschr. S. 63.) — Georg Wickram, Jac. Mosmann u. Jos. Frey, s. o. § 157. — Wolfh. Spangenberg, s. o. § 177. — Georg Mauritius, s. o. § 182. — Krüger, s. o. § 184.

§ 185. Weitere Entwicklung des Volksschauspiels (§ 152).

a. Die „Englischen Comödien" sind in jeder Beziehung zwar ungenügend, roh in Haltung und Sprache, aber es findet sich in ihnen gerade Das, was den deutschen Spielen, selbst den besten, fehlte: die Handlung ist breiter angelegt und mehr aus dem Innern gestaltet; statt bloßer Andeutungen findet man in ihnen schon Versuche, die Leidenschaften zu zeichnen und psychologisch zu entwickeln. Bei aller Rohheit und Unbeholfenheit der Darstellung (die Uebersetzungen rühren von Leuten her, die des schriftlichen Ausdrucks nicht mächtig waren) finden sich Züge, welche die lebendigste Theilnahme des Zuschauers hervorrufen mußten.[2])

Anm. Ob alle in der frühesten Sammlung gedruckten Stücke wirklich aus dem Englischen stammen, ist nicht zu bestimmen; in der zweiten finden sich schon Uebersetzungen aus dem Französischen.

Die erste Sammlung enthält biblische Stücke (Esther; von dem verlorenen Sohn), Bearbeitungen romantischer Stoffe (Fortunatus; Comödien von eines Königs Sohn aus Engellandt und der Königstochter aus Schottlandt; Sidonia und Theagene, Jemandt und Niemandt); zwei historische Spiele (Julius und Hyppolita, Titus Andronicus); zwei Pickelheringsspiele, welche später von Ayrer (s. u.) nachgeahmt und erweitert wurden, und fünf Possen, nach welchen Derselbe einige Fastnachtsspiele bildete.

Titus Andronicus. Der römische Kaiser verschmäht seine Gemahlin Andronica, die Tochter des Titus, dem er seine Erhebung zu verdanken hat, und heirathet die gefangene Mohrenkönigin, deren zwei Söhne sich in Andronica verlieben, die unterdessen wieder geheirathet hatte. Auf der Jagd tödten sie deren Gemahl, entehren und verstümmeln sie; Titus, dessen Söhne die Kaiserin hatte ermorden lassen, schickt seinen jüngern Sohn Vespasianus mit einem Heer gegen Rom, um sich zu rächen. Diesem fällt das ehebrecherische Kind der Kaiserin und ihr Buhle in die Hände, und er läßt sie tödten. Titus läßt den Kaiser und die Kaiserin zu einem Gastmahl bitten, und giebt ihnen ihre Söhne, die er hatte ermorden lassen, zu essen. Während des Mahles tödtet er seine unglückliche Tochter und die Kaiserin. Darauf ersticht ihn der Kaiser. Dieser wird aber selbst von Vespasianus getödtet, der nun zum Kaiser erhoben wird.

---

1) Etter Heini uß dem Schwyzerland, sammt e. Vorspiel, hrsg. v. H. M. Kottinger, Quedl. 1847.
2) Englische Comödien u. Tragödien, o. O. 1620; o. O. 1624. Liebeskampf od. Ander Theil d. Engl. Comödien u. Tragödien, o. O. 1630; Schaubühne englischer u. französischer Comödianten. Frankf. 1670. III.

b. Jakob Ayrer, dessen Geburtsjahr und Heimat unbekannt sind, lebte eine Zeitlang als Eisenkrämer in Nürnberg, wanderte dann nach Bamberg, wo er juristische Studien getrieben haben soll, kehrte aber wegen seiner protestantischen Religion nach Nürnberg zurück, wo er 1573 das Bürgerrecht erhielt, kaiserlicher Notarius und Gerichtsprocurator wurde, als welcher er am 26. März 1605 starb.[1])

Anfangs bildete sich Ayrer nach Hans Sachs, den er im Verständniß der dramatischen Entwickelung übertraf, während er ihm an poetischem Talent, in Sprache und Darstellung weit nachstand, doch suchte er schon in seinen frühesten Stücken (Otto III., Hug Dietrich, Ortnit, Wolf Dietrich) die fliegenhafte Anlage zu größerer Fülle zu erweitern. Als er die „Englischen Comödien" kennen lernte und in ihnen Das, was er angestrebt hatte, umfassender ausgebildet fand, bearbeitete er mehrere derselben (Bellimperia und Horatio, Phänicia, Sidea, Edward III.) und schrieb eine größere Anzahl im Geiste seiner Vorbilder (Mamet, Soldan zu Babilon, der reiche Mann und der arme Lazarus, des Eulen Spiegel, der verlorene Sohn). Alle diese Dramen haben eine glückliche Anlage, aber sind, da es dem Dichter an Erfindungskraft fehlte, schwach in der Ausführung, ja er wiederholt sich oft. Seine frühern Fastnachtspiele lehnen sich ganz an Hans Sachs an, haben aber weder den heitern Humor, noch die lebendige Darstellung desselben; einige verdienen jedoch Auszeichnung (Der Bauer mit seinem Gleichen Lohn; Das kein Landsknecht in Himmel noch in die Hell kommt; Der Münch im Kefskorb; Der Verlorne G. Franciscus). Die spätern nach dem Englischen oder in englischer Weise bearbeiteten Fastnachtsspiele stehen den übrigen nach; sie bewegen sich meist nur um den lächerlichen Jan oder wie der Handwerk heißen mag, und um Possen ziemlich gewöhnlicher Possen. Das beste ist „Der Vertorn Engelländisch Jann Posset". Einige derselben gewinnen dadurch Bedeutung, daß sie zugleich die ersten Singspiele sind: das beste derselben ist „Von dem Engelländischen Jann Posset".[2]) Ayrer führte nach dem Vorbild der Engländer den Narren als stehende Figur ein, die sich bis auf Gottsched erhielt. — Noch schrieb Ayrer eine „Reimchronik von Bamberg" (hrsg. v. Jos. Heller, Bamb. 1838) und eine noch ungedruckte Beschreibung des „Bialiers".

c. Heinrich Julius, Herzog zu Braunschweig und Lüneburg, geb. 15. Oct. 1564 zu Wolfenbüttel, trat 1589 die Regierung an, lebte seit 1607 in Prag, wo er am 20. Juli 1613 starb.

Heinrich Julius, der erste Fürst in Deutschland, der ein stehendes Hoftheater errichtete, war auch der erste, der seit der Zeit des Minnegesangs an der Literatur und ihrer Entwicklung Theil nahm. Ob er gleich im Leben eine durchaus aristokratische Natur und dabei sehr gelehrt war, so hat er in seinen Dramen doch eine ganz volksthümliche Richtung eingeschlagen, wozu ihn wohl vorzüglich die Englischen Comödien veranlaßten, die offenbar großen Einfluß auf ihn ausübten. So ahmte er sie darin nach, daß er seine Stücke in Prosa abfaßte, die lustige Person einführte (Joh. Clant, d. i. Clown und Jan Bouset) und nach dramatischer Entfaltung strebte. Anlage und Composition sind dagegen nicht glücklich; er führt gern Teufel ein, doch ist deren Erscheinen kaum in einem Stück gerechtfertigt. Seine Sprache ist steif und mehr Sprache der Bücher als der leichtern Unterhaltung; der Ausdruck ist ohne Schwung und verfällt oft in das Gemeine. Die Charaktere sind roh angelegt und roh ausgeführt, ohne psychologische Motivirung; am Besten ist der Narr, dessen Witz jedoch selten geistreich ist. Eigenthümlich ist, daß er in seinen Stücken Personen einführt, welche sich ihrer heimatlichen Mundart bedienen.[3]) Von seinen 11 Stücken sind folgende die bedeutendsten: „Vater und Valerin"; „Von einer Ehebrecherin"; nach einer Novelle von Bandello (höchst ergötzlich aber mehr in der Erfindung, welche nicht Eigenthum des Dichters ist, als in der oft steifen Behandlung); in der „Susanna" herrscht glückliche Mischung des Komischen und Tragischen; die nachbrennende „Comödie von Vincentius Ladislaus Satrapa" gewinnt dadurch Interesse, daß sich darin manche „Lügen" finden, die später durch den „Münchhausen" allgemein bekannt wurden.

---

1) Schmidt, K., Jak. Ayrer, Marb. 1851. Helbig, K. G., Zur Chronologie der Schauspiele des J. Ayrer in Prutz Literarhistor. Taschenbuch 1847. Scharberger, Jahrb. f. deutsche Literaturgesch. 1855, S. 38. — 2) Opus theatricum. Dreißig Comedien und Tragödien sampt sechs u. dreißig Fastnacht od. Possen Spilen. Nürnb. 1618. — Neue Ausgabe (mit ungedruckten Stücken) von Ad. v. Keller. Stuttg. (Lit. Verein) 1865 V. — 3) Schauspiele des Herz. Heinr. Julius v. Braunschweig, hrsg. v. W. L. Holland, Stuttg. 1855 (worin die alten Drucke u. Handschriften genau nachgewiesen sind). Er bezeichnet seine Dramen mit den Anfangsbuchstaben seines Namens und Titels: Hibaldeha, aber Hiedkadbel, auch Hibeldeha u. Hidbelepihal, d. i. Henricus Julius Dux Brunsvicensis Et Luneburgensis Episcopatus Halberstadensis Antistes. Vgl. Herm. Grimm, D. Theater d. Herzogs Julius v. Br. in Westermanns Monatsheften 1. 323.

Zweites Hauptstück. Prosa.

I. Prosadichtungen.

§ 186. Volksbücher (§ 155).

a. Volksbücher nach ausländischen Quellen: „Die Haimonskinder"; „Fierabras"; „Magelone"; „Octavianus"; „Die geduldige Helena"; „Hirlande aus Britanien"; „Melusina"; „Genovefa"; „Griseldis"; „Siegfried".[1])

b. Das Volksbuch von Doctor Faust ist eine der Zeit angemessene Bearbeitung und Umgestaltung aller frühern Sagen, in denen Bündnisse mit dem Teufel zum Grunde lagen und welche die Idee veranschaulichten, daß der Mensch nicht auf dem Wege der Schuld nach der Wahrheit streben dürfe.

Anm. Es hat wirklich ein Faust existiert, der am Ende des 15. Jahrh. zu Knittlingen im Württembergischen geboren wurde, sich als fahrender Schüler und Schwarzkünstler herumtrieb und vor 1540 starb. Das Aufsehen, das er durch seine Künste erregte, und der vielleicht von ihm selbst verbreitete Glaube, daß er mit dem Teufel einen Bund geschlossen habe, mag die Veranlassung gewesen sein, daß die alten Teufelssagen auf ihn übertragen wurden. Erwähnt haben ihn der Abt Trithem 1506 zu Gelnhausen, Conr. Mutian Rufus 1513 zu Erfurt u. A. Sie nennen ihn gyrovagum, battologum, circumcellio, ac vanus ostentator, fatuus.

Die Ausbildung der Faustsage fällt um die Mitte des 16. Jahrh.; ihre Heimat ist das protestantische Deutschland, wie sie denn auch einen ganz antikatholischen Charakter trägt.

Die erste Bearbeitung derselben stammt von einem unbekannten Verfasser (Frankf. 1587, 1590 u. ö. in Scheible's „Kloster" 2, 933; niederdeutsch: Lübeck 1588. Neue Ausg. Nebst den Varianten d. Ausg. v. 1590. Mit Einleit. u. Anmerk. v. Aug. Kühne. Zerbst 1868); in ihr erscheint Faust als ein Mann von Talent, der, von unersättlichem Durst nach höheren Einsichten erfüllt, die dem Menschen gezogene Schranke auf sündliche Weise überschreitet, aber in seinen Erwartungen getäuscht wird. Später wurde die Sage von Georg Rudolf Widmann in ermüdender Weitschweifigkeit bearbeitet (Hamb. 1599. III.; bei Scheible 2, 275). An den Faust schloß sich später die wohl nicht aus dem Volke hervorgegangene Sage von seinem Famulus „Wagner" an (o. O. u. J. 1594?). Vgl. Peter, Franz, D. Literatur d. Faustsage. 3. Aufl. 1857. Sommer, Em., in Ersch u. Gruber I, 42, 93 ff. Düntzer, H., D. Sage von Faust. Stuttg. 1846.

c. Das Volksbuch „Die Schildbürger"[2]) oder das „Lalenbuch",[3]) überträgt eine Reihe von Sagen, welche ursprünglich von verschiedenen Ortschaften erzählt wurden, auf einen einzigen Ort. Der unbekannte Sammler hat sie nicht bloß aus mündlicher Ueberlieferung entnommen, sondern auch ältere Bücher benutzt, in denen sich einzelne Erzählungen vorfanden (Kirchhof, Frey u. a. m.), doch bei Weitem nicht alle Quellen erschöpft. Schildbürger-Streiche finden sich im „Freidank", bei Bebel, Waldis, Frischlin u. a. m.

Die meisten Sagen sind schlicht, einfach, wie sie vom Volke erzählt werden, und ohne Zuthaten des Sammlers berichtet, dagegen scheinen weder die keineswegs gelungene Einkleidung noch das Ende auf Ueberlieferung zu beruhen. Das Buch fand so vielen Beifall, daß es unter dem Titel „Grillenvertreiber" (Frankf. 1603) fortgesetzt wurde; welches selbst zwei Fortsetzungen „Witzenbürger" (Ebd. 1605) und „Hummeln" (Ebd. 1605) erhielt.

d. Die Sage vom Ewigen Juden scheint sich in der zweiten Hälfte des 16. Jahrh. ausgebildet zu haben. Doch wurde schon seit dem Jahre 1547 wiederholt von der Erscheinung des Ahasverus berichtet. Diese Erscheinungen werden im Volksbuch erzählt, sind aber weder ihrem oft aberwitzigen Inhalt, noch ihrer unbeholfenen Darstellung nach anziehend. (Bericht von Ahasverus. Von Chrysostomus Dudulaeus. 1602. 4. — Vgl. Grässe, D. Sage vom „Ewigen Juden". Dresd. 1844.)

---

1) Diese und andere schon früher bearbeiteten Geschichten (Fortunatus, Wigalois, Tristan, Pontus) wurden unter dem Titel „Buch der Liebe" Frankf. 1578. Ebd. 1587. Fol. gesammelt. In neuerer Zeit erschienen mehrere Sammlungen, so von Schwab, Stuttg. 1836, III.; von Marbach, Lpz. 1838 ff. XX Hefte; am besten von Simrock. Frankf. 1839—1867. XIII. — 2) Die Schildbürger; durch M. Aleph, Beth, Gimel. Misnopotamia (o. O.) 1598; neue Ausg. in Hagens Narrenbuch, womit zu vgl. Leipziger Litter. Zeit. 1812. Nr. 161—163. — 3) Lalenbuch, gedruckt zu Laleburg (o. O.) 1597.

e. Die „Historij vnd Legend von dem Ritter, Herrn Polycarpen von Kirrlarissa, genannt der Finckenritter, wie der drithalb hundert jar, ehe vnd er geboren ward, vil land durchwandert, vnd seltzam Ding gesehen, vnd zuo letst von seiner Muoter für todt ligen gefunden, auffgehaben, vnd erst von newem geboren worden“ (Straßb. o. J. 1560?), ist aus ältern Lügenmärchen zusammengestellt, erreicht aber, namentlich im Ausdruck, deren naiv kindliche Lust am Ungereimten keineswegs.

f. **Bartholomäus Krüger**, Stadtschreiber und Organist zu Trebbin, sammelte aus dem Volksmunde „Hans Clawerts Historien“ (Berl. 1587; niederdeutsch 1508), „ein zweiter Eulenspiegel, nur geschlossener, vielseitiger, dessen anmuthige Lügen weder von frühern noch von spätern Erzählern von Lügenmärchen erreicht werden“ (Goedeke). Derselbe dichtete auch eine „Action von dem Anfang vnd Ende der Welt“ (o. O. 1580), „eines der ausgezeichneten Spiele des 16. Jahrh. mit wahrhaft bewundernswürdigen Scenen und in genialer Auffassung des vergänglichen Menschengeschickes der ewigen Weltordnung gegenüber“ (Goedeke), und ein „Weltliches Spiel, wie die Bewrischen Richter einen Landsknecht unschuldig hinrichten lassen“ (o. O. 1580).

g. Die „Sechshundert sieben und zwanzig Historien von Claus Narren“ (Eisleben 1572), eines Hofnarren bei dem Churfürsten Friedrich dem Weisen, sind ohne Witz und oft anstößig.

§ 187. Novellensammlungen. Romane (§ 155).

a. **Johannes Pauli**, eigentlich Paul Pfedersheimer, geb. um 1455, jüdischer Abkunft, ließ sich taufen und trat zu Straßburg in den Franciscanerorden, wurde 1505 Lesemeister in Schlettstadt, 1518 in Thann, wo er um 1530 starb.[1])

„Schimpf und Ernst“,[2]) eine Sammlung von Erzählungen, Geschichten, volksmäßigen Anekdoten und kleinern Novellen, aus alten Büchern „zusammengelesen“, wohl auch aus mündlicher Ueberlieferung geschöpft; einfach und schlicht, ohne Beachtung der Nebenumstände in gedrängter Kürze erzählt. Heitere und ernste Erzählungen wechseln mit einander ab, und geben in ihrer Gesammtheit ein reiches Bild der damaligen Sitten- und Bildungszustände, deren Schwächen er furchtlos aufdeckt, selbst wenn sie die Geistlichkeit oder den Adel betreffen.

b. **Jörg (Georg) Wickram**, aus Colmar, wo er wahrscheinlich als Handwerker lebte; sicher ist es, daß er die dortige Meistersängerschule gründete. Im J. 1555 wurde er Stadtschreiber zu Burgheim im Breisgau (oder Elsaß?), und starb 1562. — Er war einer der fruchtbarsten und einflußreichsten Schriftsteller seiner Zeit. In allen seinen Schriften zeigt sich ein praktischer nach unmittelbarer Wirkung gerichteter Sinn.[3])

Sein bedeutendstes Werk ist wohl „Das Rollwagenbüchlin“ (o. O. 1555. u. ö. Neue Ausg. v. H. Kurz. Lpz. 1862), eine Sammlung von größern und kleinern Erzählungen, die er zum Theil aus ältern (fremden und deutschen) Schriftstellern, zum Theil aus mündlicher Ueberlieferung schöpfte. Die meisten sind in der gedrängten Weise Paulis erzählt, mehrere mit breiter Entwicklung, z. B. die Geschichte des fahrenden Sängers Grienenwald. — Daß er umfassendere Stoffe zu beherrschen wußte, beweisen größere Erzählungen und Romane, in welchen er unverkennbar die dem Ausland entlehnten Volksbücher nachahmen wollte, deren naive Haltung er mit großem Glücke getroffen hat. Die „Histori von dem anfang vnd ausgang der brinnenden Liebe“ (Straßb. o. J.), auch bekannt unter dem Namen „Gabriotto und Reinhard“, stellt die Macht der treuen Liebe mit tiefer Innigkeit dar. „Der Jungen Knaben Spiegel“ (Straßb. 1554), von Andrer dramatisch bearbeitet, hat einen didaktischen Zweck, wie auch der kleine Roman „Von Guoten vnd Bösen Nachbaurn“ (Ebd. 1556), den er mit der ausdrücklichen Absicht schrieb, zu zeigen, „wie sich ein junger gesel auff der Wanderschafft halten sol“. Doch tritt das didaktische Element zum Nachtheil der Erzählung hervor. „Der Goldtfaden“ (Straßb. 1557) erzählt die Geschichte eines armen Hirtenknaben, der durch seine vortrefflichen Eigenschaften und vom Glück begünstigt, der Schwiegersohn und Nachfolger eines reichen Grafen wurde. Der „Goldfaden“ wurde von Cl. Brentano erneuert. — Ferner dichtete er mehrere biblische Stücke: „Die Zehen Alter“ (Ebd. 1531), „Spil von dem verlornen Sun“ (Colmar 1540) u. s. w., zwei heitere Fastnachtsspiele: „Das Narrengiessen“ (o. O. 1541. Vgl. Zarncke, Brant LXXV.) und „Der trew Eckart“ (Straßb. 1538). — Eine kleine poetische Erzählung, „Der Irr Reitend Bilger“

---

1) Weith. C., Leb. J. Pauli. Wien 1839. — 2) Straßb. 1522. Fol. u. ö.; bis Ende des 16. Jahrh. wenigstens 40 Ausgg., von denen wenige vollkommen übereinstimmen; Auswahl von Jördens. Lpz. 1822; von A. Th. Dittmar. Berl. 1856. Vollständig v. Hm. Oesterley. Stuttg. (Lit. Verein) 1866. — 3) A. Stöber, Jörg Wickram u. dessen vorzüglichste Schriften. 2. Bearbeit. Mülhausen 1866.

(Ebd. 1556), berichtet von den Abenteuern einer Wallfahrt. — Endlich hat er Albrechts von Halberstadt (s. o. § 63) gereimte Uebersetzung von Ovids Metamorphosen (Frankf. 1551) und Murners (s. o. § 110) „Narrenbeschwörung" (Straßb. 1556) umgearbeitet.

c. Jakob Frey, Stadtschreiber zu Maursmünster, gab unter dem Titel: „Die Gartengesellschaft" (o. O. 1556), eine Sammlung von Erzählungen und Schwänken heraus, für die er ältere und gleichzeitige Schriften ähnlicher Art benutzte, ferner zwei biblische Dramen, „Isaac" (Straßb. o. J.) und „Lazarus" (Ebd. o. J.), und ein Fastnachtspiel, „Von einem Krämer oder Triackersmann" (o. O. u. J.), das in Stoff und Sprache gleich schmutzig ist. — Martin Montanus, von Straßburg, Novellensammlungen: „Weg kürtzer" (o. O. u. J.; Frankf. 1565), ein „Büchlin, darin die jungen Gesellen, wes sie sich halten sollen, unterwiesen werden" (o. O. u. J.); „Der Ander theyl der Gartengesellschaft" (Straßb. o. J.). Dramen: „Ein Spil von einem Grafen, wie der von der Königin von Frankreich in das ellendt vertrieben" (Ebd. o. J.); „Der untrew Knecht" (Ebd. o. J.), nach einer italienischen Novelle; und „Von zweien Römern Tito Quinto Fulvio und Gisippo" (Ebd. o. J.) — Michael Lindner gab unter dem Namen „Hans Kumpan von Schierling" den „Katzipori" (o. O. 1558), „darinn newe Mucken, seltzame Grillen, unerhörte Tauben, visierliche Zotten" und das „Rastbüchlein" (o. O. 1558), darin „Bossen und Fabeln", heraus. Auch übersetzte er vielleicht Bebels facetiae unter dem Titel: „Die Geschwenck Henrici Bebelii" (o. O. 1558). — Valentin Schumann, aus Leipzig, Schriftgießer, „Nachtbüchlein" (o. O. u. J. II.)

d. Hans Wilhelm Kirchhof, aus Hessen, der als Soldat Norddeutschland und Hessen durchzog,[1]) und in diesen Ländern eine große Anzahl von volksthümlichen Geschichten sammelte, erzählte diese und viele andere, die er aus Bebel, aus italienischen und französischen Schriftstellern, so wie aus den Büchern der Alten schöpfte, in dem „Wendunmuth" recht lebendig und nicht ohne Kunst der Darstellung.[2])

II. Historische Prosa.

§ 188. Schweizerische Chronisten (§ 156).

a. Valerius Anshelm, gen. Rüd oder Ryd, aus Rottweil, studierte in Krakau und andern Hochschulen Medicin, die alten Sprachen und Geschichte; kam in den ersten Jahren des 16. Jahrh. nach Bern, wurde 1520 Stadtarzt, mußte 1523, von den Katholiken verfolgt, die Stadt verlassen, kehrte aber nach einigen Jahren, als diese sich der Reformation angeschlossen hatte, dahin zurück. Im J. 1529 erhielt er von dem Rath den Auftrag, die Geschichte der Stadt zu schreiben, an welcher er bis zu seinem Tode (1540) unablässig arbeitete.

Seine „Berner-Chronik" (modernisiert hrsg. v. Stierlin und Wyß. Bern 1825—33. VI.), welche die Zeit von 1032—1536 behandelt, erzählt mit staatsmännischem Blick die Geschichte der ersten Jahrhunderte, nur in gedrängter Uebersicht, von 1474 an sehr ausführlich, mit Erwähnung aller welthistorischen Begebenheiten.

b. Gilg (Aegidius) Tschudi, geb. 1505 zu Glarus, wurde von Heinr. Glareanus in Basel unterrichtet, gieng 1515 mit ihm nach Paris, bereiste 1523 die Hochalpen, verhinderte während der Religionswirren durch seine kluge Mäßigung, daß es in Glarus zum Kampfe kam, wurde 1529 Landvogt von Sargans, 1533 von Baden, war 1534—42 in franz. Kriegsdiensten, 1549 wieder Landvogt von Baden, 1556 Landstatthalter und 1559 Landammann in Glarus, war 1559 auf dem Reichstag in Augsburg, mußte 1562 wegen der Religionsstreitigkeiten die Heimat verlassen, wurde jedoch 1564 zurückgerufen und starb am 28. Febr. 1572. Tschudis zahlreiche Schriften, die sich mit Ausnahme einiger theologischen sämmtlich auf die Geschichte und Alterthümer, besonders der Schweiz beziehen, beruhen auf den reichsten Quellenstudien, und zeichnen sich durch scharfen

---

1) Zinkgref führt e. Hans Wilh. K. an, den er Burggraf zu Spangenberg nennt; es ist wohl derselbe, da er den „Wendunmuth" als Quelle anführt. — 2) Frankf. 1563—1603. VII. Neue Ausgabe von Oesterley. Stuttg. 1869. V.

Blick, klare Anschauung der Verhältnisse, Treue und Wahrhaftigkeit, so wie durch kernhafte Sprache aus.[1])

„Die Alpisch Rhetia" (Bas. 1538) ist die Frucht seiner Reise durch die Hochalpen und giebt ein klares Bild von allen Verhältnissen des Landes und Volkes. In spätern Jahren arbeitete er es um und fügte es seiner großen und gelehrten Beschreibung des alten Galliens bei, welche unter dem unpassenden Titel „Hauptschlüssel zu verschiedenen Alterthümern", mit Verunstaltung der Sprache und andern willkürlichen Veränderungen herausgegeben wurde (Konst. 1758. Fol.). Weitaus sein bedeutendstes Werk ist die „Helvetische Chronik" (hrsg. v. J. R. Iselin. Bas. 1734—36. Fol. II.), welche die Geschichte der Eidgenossenschaft von den ältesten Zeiten bis 1470 in großer Ausführlichkeit erzählt. Von einer noch ungedruckten Fortsetzung bis zum J. 1570 sind nur einzelne Abschnitte (die Geschichte Waldmanns, die des Kappelerkrieges) ausgearbeitet. Was den Arbeiten Tschudis unvergänglichen Werth sichert, ist nebst der treuen und gewissen Forschung die große Gesinnung, die sich in ihnen beurkundet, und der klare, staatsmännische Blick, mit dem er die Begebenheiten beurtheilt.

c. Johann Stumpf, aus Bruchsal (1500—1566), „Gemeiner löblicher Eidgenossenschaft Stetten, Landen und Völkern Chronik, würdiger thaten beschreibung" (Zür. 1548. Fol.), mit interessanten Einzelheiten über Sag., Geschichte und Land. — Christian Wurstisen, aus Basel, „Baßler Chronik" (Bas. 1580. Fol.) nach glaubwürdigen Quellen. — Werner Schodoler, aus Bremgarten (gest. 1540), erzählte in seiner noch ungedruckten „Chronik" die Kriege der Eidgenossen mit solcher Ausführlichkeit und Gründlichkeit, daß selbst Tschudi ihn benutzte (vgl. Fl. Weissenbach in den Beitr. v. Kurz u. Weissenbach). — Werner Steiner, aus Zug, theilte in seiner ebenfalls noch ungedruckten „Chronik", wie Schodoler und Tschudi, viele historische Lieder mit. — Heinrich Bullinger, aus Zug (1504—1575), hinterließ mehrere historische Schriften, unter welchen die umfangreiche, treulich, aber mit Heftigkeit geschriebene „Geschichte der Eidgenossenschaft" und die „Reformationsgeschichte" (hrsg. v. J. J. Hottinger und H. H. Vögeli, Frauenf. 1838—40. III.) als bedeutende Quellenwerke zu bezeichnen sind. — Johann Keßler, aus St. Gallen (1502—1574), schrieb die „Geschichte der Reformation in der Schweiz" in anziehender Weise und mildem Sinn.

§ 189. Andere hochdeutsche Chroniken (§ 156).

a. Sebastian Franck, aus Donauwörth, geb. 1500, kam um 1529 nach Nürnberg, wurde 1531 wegen seiner Meinungen (doch war er wohl kein Wiedertäufer) aus der Stadt verwiesen, so auch aus Straßburg, wohin er sich begeben hatte. 1533 Drucker in Ulm. 1540 wurden seine Lehren von den in Schmalkalden versammelten Theologen verworfen, und Luther, mit dem er früher in freundschaftlicher Beziehung stand, wurde sein unerbittlichster Gegner. Er starb um 1545 zu Basel, wo er ebenfalls eine Druckerei angelegt hatte.[2]) Seb. Franck, der als Historiker, Kosmograph, Philosoph und Erklärer von Sprichwörtern gleich ausgezeichnet ist, war ein Mystiker im besten Sinne des Worts, geistreich, tief, wahrheitsliebend, für Vaterland und religiöse Freiheit begeistert und von ächt volksthümlicher Gesinnung, wie er denn auch durch seine Schriften vorzüglich auf das Volk zu wirken suchte. Er ist der eigentliche Geschichtschreiber der Reformation, d. h. er hat die Geschichte im Sinne der Reformation vorgetragen, die er selbst in ihrer ursprünglichen Reinheit auffaßte. Seine Darstellung ist meisterhaft, voll Kraft, Lebendigkeit und Frische, rein und auf der Sprache des Volks aufgebaut. Er schrieb nur in deutscher Sprache und übersetzte selbst lateinische Werke ins Deutsche, z. B. des Erasmus „Lob der Narrheit", Agrippas Buch „Ueber die Eitelkeit des menschlichen Wissens" u. a. m.

Seine „Chronica, Zeitbuch und Geschichtbibel" (Straßb. o. J. [1531] u. ö.) ist der erste Versuch, die Weltgeschichte nach einem leitenden Gedanken zu bearbeiten, indem er im Verlauf der Weltgeschichte die wunderbare Hand Gottes zeigen wollte. In demselben Geiste ist seine „Chronika von ganz Teutschland" (Augsb. 1538. Fol. u. ö.), worin er die Anmaßungen des Papstthums gegen Kaiser und Reich in ihrer Entwickelung zu zeigen sucht. — Das „Weltbuch, Spiegel und Bildniß des ganzen

1) Leben und Schriften v. Ildeph. Fuchs. St. Gallen 1805. II. Vogel, Ägid. Tschudi als Staatsmann u. Geschichtschreiber. Zür. 1856; darin zwei Briefe Tschudi's an Fries u. Simler, welche seine Gewissenhaftigkeit als Historiker bezeugen. — 2) Bischof, Hermann, Seb. Franck u. die deutsche Geschichtschreibung. Tüb. 1857. Hase, C. A. Seb. Franck, d. Schwarmgeist. Ein Beitr. z. Reformationsgesch. Lpz. 1869.

erdbodens" (Tübing. 1534), der erste und zugleich höchst gelungene Versuch einer Weltbeschreibung, giebt in musterhafter Darstellung eine kräftige und verständige Zusammenstellung aller von ihm gesammelten Nachrichten über Länder und Völker, deren Sitten, Religion und Verfassungen.[1]) Seine philosophisch mystischen Schriften verdienen mehr Beachtung, als sie bis jetzt gefunden haben, schon der Darstellung wegen, da er auch die abstractesten und tiefsten Gedanken in reiner, durch glückliche Wortbildungen ausgezeichneter Sprache behandelt. In den „Paradoxa oder Wunderreden" (Ulm 1533, Fol. u. 8.) entwickelt er seine Ansichten über Gott, Christus, die menschliche Natur und das Leben, in der Schrift „Lob des Thörichten göttlichen Worts" (in „Moriä Encomium", o. O. u. J. [Ulm 1534] 4.), zeigt er, daß wir den Willen Gottes nicht bloß in der Bibel, sondern auch in uns selbst suchen müssen. „Die güldin Arch" (Augsb. 1538, Fol. u. 8.); „[illegible]" (o. O. u. J. 4.); „Das verbütschiert Buch" (Pforzheim 1539, Fol.). — Endlich hat sich Franck durch eine treffliche Sammlung von „Sprichwörtern" (Frankf. 1541. 4. Zürich [1545] umgestellt und in der Sprache verändert) verdient gemacht, zu denen er auch sprichwörtliche Redensarten rechnet; sie sind von Erklärungen begleitet, bei welchen er vorzüglich die Bedürfnisse des Volkes berücksichtigte, dessen tüchtigen Sinn er nach jeder Beziehung hin zu entwickeln suchte. Oft sind den Sprichwörtern Fabeln, Parabeln und Erzählungen aller Art zur Veranschaulichung beigefügt. In dem „New gesang psalter" (o. O. 1538) finden sich auch Lieder von Seb. Franck.

b. **Johannes Aventinus** (eigentl. Turmair), aus Abensberg, geb. 4. Juli 1477, studierte in Ingolstadt, Paris, Wien und Krakau. Im J. 1509 trat er in Ingolstadt als Lehrer auf, ward 1512 Lehrer und Erzieher der jungen Herzöge Ludwig und Ernst von Bayern, und machte später mit dem letzteren eine Reise nach Italien. Als seine Zöglinge erwachsen waren, erhielt er von ihnen den Auftrag, die Geschichte von Bayern zu schreiben, wozu er alle Klöster, Bibliotheken und Archive des Landes durchforschte. Seine Freimüthigkeit zog ihm den Haß der Geistlichkeit zu; er ward 1529 als der Ketzerei verdächtig ins Gefängniß geworfen, aus dem er nur durch die Verwendung Herzog Ernsts befreit wurde. Der Gram über die erlittene Mißhandlung verkürzte seine Tage; er starb am 9. Jan. 1534 zu Regensburg. — Umfassende Quellenforschung, hoher Sinn, warme Vaterlandsliebe, so wie unbestechliche Liebe zur Wahrheit und furchtlose Freimüthigkeit charakterisieren seine geschichtlichen Arbeiten. Am Entschiedensten erhob er seine Stimme gegen Roms Uebergriffe in Kirche und Staat, gegen die Anmaßungen der Päpste und den schädlichen Einfluß des Mönchsthums. Das Große erkannte er überall an, unter welcher Form es sich auch zeigte. Er ist eben so glücklich in der Zeichnung hervorragender Charaktere, als in der Darstellung großer Begebenheiten. Seine Sprache, die er auf die des Volkes gründete, zeichnet sich durch Kraft, Klarheit und Reinheit aus.[2])

Sein Hauptwerk ist die „Bayerische Chronik", welche er zuerst lateinisch abfaßte,[3]) dann selbst ins Deutsche übersetzte oder vielmehr neu bearbeitete[4]), womit er 1533 zu Stande kam. Lange vorher hatte er „Bayrischer Chronicon, ein kurzer Auszug" (Nürnb. 1522, Fol.) herausgegeben. Von seinem großen Werke, „Chronica vom Ursprung u. s. w. der uralten Teutschen", worin er die Alterthümer Deutschlands erläutern wollte, ist nur das erste Buch gedruckt (Nürnb. 1541. 4.). Handschriftlich haben sich noch mehrere andere Schriften erhalten, z. B. „Geschichte der Stat Regensburg", „Anzeigung wie und In was weg die Römer Ir kriegß Regiment gehalten haben".

c. **Christoph Lehmann**, aus Finsterwalde in der Niederlausitz, geb. 1568, studierte 1587 in Leipzig, wurde 1594 Conrector in Speyer, 1599 Rathsschreiber, 1604 Stadtschreiber, trat 1629 in die Dienste des Bischofs und wurde 1637 Syndicus in Heilbronn, wo er 1638 starb.[5]).

Seine „Chronica der Freyen Reichs-Stadt Speyer" (Frankf. 1612, Fol. u. 4.) hat durch sorgfältige Benutzung handschriftlicher und anderer Quellen bleibenden Werth erhalten, so wie durch die Einflechtung interessanter Züge lebendiges Interesse gewährt. Sein Blick ist frei, sein Urtheil scharf und

---

1) Kaiser, K., Seb. Fr. als Geograph. Ulm 1834. — 2) Wiedemann, Theod., Joh. Turmair, gen. Aventinus. Nach s. Leben u. s. Schriften. Freising 1858. Dittmar, Wilh., Aventin. Nördl. 1862. — 3) Annales Bojorum (mit Weglassung der der Geistlichkeit anstößigen Stellen), ed. H. Ziegler, Ing. 1554, Fol.; vollständig ed. N. Cisner, Bas. 1580, Fol. u. 8. — 4) Hrsg. v. Simon Schard, Frankf. 1566, Fol.; v. N. Cisner, Frankf. 1580, Fol. u. 4. — 5) Leben von G. Ch. Bauer, Frankf. 1756.

richtig. — Eben so verdienstlich ist sein „Florilegium politicum oder politischer Blumengarten" (Thl. 1. o. O. 1630. 2. 3. Frankf. 1630—42.) eine reiche Sprichwörtersammlung.

d. Cyriacus Spangenberg, aus Nordhausen (1528—1604), „Mansfeldische Chronik" (Eisleb. 1572), „Hennebergische Chronik" (Straßb. 1599), der „Adelspiegel" (Schmalkalden 1591—94. II.), die satirisch-polemischen „Wider die bösen Sieben in Teufels Karnöffelspiel" (Eisl. 1562), „Jagteufel" (Ebd. 1560), und die literarisch interessante Schrift „Von der Kunst der Musica, wie auch vom Aufkommen der Meistersänger."[1]) — Bernhard Hertzog, „Elsässische Chronik" (Straßb. 1592. Fol.); in welcher er ein nicht wieder aufgefundenes historisches Werk seines Schwiegervaters Fischart (Originum Argentoratensium) benutzt hat. — Lucas David, aus Allenstein (1503—1583), „Preußische Chronik" (hrsg. v. Ernst Hennig und (der letzte Theil) von D. F. Schütz, Königsb. 1812—1817. 4. VIII.). Erich Lassota von Steblau, Tagebuch (1573—1594) hrsg. v. Reinhold Schottin. Halle 1866.

§ 190. Niederdeutsche Chroniken (§ 156).

a. Thomas Kantzow, aus Stralsund, geb. 1505, studierte 1525 in Rostock, bekleidete von 1528—38 verschiedene Stellen bei den Pommer'schen Fürsten, zog dann nach Wittenberg, wo er mit Melanchthon und Bugenhagen in vertrauten Verhältnissen lebte. Schon bedenklich krank, wurde er nach Stettin gebracht, wo er am 25. Sept. 1542 starb. — Seine „Pommersche Chronik", die er zweimal, zuerst in niederdeutscher (hrsg. v. W. Böhmer, Stettin 1835), dann in hochdeutscher Sprache (hrsg. v. Hs. G. L. Kosegarten (mit unächten Bestandtheilen), Greifsw. 1816. II.) bearbeitete, ist historisch wichtig. — Balthasar Russow, Prediger in Reval, gest. nach 1600, verfaßte eine „Chronica der Provinz Lyfflandt" (Rost. 1578; verm. Ausg. Barth. 1584).

b. Johann Adolf Köster, gen. Neocorus, aus Ditmarschen, geb. bald nach 1550, studierte 1576 in Helmstädt, wurde 1578 Schulmeister und Küster in Büsum, 1590 Pfarrer daselbst, wegen Streitigkeiten mit der Gemeinde 1624 entsetzt, gest. wahrscheinlich 1630.

Er verfaßte eine nur in der ersten Hälfte ausgearbeitete „Dithmersche historische Geschichte" (hrsg. v. Dahlmann, Kiel 1827. II.), in welcher neben der Erzählung der Freiheitskämpfe des kleinen, aber heldenmüthigen Volkes die einleitende Schilderung der alten Sitten und Gebräuche besonders hervorzuheben ist. Endlich ist seine Chronik auch dadurch verdienstlich, daß sie die alten Volksgesänge, Schlacht- und Siegeslieder der Ditmarschen mittheilt.

§ 191. Allgemeine Geschichte und Geschichte einzelner Begebenheiten oder Verhältnisse (§ 156).

Seb. Franck, s. u. § 195. — Bullinger u. Keßler, s. u. § 194. — Cyr. Spangenberg, s. o. § 189. — Georg Rüxner, der auch Jerusalem genannt wurde und im 16. Jahrh. Reichsherold war: „Thurnierbuch, d. i. Warhafftige Beschreibung von Anfang, Ursachen, Ursprung und Herkommen der Thurnier u. s. w." (Frankf. 1530. Fol.) voll Unrichtigkeiten und absichtlicher Entstellung der Wahrheit. — Hans Jakob Fugger (1516—1575): auf sorgfältiger Forschung beruhender „Spiegel der Ehren des Erzhauses Oestreich", nur in einer sehr veränderten Umarbeitung des Sigmund von Birken bekannt (Nürnb. 1668 Fol.). — Zacharias Theobald, aus Schlackenwalde in Böhmen, geb. 1584, Feldprediger, dann Pastor im Dorfe Kraftshof, wo er 1627 starb: „Hussiten Krieg" (Nürnb. 1621), dessen erster und wichtigster Theil, die Geschichte des Märtyrers Huß und des Kriegs seiner Anhänger gegen seine Feinde bis zum Sept. 1426 enthaltend, schon früher selbständig erschien (Wittenb. 1610).

§ 192. Biographien (§ 156).

Heinrich Pantaleon, aus Basel (1522—1595): „Heldenbuch teutscher Nation" (Bas. 1568. III.), das fleißig gesammelte Materialien enthält. — Götz von Berlichingen mit der eisernen Hand, geb. 1480 zu Jaxthausen, verlor bei der Belagerung von Landshut seine rechte Hand, die er sich durch eine eiserne ersetzen ließ. Er zog sich hierauf nach Jaxthausen zurück, wurde in mancherlei Fehden verwickelt, leistete dem Herzog Ulrich von Württemberg Hülfe im Krieg gegen den Schwäbischen Bund, wurde 1522 gefangen und nur gegen großes Lösegeld entlassen. Im J. 1525 nahm er, obwohl nur gezwungen, am Bauernkriege Theil, gerieth in Gefangenschaft, war mehrere Jahre lang zu Augsburg in enger Haft, dann auf sein Schloß entlassen unter der eidlichen Zusicherung, es nicht zu verlassen. Elf Jahre darnach wurde er begnadigt, und er nahm an den Kriegen des Kaisers in Ungarn und Frankreich Theil. Er starb auf seinem Schlosse Hornberg den 23. Juli 1562. — In seinen letzten Jahren schrieb er seine „Lebensbeschreibung", die zwar steif in Sprache und Stil ist, aber ein getreues Gemälde der Zeit giebt, insbesondere das unheilvolle Treiben des zuchtlosen Adels in seiner ganzen Wirklichkeit darstellt

1) Hrsg. v. A. v. Keller, Stuttg. 1861.

(hrsg. v. Franck v. Steigerwald. Nürnb. 1731. Ebd. 1775; (modernisiert) von Büsching u. v. d. Hagen. Bresl. 1813; v. G. Lang. Heilbronn 1832; aus d. ursprünglichen Handschr. gezogen u. lesbar gemacht von W. F. Gessert, Pforzh. 1843; v. Schönhuth. Heilb. 1858. Ebd. 1859.) — Thomas Plater, ein armer Hirtenknabe aus Wallis, der viele Länder als fahrender Schüler durchreiste, später in Basel als Seilergeselle Vorlesungen über hebräische Sprache hielt, dann zu gleicher Zeit Buchdrucker und Schulmeister war, und sogar Rector des Gymnasiums wurde (1541), schrieb seine „Lebensgeschichte" (hrsg. v. A. Fechter, Bas. 1840), die durch ihren Inhalt, wie durch die Treuherzigkeit der Darstellung anzieht. — Adam Reißner, aus Frankfurt (1471—1563), verfaßte die „Historia Herrn Georgen und Herrn Caspars von Frundsberg" (Frankf. 1568), und eine „Beschreibung der Stadt Jerusalem" (Ebd. 1574. Fol.) mit mehreren geistlichen Liedern. — Der bekannte Kriegshauptmann Sebastian Schertlin von Burtenbach aus Schorndorf im Württembergischen schrieb die „Geschichte seines Lebens" (nach d. Orig.-Handschr. d. Ritters herausgegeben von O. F. H. Schönhuth, Münster 1858) in treuer chronikalischer Weise, aber mit ächt bürgerlicher, freier und vaterländischer Gesinnung, die sich beinahe zur Erhabenheit steigert, wenn er die deutschen und religiösen Interessen verrathen oder Gesetze und verbriefte Rechte von den Gewaltigen verletzt sieht. — Der Ritter Hans von Schweinichen aus Schlesien (1552—1616) schilderte in seiner Selbstbiographie die Rohheit des Adels und der Fürsten im 16. Jahrh. mit höchst anschaulicher Wahrheit (Lieben, Leben und Lust der Deutschen des 16. Jahrh. in den Begebenheiten des schlesischen Ritters H. v. S., hrsg. v. J. G. Büsching. Bresl. 1820—23. III.).

§ 193. Welt-, Länder- und Reisebeschreibungen (§ 156).

a. **Sebastian Franck**, s. o. § 189.

b. **Sebastian Münster**, aus Ingelheim in der Pfalz, geb. 1489, Franciscaner, Anhänger der Reformation, 1536 Prof. in Basel, wo er am 23. Mai 1552 starb.

Seine „Cosmographie" (Bas. 1544), die in nicht ganz hundert Jahren 24 Auflagen erlebte (die lat., französ. u. italien. Uebersetzungen ungerechnet), in welcher er, einer der ersten, über Amerika (die neuen Inseln) Bericht gab, und rohe aber für die Zeit doch bedeutende Karten mittheilte, enthält einen reichen, sichtvoll angeordneten Stoff, nebst der Länder- und Völkerbeschreibung auch historische und genealogische Notizen.

c. **Matthias Quad von Kinkelbach**, aus Deventer, geb. 1557, kam früh in die Pfalz, machte große Reisen auf einem holländischen Schiffe, arbeitete 1590 bei einem Goldschmied, ließ sich später in Köln nieder, wo er sich als Kupferstecher und Verfertiger von Landkarten, so wie durch literarische Arbeiten vortheilhaft bekannt machte. Er starb wahrscheinlich 1609.

Die „Memorabilia mundi" (Köln 1600) enthalten im ersten Theil Biographien und handeln im zweiten von den „merkwürdigen Werken der Welt". Das „Enchiridion Cosmographicum" (Ebd. 1604. u. ö.) ist Eines der ersten geographischen Handbücher. Sein Hauptwerk, „Teutscher Nation Herrlichkeit" (Ebd. 1609), enthält eine durch Sprache, Inhalt und vaterländischen Sinn gleich rühmenswerthe Schilderung des gesammten Deutschlands nach Land, Volk, Geschichte und Staatsverhältnissen.

d. Herzog Friedrich von Würtemberg 1557—1608, begann mit der Beschreibung seiner Reisen nach England, den Niederlanden und Italien die Reihe der fürstlichen Touristen.

III. Didaktische Prosa.

§ 194. Bibelübersetzungen (§ 157).

Martin Luther, s. o. § 180. — Leo Jud (s. o. § 165) veranstaltete eine Bibelübersetzung im Sinne Zwinglis (Zür. 1534 ff.), die aber hinter der Lutherischen so weit zurückblieb, daß sie von dieser selbst bei den Reformierten verdrängt wurde. — Unter den Katholiken übersetzten Luthers bitterster Gegner, Dr. Joh. Eck (Ingolst. 1537), und später der Dominicaner Joh. Dietenberger (Mainz 1534) die Bibel, allein ohne des Reformators großartige Auffassung und Sprache, ob sie gleich dessen Arbeit benutzten. — Die niederdeutsche Uebersetzung von Johann Bugenhagen (1485—1558), Professor und Superintendent zu Wittenberg (Lüb. 1533), ist nur eine Uebertragung der Lutherischen.

§ 195. Theologische Schriften, vornämlich polemischen Inhalts. Erbauungsschriften (§ 157).

I. Protestanten.

a. Luther, s. o. § 180; Zwingli, s. o. § 181; N. Manuel, s. o. § 169; Er. Alberus, s. o. § 178; Fischart, s. o. § 183.

b. Johann Eberlin von Günzburg, der Reformator von Rheinfelden,[1]) verfaßte eine große Anzahl von kleineren Schriften, unter denen die „Fünfzehn Bundesgenossen"[2]) hervorzuheben sind, in welchen er die wichtigsten kirchlichen und politischen Fragen der Zeit mit Kraft und Klarheit behandelte.

c. **Johannes Arndt**, geb. 27. Dec. 1555 zu Ballenstädt im Anhaltischen, 1583 Diaconus daselbst, 1584 Pfarrer zu Badeborn, gerieth mit den dortigen Calvinisten in Zerwürfniß, 1590 Pastor in Quedlinburg, 1599 Prediger in Braunschweig, 1608 in Eisleben, 1611 Generalsuperintendent in Zelle, wo er am 11. Mai 1621 starb.

Die „Vier Bücher vom wahren Christenthum" (Frankf. 1605 und unzählige Male) sind wohl das geistreichste und tiefste Erbauungsbuch der Protestanten; ihnen steht „Das Paradiesgärtlein" würdig zur Seite. Auch ist Arndt der einzige nennenswerthe Prediger aus dem Ende des Zeitraums. Er machte die Natur zur Grundlage beziehungsvoller und wahrhaft erbauender Lehren, die oft an das Mystische anstreifen (Sämmtl. Schriften. Görlitz 1734—36. III. Fol.).

2. Katholiken.

d. **Berthold**, Bischof von Chiemsee, verfaßte eine „Tewtsche Theologey" (Münch. 1528. Fol.), in welcher er die Glaubenssätze der katholischen Kirche in systematischer Ordnung darstellte und sie gegen die Lehren der Reformation nicht ohne Heftigkeit vertheidigte.

e. Johann Nas, aus Franken, geb. 19. März 1534, ein Schneider, wurde katholisch, trat in den Franciscanerorden, wurde 1580 Weihbischof, zog weithin predigend umher und starb am 16. Mai 1590 zu Insbruck. Er ist der bedeutendste polemische Schriftsteller der Katholiken im letzten Drittel des 16. Jahrh. Das Bedeutendste, was er schrieb, sind die „Sechs Centurien („Stentarien", „Schandarien"; Fischart) Evangelischer Warheiten" (Ing. 1569. VI.). Auch seine Predigten, von denen viele gedruckt wurden, haben meist polemische Richtung.[3])

§ 196. Philosophische, naturwissenschaftliche, philologische u. s. w. Schriften (§ 163).

a. Sebastian Franck, s. o. § 169. — Fischart, s. o. § 163.

b. **Albrecht Dürer**, der größte deutsche Künstler seiner Zeit, geb. 20. (21?) Mai 1471 zu Nürnberg, lernte die Malerkunst bei Mich. Wohlgemuth, bereiste 1492 Deutschland und die Niederlande, kehrte 1494 in die Heimat zurück, wo er eine außerordentliche Thätigkeit als Maler, Kupferstecher und Holzschneider entwickelte, gieng 1506 nach Venedig, um dem häuslichen Zwist zu entgehen, kehrte jedoch bald zurück, weil er in der Fremde Neid und Mißgunst fand, 1520 nochmals in die Niederlande, auf welcher Reise er von Fürsten, Städten und bedeutenden Privatpersonen mit Auszeichnung aufgenommen wurde und starb an der Auszehrung am 6. April 1528.[4]) — Als Schriftsteller machte sich Albrecht Dürer schon dadurch verdient, daß er es zuerst versuchte, die Theorie der Kunst in deutscher Sprache zu entwickeln. Seine Sprache ist zwar öfters schwerfällig und hart, weil sie für die von ihm behandelten Gegenstände noch ganz unausgebildet war, dagegen ist sie durchaus rein, der Ausdruck ist klar und bestimmt und so populär, als er bei der Natur des Stoffes sein konnte.

Hauptwerk: „Vier Bücher menschlicher Proportion" (Nürnb. 1528. Fol.), in welchem er seine Ansichten über die Kunst dargelegt hat. Durch Klarheit der Darstellung ausgezeichnet sind seine mathematischen Schriften. „Underweysung der messung mit dem zirckel und richtscheyt" (Ebd. 1525. Fol.), und „Underricht zu befestigung der Stett, Schloß und flecken" (Ebd. 1527. Fol.; hrsg. von A. Sabow. Berl. 1823). Seine „Briefe" sind voll Innigkeit und Gefühl, oft heiter, immer geistreich. Diejenigen, welche er auf seiner letzten Reise durch die Niederlande schrieb (in Murr's Journal f. d. Kunst), sind voll der trefflichsten Bemerkungen über Kunst und Kunstwerke.

---

1) Vgl. Strobels literar. Museum. Altorf 1778. I. 363.; Ersch u. Gruber, Encyclopädie (das Beste, was über Eberlin gesagt worden ist). — 2) Fünfzehn Flugschriften o. O. u. J. 4.; auch zusammengedruckt Basel 1521. 4. Ueber den Inhalt vgl. Murner, Vom Luther. Narren, hrsg. v. Heinr. Kurz. — 3) Schöpf, J. B., Johannes Nasus. Bozen 1860. Vgl. Heinr. Kurz in s. Ausg. der Dichtungen Fischarts I. — 4) Heller, J., A. D.'s Leben u. Werke. Bamb. 1827. II. Marggraf, Rud., Erinnerungen an A. D. u. s. Lehrer Wolgemuth. München 1840. Eye, Leben u. Wirken A. Dürer's. Nördl. 1860. Opera, d. i. Alle Bücher A. Dürers. Arnh. 1603. Fol.

c. Philippus Aureolus Theophrastus Paracelsus Bombastus von Hohenheim, geb. 1493 zu Einsiedeln oder Gaiß (Kt. Appenzell), genoß den Unterricht des berühmten Trithemius, Abtes von Sponheim, durchreiste einen großen Theil von Europa und erwarb sich große Kenntnisse in der Chemie und Arzneikunde, wurde 1527 Professor dieser Wissenschaft in Basel, verließ diese Stadt 1528 und wanderte durch Deutschland, ein wüstes Leben führend. Er starb, wahrscheinlich ermordet, 1541 zu Salzburg. — Bei großer Genialität und für seine Zeit seltenen Kenntnissen in Medicin und Chemie war er doch von dem damaligen Aberglauben nicht frei, noch weniger läßt sich großer Charlatanismus in ihm verkennen.[1]) Seine Schriften (Basel 1589. X. Bd.) verdienen schon deshalb Erwähnung, weil er sich bei seinen wissenschaftlichen Forschungen der deutschen Sprache bediente, wie er auch der erste Universitätsprofessor war, der seine Vorträge in der Muttersprache hielt.

d. Goswin Wallfreitter bemühte sich in seiner „Logica oder Vernunftkunst" (Frankf. 1590), die fremden Ausdrücke der philosophischen Sprache durch deutsche zu ersetzen.

e. Jakob Böhme, geb. 1575 zu Altseidenberg, kam nach kurzem Schulbesuch zu einem Schuhmacher in die Lehre, und wurde Meister, nachdem er die übliche Wanderschaft gemacht hatte. Seine Schriften zogen ihm schon früh Verfolgungen Seitens der Geistlichkeit zu, die ihm nach seinem Tode nicht einmal ein ehrenvolles Leichenbegängniß gönnen wollte, und auf deren Veranlassung wahrscheinlich das Kreuz entfernt wurde, das auf seinem Grabe stand. Kurz vor seinem Tode reiste er nach Dresden, um seine Lehre untersuchen zu lassen, und er fand am Hofe Schutz vor seinen Verfolgern. Er starb am 27. Nov. 1624.[2]) — Jakob Böhme besaß einen wahrhaft speculativen Geist und er hatte tiefe Blicke in das Wesen des Göttlichen gethan; allein theils verirrte er sich in mystische Schwärmereien, theils fehlte es ihm zu sehr an hinreichender Bildung, als daß er die Folgerungen seiner Anschauungen mit der nöthigen Klarheit hätte entwickeln und darstellen können.

Hauptwerke: „Aurora oder Morgenröthe im Aufgang", welche das Wesentliche seines Systems enthält; „Psychologia Vera, oder viertzig Fragen von der Seelen Urstand Essentz u. s. w."; „De Poenitentia Vera, Von wahrer Buße"; „Mysterium Magnum, oder Erklärung des ersten Buchs Mosis"; „Quaestiones Theosophicae, oder 177 Theosophische Fragen" u. a. m.

§ 197. Sprichwörtersammlungen, Schriften über deutsche Sprache (§ 163).

a. Johannes Agricola (eigentlich Schnitter), geb. 1492 zu Eisleben, studierte zu Wittenberg unter Luther, wurde später Rector in seiner Vaterstadt, 1530 Hofprediger des Grafen von Mansfeld, hatte Antheil an der Augsburger Confession, unterschrieb 1537 die Schmalkaldner Artikel. Seit 1536 Professor in Wittenberg, gerieth er mit Luther und Melanchthon über die Buße in Streit, mußte deshalb flüchten, wurde Hofprediger und Generalsuperintendent in Berlin, wo er am 22. September 1566 starb.

Agricola ist vorzüglich durch seine Sprichwörtersammlungen[3]) bekannt geworden. Er fügt den Sprichwörtern Erklärungen bei, die zum Theil für Sittengeschichte wichtig sind und durch Anführung von Geschichten und volksthümlichen Anekdoten Interesse erhalten. Die späteren Ausgaben sind vielfach verändert, namentlich milderte er in denselben die Stellen gegen die Fürsten und das Papstthum. Die Darstellung ist einfach und fließend, und durch Anführungen aus älteren Dichtern belebt. Die niederdeutsche Ausgabe[4]) ist bloß Uebersetzung.[5]) — Agricola dichtete auch einige Kirchenlieder, vielleicht ebenfalls ursprünglich niederdeutsch. Ferner schrieb er die „Tragedia Johannis Huß" (Wittenb. 1537) in der

1) Leben u. Wirken von A. W. Lessing, Berl. 1839; Marx, Zur Würdigung des Theophrastus v. Hoh. 1842; Lindner, Th. als Vorkämpfer des Papstthums. Lpz. 1845. — 2) J. Böhme, ein biogr. Versuch. Pirna 1801; Wullen, W. L., J. Böhme's Leben u. Lehren. Stuttg. 1836; Fechner, H. Ad., J. Böhme's Leben u. Schriften mit Benutzung handschriftlicher Quellen. Görlitz 1857. Schriften hrsg. v. Gichtel. Amst. 1682. X.; hrsg. v. K. W. Schiebler. Lpz. 1831. — 3) Förstemann, E., Agricola's Schriften. Altona 1817. Vgl. Weigand in d. Allg. Kirchenzeitung 1841. Nr. 167. Dreyhundert Gemeyner Sprichwörter. Nürnb. 1529; Zwickau 1529; Lpz. 1530 u. ö. Siebenhundert und Fünfzig Deutscher Sprichwörter. Hagenau 1534 u. ö. Zweyhundert Gemeiner Newer Teutscher Sprichwörter. O. O. 1548 (mit Vorrede v. Augsburg), ist eine ganz neue Sammlung, und ist überschrift „die an Höfen leben müssen, damit zu trösten". — 4) Dreihundert Gemeine Sprichwörter. Magdeb. 1528. — 5) Latendorf, F. L., Agricola's Sprichwörter, ihr hochdeutscher Ursprung u. ihr Einfluß auf d. deutschen u. niederländ. Sammler. Schwerin 1862.

ausdrücklichen Absicht, „die Abscheulichkeit des Papstthums an den Tag zu legen"; auch übersetzte er die „Babels" des Lorenz (o. O. 1543).

b. Seb. Franck und Aventin, s. o. § 160. Joh. [illegible], s. o. § 161. — Valentin Ickelsamer, ein Zeitgenosse Luthers, schrieb eine „Teutsche Grammatica" (o. O. u. J.), eigentlich eine Anleitung zum Lesenlernen, in welcher er die Natur der Laute nicht ohne Geschick erklärte. — Peter Dasypodius (Straßb. 1535), Joh. Frisius (Zür. 1541) und Josua Maaler (Zür. 1561) verfaßten die ersten deutschen Wörterbücher mit lateinischer Erklärung, welche für die ältere Sprache noch brauchbar sind.

IV. Rhetorische Prosa.

§ 198. Kanzelreden, Sendschreiben und Briefe (§ 158).

a. Martin Luther, § 160; Ulrich Zwingli, § 161; Joh. Arndt, § 195.

b. Johannes Mathesius, geb. zu Rochlitz d. 24 Juni 1504, studierte Theologie in Ingolstadt, mußte aus Mangel an Mitteln seine Studien unterbrechen, wurde Hofmeister und gieng, von Luthers Ruf und Schriften angezogen, nach Wittenberg, wo er seine Studien fortsetzte, wurde dann Lehrer in Altenburg, 1521 Rector und 1541 Pfarrer in Joachimsthal, wo er am 7. Oct. 1565 starb.

Seine Predigten zeichnen sich durch praktische Richtung aus; am bedeutendsten ist die Sammlung „Sarepta oder Bergpostill" (Nürnb. 1562. Fol.), 16 Predigten, welche die christliche Glaubens- u. Sittenlehre aus dem Bergbau erklären. Außerdem „Historien v. Luthers Anfang, Lehre, Leben u. s. w." (Nürnb. 1566; hrsg. v. Rust mit Vorw. v. A. Neander, Berl. 1841); „Vom Ehestand und Hauswesen, 15 Hochzeitpredigten" (Nürnbg. 1563). Seine Kirchenlieder (Nürnb. 1580) behandeln in kindlich naivem Ton meist bestimmte Verhältnisse (Morgen-, Hochzeit-, Bergmannslieder u. s. w.). Die „Oeconomia oder Bericht, wie sich ein Hauswirt halten sol" (Nürnb. 1561), ist ein kleines didaktisches Gedicht voll guter Lehren in volkstümlicher Sprache. Der Bergpostill ist eine „Chronik von Joachimsthal" beigefügt.

c. Von den katholischen Kanzelrednern sind Joh. Eck, G. Wizel, J. Wild, J. Feucht und Joh. Nas (s. o. § 185) anzuführen.

d. Sendschreiben haben wir von Luther (s. o. § 160) und Zwingli (s. o. § 161); Briefe von den nämlichen und N. Manuel (s. o. § 163).

Fünfter Zeitraum.

Vom zweiten Viertel des 17. bis zum zweiten Viertel des 18. Jahrhunderts.

Hülfsmittel und Quellen.

1. Geschichte: Brüll, J. M., Gesch. d. kathol. Liter. Deutschlands v. 17. Jahrh. bis z. Gegenwart. 1. (u. einz.) Bd. Lpz. 1856. — M. E. N(eumeister), Specimen dissertationis historico-criticae de poetis germanicis huius saeculi praecipuis. s. l. 1695. 4. Schmidt, Julian, Gesch. d. geistigen Lebens v. Leibniz bis auf Lessings Tod. Lpz. 1862—1864. Gruppe, O. F., Leben u. Werke deutscher Dichter. Gesch. d. deutschen Poesie in d. 3 letzten Jh. 4 Bde. Münch. 1864—69.

2. Sammelschriften und Quellen: Bibliothek deutscher Dichter des 17. Jahrh. v. W. Müller und fortges. v. K. Förster, Lpz. 1822—38. XIV. — Auserles. Stücke d. besten deutschen Dichter von Opitz bis auf gegenwärt. Zeiten. Von Fr. W. Zachariä, fortges. v. Eschenburg. Braunschw. 1766—78. III. — Des Herrn v. Hoffmannswaldau u. a. Deutschen auserlesene Gedd. Lpz. 1695—1727. VII. — Des Schlesischen Helicons auserlesene Gedd. 1. Thl. Frankf. u. Lpz. 1699. 2. Thl. Bresl. 1700. — Menantes (Hunold), auserlesene Gedd. unterschiedener berühmter u. geschickter Männer. Halle 1718—20. III. — Weichmann, Chr. Fr., Poesien der Niedersachsen. Hamb. 1721—38. VI. — Deutsche Dichter des 17. Jahrh. mit Einleitung u. Anmerkk. hrsg. v. K. Goedeke und Jul. Tittmann. Lpz. 1869 ff. IV. — Hub, J., Komische u. humoristische Dichter. Nbg. 1855—57. III. — Marggraff, Herm., Hausschatz d. deutschen Humoristik. Lpz. 1858—59. II.

Erster Abschnitt. Allgemeine Uebersicht.

§ 199. Innere und äußere Verhältnisse; ihr Einfluß auf Volk, Literatur und Sprache.

a. Die Halbheit, mit welcher die Reformation durchgeführt worden war, hatte schon im vorigen Jahrh. traurige Folgen gehabt (s. o. § 138), welche je länger, desto entschiedener sich zeigten. Die Fürsten errangen dem Reiche und dem Kaiser gegenüber eine verderbliche Macht und Unabhängigkeit; sie erweiterten, unterstützt von den Theologen, die sich auf die Bibel, und von den Juristen, die sich auf das römische Recht beriefen, ihre Macht auch dem Volke gegenüber, dessen Freiheiten immer mehr beschränkt oder ganz vernichtet wurden.

b. In kirchlicher Beziehung war bei den Protestanten die traurigste Erstarrung eingetreten, welche durch den unglücklichen Haß zwischen Calvinisten und Lutheranern immer noch vermehrt wurde; in den katholischen Ländern hatten sich die Jesuiten der höhern Erziehung bemächtigt, und an den Höfen als Beichtväter unseligen Einfluß gewonnen; die Gelehrten waren in pedantische Steifheit versunken; auf den Universitäten waltete der engherzigste Geist, der die Wissenschaft in todte Formen einschnürte.¹) Die Schulen endlich, um welche sich die Reformatoren große Verdienste erworben hatten, sanken immer tiefer und wurden immer weniger besucht.

c. Noch unglücklicher wurden diese Zustände, als der Krieg entbrannte, der Deutschland dreißig Jahre lang (1618—1648) verwüstete. Zunächst durch die Religion veranlaßt, war er doch in seiner Entwickelung und seinen Folgen (Westphälischer Friede) ein Kampf der Fürsten gegen das Reich und die kaiserliche Gewalt. Zudem wurden reiche und schöne Provinzen (Elsaß und Pommern) die Beute der Fremden (Franzosen und Schweden), welche an dem Kampfe Theil genommen hatten; andere (die Schweiz und die Niederlande) wurden vom Reich abgelöst. Das ganze Land war verwüstet worden, Handel und Gewerbfleiß lag darnieder; Rohheit und Sittenlosigkeit war in alle Klassen des Volks gedrungen und endlich war das Nationalgefühl und die nationale Thatkraft so gänzlich abgestorben, daß Deutschland von nun an der Spielball fremder Mächte wurde.²)

d. Der Einfluß der Fremden ergriff auch Sitte und Literatur. Schon vor dem Kriege hatten die Gelehrten ihre Blicke ins Ausland, namentlich nach Frankreich gerichtet, wo die Poesie neue Blüthen zu treiben begann. Ferner wirkte das Eindringen des Calvinismus in mehrere deutsche Länder auf die Verbreitung französischer Bildung, namentlich bei dem Adel und an den Höfen; dieselbe wurde noch mächtiger verbreitet, als Tausende von französischen Protestanten in verschiedene Länder Deutschlands flüchteten. Endlich wirkte das längere Verweilen französischer Heere auf deutschem Boden und der übermächtige Einfluß, den Frankreich während des Kriegs und besonders bei dem Frieden gewann, wie auf Ertödtung des Nationalgefühls, so auch auf Verbreitung französischer Sitte und Bildung.

e. Die Höfe fiengen an, sich der französischen Sprache zu bedienen, und, wie früher schon die Gelehrten, die Muttersprache zu verachten. Wie diese die deutsche Sprache durch Einmischen lateinischer Wörter verunstaltet hatten, so begannen jetzt die Vornehmen und mit ihnen die Kanzleien, sie mit französischen zu vermengen. Sie fanden bald bei Allen Nachahmung, die auf Bildung Anspruch machten, und das Verderbniß der Sprache erreichte bald eine solche Höhe, daß sie in völliger Auflösung erschien. Doch

---

1) Tholuck, A., D. akadem. Leben des 17. Jahrh. Halle 1853. — 2) Hauser, Deutschland nach d. 30jährigen Kriege, Lpz. u. Heidelb. 1862.

fühlten die Besseren schon früh, wie trostlos diese Herabwürdigung der Sprache sei. Die meisten Schriftsteller der Zeit sind voll Klagen darüber, und man suchte dem Verderben auf verschiedene Weise entgegenzuarbeiten.[1])

§ 200. Die Sprachgesellschaften.

a. Zu diesem Zweck wurden namentlich die Sprachgesellschaften gegründet, welche jedoch nur geringen Erfolg hatten, da sie die Sache meist unverständig oder pedantisch auffaßten und sich in Spielereien (Symbole, Gesellschaftsnamen u. s. w.) und Formelwesen verloren.[2])

b. Die Fruchtbringende Gesellschaft oder der Palmenorden wurde auf Anregung des Weimarischen Geheimeraths und Hofmarschalls Kaspar v. Teutleben unter vorzüglicher Theilnahme des Fürsten Ludwig von Anhalt am 24. August 1617 nach dem Vorbilde fremder Vereine ähnlicher Art gegründet. Sein Zweck war „die hochdeutsche Sprache in ihrem Wesen und Stand ohne Einmischung fremder Wörter zu erhalten"; seine Hauptbeschäftigung, deutsche Wörter für fremde Ausdrücke zu finden, und eine bessere Orthographie festzustellen. Hauptverdienst der Gesellschaft, die fast nur ein Verein vornehmer Personen war, ist, daß sie die höheren Stände für die Sache der deutschen Nationalität, Sprache und Poesie zu gewinnen suchte, was ihr jedoch nur in geringem Maße gelang, da Fürsten und Adel je länger je mehr sich der französischen Bildung hingaben und deutsche Gelehrte und Dichter meist keiner Beachtung würdigten.[3]) Daher sank sie mit der Zeit auch in Mißachtung. „Simplicissimus sahe bei den Schweizern unterschiedliche Oel- und Maulthier mit Citronen, Limonen, Pomeranzen und sonst allerhand Waaren aus Italia über das Gebirg kommen: da sagte er zum Herzbruder: Schauet und betrachtet, dies ist der Italiener fruchtbringende Gesellschaft" (Simplicissimi Calender S. 178 a.)

c. Die aufrichtige Tannengesellschaft, im J. 1633 in Straßburg von Jesaias Rümpler von Löwenhalt unter Mitwirkung von J. Matthias Schneuber gegründet, löste sich bei ihren unerquicklichen und unfruchtbaren Leistungen (willkürliche Orthographie; geschmacklose Wortbildungen) und da sie keinen andern Halt an einflußreichen und vornehmen Mitgliedern hatte, bald auf.

d. Die Teutschgesinnte Genossenschaft wurde im J. 1643 zu Hamburg von Phil. v. Zesen und Dietr. Petersen gegründet und erhielt sich bis 1705. Ihr Hauptzweck war ebenfalls die Reinheit der Sprache. Die Seele des Vereins war Zesen, der ihm auch seine phantastische Eigenthümlichkeit aufdrückte. Er wollte z. B. alle fremden Wörter, selbst die längst eingebürgerten, ausmerzen, und schlug dafür neue Wörter vor, die oft eben so unsinnig als lächerlich waren, weshalb er auch schon früh heftigen Widerspruch erfuhr, so von Schupp.[4])

e. Die Gesellschaft der Hirten an der Pegnitz oder der gekrönte Hirten- und Blumenorden, der im J. 1644 v. G. Phil. Harsdörffer und Joh. Klaj zu Nürnberg gestiftet wurde, hatte nebst dem Zweck, für Reinheit der Sprache zu wirken, noch den weitern, die Dichtkunst praktisch zu fördern. Auch er verfiel in abenteuerliche Spielereien. Er besteht noch jetzt, jedoch nur als geselliger Verein gelehrter Männer.[5])

f. Der im J. 1656 von Joh. Rist gestiftete Elbschwanenorden, eine verunglückte Nachahmung der fruchtbringenden Gesellschaft, wollte die Muttersprache durch Werke der Dichtkunst weiter bilden, machte sich aber durch eine seltsame Orthographie und verfehlte Poesien lächerlich („In diesem Schwanenorden waren viele Gänse", Lessing), so daß er nach dem Tode des Dichters wieder einging.[6])

g. Einflußreicher wurden die „Deutschen Gesellschaften", welche gegen das Ende des Zeitraums an die Stelle der Sprachgesellschaften traten. Die erste wurde 1697 von Burchard Mencke zu Leipzig unter dem Namen Görlitzische poetische Gesellschaft gestiftet. Sie nahm 1717 den Namen „Deutschübende poetische Gesellschaft", und seit 1727 den der „Deutschen Gesellschaft" an. Anfangs hatte sie den Zweck,

---

1) Ueber Verunstaltung d. Sprache beklagen sich schon Lehmann, Tschudi u. Stumpf, später Opitz, Zinkgref, Lauremberg, Rachel, Moscherosch, Schill (Clorion), Grimmelshausen, Klajus, Harsdörffer, Schottel, [illegible], Schupp u. viele Andere. — 2) Schulz, O., Die Sprachgesellschaften des 17. Jahrh. Berl. 1824. Bericht an die deutsche Gesellschaft in Leipzig. Lpz. 1827. — 3) (Neumark, G.,) Der Neu-Sprossende Teutsche Palmbaum. Nürnb. (1668). Barthold, F. W., D. Fruchtbringende Gesellsch. Berl. 1848. Krause, G., Der Fruchtbr. Gesellsch. ältester Erzschrein. Lpz. 1855. — 4) Des Färtigen (Zesen) Hochdeutsches Rosenthal. 1669. Der Teutschgesinnten Genossenschaft erster zwo Zünfte. Hamb. 1677. Das Hochd. Lilienthal. Amst. 1679. Des Hochd. Nägleinthals Vorbericht. Hamb. 1687. Der Teutschgesinnt. Genossensch. Zunft- u. Geschlechtsnamen. Wittenb. 1685 u. 1705. — 5) (Herdegen,) Histor. Nachr. von des löbl. Hirten- und Blumenordens an der Pegnitz Anfang und Fortgang, von Amarantes. Nürnb. 1744. Tittmann, Die Nürnberger Dichtergesellsch. Gött. 1847. — 6) Deß Hochlöbl. ädlen Schwanen-Ordens deutscher Zimber-Swan. Lüb. 1666.

ihre Mitglieder zu poetischer Thätigkeit anzuregen, seit aber Gottsched ihr Senior geworden war, beschäftigte sie sich vorzugsweise mit Untersuchungen über deutsche Sprache und Literatur. Ihre dahingehörigen Arbeiten, so wie die Dichtungen und Reden ihrer Mitglieder wurden von Gottsched herausgegeben (I. u. § 206). Dieser Verein hatte das weitere Verdienst, andere ähnliche Gesellschaften hervorzurufen, nämlich die Deutschen Gesellschaften in Jena (1730), Greifswald (1740), Göttingen (1740), Königsberg (1741), Berlin (1743), Helmstädt (1746), Frankfurt a. d. O., Bremen, Altorf, Bern, Basel.

§ 201. Charakter der Literatur.

a. So erfolglos im Ganzen die Bemühungen der Sprachgesellschaften auch waren, so hatten sie doch die glückliche Wirkung, daß durch ihren Einfluß (freilich nach Opitzens Vorgang) das Neuhochdeutsche, welches sich bis zu Anfang des Zeitraums nur in der Prosa festgesetzt hatte, während in der Dichtung beinahe ausschließlich die Mundarten gebraucht worden waren, zur allgemeinen poetischen Sprache erhoben wurde, so wie auch, daß diese sich von dem allgemeinen Verderben frei erhielt.

b. Während sich aber die Poesie in Beziehung auf die Sprache von dem fremden Einfluß rein erhielt, fiel sie ihm dagegen in Bezug auf Form und Stoff vollständig anheim. Die Nachahmung der Franzosen, die schon im vorigen Zeitraum von einzelnen Dichtern begonnen worden war, wurde nun allgemein. Hierdurch wurde das nationale Element gänzlich zurückgedrängt, allein ohne diese Anlehnung an die Franzosen, deren Literatur seit Franz I. eine neue auf Nachahmung des classischen Alterthums beruhende Richtung eingeschlagen hatte (Ronsard), wäre die deutsche Kunst bei den damaligen Zuständen vollständig untergegangen.

c. Weil diese Nachahmung aber ganz äußerlicher Art war, so wurde man derselben bald müde, und wendete, da man sich zu selbstständigem Schaffen zu schwach fühlte, seine Blicke auf ein anderes Volk, die Italiener, deren neuere Dichter (Marino, Guarini u. A.) um so mehr gefallen mußten, als ihre Sprache und Darstellungsweise auf leicht nachzuahmendem äußerem Glanz beruhte. Der Charakter ihrer Poesie, geschmacklose Uebertreibung und Unwahrheit wurde auch in Deutschland allgemein, ja in noch höherem Maße, und es würde die deutsche Dichtkunst ihrem gänzlichen Verderben entgegengegangen sein, wenn man sich nicht wiederum an die französische Literatur angelehnt hätte, die unterdessen zu einer hohen Stufe der Bildung gelangt war (Corneille, Racine, Molière, Boileau).

d. Noch trauriger stand es mit der Prosa, die sich von ihrem Verfall am Ende des vorigen Zeitraums nicht wieder erholen konnte, ja durch die schon erwähnte Sprachmengerei so tief sank, daß es nicht mehr möglich war, die Gedanken auch nur mit Klarheit, geschweige schön darzustellen.

§ 202. Sprache.

Die Sprache war sowohl in der Poesie als in der Prosa entschieden hochdeutsch; die Mundarten traten immer entschiedener zurück, namentlich im Norden, während im katholischen Süden die Mundart noch so überwog, daß selbst reichbegabte Talente, wie der Jesuit Balde (1603—1668)[1], die Rohheit und Unbeholfenheit derselben nicht überwinden konnten.

§ 203. Zustand der Wissenschaften.

a. Bei dem schon erwähnten traurigen Zustand der Unterrichtsanstalten und dem inneren Pedantismus der Gelehrten konnten die Wissenschaften nicht gedeihen. Nur Schlesien zeichnete sich in dieser Zeit durch gute Schulen aus, z. B. die zu Goldberg unter Valentin Trotzendorf.[2] Am Traurigsten sah es mit der Theologie und Philosophie

1) Gilner, Jac., Balde's Leben u. Charakter. Berl. 1864. — 2) Löschke, K. Jul., Val. Trotzendorf, nach s. Leben u. Wirken. Berl. 1856.

aus, die gleich engherzig und geistlos betrieben wurden und unter dem Drucke der wildesten Orthodoxie sich nicht frei entwickeln konnten. Doch zeigten sich gegen das Ende des Zeitraums gerade bei den Theologen die ersten Regungen zum Bessern, indem die Pietisten (Spener) der trockenen Behandlung der Theologie eine gefühlvolle Auffassung der Religion entgegensetzten.

b. In anderer Weise und mit noch größerem Erfolg wirkte Thomasius, der den Gebrauch der deutschen Sprache für die Darstellung wissenschaftlicher Gegenstände einzuführen wagte. Zu derselben Zeit brachte der große Leibniz eine gänzliche Umgestaltung in der Behandlung der Philosophie hervor, welche Wolf mit seinem praktischen Blick in weitere Kreise verbreitete.

c. In den mathematischen und Naturwissenschaften erwarben sich der Astronom Joh. Kepler (1571—1630) und Otto von Guericke, der Erfinder der Luftpumpe, unvergänglichen Ruhm; in der klassischen Philologie machten sich Joh. Fr. Gronov (1611—1671), Joh. Freinsheim und Aug. Buchner, die auch wegen ihrer Leistungen im Gebiete der deutschen Poesie zu nennen sind, ferner Fr. Junius (1589—1677), J. Gruter (1560—1627), Fabricius 1622—1703) u. A. wirkliche Verdienste. Melchior Goldast (1576—1635), Junius und Schilter (1632—1705) wurden die Begründer der deutschen Philologie.

Erstes Capitel. Poesie.

§ 204. Allgemeiner Charakter und Entwickelung derselben.

Die Poesie des 17. Jahrh. ist wesentlich eine Poesie der Gelehrten, da die meisten Dichter Gelehrte waren, und die poetischen Werke meist Erzeugnisse gelehrter Beschäftigung, nicht aber der frei schaffenden Phantasie waren, was sich schon daraus ergiebt, daß die meisten Dichter mit ihrer Gelehrsamkeit prunken und ihre Dichtungen mit langen gelehrten Anmerkungen begleiten. Der eigentliche Begründer der neuen Poesie ist Opitz; doch wenn auch die von ihm aufgestellten Gesetze den ganzen Zeitraum beherrschen, so entwickelte sich innerhalb derselben doch eine mannigfaltige Bewegung, die ihren Ausdruck in einigen Dichtern fand, an die sich ihre Zeitgenossen anschlossen, so daß mehrere in Richtung, Form und Zeit streng abgegrenzte Schulen zu unterscheiden sind.

§ 205. Opitzische oder erste schlesische Schule.

a. Opitz wurde nicht bloß durch seine Leistungen, sondern vorzüglich durch sein Buch, „Von der deutschen Poeterey" (1624), der Gründer der neuen Poesie. Dieses wurde von beinahe allen Dichtern der Zeit als Gesetz anerkannt, weshalb man dieselben unter dem Namen der Opitzischen, aber auch unter dem der (ersten) Schlesischen Schule begreift, weil die meisten Dichter Schlesier waren.

Anm. 1. Opitz lehnt sich in dem erwähnten Buch an die Poetik des Franzosen Scaliger an, sucht dieselbe aber mit Benutzung des Aristoteles und Horaz der deutschen Sprache und Poesie anzupassen. Die wichtigsten Gesetze, die er aufstellt, sind: 1) Gebrauch der reinen hochdeutschen Sprache; 2) Ideale Nachahmung der Natur; 3) Nachahmung der Alten, besonders auch im Gebrauch der Epitheta; 4) Reinheit des Reims; 5) Regelmäßigkeit des Versbaues; Silbenzählung mit festem Wechsel betonter und unbetonter Silben; 6) Gebrauch des Alexandriners. — Was er von den einzelnen Dichtungsarten sagt, betrifft nur ganz Allgemeines und Äußerliches, z. B. die Tragödie handelt nur von königl. Willen, Todtschlägen, Verzweiflungen, Kinder- und Vätermorden, Brand, Blutschande, Kriegen und Aufruhr, Klagen, Heulen u. dgl.

Anm. 2. Die Opitzische Lehre verbreitete vorzüglich Aug. Buchner aus Dresden (1591—1661), Prof. in Wittenberg, zunächst in Sachsen, dann auch in weiteren Kreisen durch Wort und Schrift.[1]

b. Charakter der Opitzischen Schule: Sie strebte nach einer edleren und künstlerisch gebildeten Form und schloß sich zunächst den Franzosen, dann aber auch den Nieder-

---

1) Buchner, W., August Buchner, s. Leben u. Wirken. Hann. 1863. Vgl. Weim. Jahrb. V, 1 ff. 6, 173 ff.

ländern an, welche damals unter Nachahmung der Franzosen eine neue Kunstdichtung begonnen hatten. Auch in Bezug auf den Stoff schloß sich die Schule dem Auslande an; nationale Stoffe kommen kaum vor. Da ferner der sittliche Nutzen als Hauptzweck der Poesie galt, so waren die Dichtungen der Schule meist von edler Haltung und reiner Gesinnung; dagegen waren sie eben deshalb auch nüchtern und prosaisch, was durch das Streben nach klarer, gemäßigter Darstellung noch entschiedener hervortritt.

c. Der Mangel an Stoffen führte bald zur Gelegenheitsdichterei, welcher die besten Dichter und selbst Opitz anheimfielen, ob er sie gleich in der „Poeterey“ als das Verderben der Kunst bezeichnet hatte (Hoffeste, Jagden, Hochzeiten, Begräbnisse, Taufen). Eine Folge der Gelegenheitsdichterei war das Haschen nach auffallenden Gedanken.

§ 206. Die Pegnitzschäfer.

Der einseitigen Verstandesrichtung und dem Ernst der Opitzischen Schule suchten die Mitglieder des Blumenordens Phantasie und Heiterkeit entgegenzusetzen: da es aber selbst den Bedeutendsten unter ihnen, Klaj und Harsdörffer, an Phantasie und freier Lebensanschauung fehlte, so kamen sie nicht über die Allegorie hinaus und geriethen aus Mangel an Erfindungsgabe auf kindische Spielereien (Schäferwelt; Häufung der schmückenden Beiwörter; Malerei durch Sprache und Strophenformen u. s. w.).

§ 207. Die zweite schlesische Dichterschule.

a. Den Gedanken der Pegnitzschäfer entwickelten zwei Schlesier weiter, Hoffmannswaldau und Lohenstein. Von Opitz abweichend, setzten sie den Hauptzweck der Poesie in die Ergetzung, weshalb sie und ihre Nachahmer nach lebendigeren Stoffen und lebendigerer Darstellung strebten. Sie fanden in beiden Beziehungen Vorbilder in den neueren Italienern, die vorzüglich durch äußere Mittel wirkten und die sie nach dieser Seite hin zu erreichen strebten.

b. Durch Bilder, lebendige Schilderungen, sinnlich anschauliche Gleichnisse und Beiwörter erhielt die Poesie allerdings einen farbenreichen Glanz; aber weil man alle Wirkung nur darin suchte, so mußte man fortwährend nach neuen Bildern und Beiwörtern haschen, was bald zur Uebertreibung, Schwulst, Unwahrheit und Geschmacklosigkeit führte und zwar um so mehr, als die Dichter nur erdachte Verhältnisse und gemachte Gefühle darstellten.

c. Auch durch den Inhalt suchte die Schule zu wirken; sie gieng daher vornämlich darnach aus, die Leidenschaften des menschlichen Herzens zu schildern; allein wie bei ihren Vorbildern, den Italienern und Ovid, den man ebenfalls nachzuahmen begann, traten die psychologischen Momente in den Hintergrund, und es erhielten die rein sinnlichen das Uebergewicht, was zur Lüsternheit und selbst zur Gemeinheit führte.

§ 208. Erste Versuche, zur Natur und Einfachheit zurückzukehren.

a. Diesen Verirrungen traten einige Männer entgegen, welche dieselben zwar noch nicht gänzlich zurückdrängen konnten, denen aber der Ruhm gebührt, auf das Bessere hingewiesen zu haben. Der Eine, Christian Weise, suchte durch Beispiel und Lehre die Poesie zum Natürlichen und Volksthümlichen zurückzuführen, aber man war allzu weit davon entfernt, als daß sein Vorgang große Wirkung hätte hervorbringen können; übrigens gerieth schon er, noch mehr aber seine Nachahmer, in prosaische Nüchternheit. Andere, welche meist an glänzenden Höfen lebten, suchten zur Nachahmung der französischen Literatur zurückzuführen; aber da selbst der Bedeutendste unter ihnen, Canitz, kein schaffendes Talent hatte, so gewann die Poesie auf dem von ihnen eingeschlagenen

Weg zwar an innerer und äußerer Reinheit, verfiel aber zugleich in platte Reimerei und artete wieder in Gelegenheitsdichterei aus, da sie namentlich zur Verherrlichung der Hoffeste gebraucht wurde.

b. Diesen Bemühungen traten noch andere wirksam zur Seite. Einerseits sind die Anfänge der poetischen Kritik zu erwähnen (Wernicke), welche das Ansehen der Schlesier zu erschüttern begannen; anderseits wurden durch zwei Dichter am Ende des Zeitraums neue lebenskräftige Quellen der Poesie eröffnet: Günther begann das innere Gemüthsleben dichterisch darzustellen, Brockes auf die Natur und ihre Erscheinungen als eine Fundgrube poetischen Lebens hinzuweisen.

§ 209. Verskunst.

Die von Opitz aufgestellten prosodischen Gesetze werden allgemein anerkannt; durch die zweite Schlesische Schule gewinnt der Vers an Lebendigkeit und Leichtigkeit. Der Reim wird mit Aufmerksamkeit und nicht ohne Geschick behandelt. Er erscheint meist rein, so weit es die noch wenig ausgebildete Sprache erlaubte, aber nicht reich, weshalb man, um den Mangel zu verdecken, auf Reimkünsteleien verfiel. An die Stelle der frühern kurzen Reimpaare trat beinahe ausschließlich der Alexandriner, namentlich für die längeren oder in höherem Tone gehaltenen Gedichte. Lieder und Oden werden in Strophenformen gedichtet, deren es eine große Zahl giebt und die meist nachgeahmt sind. Eigenthümlich sind die Spielereien der Pegnitzschäfer, die ihren Strophen die Gestalt der mannigfaltigsten Gegenstände geben (Orgel, Reichsapfel, Baum &c.).

§ 210. Poetische Gattungen.

Weitaus am Reichsten ist die lyrische Poesie vertreten, da die meisten Dichter ein zu beschränktes Talent hatten, als daß sie sich an größere Werke hätten wagen können. In der didaktischen Poesie wird vorzüglich das Epigramm und die Satire behandelt, seltener das Lehrgedicht. Am Wenigsten gedeiht die epische Poesie, selbst die Fabel taucht erst gegen das Ende der Periode wieder auf. Erfreulicher sind die Leistungen im Drama, das eine Zeitlang zu kaum geahnter Höhe gelangt, aber bald darauf wieder zur gänzlichen Bedeutungslosigkeit zurücksinkt.

I. Lyrische Poesie.

§ 211. Weltliche Lyrik; ihr Charakter im Allgemeinen und nach den einzelnen Schulen.

a. Unter allen Gattungen am Häufigsten bearbeitet, steht die Lyrik auch trotz aller Verirrungen, in die sie gerieth, am Höchsten. Doch fehlt den Dichtungen meist die poetische Weihe; die Dichter hatten mehr die Form als den Inhalt im Auge. Eben so entwickelten sie den Stoff nicht aus sich heraus, sondern nahmen ihn von Außen auf; selten stellten sie wahre, beinahe immer nur erdachte Verhältnisse dar.

b. Die Lyrik der ersten Schlesischen Schule charakterisirt sich durch das Streben nach Natürlichkeit, Verständlichkeit und correcter Darstellung. Didaktisches und Nachahmung des Auslandes herrscht vor; das volksthümliche Element tritt beinahe ganz zurück und zeigt sich nur mehr oder minder schwach in einzelnen Dichtern.

Anm. Schlesien wurde zwar durch Opitz der Ausgangs- und Mittelpunkt der neueren Kunst, doch verbreitete sich dieselbe über beinahe ganz Deutschland, und die ausgezeichneteren Dichter sind sogar meist außerhalb Schlesien zu suchen. Durch den Einfluß Buchners (s. o. § 205) verbreitete sie sich in Sachsen, welches den größten Lyriker der Zeit hervorbrachte (Fleming); durch Opitz selbst und seinen Schüler und Landsmann Titz in Preußen (am Frischesten in Königsberg, wo sich ein freier Verein jüngerer und älterer Dichter bildete); ferner blühte sie vorzüglich in Hamburg, wo der steife Ernst der Opitzischen Lyrik einen mehr heitern Charakter annahm. In die rheinischen Lande drang Opitzens Einfluß nicht, obgleich dort einige dichterische Thätigkeit zu finden ist, eben so wenig nach Schwaben; ganz unberührt blieben Oesterreich und Bayern, wogegen die Schweiz einigen Antheil an der Bewegung nahm.

c. In den Liedern der Pegnitzschäfer (§ 206) herrscht statt des wahren Gefühles meist weichliche und zum Theil gesuchte Sentimentalität vor; übrigens zählte der Orden nur sehr wenige Mitglieder von einer auch nur mittelmäßigen Begabung, und überhaupt wenige Dichter. Sehr zahlreich sind dagegen die Dichter der zweiten Schlesischen Schule, deren Charakter (§ 207) ganz vorzüglich in ihren lyrischen Gedichten ausgeprägt erscheint. — Die Nachahmer Weises verfielen bei ihrem Streben nach Natürlichkeit oft in das Rohe und Gemeine; die Nachahmer der Hofdichter in das Platte und in nüchterne Reimerei. Günthers Einfluß wurde erst später sichtbar; an Brockes schlossen sich einige Hamburger und andere nordische Dichter an, die man unter dem Namen der Niedersachsen begreift, zu welchen jedoch auch einige andere gezählt werden, die sich mehr an die zweite Schlesische Schule, oder an Weise und die französische Richtung anschlossen.

§ 212. Die Dichterinnen.

Es ist für die Zeit charakteristisch, daß die Frauen lebhafteren Antheil an der Literatur nehmen als früher, und daß sich nicht bloß Frauen aus den höchsten Ständen für dieselbe interessierten, sich vielmehr eine größere Theilnahme bei denen des wohlhabenden Bürgerstandes oder des niedern Adels zeigte. Fürstliche Frauen erscheinen nur als Dichterinnen von geistlichen Liedern, die sie wohl zunächst nur für ihre persönliche Erbauung, jedenfalls mehr aus religiösem, als aus poetischem Drange schrieben.[1]

Anm. Die geringere Theilnahme der Frauen aus den höchsten Ständen erklärt sich zum Theil daraus, daß der Palmenorden, dessen Mitglieder zur Zeit seiner Blüthe vorzugsweise Fürsten oder Genossen der Fürsten waren, die Frauen Anfangs grundsätzlich ausschloß und ihnen erst später Zutritt gestattete. Dagegen nahm die Deutschgesinnte Genossenschaft mehrere Frauen auf, und noch zahlreicher war deren Theilnahme am Blumenorden. Auch außerhalb der Sprachgesellschaften finden sich mehrere zum Theil talentvolle Dichterinnen.

§ 213. Stoffe und Gattungen der weltlichen Lyrik.

a. So sehr das nationale Element aus der Poesie zurückgedrängt wurde, verschwand es doch nicht ganz, und wir begegnen einer wenn auch nicht reichen Anzahl von Gedichten, die dem Vaterlande gewidmet sind. Nur bei den frühern Dichtern (Opitz, Zinkgref) zeigt sich noch ein kräftigeres nationales Bewußtsein; später spricht sich nur noch Mißmuth und Niedergeschlagenheit oder tiefer Ingrimm über die traurigen Zustände aus; oft wird der Schmerz sogar zur völligsten Hoffnungslosigkeit. Während des Kriegs bildete die Sehnsucht nach dem Frieden häufig den Stoff der Lieder; sehr zahlreich sind die Gedichte, welche den Frieden besingen. Am Ende des Zeitraums wurden durch die Hofdichter die vaterländischen Dichtungen zu abgeschmackten Lobhudeleien.

b. Unter den lyrischen Gattungen wurde das Lied am häufigsten, aber mit sehr verschiedenem Erfolg behandelt. Auch die Ode fand häufige Bearbeitung, unterschied sich jedoch von dem Lied meist nur durch den Inhalt und edleren Ausdruck, der aber oft in das Gesuchte und Gezierte verfällt. Einzelne Dichter bedienten sich der sogenannten Pindarischen Form (Strophe, Antistrophe und Epode), am häufigsten war aber der Gebrauch der Alexandriner, besonders in der Hymne und der Elegie. Die Heroide wurde in Nachahmung des Alterthums von Hoffmannswaldau eingeführt. Unter den modernen Formen wurde vorzüglich das Sonett häufig behandelt, namentlich von den Dichtern der zweiten Schlesischen Schule, in deren Händen es aber gänzlich ausartete. Endlich war auch der Madrigal eine Zeitlang sehr beliebt.

1) Lehms, G. C., Teutschlands galante Poetinnen. Frankf. 1715. Vgl. Happel, Akadem. Roman. Ulm 1690. S. [illegible].

§ 214. Das geistliche Lied.

a. Das geistliche Lied, das auch jetzt nur von den Protestanten gepflegt wurde, entwickelte sich zu hoher Blüthe, wozu die traurige Zeit wesentlich beitrug. An die Stelle trockener Nüchternheit, die sich am Ende des vorigen Zeitraums festgesetzt hatte, trat wahrhafte Andacht und innige Ergebung. Doch erschien der großartige Stil nicht wieder, den Luther dem geistlichen Liede aufgeprägt hatte; dagegen gewann es eine subjectivere Richtung und eine größere Mannigfaltigkeit des Inhalts.

b. Auch in der Form trennte es sich von dem älteren Liede; es verlor den volksmäßigen Ton und schloß sich immer mehr der neuen Kunstdichtung an. Dagegen bewahrte es den volksmäßigen Geist, weshalb es sich selbstständig und in ächt deutschem Sinn entwickelte. Doch blieb es von den Einwirkungen der sich verschlechternden Kunstdichtung auch nicht ganz frei; und außerdem machten sich noch mancherlei andere Einflüsse geltend.

c. Die früheren Dichter fußen noch auf dem kirchlichen Bekenntniß; statt es aber einfach in begeisterter Glaubenswärme darzustellen, suchen sie, der didaktischen Richtung der Zeit folgend, die Wahrheit des christlichen Glaubens zu beweisen. Bei dieser didaktischen Behandlung artete das Kirchenlied in rein moralische Betrachtung aus.

d. Dieser Entartung trat Paul Gerhardt bald nach dem westphälischen Frieden glücklich entgegen, indem er die subjective Richtung aus dem Gebiet des überlegenden Verstandes in das des Gefühls hinüberleitete, und zugleich die altlutherische Anschauung des Gemeindebewußtseins kräftig bewahrte. Er ist aber zugleich der letzte Dichter, in welchem diese objective Seite noch hervortritt; bei den nachfolgenden Dichtern tritt das rein subjective Element immer entschiedener hervor.

e. Durch die Pegnitzschäfer erhielt das geistliche Lied das Gepräge des Sentimentalen, Süßlichen und Tändelnden; das Hohelied nachahmend, bildeten sie geistliche Schäfereien mit allegorischem Hintergrund. Die allegorische Anschauungsweise führte zur mystischen Richtung, welche bei den Dichtern der zweiten Schlesischen Schule in phantastische Schwärmerei ausartete.

f. Mit Spener begann die pietistische Richtung, welche die innern religiösen Zustände darstellte, wodurch das subjective Element zur ungetheilten Herrschaft gelangte, aber auch in sentimentale Spielerei ausartete, die sich bei den Herrnhutern in widrigem Uebermaße zeigt.

g. Diese Verirrung fand aber ihren Gegensatz in den kirchlich gläubigen Dichtern, welche zur Klarheit der religiösen Anschauung zurückzuführen suchten, aber mit der Zeit zur Plattheit herabsanken.[1])

§ 215. Das Volkslied.

Die Blütezeit des Volksliedes ist vorüber; die meisten und besten Lieder stammen aus frühern Zeiten. Von den neuen haben nur wenige die jugendlich frische Heiterkeit oder die gemüthliche Tiefe der ältern. Nur das Kriegs- und Soldatenlied konnte sich während des Kriegs entfalten, von denen viele eine religiöse Grundlage haben; häufig sind die Klag- und Jammerlieder über das allgemeine Elend. Das historische Volkslied erscheint am Anfang des Zeitraums und dann in den spätern Türken- und Franzosenkriegen noch häufig, aber es ist ohne poetischen Werth, roh, breit und mit unpassender Gelehrsamkeit verbrämt.

II. Didaktische Poesie.

§ 216. Charakter und Gattungen derselben.

a. Obgleich die ganze Richtung der Zeit vorwiegend didaktisch war, so wurde die

1) Mützell, Jul., Geistliche Lieder d. evangel. Kirche aus d. 17. u. d. ersten Hälfte des 18. Jahrh. m. Braunschw. 1858. II.

didaktische Poesie doch wenig bearbeitet, was eben darin seinen Grund hatte, daß jedes Gedicht belehren sollte.

b. Eigentliche Lehrgedichte fehlen beinahe ganz, oder werden zu beschreibenden Gedichten. Kleinere didaktische Gedichte sind häufiger, aber weder in Inhalt noch Form ausgezeichnet. Die Dichter wählten meist die Form der Epistel (Poetischer Brief) oder Satire (Strafgedicht), wenn sie ihre Gedanken über Welt, Menschen und Leben darstellen wollten; beide Gattungen wurden mit Glück bearbeitet, besonders die Satire, zu welcher sich jedoch gerade einige bessere Dichter der prosaischen Sprache bedienten. In der poetischen Satire waren die Franzosen oder die Römer Muster.

c. Am Häufigsten und zugleich am Tüchtigsten wurde das Epigramm (Sinngedicht, Bei-, Auf-, Ueberschrift, Kurzgedicht) behandelt; es erscheint in großer Fülle und zugleich in der reichsten Mannigfaltigkeit der Gegenstände, der Auffassung und der Form (unter Anderm als Sonett, Rundgedicht und Madrigal, als Grabschrift rc.) Am Häufigsten war das satirische oder witzige Epigramm, doch waren auch viele spruch- oder priamelartig. In den frühern Zeiten hatte es eine vorwiegend sittliche Tendenz, später wich diese einem bloß geistreichen Spiel mit Worten und Gedanken. Bei den Dichtern der zweiten Schlesischen Schule finden sich viele lüsterne und selbst schmutzige Epigramme; später wurden sie wieder würdiger und ernster. Im Ganzen sind sie für die Sittengeschichte der Zeit von großer Bedeutung.

Anm. Wie man im vorigen Zeitraume Sammlungen von Sprichwörtern angelegt hatte, sammelte man in diesem mit Vorliebe Sprüche und Sentenzen, durch welche viele volksthümliche aufbewahrt worden sind.[1])

III. Epische Poesie.

§ 217. Charakter und Gattungen derselben.

a. Mit der epischen Poesie sah es am Traurigsten aus; mit dem erstorbenen Nationalgefühl war auch die letzte Erinnerung an das alte Volksepos und die Heldensage verschwunden. Einige Erneuerungen alter Gedichte (Wigalois, Reineke Vos, Theuerdank) blieben ohne Einfluß, und so auch die Uebersetzungen ausländischer Epen, worin einige Versuche gemacht wurden. Selbst der Schwank erscheint kaum mehr, oder er nimmt die unepische Form des Epigramms an (Logau, Scheffler, Grob, Wernicke).

b. Allerdings wurden Versuche in größeren und kleineren epischen Dichtungen gemacht, allein kein einziger erhebt sich über das Mittelmäßige. Den Stoff zu den „Heldengedichten" nahm man meist aus den Zeitereignissen, welche die späteren Dichter zu geschmacklosen Lobhudeleien benutzten. Die Sage und Geschichte des Alterthums wurde nur selten behandelt.

c. Außer den in Prosa geschriebenen Schäfereien finden sich auch einige in Reimen abgefaßte Idyllen oder Eclogen, dagegen verschwindet die Fabel beinahe ganz, und nur gegen das Ende des Zeitraums taucht die Liebe zu derselben wieder auf.

IV. Dramatische Poesie.

§ 218. Entwickelung und Charakter.

a. Durch den dreißigjährigen Krieg wurde das Drama in seiner bisherigen Entwickelung vollständig gestört; da während der langen Jahre, die er dauerte, beinahe

---

1) Schill, J. H., Teutsches Stamm-Buch. Straßb. 1647. Grimm, Hs. Rud., Poet. Lustwäldlein, Bern 1708.

keine dramatischen Aufführungen Statt fanden, verschwand allmählich der Zusammenhang mit dem alten Drama. Zwar tauchte das volksmäßige Schauspiel nach dem Frieden wieder in ziemlich reicher Fülle auf, allein es erscheint nicht mehr in seiner reinen Form, sondern unter dem Einfluß der fremden Vorbilder, die schon am Ende des vorigen Zeitraums Boden gewonnen hatten, nämlich der „Englischen Komödien"; denn die „Haupt- und Staatsactionen", welche nunmehr lange Zeit die Bühne beherrschten, waren in der That nichts Anderes, als Nachbildungen jener fremden Stücke, wie aus ihrem Inhalt und ihrer Form erhellt. Sie behandelten wie jene vorzugsweise Stoffe aus der Geschichte und Sage des Alterthums, nur höchst selten vaterländische Gegenstände. Der rohe Sinn der englischen Komödien blieb auch jetzt noch vorherrschend; ihre Greuelscenen waren den Zuschauern durch den Krieg zur traurigen Wahrheit geworden. Eine Hauptfigur bildete bei den „Haupt- und Staatsactionen" die lustige Person (Pickelhäring, Hanswurst, Harlekin), die übrigens eine ächt deutsche Figur war und in welcher das Volk einen Bundesgenossen gegen die Unterdrückung der höhern Stände erblickte.

Anm. 1. Die „Haupt- und Staatsactionen", deren Verfasser unbekannt sind, wurden nicht gedruckt, da die Directoren der wandernden Komödiantentruppen, für welche sie gedichtet worden waren, sie nicht in andere Hände kommen lassen wollten. Wahrscheinlich wurden die meisten von den Directoren oder Schauspielern verfaßt. Erst in neuerer Zeit ist eine Anzahl dieser Stücke bekannt geworden.[1])

b. Neben den „Haupt- und Staatsactionen" wurden von den wandernden Komödianten noch viele andere größere und kleinere Stücke aufgeführt, deren Stoffe sich zum Theil an die früheren Fastnachtsspiele anlehnten oder deutsche Sagen behandelten (Faust). In denselben bildete die lustige Person je länger je mehr den Mittelpunkt, so daß sich endlich daraus die „Hanswurstkomödie" entwickelte, die namentlich in Wien lange Zeit beinahe zur ausschließlichen Herrschaft gelangte. In diesen Stücken lag, wie in den Haupt- und Staatsactionen, ein lebensvoller Kern, aus dem sich bei kunstreicherer Behandlung ein tüchtiges Volksdrama hätte entwickeln können; allein die Einen wie die andern blieben ohne Einfluß auf die Ausbildung des Schauspiels, sie wurden mit der Zeit vom gelehrten Drama verdrängt und verloren sich in das Puppentheater.

Anm. 2. Zwar haben mehrere gelehrte Dichter auch Dramen mit mehr volksthümlicher Haltung geschrieben (A. Gryphius), allein obgleich zum Theil vortrefflich, sind sie doch ohne Einfluß auf das Volksschauspiel geblieben.

c. Die Schuldramen erhielten sich auch in dieser Periode, namentlich in Thüringen, Sachsen und Schlesien; doch sind die meisten derselben durchaus unbedeutend und stehen selbst den frühern nach, die doch wenigstens, wenn auch keinen künstlerischen Werth, doch historische Bedeutung hatten. Nur die Schulkomödien von Weise verdienen Beachtung. In den katholischen Ländern wurde das Schuldrama von den Jesuiten gepflegt, doch waren die Stücke meist lateinisch abgefaßt, und blieben somit ohne Einfluß auf das deutsche Schauspiel; dagegen wirkten sie durch den Glanz der Aufführung mächtig auf die Ausbildung der theatralischen Darstellung.

d. Das Kunstdrama beruhte, wie die Dichtung der Zeit überhaupt, auf Nachahmung. Opitz, der auch auf die Ausbildung des Dramas bestimmend einwirkte, wies durch Uebersetzungen auf die Alten hin und leitete zur Nachahmung der antiken Tragödie, besonders Seneca's, welcher den spätern Dramatikern um so entschiedener zum Führer diente, als auch die neueren Völker, welche die Deutschen damals zu Vorbildern nahmen, die Franzosen (Jodelle), und Diesen nachahmend, die Holländer (Vondel), ihr Drama nach dem römischen Tragiker ausbildeten.

Anm. 3. Die späteren Dichter, durch welche das französische Drama zur höchsten Blüthe gebracht wurde, wurden zwar häufig übersetzt, namentlich gegen das Ende des Zeitraums, doch blieben sie noch ohne Einfluß, wie auch das spanische Drama, obgleich mehrere Stücke desselben verdeutscht wurden.

---

1) Schlager, J. E., Wiener Skizzen aus d. Mittelalter. Wien 1836—46. V. Karl XII. vor Friedrichshall, hrsg. v. H. Lindner. Dessau 1845. Weiß, K., Die Wiener Haupt- und Staatsactionen. Wien [illegible].

e. Wie Opitz durch seine Uebersetzungen antiker Tragödien die fernere Entwickelung des deutschen Dramas bestimmte, so wurde er durch Uebersetzung italienischer Stücke der Begründer der Singspiele und Opern, so wie des Schäferspiels, bei welchem daher auch die italienische Anschauungs- und Auffassungsweise maßgebend wurde.

f. Diese beiden Richtungen, welche Opitz vorgezeichnet hatte, die römische, welche bald nach ihm das französisch-holländische Gepräge annahm, und die italienische, blieben während des ganzen Zeitraums vorherrschend, und erst gegen Ende desselben ward der Versuch gemacht, namentlich von Weise, das Drama wieder in volksthümlicher Weise zu behandeln. Im Uebrigen drückt sich, wie in den andern Gattungen, so auch im Drama, der Charakter der verschiedenen Schulen aus. In den Dichtern der ersten Schlesischen Schule, von welcher das Drama jedoch nicht sehr häufig behandelt wurde, erkennt man den ernsteren Sinn, der sie erfüllte; die Pegnitzschäfer verfallen auch im Drama in Spielereien, und die späteren Schlesier sind in Auffassung und Darstellung schwülstig, gesucht und widernatürlich.[1])

§ 219. Gattungen des Dramas.

a. Die Form des kunstmäßigen Trauerspiels wurde von Opitz begründet und von A. Gryphius festgestellt.

Die Acte, fünf an der Zahl, schließen in Nachahmung des antiken Dramas und der französischen Nachbildung desselben mit Chören („Reien"), in welchen allegorische Personen, Götter und Göttinnen aus der griechischen Fabelwelt oder Geister, aber auch mithandelnde Personen ihre Gefühle in lyrischen Weisen aussprechen oder singen. Zuweilen kamen Reien in der Mitte der Acte vor. A. Gryphius führte pantomimische Scenen ein, in denen Visionen, Träume u. s. w. der handelnden Personen auf einer im Kleinen im Hintergrund angebrachten Bühne zur Anschauung der Zuschauer gebracht wurden. Die Trauerspiele waren ausschließlich in Alexandrinern mit gepaarten Reimen geschrieben; nur die „Reien" waren in Strophen, und einzelne mehr lyrische Stellen (Monologe, Gebete u. s. w.) in freieren Versmaßen abgefaßt. Die Stoffe waren meist aus der Geschichte entnommen, besonders aus der alten oder orientalischen, selten aus der neueren, am seltensten aus der deutschen. Daneben wurden auch biblische und romantische, aus Romanen und Novellen besonders der Italiener entlehnte Stoffe dramatisch behandelt.

b. Das Lustspiel hielt sich im Ganzen mehr frei von den fremden Einflüssen und bewahrte auch mehr von der volksthümlichen Auffassung, als die Tragödie.[2])

Zwar waren die Stoffe meist dem Ausland entlehnt, aber doch ziemlich selbständig bearbeitet. Im Allgemeinen sind die Lustspiele in Sprache und Darstellung roh und ohne künstlerische Anordnung; dagegen sind sie von größerer Wahrheit und Natürlichkeit als das Trauerspiel, und zudem haben sie historischen Werth, weil sie meist deutsche Lebensverhältnisse darstellen und uns in die damaligen Sitten und Anschauungsweisen der verschiedenen Stände, namentlich des Mittelstandes, einführen. Die Lustspiele nebst den Possen und den zahlreichen Zwischen- und Nachspielen waren beinahe ausschließlich in Prosa geschrieben; doch wurden auch Gesangstücke eingefügt.

c. Das von Opitz eingeführte Schäferspiel (das mit den „Schäfereien" der Pegnitzer nicht zu verwechseln ist) fand zahlreiche Nachahmung.

Viele Stücke dieser Art wurden zur Feier besonderer Verhältnisse abgefaßt und aufgeführt und waren namentlich an den Höfen beliebt; jedoch findet man dergleichen auch zur Verherrlichung gewöhnlicher bürgerlicher Verhältnisse (Hochzeiten, Taufen u. s. w.). Uebrigens sind sie beinahe ohne Ausnahme werthlos.

d. An die letztgenannten Schäferspiele reihen sich die zahlreichen Fest- und Gelegenheitsspiele, welche zur Feier mehr oder weniger bedeutender Begebenheiten oder bei Hof- und anderen Festen aufgeführt wurden.

Sie hatten häufig eine allegorische Anlage, welche nicht selten mit den Verhältnissen, die sie verherrlichen sollten, in keiner Beziehung, ja sogar in lächerlichem Widerspruch standen. Sie sind bei großer Ueberhäufung von Personen meist inhaltleer.

---

1) Passow, W. A., Das deutsche Drama im 17. Jahrh. Meining. 1847. — 2) Kneschke, Emil, D. deutsche Lustspiel in Vergangenheit und Gegenwart. Lpz. 1861.

e. Die Opern und Singspiele waren eben so wenig eine organische Entwickelung des alten Dramas als die Trauerspiele. Der Keim zu einer nationalen Oper, der in Ayrers Singspielen und zum Theil auch in den früheren geistlichen Dramen zu finden war, blieb unbeachtet. Opitz führte durch seine „Daphne“ die Form ein, die sich in Italien ausgebildet hatte, und wie diese, so waren die meisten nachfolgenden Opern und Singspiele entweder aus dem Italienischen übersetzt oder einem italienischen Vorbild mehr oder weniger frei nachgebildet.[1])

Es lassen sich zwei Perioden in der Entwickelung der Oper unterscheiden, die frühere, in welcher das poetische Element noch kräftig neben dem musikalischen besteht, die Zeit des Singspiels; die spätere, in der die dichterische Ausführung untergeordnet erscheint, die Zeit der eigentlichen Oper (Musik, Decorationen, Aufzüge, Tänze, Feuerwerke, Beleuchtungswesen). Zuerst nur von den Höfen begünstigt, kamen die Opern allmählig auch auf die Theater der größeren Städte, unter welchen Hamburg eine blühende Pflanzstätte derselben wurde. Anfangs erschienen nur einzelne Stücke; nach dem Frieden vermehrten sie sich so sehr, daß sie alle übrigen dramatischen Gattungen zurückdrängten, und gegen das Ende des Zeitraums 20 Opern auf Ein Schauspiel kamen.

f. Zu den dramatischen Darstellungen gehören ferner die „Wirthschaften“, welche an den Höfen, besonders in Wien und Berlin, von den Fürsten und ihrer Umgebung aufgeführt wurden. Sie bestanden in festlichen Aufzügen, bei welchen die Theilnehmer mythologische, historische oder allegorische Personen, Nationen, Stände und Gewerbe in glänzenden Costümen darstellten und gewöhnlich Verse hersagten, die oft possenhaft oder sogar schlüpfrig waren und die Hofdichter zu Verfassern hatten.

§ 220. Theater und Schauspiele.

Die Anfangs wenig zahlreichen Theater vermehrten sich allmählich so sehr, daß gegen den Anfang des 18. Jahrh. beinahe alle Residenzen und reicheren Städte solche hatten. Die früheren wandernden Schauspielertruppen verschwanden während des Krieges, kamen aber bald nach dem Frieden wieder zum Vorschein. Zuerst bestanden sie wohl meist aus Handwerkern, denen sich später immer häufiger verdorbene Studenten anschlossen. Diese brachten immerhin eine gewisse Bildung mit, die nicht ohne Einfluß auf die Entwickelung der theatralischen Kunst blieb. Ein solcher Student war höchstwahrscheinlich Joh. Veltheim aus Leipzig, dessen Gesellschaft durch Personen und Leistungen bald die andern überstrahlte, da ihm die Kunst am Herzen lag. Er führte französische und andere fremde Stücke auf (er selbst übersetzte Lustspiele von Molière). Unter ihm bildete sich Jos. Ant. Stranitzky aus Schlesien, der später eine eigene Gesellschaft gründete, und in dieser das Extemporiren ganzer Scenen einführte. Die meisten übrigen Truppen waren aber in jeder Beziehung erbärmlich. Da die Geistlichkeit die theatralischen Aufführungen für gotteslästerlich, die Schauspieler für verdammt erklärte, und diese zudem in ihrer großen Mehrheit durch ihr sittenloses Leben Anstoß erregten, so wurden sie allgemein für verächtliche, von Gott verabscheute Menschen angesehen, mit denen kein rechtlicher Mensch Umgang pflegen dürfe, was jedoch nicht hinderte, daß die Vorliebe zu theatralischen Darstellungen täglich zunahm.

Zweites Capitel. Prosa.

§ 221. Entwickelung, Charakter und Gattungen.

a. Die prosaische Sprachdarstellung verfällt immer mehr, und geräth endlich durch das massenhafte Einmischen fremder Wörter und Redeformen in vollständige Auflösung. Es verschwand der Sinn für Wohllaut der Sprache, das Gefühl für die rythmische Bewegung des Satzes; man verirrte sich deshalb in geschmacklose Nachahmung des lateinischen Periodenbaues, wodurch die Darstellung breit, unbeholfen und unklar wurde, besonders wenn man sich zugleich bestrebte, die galanten Redeformen der Franzosen nachzuahmen, was meist plump und geschmacklos ausfiel.

b. In einer solchen Sprache mußte auch der beste Gedanke untergehen; daher die ganze Zeit auch wenig Erfreuliches darbietet. Am Reinsten haben sich die Prosadichtungen erhalten, obgleich auch viele durch die Sprache widrig werden. In der Geschichtschreibung bieten einzelne Schriften eine vergleichungsweise große Reinheit

[1]) Schletterer, H. M., Das deutsche Singspiel von s. ersten Anfängen bis auf die neueste Zeit. Augsb. 1863.

der Sprache; im Ganzen ist aber auch hier über den Gebrauch undeutscher Satzbildungen, über Breite und Unbeholfenheit des Stils zu klagen. Am Schlimmsten steht es mit der **didaktischen** Prosa. In den wissenschaftlichen Werken ist der Gebrauch lateinischer und französischer Wörter bis zum Aeußersten getrieben und auch in den Satzformen erkennt man kaum die Natur der deutschen Sprache. Erst gegen Ende des Zeitraums erhebt sich die didaktische Prosa wieder, besonders seit **Thomasius** den Gebrauch der Muttersprache für wissenschaftliche Schriften verlangte und einführte. Eben so traurig steht es mit der **rhetorischen** Prosa, die übrigens keine Gelegenheit hatte, sich lebenskräftig zu entwickeln.

I. Prosadichtungen.

§ 222. Entwickelung und Gattungen.

a. Der Uebergang der Literatur zu den Gelehrten brachte in der Prosadichtung einen großen Umschwung hervor; an die Stelle der kleineren Erzählungen und Novellen traten größere Romane und sogenannte Schäfereien. Zwar verloren sich die Volksbücher und die volksmäßigen Schwänke und Erzählungen nicht ganz, allein sie erschienen nur in untergeordneter Weise.

b. Die **Romane** beruhen auf der Nachahmung fremder, insbesondere französischer Vorbilder (Amadis aus Gallien; Fräulein von Scudéry), deren gesuchter und geschraubter Styl nachgebildet wurde.

Die Dichter wählten nach dem Vorgang der Scudéry Stoffe aus der alten, meist orientalischen Geschichte, wobei sie aber Verhältnisse, Sitten, gesellschaftliche Bildung und Charaktere nach denen ihrer Zeit ummodelten. Diese Romane, welche man mit dem Namen **Heldenromane** bezeichnet, waren meist von abschreckender Breite und hatten einen vorwiegend didaktischen Zweck. Sie erschienen vorzüglich in der ersten Hälfte des Zeitraums.

c. In der zweiten Hälfte wurden sie durch die **politischen** und **galanten Romane** verdrängt, die mit Einflechtung abenteuerlicher Liebesgeschichten, theils wirkliche, theils erdachte, selten aber deutsche Staatsverhältnisse schilderten. Sie sind meist poetisch noch werthloser als die Heldenromane.[1])

d. Mit großer Vorliebe wurden besonders von den Nürnbergern die sogenannten **Schäfereien** bearbeitet, die übrigens ebenfalls ein fremdes Gewächs waren. Sie wurden durch Opitz eingeführt, der ihnen auch den Charakter aufprägte, den sie fortwährend beibehielten.

Die Begebenheiten sind in eine phantastische Schäferwelt versetzt und die prosaische Erzählung dient nur als Mittel, verschiedene Arten von Gedichten, Schilderungen, Gesprächen u. dgl. anzubringen, die meist mit dem Ganzen in keinem innern Zusammenhange stehen. Die Nürnberger insbesondere haben in ihren Schäfereien die willkürlichsten Allegorien und die gesuchtesten Schilderungen angehäuft, die seltsamsten metrischen Formen angebracht, und ihre Dichtungen in geschmacklose Einzelheiten aufgelöst.

e. Werthvoller sind die **Abenteuerromane**, die zwar auch aus der Fremde (Spanien) stammen, aber zum Theil deutsche Verhältnisse und Sitten schildern und in dieser Beziehung, selbst wenn sie ohne poetische Bedeutung sind, doch historischen Werth haben. Pilgrime, Landstreicher, Schelme und Räuber waren die Helden dieser Romanengattung, welche füglich als eine Fortsetzung und Umbildung der früheren Rittergeschichten anzusehen sind.

f. **Robinsonaden** kommen zwar schon vor, ehe Defoe's Dichtung erschien (im Simplicissimus, in Happels „Mandorell" und „Quintana"), doch hat dieser die Gattung auch in Deutschland eigentlich erst begründet.[2])

---

1) L. Cholevius, D. bedeutendsten deutschen Romane des 17. Jahrh. Lpz. 1866. — 2) Hettner, H., Robinson u. d. Robinsonaden. Berl. 1854.

g. Die kleineren Erzählungen, Schwänke, Anekdoten, die auch noch erschienen, stehen den früheren bei der pedantisch breiten Darstellung weit nach. Zudem fehlt ihnen alle Entwickelung; oder, wo dies der Fall ist, sind sie aus der Fremde entlehnt oder übersetzt. Fabeln und Parabeln (Gleichnisse, Gleichnißreden) kommen in einzelnen Versuchen vor und manche sind als erfreulich zu bezeichnen.

h. Die Satiren wurden meist in Prosa geschrieben und sind den in Versen abgefaßten im Ganzen vorzuziehen. Sie haben meist die von den Spaniern entlehnte Form von Visionen oder Träumen, viele sind beinahe ganz abhandelnd und andere nehmen die Form des didaktischen Romans an, wie bei Weise.

II. Historische Prosa.

§ 223. Entwickelung und Gattungen.

a. Die schöne Zeit der Geschichtschreibung ist vorüber; es beginnt die Zeit der trockenen, oft geistlosen Geschichtsforschung. Die historischen Werke des Zeitraums sind beinahe ohne Ausnahme in Form und Darstellung verfehlt; selbst die Uebersetzungen der Geschichtschreiber des Alterthums sind in ihrer überwiegenden Mehrheit geschmacklose und pedantische Zerrbilder jener großen Meister. Die Sprachmengerei drängt sich auch in die historischen Werke ein, nur einige bieten eine verhältnißmäßig große Reinheit. Dagegen ist die Satzbildung beinahe durchgängig pedantisch steif, und durch die langen Perioden verwirrt und schwerfällig.

b. Die allgemeine Geschichte wurde erst gegen Ende der Periode behandelt; häufiger und im Ganzen auch besser wurde die Zeitgeschichte bearbeitet. Die Geschichten der einzelnen Staaten oder einzelnen Begebenheiten haben den meisten Werth, erreichen jedoch die früheren Chroniken nicht. Die Kirchengeschichte findet wenigstens Einen tüchtigen Bearbeiter (Arnold), dagegen sind die Biographien meist werthlos; auch wurde ein Versuch in der Bearbeitung der deutschen Literaturgeschichte gemacht (Morhof). Als äußerste Grenze der Geschichtschreibung sind endlich noch die Sammlungen von Reden, Aussprüchen und geschichtlichen Anekdoten zu erwähnen, die jetzt häufig gemacht wurden.

c. Von den zahlreichen geographischen Werken erreicht keines die des vorigen Zeitraums. Die Reisebeschreibungen sind zwar zahlreich und meist auch von Interesse, namentlich die von einfachen Bürgern und Handwerkern, aber nur wenige zeichnen sich durch lesbare Darstellung aus.

III. Didaktische Prosa.

§ 224. Entwickelung und Gattungen.

a. Auch in diesem Zeitraume war bis gegen das Ende die lateinische Sprache beinahe ausschließliches Darstellungsmittel für wissenschaftliche Gegenstände, weshalb sich die didaktische Prosa am Wenigsten ausbilden konnte. Daß aber die Muttersprache endlich auch bei solchen Gegenständen Eingang fand, haben wir zunächst den Pietisten und neben ihnen dem trefflichen Thomasius zu verdanken. Allerdings haben auch schon vorher auf Anregung der Sprachgesellschaften, namentlich des Palmenordens, Versuche dieser Art stattgefunden, allein sie bezogen sich meist ausschließlich auf Sprache und Verskunst.

b. Die Pietisten, welche gegen die in der Kirche eingerissenen Mißbräuche und gegen die Starrheit ankämpften, in welche der Protestantismus versunken war, mußten sich wie einst die Reformatoren, um zu ihrem Zweck zu gelangen, zunächst an das Volk wenden, weil Diejenigen, welche gelehrte Bildung hatten, ihre Gegner waren. Und da sie zugleich in ihrem Stil die Einfalt der Bibel und der Reformatoren nachzubilden strebten, so wirkten sie eben dadurch dem auf Schwulst und Uebertreibung beruhenden falschen Geschmack der Zeit mächtig entgegen. Freilich geriethen die spätern Pietisten selbst in die Fesseln des dogmatischen Zwangs, den sie anfänglich bekämpft hatten, und arteten auch in Bezug auf Darstellung aus, welche in Süßlichkeit und Affectation verfiel. Thomasius wirkte in größerem Umfange und bleibender, indem er den Gebrauch der Muttersprache in Behandlung wissenschaftlicher Gegenstände und für den gelehrten Unterricht verlangte, auch selbst darin voranging. Zwar blieb auch jetzt noch das Lateinische als Sprache der Wissenschaft vorherrschend, aber es fand sich allmählich eine freilich nur kleine Anzahl von Fachgelehrten, welche dem pedantischen Herkommen entsagten.

c. Unter den Fachwissenschaften wurde die Philosophie, die Theologie und das Staatsrecht von einigen bedeutenden Männern in deutscher Sprache behandelt; häufiger wurden wissenschaftliche Fragen allgemeiner Natur in derselben erörtert, namentlich sind Schriften moralischen und religiösen Inhalts in nicht geringer Anzahl vorhanden. Auch die Kunst wurde in deutscher Sprache behandelt.

d. Sehr zahlreich sind die Schriften über Poesie und zwar zunächst über die deutsche Dichtkunst, welche aber sämmtlich nur auf das rein Aeußerliche der Darstellung gerichtet waren, das Wesen der Dichtkunst kaum oder nur oberflächlich berührten. Die Anleitungen zur schönen Darstellung in Prosa sind weit weniger zahlreich und sind auch von geringerem Werth als die Anleitungen zur Dichtkunst. Am Häufigsten sind die Anleitungen zum Briefschreiben, von denen viele von der äußersten Geschmacklosigkeit sind.

Anm. Die Anleitungen zur Poetik sind deshalb wichtig, weil sie uns zugleich mit den Ansichten der verschiedenen Schulen bekannt machen. So repräsentieren Opitz, Buchner, Titz, Schottel und Tscherning die erste Schlesische Schule. Zesen die Deutschgesinnte Genossenschaft, Kindermann den Schwanenorden. Harsdörffer, Birken und Omeis die Pegnitzschäfer, Weise, Morhof und Hunold die Richtung nach Einfachheit und Natürlichkeit.

e. Bedeutender sind die Arbeiten über die Sprache, welche zum Theil von der Fruchtbringenden Gesellschaft angeregt wurden, worin auch ihr größtes Verdienst besteht. Sehr häufig wurden einzelne Theile der Grammatik behandelt, insbesondere die Orthographie, wobei freilich oft die sonderbarsten und geschmacklosesten Ansichten zu Tage gefördert wurden.

f. Endlich müssen wir noch hinzufügen, daß am Ende des Zeitraums auch kritische Zeitschriften in deutscher Sprache herausgegeben wurden, was zu immer größerer Klarheit, wenn auch lange noch nicht zur Wahrheit führte. Auch diesen bedeutenden Schritt haben wir Thomasius zu verdanken.

IV. Rhetorische Prosa.

§ 225. Entwickelung und Gattungen.

a. Die Verhältnisse waren für die Ausbildung der rhetorischen Prosa nicht günstig. Daß die weltliche Beredsamkeit bei den traurigen Zuständen des Landes nicht gedeihen konnte, ist begreiflich; aber auch die geistliche Beredsamkeit blieb von den unglücklichen Verhältnissen nicht unberührt. Zudem hatten die Geistlichen meist nur eine mangelhafte oder beschränkt gelehrte Bildung, die sie vom Volk abschloß und ihnen die Möglichkeit raubte, dessen geistige Bedürfnisse zu erkennen. Daher waren die meisten Predigten der Zeit trockene Abhandlungen über irgend einen Satz des Glaubens, aber

Sittenlehre von geistlosem Inhalt in roher, geschmackloser Form und unreiner Sprache. Nur wenige zeugen von größerem Geiste und tieferer Gemüthlichkeit. Einen heilsamen Einfluß auf die Entwickelung der geistlichen Beredsamkeit hatten wiederum die Pietisten, oder vielmehr deren Häupter Spener und A. H. Francke, die mit Bewußtsein auf das Gemüth zu wirken und zur Andacht und Erbauung zu führen strebten.

b. Bei den Katholiken sinkt die geistliche Beredsamkeit immer tiefer und verirrt sich entweder in unerquickliche Polemik gegen die Protestanten oder verfällt in seltsame Abgeschmacktheiten (übertriebene Schilderungen der Heiligen und ihrer Wunder, lächerliche Allegorien); oft hatte es der Prediger bloß auf augenblicklichen Effect abgesehen, wozu er die gemeinsten Mittel nicht verschmähte (Anekdoten, Wortspiele, geschmacklose Bilder und Gleichnisse), und Dies alles wurde in einer gemeinen, pöbelhaften Sprache vorgetragen, in welcher die Mundart des Redners vorherrschte.

c. Die weltliche Beredsamkeit war bei den traurigen Staatsverhältnissen der Zeit auf Lobreden bei festlichen Veranlassungen an den Höfen oder in den vornehmen Häusern beschränkt und diese trugen den Charakter des Unnatürlichen und der Geschmacklosigkeit, die sich namentlich in den gesuchten Bildern, in dem übermäßigen Gebrauch fremder Wörter und im geschraubten Stil mit seinen verwickelten und endlosen Perioden kundgab. Noch niedriger wurden sie durch die sclavische Gesinnung, die sich in ihnen ausspricht.

d. So zahlreich die Anweisungen zur Abfassung von Briefen auch waren (449), so wenig wurden doch von den Vornehmen und Gelehrten Briefe in deutscher Sprache geschrieben, und wenn es doch geschah, so waren sie eben in dem Geiste jener Anweisungen, d. h. geschmacklos und pedantisch.

Zweiter Abschnitt. Schriftsteller und Denkmäler.

Erstes Capitel. Poesie.

I. Lyrische Poesie.

§ 226. A. Die Schlesischen Dichter (§ 211). I. Die erste Schlesische Schule.

a. Martin Opitz v. Boberfeld, geb. zu Bunzlau 23. Dec. 1597, studierte 1618 in Frankfurt a/O., 1619 in Heidelberg, gieng Ende 1620 nach den Niederlanden, wo er die holländische Poesie genauer kennen lernte, war Ende 1621 wieder in Schlesien, 1622 Prof. der Philosophie in Weissenburg (Siebenbürgen), 1623 Rath beim Herzog zu Liegnitz, reiste 1625 nach Wien, wo er zum Dichter gekrönt wurde; 1626 trat er in die Dienste des Burggrafen zu Dohna, wurde 1628 mit dem Zunamen „von Boberfeld" geadelt, 1629 in die Fruchtbringende Gesellschaft aufgenommen („Der Gekrönte") und reiste 1630 nach Paris. Nach dem Tode des Burggrafen hielt er sich bei den Herzogen von Liegnitz und Brieg auf, gieng 1634 nach Thorn und kurze Zeit darauf nach Danzig, wo er bald nach seiner Ernennung zum Secretär und Historiographen des Königs von Polen am 20. August 1639 starb.

Opitz, der zwei Jahrhunderte lang als „Vater der deutschen Dichtkunst" verehrt wurde, hat die Sprache Luthers auch in die Poesie eingeführt, für Reinheit der Sprache gewirkt, die neuere Prosodie, wenn nicht geschaffen, doch zur allgemeinen Anerkennung gebracht, die deutsche Dichtkunst formell veredelt und ihr zuerst wieder bei den Gelehrten und Vornehmen Achtung verschafft. Dagegen hat er die Poesie ihres nationalen Charakters beraubt, indem er die Nachahmung fremder Formen und Stoffe begründete, was freilich der einzig mögliche Weg war, die deutsche Kunst der eindringenden Barbarei zu entreißen und sie den französisch gebildeten Höfen angenehm zu machen. Nachahmung der Franzosen nach dem Vorbild der Holländer ist der Grundcharakter seiner Dichtungen, in denen er daher durch Eleganz und Gewandtheit der Darstellung, gebildete und correcte Sprache, geistreiche oder witzige Wendungen und durch Antithesen zu wirken suchte. Dagegen fehlte es ihm an schaffender Dichterkraft, und seine Poesien sind nicht sowohl Ergebnisse der bildenden Phantasie als des überlegenden Gedankens, wie er denn selbst den Grundsatz aufstellte, daß die Poesie nütze, indem sie zugleich ergetze.[1])

Von seinen lyrischen Gedichten sind die früheren von größerer Frische, Tiefe und Selbständigkeit, als die späteren, welche dagegen formell höher stehen. Diese sind meist Gelegenheitsgedichte (auf Hochzeiten, Begräbnisse u. s. w.); am besten sind diejenigen, in welchen er des Jammers im Vaterland gedenkt. Die Oden haben höheren poetischen Werth. Von den Sonetten sind wenige gelungen, und auch die geistlichen Lieder („Sonn- und Festtagsepisteln“, „Psalmen“) sind ohne poetischen und religiösen Schwung. Seine Nachbildung des „Hohenliedes“ wurde das Vorbild der später häufigen geistlichen Schäfergedichte.[2]) — Am glücklichsten ist er in der didaktischen Poesie. Das „Trostgedicht in Widerwärtigkeit des Kriegs“, eine streng logische Entwickelung von Gedanken über den Krieg und der Trostgründe in demselben, zeugt von vaterländischer und frommer Gesinnung, aber entbehrt aller poetischen Wärme. „Zlatna, oder von Ruhe des Gemüths“ entwickelt den Gedanken, daß man die Gemüthsruhe überall finden, vorzüglich aber auf dem Lande zufrieden leben könne. „Vielgut“ führt aus, daß die Leidenschaften das wahre Glück nicht begründen können, das nur im tugendhaften Leben bestehe. Beide Gedichte lehnen sich an Schilderungen der Natur an, für welche er Talent besaß. Das „Lob des Feldlebens“, eine Umschreibung der bekannten Horazischen Ode, wiederholt die nämlichen Gedanken, wie Opitz überhaupt nur einen beschränkten Kreis von Ideen hatte, die er zudem meist seinen Vorbildern verdankte. Das „Lob des Kriegsgottes“ kann den Einfluß der Alten nicht verläugnen. Auch der „Vesuvius“ ist zu gelehrt, weshalb ihn der Dichter mit einem Commentar versehen mußte; er ist jedoch von besserer Anlage als die übrigen und als erstes beschreibendes Gedicht merkwürdig. — Seine Episteln sind von Interesse, da sie literarische Zustände der Zeit und des Dichters Verhältnisse zu den Fürsten besprechen. Für das Epigramm hatte er kein Talent. — Durch die „Dafne“ und die „Judith“ wurde Opitz der Begründer der Oper, durch seine Uebersetzungen der „Antigone“ von Sophokles und der „Trojanerinnen“ von Seneca leitete er zur Nachahmung der antiken Tragödie; durch seine „Hercynie“ führte er die Schäfereien ein und endlich legte er durch sein schon angeführtes Buch „Von der deutschen Poeterey“ den Grund zur neuen Prosodie, wie er schon als Jüngling in dem lateinisch geschriebenen „Aristarchus“ für die Reinheit der Sprache in die Schranken getreten war.

b. Andreas Gryphius, s. u. § 229. — Andreas Tscherning, geb. in Bunzlau 1611, studierte seit 1635 in Rostock, wo er 1644 Magister und bald darauf Professor wurde. Er starb den 27. Sept. 1659. — Von seinen Zeitgenossen überschätzt; Lieder, Oden, Epigramme, geistliche Gedichte, correct geschrieben, aber von wenig poetischem Werth (Deutscher Gedd. Frühling, Bresl. 1642. Vortrab des Sommers, Rost. 1655). Auch übersetzte er arabische Sprichwörter ohne poetischen Sinn und schrieb über „Mißbräuche in der Schreib- und Sprachkunst, (sonderlich der Poeterey)“ (Lüb. 1659). — Andr. Scultetus, aus Bunzlau, um 1640, hatte bei vielen Mängeln ächt poetisches Talent (Gedd., v. Lessing aufgefunden, Braunschw. 1771). — Wenzel Scherffer v. Scherffenstein, aus Leobschütz, gest. als Organist in Brieg 1674, suchte durch Ausdrücke und Bilder aus dem gemeinen Leben zu wirken. Er dichtete Lieder und Epigramme (Gedd., Brieg 1652) und übersetzte den „Grobianus und die Grobianerin“ in Alexandrinern (Ebd. 1640).

§ 227. II. Die sächsischen Dichter (§ 211).

a. Paul Fleming, geb. d. 5. Oct. 1609 zu Hartenstein im Erzgebirge, studierte in Leipzig Medicin und wurde noch als Student zum kaiserlichen Poeten gekrönt.

---

1) Gottsched, Lobrede auf Opitz. Lpz. 1739. Lindner, Nachrichten von Opitz' Leben, Tod und Schriften. Hirschb. 1741. II. Hegewisch, Opitz' Leben (in Schlegels deutschem Mus. 1812). Hoffmann v. F., Opitz bis zu sein. 32 J. (Spenden, Lpz. 1845, 2. Bd.) Strehlke, Fr., M. Opitz. Lpz. 1856. Weinhold, Fr., M. Opitz. Kiel 1862. Palm, Herm., M. Opitz. Zwei Beiträge z. Lebensgesch. d. Dichters. Bresl. 1862. — 2) Teutsche Poemata und Aristarchus. Sampt e. anhang außerlesener gedicht anderer Teutschen Poeten (hrsg. v. Zinkgref). 1. Straßb. 1624. Teutsche Poemata, durch ihn selber hrsg. 4. Bresl. 1625. Ebd. 1629. II. u. 5. Gedd. v. J. J. Bodmer u. J. J. Breitinger) besorgt. I. (u. einz.) Thl. Zür. 1745; hrsg. v. Triller. Frankf. 1746. IV. D. Episteln, o. O. 1626 u. d. Hohes Lied, Bresl. 1627. 4. Geistl. Poemata, o. O. [Bresl.] 1638. Psalmen, Danzig. 1638. Ausgewählte Dichtungen, hrsg. v. J. Tittmann, Lpz. 1869.

Im J. 1633 begleitete er die Gesandtschaft des Herzogs von Holstein nach Moskau, und 1635 eine andere nach Persien. Nach seiner Rückkunft ging er 1639 nach Leyden, um zu promovieren, und ließ sich dann in Hamburg als Arzt nieder, wo er aber schon am 2. April 1640 (31. März?) starb.[1]) — Fleming schloß sich Anfangs unbedingt den Opitzischen Grundsätzen an, verließ sie später aber immer entschiedener. Er war durchaus objectiv, und erfand nicht erst die Verhältnisse, die er poetisch darstellen wollte, sondern nahm sie aus seinem reich bewegten Leben. Vaterland, Freundschaft, gesellige Heiterkeit, Liebe und Natur sind die Stoffe, die er vorzugsweise besingt, wobei er einen unerschöpflichen Reichthum an Gedanken und Empfindungen entwickelt, und seine Dichtungen erfreuen gleich durch die Fülle und Tiefe des Inhalts, wie durch die Vollendung der Form.[2])

Seine Gelegenheitsgedichte (Glückwünschungen, Hochzeitsgedichte, Auf Gust. Adolfs Tod u. a. m.) überdauerten die der Zeitgenossen, da er dem besondersten Verhältnisse ein allgemeines poetisches Interesse abzugewinnen wußte. Doch sind diejenigen Gedichte (Lieder und Oden), deren Stoff er aus der eigenen Erfahrung entnahm, noch von größerer Trefflichkeit, und wird diesen die noch unausgebildete Sprache, die er übrigens vortrefflich behandelt, keinem Auge hinderlich. Namentlich sind die Liebeslieder von seltener Innigkeit und Wahrheit der Empfindung; aber auch seine Trinklieder sind vortrefflich und unter den geistlichen Liedern sind mehrere, die noch jetzt in den Gesangbüchern stehen („In allen meinen Thaten"). Seine Sonette stehen in ihrer Zeit unübertroffen da und lassen sich den besten Erscheinungen aller Zeiten und Völker an die Seite setzen. „Sie sind in einer ganzen Reihenfolge fast wie ein zusammenhängender Roman zu lesen." Den Alexandriner behandelt er mit einer solchen Lebendigkeit, daß seine steife Natur vollständig überwunden wird. Die von ihm aus verschiedenen Sprachen übersetzten Epigramme stehen den eigenen weit nach; seine Episteln sind mehr lyrisch als didaktisch.

b. David Schirmer, um 1623 in Pappendorf bei Freiberg geb., studierte in Leipzig und Wittenberg. 1647 Mitglied der Deutschgesinnten Genossenschaft („Der Beschirmende"), ward 1650 nach Dresden berufen, um die Feste zu besingen. Von 1656—1682 war er Bibliothekar; das Jahr seines Todes ist unbekannt. Ohne bedeutendes Talent; leichte Darstellung und Wohlklang der Sprache. Viele seiner Lieder wurden allgemein gesungen. Gute in Alexandrinern gedichtete Elegien; Balladen und Singspiele (Poet. Rosen-Gepüsche. Halle 1650. Poet. Rauten-Gepüsche. Dresd. 1663). — Joh. Georg Schoch, um 1630 in Leipzig geboren, gest. als Jurist in Naumburg. Mitglied der Fruchtbringenden Gesellschaft („Der Grünende"). Stellte das Hirten- und Landleben in trivialer Weise dar (Poet. Lust- und Blumengarten, Lpz. 1660). Bedeutender ist seine „Comoedia vom Studentenleben" als anschauliche Darstellung der damaligen Lebensverhältnisse (Ebd. 1657). — Ernst Christoph Homburg, geb. 1605 zu Mihla bei Eisenach, gest. als Gerichtsactuar zu Naumburg 1681. Mitglied der Fruchtbringenden Gesellschaft („Der Keusche") und des Schwanenordens („Daphnis"). Leichte Darstellung, glücklicher Humor. Gelegenheitsgedichte, Liebes- und Trinklieder, Epigramme (Clio a. O. (Hamb.) 1638. II.); geistliche Lieder (Naumb. 1659. II.). „Tragikomödie von der verliebten Schäferin Dulcimunde" (Jena 1643), ein Schäferspiel. — Georg Neumark, s. o. § 238. — Kaspar Ziegler, geb. zu Leipzig 5. Sept. 1621, gelehrter Jurist von praktischem Sinn, daher er auch ein Feind des übertriebenen Purismus war, starb als Director des Consistoriums zu Wittenberg am 17. April 1690. Formell gelungene (weltliche und geistliche) „Madrigale" (Lpz. 1653), deren Stoff oft gut gewählt, oft abgeschmackt ist; „Jesus, oder 20 Elegien über Geburt, Leiden und Auferstehung unsers Heilandes" (Ebd. 1648).

§ 228. III. Die Königsberger und Preußischen Dichter (§ 211).

a. Robert Roberthin (Berintho), geb. 1600 in Königsberg, wo er als churfürstlicher Rath den 7. April 1648 starb, ein Freund Opitzens, dichtete weltliche und geistliche Lieder (in Alberts Arien) in schlichter und natürlicher Sprache, aber voll Wärme. Nichtigkeit aller Dinge und Vergänglichkeit des Lebens sein Hauptthema. — Heinrich Albert (Damon), aus Lobenstein, geb. 28. Juni 1604, studierte in Leipzig, 1631 Organist in Königsberg, gest. am 6. Oct. 1651. Seine meist geistlichen Lieder behandeln die nämlichen Gedanken wie die seines Freundes Roberthin („Gott des Himmels und der Erden"; „Daß alle Menschen sterblich sein"). Die wenig zahlreichen weltlichen Lieder sind von gefälliger, öfter auch volksthümlicher Darstellung. (Arien, Königsb. 1638—50. VIII.)

---

1) Leben v. Varnhagen, Biograph. Denkmale. Bd. 4. Schmitt. K. W. Paul Fleming. Marb. 1851. — 2) Teutsche Poemata, Lüb. o. J. (1642). Ebd. 1651 u. ö. Erlesene Gedd. m. Leben v. Gust. Schwab, Stuttg. 1820. Vollst. Ausg. v. Lappenberg. Stuttg. (Lit. Verein) 1865 II. Derselbe hat Flemings lat. Gedd. herausgegeben. Stuttg. 1863. Ausgew. Gedichte, hrsg. v. J. Tittmann. Lpz. 1869.

b. Simon **Dach** (Chasmindo und Sichamond), geb. am 29. Juli 1605 zu Memel, studierte seit 1626 in Königsberg Theologie und Philosophie, wurde 1633 Collaborator und 1636 Conrector an der Domschule, 1639 Professor der Poesie an der Universität, gest. 15. April. 1659.[1])

Rein, treuherzig und natürlich; glücklich, wenn er die Zufriedenheit besingt und in heitern Trink-, Braut- und Tanzgesängen. Mehrere Lieder fanden Eingang bei dem Volke (das niederdeutsche „Anke von Tharaw"). Seine geistlichen Lieder zeichnen sich vor den weltlichen durch größere Gleichmäßigkeit des Ausdrucks aus und sind von tieferer Empfindung eingegeben. „Begräbnißlied auf Robertin" (Poet. Werke, Königsb. 1696; unvollständig.) Die Festspiele „Cleomedes" und „Sorbuisa" (Borussia) sind unbedeutend; sein „Kurzweiliger Zeitvertreiber" (o. O. 1668; 5. Aufl. 1700), ist eine inhaltreiche Sammlung von Schwänken, die in der Darstellung jedoch den ältern weichen muß. (Vgl. J. Grimm in Germania 8, 448, der Dach nicht für den Verfasser hält.)

c. Johann Peter **Titz**, geb. 10. Jan. 1610 zu Liegnitz, studierte 1630 zu Rostock, später in Königsberg, wurde 1648 Conrector an der Marienschule in Danzig, 1651 Prof. am akademischen Gymnasium daselbst und starb am 7. September 1689.

Gründlicher Kenner der alten und neuen Sprachen, von gebildetem Geschmack. Seine tiefgefühlten und gedankenreichen Lieder, durch geistreiche Behandlung des Stoffs und leichte anmuthige Form ausgezeichnet („Christliche Stille Musik"). Sie sind nicht gesammelt (einige b. Albert). „Lucretia" (Danzig o. J.), eine gereimte Paraphrase der bekannten Geschichte mit einzelnen glücklichen Schilderungen von Seelenzuständen und äußern Erscheinungen; „Leben aus dem Tode, oder Grabesheirath zwischen Gaurin und Rhoden" (Ebd. 1644), Geschichte von einer durch den Geliebten aus dem Grabe erretteten jungen Frau mit glücklichen Abweichungen von der gewöhnlichen Ueberlieferung. — Durch die „Kunst hochdeutsche Verse und Lieder zu machen" (Ebd. 1642), trug er wesentlich bei, die Grundsätze seines Freundes Opitz zu verbreiten.

§ 229. IV. Die Hamburger und Niedersächsischen Dichter (§ 211).

a. **Georg Greflinger** (Seladon und Celadon an der Donau), aus Regensburg, gekrönter Poet, lebte an verschiedenen Orten, zuletzt in Hamburg, wo er um 1682 als Notarius starb.

Am Bedeutendsten seine scherzhaften Lieder voll muthwilliger Laune und leichtsinniger Fröhlichkeit; doch auch die ernsthaften, weltlichen und religiösen Inhalts nicht ohne Werth. (Seladons Beständ. Liebe, Frankf. 1644; Seladons weltl. Lieder, Ebd. 1651). Die theils satirischen, theils poetischen Ueberschriften, lebensfrisch und wahr (Epigrammata, Danz. 1645). „Der Deutschen dreißigjähriger Krieg, poetisch erzählt" (o. O. 1657), hat mehr historischen als poetischen Werth. Er übersetzte viel, den „Cid" von Corneille (Hamb. 1650), den „Verwirrten Hof" aus Lopez de Vega (Ebd. 1652), aber auch Kochbücher und Aehnliches.

b. **Jakob Schwieger**, aus Altona, geb. um 1630, studierte 1650 in Wittenberg, gieng 1654 nach Hamburg, Mitglied der Deutschgesinnten Genossenschaft („Der Flüchtige") und des Schwanenordens („Filidor der Dorferer"), trat dann in Kriegsdienste, kehrte aber später nach Hamburg zurück. Ueber seine letzten Lebensjahre ist Nichts bekannt. Man hält ihn, wohl mit Unrecht, für den Dramatiker Filidor.

Seine früheren Gedichte (Liebesgrillen, Hamb. 1654—56. II.; Flüchtige Feldrosen. Ebd. 1655) bringen nur erdachte Verhältnisse; seine späteren (Verlachte Venus. Glückst. 1659; Geharnschte Venus, Hamb. 1660) sind voll Leben, Wahrheit und Natur; die Liebeslieder voll heiterer Frische und Lebendigkeit, manchmal keck, muthwillig, oft auch in rohen Tönen. Seine „Verführte Schäferin Cynthia" (Glückst. 1661) ist wegen ihrer Einfachheit den Schäfereien der Nürnberger vorzuziehen.

c. **Philipp (von) Zesen**, geb. 8. Oct. 1619 zu Priorau bei Dessau, studierte in Wittenberg und Leipzig, stiftete in Hamburg 1643 die Teutschgesinnte Genossenschaft („Der Färtige"), lebte eine Zeitlang in Amsterdam, war seit 1683 wieder in Hamburg, wo er am 13. Nov. 1689 starb. Er war seit 1648 Mitglied des Palmenordens, („Der Wohlsetzende"), kaiserlicher Pfalzgraf und gekrönter Dichter; auch war er geadelt worden und mehrere sächsische Höfe hatten ihm den Rathstitel ertheilt. — Zesen hat seinen weitverbreiteten Ruhm zunächst seinen zahlreichen und mit begeistertem Eifer

1) Vgl. Gebauer, S. Dach u. s. Freunde als Kirchenliederdichter. Tüb. 1828.

durchgeführten Arbeiten über deutsche Sprache zu verdanken, in denen er freilich oft Maß und Ziel verfehlte (übertriebener Purismus), die aber nichtsdestoweniger Anerkennung verdienen. Er ist einer der besten Dichter der Zeit, von fruchtbar, kräftig schaffender Phantasie, die ihn befähigt, die mannigfaltigsten Verhältnisse mit poetischer Lebendigkeit aufzufassen. Seine Sprache ist rein und anschaulich, und überhaupt widmet er der Form stets große Aufmerksamkeit.

Seine Lieder (Naturschilderungen, Liebesgedichte, Trinksprüche, geistliche Lieder) sind meist gelungen und poetisch wahr (Frühlingslust, Hamb. 1642; Jugend- und Liebes-Flammen, Ebd. 1651 u. a. m.). In seinen Epigrammen ist mancher glückliche Einfall gut dargestellt. Weniger Talent hat er für den Roman, doch ist er auch hierin beachtenswerth. Unbedeutend ist die Schäferei „Poetischer Rosen-Wälder Vorschmack, oder Götter- und Nymfenlust" (Hamb. 1642); in der „Adriatische Rosemund von Ritterhold v. Blauen" (Amst. 1645) wollte er die Liebesgeschichten der Italiener nachahmen, während er in der „Assenat" (Ebd. 1670) und im „Simson" (Nürnb. 1679) die Romane der Scudery mit ihrer Weitschweifigkeit nachahmt. Die Darstellung macht mit ihren kleinen abgebrochenen Sätzen einen merkwürdigen Gegensatz zu den endlosen Perioden der spätern Romanschreiber. Seine Ansichten über Poesie, Sprache und deren Ursprung hat er theils in eigenen Werken, „Hochdeutscher Helikon" (Wittenb. 1640; 4. Aufl. Jena u. Berl. 1656. III.), „Hochdeutsche Sprachübung" (Hamb. 1643), „Rosen-mând" (Ebd. 1651), theils in den Vorreden zu den angeführten und andern Schriften mitgetheilt.

d. **Johann Rist**, geb. am 8. März 1607 zu Pinneberg im Holsteinischen, studierte in Rinteln, Rostock, Leipzig, Utrecht und Leyden Theologie, Mathematik, Chemie und Medicin, Mitglied des Palmenordens („Der Rüstige"), des Blumenordens („Daphnis aus Cimbrien"), stiftete 1656 den Elbschwanenorden („Daphnis" und „Palatin"), wurde zum Dichter gekrönt und zum kaiserl. Pfalzgrafen ernannt; seit 1635 Prediger in Wedel bei Hamburg, wo er am 31. Aug. 1667 starb. Rist schrieb und reimte mit Leichtigkeit, aber er verfiel eben deshalb in die gewöhnlichste Reimerei.

Seine Lieder meist inhaltsleer und von abschreckender Breite (Poet. Lust-Garten, Hamb. 1638; Neuer Teutscher Parnaß, Lüneb. 1652 u. a. a. Samml.); von seinen 658 geistlichen Liedern (Himml. Lieder, Lüneb. 1641. ff.) sind einige in die Gesangbücher aufgenommen (Geistl. Lieder für Soldaten, für Handwerksburschen, für Reisende, Höllen- und Himmelslieder). Im Epigramm ist er nicht bedeutender. Auch seine, dem Holländischen des J. Cats nachgebildeten Erzählungen „Cyrus und Aspasia" (Lpz. 1656) und „Spanische Zigeunerin" (Ebd. 1656) und die gereimten Idyllen oder Eclogen (Galatea, Hamb. o. J.) sind in seiner breiten Manier gehalten. Seine Dramen, namentlich allegorische Gelegenheitsstücke ohne Handlung mit geschmackloser Häufung theatralischer Mittel sind das „Friedewünschende Teutschland" (Amst. 1647), das „Friedejauchzende Teutschland" (Nürnb. 1653), dieses mit einem Zwischenspiel, in welchem er Zesen lächerlich zu machen sucht. (Beides neu hrsg. v. H. M. Schletterer, Augsb. 1864.)

e. **Zacharias Lund**, aus Nübel im Herzogth. Schleswig, geb. 5. April 1608, studierte in Leipzig, Wittenberg und Königsberg, 1645 Rector in Herlof (Seeland), dann Vicarius des Stiftes Aarhus, gest. am 8. Juni 1667.

Lieder voll Leben und Wahrheit, in leichter und heiterer Darstellung. Seinen „Gedichten" (Leipz. 1636) hat er eine Sammlung von geschichtlichen Anekdoten und Aussprüchen berühmter Männer beigefügt.

§ 230. V. Die Rheinischen und Schweizerischen Dichter (§ 211).

a. **Friedrich Spee von Langenfeld**, geb. 1591 zu Kaiserswerth bei Düsseldorf, trat 1610 zu Köln in den Jesuitenorden, machte sich um die Abschaffung der Hexenprocesse verdient und starb am 7. August 1635. — Spee kannte wahrscheinlich Opitzens Poeterei nicht, aber er befolgte doch die Grundsätze desselben, die er durch eigene Beobachtung aufgefunden haben mochte. Seine Darstellung ist im Ganzen volksmäßig, die Sprache fließend und wohllautend. Seine religiös-allegorischen Gedichte sind erst nach seinem Tode unter dem Titel „Trutz-Nachtigal" erschienen.[1])

Liebe zu Gott und Christus ist der Gedanke, der, wie durch sein Leben, so auch durch seine Lieder zieht. Das Versenken in die Anschauung Gottes, das innige Verschmelzen mit dem Erlöser wird zwar

1) Cöln 1649 u. ö.; hrsg. v. Willmes, Ebd. 1812; v. Cl. Brentano, Berl. 1817; in der Sprache überarb. v. Wessenberg, Zür. 1803; von Smets, Crefeld 1845; Bonn 1849.

hie und da spielend und tändelnd, als aber kindlich und übertrieben. Der gesunde Sinn des Dichters zeigt sich in seiner Liebe zur Natur, die er mit reinem Herzen auffaßt und wundersam schildert. Seine Dichtweise leidet unter dem Einfluß des hohen Liedes oder vielmehr der allegorischen Auffassung desselben; daher Christus oft als Hirt erscheint, der sich für seine Heerde aufopfert. — Das „Güldene Tugendbuch" (Cöln 1649 u. ö.) ist eine in Gesprächsform abgefaßte und mit zahlreichen Parabeln und Liedern durchwebte Erbauungsschrift.

b. Zinkgref, s. u. § 237. — Jesaias Rompler von Löwenhalt, stiftete im Jahre 1633 mit Schneuber die „Aufrichtige Tannengesellschaft" (s. o. § 209). Ziemlich steife Gedichte mit volksthümlicher Richtung (Straßb. 1647). — Matthias Schneuber, Professor der Poesie in Straßburg. Meist bedeutungslose Gelegenheitsgedichte (Straßb. 1644) mit Anlehnung an Opitz. — Joh. Grob, s. u. § 245.

§ 231. B. Die Pegnitzschäfer (§ 211).

a. **Georg Philipp Harsdörffer**, geb. d. 1. Nov. 1607 in Nürnberg, studierte in Altdorf und Straßburg, machte große Reisen, gelangte zu den höchsten Staatsstellen (1655 Mitglied des hohen Raths), 1642 Mitglied des Palmenordens („Der Spielende"), 1644 der Deutschgesinnten Genossenschaft („Der Kunstspielende"), stiftete in demselben Jahre mit Klaj den Blumenorden („Strephon") und starb nach sehr thätigem Leben am 22. Sept. 1658. — Den größten Einfluß auf seine dichterische Ausbildung hatte sein Aufenthalt in Italien; schon früh wurde Marino sein Vorbild. Ob er gleich zur Einführung des Schäferwesens in der Poesie beitrug, hielt er sich doch von den Abirrungen desselben mehr frei als andere Mitglieder des Blumenordens; so ist er im Gebrauch von Bildern und Gleichnissen, in den poetischen Spielereien viel mäßiger als seine Freunde.

Weltliche Lieder (in seinen „Gesprächspielen", „Nathan" u. a. O.) mit künstelnden, durch leichte Darstellung belebten Gedanken, glücklichen Naturschilderungen; geistliche Lieder (in Dilherrs „Weg zur Seligkeit", Nürnb. 1652 u. a. a. O.) von wahrem Gefühl und edler Haltung. Epigramme („Räthsel", „Spielreime") unbedeutend und spielend. In Prosa außer dem „Schauplatz jämmerlicher Mordgeschichten" (Frankf. 1650. II.) und Aehnlichem mehr, „Nathan und Jotham" (Nürnb. 1650. 2. III.), eine Sammlung von Fabeln und Parabeln („Lehrgedichte"), von denen viele mißlungen sind, andere von glücklicher Erfindungsgabe zeugen. Am Bedeutendsten die „Gesprächspiele" (Nürnb. 1641—49. VIII.), in denen er in Form von Gesprächen Alles berührt, was das Leben angenehm machen oder ihm Bedeutung geben kann. Wie in diesem, so hat er namentlich in dem „Poetischen Trichter" (Nürnb. 1648—53. III.) die Ansichten der Pegnitzschäfer über Dichtkunst erörtert. Ueber seinen Antheil am „Pegnesischen Schäfergedicht" s. u. § 253.

b. **Johann Klaj**, s. o. § 248. — **Johann Helwig**, s. u. § 253.

c. **Sigmund (von) Birken**, eigentlich Betulius, am 25. April 1626 zu Wildenstein bei Eger geb. und in Nürnberg erzogen, studierte 1643 in Jena, 1646 Mitglied des Blumenordens („Floridan"), kurze Zeit Lehrer des Herzogs Anton Ulrich von Braunschweig (§ 262) und seines Bruders, Ende 1648 wieder in Nürnberg, 1655 geadelt und kaiserlicher Pfalzgraf, später auch zum Dichter gekrönt; Mitglied der Fruchtbringenden Gesellschaft („Der Erwachsene") und der Teutschgesinnten Gesellschaft („Der Mischende"), 1662 Vorsteher des Blumenordens und 1679 Mitglied des Ordens de' Ricovrati in Venedig, gest. am 12. Juni 1681.

Meist Gelegenheitsschriften. Lyrische Gedichte (in den Schäfereien und Dramen) abenteuerlich in Worten, Wendungen und rhythmischen Formen; geistliche Lieder (Geistliche Weihrauchkörner, Nürnb. 1652) einfacher und von wahrem Gefühl. Dramen: „Teutscher Kriegs Ab- und Friedens Einzug" (Ebd. 1650), die „Margenis" (Ebd. 1679) und das Singspiel „Sophia" (Bayr. 1662) verunglückte Allegorien mit der beliebten Schäferwelt. „Pegnitz-Schäferey" s. u. § 253. „Teutsche Rede-, Bind- und Dichtkunst" (Nürnb. 1679), „Spiegel der Ehren des Erzhauses Oesterreich" (Nürnb. 1668), Bearbeitung des Werkes von Fugger (s. o. § 191), mit Tilgung alles für den Papst, die Geistlichkeit und die fremden Monarchen Unangenehmen.

§ 232. C. Die zweite Schlesische Schule (§ 211).

a. **Christian Hoffmann von Hoffmannswaldau**, geb. 25. Dec. 1618 zu Breslau, studierte in Leyden, machte große Reisen, 1646 Rathsherr in seiner Vaterstadt, 1657 kais. Rath, Präses des Breslauischen Raths und Director des Königl. Burglehns Namslau; gest. 18. April 1679. — Hoffmannswaldau bildete sich nach Opitz, den „Lateinischen, Welschen, Französischen, Niederländischen und Englischen Poeten." Zweck der Poesie war ihm Ergetzung, daher er das didaktische Element Opitzens beseitigte, der Phantasie mehr Recht einräumte und in Darstellung nach Lebendigkeit und Mannigfaltigkeit strebte; er verwechselte aber die poetische Sinnlichkeit mit der gemeinen; Ovid und die neueren Italiener seine Vorbilder, die er noch ins Plumpe und Gemeine zog. Seine Sprache ist gewandt und selbst glänzend, aber durch die Sucht nach „Neuem und Ungemeinem", durch Anhäufung von gesuchten, oft falschen, selbst gemeinen und widrigen Bildern und unnatürlichen Ausdrücken geschmacklos.

Stoff seiner lyrischen Gedichte ist beinahe ausschließlich die sinnliche Liebe, doch beruhen sie nicht auf der Wirklichkeit. Mehr Künsteleien oder witzige Einfälle als poetische Gedanken; viele Zweideutigkeiten, besonders in den Hochzeitgedichten, noch mehr in den „Heldenbriefen" (Heroiden), in denen weder Zeit noch Localität, noch die Charaktere und Verhältnisse der Personen berücksichtigt sind. Geistliche Lieder und Gesänge ebenfalls schwülstig und voll Uebertreibung, letztere [illegible] gelungen. Epigramme, meist Grabschriften, unwahr und geschmacklos. (Deutsche Uebersetzungen und Gedd. Bresl. 1673.) Seine „Deutschen Redeübungen" (Lpz. 1702) mit Abdankungs-, Hochzeit-, Glückwunsch-, Bewillkommnungs- u. a. Reden zeigen uns den Umfang der damaligen Beredsamkeit.

b. Daniel Casper von Lohenstein, s. u. § 248.

c. Hans Aßmann, Freih. v. Abschatz, geb. den 4. Febr. 1646 in Würbitz (Schlesien), studierte in Straßburg und Leyden, Landesbestallter des Fürstenthums Liegnitz, gest. am 22. April 1699. Obgleich er sich nach Hoffmannswaldau gebildet und die Italiener nachahmend (er übersetzte „den treuen Schäfer" v. Guarini u. A.), im Ganzen doch natürlich und rein. Liebes- und vaterländische Gedichte und geistliche Lieder voll wahrer Empfindung, nur zu große Anhäufung von Bildern; [illegible] Epigramme (Poet. Uebersetzungen und Gedd., Breslau 1704). Vgl. [illegible] 8, 24.

§ 233. D. Weise und seine Schule (§ 211).

a. **Christian Weise**, geb. zu Zittau am 28. April 1642, studierte 1660 in Leipzig Theologie, Medicin, Jurisprudenz und Naturwissenschaften, seit 1678 Rector in Zittau, gest. am 21. Oct. 1708. — Früh schon gelangte er zu dem Grundsatze, daß die Darstellung natürlich und ungezwungen sein müsse, und wendete ihn auf alle Formen der Poesie und Prosa an. Dabei lehnte er sich nicht an fremde Muster, sondern wollte, daß der eigenthümliche deutsche Geist sich frei entwickele. Da er aber nur den Nutzen als Zweck der Poesie ansah, verfiel er in das Platte und Triviale.[1])

Seine ersten Lieder (Ueberflüssige Gedanken der grünenden Jugend, Lpz. 1668—74. II.) sind voll Geist und Humor und in leichten, flüssigen Reimen, oft keck und selbst zügellos, doch nie frivol. Weit bedeutender ist er als Dramatiker. Seine zahlreichen, zum Theil noch ungedruckten, meist in verschiedenen Sammlungen oder einzeln erschienenen Dramen,[2]) die er zunächst für seine Schüler, oft mit ganz besondern pädagogischen Zwecken („Complimentir-Comödie"), schrieb, zeugen bei vielen Mängeln von großem Talent. Er ist reich in der Erfindung, glücklich in der dramatischen Construction, so wie in der Zeichnung der Charaktere, selbst der untergeordneten; er strebt nach vielseitiger Handlung, vermied lange Reden, ließ die Chöre weg und flocht komische Scenen ein. Dagegen ist die Entwickelung meist ungenügend, mager und unbefriedigend; die Sprache (er schrieb bis auf ein Singspiel Alles in Prosa) ist klar und verständig, aber auch nüchtern und selbst trivial. — Die biblischen und zum Theil auch die historischen Stücke stehen am tiefsten, weil er die alttestamentarischen Personen und Zustände in die seiner Zeit umwandelte, am besten der „Masaniello" (Lpz. 1683). Die Lustspiele und Possen sind reich an Erfindung und an heitern Einfällen, darunter „das Nachspiel von Pet. Squenz", „Von der verkehrten Welt", „Der bäurische Machiavell" (Lpz. 1681), das beste Stück von allen; „Die Triumphierende Keuschheit", „Der Niederländische Bauer". — Hauptverdienst seiner Romane Wahrheit und Natürlichkeit; sie schildern das wirkliche Leben, die Personen sind Menschen von Fleisch und Bein, er wollte durch sie belehren, bilden, aufklären. Die „Drei Hauptverderber von Sigismund Gleichviel" (o. O. 1671) stellen in Form einer Vision die drei Hauptgebrechen des deutschen Volks (Unbeständigkeit bei Gleichgültigkeit in Sachen des Glaubens, macchiavellistische Grundsätze und Modesucht) mit Kraft und treffendem Witze dar. Die „Drei ärgsten Erznarren durch Catharinum Civilem" (Lpz. 1672) schildern die Thorheiten und

1) Palm, H., Chr. Weise. Bresl. 1854. — 2) [illegible], Lpz. 1679; Zittauisches Theatrum, Zittau 1683; Neue Proben von der vertrauten Redens-Kunst. Dresd. u. Lpz. 1700 u. a. m.

Gebrechen der Menschen im Allgemeinen oder mit Rücksicht auf die damalige Zeit, lebendig, anschaulich durch Erzählung von Geschichtchen, die durch einen einfachen Rahmen zu einem Gesammtbild vereinigt werden. Ein Gegenstück dazu bilden „Die drei klügsten Leute von Cath. Civilis" (Lpz. 1675), in denen jedoch wie bei dem „Politischen Näscher von J. R. C." (a. O. u. J.) der didaktische Zweck vorwiegt. — Seine Ansichten über die Dichtkunst und den Briefstil erörterte Weise in den „Curiösen Gedanken von deutschen Briefen" (a. O. 1691).

b. Daniel Georg Morhof, aus Wismar (1639—1691), Prof. in Kiel, erwarb sich durch seinen „Unterricht von der deutschen Sprache und Poesie" (Kiel 1682), den ersten Versuch einer deutschen Literaturgeschichte, größeres Verdienst als durch die beigefügten Lieder, Gelegenheitsgedichte und Epigramme. — Erdmann Neumeister, s. u. § 242. — C. F. Hunold, s. u. § 252.

§ 234. E. Die Hofdichter (§ 211).

a. **Friedrich Rudolf Ludwig (Freiherr) von Canitz**, geb. am 27. Nov. 1654 zu Berlin, studierte in Leyden und Leipzig, bereiste Italien, Frankreich und die Niederlande, ward Amtshauptmann, Hof- und Legationsrath, Geheimerath und 1697 Reichsfreiherr, gest. in Berlin am 11. August 1699.[1])

Er suchte sich die Klarheit und Eleganz der besseren französischen Dichter anzueignen und weckte durch seinen Vorgang den Sinn für einfache und gebildete Darstellung. Lyrische Gedichte correct, aber ohne Lebendigkeit, Schwung, Tiefe und Kraft des Gefühls. Satiren und poetische Episteln nach Boileau, den er stellenweise übersetzte, dem er aber in Zeichnung der Charaktere und Darstellung des individuellen Lebens nachsteht. Eine der besten Satiren und auch literarisch wichtig ist die dritte, „Von der Poesie". Außerdem „Wirthschaften" und „Reden" (Gedichte, Berl. 1700 u. ö.).

b. Johann (von) Besser, aus Frauenburg in Kurland, geb. 8. Mai 1654, 1680 in Berlin, bald darauf Rath, 1691 wirklicher Legationsrath, 1690 in den Adelstand erhoben. Er starb als kursächsischer Geh. Kriegsrath und Ceremonienmeister in Dresden am 10. Febr. 1729.[2]) — Lob- und Ehrengedichte, matte, aber freilich correcte Reimereien. In einigen kleinen Gedichten hat er Naturtreue und selbst zarte Gedanken glücklich dargestellt. „Wirthschaften" (Schriften, hrsg. v. König, Lpz. 1732, II.).

c. Benjamin Neukirch, aus Reinke in Schlesien, geb. am 27. März 1665, 1718 Lehrer des Erbprinzen von Ansbach, gest. am 15. August 1729. — Weltliche Lieder matt und prosaisch, so auch die „heroischen Gedichte"; geistliche Oden oft von wahrem Gefühl durchdrungen. Am Besten sind seine Satiren, besonders die sechste, „Wider unwissende Richter", mit einer guten Charakteristik der älteren Schlesier (Gedd. hrsg. v. Gottsched, Regensb. 1744). Außerdem Fenelons „Telemach" in Alexandrinern (Ansb. 1727—39, III.), „Unterricht von deutschen Briefen" (Lpz. 1707), eine inhaltsleere, aber correct geschriebene „Lobrede auf die Königin Soph. Charlotte von Preußen" (1705).

§ 235. F. Günther, Brockes und die Niedersachsen (§ 211).

a. **Johann Christian Günther**, geb. zu Striegau in Schlesien am 8. April 1695, gieng 1715 nach Wittenberg, um Medicin zu studieren, stürzte sich in den Strudel der Vergnügungen, was seinen Vater bewog, ihm alle Unterstützung zu versagen, der ihn auch später, als er in tiefes Elend gerathen war und er zu seinen Studien zurückkehren wollte, unbarmherzig von sich stieß. — Nach langem Herumirren starb er, von Elend und Ausschweifungen erschöpft, am 15. März 1723, noch nicht 28 Jahr alt.[3]) „Günther war ein Dichter im vollen Sinne des Worts" (Goethe), der das Größte hervorgebracht hätte, wenn er sich als Mensch und Dichter hätte mäßigen können. Seine Poesien, selbst die Gelegenheitsgedichte, sind aus seinem tiefsten Innern hervorgegangen; nirgends gemachte Empfindungen oder erdachte Verhältnisse, sondern wahres, lebendiges Gefühl und erlebte Zustände, aber neben dem Vortrefflichsten überall Ungenügendes, selbst Rohes und Gemeines. In den Liebesgedichten herrscht Tiefe und Wärme des Gefühls und lebensvolle Darstellung.

Die Liebesgedichte, bald im Tone wehmüthigen Entsagens, bald mit dem Ausdruck der Verzweiflung, immer tief und warm empfunden und lebensvoll dargestellt; in den dem Lebensgenuß

1) Leben v. Varnhagen v. Ense in den „Biograph. Denkmalen", Bd. 4. — 2) Leben v. Varnhagen v. Ense a. a. O. — 3) (Steinbach, Anh. Grub.) Günthers Leben und Schriften von K. Ehrenfried Siebrand, o. O. 1738; Hoffmann v. F., J. C. Günther, Bresl. 1832; Spenden 2, 115. Roquette, Otto, Leben u. Dichten Günthers. Stuttg. 1860.

gewidmeten Liedern ist der Ausdruck der wilden Lust oft durch die Hinweisung auf die Flüchtigkeit des Lebens veredelt. Hohe lyrische Begeisterung, lebendiger Humor und selbst episches Talent im „Lobgedicht auf den Prinzen Eugen". Poetische Briefe geistreich, witzig und voll der glücklichsten Schilderungen innerer und äußerer Zustände (Gedichte, Bresl. 1725 u. ö.).

b. **Barthold Heinrich Brockes**, geb. zu Hamburg am 22. Sept. 1680, studierte seit 1700 in Halle die Rechtswissenschaft, bereiste dann Deutschland, Italien, die Schweiz, Frankreich und Holland, 1720 Beisitzer des Raths, später kaiserlicher Pfalzgraf, gest. 16. Jan. 1747. Kein großes dichterisches Talent, aber dadurch einflußreich, daß er zur Schilderung der Natur zurückführte.[1])

In seinen Gedichten „Irdisches Vergnügen in Gott" (Hamb. 1721—48. IX.) suchte er durch musikalische Behandlung zu wirken, daher er den Alexandriner ganz aufgab oder ihn mit freieren Versen vermischte; viele sind zum Gesang bestimmt und haben die Form der Cantate. Viele nur gereimte Naturbeschreibungen mit matten Reflexionen, aber viele auch von großer Frische und durch ihr Detail anziehend. Uebersetzungen: Thomsons „Jahreszeiten" (Hamb. 1745), Marinos „Kindermord" (Ebd. 1715), „Fabeln" von Lafontaine (bei Weichmann) u. a. m.

c. Aurel. v. Bassel, aus Stade (1670—1707): Plattdeutsche Gedichte voll Humor und im Volkston (Poet. Nebenwerke, Hamb. 1708). — Mich. Richey, aus Hamburg (1678—1761), Gelegenheitsgedichte schlicht und einfach, oft mit frischem Humor (Gedichte, hrsg. v. G. Schütze. Hamb. 1764—66. III.).

§ 236. G. Die Dichterinnen (§ 212).

a. **Katharina Regina von Greiffenberg**, Freiherrin von Seisenegg („Die deutsche Urania"), geb. 1633 zu Seisenegg in Oesterreich, lebte in Nürnberg, wo sie 1694 starb. Sie war Mitglied der Teutschgesinnten Genossenschaft („Die Tapfere").

Meist religiöse Gedichte, darunter (250) Sonette durch großen Gedanken- und Bilderreichthum, kräftige und reiche Sprache ausgezeichnet. Die (50) Lieder formell gelungen und von tief religiösem Gefühl, erheben sich nicht zum begeisterten Ton der Sonette (Geistl. Sonette, Lieder u. Gedd.; a. u. d. T.: Der Teutschen Urania Himmel-abstammend- und Himmel-aufflammender Kunst-Klang und Gesang. Nürnb. 1662).

b. **Sibylla Schwarz**, aus Greifswalde, geb. 1621, erhielt eine sorgfältige und selbst gelehrte Erziehung und starb, 17 Jahr alt, 1638. Bei gereiftem Geist voll kindlichen Sinns und Naivetät.

Natur und Freundschaft nebst der Ahnung eines frühzeitigen Todes Grundton ihrer Dichtungen; am Bedeutendsten die kleinen Lieder und insbesondere die (16) Sonette. Außerdem eine Schäferei „Faunus", die „Geschichte der Daphne" in balladenähnlichen Gesängen und ein Drama „Susanna" (Gedd., Danzig 1650. II.)

§ 237. H. Das geistliche Lied. 1. Dichter der neuen Kunstrichtung (§ 214).

a. Martin Opitz, s. o. § 226. — Paul Fleming, s. o. § 227. — Andr. Gryphius, s. u. § 243. — Andr. Tscherning, s. o. § 228. — Joh. Rist, s. o. § 229. — Sim. Dach, Heinrich Albert, Robert Roberthin, s. o. § 230.

b. **Johannes Heermann**, geb. 11. Oct. 1585 zu Raudten in Schlesien, 1608 zum Dichter gekrönt, 1611 Prediger in Köben, gab 1638 wegen Kränklichkeit sein Amt auf; gest. zu Lissa in Großpolen am 17. Febr. 1647.

Seine Kirchenlieder gehören nach Klarheit und Zierlichkeit des Ausdrucks und Regelmäßigkeit des Versbaues zu den bedeutendsten Erscheinungen der Zeit; bei streng kirchlichem Sinne doch ächt poetisch: „Jesu, deine tiefen Wunden"; „O Gott, du frommer Gott" (Haus- und Herz-Musica [Bresl.] 1630 u. a. Samml.; Geistl. Lieder, hrsg. v. Ph. Wackernagel. Stuttg. 1856).

c. **Martin Rinckart** oder Rinkart, aus Eilenburg, geb. am 23. April 1586, studierte 1601 in Leipzig Theologie, 1617 Archidiaconus in seiner Vaterstadt, wo er in Zeiten von Pest, Hungersnoth und Krieg durch vielfache Aufopferung segensreich wirkte, gest. den 8. Dec. 1649.[2])

---

1) Selbstbiographie hrsg. v. Lappenberg. Hamburg 1847. — Strauß, Dav. Fr., in d. Kleinen Schriften. — 2) Plato, Rinckart nach s. Leben u. Wirken. Lpz. 1829. Bärtel, J. D., M. Rinckart. Eilenb. 1857.

Geistl. Lieder (Jesu Herz-Büchlein, Lpz. 1663); einige geschmacklos, voll gesuchter Ausdrücke und falscher Bilder, mehrere (z. B. „Nun danket Alle Gott") fromm gläubig und von einfach edler Darstellung. Sein Drama: „Der Eislebische Ritter" (Luther) hat in der Anlage Aehnlichkeit mit Swift's „Märchen von der Tonne" (Eisleben 1613).

§ 238. II. Gerhardt'sche Schule (§ 214).

a. **Paul Gerhardt**, geb. 1606 zu Gräfenhainichen, 1651 Probst in Mittelwalde, 1655 Diakonus bei der St. Nikolaikirche in Berlin, wo er an den Verhandlungen zwischen Lutheranern und Reformierten Theil nahm, deren Vereinigung vorzüglich durch seine Unbeugsamkeit nicht zu Stande kam. Er gab, weil er sich dem Religionsedict nicht unterwerfen wollte, seine Entlassung; 1669 wurde er zum Archidiakonus in Lüben ernannt, wo er am 7. Juni 1676 starb.[1]) — In seinen (120) Liedern, wahren Mustern des evangelischen Kirchenlieds, hat er den volksgemäßen Ton wieder angeschlagen, den die Kunstdichter aufgegeben hatten, und wurde, da er zugleich auf Veredlung der Form bedacht war, der zweite Schöpfer des Kirchenlieds. Von der Lutherischen Auffassung trennte er sich darin, daß er die subjective Anschauung begründete, und weniger das kirchliche Gemeindebewußtsein, als die besondern Beziehungen des Menschen zu Gott behandelte.

Der zuversichtliche Glaube an Gottes Liebe Grundgedanke seiner Lieder; Darstellung höchst einfach, oft wahrhaft kindlich und mächtig ergreifend wie das Volkslied, daher manche („Befiehl du deine Wege"; „Nun ruhen alle Wälder" u. a. m.) wahre Volkslieder geworden sind.[2])

b. **Georg Neumark**, geb. 16. März 1621 zu Mühlhausen in Thüringen, studierte seit 1643 in Königsberg die Rechte, um 1652 Kanzleiregistrator und Bibliothekar und später Archivsecretär in Weimar, 1653 Mitglied und 1656 „Erzschreinhalter" der Fruchtbringenden Gesellschaft („Der Sprossende"), 1679 im Blumenorden (Thyrsis II. oder der obersächsische) und früher schon kaiserlicher Pfalzgraf, gest. am 8. Juli 1681.

Seine Geistlichen Lieder, aus der innersten Tiefe des Gemüths entsprungen, bewegen sich voll Begeisterung um den Glauben an Gott, seine Allmacht und unerschöpfliche Güte („Wer nur den lieben Gott läßt walten"). Weltliche Lieder zwar correct und leicht geschrieben, aber prosaisch und inhaltleer, oft läppisch spielend (Poet. Musikal. Lust-Wäldgen, Hamb. 1652; Fortgepflanzter Poet. Lustwald, Jena 1657, III.). Außerdem Erzählungen aus dem Alterthum, bis auf Eine in Versen (Poet. Histor. Lustgarten, Frankf. 1666); die Schäferei „Hochbetrübt verliebter Held Myrtillus" (Königsb. 1649); „Poetisches Gesprächspiel" (Weim. 1662), eine Art Drama; „Der neusprossende Palmbaum" (Nürnb. 1668), Geschichte der Fruchtbringenden Gesellschaft.

c. A. Buchholtz und Anton Ulrich, Herzog von Braunschweig, s. u. § 253; Homburg, s. o. § 227.

d. **Johann Frank**, aus Guben, geb. 1. Jan. 1618, studierte in Königsberg, gest. als Landesältester der Niederlausitz am 18. Juni 1677.

In seinen Geistlichen Liedern (hrsg. v. Pasig, Grimma 1846) Gerhardt am nächsten; doch zunehmende Entwickelung des subjectiven Elements. Weltliche Lieder bei einseitigem Bestreben nach Kunstvollendung in spielende Künstelei ausartend (Teutsche Gedd., Guben 1674).

e. Luise Henriette, Kurfürstin von Brandenburg (1627—1667), hat vier treffliche Lieder gedichtet („Jesus meine Zuversicht"). — Christian Keimann (1607—1662), Rector in Zittau[3]) und gefeierter Poet („Meinen Jesum laß ich nicht"; „Freuet euch, ihr Christen alle"). — Gottfr. Wilh. Sacer (1635—1699), nach Inhalt und Darstellung einer der besten Liederdichter der Zeit („Gott fähret auf gen Himmel").

§ 239. III. Die Pegnitzschäfer (§ 214).

Georg Phil. v. Harsdörffer u. Sigm. v. Birken, s. o. § 231. — Andreas Ingolstetter (1633—1711), ein gelehrter Kaufmann in Nürnberg (im Blumenorden: „Poliander"). Lieder voll Wahrheit der Empfindung („Hinab geht Christi Weg"). — Michael Dilherr (1604—1669), Oberprediger in Nürnberg, schlichte und einfache Lieder, darunter: „Beweinet mich doch nicht so sehr" (Weg zur Seligkeit, Nürnb. 1651).

---

1) Leben v. E. G. Roth, Lpz. 1829, v. B. Strauß, Bielefeld 1844. — 2) Geistl. Andachten, hrsg. v. J. Ebeling, Berl. 1667; v. Langbecker (mit Gerhardt's Leben), Sbd. 1841; v. O. Schulz, Sbd. 1842; v. Ph. Wackernagel, Stuttg. 1843. Aufl. 1849. Histor. krit. Ausg. v. C. F. Bachmann, Berl. 1866. — 3) Kämmel, H., Chr. Keimann. Zittau 1856. 4.

§ 240. IV. Die mystischen Dichter (§ 214).

a. Friedrich Spee, s. o. § 230.

b. Johannes Scheffler (Angelus Silesius), geb. zu Breslau im J. 1624, studierte 1643 in Straßburg, dann in Leyden und Padua, 1649 Leibarzt des Herzogs von Oels, wurde 1653 katholisch, 1654 kaiserlicher Hofmedicus, trat 1661 in den Minoritenorden (nicht Jesuit), 1664 Hofmarschall und Rath des Fürstbischofs von Breslau, zog sich in das Stift der Kreuzherren zurück, wo er am 9. Juli 1677 starb.[1]) — Seine ursprüngliche Anlage zum Beschaulichen war durch das Studium der frühern Mystiker von Tauler bis auf Weigel und Jak. Böhme mächtig gefördert und entwickelt worden. Die Mystik führte ihn zum Pantheismus, dieser durch einen leicht erklärlichen Umschlag zum Katholicismus. Diese Uebergänge treten in seinen Dichtungen klar hervor.[2])

Ringen nach der innigsten Gemeinschaft mit Gott, glühende Sehnsucht nach Christus Grundzug seiner (205) Lieder,[3]) in denen er seiner Liebe den Ausdruck sinnlicher Empfindung leiht, der öfter in tändelnde Spielerei ausartet. Er bedient sich in den früheren gern des Gewandes der Schäferpoesie und ist durchaus weich und sentimental, wodurch er Einfluß auf die Gesänge der Pietisten und Herrnhuter gewann. Die späteren Lieder, deren Zahl freilich gering ist, sind dagegen von großer Kraft und Feuer. — Die „Geistreichen Sinn- und Schlußreime" (Wien 1657), in den folgenden Ausgaben der „Cherubinische Wandersmann",[4]) sind meist zweizeilige Sprüche in Alexandrinern, in deren früheren man den Uebergang von der mystischen Anschauungsweise einer innigen Verschmelzung in das göttliche Wesen zum Pantheismus und zur Vergöttlichung des Menschen leicht wahrnehmen kann, während die späteren die lauterste Moral in echt christlichem Sinne verkünden. — Das Gedicht: „Sinnliche Betrachtung der vier letzten Dinge" (Schweidnitz 1675) handelt von dem Tod, dem jüngsten Gericht, der ewigen Pein der Verdammten und den ewigen Freuden der Seligen, mit der Absicht, die Menschen durch seine Schilderungen zu schrecken, was Scheffler zu den geschmacklosesten, oft widrigsten Ausschweifungen verleitet. Polemische Schriften gegen den Protestantismus, voll Heftigkeit und Kraft der Ueberzeugung, aber leider auch voll roher Ausfälle: „Ecclesiologia" (Neisse u. Glatz 1677. Fol.).

c. Christian Knorr (Freiherr) von Rosenroth, geb. zu Altrauden in Schlesien, studierte in Leipzig und Wittenberg, besonders Chemie und orientalische Sprachen, machte große Reisen, 1668 Geh. Rath und erster Minister des Pfalzgrafen von Sulzbach; später Reichsfreiherr; gest. 4. Mai 1689.

Geistliche Gedichte (Neuer Helikon mit seinen neun Musen, d. i. Geistl. Sittenlieder, Nürnb. 1684) mit mystischer Färbung, voll Innigkeit und mit dichterischem Schwung („Morgenglanz der Ewigkeit"; „Ach Jesu, meiner Seele Freude"). „Die Vermählung Christi mit der Seelen" (im Helikon), ein geistliches Lustspiel, das mehr innere Wahrheit hat als das „Conjugium Phoebi et Palladis, oder die erfundene Fortpflanzung des Goldes" (o. O. [Sulzb.] 1677.)

d. Quirinus Kuhlmann, geb. zu Breslau am 25. Febr. 1651, studierte 1669—1671 in Erfurt, Leipzig und Jena, gieng dann nach Leyden, wo er ganz in Schwärmerei versank, wollte eine neue Jesusmonarchie begründen („Das Kuhlmannsthum"), durchzog England und Frankreich, die Türkei und Rußland, und wurde, da er auch dort öffentlich predigte, am 4. October 1689 auf Befehl des Patriarchen lebendig verbrannt.

Die „Himmlischen Liebesküsse" (Jena 1671) und die oft witzigen und selbst geistreichen Grabschriften (Liegnitz 1669) noch ganz in der Weise Hoffmannswaldau's. Hauptwerk: der „Kühlpsalter, oder die Funfzehngesänge" (Amst. 1684—86, III. und spätere Fortsetzungen); in den meisten Gedichten unklare Schwärmerei, in vielen echte Poesie, Gedankenreichthum, begeisterte Frömmigkeit und schwungvolle Sprache. Außerdem „Lehrhof in sich enthaltend Tugend-Blumen Geistlicher und Weltlicher Moral-Discursen" (Jena 1672), eine Sammlung von Sprüchen, Reden und Geschichten, und „Neu-

---

1) Patricius Wittmann, A. Silesius als Convertite, als mystischer Dichter und als Polemiker. Augsb. 1842. Schrader, W., A. Silesius u. s. Mystik. Halle 1853. Kahlert, A. Silesius. Bresl. 1853. Hoffmann v. F., A. Silesius, im Weimar. Jahrb. I. — 2) Sämmtl. poet. Werke hg. v. Dav. Aug. Rosenthal. Mit d. Bildn. des Verf. Regensb. 1862. II. — 3) „Heilige Seelenlust, od. geistliche Hirtenlieder der in ihren Jesum verliebten Psyche", Bresl. 1657; hrsg. v. Wintzerer u. Ehrenberger, Mannh. 1858; Illustrierte Ausgabe, Stuttg. 1845. — 4) Glatz 1675; München 1827; Sulzb. 1830. Vgl. Ahrendts, C., Einleitung in d. Cherubin. Wandersmann d. A. Silesius. Aschersleben 1863. Kern, Franz, J. S's. Cherub. Wandersm. E. literar. Untersuchung. Lpz. 1866.

begeisterter Böhme, begreifend 150 Weissagungen u. s. w., sowie als 3 Millien Theologische Fragen" (Leipzig 1674).

c. Heinr. Müller (1631—1675), Prof. in Rostock. Geistliche Lieder (Geistl. Erquickstunden, Rostock 1691), in denen der Ausdruck der brennenden Liebe zu Christus oft zu persönlich wird.¹) — Gottfr. Arnold, s. u. § 257. — Chr. Scriver, s. u. § 255. — Gerhard Tersteegen, aus Mörs (1697—1769), ein Bandwirker, der seinen dürftigen Erwerb mit den Armen theilte. Lieder (Geistl. Blumengärtlein, 1731) mit dem Grundgedanken, daß Gott in uns gegenwärtig sei, weshalb der Mensch aller seinen Willen nöthig habe, um zur innigsten Gemeinschaft mit ihm zu gelangen („Gott ist gegenwärtig! Lasset uns anbeten") u. a. m.²)

§ 241. V. Die pietistischen Dichter (§ 214).

a. Jakob Spener und A. H. Francke, s. u. § 261.

b. Joachim Neander, aus Bremen, geb. 1610, Rector in Düsseldorf, 1679 Prediger in Bremen, gest. 31. Mai 1680, ist der bedeutendste Dichter der reformierten Kirche, weshalb man ihn den reformierten P. Gerhardt nannte.

Seine geistlichen Lieder (Glaub- und Liebesübung, Bremen 1679 u. ö.) stehen an poetischem Werthe denen Gerhardts nach, erreichen sie aber an Wahrheit, Kraft und Wärme des religiösen Gefühls; die Sprache ist einfach, edel und wohlklingend („Ach was bin ich, mein Erretter"; „Lobe den Herren, den mächtigen König der Ehren"; „Sieh, hier bin ich").

c. Joh. Anastasius Freylinghausen (1670—1739), neben Neander der bedeutendste Dichter unter den Pietisten („Mein Herz, gib dich zufrieden"), machte sich durch die Herausgabe eines reichhaltigen Gesangbuchs verdient (Halle 1704—44. II.). — Aemilie Juliane, Gräfin von Schwarzburg-Rudolstadt, Lieder voll tiefen Gefühls (Morgen-, Mittags- und Abendopfer. 1. Aufl. Rud. 1690). — Henriette Catharina von Gersdorf, geb. Freiin von Friesen (1648—1726), Großmutter des Grafen Zinzendorf. „Geistreiche Lieder" (Halle 1729). — Sam. Rodigast (1649—1708), Rector in Berlin („Was Gott thut, das ist wohlgethan.")

§ 242. VI. Die orthodoxen Dichter (§ 214).

a. Benjamin Schmolcke, aus Brauchitschdorf in Schlesien, geb. 21. Dec. 1672, studierte 1693 in Leipzig Theologie, gestorben als erster Pastor in Schweidnitz am 12. Februar 1737.

Lieder von herzvoller Innigkeit und von wahrhaft kindlichem Vertrauen zu Gott; die religiösen Gedanken poetisch aufgefaßt und durch glücklich gewählte, freilich öfters überhäufte Bilder belebt (Schriften, Tüb. 1741, II. Ausw. von Liedern und Gebeten m. Biogr. v. L. Grote. Lpz. 1855.)

b. Erdmann Neumeister (1671—1756), aus Uechteritz bei Weißenfels, Pastor in Hamburg. Seine (700) geistlichen Lieder (Kirchenandachten. Lpz. 1716 u. a. m.) zum Theil nicht ohne Werth; die weltlichen (Poet. Gedankenfrüchte, Hamb. 1754) geschmacklos. — Salomon Franck (1659—1725), Consistorialsecretär in Weimar, gedankenreicher als Rist (s. o. § 229), den er zum Vorbild nahm (Geist- und Weltliche Poesien, Jena 1711).

243. Das Volkslied (§ 215).

Es wurden in diesem Zeitraum nur wenige Liedersammlungen veranstaltet, und diese sind von geringer Bedeutung. Von den Kriegs- und Soldatenliedern zu erwähnen die Parodie auf Luthers Gesang: „Eine feste Burg": „Gott ist der Christen Hülf und Macht", von den Klageliedern: „Der Soldaten Vater unser", von den historischen Liedern das Spottlied „Ueberlingen" und das noch jetzt gesungene: „Prinz Eugenius, der edle Ritter."³)

II. Didaktische Poesie.

§ 244. Lehrgedichte, Episteln, Satiren (§ 216).

a. Opitz, s. o. § 226. — Fleming, s. o. § 227. — A. Gryphius, s. o. § 240. — Canitz und Wernicke, s. o. § 234. Günther, s. o. § 235. — C. Weise, s. u. § 250.

b. Hans Wilmsen Lauremberg, geb. am 26. Febr. 1591 zu Rostock, Professor der Poesie und Mathematik in seiner Vaterstadt, 1623 Prof. der Mathematik in Sorøe,

---

1) Sichel. G. O. F. H. Müller. Hamb. 1856. — 2) G. Tersteegen's geistl. Lieder u. Dichtungen, hrsg. v. K. Barthel. Bielef. 1853. Kerlen, Gerh., Gerh. Tersteegen. 2. verb. Aufl. Mülh. 1853. Barthel, K., Leben Gerh. Tersteegens. Bielef. 1852. — 3) Die Lieder des dreißigjährigen Kriegs, gesammelt von G. Weller, Bas. 1855.

wo er 1658 starb. — Gegner der neuen Kunstdichtung, deren fremder Ursprung seinem vaterländischen Sinn nicht weniger mißbehagte als die übrigen Nachäffereien, war aber eben deshalb, und weil er in plattdeutscher Mundart dichtete, ohne Einfluß. In seinen vier Satiren[1]) reich an Gedanken und an glücklichen Einfällen, voll komischer Kraft. Im Ausdruck nicht bedenklich (er nennt „das krumme schief, wie seine Vorfahren es gethan"), Darstellung volksthümlich, einfach, aber voll Leben und Wahrheit; durch Sprichwörter, Wendungen und Bilder aus dem Leben frisch und beweglich, durch eingeflochtene Erzählungen und Gespräche episch anschaulich und dramatisch lebendig.

Erste Satire: „Von der Menschen itzigem verdorbenen Wandel und Manieren" über die Nachahmung fremder Sitten und Trachten; zweite gegen die Modethorheiten, mit muthwilliger Laune, die oft zur keckesten Derbheit wird; dritte: „Von vermengter Sprake und Titeln", Verspottung der Unart, die Muttersprache mit fremden Wörtern zu verunstalten, und der Titelsucht; vierte: „Von Allamodischer Poesie und Rymgedichten". Jeder will Verse machen, selbst Mädchen legen poetische Windeier; bei jeder Gelegenheit werden Gedichte fabricirt; Niemand kann geboren werden, heirathen oder sterben ohne daß „gerimet" und gereimt wird. Nicht sowohl gegen die Dichterlinge als gegen die Oberdeutschen selbst, deren hochtrabende Sprache und steife Versmessung mit viel Witz und Laune lächerlich gemacht wird. Auch mit dem ausschließlichen Gebrauch des Hochdeutschen ist er nicht zufrieden, da es sich alle fünfzig Jahre verändere, während das Niederdeutsche sich beständig gleich bleibe. — Zwei Lustspiele „Aquilo" und „Die Harpye" (Kopenh. 1635), als Festspiele hochdeutsch. Die „Schwänke", welche in der Bremer Ausg. (1700) stehen, sind nicht von ihm.

c. Joachim Rachel, aus Lunden im Ditmarschen, geb. 28. Febr. 1618, gest. als Rector in Schleswig am 3. Mai 1669, bildet den schroffsten Gegensatz zu Lauremberg. Entschiedener Opitzianer; Persius und Juvenal seine Vorbilder; behandelt ganz allgemeine Verhältnisse, daher weder so keck noch so kräftig und lebensvoll als jener. Darstellung breit, ohne poetische Wärme, aber ernste und würdige Gesinnung.

„Das Poetische Frauenzimmer oder Böse Sieben", schildert sieben Arten von bösen Weibern. „Die gewünschte Hausmutter" giebt uns Bild einer trefflichen Hausfrau. „Die Kinderzucht", „Vom Gebet", „Gut und Bös", „Der Freund", voll guter Gedanken, aber zu didaktisch. „Der Poet" am besten, obgleich ohne festen Gedankengang: Rechtfertigung der Dichter gegen ihre Ankläger und Verläumder, zugleich aber auch scharfer Tadel der verderblichen Richtungen einzelner Dichter und des Mißbrauchs der Kunst. „Die Jungfern-Anatomie" und „Jungfernlob" von Einigen mit Unrecht für untergeschoben erklärt, weil sie leichter und leichtfertiger gehalten sind als die andern (Satirische Gedd., Frankf. 1664 u. ö., hrsg. von H. Schröder, Altona 1828).

§ 245. Epigramme (§ 216).

a. Opitz, Tscherning, Scherffer, l. c. § 229; Fleming, Homburg, l. c. § 237; Greflinger, Lehm., Rist, l. c. § 239; Harsdörffer, l. c. § 231; Hoffmannswaldau, Abschatz, l. c. § 233; Morhof, l. c. § 233; Schirmer, l. c. § 240; A. Gryphius, l. c. § 243.

b. Friedrich von Logau, geb. zu Nah-Brockut in Schlesien im Juni 1604, Kanzleirath zuerst in Brieg, dann in Liegnitz, 1648 Mitglied der Fruchtbringenden Gesellschaft, („Der Verkleinernde") gest. am 25. Juli 1655. — Ein ausgezeichnetes Talent für das Epigramm, dem sich jeder Gedanke, jeder Einfall unwillkürlich zu einem solchen gestaltete. Viele und darunter die besten, in Form und Inhalt der alten Sprüche gehalten, manche als Anekdoten oder volksmäßige Geschichten. Darstellung oft vernachlässigt, sogar steif und unbeholfen, meist aber musterhaft, voll Kraft und Schärfe des Ausdrucks, manchmal auch anmuthig.[2])

Seine zahlreichen Epigramme behandeln allgemeine Verhältnisse oder die besondern Zustände seiner Zeit. Die der ersten Art geistreich, aber selten witzig; treffliche Sprüche (Weisheit seiner Erfahrung oder Lehren der Weisheit). Die satirischen Epigramme, vorzugsweise über die politischen und sittlichen Zustände seiner Zeit, zeugen von hohem Adel der Gesinnung, tiefem Gefühl für Wahrheit und Sittlichkeit und

1) Veer Schertz-Gedichte, o. O. 1652; o. O. 1655 u. ö.; neue Ausg. v. Lappenberg, Stuttg. 1861; hochdeutsch v. C. Chr. Dedekind, o. O. u. J. (Kopenh. 1654.). Vgl. G. Müller, Zu Joh. Lauremberg, Wurzen 1870. — 2) Erstes (u. Zweites) Hundert Teutscher Reimen-Sprüche Salomons von Golaw, Bresl. 1638; Sal. v. G. Deutscher Sinn-Getichte Drey Tausend, Bresl. o. J. (1654); Ausw. v. Ramler u. Lessing, Lpz. 1759; v. Ramler, Ebd. 1791; u. s. Ausgewählten, Frankf. 1849.

warmer Vaterlandsliebe. Am häufigsten geißelt er die politische Herabwürdigung des Reichs, das Verderben der Sprache, die Nachahmungssucht, die Schmeichler der Fürsten, ja selbst diese und den Adel.

c. **Johann Grob**, aus Grobenentschwyl im Toggenburgischen, geb. am 6. Sept. 1643, trat 17 Jahr alt in sächsische Kriegsdienste, reiste, betrieb später in der Heimat einen Leinwandhandel, verließ diese der Religion wegen, und ließ sich zu Herisau (Kanton Appenzell) nieder, 1688 vom Kaiser Leopold geadelt, 1690 gekrönter Dichter, gest. 1. April 1697. Durch Studium und Erfahrung vielseitig gebildet; Opitz und wohl auch Logau seine Muster, aber dabei selbstständig. Seine Sprache gebildet, die Darstellung tüchtig und kernhaft, der Ausdruck kräftig, manchmal schneidend.

Seine Epigramme („Aufschriften" oder „Kurzgedichte") sind zum Theil Sprüche, mit der Darstellung seiner Weltanschauung; die meisten satirischer Art, bald gemüthlich, bald scharf allgemeine moralische Gebrechen verspottend, oder die Thorheiten und Laster der Zeit geißelnd. Die Lieder („Stimmgedichte") bald voll tiefen Ernstes, bald voll muthwilliger Laune mit guten Naturschilderungen (Dichterische Versuchgabe, Bas. 1678. Reinholds v. Freientahl Poet. Spazierwäldlein [von seinem Sohn herausgegeben], o. O. 1700). Vgl. K. Morell, Die Helvet. Gesellsch. Winterth. 1863, S. 65 ff.

d. **Christian Wernicke** (od. Wernigk, eigentl. Warnecke), aus Preußen, studierte 1685 in Kiel, dann am Hof der Herzogin von Mecklenburg, hierauf in England, 1697 in Hamburg, 1704 (1710?) dänischer Staatsrath und Resident in Paris, gestorben daselbst vor 1720. — Ausgezeichnetes Talent für das Epigramm, namentlich das satirische, von scharfem, schneidendem Witz, reich an glücklichen Einfällen.

Seine Epigramme (Ueberschriften, Amst. 1697 u. ö. [Neug. v. Bodmer], Zür. 1749) zum großen Theil witzige und treffende Verspottung der Schlesier und ihrer Nachahmer; dabei Anmerkungen mit seinen Ansichten über die Poesie, wichtig als der erste Versuch kritischer Beurtheilung. Satirisches Heldengedicht „Hans Sachs" (Altona o. J. [1701]) gegen Postel.

III. Epische Poesie.

§ 246. Größere und kleinere epische Dichtungen (§ 217).

Schottel, s. o. § [illegible]; Klaj, s. o. § [illegible]; Greflinger, [illegible], s. o. § [illegible]; [illegible], s. o. § 234; Neumark, s. o. § 235; Scherffer, s. o. § 240; [illegible], s. o. § 244; Wernicke, s. o. § 245; Hunold, s. o. § 262. — Wolf Helmhard Freiherr von Hohberg (Hohburg oder Hochburg), aus Lengenfeld in Oesterreich, geb. am 20. Oct. 1612, von 1632—1641 in Kriegsdiensten, 1652 Mitglied der Fruchtbringenden Gesellschaft („Der Sinnreiche"), wanderte 1665 der Religion wegen nach Regensburg aus, wo er 1688 starb. Der einzige Repräsentant der neuen Kunstdichtung im südöstlichen Deutschland. Epische Gedichte „Die unvergnügte Proserpina" (Regensb. 1661) und „Der Habsburgische Ottobert" (Frankf. 1664). Sprache und Verse rauh und schwerfällig, bei der erdrückenden Menge von Begebenheiten ohne Bewegung und Anschaulichkeit. — Christian Heinrich Postel, aus Freiburg im Lande Hadeln, geb. am 11. Oct. 1658, studierte seit 1676 die Rechte in Leipzig und Rostock, Advocat in Hamburg, gest. am 23. März 1705. Episches Gedicht „Der große Wittekind" (Hamb. 1724), aus den verschiedensten Dichtern des Alterthums und der neuen Zeit zusammengestoppelt; die „Listige Juno" (Ebd. 1700) nach dem 14. Buch der Ilias ist schwerfällig. 25 Opern, zum Theil nach fremden Mustern; darunter „Die heilige Eugenia" (1688); „Bajazet" (1690 u. 1696); „Die errettete Iphigenia" (1710) u. s. w.

§ 247. Uebersetzungen (§ 217).

a. **Dietrich von dem Werder**, geb. zu Werdershausen bei Köthen am 17. Juni 1584, zuerst Geh. Rath und Aufseher der Erziehungsanstalt in Marburg, 1620 Mitglied der Fruchtbringenden Gesellschaft („Der Vielgekrönte"), später in Schwedischen Kriegsdiensten, nimmt 1635 seinen Abschied, gest. am 18. Dec. 1657.

Uebersetzte Tasso's „Befreites Jerusalem" (Gottfr. v. Bulljon, Frankf. 1626) und dreißig Gesänge von Ariosto's „Rasenden Roland" (Historj vom Rasenden Roland, Lpz. 1632—36. IV.), in einer für jene Zeit musterhaften Weise, den ersten in Oktaven, den zweiten in 5zeiligen Strophen mit gepaarten Reimen, beide in Alexandrinern. Außerdem „Dianea oder Rähtselgedicht" (Nürnb. 1644) nach Loredano; „Krieg und Sieg Christi in 100 Sonetten" (Halle 1631), da in jeder Zeile die Wörter „Krieg und Sieg wenigstens einmal befindlich", und „Sieben Bußpsalmen". (Vgl. Fleming, Sonette V, 43; und [illegible] Verz. zu [illegible].)

b. **Neukirch**, s. o. § 234. **Brockes**, s. o. § 236. **Postel**, s. o. § 246.

IV. Dramatische Poesie.

§ 248. Trauer- und Lustspiele (§ 219).

a. Johann Klaj, aus Meißen, geb. 1616, seit 1644 in Nürnberg, 1650 Prediger in Kitzingen, stiftete mit Harsdörffer den Blumenorden (Clajus), gest. 1656 als Prediger in Kitzingen. Abenteuerliche von der regellosesten Phantasie beherrschte, in geschraubter und gesuchter Sprache geschriebene Dramen: „Engel- und Drachenstreit“ (o. O. u. J. [Nürnb. 1645]), „Höllen- und Himmelfahrt Christi“ (Nürnb. 1644), „Herodes der Kindermörder“ (Ebd. 1645). Nachbildungen der alten geistlichen Spiele im Geiste seiner Zeit und mit eigenthümlicher Behandlung (der „Poet“ berichtet, auf oder vor der Bühne stehend, was nicht vorgestellt werden kann). Mit Harsdörffer die erste Schäferei: „Pegnesisches Schäfergedicht“ (Ebd. 1644), eine geschmacklose Allegorie mit der Darstellung des poetischen Wettstreits, der die Stiftung des Blumenordens veranlaßte. Mit S. v. Birken: „Fortsetzung der Pegnitz-Schäferei“ (Ebd. 1645); in beiden seine meisten gereimten Spielereien. „Der Geburtstag des Friedens“ (Ebd. 1650) und „Irene“ (Ebd. o. J.) formlose Dichtungen, epische Erzählung und dramatische Behandlung willkürlich abwechselnd.

b. Andreas Gryphius, geb. am 11. Oct. 1616 zu Großglogau, 1636 Erzieher der Kinder des kaiserlichen Pfalzgrafen von Schönborn, von diesem zum Dichter gekrönt und geadelt, setzte später in Leyden seine Studien fort; 1650 Syndicus der Landstände des Fürstenthums Glogau; Mitglied der Fruchtbringenden Gesellschaft („Der Unsterbliche“); gest. 16. Juli 1664.[1]). — Gryphius ist der größte Dramatiker und Einer der trefflichsten Lyriker des ganzen Jahrhunderts; sein Talent wird jedoch, wenn auch nicht getrübt, doch einigermaßen einseitig durch die schwermüthige Stimmung seines Gemüths, die in den traurigen Schicksalen seiner Jugend und dem Unglück seines Vaterlandes ihren Grund hatte.[2]) Er ist der erste, der den von Opitz vorgezeichneten Weg für das Trauerspiel in eigenen Schöpfungen betrat; Seneca, die Franzosen und insbesondere die Holländer (Joost van den Vondel) seine Vorbilder; die Einheit der Zeit streng befolgend (daher mangelhafte dramatische Entwickelung, viele Erzählungen, rhetorische Mittel — breite Betrachtungen in Monologen, Häufung von Schilderungen, Gleichnissen, Sentenzen), suchte er durch Häufung des Gräßlichen und Schrecklichen zu wirken. Unrichtige Charakterzeichnung. Chöre („Reyen“) mit Geistern, mythologischen und sogar allegorischen Personen. Darstellung, weil zu sehr auf den Effect berechnet, gesucht, unnatürlich, doch auch oft trefflich und selbst in ihrer Ausartung von der gewaltigen Phantasie des Dichters zeugend. Grundgedanke seiner Trauerspiele: Eitelkeit und Vergänglichkeit alles Irdischen; Darstellung des sich selbst aufgebenden, in thatenloser Geduld hinsterbenden Leidens. Stoffe meist aus der älteren Geschichte, nur Ein Mal eine gleichzeitige Begebenheit; kein einziger nationaler Gegenstand. (Das Trauerspiel: „Die Christen und Tartaren vor Liegnitz“, ist unvollendet geblieben und verloren gegangen.)

Im „Leo Armenius“ bleibt die Handlung im 3. und 4. Acte stehen und im 5. wird berichtet, daß sie vorüber ist. In „Cardenio und Celinde“, seinem besten Trauerspiel rücksichtlich der Composition und der natürlicheren Sprache, ebenfalls zu viel Erzählung, doch mehr Handlung als in den übrigen Stücken, gute Verwickelung: Cardenio liebt die Olympia und haßt die Celinde, während er von Olympia gehaßt und von Celinde geliebt wird, die ihn durch Zaubermittel zu gewinnen sucht. „Catharina von Georgien“ durch die Häufung gräßlicher Scenen abschreckend. Im „Carolus Stuardus“ ist der Keim zu einer ächt dramatischen Entwickelung nicht benutzt, da der General Fairfax zwar den König retten will, aber hierfür Nichts thut, und sich Alles in nutzlosem Hin- und Herreden verflüchtigt, wie auch bei dem „Sterbenden Papinian“, dem letzten und schlechtesten Stück. Die „Gibeoniter“ aus dem Holländischen des Vondel übersetzt; der „Kindermörder Herodes“, den er im 15. Jahre schrieb, ist, obgleich 1634 gedruckt, nebst andern verloren gegangen.

---

1) Bredow, G. G., A. Gryphius (in Schriften, Berl. 1823. II.); Hermann, Jul., Ueber A. Gr. Lpz. 1851; Klopp, O., A. Gr. als Dramatiker. Hann. 1851. Eitz, O. B., Festrede. Glogau 1864. —
2) Gedichte (Schriften) erster (u. einz.) Thl. Bresl. 1657; (hrsg. v. s. Sohn Chr. Gryphius) Bresl. u. Lpz. 1698.

Weitaus besser sind seine Lustspiele. Die Charaktere sind gut und sicher gezeichnet, die Handlung bewegt sich kräftig vorwärts, die Ausführung ist voll Witz, Leben und Wahrheit, die Sprache ist volksthümlich und anschaulich.

In der „Absurda Comica oder Herr Peter Squenz" werden zwar die Volksschauspiele lächerlich gemacht, wobei sich der Dichter aber der Mittel derselben mit großem Glücke bedient. Daneben persifliert er das Meistersänger-Wesen, die Titelsucht, die Schulgelehrsamkeit pedantischer Schulmeister u. s. w. Von noch größerer komischer Kraft ist der „Horribilicribrifax oder der wählende Liebhaber" mit der glücklichen Schilderung der bramarbasierenden Soldaten, und überhaupt der Sitten der verschiedenen Stände nach dem 30jährigen Kriege in ihrer ganzen Verworfenheit und Ehrlosigkeit. Alle Personen streben nur dahin, die Andern zu überlisten, was die ergötzlichsten Verwickelungen herbeiführt, die mit Geschick entwickelt werden (Verspottung der Sprachmengerei). Das Singspiel „Das verliebte Gespenst", mit dem eingefügten Scherzspiel, die „Geliebte Dornrose". Zwar stehen beide in keiner Verbindung zu einander, aber es ist ein launiger Gedanke, zwei Liebesgeschichten, die Eine aus den höhern Ständen, die andere aus dem Bauernstande, neben einander vorzuführen, wobei, freilich gegen die Absicht des Dichters, die natürlichen und schlichten Bauern weit größeres Wohlgefallen erregen als die hochtrabenden, gezierten Wesen des Singspiels. Die „Dornrose" ist ohne Zweifel des Dichters bestes Stück: die Exposition ist vortrefflich, die Entwickelung meisterhaft, indem der einfache Stoff durch die einfachsten Mittel zu dramatischem Leben gehoben wird, die Zeichnung der Charaktere eben so poetisch wahr als psychologisch tief.[1]) Zwei andere Festspiele, „Majuma" und „Piastus", unbedeutend. „Der schwärmende Schäfer" aus dem Französischen des jüngern Corneille, „Die Säugamme" aus dem Italienischen des Razzi übersetzt.[2])

Als Lyriker nimmt Gryphius eine hohe Stellung ein; seine meisten Gedichte, unmittelbar aus dem Leben hervorgegangen, sind der unmittelbarste und reinste Ausdruck seiner Empfindungen; keine Spur von der didaktischen Richtung, die den Grundcharakter der Opitzischen Schule bildet. Die Kraft seiner Empfindungen sucht er oft durch die Kraft des Ausdrucks darzustellen, ohne jedoch in Uebertreibung zu verfallen.

Die meisten Gedichte tragen das Gepräge seiner schwermüthigen Stimmung; und in den wenigen, welche mehr heitere Lebensverhältnisse schildern, bricht doch auch der Ernst seines Charakters durch. Viele seiner geistlichen Lieder sind im einfachsten Kirchenstil gedichtet, andere bewegen sich im höchsten poetischen Schwung (Pindarische Oden). In den Sonetten, zum großen Theil religiösen Inhalts, ist die beschränkte Form durch große Gewandtheit belebt. Die Satiren („Straffgedichte") nach Juvenal, dessen herbe Sprache seinem ernsten Wesen am Meisten zusagt; Epigramme, die ernsten, wie die humoristischen und satirischen, gelungen.

c. **Daniel Caspar von Lohenstein**, aus Nimptsch (Schlesien), geb. am 25. Jan. 1635, studierte seit 1650 in Leipzig und Tübingen die Rechte, 1668 Württembergisch-Oelsnischer Regierungsrath, später Syndicus von Breslau und kais. Rath; gest. am 28. April 1683. — Großes Talent, durch die Nachahmung Hoffmannswaldaus und der spätern Italiener verkümmert. Ungezügelte Phantasie, daher Uebertreibung und Unnatur in Gedanken und in der schwülstigen, mit Bildern überfüllten Sprache, dem Nützlichkeitsprincip huldigend, daher seine Werke mit einem Schwall von Gelehrsamkeit überfluthend.

Im Trauerspiel[3]) nach Gryphius gebildet; wie Dieser wenig Handlung, ungenügend in Anlage, Entwickelung und Charakterzeichnung; Chöre oder Reyen mit Geistern u. s. w.; noch mehr Häufung des Gräßlichen, Sprache noch gesuchter und hochtrabender, mit noch mehr rhetorischem Beiwerk. Zudem erscheint die rohe und doch gesuchte Sinnlichkeit der spätern Schlesier in ihrer ganzen Nacktheit.

„Ibrahim Bassa" (im 15. Jahr gedichtet), rücksichtlich der dramatischen Behandlung sein bestes Stück, in der „Epicharis" werden alle möglichen Gräuel gehäuft (es wird gepeitscht, gefoltert, gerädert, erwürgt etc.); beinahe eben so arg im „Ibrahim Sultan"; das Empörendste in der „Agrippina", in welcher die Blutscenen vor der entsetzlichsten Schamlosigkeit verschwinden. Vortrefflich einzelne Scenen der „Cleopatra" (die Reden der Geister, die dem Antonius im Schlafe erscheinen), während andere in Gedanken und Sprache von der größten Unnatürlichkeit sind. Am Wenigsten beleidigt die „Sophonisbe", die aber in der dramatischen Behandlung noch tiefer steht als die andern Trauerspiele.

---

1) Ausg. v. H. Palm, Bresl. 1855. — 2) Dramatische Dichtungen, hrsg. v. J. Tittmann. Lpz. 1870. — 3) Passow, W. Lohenstein. Seine Trauerspiele u. seine Sprache. Meiningen 1852.

Im Lyrischen ist Hofmannswaldau sein Vorbild, er überbietet ihn aber noch im „Schein gelehrter Worte" (Schwulst), dagegen hält er sich von dessen sinnlicher Ueppigkeit beinahe frei; nur in den „Heroiden", welche die seines Vorbilds an dramatischer Lebendigkeit weit übertreffen, ahmt er auch diese Seite nach (Sämmtl. Gedd. (u. Trauersp.) Bresl. 1680; Ebd. 1698. II.). Der Roman „Arminius und Thusnelda" (Lpz. 1689—90. II. Ebd. 1731. IV. 4.), von anderer Hand vollendet, in der Manier des damaligen Staatsromans; von ungeheuerem Umfang, da er nebst der „Liebesgeschichte" auch eine allgemeine Geschichte der Deutschen geben und darthun wollte, daß alles Große in der Welt wenigstens mittelbar von Deutschen ausgeführt worden sei (Neukirchs Vorrede). Uebrigens sind diese verschiedenen Zwecke mit Geschick verbunden. Dagegen haben die einzelnen Begebenheiten und Verhältnisse nicht die angemessene Färbung. Sprache gedrungen und steif; selbst die Leidenschaft hat einen abgemessenen Ausdruck. Die Reden im „Arminius" zeugen von rhetorischem Talent; dagegen ist die „Leichen- und Lobrede auf Hofmannswaldau" im höchsten Grade schwülstig und geschmacklos.

d. Filidor, dessen wahrer Name noch nicht ausgemittelt ist (wohl nicht Jak. Schwieger), dichtete freie Dramen mit selbständiger Benutzung italienischer Vorbilder. Seine Personen sind, wenn auch fremde Namen führend, doch deutsch wie die dargestellten Verhältnisse (Trauer-, Lust- u. Misch-Spiele. 1. Thl. Jena 1665). — „Der Vermeinte Prinz" (Rudolst. 1665), voll ergötzlicher Verwickelungen, deren Wirkung durch die Späße des kurzweiligen Rathes Pantalon noch erhöht wird. Das Mischspiel „Ernelinde oder die viermal Braut" (Ebd. 1665) und das Lustspiel „Der betrogene Betrug" (Ebd. 1667) enthalten viele glückliche Züge. Weniger bedeutend „Die erkannte Unschuld" (o. O. 1664), „Basilene" (Rudolst. 1667) und „Die Wittekinden" (Jena 1666), besonders letzteres, das ganz Gelegenheitsspiel ist, während die andern, obgleich ebenfalls zur Verherrlichung von Festlichkeiten gedichtet, sich von der Fessel der Gelegenheit dadurch befreien, daß sie diese in eingelegten Zwischenspielen behandeln.

§ 249. Schäfer- und Festspiele; Wirthschaften (§ 219).

a. Schäferspiele: Hermann Heinrich Scher, aus Jever: Schäferei „Von der Liebe Daphnis und Chrysillis", mit eingefügter „[illegible] von einem Schulbader" (Hamb. 1638). — Const. Christ. Dedekind, in Dresden, gekrönter Dichter, Mitglied des Schwanenordens („Concord"), weniger durch das Schäferspiel „Filareto" (Dresd. 1665), als durch seine geistlichen Opern, darunter der „Siegende Jesus", bekannt geworden (Neue Geistl. Schauspiele, o. O. 1670). — Opitz, s. o. § 230; Homburg, s. o. § 237; Hofmannswaldau, Gryphius, s. o. § [illegible]; Joh. Schwieger, s. o. § 236; Neumark, s. o. § [illegible].

b. Fest- und Gelegenheitsspiele; Wirthschaften: Dach, s. o. § 230; Rist, s. o. § 229; S. v. Birken, s. o. § 231; Joh. Schwieger, s. o. § 236; Knorr, s. o. § 240; [illegible], s. o. § 244; Mos. C. Gryphius, s. o. § 248; Canitz, Besser, s. o. § [illegible].

§ 250. Opern und Singspiele (§ 219.)

a. Opitz, s. o. § 230; Dav. Schirmer, s. o. § 227; S. v. Birken, s. o. § 231; Postel, s. o. § 246; Filidor, s. o. § 248; C. C. Dedekind, s. o. § 249; Hunold, s. u. § 253.

b. Lucas v. Bostel (1649—1716), aus Hamburg: „Cara Mustapha" (Hamb. 1686), durch äußern Effect, Decorationen und Maschinerien wirkend. — Barthold Feind, geb. in Hamb. 1678, seit 1717, weil er gegen Dänemark geschrieben hatte, im Gefängniß zu Rendsburg, wo er 1721 starb. Opern mit dem überlegten Streben, der Kunst zu genügen (Deutsche Gedd., 1. u. einz. Thl. Stade 1708).

§ 251. Schulkomödien; Haupt- und Staatsactionen; Volksthümliche Spiele (§ 219).

a. Schulkomödien: Christ. Weise, s. o. § 233.

b. Haupt- und Staatsactionen: „Johannes v. Nepomuk" (Weiß a. a. O. S. 113); „Karl XII. vor Friedrichshall" (Lindner a. a. O.).

c. Volksthümliche Spiele: „Der Pedantische Irrthum des überwitzigen, doch sehr betrogenen Schulfuchses" (Marienw. 1673); „Interim, o. d. Unzeitlichen Geistlichen Scheinheiliges Schafskleid, Sampt Possenspiele, der [illegible] [illegible]" (Ebd. 1675); „Adam und Eva" u. a. m. (Auszüge bei Schlager und Lindner).

Zweites Capitel. Prosa.

1. Prosadichtungen.

§ 252. Heldenromane, politische und galante Romane (§ 222).

a. Zesen, s. o. § 229; D. C. Lohenstein, s. o. § 248; Grimmelshausen, s. u. § 254.

b. Andreas Heinrich Buchholtz, aus Schöningen im Braunschweig., geb. am 25. Nov.

1607, Conrector in Hameln, 1637 Rector in Lemgo, 1641 Prof. der Philosophie und Dichtkunst in Rinteln, 1663 Superintendent und Hofprediger in Braunschweig, gest. am 21. Mai 1671.

Romane: „Herkules und Valiska“ (Braunschw. 1659. Ebd. 1676. II. u. ö.); „Herkuliskus und Herkuladisla“ (Ebd. 1659 u. ö.); dickleibig, reich an Personen und Begebenheiten, arm an Erfindung und Motiven. Bei dem Zwecke, „den Leser auf der Bahn der rechtschaffenen Gottseligkeit zu erhalten“ hat er „fast die ganze Theologie und Philosophie in erbaulichen Discursen fürgebracht“ (Thomasius). — Der „Teutsche Poet. Psalter Davids“ (Rinteln 1640), breite Umschreibung der Psalmen; „die Betrübte und getröstete Sion“ (Geistl. Teutsche Poemata. Braunschw. 1646), eine allegorisierende Kirchengeschichte, deren erster Theil in Alexandrinern, der zweite in Alexandrinern abgefaßt ist. Beste Dichtung „Christliche Weinacht-Freude und herzlicher Friedens-Wunsch“ (Rint. 1639) in Octaven. Kirchenlieder (Christl. Haus-Andachten. Braunschw. 1663) im Ganzen unbedeutend, doch mehrere in den Gesangbüchern. Er versuchte zuerst, die Oden des Horaz in deutsche Reime zu bringen.

c. **Anton Ulrich**, Herzog zu Braunschweig, geb. am 4. Oct. 1633 zu Hitzacker im Lüneburgischen, hatte Schottel und S. v. Birken zu Lehrern, 1659 Mitglied der Fruchtbringenden Gesellschaft („Der Siegprangende“), 1685 Mitregent, 1704 regierender Herzog, 1710 katholisch, gest. 27. März 1714.

Romane: „Die Syrerin Aramena“ (Nürnb. 1669—73, V.) und „Die Römische Octavia“ (Ebd. 1677. VI.), breit in Ausführung und Sprache, Darstellung breit, pedantisch und geschmacklos, nur in einzelnen Stellen gehaltvoll. Am Besten die Episoden mit interessanten Begebenheiten aus seiner Zeit. Geistliche Lieder (Davids Harpfen-Spiel. Ebd. 1667), mehrere („Laß dich Gott“; „Gott, du bei dem doch mein Gott“) tiefgefühlt und von schöner Form.

d. **Heinrich Anselm von Ziegler und Kliphausen** aus Radmeritz, geb. am 6. Jan. 1653, studierte in Frankfurt a. d. O., Stiftsrath in Wurzen, gest. am 8. Sept. 1697.

„Die Asiatische Banise, oder blutiges doch muthiges Pegu“ (Lpz. 1689 u. ö.), zur Zeit wegen der bilderreichen schwülstigen Darstellung, des mäßigen Umfangs und des im Ganzen interessanteren Stoffs (Sitten und Gebräuche der barbarischen Asiaten) ein Lieblingsbuch des Publicums. Die „Helden-Liebe der Schrifft Alten Testaments“ (Lpz. 1731) enthält 14 biblische Liebesgeschichten, nebst poetischen Briefen in der Manier Hoffmannswaldau's (z. B. zwischen Adam und Eva). „Historischer Schauplatz der Zeit“ (Ebd. 1695) unbedeutend.

a. Eberhard Werner Happel, aus Marburg (1648—1690): zahlreiche Romane, in denen Reisebeschreibungen (Robinsonaden), Kriegsbegebenheiten u. A. weitschweifig zu Liebesgeschichten verarbeitet sind. Am Besten der „Akademische Roman“ (Ulm 1690) wegen der Mittheilungen aus dem damaligen Studentenleben und der eingeflochtenen Volkssagen und Schwänke. „Wunderbare Welt“ (Ebd. 1687), Zusammenstellung der von alten und neuen Reisebeschreibern erzählten Wunderberichte. — Christ. Friedr. Hunold (Menantes), aus Wandersleben (1680—1721). Seine Romane ein getreues Abbild seines vielbewegten und zum Theil in Gemeinheit zugebrachten Lebens. Am Berüchtigtsten der „Satyrische Roman“ (Hamb. 1706) mit Hamburger Persönlichkeiten. Die Komödie „Der thörichte Pritschenmeister oder der schwärmende Poet“ (Ebd. 1704) gegen Wernicke. Singspiele z. B. „Salomon“ (Ebd. 1704); Gedichte (Academ. Nebenstunden, Halle 1713), worin Weise Vorbild; „Die allerneueste Manier höflich und galant zu schreiben“ (Hamb. 1707); „Die allerneueste Art zur reinen und galanten Poesie zu gelangen“ (Ebd. 1707), von Neumeister verfaßt, von ihm überarbeitet.

§ 253. Schäfereien.

Schäfereien: Gerv. l. c. § 784; Zeller, Schwinger, l. c. § 239; Harsdörffer, Klaj, S. v. Birken, l. c. § 231. — Johann Hellwig, aus Nürnberg (1609—1674), Mitglied des Palmenordens („Montanus“), die „Nymphe Norie“, mit Gedichten (von Harsdörffer, Klaj und ihm) in den beliebten Reimspielereien.

§ 254. Abenteuerromane; Robinsonaden (§ 222).

a. Aegidius Albertini (1560—1620), durch die Verdeutschung des „Landstörtzer Gusman von Alfarache oder Picaro“ (Münch. 1615 u. ö.) von Aleman, der Begründer des Schelmen- oder picarischen Romanes in Deutschland.

b. **Hans Jakob Christoffel von Grimmelshausen**, aus Gelnhausen, wurde um 1625 geboren, seit seinem 10. Jahre Soldat, dann in Diensten des Bischofs von Straßburg als Schultheiß zu Renchen im Schwarzwalde; gest. 17. Aug. 1676.[1]) Beinahe

1) Vgl. Schleiermeyer in Hall. Jahrb. 1838. Nr. 52—54; W. Passow in Ml. f. höh. Unterr. 1846, 1848 und 1847. Vgl. ab. Er. Hoffmann im Album d. lit. Vereins in Nürnberg 1867. Sämmtl.

der einzige, jedenfalls der bedeutendste Träger der volksthümlichen Poesie im 17. Jahrh., behandelte in seinen wichtigsten Schriften Stoffe aus dem Leben des Volkes in volksthümlicher Sprache. Der „Abenteuerliche Simplicissimus[1]) von German Schleifheim von Sulsfort“,[2]) Einer der besten deutschen Romane, mit ächt epischer Auffassung, Anlage und Entwickelung das Leben der Zeit in allen wesentlichen Richtungen darstellend, Charaktere und Begebenheiten vortrefflich geschildert; das Ganze von eben so gemüthlichem als witzigem Humor belebt, der das volksthümliche Gepräge erhöht und über die Darstellung Leben und friedliche Heiterkeit verbreitet.

Simplicissimus, der Sohn eines vornehmen Kriegers, wird von einem Bauern im Spessart erzogen, der mit den Seinigen von einer Reiterschaar ermordet wird, als S. zehn Jahre alt war. Dieser allein flüchtet und gelangt zu einem Einsiedler, der ihn zur Frömmigkeit erzieht. Nach dessen Tode von Schweden aufgegriffen, wird er Page beim Commandanten von Hanau, wo er unter dem Deckmantel von Tölpelhaftigkeit die tollsten Streiche spielt. Er wird bald darauf von Kroaten gefangen, entweicht aber und hält sich eine Zeitlang in einem Wald als Einsiedler auf, lebt aber vom Diebstahl. Von nun an wird er mit Bewußtsein ein Abenteurer. Nachdem er in Magdeburg bei einem Obersten wieder den Narren gespielt, wird er selbst Soldat bei den Kaiserlichen und zeichnet sich durch Kühnheit und Gewandtheit aus. (Dieser Abschnitt ist einer der schönsten und interessantesten des Werkes, da der Dichter das wilde Soldatenleben und das unsägliche Elend des Volks in lebensvollen Gemälden darstellt und dabei tief politische Einsicht entfaltet, indem er die Mittel zur Rettung Deutschlands angiebt: Städtebund mit republikanischer Verfassung u. s. w.) Nachdem S. auf seinen Streifereien lange glücklich gewesen, wird er von den Schweden gefangen, lebt zuerst in angenehmen Verhältnissen, wird aber zu einer unangenehmen Heirath gezwungen, verliert sein Vermögen, reist nach Paris, wird auf dem Rückwege krank und bestohlen, gelangt als Bettler und Quacksalber über den Rhein, wird auf kurze Zeit ein Räuber, kauft sich nach vielen andern Abenteuern einen Bauernhof, heirathet zum zweiten Male unglücklich, durchzieht Europa und Asien und zieht sich endlich in die Einsamkeit zurück. — Eine Fortsetzung des Romans (Mömpelg. 1669), in welcher S. auf eine einsame Insel kommt und diese lange allein bewohnt, ist nur deshalb merkwürdig, weil sie die erste Robinsonade ist; sonst erscheint sie nur als Variation des letzten Abschnitts im Hauptwerk.[3])

Drei spätere Romane schließen sich äußerlich an den Simplicissimus, sind aber in der That selbstständig und schildern andere Seiten des damaligen Lebens und andere Arten von Abenteuern. „Trutz Simplex, oder Lebensbeschreibung der Landstörtzerin Courasche v. Philarchus Grossus von Trommenheim auf Griffsberg“, schildert eine weibliche Abenteuerin; „Der seltzame Springinsfeld von Philarchus 2c.“ einen „Landstörtzer“ und Bettler; „Das Wunderbarliche Vogel-Nest durch Michael Rechulin von Sehmsdorff“ das beschränktere bürgerliche Leben, das dem des Lagers an Gemeinheit oft nicht nachsteht. Im ächtesten Volkston ist die Sage vom „Ersten Bärenhäuter“ erzählt.

Eine zweite Reihe von Schriften ist didaktischer Natur, bald wie der „Satyrische Pilgram“ und „Ratio Status“ in der geschraubten Sprache seiner Zeit, bald in der Weise Moscherosch's, wie „Die Verkehrte Welt von Simon Leugfrisch von Hartenfels“, „Der fliegende Wandersmann nach dem Monde“, „Die Traumgeschichte von Dir und Mir“ und die „Reisebeschreibung nach der neuen Mondswelt“. In andern behandelt er nationale Fragen: „Der Stoltze Melcher“ und das „Rathstübel Plutonis von Erich Stainfels von Grufensholm“ besprechen die Nachahmungssucht der Deutschen; „Der Teutsche Michel von Signeur Meßmahl“ die Sprachmengerei. Der „Ewig währende Calender“ enthält nebst Erzählungen aus der Geschichte des Kriegs, Anekdoten, Schwänken, treffliche Bemerkungen über Hauswesen und Wirthschaft in meisterhaft populärem Ton. — Drei Romane endlich, „Der keusche Joseph“, „Dietwald und Amelinde“ und „Proximus und Lympida“ sind in der damaligen Manier der Helden- und Liebesgeschichten geschrieben.

c. Nachahmungen des Simplicissimus sehr häufig: „Jan Perus“ (o. O. 1672. II.); „Der Französ. Kriegs-Simpl.“ (Freib. 1682); „Ungarischer Simpl.“ (o. O. 1683; hrsg. v. J. E. Seitz, Lpz. 1854).

Schriften unter d. Titel: „Der aus dem Grabe der Vergessenheit wieder erstandene Teutsche Simplicissimus“. Nürnb. 1684. III. u. ö.; zuletzt 1713. III.

1) Mömpelgard 1669 (Buch 1—5); Ebd. 1669 (Buch 1—6); mit a. Schriften desselben hrsg. v. A. Keller, Stuttg. 1854—62. IV. G.'s Simplicianische Schriften, hrsg. v. Heinrich Kurz, Lpz. 1863—64. IV. — 2) Gr. gab nur „Dietwald“, „Proximus“ u. „Ratio Status“ unter seinem Namen, die übrigen Schriften anonym oder pseudonym. — 3) Vgl. Hazler a. a. O. S. 277 ff.

d. Der „Durchlauchtigste Pilgram" (o. O. u. J.: „Was früher die irrenden Ritter waren, das sind jetzt die Pilgrime". — „Der Güldne Hund" (o. O. u. J.). Geschichte eines in einen Hund verwandelten böhmischen Cavaliers, eine nicht sehr glückliche Nachahmung des goldenen Esels von Lucian, doch nicht ohne gute Einzelnheiten. — „Schelmuffsky's Reisebeschreibung zu Wasser und Lande" persiflirt die Schelmenromane und lügenhaften Reiseberichte (1. Thl. Schelmerode in diesem Jahr, 2. Thl. Padua in diesem Jahr; Frankf. u. Lpz. 1750, II.) zuletzt (Lpz. 1849) o. O. u. J.).

e. Robinsonaden: „Der teutsche Robinson oder B. Creutz" (Schwäb. Hall 1722); „Der schlesische R." (Bresl. 1723. II.); „Der liefländische R." (Hamb. 1726), und so von beinahe allen Ländern; dann „Der geistliche R." (Erf. 1723); „Der Buchhändler R." (Lpz. 1728); der medizinische, jüdische, moralische, gelehrte, poetische R.; „Die Jungfer Robinson" (Halle 1723) u. s. w. — Mich. Heberer, s. o. § 250. — E. W. Happel, s. o. § 252.

§ 255. Fabeln und Parabeln. Schwänke (§ 222).

a. **Christian Scriver**, aus Rendsburg, geb. am 2. Jan. 1629, wurde 1653 Prediger in Stendal, 1664 in Magdeburg, 1690 Oberhofprediger in Quedlinburg, gest. 5. April 1693.

„Gottholds zufällige Andachten" (Lpz. 1747, 12. Aufl. Sb. 1704), beliebtes Volksbuch, eine Sammlung von Parabeln nach dem Vorbild der Gleichnißreden Jesu. Betrachtungen über Leben, Welt, Menschen, sittliche und religiöse Verhältnisse an irgend eine äußere Erscheinung knüpfend; tief poetische Auffassung und edel gehaltene populäre Darstellung. Geistliche Lieder mit mystischer Richtung. Predigten.

b. **Samuel (von) Butschky**, aus Breslau, geb. 1612, wurde 1658 katholisch, bald darauf geadelt, und kaiserlicher Rath, gest. als Landesältester des Fürstenthums Breslau, 13. März 1678.

Zahlreiche Schriften, darunter „Fünff-Hundert Sinnen-, Geist- und Lehr-reiche Reden" (Bresl. 1666), „Patmos" (Lpz. 1677), „Rosen-Thal" (Nürnb. 1679). Ein seinem Landsmann Scheffler verwandter Geist, ohne jedoch in das Ueberschwängliche zu verfallen. Seine Reden und Betrachtungen, die oft zu Parabeln werden, berühren die wichtigsten innern und äußern Verhältnisse des menschlichen Lebens in einer für die Zeit sehr reinen Sprache.

c. G. Ph. v. Harsdörffer, s. o. § 231. — Justus Gottfried Rabener, aus Sorau (1636—1699), Rector in Meißen, „Nützliche Lehrgedichte" (Dresd. 1691), darunter Fabeln in Prosa, ahmte Harsdörffer nach, übertraf ihn aber oft in der Erfindung.

d. Schwänke: J. Pauli, s. o. § 178. — „Des Ehrlichen jungen Leser-Mayh lustiger Conversations-Geist" (Gedr. zu Cölln bey Peter Lüchtenberg 1685) für die Geschichte des gesellschaftlichen Witzes bemerkenswerth. — „Taubmanniana oder Taubmanns Leben und Sprüche" (Frankf. u. Lpz. 1702). Vgl. F. W. Genthe, Fr. Taubmann als Mensch und Gelehrter. Eisl. 1858.

§ 256. Satiren (§ 222).

a. **Johann Michael Moscherosch**, aus Willstädt (Elsaß), geb. am 5. März 1601, aus einer ursprünglich aragonischen Familie (Musenrosch), studierte in Straßburg, 1630 Amtmann in Crichingen, 1636 in Vistingen, später Fiscal in Straßburg, 1646 Mitglied der Fruchtbringenden Gesellschaft („Der Träumende"), 1656 Geh. Rath in Cassel, gest. auf einer Reise in Worms, 4. April 1669. — „Wunderliche und wahrhaftige Gesichte Philanders von Sittewald" (Straßb. 1642. II. u. ö.; hrsg. v. Dittmar, Berl. 1830, unvollst. u. modernisiert), Umschreibung u. Erweiterung der Gesichte des Spaniers Quevedo, mit der Absicht, die Zustände der Zeit zu schildern und das erstorbene Nationalgefühl wieder zu erwecken. Darstellung in den ersten Gesichten breit und mit fremden Wörtern (freilich absichtlich) überladen; in den spätern beinahe durchgehends von untadelhafter Reinheit.

Folgende „Gesichte" am Meisten bemerkenswerth: Die „Höllenkinder". Der Dichter kommt in die Hölle, die er nach allen Richtungen durchstreift, um ihre Bewohner kennen zu lernen; er trifft vorzüglich die höheren und gelehrten Stände an, deren Gebrechen er mit schneidendem Witz schildert; von den niedern führt er nur diejenigen an, die an dem Verderben der Sitten mehr oder weniger Antheil hatten, so die Schneider, weil sie der Modesucht dienten; „A la mode Kehraus". Der Dichter kommt in das Schloß Geroldseck, wo Ariovist, Armin, Wittekind und andere deutsche Helden hausen. Ariovist hält ihn wegen seiner Tracht für einen Welschen; seine Entschuldigung, daß er sich nach der Mode richten müsse, zieht ihm Hohn und Spott zu. Die Helden klagen, daß die alte treue Redlichkeit verschwunden, die Sprache schmählich verunstaltet sei, was gänzliches Verderben und Auflösung des Reichs verkünde. Er wird nur unter dem Versprechen entlassen, künftighin in deutscher Weise zu leben, deutsche Kleidung zu tragen und die Muttersprache unverfälscht zu reden. Das „Soldatenleben“ schildert mit herzzerreißender Anschaulichkeit die Gräuel, welche während des Kriegs geübt wurden und überhaupt die ganze Kriegsführung, welche weniger gegen die Feinde, als gegen die Bauern und Bürger gerichtet war. — Die Gesichte (zuerst einzeln, in jetzt sehr seltenen Drucken) wurden ohne Wissen des Verfassers gesammelt und mit neuen vermehrt, die nicht von ihm herrühren (Frankf. 1644—47. VII.). — Außerdem „Christliches Vermächtniß eines treuen Vaters“ (Straßb. 1643), eine seiner besten Arbeiten.

b. **Johann Balthasar Schupp**, aus Gießen, geb. 1610, 1635 Prof. der Geschichte und Beredsamkeit in Marburg, 1649 Pastor in Hamburg, gest. 26. Oct. 1661. — Poetischer Humor und ächt satirischer Witz; die Einflechtung glücklich dargestellter Geschichten, Schwänke, Gleichnisse und Allegorien verleiht Leben und Anschaulichkeit. Darstellung populär, kräftige und bilderreiche Sprache des Volks; er verspottete die affectierte Sprache der Gelehrten, die Uebertreibungen der Puristen und das Einmischen fremder Wörter.[1])

Zahlreiche Schriften (von seinem Sohn hrsg. Hanau 1663 u. ö.), meist von kleinem Umfang. „Salomo oder Regenten-Spiegel“ bespricht das Staatsleben in allen seinen größeren und kleineren Verhältnissen. „Catechismus-Predigt von dem dritten Gebot“, voll populärer Beredsamkeit in lebhaften Schilderungen der Sitten seiner Zeit. „Ambassadeur Zipphusius“, Darstellung der falschen Richtung des Schulwesens, namentlich des darin herrschenden gelehrten Pedantismus. Die Aufgabe der Schule sei zunächst, den Verstand zu entwickeln. Vorschläge zur Besserung der Zustände, von denen im Laufe der Zeit manche verwirklicht wurden. Der „Teutsche Lehrmeister“, noch schneidendere Verspottung des Pedantismus: kräftiges Auftreten für den Gebrauch der deutschen Sprache in wissenschaftlichen Werken. — „Der Freund in der Noth“, „Von der Einbildung“, „Die Kunst reich zu werden“. Gegen seine Verläumder schrieb er einige witzige und scharfe Satiren, z. B. „Calender“, „Deutscher Lucianus“ u. s. w. Predigten in der nämlichen freien und volksthümlichen Darstellungsweise.

c. **Grimmelshausen**, s. o. § 254. — **Weise**, s. o. § 233.

d. **Abraham a Santa Clara**, eigentlich Ulrich Megerle, aus Krähenheimstetten bei Möskirch, geb. 4. Juni 1642, trat 1660 in den Augustinerorden, mehrerer Klöster Prediger, 1669 Hofprediger in Wien, 1680 Provincial des Ordens, gest. am 1. Dec. 1709. — Große natürliche Beredsamkeit, jedoch ohne künstlerische Ausbildung. Unerschöpflicher Witz; reich an Wortspielen; glückliche Darstellung der lächerlichen Seiten der menschlichen Zustände. Bei jeder Gelegenheit, selbst in den Predigten, erzählt er behaglich ausgeführte und oft meisterhaft dargestellte Fabeln, Schwänke und Geschichtchen aller Art. Die mit vielen österreichischen Provinzialismen versetzte Sprache ganz volksmäßig, klar und lebendig und von natürlichem Wohllaut, reich an treffenden, oft selbst allzukräftigen Ausdrücken. Seine sehr zahlreichen Schriften, entweder Predigten[2]) oder Erbauungsbücher,[3]) tragen ohne Ausnahme den Charakter des Burlesken und der Satire.

Hauptwerk: „Judas der Erz-Schelm“, sagenhafte Geschichte Judas Ischariots, woran die Besprechungen der mannigfaltigsten Lebensverhältnisse geknüpft (Ehestand, Kinderzucht, böse Gesellschaften, das Hofleben, Undankbarkeit, Trauer u. s. w.). Außerdem „Merck's Wienn“, Schilderung der Pest. „Auf, auf ihr Christen“, Türkenpredigt, aus welcher Schiller für die Darstellung des Capuziners in Wallensteins Lager schöpfte; „Ganz neu ausgeheckte Narrennest“; „Etwas für Alle“; „Huy und Pfuy! der Welt“; „Gack Gack, Gack, Gack a Ga. Einer wunderseltzamen Hennen in dem Herzogthum Bayern, d. i. Beschreibung der Wallfahrt Maria Stern in Taxa“ u. a. m.

II. Historische Prosa.

§ 257. Geschichtschreibung (§ 223).

a. **Johann Jakob Mascov**, aus Danzig, geb. am 26. Nov. 1689, seit 1719 Professor der Rechte in Leipzig, gest. am 21. Mai 1761, einer der bedeutendsten Geschichtsforscher seiner Zeit, auch als Geschicht-

1) Leben von L. Wachler in Verm. Schriften. (Lpz. 1835.) Bd. 1. Vial, Magn., Balth. Schuppius, ein [illegible]. Mainz 1857. Bloch, J. B. Schuppius (Berlin 1862—63). Oelze, G., Balth. Schupp, Hamb. 1863. — 2) Palmer, Abrah. a Santa Clara als Homilet. Stuttg. 1865. Karajan, Th. G. v., Abrah. a St. Clara. Wien 1867. — 3) Vgl. Flögel, Gesch. des Burlesken. S. 241.

schreiber bemerkenswerth, versuchte zuerst in einfacher und reiner Sprache zu schreiben. In der „Geschichte der Teutschen bis zum Abgang der Merowingischen Könige" (Lpz. 1726—37. II.) lehnte er den bisherigen Kaiserhistorien eine Geschichte des Volks entgegen. — Heinrich Graf von Bünau, aus Weißenfels (1697—1762): „Deutsche Kaiser- und Reichshistorie" (Lpz. 1728—43. IV.). — Michael Stettler, aus Bern (1580—1642): „Annales oder Beschreibung der merkwürdigsten Geschichten, so sich in Helvetia zugetragen" (Bern 1626. II.). — Sigm. v. Birken, s. o. § 231. — Bogislaw Ph. v. Chemnitz, aus Stettin (1605—1678): „Schwedischer in Deutschland geführter Krieg" (Bd. I. Stettin 1648; Bd. II. Stockholm 1653; Bd. III. [illegible] das erste Buch u. IV. Stockholm 1855—57.)

b. **Gottfried Arnold**, aus Annaberg, geb. den 5. Sept. 1666, 1697 Professor der Geschichte in Gießen, seit 1698 in Quedlinburg, dann Prediger in Werben und 1707 in Perleberg, gest. am 30. Mai 1714.

„Unparteiische Kirchen- und Ketzerhistorie", worin die Meinungen der Ketzer mit Gelehrsamkeit und Scharfblick entwickelt und gegen falsche Beschuldigungen vertheidigt werden. Religiös philosophische Werke: „Geheimniß der göttlichen Sophia." (Lpz. 1700), „Wahre Abbildung der ersten Christen" u. a. (Frankf., 1696) tief und voll Innigkeit, eben so die „Geistlichen Lieder" (hrsg. v. Alb. Knapp. Stuttg. 1845).

c. **Julius Wilhelm Zinkgref**, aus Heidelberg, geb. am 3. Juni 1591, bereiste von 1611 an, 5 Jahre lang die Schweiz, Frankreich und die Niederlande, lebte dann in Heidelberg, bekleidete hierauf verschiedene Stellen in Straßburg, Worms, Kreuznach, Alzei, gest. in St. Goar am 1. Nov. 1635 an der Pest.

„Der Teutschen scharfsinnige kluge Sprüch" (Straßb. 1626—31. II.; mit Weidners Forts. Amst. 1653. V.), eine fleißige und reichhaltige Sammlung trefflicher Sentenzen, charakteristischer Züge und Anekdoten der bedeutendsten Deutschen alter und neuer Zeiten, in gedrängter, oder klarer und kräftiger Darstellung, in freisinnigem und patriotischem Geist. Als Dichter an Opitz sich anschließend, doch selbständig und dem volksthümlichen Elemente treu. Am besten die kleinen Lieder (in Opitii Poemat. Straßb. 1624).

d. [illegible], s. o. § [illegible]. — [illegible], s. o. § 240.

§ 258. Reisebeschreibungen (§ 223)

a. **Adam Olearius** (eigentlich Oelenschläger), aus Aschersleben, geb. 1599 (1600? 1603?), studierte in Leipzig, Hofmathematikus und Bibliothekar des Herzogs von Holstein-Gottorp, 1633 Rath und Secretär der Gesandtschaft des Herzogs nach Moskau und 1635 nach Persien, 1639 wieder nach Gottorp, 1651 Mitglied der Fruchtbringenden Gesellschaft („Der Vielbemühte"), gest. am 22. Febr. 1671.[1]

„Moskowitische und Persianische Reisebeschreibung" (Schleswig 1647) über Geschichte, politische Verfassung und Sitten der bereisten Länder sich verbreitend, von großer Zuverlässigkeit und durch einfache, würdige und kraftvolle Darstellung ausgezeichnet. Darin viele schöne Gedichte seines Freundes und Begleiters Fleming. Außerdem treue Uebersetzung des „Gulistan" von Sadi (Ebd. 1654).

b. Joh. Albr. v. Mandelslo, mit Olearius in Persien, von da auch nach Indien, „Morgenländische Reisebeschreibung" (Ebd. 1658). — J. Merklein, Chirurgus aus Windsheim: „Reisebeschreibung nach Japan, Siam und Ceylon" (Nürnb. 1672). — G. Meister, Gärtner aus Sondershausen: „Orientalisch-indianischer Kunst- und Lust-Gärtner" (Dresd. 1692). — Mich. Heberer, aus Bretten: „Beschreibung einer dreijährigen Dienstbarkeit und mehrjährigen Reisen in Böhmen, Polen, Schweden, Dänemark u. s. w." (Heidelb. 1610; als „Pfälzischer Robinson", Frankf. 1747). — Hempel, s. o. § 252.

III. Didaktische Prosa.

§ 259. Philosophische und belehrende Schriften allgemeinen Inhalts (§ 225).

a. **Gottfried Wilhelm (Freiherr von) Leibniz**, geb. den 3. Juli 1646 in Leipzig, 1676 Hofrath und Bibliothekar in Hannover, 1700 Präsident der Akademie der Wissenschaften in Berlin, deren Gründung ihm zu verdanken ist, 1711 Freiherr und kais. Hofrath und gest. zu Hannover am 14. Nov. 1716.[2]

---

1) [illegible], Ed., A. Olearius' Leben u. Schriften. Aschersleben [illegible]. — 2) Guhrauer, G. E., Fr. v. Leibniz. E. Biogr. Bresl. 1842. II. Nachträge 1846. Vgl. Zimmermann, Rob., Leibniz und Lessing. Wien 1855. Bergmann, Jos. Leibniz in Wien. Ebd. 1854. Pfleiderer, Edm., L. als Patriot, Staatsmann u. Bildungsträger. Lpz. 1870.

Einer der vielseitigsten Gelehrten und tiefsten Denker, obgleich beinahe Alles in lateinischer und französischer Sprache schreibend, doch von großem Einfluß auf die Literatur, da die meisten und besten Schriftsteller des 18. Jahrhunderts von seinem Geiste durchdrungen sind. Seine „deutschen Schriften" an Klarheit und Bestimmtheit Alles überragend, was seine Zeitgenossen geschrieben haben und meist von überraschender Reinheit (hrsg. v. Guhrauer, Berl. 1838—40. II.). Die „Unvorgreiflichen Gedanken, betreffend die Ausübung und Verbesserung der deutschen Sprache" zeugen von tiefer Einsicht in die Sprache. Seine Briefe gehören zu den besseren der Zeit.

b. **Christian Thomasius**, geb. in Leipzig am 12. Jan. 1655, zuerst praktischer Jurist, dann akademischer Lehrer. Von den Orthodoxen verfolgt, 1694 Professor in Halle, 1709 Geh. Rath, 1710 Director der Universität, gest. 23. Sept. 1728.[1])

Ein großer Charakter; verlangte freie Bewegung in Wissenschaft, Kirche und Staat, daher in fortwährendem Kampfe mit der Barbarei der Schulen, der Gesetze und der Gerichte (Hexenprocesse), drang auf den Gebrauch der deutschen Sprache in Schriften, auf Schulen und Universitäten. „Discours, welcher Gestalt man denen Franzosen im gemeinen Leben und Wandel nachahmen soll" (Lpz. 1687), in derber und geschmackloser Sprache, aber mit Witz und Scharfsinn geschrieben. Gelehrte Zeitschrift in deutscher Sprache (Monatsgespräche, Ebd. 1688—90).

c. **Christian (Freiherr von) Wolf**, geb. am 24. Jan. 1679 in Breslau, 1707 Prof. der Mathematik und Naturlehre in Halle, hierauf Mitglied der Akademie und Hofrath, als Religionsverächter entsetzt und bei Strafe des Strangs aus Preußen verwiesen; 1740 von Friedrich II. zurückberufen, Geh. Rath, Professor und Vicekanzler der Universität Halle, 1743 Kanzler, 1745 Freiherr; gest. am 9. April 1754.[2])

Streng philosophische Methode von weitgreifendem Einfluß auf die Behandlung sämmtlicher Wissenschaften. Ordnung, Klarheit und Bestimmtheit; Vorzüge seiner deutschen Schriften: „Vernünftige Gedanken von den Kräften des menschlichen Verstandes" (Halle 1712); „Von Gott, der Welt und der Seele des Menschen" (Frkf. u. Lpz. 1719) u. a. m.

d. Phil. Jac. Spener, s. u. § 261. — Gottfr. Arnold, s. o. § 257. — Schottel, s. u. § 260.

§ 260. Schriften über Kunst, Poetik, Rhetorik und Sprache (§ 225).

a. Kunst: Joachim v. Sandrart, aus Frankfurt (1606—1688): „Teutsche Akademie der Bau-, Bild- und Mahlerey-Kunst" (Nürnb. 1675. Fol. II. mit vortreffl. K.).

b. Poetik: 1) Opitzische Schule: Opitz, Tscherning, s. o. § 236. — August Buchner, s. o. § 236, „Wegweiser zur deutschen Dichtkunst". (Wittenb. 1663). — Titz, s. o. § 238. — Schottel, s. u. — Christoph Kaldenbach, aus Schwiebus, Professor in Tübingen, „Anweisung zu Abfassung deutscher Gedichte" (Nürnb. 1674). — 2) Zesen, s. o. § 229. — 3) Schwanenorden: Balth. Kindermann, (1636—1706), aus Zittau (im Schwanenorden „Kurandor"), „Anweisung zur Dichtkunst" (Wittenb. 1664). — 4) Pegnitzschäfer: Harsdörfer und S. v. Birken, s. o. § 231. — 5) Spätere: Weise, Morhof, s. o. § 253. — Hunold, s. o. § 252.

c. Rhetorik und Anleitungen zum Briefschreiben: Stieler, s. u. — Weise, s. o. § 253. — Neukirch, s. o. § 251. — Hunold, s. o. § 252.

d. Schriften über die Sprache: Christian Gueintz (1592—1650), Rector in Halle, Mitglied des Palmenordens („Der Ordnende"): „Deutscher Sprachlehre Entwurf" (Köthen 1641), „Deutsche Rechtschreibung" (Halle 1645), aus den Verhandlungen der Fruchtbringenden Gesellschaft hervorgegangen. — Justus Georg Schottel (1612—1676), Consistorial- und Kammerrath in Wolfenbüttel, Mitglied der Fruchtbringenden Gesellschaft („Der Suchende"). „Ausführliche Arbeit von der deutschen Haubt-Sprache" (Braunschw. 1663), historisch noch wichtig. Seine „Ethische, Sitten- oder Wollebens-Kunst" (Wolfenb. 1669), Einer der ersten Versuche im Gebrauch der Muttersprache für philosophische Erörterungen. „Deutsche Vers- oder Reimkunst" (Frankf. 1656). — Zesen, s. o. § 229. — Caspar von Stieler, Mitglied des Palmenordens („Der Spate"): „Der Teutschen Sprache Stammbaum und Fortwachs, oder Teutscher Sprach-Schatz" (Nürnb. 1691), voll des sorgfältigsten Fleißes. Außerdem „Der allzeit fertige Secretarius" (Ebd. 1680). — Joh. Augustin Egenolff, (1683—1729): „Historie der deutschen Sprache" (Lpz. 1716—20. II.).

IV. Rhetorische Prosa.

§ 261. Geistliche Beredsamkeit.

a. **Philipp Jakob Spener**, geb. zu Rappoldsweiler im Elsaß, 13. Jan. 1635,

---

1) Luden, H., Thomasius nach s. Schicksalen u. Schriften. Berl. 1805. Wagner, B. A., Christ. Thomasius. E. Beitrag z. Würdigung s. Verdienste um d. deutsche Literatur. Berl. 1872. — 2) Leben von H. Wuttke. Lpz. 1841.

1663 Freiprediger in Straßburg, 1666 erster Pfarrer in Frankfurt a. M., 1686 Oberhofprediger in Dresden, 1691 Probst an der Nikolaikirche, Inspector und Consistorialrath in Berlin, gest. am 5. Febr. 1705.[1])

Einer der Häupter des edleren Pietismus; befreite die Theologie vom Scholasticismus und entfernte die scholastische Behandlung derselben namentlich von der Kanzel. Seine Predigten entwickeln in einfacher und natürlicher Sprache die Pflichten der christlichen Sittenlehre oder die Grundsätze des Glaubens mit Wärme und Klarheit, aber auch oft breit und meist ohne künstlerische Behandlung (Buß-Predigten Frankf. 1678 ff. VIII.; Katechismus-Predigten. Frankf. 1689). Bedeutende Schriften erbaulichen Inhalts „Pia desideria" (Frankf. 1675). „Theologische Bedenken, Gutachten und Briefe" (Halle 1700—2. IV.) milde und fromm. Seine „Geistlichen Gesänge" (Ebd. 1710) begründeten die pietistische Richtung des Kirchenliedes.

b. Aug. Hermann Francke, aus Lübeck (1663—1727), der berühmte Stifter des Hallischen Waisenhauses.[2]) Predigten einfach und ungeschmückt, aber voll Innigkeit und Wärme. Seine Kirchenlieder („Auf Christenmensch, auf, auf!") gehören zu den besseren der pietistischen Richtung.

c. Schupp, Abraham a S. Clara, s. o. § 254.

§ 262. Weltliche Beredsamkeit. Briefe (§ 232).

a. Reden: Hofmannswaldau, s. o. § 252. — Lohenstein, s. o. § 249. — Nic. Hieron. Gundling, Geh. Rath und Professor in Halle: „Rede auf den König Friedrich Wilhelm", im Neuen Geist seines Lehrers Thomasius.

b. Briefe: Leibniz, s. o. § 259. — Spener, s. o. § 261. — Elisabeth Charlotte, Herzogin von Orleans, geb. Prinzessin von der Pfalz, geistreiche und auch literarisch interessante Briefe in ungeschminkter Sprache (hrsg. v. W. Menzel, Stuttg. 1843).

1) Hoßbach, Spener u. s. Zeit. Berl. 1828. II. — 2) Guericke, H. E. F., A. H. Francke. Eine Denkschrift. Halle 1827. Niemeyer, Francke's Stiftungen. Halle 1794.

Sechster Zeitraum.

Vom zweiten Viertel des 18. Jahrhunderts bis ungefähr 1770.

Quellen und Hülfsmittel.

1. Geschichte: Hindel, J. G., Die class. Periode d. d. Nationalliteratur im 18. Jahrh. Lpz. 1847. — Gelzer, H., Die neuere deutsche Nationallitter. nach ihren ethischen und religiösen Gesichtspunkten. Lpz. 1841. 6. 3. Aufl. Ebd. 1858. II. — Hettner, Herm., Literaturgesch. d. 18. Jahrh. (Deutsche im 3. Thl.) Braunschw. 1862 ff. — Hillebrand, Jos., D. deutsche Nationallitter. s. Anf. des 18. Jahrh., besond. seit Lessing, bis auf d. Gegenwart, histor. u. ästhetisch-krit. dargestellt. Hamb. u. Gotha 1845—46. III. 2. verb. u. umgearb. Ausg. Ebd. 1850—51. — Loebell, J. W., D. Entwicklung d. deutschen Poesie v. Klopstocks erstem Auftreten bis zu Goethes Tode. Braunschw. 1856—65. III. — Rapp, Moriz, D. goldne Zeitalter d. deutschen Poesie. Tübingen 1861. II. — Schäfer, J. W., Gesch. d. deutschen Litter. d. 18. Jahrh. in Übersichten, Umrissen u. biograph. Schilderungen. Lpz. 1855—60. III. — Schmidt, Jul., Gesch. d. geistigen Lebens in Deutschland v. Leibniz bis auf Lessings Tod 1681—1781. Lpz. 1862. II. — Ebeling, F. W., Gesch. d. kom. Lit. in Deutschl. seit d. Mitte d. 18. Jahrh. Lpz. 1865 ff. III. — Mörikofer, J. C., D. schweizerische Literatur des 18. Jahrh. Lpz. 1861.

2. Sammlungen und Erläuterungsschriften: Kurz, Heinr., Handb. der poet. Nationallitter. d. Deutschen v. Haller bis auf d. neueste Zeit. Samml. ausgewählter Musterstücke, nebst Angabe der Lesarten, biogr. Notizen u. e. liter. ästhet. Kommentar. 3 Abtheilgn. Zür. 1840—43; 2. verb. u. verm. Aufl. Ebd. 1857—59. — Schwab, Gust., Fünf Bücher deutscher Lieder u. Gedichte von Haller bis auf d. neueste Zeit. Lpz. 1835. — Kurz, Heinr., Handb. d. deutschen Prosa von Gottsched bis auf d. neueste Zeit. Sammlg. d. Musterstücke nebst e. liter. ästhet. Kommentar. Zür. 1845—53. III. — Schwab, D. deutsche Prosa v. Mosheim bis auf unsere Tage. Stuttg. 1843. II.

Erster Abschnitt. Allgemeine Uebersicht.

§ 263. Innere und äußere Verhältnisse und ihr Einfluß.

a. Die Schwäche und Zerrissenheit des Reichs nimmt immer mehr zu. Weil die Macht des Hauses, aus dem seit einer langen Reihe von Jahren die Kaiser gewählt wurden, vorzüglich auf nicht deutschen Ländern beruhte, und es, wie übrigens auch die andern Fürsten, seine Politik von seinen dynastischen Interessen bestimmen ließ, entfremdete es sich das deutsche Volk von Jahr zu Jahr mehr, und man fieng schon damals an, Oesterreich als eine fremde Macht zu betrachten; namentlich brachte der siebenjährige Krieg (1756—1763) diese Wirkung hervor, da Oesterreich in demselben fremde Mächte zu Bundesgenossen hatte. Dieser traurige Umstand hatte aber die glückliche Folge, daß durch die großartigen Siege Friedrichs II. das Nationalgefühl aus seinem Todesschlaf allmählig wieder erwachte.

b. Der Zustand der einzelnen Länder war höchst traurig. Die Regierungen wurden immer despotischer; die Höfe, an denen nebst ungemessener Pracht zugleich gemeine Rohheit herrschte, erlaubten sich die gewaltthätigsten Erpressungen, um dem Aufwand zu genügen, oder verkauften sich an Frankreich, dessen Sitten sie nachäfften, dessen Sprache sie pflegten, während sie deutsches Wesen und deutsche Sprache und Literatur verachteten, wie selbst Friedrich II., Einer der wenigen Fürsten mit wissenschaftlicher Bildung und Sinn für Kunst und Poesie.[1]) In den von aristokratischen Geschlechtern beherrschten Reichsstädten war die frühere Regsamkeit und Tüchtigkeit verschwunden.

c. Zwischen den verschiedenen Ständen des Volks herrschte die größte Abgeschlossenheit. Der reichere und höhere Adel erniedrigte sich zu Werkzeugen der fürstlichen Willkür und prunkte mit französischer Bildung; der ärmere verbauerte auf seinen Schlössern, von der Bedrückung seiner „Unterthanen“ lebend. Die Gelehrten verharrten in ihrer pedantischen Abgeschlossenheit, und verachteten auch noch nach Thomasius Vorgang die Muttersprache, die sie freilich nicht zu schreiben verstanden; die wohlhabenderen Kreise des Bürgerstandes waren wie der Adel in französischer Bildung befangen.

§ 264. Entwickelungsgang der Literatur und ihr Charakter.

a. Doch war es der Bürgerstand allein, durch den die deutsche Poesie wieder zur Blüthe gebracht werden konnte, weil in ihm noch vaterländischer Sinn lebte, und das Nationalgefühl sich in ihm zuerst wieder zu heben begann. Nur mußte zuerst seine Empfänglichkeit für vaterländische Dichtung und Kunst geweckt, er mußte höherer Anschauungen fähig gemacht werden, und so erscheint die vorliegende Periode wesentlich als eine Zeit der **Erziehung**, welche durch **Gottsched** begonnen, durch **Bodmer** und **Breitinger** fortgesetzt, durch **Klopstock** und **Wieland** ins Leben geführt und durch **Lessing** abgeschlossen wird.

b. Der Weg, den die Erzieher dabei einschlugen, war ebenfalls durch die Lage der Dinge geboten. Da nämlich die ganze Literatur und Bildung auf Nachahmung beruhte, mußte man Anfangs bei derselben verharren, und durch dieselbe allmählich zur Selbstständigkeit gelangen, indem man der Einen fremden Literatur eine andere entgegensetzte. So besiegte man die Italiener durch die Franzosen, diese durch die Engländer und die Alten. Dadurch erwuchs die Literatur zu einer Art von Selbstständigkeit, indem man sich mit einer gewissen Freiheit bald diesem, bald jenem Volke zuwandte, und sie erstarkte namentlich in formeller Hinsicht, so daß sie mit der Zeit

---

1) Vgl. dessen Schrift „Sur la littérature allemande“. Berl. 1870; übers. v. Dohm. Ebd.

fähig wurde, einen bedeutenden Inhalt zu fassen, und zugleich zur Trägerin des wiedererwachten Nationalgefühls zu werden.

c. Doch mußte man auch das Publikum befähigen, dem Fortschritte zu folgen. Dies konnte in keiner andern Weise geschehen, als indem man die Mängel der Literatur nachwies, die man verdrängen wollte, und dagegen die Vorzüge derjenigen entwickelte, zu deren Nachbildung man anzuregen beabsichtigte. So gieng die Kritik, welche schon von Wernicke und Thomasius vorbereitet worden war (s. o. §§ 240. 259), stets der Production voran und bestimmte deren weitere Entwickelung.

d. Die Kritik und die freie Forschung, welche das leitende Prinzip der neuen Entwickelung wurde, beschränkte sich nicht bloß auf ästhetische Fragen, sondern drang auch in andere Gebiete ein. Die ästhetischen Kämpfe Lessings waren zugleich auch Kämpfe für die Befreiung der Wissenschaft überhaupt von den engherzigen Grenzen, die ihr die pedantische Fachgelehrsamkeit gezogen hatte, und die freiere, geistigere Behandlung der Philologie, Theologie, Geschichte, der Rechtswissenschaft wurde durch ihn zum Theil vorbereitet oder wirklich angebahnt. So erscheint der Geist der Freiheit als der Charakter der ganzen Zeit, und er machte sich nicht nur auf wissenschaftlichem Gebiete geltend, sondern auch und ganz vorzüglich in Sachen der Religion, indem er den Glaubenszwang bekämpfte und Aufklärung verbreitete. Auch wurden in diesem Zeitraum die ersten Grundlagen zur politischen Bildung des deutschen Volks gelegt, und zwar ausschließlich durch die Männer, welche die geistige Bildung leiteten.

§ 265. Zeitschriften und Vereine.

a. Als Förderungsmittel zur Verbreitung der durch die Kritik gewonnenen Ansichten vornämlich im Gebiete der Literatur erscheint zunächst der Journalismus, der einen höchst merkwürdigen Aufschwung nahm und einen außerordentlichen Einfluß auf die glückliche Entwickelung der Literaturzustände gewann, da die bedeutendsten Männer der Zeit ihre besten Kräfte an die von ihnen herausgegebenen Zeitschriften wandten, unter den Frühern Bodmer, unter den Spätern vor Allen Lessing, dann die rüstigen und gewandten Kämpfer Nicolai und Weiße, denen sich Abbt, Mendelssohn und Garve als Mitarbeiter anschlossen.

b. Nächst den Journalen trugen die neuen Vereine, welche sich am Anfang der Periode bildeten, wesentlich zur Verbreitung und Kräftigung der neuen Ansichten bei.

Anm. 1. Die ältern Sprachgesellschaften waren mit Ausnahme des Blumenordens verschwunden; die Deutschen Gesellschaften blieben ohne Einfluß auf die neue Entwickelung, da sie noch vom Geiste des vorigen Zeitraums erfüllt waren und die neue Bewegung nicht anerkannten, ja ihr zum Theil entgegentraten. Nur die Leipziger schloß sich ihr unter Gottsched an.

c. Den ersten Verein dieser Art gründeten 1721 Bodmer und Breitinger in Zürich, um sich über moralische und literarische Gegenstände zu unterhalten. Ihre Verhandlungen machten sie in einem Wochenblatt „Discourse der Mahlern" bekannt. Durch diesen Verein, besonders durch seine Stifter, wurde der geistige Verkehr zwischen Deutschland und der Schweiz wieder hergestellt, der seit der Reformation beinahe ganz aufgehört hatte.

d. Sam. Gotth. Lange gründete 1734 in Halle einen Verein zur Beförderung der deutschen Sprache, Poesie und Beredsamkeit; doch ist außer von ihm und seinem Freunde Jak. Imman. Pyra von keinem Theilnehmer Etwas gedruckt worden, auch scheint die Gesellschaft eingegangen zu sein, als jene 1737 Halle verließen. Dagegen versammelte Lange, der Pfarrer in Laublingen geworden war, und seine geistreiche Frau Anna Dorothea, geb. Gnüge, einen Kreis von Männern um sich, die sämmtlich für die Förderung der Literatur begeistert waren (Pyra, G. F. Meier, Sulzer, Gleim) und auf deren Entwickelung einflußreich wurden.

e. Von weitaus größerer Bedeutsamkeit wurde der Verein, den einige junge Männer 1744 in Leipzig gründeten. Zuerst an Gottsched sich anschließend, trennten sie sich später von ihm, von den bessern Ansichten der Schweizer angeregt, und gründeten eine Zeitschrift „Neue Beiträge zum Vergnügen des Verstandes und Witzes" (vom Druckorte auch „Bremer Beiträge" genannt), in der sie nach vorangegangener strenger Beurtheilung ihre poetischen Erzeugnisse veröffentlichten.

Anm. 2. Die Seele des Vereins, den man unter dem Namen der Sächsischen Dichterschule begreift, war wegen seines geläuterten Urtheils K. Christ. Gärtner, von dem auch der erste Gedanke zu demselben ausgegangen war; ihm schlossen sich zunächst J. Adolf Schlegel, Andr. Cramer und Chr. Mylius an; bald darauf Konr. Arn. Schmid, J. A. Ebert, Rabener und Zachariä, so wie J. El. Schlegel und Straube, ob sie gleich nicht in Leipzig wohnten. Erst später traten auch Gellert, Giseke, Gottlieb Fuchs und Klopstock hinzu.

Anm. 3. Mehrere derselben, Gärtner, Zachariä, K. A. Schmid und Ebert, kamen später in Braunschweig, andere, J. A. Schlegel, Cramer und Klopstock, in Kopenhagen zusammen, welche Orte durch sie zu Mittelpunkten literarischer Thätigkeit wurden. (Vgl. Schiller, C. G. W., Braunschweigs schöne Literatur in d. J. 1745—1800. Wolfenb. 1845.)

f. Außer den eigentlichen Vereinen übten auch freiere Verbindungen jüngerer und älterer Männer, die gleiche Liebe zur deutschen Literatur zusammenführte, wohlthätigen und zum Theil erfolgreichen Einfluß auf dieselbe aus. So verbanden sich in Halle Gleim, Uz und Götz zum gemeinschaftlichen Lesen griechischer und römischer Dichter und zur Nachbildung derselben. Man begreift sie unter dem Namen der Halleschen Dichter; sie nebst Ew. v. Kleist und Ramler, die sich später in Berlin an Gleim anschlossen, unter der Preußischen Dichterschule. Durch diese wurde Berlin ein Mittelpunkt geistiger Regsamkeit, der es auch blieb, als ein Theil derselben die Stadt verlassen hatte, da andere mit den Zurückbleibenden in Verbindung traten, zuerst Sulzer, Spalding und Sack, dann Lessing, durch welchen auch Mendelssohn und Nicolai mit jenen bekannt wurden. Als Gleim nach Halberstadt übergesiedelt war, unterhielt er lebendigen Verkehr mit seinen bisherigen Freunden, mit den Schweizern, Wieland, Klopstock und den Leipzigern, und versammelte eine Anzahl jüngerer Männer um sich, J. G. Jacobi, Kl. Eberh. Schmidt, Michaelis und Heinse, die zum Theil längere Zeit in seinem Hause wohnten, deren Talente er mit Liebe pflegte und in ihrer Entwicklung leitete.

Anm. 4. Während sich im protestantischen Deutschland, namentlich im nördlichen und in der Schweiz, beinahe überall ein reges Leben entwickelte, stand es in den katholischen Ländern erbärmlich, und nur Wien bietet einige Lichtpunkte, wo zuerst Sonnenfels und später Denis und Mastalier einige literarische Thätigkeit vermittelten; Baiern war bei der drückenden Herrschaft des Jesuitismus von der geistigen Bewegung ganz ausgeschlossen.

§ 266. Entwickelungsgang der Kritik.

a. Da die Poesie dieses Zeitraums „aus der Kritik geboren und unter Kampf und Fehden groß erzogen wurde" (Manso), so ist der Gang näher zu bezeichnen, den die kritische Erörterung nahm. Gottsched stellte den Grundsatz auf, daß die Poesie in der Nachahmung der Natur bestehe, daß sich aber der Dichter ausschließlich durch die Vernunft müsse leiten lassen, wodurch die Thätigkeit der Phantasie zurückgedrängt wurde. Nach ihm bestand die wahre Dichtkunst nur in der Befolgung der von der Vernunft aufgestellten Gesetze, und das Wunderbare war nur Mittel, die Neugierde zu reizen. Er empfahl zudem die Nachahmung der Franzosen, weil ihre Dichtungen sich in den Schranken des Verständigen bewegten. Die Schweizer bekannten sich ebenfalls zu dem Grundsatz, daß die Poesie die Natur nachahmen müsse, erweiterten ihn aber dahin, daß sie nichts Anderes sei, als die Malerei, von der sie sich nur im Stoffe (Sprache — Farben) unterscheide. Ferner verwarfen sie die Alleinherrschaft des Verstandes, indem sie behaupteten, der Dichter müsse eine der schöpferischen Kraft der Natur ähnliche Kraft besitzen, als welche sie die Phantasie erkannten, woraus sich ergab, daß ihnen die Welt des Wunderbaren nicht bloß Mittel, sondern Zweck der Poesie war, daß sie die Engländer (Milton), zugleich aber auch die Alten, namentlich die Griechen, als Vorbilder empfahlen. Damit stand freilich im Widerspruch, daß sie zugleich der alten Ansicht von dem Nutzen der Poesie huldigten, welche auch Gottsched anerkannte.

b. Ueber diese Hauptgrundsätze (Vernunft und Phantasie — Franzosen und Engländer) entspann sich ein langjähriger Streit, den man als den Kampf der Leipziger und Schweizer bezeichnet, und an dem alle Diejenigen Theil nahmen, welchen die vaterländische Literatur und Kunst am Herzen lag.

Anm. Das Organ Gottscheds waren die von J. Joach. Schwabe herausgegebenen „Belustigungen des Verstandes und Witzes" (Lpz. 1741—45), an denen zuerst die bedeutendsten Mitglieder des Leipziger Vereins nebst Andern Theil nahmen. Auf die Seite der Schweizer traten Liscow (Vorrede zu Heineckens Uebersetzung der Abhandlung Longins „Vom Erhabenen") und Pyra („Erweis, daß die Gottschedische Secte den Geschmack verderbe". Hamb. u. Lpz. 1743). Die Leipziger nahmen zwar keinen weiteren Antheil an dem Streit, allein sie trennten sich von den Schwabeschen Belustigungen und befolgten in ihren poetischen Erzeugnissen die Grundsätze der Schweizer. Einen mächtigen Bundesgenossen erhielten diese an dem Hallischen Professor Alex. Gottl. Baumgarten (1714—1762), der in seiner lateinisch geschriebenen „Aesthetica" (Frankfurt a. O. 1750) die Frage vom Wesen des Schönen nach philosophischen Grundsätzen behandelte und die Ansichten der Schweizer mit dem Wolfischen System in Einklang zu bringen suchte, was sein Schüler G. Fr. Meier (1718—1777) schon vorher in den „Anfangsgründen aller schönen Wissenschaften" (Halle 1748—50) gethan hatte.

c. Ein bedeutender Schritt in der Untersuchung vom Wesen des Schönen und der Poesie wurde durch das Werk des Franzosen Batteux „Einleitung in die schönen Wissenschaften" gethan, welches zuerst von J. Ad. Schlegel (1751), dann in der verbesserten Gestalt von Ramler (1758) übersetzt wurde. Batteux setzte nämlich das Wesen der Kunst nicht in die Nachahmung der Natur überhaupt, sondern in die Nachahmung der schönen Natur.

d. Von großem Einfluß auf die Entwickelung der ästhetischen Fragen wurde hierauf Fr. Nicolai, theils durch seine eigenen Schriften, namentlich die „Briefe über den jetzigen Zustand der schönen Wissenschaften in Deutschland" (1755), vorzüglich aber durch die von ihm begründeten Zeitschriften „Bibliothek der schönen Wissenschaften" und besonders „Briefe, die neueste Literatur betreffend" (Literaturbriefe), welche ganz vorzüglich segensreich wirkten. Auch gründete er die „Allgemeine Bibliothek", an der die bedeutendsten Männer Theil nahmen und die lange Zeit von großem Einfluß war.

e. Die Seele der „Literaturbriefe" war Lessing. Was er aber in denselben vorübergehend und gelegentlich ausgesprochen hatte, entwickelte er später in selbstständigen Schriften, in denen er die bisherigen Forschungen über das Wesen der Poesie und ihrer Gattungen theils berichtigte, theils zum Abschluß brachte. Er beseitigte den Grundsatz, daß die Poesie eine Malerei mit Worten sei, indem er die wesentliche Verschiedenheit der einzelnen Künste nachwies; er entfernte die immer noch herrschende Ansicht vom Nutzen der Poesie, und, was Einer der wesentlichsten und erfolgreichsten Punkte seiner Wirksamkeit ist, er schloß die Zeit der Nachahmung ab, indem er nachwies, wie man der Poesie durch verständige Aneignung des Fremden einen nationalen Charakter geben könne.

§ 267. Sprache.

a. Die Sprache erfuhr eine völlige Umgestaltung, namentlich die der Prosa. Gottsched setzte dem Schwulst der Schlesier Klarheit und Natürlichkeit entgegen und drang auf Reinheit und Würde des Ausdrucks. Die Schweizer forderten nebstdem auch sinnliche Anschaulichkeit der Darstellung. Haller gab der Sprache zuerst Kürze und Kraft, Hagedorn Zierlichkeit; diese beiden Richtungen erhielten durch Klopstock und Wieland ihren höchsten Ausdruck, und Lessing verband alle diese verschiedenen Bestrebungen zu künstlerischer Einheit und Vollkommenheit.

b. Von großem Einfluß auf die Ausbildung der Sprache waren die Uebersetzungen, welche von den besten Schriftstellern der Alten und Neueren gemacht wurden; es wurden durch dieselben Beweglichkeit und Mannigfaltigkeit des Ausdrucks und ein größerer Reichthum der Satzbildungen gewonnen.

§ 268. Zustand der Wissenschaften.

Der Gebrauch der Muttersprache, der je länger je mehr zunimmt, übt den günstigsten Einfluß auf die Behandlung der Wissenschaften, welche ihrerseits, weil sie den nicht gelehrten Ständen näher gebracht werden, deren gediegenere Bildung fördern. Neben der ästhetischen Kritik gelangt namentlich die Pädagogik zu hoher Bedeutung (Basedow) und wirkt nicht nur auf bessere Gestaltung des Erziehungs- und Schulwesens, sondern auch auf zweckmäßigere Behandlung einzelner Wissenschaften, insbesondere der classischen Philologie (Ernesti, Heyne), wodurch deren Einfluß auf die Literatur wesentlich gefördert wird.

Erstes Kapitel. Poesie.

§ 269. Entwickelungsgang und Charakter derselben.

a. Die poetische Production beruhte während des ganzen Zeitraums, namentlich aber am Anfange desselben, auf Nachahmung, und der Fortschritt bestand einfach darin, daß man von den Franzosen zu den Engländern, von diesen zu den Alten überging. Diese Nachahmung war wesentlich formeller Natur, was zum großen Theil dem Einfluß der Gottschedischen „Dichtkunst" zuzuschreiben ist, doch auch in einem gewissen Drange der besseren Dichter begründet lag, sich in den verschiedensten Gattungen der Poesie zu versuchen, was zur Ausbildung der Sprache nicht wenig beitrug. Die meisten poetischen Erzeugnisse waren in der That Uebungen, und so erscheint auch von dieser Seite die Periode als eine Zeit der Erziehung. Diese Bestrebungen fanden ihren Ausdruck zunächst in Hagedorn und Haller, dann in den Leipziger und zum Theil in den Preußischen Dichtern.

b. Einen nationalen Charakter gewann die Poesie erst durch Klopstock. Derselbe schuf eine poetische Sprache und gab derselben Kraft, Kürze und Leben; er setzte der nüchternen Verständlichkeit Begeisterung entgegen, wodurch die Ansichten der Schweizer auch praktisch gerechtfertigt wurden, und gab der Poesie durch Einführung vaterländischer und religiöser Stoffe einen Gehalt, den sie bis dahin nicht gehabt hatte.

c. Klopstocks mächtige Erscheinung hatte der Poesie der ganzen Zeit ihr Gepräge aufgedrückt, wodurch sie in Einseitigkeit zu gerathen drohte; namentlich verfiel die Sprache in Härte und Starrheit, so daß die Darstellung heiterer und anmuthiger Gegenstände, ja selbst der einfachsten Lebensverhältnisse zur Unmöglichkeit geworden war. Zur rechten Zeit erschien Wieland, der den vollkommensten Gegensatz zu Klopstock bildete. Er behandelte heitere Stoffe mit leichter Anmuth und lieblicher Beweglichkeit und rettete dadurch die deutsche Poesie vor der drohenden Einseitigkeit. Er wurde aber namentlich dadurch einflußreich, daß er durch seine von französischer Leichtigkeit erfüllten Poesien die höhern Stände für die deutsche Kunst gewann, denen bei ihrer französischen Bildung der Ernst und die abgemessene Bildung Klopstocks unverstanden und selbst widrig war.

§ 270. Verskunst.

a. Der von Opitz und seiner Schule aufgestellte Grundsatz der Versmessung nach Längen und Kürzen behält noch immer seine Geltung, ja er wird noch strenger durchgeführt. Zwar wird schon bald gefühlt, daß er den Versen einen steifen und einförmigen Character gebe (Bodmer, Breitinger, Drollinger), allein da das Bewußtsein der alten Versmessung völlig verschwunden war, konnte man auf dieselbe nicht zurückgehen. Man verfiel daher, um die Einförmigkeit des Verses zu beseitigen, auf die Nachahmung der Versmaße des Alterthums, sowohl des epischen Hexameters (Gottsched, Ew. Kleist, Klopstock) als der lyrischen Strophenformen (Klopstock, Ramler).

b. Dies führte zur Verwerfung des Reims (Bodmer, Breitinger, Drollinger, Meier, Lange, Pyra). Am Meisten wirkte Klopstock gegen den Gebrauch des Reims, dessen Natur er nicht erkannte. Ein richtigeres Gefühl hatten Gottsched und namentlich Lessing, welche gereimte und reimlose Verse für gleichberechtigt hielten. Doch gewann der Reim erst durch Wieland wieder erhöhte Bedeutsamkeit, da durch seine glückliche Behandlung desselben offenbar wurde, daß er zur Erhöhung des künstlerischen Eindrucks wesentlich beitrage.

c. Doch erhielten sich auch die reimlosen Verse, und es bildete sich allmählich das Gefühl aus, daß die verschiedenen Gattungen von Gedichten auch verschiedene Formen verlangten. Der Alexandriner, der am Anfang der Periode noch allgemeines Maß für größere oder höher gehaltene Dichtungen gewesen war, verschwand mit der Zeit beinahe ganz.

§ 271. Poetische Gattungen.

Da die Ansicht, daß die Poesie nebst der Ergetzung auch Belehrung zum Zwecke habe, noch lange feststand, wurde die didaktische Poesie vielfach bearbeitet und selbst die andern Gattungen nahmen einen didaktischen Charakter an. Diese Einseitigkeit hatte für die lyrische Poesie den außerordentlichen Vortheil, daß sie sich vom Gelegenheitsgedichte losriß und eine größere Mannigfaltigkeit von Stoffen und Formen entwickelte. Die epische Poesie nahm einen ungeahnten Aufschwung und wurde in ihren verschiedenen Gattungen mit überraschendem Glücke behandelt. Das Drama entwickelte sich Anfangs zwar langsam, erreichte aber gegen das Ende eine sehr bedeutende Höhe, und verhieß durch seine lebenskräftige Gestaltung eine noch größere Blüthe.

I. Lyrische Poesie.

§ 272. Entwickelungsgang und allgemeiner Charakter derselben.

a. Schon im Anfang des Zeitraums erschienen zwei Dichter, in denen sich die Entwickelung der lyrischen Poesie nach ihren zwei Hauptrichtungen vorgezeichnet findet; es sind Dies Fr. v. Hagedorn, der die heitere Seite und den französischen Einfluß, und Alb. v. Haller, der die ernste Seite und den englischen Einfluß repräsentiert.

b. Beide wirkten erfolgreich auf die nachfolgenden Dichter, besonders auf die Leipziger Dichterschule, die jedoch vorzüglich dadurch wichtig wurde, daß die Mitglieder derselben die Ansichten Gottscheds und später der Schweizer praktisch anzuwenden suchten, wobei sie sich durch das Bestreben nach correcter, klarer und natürlicher Darstellung große Verdienste um die Hebung der Sprache erwarben. Bei dem Mangel an dichterischer Erfindungsgabe bildeten sie meistens fremde, namentlich französische Dichtungen nach und neigten sich auch im Lyrischen zur didaktischen Auffassung.

c. Noch näher lehnten sich die Halleschen Dichter an Hagedorn an, die das heitere Lied in seinem Geist behandelten, dabei vorzüglich den Griechen Anakreon (Anakreontiker) und später auch Petrarca zum Muster nahmen. Da sie aber deren Stoffe (Wein und Liebe) ohne inneren Drang behandelten, fehlt es ihren Gedichten an Wahrheit der Empfindung, weshalb sie in Tändelei und süßliche Empfindsamkeit verfielen, die lange Zeit die deutsche Poesie beherrschte und selbst ernstere Männer ergriff.

d. Selbst Klopstock blieb von derselben nicht frei, ob er ihr gleich auch mächtig entgegenarbeitete, indem er der Poesie, namentlich der lyrischen, eine ernstere Form und einen würdigeren Gehalt gab (Religion und Vaterlandsliebe).

e. Die vaterländische Seite seiner Dichtung fand reichen Nachhall, insbesondere bei den Preußischen Dichtern, welche den bewunderten Meister insofern übertragen, als sie der allgemeinen Idee durch Verherrlichung der Siege Friedrichs II. eine reelle Unterlage gaben.

f. Klopstock hatte zwar auch nach einer solchen gesucht, und den Cherusker Hermann zum Gegenstand einer Reihe von dramatischen Dichtungen mit eingelegten lyrischen Gedichten gemacht, in denen er die untergegangenen Gesänge der alten Deutschen erneuern wollte, und die er Bardiete nannte, weil er glaubte, daß auch bei den Deutschen Barden gewesen seien (vgl. o. § 8. Anm. 3). So willkürlich diese Gesänge in Form und Inhalt waren, so fanden sie doch, und zwar wohl eben wegen dieser Willkür lebhaften Anklang, und es entwickelte sich eine eigenthümliche Art der Lyrik, die Bardenpoesie, die wegen Mangels an aller Realität in gehaltlose Schwärmerei ausartete, insbesondere als die Gedichte Ossians bekannt wurden, deren eigenthümliche Seiten, die in verschwimmenden historischen Beziehungen, die Sentimentalität in Naturschilderungen und in der Auffassung des Lebens, der vorherrschenden poetischen Richtung entsprachen.[1])

§ 273. Gattungen der lyrischen Poesie.

a. Es ist ein charakteristisches Kennzeichen der Zeit und ihrer Richtung, daß sich die Dichter in allen möglichen Gattungen, besonders der Lyrik, versuchten, selbst in solchen, die mit dem Leben und der Bildung in keinem Zusammenhang standen, wie die Dithyramben. Es war dies gleichsam ein unbewußter Drang, aus dem zwar keine bedeutenden Dichtungswerke hervorgiengen, durch den aber die Sprache an Beweglichkeit und Mannigfaltigkeit bedeutend gewann. Dieses Streben, sich in mannigfaltigen Formen zu üben, zeigte sich vorzüglich bei den Preußischen Dichtern.

b. Am Häufigsten wurde das Lied bearbeitet und zwar sowohl das weltliche als das geistliche. Die Stoffe des weltlichen Liedes waren nicht sehr mannigfaltig (Liebe, Freundschaft, gesellschaftliche Heiterkeit und Natur), und zudem wurden sie durch die sich fast immer gleichbleibende Auffassung eintönig. Selbstständiger entwickelte sich der vaterländische Gesang und es finden sich auch Versuche im politischen Liede.

c. Im geistlichen Liede trat an die Stelle des Ausdrucks gottvertrauenden Glaubens eine verständige Auffassung der religiösen Verhältnisse; das dogmatische Element verschwand vor dem moralischen, wodurch es zwar an praktischem Nutzen gewann, aber an poetischem Werth verlor, wie es auch hinsichtlich der Darstellung tief unter dem älteren Kirchenliede mit seiner Bibelsprache steht. Es sind vorzüglich zwei Richtungen zu unterscheiden, die jedoch mehr äußerlich als im Wesen verschieden sind. Die Eine, deren Gründer Gellert ist, suchte hauptsächlich durch populäre (nicht volksthümliche), klare, auf den Verstand berechnete Darstellung zu wirken. Die andere, die von Klopstock ausgieng, verlor sich einerseits in weichliche, sentimentale Auffassung und andererseits in ein dem Volke fern stehendes Pathos. Neben diesen zwei Richtungen dauert auch die pietistische fort, die sich immer mehr in süßliche Empfindelei und allegorische Darstellung verirrte.

Anm. Die überwiegende Zahl der protestantischen Kirchenliederdichter gehört auch in diesem Zeitraum der lutherischen Kirche an; die Thätigkeit der Katholiken beschränkte sich beinahe nur auf einige Liedersammlungen und Uebersetzungen.

d. Die Ode, die Anfangs nicht über das Gelegenheitsgedicht hinausgieng, oder sich vom ernsteren Liede nicht unterschied, gewann durch Klopstock eine kunstvollere Behandlung der Form, größeren Gedankenreichthum und höheren Schwung der Dar-

1) Ossian wurde v. Macpherson ins Englische übers. herausgegeben. Manche behaupteten, die Gedichte seien ein Machwerk Macphersons, darunter zuletzt Talvj, d. h. Therese Robinson in d. Schrift „Die Unechtheit der Lieder Ossians", wogegen August Ebrard in „Ossians Finnghal" aus d. Gälischen metrisch übers., Leipzig 1868, nachweist, daß die Lieder echt, von Macpherson jedoch ungenau übers. und durch willkürliche Zusätze entstellt seien.

stellung. Mehrere Dichter bildeten sich nach Horaz. Außerdem wurden noch die Hymne, zum Theil in Nachahmung der Psalmen, die Dithyrambe, die Elegie, meist im beschränkten Sinn eines Klageliedes, die Heroide, die Cantate und die kleineren lyrischen Formen (Madrigal, Ringelgedicht, Triolet) häufig bearbeitet, wogegen das Sonett beinahe ganz in Vergessenheit gerieth.

II. Didaktische Poesie.

§ 274. Charakter und Gattungen.

a. Die didaktische Poesie wurde aus mehreren Gründen vielfältig bearbeitet. Sie entsprach der Ansicht, daß die Poesie nebst dem Vergnügen auch Nutzen gewähren müsse; sie gab den Dichtern, denen es an poetischen Stoffen fehlte, ein leichtes Mittel, diesem Mangel abzuhelfen, und endlich boten die Völker, deren Literatur man jetzt vorzüglich studierte und nachahmte, die Römer, die Franzosen und besonders die Engländer, bedeutende Muster in dieser Gattung.

b. Unter den vielen didaktischen Gedichten des Zeitraums erheben sich jedoch nur sehr wenige über die Mittelmäßigkeit. Die belehrende Poesie wurde nämlich vorzüglich in der ersten Hälfte der Periode mit Vorliebe bearbeitet, in der nur noch wenige Dichter von größerem Talente lebten, und die Sprache der Poesie sich noch in nüchterner Klarheit bewegte, während die größeren Dichter der späteren Zeit sich lieber belohnenderen Gattungen der Poesie zuwandten. So erscheint hauptsächlich die Sächsische Schule als Pflegerin der didaktischen Poesie. Auch mehrere Preußische Dichter haben dieselbe bearbeitet, und es sind ihre Dichtungen von höherem Werth, als die der Leipziger, sowohl weil sie überhaupt talentvoller waren, als auch weil die Sprache schon größere Fortschritte gemacht hatte.

c. Von den Gattungen der didaktischen Poesie wurde das Lehrgedicht am häufigsten behandelt, bald nach französischen, bald nach römischen oder englischen Vorbildern. Manche Gedichte sind in der Ausführung wirklich poetisch, viele, ja die meisten, sind platt, ohne Geist und ohne Schwung, wie es bei den oft seltsamen Stoffen nicht anders sein konnte („Die Wässerung der Aecker“, „Das Recht der Vernunft“ u. a. m.).

d. Die Epistel („Poetische Briefe“) hat bei den Dichtern der Sächsischen Schule einen vorwiegend belehrenden, bei den Preußischen Dichtern einen sentimentalen Charakter. Die Satire wurde von den bedeutendsten Bearbeitern derselben in Prosa geschrieben; doch haben auch mehrere der bessern Dichter gereimte Satiren verfaßt. Das Epigramm endlich erscheint ebenfalls in großer Fülle; allein es haben nur wenige Dichter Bedeutendes geleistet.

III. Epische Poesie.

§ 275. Charakter und Gattungen.

a. Es zeigt sich im Gebiete der epischen Poesie große Rührigkeit. Bei der vorherrschenden Ansicht, daß die Poesie Nutzen gewähren müsse, wurde vorzüglich die Fabel und die ihr verwandte poetische Erzählung bearbeitet. Doch war Dies zunächst in der ersten Hälfte des Zeitraums der Fall; gegen das Ende treten diese Gattungen immer mehr zurück und ihr beinahe gänzliches Verschwinden kündigt das Erscheinen einer neuen Periode an. In der Fabel waren vorzugsweise die Franzosen Muster, insbesondere Lafontaine, der sie mit behaglich epischer Ausführlichkeit behandelte. Dies und der Umstand, daß einige der besseren Bearbeiter nach volksthümlicher Haltung strebten, bewirkte, daß die Fabel bis in die untersten Schichten des Volkes drang und einen weitgreifenden Einfluß auf dessen sittliche und geistige, ja selbst auf seine ästhetische Bildung gewann. Die Fabeldichtung erreichte in dieser Behandlungsweise ihren Höhepunkt bei den Dichtern der Sächsischen Schule. Eine andere Auffassung gieng von Lessing aus, der die Fabel auf ihre einfachste Gestalt zurückführte. Die poetische Erzählung unterschied sich von der Fabel wesentlich nur darin, daß Menschen und nicht Thiere die Träger der erzählten Begebenheit waren; daher haben auch beinahe alle Fabeldichter Erzählungen geschrieben.

b. Nicht geringen Beifall fand eine bis dahin noch nicht behandelte epische Gattung, die Romanze, unter welcher man damals Erzählungen tragischer Begebenheiten in volksmäßiger und zum Gesang geeigneter Darstellung mit meist ironischem Ton verstand, was den Erzählungen alle Wahrheit raubte. Sie arteten oft in gemeine Bänkelsängereien aus. Die Idyllen hatten beinahe ohne Ausnahme den Fehler, daß sie keine reelle Grundlage hatten, sondern auf einer von den Dichtern willkürlich erdachten Schäferwelt beruhten. Auch diese Gattung erscheint öfters in Prosa.

c. Die größeren epischen Dichtungen haben keinen Zusammenhang mit dem alten Epos, nur das Thierepos zeigt sich wieder, freilich nur schüchtern und ohne Einfluß auf die Zeitgenossen, dagegen schließt sich das historische Epos an die Leistungen des vorigen Zeitraums an. Einige Dichter, die es in höherer Weise auffaßten, verfehlten sich in der Ausführung, und ließen die begonnenen Werke daher unvollendet. Im allegorischen und didaktischen Epos versuchten sich mehrere Dichter, doch nur Einer (Wieland) mit wirklichem Erfolg. Eben so erscheint das von Miltons „Verlornem Paradies" angeregte religiöse oder biblische Epos nur Ein Mal in großartiger Weise (der „Messias" von Klopstock); aber es hatte dieses Gedicht durch Sprache, Form und Haltung den außerordentlichsten Einfluß auf die Entwickelung der gesammten Literatur. Die andern Dichtungen dieser Art waren meist nur schwache Nachklänge des großen Vorbildes.

d. Von allen größeren epischen Gattungen wurde die komische Epopöe wie am häufigsten, so auch am Glücklichsten bearbeitet. Vorbilder waren vornehmlich die Engländer (Pope), doch auch die Franzosen. Nach dem Vorgang ihrer Muster haben die deutschen Dichter allegorische Personen oder erdachte übernatürliche Wesen (Sylphen, Gnomen u. s. w.) zur Leitung der Begebenheiten (Maschinen) eingeführt, wodurch die sinnliche Anschaulichkeit und Wahrheit verloren gieng. Eine besondere Art von komischen Epopöen sind die, welche besondere Beziehungen haben, und meist die literarischen Zustände der Zeit betreffen.

e. Gegen das Ende des Zeitraums wurde durch Wieland eine neue Art des Epos, das romantische, geschaffen, das seine Stoffe vorzugsweise aus den Dichtungen des Mittelalters schöpfte und das Wunderbare mit einer gewissen Ironie behandelte, zum Theil die humoristischen Epen der Italiener zum Muster nahm. Es rief viele Nachahmungen hervor, die jedoch erst in den folgenden Zeitraum fallen.

IV. Dramatische Poesie.

§ 276. Entwickelungsgang derselben.

a. Das Drama war am Ende des vorigen Zeitraums vollständig verwildert; die Haupt- und Staatsactionen nebst den Possenspielen und der Oper hatten sich ausschließlich der Bühne bemächtigt. Dieser Verwilderung konnte nur durch die strengste Regelmäßigkeit entgegengearbeitet werden, und so war die Nachahmung des französischen Dramas schon an sich geboten, wenn sie nicht schon in der ganzen Zeitrichtung gelegen wäre.

b. Gottsched erwarb sich das Verdienst, das deutsche Drama durch Einführung regelmäßiger, aus dem Französischen übersetzter oder im Sinne und Geiste des französischen Dramas bearbeiteter Stücke zur Kunst zurückzuführen, wobei er von der geist- und talentvollen Schauspielerin Neuber unterstützt wurde (Verbannung des Hanswursts auf der Leipziger Bühne im Oct. 1737). Diese neuen Stücke hatten freilich kein anderes Verdienst, als das der Regelmäßigkeit; im Uebrigen waren sie höchst unbedeutend, in der Sprache steif und unbeholfen, und sie wurden nur durch die sich immer mehr ausbildende Schauspielkunst gehalten.

c. Fr. Nicolai erkannte zuerst, daß das französische Drama sich nicht zur Nachahmung eigne, weil es in der Auffassung zu beschränkt und in seinen Erzeugnissen zu gleichmäßig sei; er wies auf das italienische, namentlich aber auf das englische Theater hin, das an Reichthum und Angemessenheit der Stoffe, an Zeichnung und Mannigfaltigkeit der Charaktere das französische weit übertreffe.

Anm. Wie sehr es Nicolai um Hebung des deutschen Dramas zu thun war, geht schon daraus hervor, daß er im J. 1756 einen Preis von 50 Thalern für das beste Trauerspiel aussetzte.

d. Bald darauf suchte Chr. Fel. Weiße eine weitere Entwickelung des Dramas dadurch herbeizuführen, daß er einen größeren Reichthum an Handlung und eine größere Mannigfaltigkeit der Charaktere in die regelmäßige Form zu bringen suchte, allein es konnte Dies, so glücklich der Gedanke war, eine Wiedergeburt des Dramas nicht herbeiführen, da er das nationale Element nicht berücksichtigte.

e. Daß es nothwendig sei, dem Drama eine nationale Grundlage zu geben, wenn es zu höherer Vollendung und zur Selbstständigkeit gelangen sollte, erkannte zuerst Lessing. Da das alte Drama allen Zusammenhang mit der neuen Bildung verloren hatte, konnte er freilich nicht auf dasselbe zurückgehen; er schloß sich daher an die stamm- und geistesverwandten Engländer an, um zunächst die Nachahmung des französischen Theaters zu bekämpfen, wobei er in Frankreich selbst an dem geistreichen Diderot, der die Mängel des französischen Dramas erkannt und gründlich erörtert hatte, eine mächtige Hülfe fand. Lessing schrieb einige Dramen, in denen er diese Vorbilder mit großer Selbstständigkeit nachahmte. Daß er diese Stücke in Prosa abfaßte, war von der heilsamsten Wirkung; denn es wurden durch diesen Vorgang nicht nur die steifen Alexandriner verdrängt, sondern es gewann die Sprache auch an leichter Bewegung, an Gewandtheit und Natürlichkeit des Ausdrucks. Als die Grundlage des neuen Dramas ist aber seine „Hamburgische Dramaturgie" anzusehen, durch welche der französische Einfluß vollständig vernichtet und ein nationales Drama möglich wurde, wie es sich in der folgenden Periode zu entwickeln begann.

§ 277. Das Trauerspiel.

a. Was eben von der Entwickelung des Dramas gesagt wurde, gilt vorzugsweise von dem Trauerspiel. Dieses beruhte zuerst ausschließlich auf Nachahmung der französischen Tragödie, deren glänzende Seiten aber, Eleganz der Darstellung und rhetorische Würde, in Geschmacklosigkeit und geschwätzige Breite ausartete. Die Nachfolger Gottscheds machten zwar nicht unbedeutende Fortschritte, wir finden bei ihnen gebildetere Sprache und gewandteren Dialog, allein die französische Tragödie ist so ganz eine Geburt des französischen Geistes und der besonderen höfischen Bildung desselben, daß eine vollständige Aneignung desselben unmöglich war.

b. So mittelmäßig die Versuche Weißes waren, die Mannigfaltigkeit des englischen Trauerspiels mit der Regelmäßigkeit der französischen Tragödie zu verbinden, so bildeten sie doch einen geeigneten Uebergang von der bisherigen Form zu einer neuen. Diese begründete Lessing durch die Einführung des bürgerlichen Trauerspiels, welches nicht nur durch freiere Bewegung und größere Mannigfaltigkeit der Handlung der französischen Auffassungsweise entgegentrat, sondern auch dadurch auf das ganze Volk mächtig einwirkte, daß es die bürgerlichen Stände zu Trägern der Handlung machte und somit das aristokratische Element der französischen Tragödie durch ein demokratisches ersetzte. Es war Dies aber von um so größerer Bedeutung, als Lessing in seinen Stücken deutsche Verhältnisse und deutsche Charaktere darstellte, wenn auch die Personen englische oder italienische Namen tragen.

§ 278. Das Lustspiel (Schäferspiel).

a. Wie die Anfänge des neuern Trauerspiels von Gottsched ausgiengen, so wurde das neuere Lustspiel von seiner Frau begründet. Sie nahm ebenfalls die Franzosen zu Mustern, nicht aber, was von Ei sicht zeugte, die Charakterstücke der ältern Dichter (Molière, Regnard u. A. m.), sondern die Intriguenstücke der spätern, die sich nicht in der Darstellung der höhern Klassen der Gesellschaft bewegten wie jene, sondern die mittlern Stände und deren Zustände behandelten. Diese Richtung gewann noch mehr Boden, als die Lustspiele des Dänen Holberg um diese Zeit bekannt wurden, welche ebenfalls das Leben der mittlern, ja selbst der niedern Stände schildern. Wenn auch die Arbeiten der Frau Gottsched und ihrer nächsten Nachfolger an sich sehr unbedeutend waren und sie namentlich, indem sie nach Wahrheit der Darstellung strebten, in das Platte und Gemeinnatürliche verfielen, so liegt in denselben doch ein unverkennbarer Fortschritt, weil sie der phantastischen Intrigue des bisherigen Lust- und Possenspiels die Schilderung des wirklichen Lebens entgegensetzten.

Anm. 1. Das alte Lustspiel verschwand aber keineswegs ganz, namentlich drängte sich der Hanswurst, obgleich verbannt, immer wieder vor, wenn auch unter anderem Namen; auch wurde dessen Berechtigung für das Lustspiel von Lessing und Justus Möser mit gewichtigen Gründen verfochten. Insbesondere erhielt sich die Hanswurstkomödie in Wien, wo sie durch die talentvollen Schauspieler Prehauser und Jos. Fel. v. Kurz Bernardon neue Blüthen trieb.

b. Das neue Lustspiel machte noch zu Gottscheds Zeiten einen weiteren Fortschritt. Gellert führte nämlich in Nachahmung französischer Vorbilder das sogenannte rührende Lustspiel ein, wodurch die Gattung wesentlich erweitert wurde. Bis dahin war nämlich der Mittelstand nur zur Darstellung der Mängel und Lächerlichkeiten der Menschen benutzt worden, durch das rührende Lustspiel wurde auch er zum Träger edlerer Lebensverhältnisse, worin sich wiederum das Eindringen demokratischer Elemente in die Literatur kund giebt. Gellert und seine Nachfolger irrten aber darin, daß sie der neuen Gattung einen allzusentimentalen Charakter aufdrückten, der freilich in der ganzen Zeit lag. Gellert erwarb sich aber in seinen sonst sehr mittelmäßigen Stücken noch das weitere Verdienst, daß er seinen Personen eine nationale Färbung gab, wodurch die erste Grundlage zu einem wahrhaft nationalen Lustspiele gelegt wurde, welche Lessing weiter entwickelte und künstlerisch gestaltete (Minna von Barnhelm).

Anm. 2. Neben der eigentlichen Komödie erhielt sich auch das Schäferspiel, doch wurde es im Ganzen nur wenig bearbeitet.

§ 279. Die Oper und das Singspiel.

a. In Folge seiner Ansicht, daß die Poesie durchaus und nur die Natur darstellen dürfe, bekämpfte Gottsched die Oper mit beinahe noch größerer Hartnäckigkeit und mit besserem Erfolg als den Harlekin; eine Zeit lang war die Oper in der That gänzlich von den deutschen Bühnen verschwunden.

b. Dagegen erhielt sich das Singspiel, bei welchem das dramatische Element allerdings vorherrschte. Durch dieses wurde aber das Wiedererscheinen der Oper wieder vorbereitet, und Gottsched mußte es zu seinem größten Kummer erleben, daß selbst in

Leipzig im J. 1752 Weißes komische Oper, „Der Teufel ist los", aufgeführt und mit Beifall aufgenommen wurde, welcher dann nach und nach immer mehrere folgten.

Zweites Capitel. Prosa.

§ 280. Entwickelungsgang und Gattungen derselben.

a. Der im vorigen Zeitraum arg vernachlässigten Prosa ward schon am Beginn des vorliegenden größere Aufmerksamkeit geschenkt. Es war wiederum Gottsched, der zuerst mit Bewußtsein auf eine bessere prosaische Darstellung drang, dabei freilich seine Bemühungen vorzüglich auf das Aeußerliche, auf Reinheit, Einfachheit und Deutlichkeit richtete, was, wie in der Poesie, so auch in der Prosa zur Breite führte. Seine Schüler und Nachfolger behandelten die Prosa in dem nämlichen Sinne wie er; doch sind bei Einzelnen auch einzelne Fortschritte bemerkbar, und die Sprache gewann durch sie an Leichtigkeit, Wohllaut und Abrundung des Satzbaues. Als Schöpfer der neuern Prosa ist aber Lessing zu verehren, der nicht bloß durch seine eigenen musterhaften Schriften, sondern vorzüglich dadurch auf die künstlerische Ausbildung der prosaischen Sprache den größten und heilsamsten Einfluß ausübte, daß er nicht bloß Lustspiele, sondern selbst Tragödien in Prosa zu schreiben anfieng. Die Natürlichkeit und leichtere Bewegung, welche der Dialog verlangte, gieng bald auch auf andere Schriften über, wodurch die steife Unbeholfenheit vollständig überwunden wurde und die von Gottsched in die Sprache gelegten Elemente der Wahrheit und Deutlichkeit sich immer schöner und lebenskräftiger entwickelten. Durch Wieland, der sich nach den großen Schriftstellern der Griechen und Römer bildete, gewann die Sprache eine große Mannigfaltigkeit von Satzformen und eine überraschende Geschmeidigkeit. Zur allseitigen Entwickelung der prosaischen Sprache trug aber der Umstand wesentlich bei, daß alle Gattungen behandelt wurden und daß die einzelnen Schriftsteller sich bemühten, eine ihren Zwecken entsprechende Form zu schaffen. Und so haben sich außer den Genannten noch manche Andere bleibende Verdienste um die Entwickelung der Prosa erworben, so Winckelmann, Justus Möser, Geßner, Mendelssohn und Garve.

b. Da Kritik und Forschung den Grundcharakter des Zeitraums bildet, so ist es natürlich, daß vorzugsweise die didaktische Prosa behandelt wurde, so wie es auch begreiflich ist, daß die zu den übrigen Darstellungsformen gehörenden Werke mehr oder weniger auf didaktischen Zwecken beruhen. Bei den Prosadichtungen tritt das satirische Element wesentlich hervor; viele Romane haben die unverkennbare Absicht, Belehrung zu verbreiten. Auch die historischen Werke haben einen vorwiegend didaktischen Charakter, da sie weniger die Resultate der Forschung, als diese selbst darstellen. Endlich herrscht auch bei der rhetorischen Prosa das didaktische Element vor, da die Predigt die beinahe ausschließliche Bestimmung hatte, die christliche Sittenlehre zu verkünden.

I. Prosadichtungen.

§ 281. Charakter und Gattungen derselben.

a. In der ersten Hälfte des Zeitraums wurde vorzüglich die Satire bearbeitet, zu welcher die literarischen Kämpfe häufig Anlaß darboten, doch erhoben sich nur wenige derselben über die Mittelmäßigkeit. Von größerer Wichtigkeit sind diejenigen Satiren, welche allgemeine menschliche Gebrechen behandeln und daher der poetischen Behandlung fähiger waren.

b. Der Roman wurde im Ganzen weniger bearbeitet; und die besseren Erzeugnisse treten erst gegen das Ende des Zeitraums hervor. Auf die Robinsonaden, die noch längere Zeit dauerten, folgten die sentimentalen Familienromane, welche durch die Werke des Engländers Richardson hervorgerufen wurden. Neben diesen fand sowohl der satirische, als der politische Roman ziemlich häufige Bearbeitung. Eine künstlerische Gestaltung des Romans wurde erst am Ende der Periode durch Wieland angebahnt.

c. Eine eigenthümliche Erscheinung der Zeit sind die in Prosa abgefaßten epischen Gedichte und Schilderungen, unter welchen mehrere zu den bedeutenderen Leistungen der Periode gehören.

II. Historische Prosa.

§ 282. Charakter und Gattungen derselben.

a. Im Ganzen blieb die historische Prosa in diesem Zeitraum noch auf einer sehr untergeordneten Stufe, da es den meisten Historikern mehr um Geschichtsforschung als um schöne und künstlerische Darstellung zu thun war, weshalb viele Geschichtswerke sogar noch in lateinischer Sprache geschrieben wurden. Doch erscheinen schon Versuche, die Geschichtschreibung auf philosophische Grundsätze zu bauen.

b. In der Bearbeitung der allgemeinen Weltgeschichte offenbart sich hie und da ein freierer Geist, der den Zusammenhang der Begebenheiten zu erfassen sucht, doch wird er oft durch allzustrenges Systematisiren niedergehalten. In der Specialgeschichte, die sich freilich noch meist auf Quellenforschung beschränkte, wurde manches Treffliche geleistet; auch die Kirchengeschichte bietet einige gute Erscheinungen. In der Literaturgeschichte wurden einige gute Versuche gemacht; die Kunstgeschichte wurde durch ihren Begründer (Winckelmann) in meisterhafter Weise bearbeitet, und endlich finden sich mehrere Biographien, die zwar nicht durch ihre Darstellung, aber doch durch ihren Inhalt reiches Interesse gewähren.

c. An Reisebeschreibungen ist diese Periode nicht reich, doch sind einige Werke beachtenswerth. Der Geographie wurde noch keine wissenschaftliche Behandlung zu Theil, doch wurde versucht, sie geschmackvoller zu bearbeiten. Endlich wurden auch die ersten Versuche gemacht, der Statistik eine wissenschaftlichere Gestaltung zu geben.

III. Didaktische Prosa.

§ 283. Charakter und Gattungen derselben.

a. Das Vollendeste, was in prosaischer Sprache geschrieben wurde, gehört mit wenig Ausnahmen in das Gebiet der didaktischen Prosa, welche sich von den ersten noch unbeholfenen Anfängen zur höchsten Blüthe emporhob, die auch im folgenden Zeitraum kaum wieder erreicht wurde. Am Bedeutendsten sind die Schriften, welche der Untersuchung vom Wesen des Schönen und der Kunst, insbesondere der Poesie, gewidmet waren.

b. Da sich diese Schriften von der schulmäßigen Form losgerissen und nach schöner Darstellung gestrebt hatten, gelangte man zur Ueberzeugung, daß man auch rein philosophische Gegenstände in einer allgemein faßlichen und künstlerisch schönen Sprache darstellen könne. Von den französischen und englischen Philosophen angeregt, an denen man auch treffliche stilistische Vorbilder hatte, bearbeitete man vorzüglich diejenigen Zweige der Philosophie, welche von praktischem Interesse waren. Daher trat die eigentliche Speculation zurück; man baute vielmehr auf Beobachtung und Erfahrung und beschäftigte sich hauptsächlich mit Untersuchungen über Anthropologie und Psychologie, über Moral und Religion, über Pädagogik und Politik. Viele treffliche Männer, die man unter dem Namen Popularphilosophen begreift, haben sich durch ihre Schriften über die verschiedensten Zweige der praktischen Philosophie um die geistige und sittliche Bildung des Volkes große, leider oft verkannte Verdienste erworben. Im Gebiet der Jugenderziehung wurde viel und Bedeutendes geleistet, besonders seit Rousseau die Aufmerksamkeit auf diesen wichtigen Punkt gelenkt hatte. Die Werke, welche darüber erschienen, sind jedoch weniger wegen ihrer Darstellung, als wegen der darin niedergelegten Ideen von Wichtigkeit.

c. Eben so wurde die Religion in das Bereich der Untersuchung gezogen, und es begann ein folgenreicher Kampf um Aufklärung und geistige Freiheit, der von Seite der „Rechtgläubigen", wie sich die Freunde der Finsterniß nannten, mit Erbitterung, aber ohne Talent geführt wurde. Der Geist der Freiheit, der den Zeitraum charakterisiert, machte sich auch in Untersuchungen über das Wesen des Staats und die Verhältnisse des Volks zu den Regenten geltend. Zuerst bewegte sich die Behandlung der politischen Fragen freilich auch durchgängig in gelehrter Weise, so daß das größere Publikum davon noch unberührt blieb; dagegen stellten die späteren politischen Schriftsteller ihre Ansichten in allgemein faßlicher Sprache dar, und verbreiteten politische Bildung und tüchtige Gesinnung.

d. Die Beschäftigung mit der Sprache gewann immer größeren Umfang; doch sind die Ergebnisse nur in so fern von Wichtigkeit, als sie bedeutendere vorbereiteten. Außer einigen zum Theil bemerkenswerthen grammatischen und lexikographischen Arbeiten finden sich Werke über die Geschichte der Sprache. Auch fieng man an, sich mit der ältern deutschen Literatur zu beschäftigen, was nicht bloß auf die Entwickelung der Poesie selbst heilsamen Einfluß ausübte, sondern auch vorzüglich dazu beitrug, das Nationalgefühl zu kräftigen.

IV. Rhetorische Prosa.

§ 281. Charakter und Gattungen derselben.

a. Die Fortschritte, welche die rhetorische Prosa machte, waren meist äußerlicher Art, und offenbarten sich daher vornämlich in einer bessern Darstellung, die unter dem Einfluß der didaktischen Prosa sichtbar an Reinheit, Klarheit, Rundung und Schönheit zunahm.

b. In der geistlichen Beredsamkeit zeigt sich zwar schon früh ein ernstes Bestreben nach künstlerischer Gestaltung, doch konnte es bei der vorwiegenden didaktischen Tendenz der Predigten nicht durchdringen. Bei einigen Herrnhutern findet sich wohl entschiedenes Bestreben, auf das Gemüth zu wirken, allein ihre Innigkeit geht oft in kindliche Spielerei über und ihre Darstellung ist nicht selten ganz ungeeignet, ja selbst widrig. Bei den Katholiken machte die Kanzelberedsamkeit bei dem Mangel an gebildeten Geistlichen nur wenige oder keine Fortschritte.

c. Die weltliche Beredsamkeit bietet wenig Erfreuliches dar, da wegen der öffentlichen Zustände und der täglich steigenden Sucht der Regierungen, Alles mit dem Schleier des Geheimnisses zu umgeben, weder die politische noch die gerichtliche Rede geübt wurde.

d. Auch die gelehrte oder wissenschaftliche Rede steht sehr weit unter der geistlichen; die meisten sind zwar nach einem regelmäßigen Plane angelegt, aber es fehlt ihnen an Tiefe, Größe und Reichthum der Gedanken, und sie arten zum großen Theil in breite Weitschweifigkeit aus. Nur Lessing hat in seinen polemischen Schriften eine Fülle und Macht der Beredsamkeit entwickelt, die bis jetzt noch nicht wieder erreicht, geschweige übertroffen worden ist.

e. Der Brief befreit sich am Spätesten von der ihm aus früherer Zeit anklebenden Geschmacklosigkeit, weil die steifen gesellschaftlichen Zustände denselben mehr beherrschten als die übrigen Gattungen der prosaischen Darstellung. Einflußreich auf die bessere Gestaltung des Briefs wurde Gellert durch seine Abhandlung „von dem Geschmack in Briefen". Der mehr oder weniger ausgebreitete Briefwechsel der meisten Schriftsteller der Zeit ist übrigens zum Theil für die Geschichte der Literatur von Wichtigkeit.

Zweiter Abschnitt. Uebersicht der Schriftsteller.

Erstes Kapitel. Poesie.

I. Die Anfänge der neuen Dichtung und der Kritik.

§ 285. Die Anfänge der neuen Dichtung.

a. **Albrecht (von) Haller**, aus Bern, geb. den 6. Oct. 1708, studierte die Medicin seit 1723 in Tübingen, seit 1725 in Leyden, 1729 Bibliothekar in Bern, 1736 Professor der Anatomie, Chirurgie und Botanik in Göttingen, später beständiger Präsident der königl. Gesellschaft der Wissenschaften und 1749 vom Kaiser geadelt, 1753 wieder in Bern, wo er mehrere öffentliche Aemter bekleidete, gest. am 12. Dec. 1777.[1]) — Haller gehörte zu den gelehrtesten Männern aller Zeiten und war groß als Anatom, Physiolog, Botaniker und Arzt. Als Dichter Anfangs Lohenstein nachahmend, bildete er sich später nach den Engländern und erwarb sich das Verdienst, der Poesie zuerst einen tieferen Gehalt, der Sprache Kürze und Kernhaftigkeit gegeben zu haben.[2])

Lyrische Gedichte (meist Oden), tief empfunden und gedankenreich („Trauerode"); Lehrgedichte, die seiner Vorgänger an Tiefe und Reichthum der Gedanken übertreffend („Ursprung des Uebels"); Satiren, voll der verschiedensten Züge, großartig in Gesinnung und Ausdruck, aber scharf und selbst bitter („Die verdorbenen Sitten"). Im Gedicht: „Die Alpen", großartige Anschauung der Natur (Versuch Schweizerischer Gedichte 1732; hrsg. v. L. M. Wolf, 1828). Die Romane „Usong" (Bern 1771), „Alfred" (Ebd. 1773), „Fabius und Cato" (Ebd. 1774) als Dichtungswerke wegen des vorwiegend didaktischen Zwecks von geringer Bedeutung. Ihre Absicht: die Verfassung eines Landes ist, wenn auch nicht gleichgültig, doch für das Glück des Volkes nicht maßgebend; daher behandelt der erste die Vorzüge der Despotie, der zweite die der beschränkten Monarchie, der dritte die der republikanischen Aristokratie.

b. **Friedrich von Hagedorn**, geb. zu Hamburg am 23. April 1708, studierte 1726 die Rechte in Jena, wurde dann in London Secretär beim dänischen Gesandten, 1731, in Hamburg 1733 Secretär bei dem englischen Court (einer Handelsgesellschaft), gest. 28. Oct. 1754. — In Folge eifrigen Studiums der besten Dichter des Alterthums und der neuen Völker schuf sich Hagedorn eine Sprache voll Beweglichkeit, Anmuth und Wohllaut. Er bildete sich insbesondere nach den Franzosen und Horaz; seinem väterlichen Freunde Brockes hatte er wohl die dichterische Auffassung der Natur zu verdanken. Gleich bedeutend als lyrischer und als epischer Dichter, wurde er namentlich dadurch einflußreich, daß er die Fabeln und Erzählungen wieder in die deutsche Literatur einführte und den Ton angab, in welchem diese Gattungen auch von den nachfolgenden Dichtern behandelt wurden.

Seine Lieder besingen Lebenslust, Liebe, Wein und Natur in der mannigfaltigsten Weise, bald gemüthlich scherzend, bald vom Gefühl der Lust überströmend („Der Wein"). In den „Oden" ahmt er den Horaz, wenn auch nicht in der Form, doch in den Stoffen und ihrer Behandlung nach, noch mehr in den didaktischen (moralischen) Gedichten, in welche er manche Züge und Gedanken des Römers aufnahm („Die Glückseligkeit"). Im Epigramm ist die Wahl der Stoffe wie die Darstellung

1) Leben von J. G. Zimmermann, Zür. 1755. — 2) Breitinger, Vertheidigung der Schweizerischen Muse Hallers. Zür. 1744. Vgl. Haller, Tagebuch seiner Beobachtungen u. über sich selbst (hrsg. v. Heinzelmann), Bern 1787. II.

meist glücklich. Die Satiren verspotten die Thorheiten der Menschen mit feinem Witz oder strafen sie mit einer heiteren, selten bitteren Ironie („Der Gelehrte"). — In der Fabel und Erzählung („Johann der Seifensieder") nahm er die Franzosen (Lafontaine) zu Vorbildern, ohne sie jedoch sklavisch nachzuahmen (Poet. Werke, Hamb. 1756. III.; hrsg. von Eschenburg [nebst Leben], Ebd. 1800. V.).

§ 286. Die Anfänge der Kritik und des neueren Dramas.

a. **Johann Christoph Gottsched**, geb. am 2. Februar 1700 zu Judenkirch bei Königsberg, studierte seit 1714 in Königsberg, flüchtete 1724, um wegen seiner Größe nicht unter die Soldaten gesteckt zu werden, nach Leipzig, hielt Vorlesungen über Philosophie und Dichtkunst, gründete 1727 die deutsche Gesellschaft (§ 200), wurde 1730 außerordentlicher Professor der Poesie, 1734 ordentlicher Professor der Logik und Metaphysik, heirathete 1735 die geistreiche Luise Adelg. Vict. Kulmus, gest. am 12. December 1766.

Gottsched war kein schöpferischer Geist, allein er besaß bei einem großen Reichthum von Kenntnissen die seltene Gabe, diese mit praktischem Sinne zu verwerthen: er erkannte mit sicherm Blick, wohin er seine nie ermüdende Thätigkeit richten müsse und hatte zugleich das Talent, Andere für seine Ansichten und Zwecke zu gewinnen und sie zur Theilnahme an seinen Arbeiten anzuregen. Seine Verdienste um die deutsche Sprache und Literatur sind sehr groß und wurden lange Zeit nur deshalb verkannt, weil er sich selbst überschätzte und spätere Fortschritte nicht begriff. Er zuerst bekämpfte die Irrthümer der Schlesier mit entschiedenem Erfolg auf dem Wege der Kritik, deren Begründer er wurde, sowie er auch hierdurch die neue Entwickelung begann. Correctheit und verständige Natürlichkeit sein oberster Grundsatz, den er in Sprache und Poesie, besonders im Drama durchführte (s. o. §§ 268. 276). Er empfahl die Franzosen als Muster, weil ihre Werke diesem Grundsatz entsprachen; er tadelte die Engländer und deren Nachahmer in Deutschland, weil sie ihm dieses Gesetz zu verletzen schienen. Er nahm dasselbe nämlich zu äußerlich und zu beschränkt, weshalb er mit den freieren Ansichten der Schweizer in Widerspruch gerieth und auf das Ansehen, das er genoß, vertrauend, einen Kampf begann, der mit seiner vollständigen Niederlage[1]) enden mußte.

Hauptwerk: „Critische Dichtkunst" (Lpz. 1730). Allgemeiner Theil: hauptsächlich Entwickelung des Satzes, daß die Poesie auf Nachahmung der Natur beruhe, weshalb der Dichter zunächst nach Wahrheit und Natürlichkeit streben müsse; daher das Wunderbare „weder unmöglich noch widersinnig erscheinen" dürfe. Am Einflußreichsten die Capitel über die poetische Sprache gegen die Auswüchse der Schlesier und die allzu große Plattheit der Weise'schen Schule. Besonderer Theil: Regeln, nach denen die einzelnen Dichtungsarten „gemacht" werden sollen. — „Redekunst" (Hann. 1728): Anwendung der nämlichen Grundsätze auf die prosaische Sprachdarstellung. Die „Sprachkunst" (Lpz. 1748) lange das mustergültigste Lehrbuch für grammatische Richtigkeit. Einzelne Abhandlungen über Gegenstände der Sprache und Kunst in seinen Zeitschriften: „Die vernünftigen Tadlerinnen" (Halle u. Lpz. 1725. 4. II.), „Der Biedermann" (Lpz. 1727. II.), „Beiträge z. crit. Historie der deutschen Sprache, Poesie u. Beredsamkeit" (Ebd. 1732—44. VIII.) u. s. w. — Hauptthätigkeit dem Drama zugewendet (s. o. § 276); er dichtete und übersetzte (nebst seiner Gattin) Trauer- und Lustspiele, ermunterte seine Anhänger, solche zu dichten und zu übersetzen; diese Stücke in der deutschen Schaubühne „nach den Regeln und Exempeln der Alten" (Ebd. 1740—45. VI.) gesammelt. Am Verdienstlichsten: „Nöthiger Vorrath zur Geschichte der deutschen dramatischen Dichtkunst" (Ebd. 1757—65. II.); Nachlese zu I. v. Freiesleben (Ebd. 1760), ein reichhaltiges Verzeichniß von deutschen Dramen seit 1470. — Als Dichter unbedeutend. Lyrische

1) Gottscheds Ansehen wurde zunächst durch die Schriften der Schweizer untergraben; er selbst führte dies namentlich dadurch herbei, daß er sich mit Bitterkeit gegen Klopstock und dessen Dichtungsweise aussprach, den „Messias" bei jeder Gelegenheit auf das Gehässigste tadelte, und sogar sich verleiten ließ, ihm das schlechte Machwerk „Hermann" entgegenzustellen, dessen Verfasser, Freih. v. Schönaich, er sogar zum Dichter krönen ließ. Die Veranlassung, daß er ganz in Mißachtung gerieth, war Weiße's komische Oper: „Der Teufel ist los." Er betrachtete deren Aufführung auf der Leipziger Bühne als eine persönliche Beleidigung, setzte daher Alles in Bewegung, um die Aufführung zu hintertreiben, machte sich aber dadurch nur lächerlich und rief Rosts berühmte „Epistel des Teufels" hervor, welche die letzte Spur seines Ansehens vernichtete. Beinahe noch schmerzlicher war es für ihn, daß die Neuberin sich mit seinen Gegnern verband und ihn sogar in einem Vorspiel auf die Bühne brachte.

Gedichte (Gedd., Ebd. 1736. Neueste Gedd., Königsb. 1750), correct, aber breit und ohne poetischen Schwung. Oden, noch ganz im Sinne und Geschmack der Gelegenheitsgedichte, poetisch eben so unbedeutend, aber regelmäßig. Das Trauerspiel „Der sterbende Cato" (Lpz. 1732) und das Schäferspiel „Atalanta" (in der „Schaubühne") dichtete er, weil er auch für diese Gattung ein Exempel nöthig habe. Die ziemlich ungesalzene Satire „Der deutsche Dichterkrieg" (in Schwabe's „Belustigungen") mit der Absicht, Bodmer als den Verderber des guten Geschmacks lächerlich zu machen (in der Deutschen Gesellschaft gehalten. Reden u. Gedd., Lpz. 1734). Reden (17) steif in schulmäß. Anlage; Briefe (bei Danzel), formell das Schlechteste, was er geschrieben, aber für die Geschichte der Literatur wichtig. (Vgl. Danzel, Th. W., Gottsched u. s. Zeit, Lpz. 1848).

b. **Luise Adelgunde Victoria Gottsched**, geb. Kulmus, geb. zu Danzig 11. April 1713, lernte 1729 Gottsched kennen, den sie 1735 heirathete, gest. am 26. Juni 1762. — Sie war, obgleich eine tüchtige Hausfrau, doch auch vielfach literarisch thätig und ihres Mannes „liebe Gehülfin" in seinen umfassenden Arbeiten. Geistreicher und scharfsinniger als er, folgte sie den Fortschritten der Zeit.

Hauptthätigkeit ebenfalls auf das Drama gerichtet: übersetzte viele Trauer- und Lustspiele aus dem Französischen und Englischen, „Cato" v. Addison, „Zayre" von Voltaire, schon 1753 in reimfreien Jamben, „Cenie" von d. Frau v. Graffigny u. a. m. Ihre eigenen Trauerspiele „Aurelius" und „Panthea" (in d. „Schaubühne") unbedeutend, besser ihre Lustspiele, durch welche sie das neuere deutsche Lustspiel begründete (s. u. § 278), doch in Sprache und Dialog noch unbeholfen und in Uebertreibung verfallend. Die „Hausfranzösin" (in d. „Schaubühne"), gegen das Unwesen französischer Erziehung. „Die Pietisterey im Fischbeinrocke" (Rostock 1737), eine bittere Satire gegen die Pietisten; das Nachspiel „Der Witzling" (in d. „Schaubühne"), eine in manchen Stellen gelungene Verspottung Klopstocks und seiner Nachahmer. Die Satire „Der kleine Prophet von Böhmischbroda" (Prag [Lpz.] 1753), gegen Weißes Oper „Der Teufel ist los", witzig und oft treffend. Reden (Triumph d. Weltweisheit nebst drei Reden, Lpz. 1739), darunter „Satirische Lobrede auf den sogenannten Amaranthes" (Corvinus), witzige Nachahmung des Perückenstils. Briefe, (hrsg. v. Dorothea Henr. v. Runkel, Dresd. 1771. 3 Thl.) geistreicher und lebendiger geschrieben als die ihres Mannes. Gedichte (nebst Leben hrsg. v. ihrem Ehegatten, Lpz. 1763) mit manchen guten und selbst zarten Gedanken.

c. **Joh. Jac. Bodmer**, geb. zu Greifensee bei Zürich am 10. Juli 1698, Anfangs Kaufmann, 1725 Professor der helvetischen Geschichte und Politik in Zürich, 1737 Mitglied des Großen Raths, 1775 von allen öffentlichen Geschäften zurückgezogen, gest. am 2. Jan. 1783. — Mit großer Thätigkeit verband Bodmer große Entschiedenheit und Kraft des Charakters. Ob er gleich auch sein Ansehen überlebte, so fiel er doch nie in die Verachtung, die Gottscheds letzte Jahre so verbitterte, weil es ihm nie um seine Person, sondern nur um die Sache zu thun war. Seine kritischen Schriften zeugen von gereiftem Geschmack und großem Scharfsinn, die Satiren, die er zur Vertheidigung derselben schrieb, von scharfem, beißendem Witz. Als Dichter ist er unbedeutend, ob ihm gleich ein gewisses episches Talent nicht abzusprechen ist. Sehr verdient machte er sich dadurch, daß er zuerst wieder auf die ältere deutsche Literatur aufmerksam machte, wenn auch seine Bemühungen erst lange nach seinem Tode erfolgreich wurden.[1])

Bodmer begann seine Thätigkeit mit den „Discoursen der Mahlern" (Zür. 1721—23. IV.), woran außer Breitinger noch andere Mitglieder des § 265 erwähnten Vereins Theil nahmen. Darauf folgte die Schrift: „Von dem Einflusse und Gebrauche der Einbildungskraft zur Ausbesserung des Geschmacks" (Frankf. u. Lpz. 1727), die den Grund zur Fehde mit Gottsched legte. Hauptveranlassung des Bruchs war die Abhandlung „Von dem Wunderbaren in der Poesie" (Zür. 1740), worin er Miltons „Verlornes Paradies" gegen verschiedene Vorwürfe vertheidigte und die Rechte der Phantasie gegen die verständige Natürlichkeit in Schutz nahm. Wichtigste Schrift: „Kritische Betrachtungen über die poetischen Gemälde der Dichter" (Ebd. 1741). Von dem Satz ausgehend, daß ein poetisches Gemälde die höchste Aufgabe der Dichtkunst sei, und in der künstlerischen Nachahmung der Natur bestehe, untersucht er die Stoffe, die dazu angewendet werden können, und prüft die Kunstmittel, welche die Dichter zu ihren Darstellungen anwenden. Einzelne Punkte sind in den zahlreichen „Streitschriften" (Ebd. 1741—44. XII. St.) ausführlicher behandelt. Satiren zur Unterstützung seiner Ansichten oder zur Bekämpfung seiner Gegner oder einzelner ihm mißliebiger Werke zum Theil in epischer oder dramatischer Form, darunter „Das Complot der herrschenden Poeten und Kunstrichter" (Ebd. 1747) eine fortgesetzte Parodie des Gottschedischen Dichterkriegs; „Das Pocket der Dunsen" (o. O. 1758) u. „Die Larve" (o. O. 1758).

---

1) Meister, Leonh., Ueber Bodmer. Zür. 1783.

gegen die Anhänger Gottscheds; „Lessingische unäsopische Fabeln“ (Zür. 1760) gegen Lessings Theorie der Fabel; „Odoardo Galotti“ (o. O. 1778) gegen dessen Emilia; „Von den Grazien des Kleinen“ (o. O. [Zürich] 1769) gegen die Anakreontiker (s. u. § 278); „Der Hungerthurm in Pisa“ (Lind. u. Chur 1769) gegen Gerstenbergs „Ugolino“; „Der neue Romeo“ (Frankf. u. Lpz. 1769) gegen Weißes „Romeo“ u. a. m. — Epische Gedichte mit meist biblischen Stoffen, besonders aus dem Leben der Patriarchen (daher „Patriarchaden“). „Noah“ (Frankf. u. Lpz. 1750), später die „Noachide“ (Halle o. J.), erstes und bestes; bei vielen Mängeln der Anlage und Ausführung manche schöne Stellen. „Jakob und Joseph“, „Jakob und Rahel“ u. a. m., später nebst anderen Gedichten in der „Calliope“ (Zür. 1767. II.) gesammelt. Mehr didaktisch: „Charakter der deutschen Gedichte“ (Zür. 1734), kurze Geschichte der deutschen Poesie in oft treffenden Zügen. — Dramatische Versuche noch unbedeutender, aber schon deshalb zu erwähnen, weil sie zum Theil politische und vaterländische Stoffe behandeln; „Marcus Brutus“, „Timoleon“ (Polit. Schauspiele, Lind. u. Chur 1768. II.), „Cajus Gracchus“ (Zür. 1773), „Wilhelm Tell“ (o. O. 1775), „Arnold von Brescia in Zürich“ (Frankf. 1775) u. s. w. — Um die ältere deutsche Literatur vielfältig verdient; gab heraus mit Breitinger „Proben der alten schwäbischen Poesie des 13. Jahrhunderts“ (Zür. 1748), „Fabeln aus den Zeiten der Minnesinger“ (Ebd. 1757); allein „Chriemhildens Rache“ (zweiter Theil des Nibelungenliedes) und die „Klage“ (Ebd. 1757), die „Sammlung von Minnesingern“ (Ebd. 1758—59. II. 4.). Außerdem machte er zuerst wieder auf Fischart, Seb. Brant und andere ältere Dichter aufmerksam und besorgte Ausgaben von Opitz, Wernicke und Canitz.

d. **Joh. Jac. Breitinger**, geb. in Zürich am 1. März 1701, trat 1720 in den geistlichen Stand, 1731 Professor der hebräischen Sprache, 1745 der griechischen und Kanonikus, gest. am 15. Dec. 1776. — Breitinger trat in den Kämpfen gegen Gottsched zwar nicht so entschieden hervor, als sein Freund Bodmer, doch giengen die Ansichten, die Dieser verfocht, und auf welchen sich die deutsche Poesie weiter fortbildete, zunächst von ihm aus. Seine Schriften zeugen von tüchtiger Kenntniß der älteren und neueren Literatur, von scharfem Urtheil und gebildetem Geschmack. Seine Darstellung ist klar und überzeugend, die Sprache zwar etwas schwerfällig, doch beweglicher als bei Gottsched und Bodmer.

Hauptwerk: „Critische Dichtkunst“ (Zür. 1740). Wesentlicher Inhalt s. o. § [illegible]. In der „Fortsetzung“ derselben (Ebd. 1740), Untersuchung „der poetischen Malerei in Absicht auf den Ausdruck und die Farben“, Abschnitt über die „Machtwörter“ und über den „Bau und die Natur des deutschen Verses“, scharfsinnig und im Ganzen richtig, nur das Wesen des Reims verkennend, das er für etwas ganz Entbehrliches ansah. „Abhandlung von der Natur, den Absichten und dem Gebrauche der Gleichnisse“ (Ebd. 1740) tief eindringend; die Abschnitte mit der Charakteristik der deutschen Dichter von Opitz bis auf Haller und Gottsched, mit Rücksicht auf die von ihnen gebrauchten Gleichnisse voll trefflicher Bemerkungen.

II. Die Sächsische Dichterschule.

§ 287. Die Verfasser der Bremischen Beiträge.

a. Karl Christ. Gärtner, geb. zu Freiberg 1712, studierte in Leipzig, 1745 Professor in Braunschweig, gestorben daselbst 1791. — Herausgeber der „Bremer Beiträge“; durch seinen ausgebildeten Geschmack und seine scharfsinnige Kritik von dem größten Einfluß auf seine Freunde und deren Dichtungen. Seine eigenen Arbeiten nicht ohne Werth. Im Schäferspiel „Die geprüfte Treue“ (o. O. 1744) ist der ländliche naive Ton ziemlich gut getroffen und der Alexandriner mit Leichtigkeit behandelt; das Lustspiel „Die schöne Rosette“ (Lpz. 1782), ist eine glückliche Uebertragung französischer Sitten und Verhältnisse auf deutsche.

b. **Joh. Elias Schlegel**, geb. in Meißen am 28. Jan. 1718, studierte 1739 in Leipzig die Rechte, 1743 Secretär des sächsischen Gesandten in Kopenhagen, 1748 Professor an der Ritterakademie zu Soroe, gest. den 13. Aug. 1749. Er versuchte sich in mehreren poetischen Gattungen (Lieder, Cantaten, Episteln, Erzählungen), ist aber besonders als Dramatiker bemerkenswerth. Die Franzosen waren seine Muster, er ahmte sie aber nicht bloß formell, sondern auch in der geistreichen Behandlung und in der künstlerischen Entwickelung nach. Darstellung ohne Schwung, aber edel und würdig.[1]

1) Leben von seinem Bruder J. H. Schlegel. Kopenh. u. Lpz. 1770. Sämmtl. Werke hrsg. v. J. H. Schlegel. Kopenh. u. Lpz. 1761—70. V.

Trauerspiele: „Die Trojanerinnen" haben am meisten tragische Wirkung; im „Hermann" wenig Handlung, aber nationaler Stoff; „Canut" in Sprache, Gedankenreichthum und Charakterzeichnung lange Zeit das beste deutsche Trauerspiel. Lustspiele bedeutender. Die früheren: „Der geschäftige Müssiggänger", „Der Geheimnissvolle", noch im Geschmack und in der Weise der Frau Gottsched; die späteren: „Der gute Rath", „Die stumme Schönheit", „Der Triumph der guten Frauen", zeugen von erheblichen Fortschritten. Das letztere erklärte Lessing noch im Jahre 1768 für das beste deutsche Lustspiel und tadelte nur, daß es nicht deutsche, sondern französische Sitten und Charactere darstelle.

c. Joh. Adolf Schlegel, der jüngere Bruder des Vorigen, geb. zu Meißen am 18. Sept. 1721, studierte 1741 in Leipzig die Theologie, 1775 Generalsuperintendent des Fürstenthums Calenberg, gest. den 16. Sept. 1793. — Ohne bedeutendes Talent, doch wegen seiner regsamen Theilnahme an der neuern Entwickelung der Poesie zu nennen, die er durch die Uebersetzung des Batteux förderte. Unter seinen lyrischen Dichtungen die geistlichen Lieder am Höchsten (Verm. Gedd., Hann. 1787—89. II.). Das epische Lehrgedicht „Der Unzufriedene" (in d. Bremer Beiträgen), behandelt einen trockenen Stoff; die „Fabeln und Erzählungen" (hrsg. v. Gärtner, Lpz. 1769) von gleichmäßiger Güte. — Als Prediger beredt, aber zu sehr nach äußerm Prunk strebend.

d. Joh. Andr. Cramer, geb. zu Jöhstädt im Erzgebirge am 28. Jan. 1723, studierte in Leipzig, 1748 Prediger in Cröllwitz bei Halle, 1750 Oberhofprediger in Quedlinburg, 1754 Hofprediger in Kopenhagen, 1765 Professor der Theologie daselbst, 1771 Superintendent in Lübeck, 1774 Prokanzler und erster Professor der Theologie, 1784 Kanzler und Curator der Universität in Kiel, gest. am 12. Juni 1788. — Cramer war vielseitig, gelehrt, beredt und als Dichter begabter als die meisten seiner Leipziger Freunde.[1])

„Poetische Uebersetzung der Psalmen" ohne glückliche Reproduction der orientalischen Färbung des Originals, und von größerer poetischer Kraft des Ausdrucks, als seine eigenen „geistlichen Lieder". Am Meisten Talent für die Ode („Luther"; „Melanchthon") und die Hymne (Sämmtl. Gedd., Lpz. 1782—83. III.). — Predigten (in mehreren Sammlgn.) beredt, aber zu blumenreich. Zeitschriften, darunter der „Nordische Aufseher" (Kopenh. u. Lpz. 1758. III.), mit manchen, für die Geschichte der Literatur wichtigen Beiträgen von ihm und Andern, namentlich Klopstock.

e. Conr. Arn. Schmid, geb. zu Lüneburg am 23. Febr. 1716, studierte in Kiel, Göttingen und Leipzig, 1760 Professor in Braunschweig, gest. den 16. Nov. 1789. — Entschiedenes Talent für die lyrische Poesie; die „Lieder auf die Geburt des Erlösers" (Lüneb. 1761) zeugen von religiöser wie von poetischer Begeisterung. Außerdem Idylle, „Die [illegible]" und ein episches Gedicht „Des heiligen Blasius Jugendgeschichte und Visionen" (Brsl. u. Görlitz 1786).

f. Joh. Arn. Ebert, geb. den 8. Febr. 1723 zu Hamburg, studierte in Leipzig, 1753 Professor am Carolinum zu Braunschweig, später Kanonikus und Hofrath, gest. 19. März 1795. — Ohne schöpferisches Talent; größeres Verdienst Correctheit und Natürlichkeit der Sprache und leichter Fluß des Verses. Seine (6) Episteln, das Ergebniß verständigen Fleißes und eines geläuterten Geschmacks, sind reich an guten Gedanken und glücklichen Gemälden. Uebersetzung der griechischen „Skolien" und seine eigenen Trink- und Gesellschaftslieder gelungen (Episteln u. verm. Gedd., 1. Thl. Hamb. 1789. 2. Thl. mit seinem Leben, hrsg. v. Eschenburg, Ebd. 1795). Gute Uebersetzungen englischer Schriften: Glovers „Leonidas" (Ebd. 1749), Youngs „Nachtgedanken" (Braunschw. 1760—71. V.) u. a. m., durch welche er die Sentimentalität wesentlich förderte.

g. Gottlieb Wilh. Rabener, geb. den 17. Sept. 1714 zu Wachau bei Leipzig, studierte daselbst die Rechte, 1741 Steuerrevisor, 1753 Obersteuersecretär und später Obersteuerrath in Dresden, wo ihm 1760 bei der Belagerung mit seinem Hause Alles, auch seine Handschriften verbrannten, gest. am 22. März 1771.

Seine Satiren, in denen er die Gebrechen des beschränkten bürgerlichen Lebens ohne persönliche Beziehungen verspottete („Die Thoren auf den Kanzeln und Richterstühlen sind mir zu gefährlich"), haben, weil sie sich ausschließlich an den Mittelstand wendeten, zu dessen Bildung viel beigetragen. Ihre Form ist mannigfaltig (Briefe, Abhandlungen, Lobschriften, Trauerreden, Charakterschilderungen, Erklärungen von Sprichwörtern u. s. w.), die Ausführung einförmig; mit Ausnahme des „Beweises daß die Reime in der deutschen Dichtkunst unentbehrlich sind", sämmtlich in Prosa (Schriften, Lpz. 1751—55. IV.). Unter seinen Briefen (nebst e. Nachr. von s. Leben u. Schriften, hrsg. v. Weiße, Lpz. 1772) mehrere von meisterhafter Darstellung, namentlich der, worin er von der Belagerung Dresdens berichtet.

h. Justus Friedr. Wilh. Zachariä, geb. in Frankenhausen den 1. Mai 1726,

1) Christiani, W. E., Gedächtnißrede auf J. A. Cramer, Kiel 1788.

studierte in Leipzig und Göttingen die Rechte, 1761 Professor in Braunschweig, 1775 Kanonikus, gest. am 30. Jan 1777.

Komische Epopöe in Nachahmung der Engländer (Pope) und Franzosen mit Elementargeistern und allegorischen Wesen, z. B. Galanterie, Putz, Schlägerei u. s. w. (Poet. Schriften. Braunschw. 1763—65. IV.; hinterlassene Schrift. mit e. Nachr. v. s. Leben u. Schriften, hrsg. v. Eschenburg, Ebd. 1781). „Der Renommist“, sein erstes und mit Bezug auf den Stoff auch bestes Werk, in Erfindung und Anlage unglücklich, giebt eine anschauliche Schilderung des damaligen Lebens und insbesondere der Universitätszustände; „Das Schnupftuch“, Gemälde des vornehmen gesellschaftlichen Lebens. Im „Phaeton“ ist der zu häufige Gebrauch allegorischer Wesen vermieden; auch treten Handlungen und Charaktere lebendiger hervor, die zudem dem deutschen Leben entnommen sind; es ist in Hexametern geschrieben, wie auch „Murner in der Hölle“, die andern in Alexandrinern und nur die „Lagosiade“ in Prosa. Letztere eben so unbedeutend als das allegorische Epos „Der Tempel des Friedens“ und das unvollendete historische Gedicht „Cortes“; die beschreibenden Gedichte „Die Tageszeiten“ und „Die vier Stufen des weiblichen Alters“, im Plan mangelhaft. — Glückliche Versuche, die Fabel und Erzählung in der Weise der älteren deutschen Dichter zu bearbeiten (Fabeln und Erzählgn. in B. Waldi's Manier, Braunschw. 1771); einige gute weltliche und geistliche Lieder, darunter: „Wenn sich mein Geist, Allmächtiger.“

i. **Christ. Fürchtegott Gellert**, geb. zu Hainichen bei Freiberg am 4. Juli 1715, studierte seit 1734 Theologie in Leipzig, 1744 Privatdocent, 1751 außerordentlicher Professor, starb nach langem Leiden am 13. Dec. 1769. — Gellerts Bedeutsamkeit liegt in seinem schönen und edlen Charakter, der sich in allen seinen Schriften ausspricht. Als Dichter mangelte es ihm an schaffender Kraft, aber er besaß die Gabe, Das, was er fühlte und dachte, in klarer und correcter Sprache darzustellen. Am Bedeutendsten ist er im geistlichen Liede und in der Fabel, doch haben auch seine anderen Schriften theils literarischen, theils innern Werth.[1])

„Geistliche Lieder“: Ausdruck des frömmsten Glaubens, verbunden mit der Absicht, zu belehren; durch seinen Vorgang wurde die moralische Richtung des Kirchenlieds vorherrschend. Wie diese, so sind auch die Fabeln und Erzählungen in Auffassung und Sprache für das Volk und dessen sittliche Veredlung berechnet, daher sie auch zum Volksbuch wurden. Etwas ausführlich und, wenn auch zum Theil nach Lafontaine, zum Theil ihrem Charakter nach doch ganz deutsch. — Didaktische Gedichte unbedeutend, weil er der poetischen Erfindung keinen Raum gestattete. — Durch seine Lustspiele („Die Betschwester“, „Die zärtlichen Schwestern“, „Das Loos in der Lotterie“) führte er die rührende Komödie, durch seine „Schwedische Gräfin“ den sentimentalen Familienroman ein. — Seine „Moralischen Vorlesungen“ haben ihren Zweck, die Schätze der Weisheit aus den Händen Weniger in die des Volkes zu bringen, und es dadurch zu erleuchten und zu veredeln, mit Glück erreicht; seine Briefe wirkten nebst seiner „Abhandlung von dem Geschmack in Briefen“ zur Beseitigung der bisherigen Geschmacklosigkeit im Briefstyl (Sämmtl. Schriften, Lpz. 1769—74. X).

k. **Nik. Dietr. Giseke**, geb. am 2. April 1724 zu Günz in Ungarn, studierte in Leipzig, 1754 Oberhofprediger in Quedlinburg, 1764 Superintendent in Sondershausen, gest. am 23. Febr. 1765. — Lieder und Oden entweder mit dem Gepräge der Sächsischen Schule (einfache, natürliche und wahre Gedanken, correcte Sprache), oder in der Weise Klopstocks, einige auch in der der Anakreontiker. Am Besten die geistlichen Lieder in der Gellertschen Richtung. Die früheren biblischen Gedichte von schwerfälliger Darstellung, die späteren lebendiger und reicher an poetischen Anschauungen; seine Episteln sind leicht und fließend (Poet. Werke [nebst Leben], hrsg. v. Gärtner, Braunschw. 1767. Vgl. Giseke's Name und Herkunft im Zeitschr. f. österr. Gymnasien 1860, S. [illegible] ff.).

§ 288. Dichter, welche sich den Leipzigern anschließen.

a. **Abrah. Gotthelf Kästner**, geb. am 27. Sept. 1719 zu Leipzig, im 12. Jahr Student, im 14. Notar, im 17. Magister, begann im 20. Vorlesungen zu halten, 1746 außerordentlicher Professor und 1756 ordentlicher Professor der Mathematik in Göttingen, gest. den 21. Juni 1800.

Lehrgedichte, Fabeln, Lieder und Oden auf dem Gottschedischen Standpunkt. Bei seiner Neigung zu Spott und Satire sind seine Epigramme am Besten, die freilich mehr witzig als dichterisch schön sind. Viele sind bitter und persönlich verletzend (Poet. u. Prosaische Schönwissenschaftl. Werke, 4 Bde. Berl. 1841).

1) Gellerts Tagebuch aus d. J. 1761. Lpz. 1862. Leben von J. A. Cramer, Lpz. 1774; v. H. Döring, Greiz 1833. II. Gotthilf H. v. Schubert, Züge aus Gellerts Leben, Dresd. 1865. Vgl. Ripsch, R. J., Arb. Lavater u. Gellert, Berl. 1857. — Fabeln u. Erzählungen, geistl. Oden u. Lieder. Mit Einleit. hg. v. K. Biedermann, Lpz. 1871.

b. Joh. Fr. Freih. v. Cronegk, geb. zu Ansbach am 2. Sept. 1731, gest. daselbst als Regierungs- und Justizrath den 31. Dec. 1757, hatte Talent für das Drama, war jedoch zu sehr im französischen Geschmack befangen. In seinem Trauerspiele „Codrus", das den von Nicolai ausgesetzten Preis gewann, und „Olint und Sophronia" moralisiert er zu viel. Bei seiner Bekanntschaft mit der höheren Gesellschaft gerieth ihm das Lustspiel besser („Der Mißtrauische"). — Geistliche Lieder sind im Geiste Gellerts, („Herr, es gescheh' dein Wille"), Lehrgedichte („Einsamkeiten", „Gewohnheiten und Natur") im schwermüthigen Sinne Youngs geschrieben (Schriften hrsg. v. Uz, Ansb. 1760—61. II.)¹). — Joach. Wilh. v. Brawe, geb. zu Weißenfels am 4. Febr. 1738, gest. in Dresden, 7. April 1758. „Der Freigeist", erster Versuch im bürgerlichen Trauerspiel, im „Brutus" reimlose Jamben (Trauerspiele hrsg. v. Lessing, Berl. 1768).

c. Christ. Felix Weiße, geb. zu Annaberg am 28. Jan. 1726, studierte 1746 in Leipzig, mit Lessing bekannt; 1759 nach Paris, 1761 Obersteuersecretär in Leipzig, gest. 16. Dec. 1804. — Sein Hauptverdienst besteht darin, daß er das Gewonnene festhielt und es sowohl durch die „Neue Bibliothek der Wissenschaften", die er von Nicolai übernahm, als durch seine lyrischen und dramatischen Dichtungen unter größere Kreise verbreitete.²)

Seine „Scherzhaften Lieder" mit leichter, oft naiver Behandlung, wurden lange gesungen; die „Kinderlieder" zwar zu moralisierend, aber doch den Verhältnissen des Kindes angemessen; die „Amazonenlieder" seine Nachahmung von Gleim, ohne reale Grundlage (Kl. Gedd. Lpz. 1772. III.). — Im Drama seine Vorgänger durch genauere Bekanntschaft des Theaters und seiner Bedürfnisse übertreffend. — Im Trauerspiel („Richard III."; „Atreus und Thyest"; „Romeo und Julie") Streben, die französische Regelmäßigkeit und künstlerische Behandlung mit der leidenschaftlichen Erhabenheit des englischen Dramas zu verbinden, was ihm zwar nicht gelang, aber doch größere Fortschritte vorbereitete (Trauerspiele, Lpz. 1776—80. V.). Lustspiele mit gut erfundener Fabel, lebendiger Handlung und leichtem Dialog. Am besten die „Amalia"; am bekanntesten „Die Poeten nach der Mode", worin er die Streitigkeiten der Leipziger und Schweizer mit vielem Glück lächerlich machte (Lustspiele, Ebd. 1783. III.). In der Oper, die durch ihn wieder auf die Bühne gebracht wurde (l. o. § 27?), und im Singspiel vorzüglich durch die eingestreuten Gesänge gefallend, die vom Theater in die häuslichen Kreise übergetragen (z. B. „Ohne Lieb' und ohne Wein"; „Schön ist das Feld zur Frühlingszeit"). Am Bekanntesten: „Der Teufel ist los" (l. o. § 221. Anm.), „Der Aerntekranz", „Die Liebe auf dem Lande" u. a. m. (Kom. Opern, Ebd. 1767—71. III.) Verdienstlich „Der Kinderfreund" (Ebd. 1776—82. XXIV.).

d. Cornelius Hermann von Ayrenhoff, geb. zu Wien im Jahr 1733, trat 18 Jahr alt in das Heer, nach dem siebenjährigen Kriege Oberstlieutenant und bald darauf Oberst, 1784 General, 1798 Feldmarschallieutenant, 1803 pensioniert, gestorben am 18. Aug. 1819.

Ein Anhänger der französischen Kunst, entschiedenster Gegner Shakespeares und seiner Nachahmer. Von wohlthätigstem Einfluß auf sein Vaterland, wo noch das verwilderte Volksschauspiel die Bühne beherrschte. — Trauerspiele: „Aurelius", „Hermanns Tod", „Kleopatra und Antonius" (sein bestes Stück, durch welches er dem „Shakespearischen Unwesen" Einhalt zu thun hoffte), in Alexandrinern; seine Lustspiele, in denen er glücklicher war, in Prosa. „Der Postzug oder die nobeln Passionen", „Die große Batterie" schildern den Bildungszustand des damaligen Adels in lebendiger Wahrheit; „Die gelehrte Frau" stellt seine Abneigung gegen Shakespeare und dessen Nachahmer in Deutschland, namentlich auch gegen Goethes „Götz" dar (Sämmtl. Werke, Wien 1803. VI.).

e. Magnus Gottfr. Lichtwer, geb. in Wurzen den 30. Januar 1719, studierte die Rechte in Leipzig, 1747 Docent in Wittenberg, 1749 Referendar in Halberstadt, 1752 Regierungsrath und Mitglied der Landesdeputation, 1763 Criminal- und Consistorialrath, gest. den 7. Juli 1783.³)

Fabeln und Erzählungen (Lpz. 1748). Anfangs unbeachtet, von Gottsched hervorgezogen, von Ramler mit willkürlichen, oft guten Veränderungen herausgegeben (Greifsw. 1761), vom Dichter dann glücklich verbessert (Berl. 1762). Fabel im Sinne seiner deutschen Vorgänger und der Franzosen; reich an eigenen, meist dem wirklichen Leben entnommenen Erfindungen, so wie an launigen oder witzigen Einfällen; Darstellung lebhaft und unterhaltend, Ausdruck kräftig und ungesucht. Das Lehrgedicht „Das Recht der Vernunft" zu abstract; lyrische Versuche nicht zahlreich, einige gelungen (Schriften, mit Leben. hrsg. v. Pott, Halb. 1828, v. F. Cramer, mit Lebensb. Ebd. 1828).

1) Feuerbach, Henriette, Uz und Cronegk. Lpz. 1866. — 2) Selbstbiographie, Lpz. 1806. — 3) Leben von Eichholz, Halberst. 1784.

f. **Gottlieb Konr. Pfeffel**, geb. zu Kolmar am 28. Juni 1736, studierte 1750 in Halle, erblindete 1757, gründete 1773 in seiner Vaterstadt eine Erziehungsanstalt, 1803 Präsident des Consistoriums, gest. am 1. Mai 1809.[1])

Versuchte sich in vielen Gattungen, in mancher nicht ohne Glück, in den meisten über den Standpunkt der Sächsischen Schule nicht hinausgehend. Fabeln und poetische Erzählungen an Werth sehr ungleich; viele kaum mittelmäßig, nicht wenige glücklich in Erfindung, lebendig in der Ausführung, reich an Gedanken und Wahrheiten, alle von ächter Humanität eingegeben, stets mild, nur gegen die französische Revolution bitter. Manche sind in das Eigenthum des Volkes übergegangen. — Viele Epigramme, die oft zur Fabel werden, Lieder und Episteln in gewandter Sprache, leichter von gediegenem Inhalt, so wie eine ziemlich große Anzahl von Dramen (Trauer-, Lust- und Schäferspiele) nach französischen Mustern (Poet. Versuche, Tübing. 1802—4. VIII.; Pros. Versuche. Stuttg. 1810—12. X.).

g. Fr. K. Casim. Freih. von Creuz, geb. am 24. Nov. 1724 zu Homburg, 1756 Geh. Rath u. Reichshofrath, gest. am 6. Sept. 1770, bildete sich nach Haller und den Engländern, namentlich Young, zu dem er durch seine schwermüthige und beinahe düstere Lebensanschauung gezogen wurde. In den Liedern und Oden, meist religiösen Inhalts, Reflexion vorherrschend, dabei Anwendung poetischer Mittel, um auf das Gemüth zu wirken. Lehrgedichte („Die Gräber“, „Versuch vom Menschen“ u. a. m.), durch den schwermüthigen Ton einförmig; Mangel an Ordnung; die Darstellung schwerfällig (Oden u. a. Gedd. Frankf. 1769 II.) — Joh. Phil. Lor. Withof, geb. zu Duisburg am 1. Juni 1725, gest. daselbst als Professor der Beredsamkeit und der griechischen Sprache am 3. Juni 1789. — Haller nachstrebend; gedankenreiche didaktische Gedichte („[illegible]“, „Die moralischen [illegible]“, „Sokrates“ u. s. w.) in gedrängter, oft kühner, aber auch öfters harter Sprache (Akadem. Gedd., Lpz. 1782—83. II.).

III. Der Preußische und der Halberstädter Dichterkreis.

§ 289. Die Preußischen Dichter.

a. **Joh. Wilh. Ludw. Gleim**, geb. zu Ermsleben im Halberstädtischen am 2. April 1719, studierte 1738 in Halle die Rechte, dort mit Uz und Götz bekannt, dann längere Zeit in Berlin, 1747 Secretär des Domcapitels in Halberstadt, und Kanonikus am Stift Walbeck, gest. den 18. Febr. 1803. — „Vater“ Gleim förderte die deutsche Poesie durch seine rege Theilnahme an allen neuen Erscheinungen und durch seine Unterstützung jüngerer Schriftsteller (J. G. Jacobi, Michaelis, Heinse u. a. m.). Als Dichter war sein Talent mehr reproductiver Natur als selbstschaffend und seine Werke sind meist Nachbildungen älterer und neuerer Dichter. Mit seinen Freunden Uz und Götz begründete er die sogenannte Anakreontische Richtung.[2])

Zahlreiche lyrische Gedichte, „Lieder nach dem Anakreon“, „Petrarchische Gedichte“, „Gedichte nach den Minnesingern“, zum Theil süßlich und tändelnd, zum Theil geistreich naiv, von liebenswürdigem Humor und wahrer Herzlichkeit. Am besten die Gesänge der Fröhlichkeit; mehrere Trinklieder noch heute im Munde der Jugend („Es lassen sich die todten Fürsten balsamiren“, „Der Papst lebt herrlich in der Welt“ u. a. m.). Unter den ernsthaften Gedichten die „Preußischen Kriegslieder eines Grenadiers“ weitaus am bedeutendsten, die ersten Gedichte, welche auf dem Leben beruhen und sich an das Volk als solches wenden; leider geht die Begeisterung oft in Weitschweifigkeit unter. — Sein bestes Werk das Lehrgedicht „Halladat, oder das rothe Buch“, eine Sammlung der trefflichsten Lehren über die Pflichten der Menschen gegen sich, den Nächsten und Gott in einfacher und doch gehobener Sprache. Daran schließt sich die Bearbeitung der „Goldenen Sprüche des Pythagoras“ nebst einem Anhang von eigenen Sittensprüchen. — Unter den Epigrammen manche von echtem Witz; Episteln zu tändelnd, Satiren ohne Werth. In den Fabeln und Erzählungen Hagedorn, Gellert und Lafontaine seine Muster, doch von gedrängterer Darstellung. Die Gabe, schön zu erzählen, besaß er in vorzüglichem Grad. — Romanzen in bänkelsängerischer Weise. Das Drama „Der blöde Schäfer“ mit wenig Handlung, aber leicht versificiert. — Sein Briefwechsel mit Jacobi bezeichnet den Höhepunkt der bis zum Ekel getriebenen süßlichen Schwärmerei; wichtiger seine Briefe an Heinse und J. v. Müller, noch bedeutender die an Hagedorn und Lessing (Sämmtl. Werke, hrsg. v. W. Körte, Halberst. 1811—13. VII.; Lpz. 1841. VIII.)

b. **Joh. Peter Uz**, geb. in Ansbach am 3. Oct. 1720, studierte 1739 in Halle die Rechte, 1748 Secretär beim Justizcollegium in seiner Vaterstadt, 1763 Assessor beim

1) Rieder, J. K. Pfeffel. Stuttg. u. Tübing. 1820. — 2) Leben von W. Körte. Halberst. 1811.

Landgericht des Burggrafthums Nürnberg, 1790 burggräflicher Director, gest. am 12. Mai 1796. — Bedeutender lyrischer Dichter, doch auch in andern Gattungen glücklich.

Anfangs sich in der beschränkten Weise des anakreontischen Liedes bewegend (er übersetzte mit Götz den Anakreon), später zu ernsterer Weise übergehend. Oden in Anlage und Ausführung, durch Tiefe der Gedanken, poetischen Schwung und männlichen Wohllaut der Rede gleich ausgezeichnet; am Größten wenn er die Freiheit und die Vaterlandsliebe besingt. Geistliche Lieder von angemessener Verständlichkeit bei schwungreicher Sprache („Ich will, ich muß dem Herrn singen"). — Im kleinen Lehrgedichte „Theodicee" meisterhafte Darstellung der Leibnitzischen Rechtfertigung der Werke Gottes, indem der rein didaktische Stoff in das Reich der Phantasie und Empfindung gehoben wird. Die „Kunst stets fröhlich zu sein" dagegen in dem altherkömmlichen Gleise des Lehrgedichts. „Episteln" von höherem Werth, und einige auch von literarischem Interesse (Streit mit Wieland). — Komisches Epos „Der Sieg des Liebesgottes" in der Anlage verfehlt, aber mit vielen gelungenen Stellen und dadurch wichtig, weil Uz sich darin zuerst gegen die „neumodische Poesie" aussprach und sowohl die Uebertreibungen der Klopstockischen Lyrik als der Bodmerischen Nachahmung Miltons mit treffendem Witze verspottet (Sämmtl. Werke [mit Leben u. Schlichtegroll, hrsg. v. Weiße], Wien 1804. IV.).[1]

c. **Joh. Nik. Götz**, geb. in Worms am 9. Juli 1721, studierte 1739 in Halle Theologie, 1742 Hauslehrer in Emden, 1744 Hofmeister und Schloßprediger in Forbach, 1747 Feldprediger in französischen Diensten, 1751 Pfarrer in Hornbach, 1754 Oberpfarrer in Meisenheim 1761 Pfarrer in Winterburg, 1776 Superintendent, gest. am 4. Nov. 1781. — Er hat unter den drei halleschen Freunden die anakreontische Richtung am Treuesten bewahrt.

Gedichte beinahe sämmtlich dem leichten scherzhaften Liede oder den kleinen lyrischen Gattungen (Madrigal, Triolett, Sinngedicht) angehörend; viele Uebersetzungen aus dem Französischen, andere sind Nachbildungen französischer Vorbilder oder im Geiste derselben bearbeitet. Ihr größter Werth besteht darin, daß er den fremden Geist glücklich aufgefaßt und in deutsches Gewand eingekleidet hat. Sprache gewandt, Darstellung geistreich, Vers und Reim fließend und wohlklingend. Die Elegie von ihm zuerst im umfassendern Sinne der Griechen behandelt („Die Mädcheninsel"), in den nicht zahlreichen Idyllen naive Darstellung (Verm. Ged. [mit der von s. Sohne beständigen Autobiographie hrsg. v. Ramler], Mannh. 1785. III.). Außerdem Uebersetzung des Anakreon und der Sappho (Karlsr. 1760).

d. **Ewald Christian von Kleist**, geb. am 3. März 1715 zu Zeblin, studierte in Königsberg die Rechte, 1736 in dänischen Kriegsdiensten, 1740 Lieutenant in Potsdam, wo er während einer Krankheit mit Gleim bekannt wurde, wohnte 1744 und 1745 dem Feldzuge in Böhmen bei, 1751 Stabscapitän, Werbofficier in der Schweiz, 1756 Major, längere Zeit in Leipzig, wo er Lessing und Weiße kennen lernte, machte die Feldzüge von 1758 und 1759 mit, in der Schlacht bei Kunersdorf tödtlich verwundet, gest. am 24. Aug. 1759. — Obgleich von Natur zur Wehmuth geneigt, bewahrte ihn das rege Soldatenleben vor der damals allgemeinen krankhaften und unbeholfenen Sentimentalität; er ist daher auch Einer der objectivsten Dichter seiner Zeit.[2]

Selbst die lyrischen Dichtungen sind objectiv gehalten, nicht auf bloß gedachten Verhältnissen und gemachten Empfindungen beruhend, wie die meisten Gedichte der Zeit, sondern von bestimmten Verhältnissen hervorgerufen, die mit sicherem und feinem Tact poetisch gestaltet sind. Der Ausdruck stets glücklich gewählt, voll Kraft und Würde in den Oden („Auf die preußische Armee"; „Der Vorsatz"), voll Schwung und Feuer in den Hymnen („Groß ist der Herr"), voll Empfindung in den Elegien („An Doris"), lieblich, mild und heiter im leichten Lied („Einladung aufs Land"; „Liebeslied an die Weinflasche"). — In den Epigrammen glückliche Gedanken oder feine Wendungen. Am Berühmtesten das beschreibende Gedicht „Der Frühling" (in Hexametern mit Vorschlagssilbe), eine Reihe von klar angeschauten und lebendig dargestellten Bildern aus dem Landleben, die oft nur durch leise Uebergänge verbunden sind. Höchst bedeutend die Idyllen, die nicht auf das Hirtenleben beschränkt sind („Irin"), die Fabeln und Erzählungen. Die meisten in reimlosen fünffüßigen Jamben, wie auch das an glücklichen Einzelheiten reiche epische Gedicht „Cissides und Paches", in welchem ein ernster, todesmuthiger Geist weht. Im Trauerspiele „Seneca" die Handlung auf das Nothdürftigste beschränkt, die Charaktere der Personen in ihren Reden entwickelt (Werke, hrsg. v. Ramler, Berl. 1760. II.; v. Körte nebst Leben, Ebd. 1803. II.).

---

1) Briefe v. Uz an e. Freund. Herausg. v. A. Henneberger. Lpz. 1866. Feuerbach, Henriette, Uz u. Cronegk. Lpz. 1866. — 2) Nicolai, Ehrengedächtniß Ewalds v. Kleist. Berl. 1760.

c. **Karl Wilh. Ramler**, geb. zu Colberg am 25. Febr. 1725, studierte in Halle Medicin, gieng 1746 nach Berlin, wurde Hauslehrer bei Gleims Schwester, 1747 Lehrer an der Kadettenschule, 1786 Mitglied der Akademie, 1790 mit Engel, und 1793—1796 allein Director des Theaters; gest. am 11. April 1798. — Ramler bildete sich nach Horaz, von dem er sich die kunstvolle Anordnung der Gedanken und die eben so kunstvolle Darstellung des Einzelnen anzueignen suchte. Er strebte vor Allem nach correcter und schöner Form, und seine Bedeutsamkeit liegt vorzüglich darin, daß durch ihn das Gefühl für correcte und geschmackvolle Darstellung ausgebildet wurde und die poetische Diction eine bewunderungswürdige Glätte und Feinheit erhielt. Sein Geschmack war hierin so sicher, daß selbst Lessing das größte Gewicht auf sein Urtheil legte.[1])

Lyrische Gedichte, insbesondere Oden, nicht nur formell tüchtig, sondern „auch gehaltvoll, beschäftigen uns mit großen, herzerhebenden Gegenständen" (Goethe). Friedrich II., der ihn nicht kannte, ist der Mittelpunkt seiner Dichtungen („An die Stadt Berlin"), dessen Lob auch bei ganz fremdartigen Gedanken mit großem Geschick eingeflochten ist („Auf ein Geschütz"). Cantaten („Ino", „Pygmalion", „der Tod Jesu") von glücklicher musikalischer Behandlung und dramatischer Entwickelung (Poet. Werke hrsg. v. Göckingk, Berl. 1800—1. II.). Uebersetzung des Horaz (Ebd. 1769) und des Martial (Lpz. 1787—91. V.). „Krit. Nachrichten aus dem Reiche der Gelehrsamkeit" (Berl. 1750—51). Uebersetzung des Batteux (Lpz. 1758), mit Mustern aus deutschen Dichtern, oder überarbeitet, um ihnen den höchst möglichen Grad äußerer Vollkommenheit zu geben; so auch die „Lieder der Deutschen" (Ebd. 1766), die „Lyrische Blumenlese" (Ebd. 1774), die „Fabellese" (Berl. 1783—90. III.) und die Ausgabe von Lichtwers Fabeln (s. o. § 286).

d. Anna Luise Karschin, Tochter des Bauers Dürbach, geb. am 1. Dec. 1722 auf dem Hammer in Schlesien, mußte als Kind das Vieh hüten und als Magd dienen, heirathete im 16. Jahre den geizigen Tuchweber Hirsekorn, von dem sie sich nach 11 Jahren scheiden ließ, darauf den trunksüchtigen Schneider Karsch, kam 1761 durch den Baron von Kottwitz nach Berlin, gerieth in Dürftigkeit, erhielt von Friedrich II. zwei Thaler, die sie zurückschickte, von seinem Nachfolger ein kleines Haus, in welchem sie am 12. Oct. 1791 starb. — Tiefes Gefühl mit lebendiger Einbildungskraft; doch gelangte ihr Talent nicht zur Ausbildung, weil sie es früh zur Gelegenheitsdichterei verwenden mußte und dessen selbständige Entfaltung durch den Einfluß ihrer spätern Freunde (Ramler, Gleim u. A.) gestört wurde. Am besten ihre frühesten Gedichte, in denen ihre Empfindungen den natürlichsten und lebendigsten Ausdruck gewinnen; Bilder aus der Natur, mit der kräftigsten Anschaulichkeit dargestellt, bilden selbst in ihren späteren Gedichten die schönsten Stellen (Auserlesene Gedd., Berl. 1764; Neue Gedd., Wien 1772; Gedd. nebst ihrem Lebenslauf herausg. v. ihrer Tochter C. L. v. Klenke, Berl. 1792. — Anna Luise Karschin. E. biograph. u. literaturgeschichtl. Skizze v. Theod. Heinze. Anclam 1866.)

e. Joh. Gottlieb Willamow, geb. den 15. Jan. 1736 zu Mohrungen, 1767—1776 Aufseher des Instituts der Wissenschaften in Petersburg, gest. am 21. Mai 1777. — Dichtete Dithyramben, um auch diese Gattung in Deutschland einzubürgern, was freilich nicht gelingen konnte, da alle Bedingungen fehlten, auf welchen sie beruht. Später wählte er nähere liegende Gegenstände zu denselben (Friedrich II., Peter der Große, Hermann, Sobiesky) und nannte sie Antoden oder Lob-Oden. — Weit bedeutender die „Dialogischen Fabeln", von glücklicher Erfindung, lebendiger und charakteristischer Darstellung (Poet. Schriften, Lpz. 1759. Vollständiger Wien 1793. II.).

§ 290. Der Halberstädter Kreis.

a. **Johann Georg Jacobi**, geb. zu Düsseldorf am 2. Sept. 1740, studierte in Göttingen und Helmstädt Theologie, wurde bald nach vollendeten Studien Professor der Philosophie und Beredsamkeit in Halle, 1769 Kanonikus in Halberstadt, 1784 Professor in Freiburg, gest. am 4. Januar 1814. — Anfangs der anakreontischen Richtung zugethan und sich in poetischen Tändeleien gefallend, erhob sich Jacobi später zum ächt dichterischen Ausdruck der Empfindung, worin ihm Goethe Vorbild war.[2])

Unter seinen Spielereien „mit Göttern und Amorsen" sind viele als solche vortrefflich; besonders gelingt ihm der leichte, feine Scherz. Unter den spätern Gedichten (Lieder, Oden und Elegien), stehen die am Höchsten, in denen er sanfte und wehmüthige Gefühle darstellt („Wiegenlied", „Die Mutter", „Vertrauen", „Am Aschermittwoch"); sie sind tief empfunden, von großer Zartheit des Ausdrucks und von hohem musikalischem Wohllaut. Cantaten und Singspiele nur in den lyrischen Theilen von Werth.

1) Heinsius, Versuch e. biogr. Skizze Ramlers, Berl. 1798. — 2) Leben (v. Ittner), Zür. 1822 und in den Zeitgenossen II, 3, 6. S. 1.

die dramatische Behandlung schwach. Das Lustspiel „Die Wallfahrt nach Compostella" glücklicher ausgeführt (Sämmtl. Werke. Zür. 1807—13. VII.).

b. Klamer Eberhard Schmidt, geb. am 29. Dec. 1746 zu Halberstadt, gest. daselbst als Domcommissär am 8. Jan. 1824. — Lieder nach Anakreon und Petrarca, deren Getändel er in weinerliche Sentimentalität auflöste. „Fabeln und Erzählungen" im Geiste der Zeit gedacht. Die Sprache ist fließend und gebildet (Leben u. auserlesene Werke, Stuttg. 1826—28. III.; Leben in d. Zeitgen. III, 3. 6. S. 133).

c. Joh. Benj. Michaelis, geb. am 31. Dec. 1746 zu Zittau, studierte zu Leipzig, eine Zeit lang Hofmeister, 1770 Redacteur des Hamburger Correspondenten, seit 1771 bei Gleim in Halberstadt, gest. 30. Sept. 1772. — Ein entschiedenes Talent, das wegen Kränklichkeit und frühzeitigen Todes nicht zur vollständigen Entwicklung gelangte. In seinen Dichtungen Leben, Phantasie und eine damals seltene objective Auffassung. Der eigenthümlichste Zug seines Wesens Laune und glückliche Ironie, worin auch das größte Verdienst seiner Satiren und Episteln, in denen er mit Vorliebe die literarischen Zustände seiner Zeit behandelt („Die Schriftsteller nach der Mode"). „Fabeln und Erzählungen" meist glücklich erfunden, reich an guten Wendungen und naiven Einfällen. Das „Leben und Thaten des theuren Helden Aeneas" eine witzige und mit Humor geschriebene Travestie von Virgils „Aeneide". Operetten: „Amors Guckkasten", „Der Einspruch", reich an komischen Gedanken und bei aller Einfachheit des Planes geistvoll und launig (Werke. Wien 1791. IV.).

IV. Klopstock und seine Nachahmer.

§ 291. Klopstock.

a. Friedrich Gottlieb Klopstock, geb. am 2. Juli 1724 zu Quedlinburg, besuchte vom 16. Jahre an die Schulpforte, studierte 1745 in Jena, 1746 in Leipzig Theologie, schloß sich den Verfassern der „Bremer Beiträge" an, 1748 Hauslehrer in Langensalza (Fanny Schmidt), 1750 bei Bodmer in Zürich, erhielt bald darauf die Einladung, mit einem Gehalte von 400 Thalern nach Kopenhagen zu kommen. Auf der Reise dahin lernte er seine nachmalige Gattin Meta Moller (Cidli) kennen; 1754 nach Hamburg, um sich mit Meta zu verheirathen, die schon nach vier Jahren starb; nach ihrem Tode abwechselnd in Braunschweig, Quedlinburg und Blankenburg; 1763 wieder nach Kopenhagen, das er jedoch nach dem Sturze Bernstorfs mit dem Titel eines Legationsraths und einer Pension 1771 verließ. Von da an lebte er bis zu seinem Tode in Hamburg mit Ausnahme des Jahres 1776, das er auf Einladung des Markgrafen von Baden in Karlsruhe zubrachte. Im Jahr 1791 vermählte er sich mit Johanna Elisabeth von Winthem, geb. Dimpfel. Er starb am 14. März 1803 und wurde am 22. unter der größten Theilnahme in Ottensen feierlich beerdigt.[1])

b. Klopstock wurde nach zwei Seiten hin bedeutend und einflußreich, durch seine Sprache und durch die Stoffe, die er behandelte. Während bis dahin die Sprache der Poesie sich von der der Prosa nur äußerlich durch Silbenmaß und Reim unterschieden hatte, erkannte er, daß eine erhöhte Stimmung auch eine erhöhte Darstellung verlange. Er gab der Darstellung durch die Wahl des Ausdrucks Neuheit, Adel und Würde, Kraft und Sinnlichkeit, durch eine ungewöhnliche Wortstellung Feuer und Schwung und schuf eine poetische Sprache von großartiger Kühnheit und Bildsamkeit. Zwar verfiel er dabei in mancherlei Fehler: der Ausdruck war oft gesucht, der Stil geschraubt und bei seinem Streben nach gedankenvoller Kürze oft dunkel; allein diese Fehler verschwinden vor dem wohlthätigen Erfolg seiner Bestrebungen, die den Grund zur künstlerischen Behandlung der Sprache legten.

Anm. 1. „Die Erhebung der Sprache — Ihr gewählter Schall — Bewegtere, edlere Gang — Darstellung, die innerste Kraft der Dichtkunst — haben mein Mal errichtet". („An Freund und Feind").

1) Cramer, C. F., Klopstock. Hamb. 1780—92. V.; Leben v. H. Döring. Weim. 1825; von J. Chr. Gruber. Lpz. 1832; Strauß, D. Fr., K.'s Jugendleben in den kl. Schriften. Neue Folge. 1866; Mörikofer, J. C., Klopstock in Zürich. Zür. u. Frauenf. 1851. Briefe von und an Klopstock. Hg. v. Lappenberg. Braunschw. 1867. Werke, Lpz. 1798—1817. XII. Erste vollst. Ausg. Ebd. 1844—45. XI.

c. Die bisherigen metrischen Formen waren für seine Sprache unbrauchbar; er führte daher die antiken Versbildungen ein. Seine ersten Versuche waren freilich noch unbeholfen, doch gelangte er durch unermüdliches Studium bald zu einer für jene Zeit großen Gewandtheit der Behandlung.

Anm. 2. Dagegen mißriethen seine Versuche, neue Formen im Sinne der Griechen zu bilden. Die Natur des Reims verkennend, wollte er diesen ganz verbannen; so wenig Dies war, so hatte es doch den glücklichen Erfolg, daß die Dichter nunmehr gezwungen wurden, den Mangel der musikalischen Wirkung des Reims durch größere Kraft oder Mannigfaltigkeit der Gedanken und des Ausdrucks zu ersetzen.

d. Er zog neue Stoffe in den Bereich der poetischen Behandlung: es waren Dies zunächst die Ideen der Religion und des Vaterlands. Durch letztere gab er der Poesie wieder einen nationalen Gehalt.

Anm. 3. Leider konnte ihm die Gegenwart hiebei keine Grundlage bieten (Friedrich II. war ihm wegen seines despotischen Wesens und seiner Verachtung der deutschen Literatur verhaßt); daher suchte er eine solche in der Vergangenheit. Er gieng, da der Zusammenhang mit der früheren Geschichte aus dem Bewußtsein des Volks verschwunden war, bis auf Hermann und die Kämpfe mit den Römern zurück. Da aber die Nachrichten über jene Zeit zu spärlich und dunkel waren, bildete er sich eine eigene Ansicht von den alten Deutschen, die auf Willkür beruhte und zu unklarer Schwärmerei führte. So versuchte er auch, die griechische Mythologie in der Dichtung durch die altnordische zu verdrängen, was sich in keiner Weise rechtfertigen läßt, da die nordische Götterlage völlig unbekannt war und ihr die künstlerische Schönheit der griechischen fehlt. Neben dem Vaterlande begeisterte ihn das reinste Gefühl für Freiheit und edle Menschlichkeit, ja es treten diese Ideen bei ihm noch lebensvoller hervor, weil sie einen einen bestimmten Gegenstand hatten (der amerikanische Freiheitskrieg; die französische Revolution).

e. Er unterschied sich auch in der Behandlung der bisherigen Stoffe von seinen Zeitgenossen: „er schuf die Poesie des Herzens und der Empfindung" (Herder), während die bisherige Dichtung mit wenig Ausnahmen eine Dichtung des Geistes und des Witzes war. Weil sie aber in ihm die höchste Kraft und Energie der Seele mit einer gewissen Weichheit verband, verirrte er sich öfters zur schwächlichen Sentimentalität und Ueberschwänglichkeit, die namentlich seinen religiösen Poesien einen eigenthümlichen Charakter gab, den Lessing als „seraphisch" bezeichnete.

f. Klopstock ist vorzüglich lyrischer Dichter, und seine lyrischen Poesien, die beinahe ausschließlich ins Gebiet der höheren Lyrik gehören, und deren Grundzug tiefe Innigkeit ist, sind das getreueste Abbild seines innersten Wesens.

Oden von musikalischer Anlage, reich an tiefen Gedanken, von dem sittlichen Ernst erfüllt, voll Kraft und Schwung, namentlich die früheren, während die späteren an einer gewissen Ueberspannung leiden. In den Hymnen Einfluß der Psalmen, deren großartige Auffassung seinem hohen Geiste entsprach. Die Elegien nach Plan und Form vortrefflich, dagegen von krankhafter Sentimentalität.[1] — Kirchenlieder bei großer Tiefe des religiösen Gefühls zu pathetisch und oft zu sentimental, ihre Sprache hart, die Darstellung schwer und ungelenk. — Epigramme meist „kleine Gemälde, Strahlen, gesandt zum Brennen nicht, nur zum Erleuchten".

g. Der Ruhm Klopstocks gründete sich zuerst auf seinen „Messias", zu dem er den Plan schon auf der Schule faßte; in Jena bearbeitete er die drei ersten Gesänge in Prosa, die er in Leipzig in Hexameter umsetzte und in den „Bremer Beiträgen" veröffentlichte. Die weiteren Gesänge erschienen in größeren Zwischenräumen, so daß das Ganze erst 1773 vollendet ward, da schon eine neue Literaturepoche begonnen hatte. Der Anfang erregte große Begeisterung, sowohl wegen seiner kräftigen und schwungreichen Sprache und metrischen Form, als auch wegen der Wahl des Stoffs und der poetischen Gattung, und endlich wegen der Behandlung, durch welche die Ansichten der Schweizer glänzend gerechtfertigt wurden. Diese Begeisterung nahm aber mit jedem neuen Theile ab und der letzte wurde sogar mit voller Gleichgültigkeit aufgenommen, weil das Gedicht als Ganzes nicht befriedigen konnte, so großartig auch Einzelnes war.

---

1) Klopstocks Oden, erläut. v. Vellerlein. Neue Ausg. Lpz. 1833. III.; v. L. Ettmüller. Zür. 1846; von H. Düntzer. 6 Hefte. Jena 1860. 61. Auswahl. Mit Einleit. u. Anmerkk. hg. v. H. Düntzer. Lpz. 1868.

Wahl des Stoffes nicht glücklich, schon deswegen, weil der Dichter denselben nicht frei behandeln und nach seinen künstlerischen Zwecken umgestalten oder erweitern durfte. Die Engel (Mittelglieder zwischen Gott und Menschen) ohne bestimmte Individualität, selbst diejenigen, denen man gewöhnlich eine abgeschlossene Persönlichkeit zuschreibt, daher für uns in der That eben so wesenlos, als die Sylphen und allegorischen Personen der komischen Epopöen; selbst die menschlichen Personen sind nicht zu fester Individualität gestaltet, weil ihr Charakter nicht in ihren Handlungen dargestellt ist, sie vielmehr ihre Empfindungen in lyrischer Weise aussprechen, weshalb Monologe, Reden, Gespräche, Gesänge und überhaupt Gefühlsergießungen jeglicher Art an die Stelle der Handlungen treten; der „Messias“ ist in der That nur eine Reihe von lyrischen Gedichten, in denen der Dichter freilich eine bewunderungswürdige Größe entwickelt.

h. Klopstock wollte auch den Ideen, die ihn begeisterten, dramatische Gestaltung geben; er schrieb zu diesem Zwecke biblische und vaterländische Dramen; er hatte aber eben so wenig Talent für das Drama als für das Epos.

Der „Tod Adams“, Versuch, ein Trauerspiel mit dem allerdürftigsten Stoffe zu schreiben und die Natur in ihrer ganzen Einfachheit und Wahrheit erscheinen zu lassen, löst sich in lyrische Ergüsse auf. Das Trauerspiel „Salomo“ hat mehr Handlung, ist aber ohne dramatische Anlage und bei den höchst unbedeutenden Verhältnissen, die es darstellt, ohne Interesse. Im „David“ Erzählung der Begebenheiten, selten dramatische Vergegenwärtigung. — In den vaterländischen Dramen (Bardiete) sind die lyrischen Gesänge das Beste. „Hermanns Schlacht“ fast ohne Handlung. „Hermann und die Fürsten“ stellt mit größerer dramatischer Lebendigkeit die gegenseitige Eifersucht der deutschen Fürsten, und „Hermanns Tod“ das traurige Ende der Volkserhebung dar. Sämmtliche Bardiete in Prosa, aber in gekünstelter und gesuchter Sprache, die sich allzusehr von der Sprache des Lebens entfernt.

i. Prosaische Schriften beinahe sämmtlich ohne Einfluß; selbst die „Deutsche Gelehrten-Republik“ nur vorübergehend bei ihrem Erscheinen wirkend, und zwar nur auf die jüngere Generation, die in ihr eine Anerkennung ihres Strebens erblickte, weil sie gegen die Kritik gerichtet war.

Ein wunderliches Gemisch von Allegorien und phantastischen Spielereien, durch welche selbst die richtige vaterländische Gesinnung, aus der es hervorgegangen, und die treffenden Gedanken, die es enthält, lächerlich werden mußten. Die Sprache oft wahrhaft abstoßend, die willkürliche Orthographie, über welche er sich in den „Fragmenten über Sprache und Dichtkunst“ weitläufig aussprach (Sparsamkeit war sein oberster Grundsatz), erinnert an Zesen.

§. 292. Die Barden.

a. Joh. Mich. Cosmas Denis (Der Barde Sined), geb. zu Schärding am 27. Sept. 1729, trat 1747 zu Wien in den Jesuitenorden, 1760 Professor der schönen Wissenschaften, später der Literaturgeschichte am Theresianum, 1784 zweiter Custos an der Hofbibliothek, 1791 erster Custos und Hofrath, gest. am 29. Sept. 1800.

Um die Bildung in seinem Vaterlande höchst verdient, daß er zuerst mit der Literatur des nördlichen Deutschlands bekannt machte. Auf ihn hatte nächst Klopstock vorzüglich Ossian, den er in Hexametern übersetzte, den bleibendsten Einfluß. Bardengesänge, Oden, z. B. zum Tode Maria Theresias, Vaterlandslieder, „Sineds Klagen“, darunter die um „Gellert's Tod“ u. a. m. „Alle seine Gedichte athmen menschliches Gefühl, Patriotismus, Haß des Lasters und der Weichlichkeit und Liebe der Heldeneinfalt. Oft spricht der Barde kühn, oft sanft und zärtlich, oft schwärmend“ (Ossians und Sineds Lieder. Wien 1784—85, V.).

b. Karl Mastalier, geb. zu Wien am 16. Nov. 1731, Jesuit, nach Aufhebung des Ordens Prof. der schönen Wissenschaften an der Universität, gest. den 6. Oct. 1795, verbreitete die Kenntniß der besseren deutschen Schriftsteller und verfeinerten Geschmack in Oesterreich. Ramler sein Muster, das österreichische Kaiserhaus sein Stoff (Gedd. nebst Oden aus dem Horaz. Wien 1774.).

c. Karl Friedrich Kretschmann (Der Barde Rhingulph), geb. am 4. Sept. 1738 zu Zittau, studierte in Wittenberg die Rechte, 1762 Advocat in seiner Vaterstadt, 1774 Gerichtsactuarius, gest. am 16. Jan 1809.[1])

Gereimte Bardiete („Rhingulphs Gesang“, „Rhingulphs Klage“, „Die Jägerin“) von großem Wohllaut, kernhafter Sprache und lebhafter Darstellung, aber unpassendem, zu weit abliegendem Stoff. Zahlreiche Epigramme weniger witzig als bitter. Im Drama nicht glücklich, die Charaktere zwar gut

1) Knothe, Herm. Fr., K. Fr. Kretschmann. Zittau 1854.

gezeichnet, aber der Dialog zu steif. Am Besten die „Hausfabale“ nach Goldoni (Werke, Lpz. 1784—1799. VI.).

d. **Heinr. Wilh. von Gerstenberg**, geb. zu Tondern am 3. Jan. 1737, studierte in Jena die Rechte, darauf in dänischen Kriegsdiensten, die er 1763 als Rittmeister verließ, später Geh. Conferenzsecretär, 1775 dänischer Resident und Consul in Lübeck, 1785 Director des Lottos in Altona, gest. am 1. Nov. 1823. Ein schönes Talent, aber in der Wahl seiner Stoffe und Formen nicht glücklich.

Zuerst „Tändeleien“ im Geiste der Anakreontiker, dann, und noch entschiedener in den „Cantaten“, Meister in der musikalischen Behandlung der Sprache („Ariadne auf Naxos“). Die „Kriegslieder eines dänischen Grenadiers“ an Gleim, die „Idyllen“ an Geßner erinnernd; durch die „Gedicht eines Skalden“ sich den „Barden“ anreihend. Im Drama der Vorläufer der Kraftgenies. Der „Ugolino“ zeugt von reichem Talent, der Stoff ist aber undramatisch, so daß er statt Handlungen Zustände darstellen mußte, die im Epos (Dante) Mitleiden, im Drama Ekel und Graus erregen. „Minona oder die Angelsachsen“, ein tragisches Melodrama, ohne Werth (Schriften, Altona 1815. III.).

V. Das geistliche Lied.

§ 293. Die Lutherischen Dichter.

a. Gellertische Richtung: Gellert, J. A. Schlegel, Giseke, Zachariä, s. o. § 287; Cramer, Weiße, s. o. § 288, Uz, s. o. § 290. Balth. Münter, aus Lübeck (1735—1793), Hauptpastor in Kopenhagen. „Geistliche Lieder“ (Lpz. 1773. II.) von mehr poetischem Gehalt als die Gellertischen, suchen mehr auf das Gemüth, als auf den Verstand zu wirken („Der letzte meiner Tage“; „Mein Glaub' ist meines Lebens Ruh'“).

b. Klopstockische Richtung: Klopstock selbst (s. o. § 291). — J. Timoth. Hermes, (s. u. § 276) — Christoph Chr. Sturm, aus Augsburg (1740—1786), Hauptpastor in Hamburg. Geistliche Lieder (Geistl. Gesänge über die Werke Gottes in der Natur, Halle 1774; Gesangbuch f. Gartenfreunde und Liebhaber d. Natur, Hamb 1781), in denen er, wie in seinen vielverbreiteten Andachtsbüchern (Betrachtungen üb. d. Werke Gottes im Reiche d. Natur, Halle 1779. III.), durch die Anschauung der Natur zur Erkenntniß Gottes führen wollte.

§ 294. Die pietistischen Dichter.

a. **Nikol. Ludw. Graf von Zinzendorf**, geb. zu Dresden am 26. Mai 1700, von seiner Großmutter, Kath. von Gersdorf (§ 241) und im Halleschen Pädagogium erzogen, studierte in Wittenberg die Rechte, eine Zeitlang in Staatsdiensten, gründete 1721 die Brüdergemeinde Herrnhut, trat 1734 in den geistlichen Stand, wegen seiner religiösen Ansichten aus Sachsen verbannt, machte Missionsreisen nach Livland, Preußen, Nordamerika, England und Holland, gest. in Herrnhut am 9. Mai 1760.[1])

Gegen 2000 Lieder (Teutsche Gedd. 1. Thl. Herrnh. 1737; Gedd. hrsg. v. A. Knapp, Stuttg. 1845; v. H. A. Daniel. Bielefeld 1851.) mit dem Gepräge des in der Brüdergemeinde herrschenden Geistes; oft weichlich, viele im kindisch tändelnden Tone, der eine Zeit lang Mode war („Die Christen gehn von Ort zu Ort“, „Der seinen Augen schwebten“). Von seinen zahlreichen Reden, Predigten und Homilien sind die früheren von würdiger und ernster Haltung, die späteren mit ausschweifenden und spielenden Bildern überfüllt.

b. **Phil. Fr. Hiller**, geb. am 6. Januar 1699 zu Mühlhausen an der Enz, studierte in Tübingen, 1736 Pfarrer in seinem Geburtsorte, später in Steinheim, gest. am 24. April 1769.

Lieder (Geistl. Schatzkästlein, Stuttg. 1762—67. II.) zwar pietistisch, aber ohne die süßliche Schwärmerei der Herrnhuter und in volksthümlichem Tone. Am Trefflichsten, wenn er Gottes ewige Liebe preist, ein Stoff, den er oft und mit dichterischer Begeisterung behandelt („Abgrund wesentlicher Liebe“.)

VI. Lessing und Wieland.

§ 295. Lessing.

a. **Gotthold Ephraim Lessing**, geb. den 22. Jan. 1729 zu Camenz, trat 1741

1) Leben v. Spangenberg. Barby 1772—75. VIII.; von Varnhagen v. Ense in seinen „Denkmalen“ Band 5; v. F. Bovet. Gotha 1860.

in die Fürstenschule zu Meißen, bezog 1746 die Universität Leipzig, wo er wenig Zeit der Theologie, desto mehr dem Studium der Sprachen und der Literatur, so wie seiner körperlichen Ausbildung widmete, das Theater besuchte und mit Schauspielern, mit Mylius und Weiße umgieng, was seinen Vater so sehr bekümmerte, daß er ihn mitten im Winter in die Heimat zurückrief, wo er sich aber überzeugte, daß sein Sohn trotzdem vielseitige und gründliche Kenntnisse erworben hatte. Dieser kehrte nach Leipzig zurück, gieng 1748 nach Berlin, 1751 nach Wittenberg, wo er Magister wurde. Das Leben in der beschränkt gelehrten Stadt wurde ihm mit der Zeit unerträglich und er kehrte 1753 nach Berlin zurück, wo er mit Nicolai, Mendelssohn und Ramler enge Freundschaft schloß, und mit Ausnahme eines dreijährigen Aufenthalts in Leipzig, wo er mit Weiße, Kleist und Brawe ein heiteres und thätiges Leben führte, bis zum Jahre 1760 blieb, worauf er den General von Tauenzien als Gouvernementssecretär nach Breslau begleitete. Im Jahre 1765 war er wieder in Berlin, gieng aber 1767 nach Hamburg, um an der beabsichtigten Gründung eines Nationaltheaters mitzuwirken; 1769 wurde er Bibliothekar und Hofrath in Wolfenbüttel, reiste 1775 nach Italien und starb den 15. Febr. 1781 in Braunschweig.[1])

b. Obgleich ein großer Gelehrter, betrachtete Lessing die Gelehrsamkeit nur als Mittel, höhere Zwecke zu erreichen. Ruhig, besonnen und klar, besaß er zugleich einen seltenen Scharfblick und praktischen Sinn, der ihn bei aller Begeisterung für jedes Schöne und Große vor Schwärmerei bewahrte. Sein ganzes Leben war der Erforschung der Wahrheit und der Bekämpfung der Lüge und Heuchelei gewidmet, wobei er sich stets furchtlos und unabhängig erwies. Charakter und Talent bestimmten ihn zum Kritiker und Forscher, und in seinen Forschungen liegt auch der Mittel- und Glanzpunkt seiner unermeßlichen Wirksamkeit, der wir hauptsächlich die großen Fortschritte verdanken, welche die deutsche Literatur zu seiner und der unmittelbar folgenden Zeit machte.

c. Seine kritischen Werke sind in Form, Sprache, Methode und Inhalt noch heute unerreichte Muster, eben so tief als klar gedacht, immer streng logisch und doch nie in dürres Systematisieren sich verirrend, stets mit dem Verstand auch die Phantasie beschäftigend. Zu solchen Darstellungen war weder die correcte, aber breite und matte Prosa Gottscheds, noch die überschwängliche Darstellung Klopstocks brauchbar; er schuf sich daher eine neue Sprache und er schuf sie nach seinem Bilde mit der Klarheit und liebenswürdigen Anmuth seines Geistes, aber auch mit der Schärfe und gewaltigen Kraft seines Charakters. Seine Darstellung ist wahrhaft künstlerisch, Ausdruck und Satzbildung durchaus rein und deutsch, und wird nur von der in den frühern Schriften Goethes übertroffen, der aus der lebendigen Sprache des Volkes schöpfte, während Lessing sich an den großen Meistern des Stils, namentlich an Luther bildete, weshalb ihm jene Frische und Unmittelbarkeit fehlt, die wir an Goethe bewundern.

Ueber seine Theilnahme an den Literaturbriefen vgl. § 260. c. „Pope ein Metaphysiker" (1755) eine gemeinschaftliche Arbeit Lessings und Mendelssohns; die wichtigsten Abschnitte jedoch von jenem, namentlich der, in welchem mit überzeugender Schärfe dargethan wird, daß philosophische Systeme kein Stoff für die Poesie, das Lehrgedicht daher ein Unding sei. „Abhandlungen über die Fabel" (1759) mit dem Beweis, daß die wahre Poesie jeder moralisirenden Tendenz fremd und eine solche auf die untergeordnete Gattung der Fabel zu beschränken sei. Wie er darin die verschiedenen Erklärungen, welche die Kunstrichter bis zu ihm herab von der Fabel gegeben, prüft und seine eigene dadurch begründet, so verfährt er auch in den „Anmerkungen über das Epigramm" (1771), dessen Wesen er zwar

1) Lessing, s. Leben u. s. Werke. Bd. 1 v. Th. W. Danzel, Bd. 2 v. G. E. Guhrauer. Lpz. 1850 bis 54. Stahr, Ad., Lessing, s. Leben u. s. Werke. Berl. 1859. II., 6. Aufl. Ebd. 1869; Fr. Schlegel, Lessings Geist aus s. Schriften. Lpz. 1804. III. Vgl. Rob. Zimmermann, Leibniz u. Lessing. Wien 1856. Sämmtl. Schriften hrsg. v. Lachmann, Berl. 1838—40. XIII.; v. Wendelin v. Maltzahn, Lpz. 1853—57. XII. (Ausgewählte) Werke, hg. v. Heinrich Kurz (mit Uebersetzung der Stellen in alten und neuern Sprachen) Hildburgh. 1869. IV.

richtig erkannt, aber in seinem Umfang allzusehr beschränkt. Der „Laokoon" (1766) sollte aus drei Theilen bestehen, aber nur der erste ist vollendet (von den andern nur zusammenhanglose Bruchstücke). Allein selbst in dieser unvollendeten Gestalt ist die Schrift ein großartiges Meisterwerk, das von unermeßlichem Einfluß auf die weitere Entwicklung geworden ist, weil es die bisherigen Ansichten von der Poesie beseitigte und eine neue an deren Stelle setzte, die sich als überaus fruchtbar erwies. Der „Laokoon" bekämpft nämlich den von Breitinger aufgestellten und bis dahin allgemein angenommenen Satz, daß die Poesie eine redende Malerei, die Malerei eine stumme Poesie sei, ein Satz, der in der Poesie die Schilderungssucht, in der Malerei die Allegorie erzeugte. Beide Künste seien in ihren Gegenständen, wie in der Art ihrer Wirkung verschieden, die Malerei (bildende Kunst) stelle ihre Gegenstände im Raum, die Poesie in der Zeit dar, jene durch Gestalten und Farben, diese durch articulierte Töne; Körper mit ihren sichtbaren Eigenschaften seien die eigentlichen Gegenstände der ersten, dagegen Handlungen die der andern. Die Poesie könne zwar auch durch die ihr eigenthümlichen Mittel die körperliche Schönheit darstellen, stehe der Malerei darin aber nach, während sie dieselbe im Umfang der Darstellung übertreffe. Sie sei nicht, wie die bildende Kunst, auf Darstellung der Schönheit beschränkt, ihr stehe das ganze unermeßliche Reich der Natur zur Nachahmung offen; sie könne und dürfe nicht bloß das Schöne und Gute, sondern auch das Häßliche, ja selbst das Schreckliche und Ekelhafte darstellen, was die bildende Kunst zwar auch könne, aber nicht wolle noch dürfe.[1]) — „Beyträge zur Historie und Aufnahme des Theaters" mit Mylius (1750), „Theatralische Bibliothek" (1754), worin er durch Kritiken (Plautus) und Abhandlungen („Von dem weinerlichen und rührenden Lustspiele") auf eine naturgemäßere Entwicklung des Dramas zu wirken suchte. In den „Literaturbriefen" machte er auf Shakespeare aufmerksam und deutete die Nothwendigkeit an, daß das Drama auf nationaler Grundlage beruhen müsse, wenn es zu höherer Vollendung gelangen solle. Hauptwerk über das Drama: „Hamburgische Dramaturgie" (1767—68). Ursprünglich eine Theaterzeitung, mit dem Zweck, über die in Hamburg aufgeführten Stücke und deren theatralische Darstellung zu berichten. Indem aber Lessing die Dramen besprach, wie sie der Zufall auf das Theater brachte, verfolgte er doch schon beim Beginn eine bestimmte Absicht, die nämlich, einen festen Boden für ein Nationaldrama zu gewinnen. Da die Nachahmung des französischen Theaters das größte Hinderniß dagegen war, bekämpfte er diese von Anfang an, und zeigte, daß die Ansichten der französischen Kunstrichter und Dramatiker, namentlich bezüglich der drei Einheiten (Ort, Zeit, Handlung) auf Mißverständniß des Aristoteles beruhten, auf den sie sich stets beriefen. Dies bewies er durch scharfsinnige Zergliederung berühmter Stücke der ersten französischen Dichter und durch Untersuchung der Aussprüche des Aristoteles. Zugleich entwickelte er seine eigene Ansicht von der Natur des Dramas und insbesondere der Tragödie, die er auf die Poetik des Aristoteles, die griechischen Meisterwerke, Shakespeare, Calderon und Diderot begründete. — Andere kritische Werke sind das „Vademecum für S. G. Lange" (1754), „Rettungen", 1753 ff., „Wie die Alten den Tod gebildet" (1769).

d. An die kritischen Schriften schließen sich zum Theil bezüglich des Inhalts die polemischen an, die zum Vortrefflichsten gehören, was in deutscher Sprache geschrieben worden ist. Es sind Meisterwerke, in denen sich alle Mittel der Beredsamkeit und der Sprache in bewunderswürdiger Weise vereinigen, um eine unwiderstehliche Wirkung hervorzubringen.

Die „Antiquarischen Briefe" (1768—69) wurden durch hämische Bemerkungen des Professor Klotz in Halle gegen den „Laokoon" hervorgerufen. Von der Abwehr ging Lessing bald zum Angriff über und vernichtete durch seine Prüfung des klotzischen Werkes „Vom Nutzen geschnittener Steine" (Altenb. 1768) das Ansehen des zwar vielseitig gebildeten, aber intriganten Mannes. Uebrigens sind diese Briefe nicht bloß Meisterwerke der Polemik, sie sind auch Zeugnisse der Gelehrsamkeit Lessings, seiner tiefen Kenntniß der alten Kunst und seiner Meisterschaft in Behandlung und klarer Darlegung gelehrter Gegenstände. — Eine zweite Reihe von polemischen Schriften, alle aus dem Jahre 1778, ist gegen den Hauptpastor Göze in Hamburg gerichtet, der ihn wegen der Herausgabe der „Fragmente des Wolfenbüttelschen Ungenannten" (Reimarus) des Unglaubens u. s. w. beschuldigt hatte. Schon die „Parabel" und die „Axiomata" sind vortrefflich, aber noch großartiger ist der „Anti-Göze", eilf Sendschreiben, in denen er eine Fülle und Macht der Beredsamkeit entwickelt, „wie sie seit Hutten und Luther in Deutschland nicht gehört worden war".[2]) — Seine Briefe gehören zu den bedeutendsten der Zeit.

e. Die theologischen Werke: „Berengarius Turonensis, oder Ankündigung eines wichtigen Werkes desselben" (1770), „Ueber den Beweis des Geistes und der Kraft" (1777), „Das Testament Johannis" (1777) und die philosophischen: „Ernst und Falk, (fünf) Gespräche für Freymäurer" (1778—80) und

---

1) Vendent, J. G., Lessings Laokoon u. s. Bedeutung f. Aesthetik u. deutsche Liter. Zeitschr. 1854. Cosack, Lessings Laokoon für d. Gebildeten bearb. u. erläutert. Berl. 1869. — 2) Röpe, G. R., J. M. Göze. E. Beitr. z. Literatur- u. Kirchengesch. d. 18. Jahrh., zugleich als Widerlegung d. Lessing'schen Schrift. Lpz. 1860.

„Die Erziehung des Menschengeschlechts" (1780) sind nicht weniger meisterhaft in Form und Inhalt, als seine übrigen Schriften.[1])

f. So zahlreich und zum Theil großartig Lessings poetische Arbeiten auch sind, so war er doch, wie er selbst in bescheidener Weise erklärte, kein Dichter; seine poetischen Werke sind eben so sehr Ergebnisse seines kritischen Geistes wie seine prosaischen. In seinen dramatischen Arbeiten spiegelt sich das Fortschreiten seiner kritischen Forschung am Lebendigsten ab. Seine Jugenddramen, meist Komödien, sind im französischen Stile und im Charakter der Lustspiele Gottscheds; nur übertrifft er Diesen und dessen übrige Vorgänger in der Lebendigkeit des Dialogs, die er dem Studium der römischen Komiker zu verdanken hatte. Sie unterscheiden sich aber von den früheren Lustspielen wesentlich auch darin, daß sie sich nicht bloß in den gewöhnlichsten Lebensverhältnissen bewegen, sondern wichtige Fragen des Lebens und der Wissenschaft behandeln. Vom französirenden Lustspiel gieng er, durch das Studium der Engländer und Diderots gefördert, zum bürgerlichen Trauerspiel über, durch welches er den Uebergang zum nationalen Drama machte, das den Schlußstein seiner dramatischen Thätigkeit bildet.[2])

Jugenddramen: „Damon, oder die wahre Freundschaft" (1747), „Der junge Gelehrte" (1747), Verspottung der geist- und zwecklosen Gelehrsamkeit, „Der Misogyn" (1748), „Die alte Jungfer" (1749), „Die Juden" (1749), Bekämpfung der gegen dieselben herrschenden Vorurtheile. „Der Freigeist" (1749), Bekämpfung des Atheismus. „Weiber sind Weiber" (1749). „Henzi" (1749), ein unvollendetes Trauerspiel in Alexandrinern, Darstellung einer gleichzeitigen Begebenheit. — Uebergangsdramen: „Miß Sara Sampson" (1755), ein bürgerliches Trauerspiel. Stoff aus Richardsons „Clarisse", aber in deutschem Geiste sentimental behandelt; „Philotas" (1759), durch Kleists Seneca angeregt, stellt die Idee des Opfertodes für das Vaterland mit schwärmerisch-sentimentaler Auffassung dar. — Nationales Drama: „Minna von Barnhelm" (1763), das erste wahrhaft deutsche Lustspiel von nationaler Bedeutung, da der eben erst beendigte siebenjährige Krieg den Hintergrund des Gemäldes bildet, und Alles, was sich auf denselben bezog, mit solcher Zartheit behandelt ist, daß es bald nach seinem Erscheinen (1767) selbst in Wien aufgeführt werden konnte. Ferner hatte Lessing die Absicht, darin die Unnatürlichkeit des Hasses zwischen Preußen und Sachsen zur Anschauung zu bringen und das Nationalbewußtsein dadurch zu kräftigen, daß er den Gegensatz zwischen deutschem und französischem Charakter in greller Weise hervorhob. Die künstlerische Entwickelung ist beinahe tadellos, die Exposition musterhaft, die Handlung (mit Ausnahme des dritten Aufzugs) lebendig fortschreitend, die Charaktere unübertrefflich gezeichnet und voll individuellen Lebens, der Dialog natürlich, die Sprache den Charakteren und Situationen angemessen.[3]) — Obgleich in Italien spielend, hat die „Emilia Galotti" (1772) doch ebenfalls eine vorwiegend nationale Bedeutung; der Dichter verlegte die Handlung nur deshalb in ein fremdes Land, um den politischen Zweck, den er damit verband, zu erreichen. Er wollte nämlich die Erbärmlichkeit der deutschen Höfe, die Leidenschaften und ränkevollen Verhältnisse in den höheren Regionen schildern und das Stück wirkte dadurch einflußreich auf die politische Bildung des Volks. Uebrigens ist die „Emilia" nach jeder Seite hin ein Muster dramatischer Entwicklung: Anlage und Ausführung beruhen auf der tiefsten Berechnung. Die Charaktere sind voll Leben und Natur, die Seelenzustände in meisterhafter Weise geschildert; die Leidenschaft erscheint zum ersten Mal auf der deutschen Bühne mit dem Gewande und der Sprache der unmittelbarsten Wahrheit. Die „Emilia" ist eine ächte Tragödie, nicht wegen des tragischen Ausgangs, sondern weil durch den Tod der Heldin der Sieg des sittlichen Princips über die Unsittlichkeit gewahrt wird. — Der „Nathan" (1779) ist zwar ebenfalls ein kunstgerechtes Drama, doch liegt seine Wirkung weniger in der künstlerischen Form, als in der Idee der reinsten Humanität und edler Duldung, die darin in großartiger Weise zur Anschauung gebracht ist.[4])

g. Heitere und geistreiche Lieder von ächt deutschem Humor durchdrungen. Fabeln, Muster in ihrer Art, wenn auch die Theorie selbst nicht zu billigen ist. Lehrgedichte, z. B. „Die Religion" unvollendet. Epigramme meist schon vor 1753 gedichtet, gehören beinahe alle zur witzigen Gattung.

1) Vgl. Schwarz, K., Lessing als Theolog. Halle 1854; Ritter, H., Lessings philos. u. relig. Grundsätze. Gött. 1847. Die Erziehung &c. krit. u. philos. erörtert v. Guhrauer. Berl. 1841. — 2) Rodnagel, Aug., Lessings Dramen erläutert. Darmst. 1842; Hölscher, E., Lessing als Dramatiker. Siegen 1842, 2 Hefte. Wolfram, B., Lessing und das Drama. Magdeb. 1862. — 3) E. Niemeyer, Ed., L.'s Minna v. B. Histor. krit. Einleitung nebst fortlaufendem Commentar. Dresden 1870. Minna v. B., Emilia G., Nathan. Mit Einleit. hrsg. v. Herm. Hettner. Lpz. 1868. — 4) Nathan, erläut. v. Niemeyer. Lpz. 1855; v. J. G. Rönnefahrt. Stendal 1863. Vgl. Strauß, D. F., Lessings Nathan. Berl. 1863. Fischer, Kuno, Lessings Nathan. Stuttg. 1864. Naumann, E. Literatur über L.'s Nathan. Aus d. Quellen. Dresd. 1864.

§ 296. Wieland.

a. **Christoph Martin Wieland**, geb. am 5. Sept. 1733 zu Oberholzheim bei Biberach, 1747 in der Schule zu Klosterbergen bei Magdeburg, studierte 1751 in Tübingen die Rechte, beschäftigte sich aber mehr mit Philosophie, Sprachen und Literatur, 1752 bei Bodmer in Zürich, 1758 in Bern Hauslehrer, 1760 Kanzleidirector in Biberach, 1769 Professor und Regierungsrath in Erfurt, 1772 Prinzenerzieher in Weimar, gest. den 20. Jan. 1813.[1])

b. In seinen ersten Schriften, die unter dem Einfluß Klopstocks und Bodmers geschrieben wurden, ist Wieland ganz in der sentimental-schwärmerischen Richtung derselben befangen. Später, als er mit den Franzosen und Engländern vertraut und mit dem Leben der höheren Stände bekannt wurde, schlug er eine andere ein, die in Form und Inhalt den entschiedensten Gegensatz zur ersten bildete. Er machte es sich nun zur Aufgabe, Lebensweisheit in heiterem Gewande darzustellen, wobei er sich freilich unter dem Einfluß seiner französischen Vorbilder oft in Frivolität verirrte, die um so verderblicher wirken mußte, als er sie in dem reizendsten Gewande darstellte. So beklagenswerth dies auch ist, so darf man nicht verkennen, daß er vielseitigen glücklichen Einfluß auf die Entwickelung der Literatur ausübte, indem er Sprache und Poesie von der Einseitigkeit der Klopstockschen Richtung befreite. Er setzte der gespreizten und überschwänglichen Sprache Klopstocks eine leichte, gefällige und wohllautende Darstellung entgegen, und brachte den Reim, den er mit großer Meisterschaft behandelte, wieder zu verdientem Ansehen. Er wirkte dadurch höchst wohlthätig, daß die höheren Stände durch ihn zuerst für die deutsche Literatur gewonnen wurden, die bis dahin dieselbe ganz mißachtet hatten. Dies war namentlich der Fall in Oesterreich, das ihm überhaupt einen großen Theil seiner Bildung verdankt, wie denn auch die meisten seiner Nachahmer Oesterreicher waren.

c. Wieland versuchte sich in mehreren Gattungen der Poesie. Er dichtete überschwängliche „Hymnen“ (1754) im Geiste Klopstocks, ein Lehrgedicht „Die Natur der Dinge oder die beste Welt“ (1752), in welchem er nach seiner eigenen Aeußerung „eine unverständliche und einschläfernde Metaphysik“ in gereimte Verse brachte, „Moralische Briefe“ (1752) nach Inhalt und Form (Alexandriner) Einer seiner schwächsten Jugendversuche, und „Briefe von Verstorbenen an hinterlassene Freunde“ (1753), in denen er platonische Gedanken mit Gewandtheit verarbeitete. Das Drama gelang ihm nicht. Er schrieb ein bürgerliches Trauerspiel „Clementine von Porretta“ (1760), eine historische Tragödie „Johanna Gray“ (1758), wozu er den Engländer Rowe allzu augenscheinlich benutzte und zwei werthlose Singspiele „Alceste“ (1773) und „Rosamunde“ (1778). Das erste rief Goethes bittere Satire „Götter, Helden und Wieland“ hervor, in welcher er zeigte, daß Wieland das griechische Alterthum durchaus falsch aufgefaßt, und aus den kräftigen Naturmenschen sentimentale Gestalten der modernen Welt gemacht habe.

d. Wieland ist vorzugsweise epischer Dichter, und ein Theil seiner epischen Dichtungen gehört zu dem Besten, was die deutsche Literatur in dieser Gattung besitzt. Reiche, blühende Phantasie, gebildeter Geschmack, reifes Urtheil und tiefe Empfindung verbinden sich in seinen Dichtungen auf das Glücklichste. Zwar fehlte es ihm an reicher Erfindungsgabe; aber er besaß das glückliche Talent, sich fremde Erfindungen zum vollsten Eigenthum zu machen, und verwandte Stoffe in höchst mannigfaltiger Weise zu bearbeiten; vor Allem verstand er es, selbst den gleichgültigsten Stoffen durch geistreiche Bearbeitung hohes Interesse und den Reiz der Neuheit zu geben. Seine Stoffe entlehnte er aus der Märchenwelt, was den großen Vortheil gewährte, daß die überirdischen Wesen, welche die Begebenheiten leiteten, nicht als körperlose Abstractionen erschienen, sondern mit lebensvoller Persönlichkeit begabt waren. Er hat die Märchenwelt allerdings nicht in ihrer ursprünglichen Naivetät, sondern in eigenthümlich ironischer

---

1) Leben v. J. G. Gruber, Lpz. 1827—28. IV. Sämmtl. Werke hrsg. v. J. G. Gruber, Lpz. 1818—28. LIII.; Ebd. 1839—40. XXXVI. Ausgew. Briefe, Zür. 1815—16. IV.; Auswahl denkwürdiger Briefe, hrsg. v. L. Wieland, Wien 1815. II.

Weise aufgefaßt; allein er war durch die Richtung der Zeit dazu gezwungen, die eine naive Darstellung dieser Stoffe nicht verstanden hätte. Uebrigens hat er sich doch das Verdienst erworben, zuerst auf diese Stelle aufmerksam gemacht zu haben.

e. Sein erstes episches Gedicht „Der geprüfte Abraham“ (1753) ist Klopstockisch-Bodmerisch, die „Moralischen Erzählungen“ (1753), bei denen er die Engländerin Rowe benutzte, sentimental. Der „Cyrus“ (1759) ist zwar ohne die frühere Ueberschwänglichkeit, aber ganz in der Klopstockisch-Bodmerischen Manier gehalten.

f. Die Umwandlung Wielands war so groß, daß er sich Anfangs ganz dem Einfluß seiner französischen Vorbilder hingab und eine Reihe von „Komischen Erzählungen“ dichtete (1765), in denen er oft alle Grenzen der Sittlichkeit überschreitet. Doch überwand er diese einseitige Richtung bald; er entwickelte in den didaktisch-epischen Gedichten „Musarion“ (1768), „Die Grazien“ (1770) und „Der verklagte Amor“ (1774), seine neue poetische Lebensanschauung (Schwärmerei oder äußere Moralität sind eben so wenig Bedingung der wahren Tugend, als gemeine Sinnlichkeit ohne Gefühl für das Schöne und Edle wahrhaft glücklich machen kann); doch hatte die Sinnlichkeit immer noch ein zu großes Uebergewicht, so daß die genannten Dichtungen, sowie die rein epischen, die er in diesem Sinne abfaßte, in ihrer Ausführung immer noch frivol wurden. Bei den letzteren nahm er sich neben den Franzosen in der Behandlung den großen Ariost zum Vorbild. Diesem nacheifernd, wollte er in dem unvollendeten „Idris und Zenide“ (1767) ein buntes Gewirr von Begebenheiten vorführen, die erst am Ende zu einem befriedigenden Abschluß gelangen sollten. Aehnlich ist die Composition im „Neuen Amadis“ (1771), der jedoch eintönig ist, da die sämmtlichen Begebenheiten auf Verlieren oder Wiederfinden der Personen beruhen. Die Laune, welche das Gedicht belebt, wird oft zur muthwilligen Frechheit. Es ist in zehnzeiligen Stanzen geschrieben, deren Verse mit einer bis an die höchste Willkür reichenden Freiheit gebrochen sind, so daß die Darstellung oft in Prosa überzugehen scheint.

g. Die „Erzählungen und Märchen“ (1776—78) behandeln Stoffe der Märchenwelt oder der Sagen mit großer Meisterschaft, indem die ihnen zum Grunde liegende Idee aus der Darstellung zum Bewußtsein erwächst. Im „Schach-Lolo“ giebt er das Bild eines Herrschers, der bei den besten Absichten durch Schwäche und Eitelkeit zur Tyrannei gedrängt wird. „Geron der Adeliche“ stellt die unwandelbare Treue in würdiger Haltung dar, so daß selbst die dem Dichter eigenthümliche Laune ganz zurück tritt, während sie sich in „Sixt und Klärchen“, das die Leiden einer hoffnungslosen Liebe mit warmen Farben malt, oft zur unrechten Zeit vordrängt. Im heiteren und lebensphilosophischen „Wintermärchen“ (1776) erscheint der Mensch als ein Spielball geheimnißvoller Gewalten, die er sich im „Sommermärchen“ durch seine Thatkraft unterwirft. „Hann und Gulpenheh“ ist ein orientalisches Gegenstück zur „Matrone von Ephesus“. „Was kein Verstand der Verständigen sieht, Das übet in Einfalt ein kindlich Gemüth“ ist die dem „Pervonte“ (1778) zum Grunde liegende Idee, die jedoch nicht klar zur Erscheinung gelangt. Diese Erzählung, welche den tiefsten Ernst mit dem schalkhaftesten Muthwillen verbindet, zeigt wie auch „Der Vogelsang“ (1778) des Dichters Meisterschaft in der poetischen Ausführung der einzelnen Situationen. An das Epos grenzen die vortrefflichen Gedichte „Gandalin“ (1776) und „Clelia und Sinibald“ (1778), in denen der Dichter durch geistreiche Verknüpfung von abenteuerlichen und unerwarteten Begebenheiten zu wirken sucht.

h. Wielands größtes und vollendetstes Werk ist der „Oberon“ (1780), das in Anlage und Ausführung gleich vortrefflich ist. Der Stoff ist kunstvoll angeordnet, die einzelnen Begebenheiten sind glücklich motiviert; das Wunderbare ist, so mächtig es einwirkt, doch untergeordnet; es ist nur ein glücklich gewähltes Mittel, die einzelnen Begebenheiten mit einander zu verbinden. Die Personen sind alle nothwendig und meisterhaft charakterisiert, die Zustände, ernste und heitere, trefflich geschildert, und wie überall, so beweist der Dichter auch hierin eine wahrhaft künstlerische Mäßigung. Die Darstellung ist lebhaft, frisch und von reicher Mannigfaltigkeit. Das Gedicht ist in einer eigenthümlichen Nachbildung der italienischen Stanze geschrieben, die zwar dieser an Schönheit nicht gleich kommt, aber mit großem Glück behandelt ist.

i. Wielands Romane stehen seinen epischen Dichtungen nach, weil in ihnen das didaktische Element zu mächtig hervortritt und er zudem die Seelenzustände der Personen nicht sowohl in ihren Handlungen und Reden zur Erscheinung bringt, als über sie reflectierend berichtet, wie sich überhaupt der Dichter zu häufig vordrängt. Dadurch werden die Romane breit und weitschweifig. — Die meisten spielen im alten Griechenland oder dem Orient; aber er wollte moderne Verhältnisse und Zustände darstellen, und wählte jene Einkleidung, um sich in größerer Freiheit zu bewegen; es ist daher der Vorwurf, daß er die griechischen oder orientalischen Verhältnisse falsch aufgefaßt habe, ungerecht. — Die Sprache seiner Romane ist von anmuthiger Gewandtheit. In den ersten waren die Franzosen, später die Griechen und Römer seine Muster, und er ahmte deren kunstvollen Periodenbau meisterhaft nach, was seiner Darstellung jedoch einen fremdartigen Charakter giebt.

k. Sein erster Roman „Araspes und Panthea" (1761) ist in dialogischer Form, die er als unkünstlerisch in den folgenden nicht mehr gebrauchte. „Don Sylvio von Rosalva oder der Sieg der Natur über die Schwärmerei" (1764) eine mißlungene Nachahmung des „Don Quixote". Im „Agathon" (1766—67) hatte er die Absicht, sich und seine Entwicklung darzustellen. Agathon, ein Jüngling voll Empfindsamkeit und feuriger Einbildungskraft, wird zum philosophischen Schwärmer erzogen, gelangt, als er mit Menschen und Welt genauer bekannt wird, zur Ueberzeugung, daß man, um Gutes zu wirken, sich nach den Menschen richten müsse, und daß es möglich sei, die Forderungen der sinnlichen Natur mit denen der strengsten Tugend in Einklang zu bringen. Vortrefflich im Einzelnen, ist es im Ganzen als Kunstwerk verfehlt, da die Entwickelung der Begebenheiten willkürlich und ohne innere Begründung ist. Noch ungenügender ist in dieser Beziehung der „Nachlaß des Diogenes" (1770), der in der Ausführung an Sterne erinnert, und in welchem er zur Entschuldigung seiner leichten Dichtungen zeigen wollte, daß die muthwilligste Laune mit der strengsten Tugend vereinbar sei. — Am höchsten stehen die „Abderiten" (1774), obgleich auch diese zu viel philosophische Abschweifungen enthalten. Vortrefflich ist der Gegensatz zwischen den thörichten Abderiten und ihrem eben so heiteren als verständigen Mitbürger Demokritus durchgeführt; eben so gelungen ist die Geschichte des Prozesses um des Esels Schatten und dessen Folgen, die, allein für sich betrachtet, ein künstlerisch schönes Ganzes bildet. Wieland wollte in den „Abderiten" das spießbürgerliche und enge Treiben der kleinen Städte und Staaten darstellen, ging aber darin zu weit, indem er zugleich die republikanische Verfassung ins Lächerliche zog. — Mehrere kleinere politische Romane sind nur die Vorläufer seines größeren, „Der goldene Spiegel" (1772), welchem er die „Geschichte des weisen Danischmend und der drei Kalender" (1775) als Anhang folgen ließ. Er entwickelte darin den Satz, daß alles Verderben und alle Laster aus der Unterdrückung und ihren Folgen hervorgingen, und nur durch die Vernichtung der Tyrannei und des Aberglaubens ausgerottet werden könnten. Im „Peregrinus Proteus" (1791) schildert er das äußere und innere Leben eines religiösen Schwärmers mit meisterhafter Kunst, wobei ihm Lavater vorgeschwebt haben mag. Ein Gegenstück dazu bildet der „Agathodämon" (1799), in welchem er der krankhaften Schwärmerei die gesunde Frömmigkeit der ersten Christen entgegenstellte. — Im „Aristipp" (1800) stellt er in Form eines Briefwechsels zwischen Aristipp, einem Schüler des Sokrates, und den bedeutendsten Personen seiner Zeit zum ersten Mal wirklich griechisches Leben und Sitte dar. Er hat darin den unzusammenhängend überlieferten historischen Stoff mit ächt poetischem Sinn verknüpft und ergänzt. Auch im „Aristipp" will er zeigen, daß „Philosophie und Weltgenuß durch kluge Begrenzung beider verbunden" die wahre Lebensweisheit bedingen. — Die letzten ebenfalls in Briefen abgefaßten Romane „Menander und Glycerion" (1804) und „Krates und Hipparchia" (1805) hielt Wieland selbst rücksichtlich der Darstellung für seine vollendetsten Werke.

l. Wieland schrieb ferner „Göttergespräche" (1791) und „Gespräche im Elysium" (1797), in denen die feine Ironie seines Vorbildes Lucian mit der ihm eigenthümlichen Schalkhaftigkeit glücklich verbunden ist. — In den „Unterredungen mit dem Pfarrer von ***" (1775) suchte er sich gegen die Vorwürfe zu vertheidigen, die ihm wegen seiner allzufreien Schilderungen in seinen epischen Gedichten und Romanen gemacht wurden. Die „Ausgewählten Briefe" (1751—1810) werfen willkommenes Licht über den Umschwung in seinen politischen und religiösen Ansichten. — Seine Uebersetzungen (Shakespeare, Zür. 1762—1766, 8 Bde.; Horazens Briefe, Dessau 1782, 2 Thle.; Horazens Satiren, Lpz. 1786, 2 Thle.; Lucians Werke, Lpz. 1788—1789, 6 Thle.; Cicero's Briefe, Zür. 1808—1809, 3 Thle.) sind geschmackvoll und bestreben sich vorzüglich, den Gedanken des Schriftstellers klar hervortreten zu lassen. — Sein „Teutscher Merkur" (Weimar 1773—1789), dem der „Neue Teutsche Merkur" (Weim. u. Lpz. 1790—1810) folgte, war eine Zeit lang die bedeutendste deutsche Zeitschrift, an der Goethe, Schiller, Merck u. A. m. Theil nahmen und in welcher er selbst viele seiner Dichtungen zuerst bekannt machte, so z. B. den „Oberon".

Zweites Kapitel. Prosa.

I. Prosadichtungen.

§ 297. Satiren.

a. Chr. Ludw. Liscow, geb. am 26. April 1701 zu Wittenburg in Mecklenburg, studierte 1718 in Rostock, dann in Jena und Halle die Rechte, 1735 als Geh. Legationssecretär von Herzog Karl Leop. von Mecklenburg nach Paris geschickt, 1741 Privatsecretär des sächs. Ministers Grafen v. Brühl, bald darauf königl. Cabinetssecretär und 1746 Kriegsrath. Freimüthige Aeußerungen über den Grafen Brühl zogen ihm Ende 1749 Untersuchung und Haft zu, aus welcher er im April 1750 unter Verlust von Amt und Besoldung entlassen wurde. Er zog sich auf sein Gut Berg bei Eilenburg zurück, wo er am 30. Oct. 1760 starb.[1]) — Liscow war ein Mann von klarem Verstand, gebildetem Geschmack, lebendigem und geistvollem Witz und tüchtiger Gesinnung. Seine **Satiren** übertreffen an innerem Gehalt und Schönheit der nur zu breiten Darstellung die meisten Schriften seiner Zeitgenossen.

Sie sind zwar beinahe ohne Ausnahme gegen unbedeutende Persönlichkeiten gerichtet (Magister Sievers in Lübeck, Prof. Philippi in Halle), aber er bekämpft in ihnen nur die Feinde des Lichts und der Aufklärung, die steife Orthodoxie und Verketzerungssucht, so wie die pedantische am Aeußern klebende Gelehrsamkeit und die niedrige Schmeichelei der Fürstendiener.

b. **Bodmer, Frau Gottsched,** s. o. § 286. **Rabener,** s. o. § 287. **Abbt,** s. u. § 303.

§ 298. Romane, Idyllen, Robinsonaden.

a. **Albr. v. Haller**, s. o. § 285. **Gellert**, s. o. § 287. **Wieland**, s. o. § 296. **Nicolai**, s. u. § 302.

b. **Joh. Timotheus Hermes**, geb. am 31. Mai 1738 zu Petznick bei Stargard, studierte in Königsberg Theologie, bekleidete nach und nach mehrere geistliche Aemter und starb als Superintendent und Professor der Theologie zu Breslau den 24. Juli 1821.

Hermes bildete sich nach Richardson, doch ließ er dessen schöne Form unbeachtet, weil er den Roman nur als ein Mittel ansah, seine Gedanken über verschiedene Punkte der praktischen Moral mitzutheilen. Am Besten sein erster Roman „Geschichte der Miß Fanny Wilkes" (Lpz. 1766); der zweite, „Sophiens Reise von Memel nach Sachsen" (Ebd. 1770—73, V.), zwar künstlerisch von geringer Bedeutung, aber als der erste Roman mit Schilderung von deutschen Sitten, Gebräuchen und Charakteren aus dem Mittelstande von Werth; auch verbreitete das bändereiche Werk eine Masse von theils neuen, theils guten Ideen über Erziehung, Literatur, Religion, Lebensphilosophie u. dgl. in weitere Kreise (vgl. Prutz, liter.-hist. Taschenbuch 1848). „Für Töchter edler Herkunft" (Ebd. 1787) u. a. m. ebenfalls mit vorwiegend didaktischem Charakter, aber auch weit mehr in das Breite verfallend.

c. **Salomon Geßner,** geb. in Zürich den 1. April 1730, gieng 1749 nach Berlin, um die Buchhandlung zu erlernen, widmete sich aber der Kunst, die ihm nach seiner Rückkehr in die Heimat (1751) ein anständiges Auskommen sicherte. Später übernahm er die Buchhandlung seines Vaters, und wurde Mitglied des täglichen Raths, und Oberaufseher über die Wälder des Kantons; gest. am 2. März 1787. — Geßner hatte ein entschiedenes Talent für die Landschaftsmalerei, was sich auch in seinen Dichtungen zeigt, deren gehaltvollste Seite die Naturschilderung ist.[2])

Er wurde zwar durch Theokrit zur Idylle geführt, ahmte ihm aber keineswegs nach, sondern behandelte die Gattung in eigenthümlicher Weise, indem er nicht sowohl Handlungen als Zustände darstellte, denen entsprechende Naturschilderungen zum Rahmen dienten. In dieser Beziehung vortrefflich, sind sie darin verfehlt, daß der Dichter die Personen und Zustände nicht dem wirklichen Leben entnahm, sondern sich eine eigene Welt schuf, die aller Realität entbehrte, und seinen Personen eine unpassende Sentimentalität auflegte. Für größere poetische Compositionen hatte er wenig Talent; es fehlt dem „Daphnis" und dem „Tod Abels" an Einheit und Nothwendigkeit der Entwickelung; am Besten „Der erste Schiffer", dessen Charaktere auch gut gezeichnet und von naiver Wahrheit sind. Vortrefflich ist sein „Brief an Füßli über Landschaftsmalerei" (Schriften, Zür. 1787—88, III. 4).

d. Ludw. Schnabel, „Wunderliche Fata einiger Seefahrer absonderlich Alberti Julii eines gebornen Sachsen, entworfen von Eberhardo Julio, dem Druck übergeben von Gisandern" (Nordh. 1731—43, IV. u. f. (in neuer Bearbeitung hrsg. v. L. Tieck, Bresl. 1827. VI.; erneuert v. Oehlenschläger, Stuttgart 1826. IV.)

1) Classen, Ueb. Liscows Leben und Schriften. Lüb. 1846. Helbig, K. Gust., Chr. L. Liscow. Dresd. u. Lpz. 1844. Lisch, Fr. Liscows Leben. Schwerin 1845. Schriften, Frankf. u. Lpz. (Hamb.) 1739. — 2) Hottinger, J. J., Sal. Geßner. Zür. 1796.

II. Historische Prosa.

§ 299. Geschichte und Biographie.

a. Isaak Iselin, geb. am 17. März 1728 zu Basel, studierte in Göttingen die Rechte, 1754 Mitglied des Großen Raths, 1756 Rathsschreiber, gründete 1761 mit Hirzel die Helv. Gesellschaft, gest. am 15. Juni 1782. — Gemeinnützigkeit war sein Charakter als Staatsmann und Schriftsteller, und er verfaßte seine meisten Werke, um vaterländische Gesinnung zu wecken, freiere Ansichten über Staatsverhältnisse und überhaupt politische Bildung zu verbreiten.[1])

Durch seine „Philosophischen Muthmaßungen über die Geschichte der Menschheit" (Frankf. u. Lpz. 1764. II. 5. Aufl. (mit s. Leben) Zür. 1786. II.) bahnte er die philosophische Betrachtung der Geschichte an und wurde Herders Vorläufer; durch seinen „Grundriß der nöthigsten pädagogischen Kenntnisse" (Bas. 1780) verbreitete er Basedows Ansichten über Erziehung. „Philosophische und patriotische Träume" (Zür. 1755) mit vortrefflichen Gedanken über Staat und Bürgerthum, welche durch die spätern Ereignisse glänzend gerechtfertigt wurden. „Rede über den wahren Geist des Patriotismus" (in d. Verhandlgn. d. Helvet. Gesellsch. 1764).

b. Gatterer, Schröckh, s. u. § 300. — Hirzel, Abbt, s. o. § 262. — Nicolai, s. u. § 301.

c. Justus Möser, geb. den 14. Dec. 1720 zu Osnabrück, studierte 1740—1743 in Jena und Göttingen, Advocat in seiner Vaterstadt, 1747 Advocatus patriae, bald darauf Secretär und später Syndicus der Ritterschaft; 1761, wenn auch nicht dem Namen nach, doch in der That erster Rathgeber des Regenten, 1762 Justitiarius, 1768 geh. Referent bei der Regierung, gest. am 8. Jan. 1794. — Möser ist groß als Geschichtschreiber und als Schriftsteller für das Volk; in beiden Richtungen beurkundet er neben seltenem praktischen Sinn und tiefer Einsicht in die geschichtlichen wie in die Staatsverhältnisse die edelste Gesinnung, reinen Patriotismus, Liebe zum Volke und die schönste Unabhängigkeit des Charakters. Als politischer Grundsatz galt ihm, daß sich das Volks- und Staatsleben aus den ursprünglichen Verhältnissen folgerecht entwickeln müsse, daher er allen aus der Fremde entlehnten Neuerungen abgeneigt war.[2])

Seine „Osnabrückische Geschichte" ragt sowohl durch die Wahl, die Anordnung und die Behandlung des Stoffs als durch die Darstellung vor allen frühern und gleichzeitigen historischen Werken hervor. Sie ist eine Geschichte des Volks und nicht der Regenten, daher er die Entwicklung des Rechts, Sitten und Gewohnheiten zur Grundlage seines Werkes machte. — In den Jahren 1767—86 lieferte er zum Osnabrücker Intelligenzblatt eine große Anzahl von Aufsätzen, die später von seiner Tochter unter dem Titel „Patriotische Phantasieen" gesammelt wurden. Sie verbreiten sich auf Alles, was den Staatsbürger überhaupt, was jeden einzelnen Stand, den Familienvater und die Hausmutter und was den Menschen als solchen in geistiger und sittlicher Hinsicht berührt, in immer neuer und angemessener Einkleidung, in immer warmem und packendem Tone. — Anfangs im Gottschedischen Geschmack befangen, wie sein Trauerspiel „Arminius" bezeugt, trat er ihm in der Schrift „Harlekin, oder Vertheidigung des Groteske-Komischen" entgegen, zu deren Unterstützung er eine Posse „Die Tugend auf der Schaubühne oder Harlekins Heirat" schrieb. Bemerkenswerth ist endlich sein „Schreiben über die deutsche Sprache und Literatur", in welchem er Friedrichs II. Schrift über diesen Gegenstand (s. o. § 262) siegreich bekämpfte (Werke, Berl. 1798. VIII.; hrsg. v. B. R. Abeken, Ebd. 1842—44. X. — Patriotische Phantasien in gekürzt. Auswahl, hrsg. v. Heinr. Kurz, Ebd.; unter der Presse).

d. J. Matth. Schröckh, aus Wien (1733—1808), Prof. in Wittenberg. „Allgem. Weltgeschichte" (Lpz. 1779—84. IV.), in welcher der innere Zusammenhang der Begebenheiten nicht lebendig hervortritt; inhalt- und bändereiche „Kirchengeschichte" (Frankf. u. Lpz. 1768—1803. XXXV.; fortg. v. Tzschirner. Ebd. 1804—12. X.); umfangreiche „Allgem. Biographie" (Ebd. 1767—91. VIII.), „Lebensbeschreibungen berühmter Gelehrten" (Ebd. 1767—69. III.). Leben von Tzschirner, Lpz. 1812. — J. J. Moser,[3]) der berühmte württemberg. Staatsmann (1701—1785), und der gelehrte Theolog J. Sal. Semler, schrieben „Selbstbiographien" von großem Interesse, in der erste (Frankf. 1777—83. IV.) die politischen, der andere (Halle 1781—82. II.) die kirchlichen Verhältnisse der Zeit mit freiem und lebendigem Sinne schildert.

---

1) Schlosser, J. G., Rede auf Js. Iselin. (Bas. 1783.) — 2) Nicolai, Fr., J. Mösers Leben. Berl. 1797. Kreyßig, Just. Möser. Bln. 1857. — 3) Ledderhose, Mittheilg. a. d. W. Zimmermann. Stuttg. 1843. Schmid, Aug., d. Leben J. J. Mosers. Stuttg. 1868.

§ 300. Reisebeschreibungen, Geographie und Statistik.

a. J. G. Keyßler, aus Thurnau (1693—1743). „Neueste Reise durch Teutschland" (Hann. 1740) mit leerem Urtheil über die gesellschaftlichen Verhältnisse. — Fr. Nicolai, s. u. § 302.

b. J. Chr. Gatterer, aus Lichtenau (1727—1799), Prof. in Göttingen, nahm in seinem „Abriß der Geographie" (Gött. 1775) zuerst auf die Naturbeschaffenheit der Länder Rücksicht und stellte die Verbindung zwischen Geographie und Geschichte wieder her, „Allg. Weltgeschichte" (Ebd. 1772) mit dem Bestreben, den Zusammenhang der Begebenheiten zu erfassen. Das „Ideal einer Weltstatistik" (Ebd. 1773) entwickelt die Gesammtheit dieser Wissenschaft. — Gottfr. Achenwall, aus Elbing (1719—1772), Prof. in Göttingen, legte in dem „Abriß der neuesten Staatswissenschaft" (Gött. 1749) den Grund zur eingehenderen Behandlung der Statistik, so wie er in den „Grundsätzen der europäischen Geschichte" (Ebd. 1754) der Culturgeschichte zuerst Aufmerksamkeit widmete.

§ 301. Kunstgeschichte.

a. **Joh. Joach. Winckelmann**, geb. zu Stendal (Altmark) am 9. Dec. 1717, schon in früher Jugend mit Dürftigkeit und Noth kämpfend, studierte 1738 in Halle Theologie, alte Literatur und schöne Wissenschaften; gieng 1742 nach Jena, um sich der Medicin zu widmen, mußte aber seine ganze Zeit auf Privatunterricht verwenden; 1743 Conrector in Seehausen, kümmerlich lebend und fleißig studierend, 1748 Secretär an der Bibliothek des Grafen von Brühl in Nöthnitz; studierte die Kunst und ihre Geschichte unter Anleitung von Lippert, C. L. von Hagedorn und Oeser, 1754 katholisch, 1755 in Rom, besuchte 1758 Neapel, Herculanum und Pompeji, 1759 Bibliothekar des Cardinals Albani, 1763 Oberaufseher der Alterthümer in und bei Rom, reiste 1768 in die Heimat, wurde aber von solcher Schwermuth befallen, daß er in Wien zurückkehrte, aber nur bis Triest kam, wo ihn ein Bösewicht, nach seinen Schätzen lüstern, am 8. Juni 1768 ermordete.

b. Nächst Lessing hat Winckelmann die ästhetische Bildung des deutschen Volks am Mächtigsten befördert. Er hatte eine lebendigere Auffassung und geschmackvollere Behandlung des Alterthums hervorgerufen, und zwar nicht bloß in Bezug auf die bildende Kunst, sondern auch auf die Poesie, da seine Werke aus der lebendigen Anschauung des gesammten griechischen Lebens hervorgegangen waren. Auch ist er Begründer der Kunstgeschichte in Deutschland.[1])

c. Sein Hauptwerk, die „Geschichte der Kunst des Alterthums" (1764) giebt nicht bloß ein meisterhaftes Bild des Entwickelungsgangs der Kunst bei den Alten, sondern auch zugleich „eine historische Metaphysik des Schönen aus den Alten" (Herder). Sie ist ein Muster historischer Darstellung, da sie, auf gründlicher Forschung beruhend, die Thatsachen klar und anschaulich entwickelt, deren nothwendigen Zusammenhang nachweist und die inneren Gründe darlegt, welche sie herbeiführten. Die Anordnung des massenhaften Stoffes ist meisterhaft; die Schilderungen der einzelnen Kunstwerke (Laokoon, Apollo u. a. m.) von poetischer Anschaulichkeit; die Sprache in allen wesentlichen Stücken classisch. Die „Gedanken über die Nachahmung der griechischen Werke in der Malerei und Bildhauerkunst" (1755) fußten zwar noch auf den Ansichten der Schweizer, wirkten aber höchst anregend, indem Winckelmann darin ein begeistertes Bild von der künstlerischen Größe des hellenischen Alterthums gab, und überzeugend nachwies, daß die neue Kunst allen Bedingungen des reinen Geschmacks und der Schönheit widerstrebe. In demselben Sinn sind die „Anmerkungen über die Baukunst der Alten" (1761) und das „Sendschreiben von den herculanischen Entdeckungen" (1762). Die Abhandlung von der „Fähigkeit der Empfindung des Schönen in der Kunst und dem Unterricht in derselben" (1763) entwickelt seine Ansichten von dem Wesen der Kunst (Werke, hrsg. v. Fernow, H. Meyer u. A., Dresd. 1808—20. IX.). Versuch e. Allegorie, besond. für d. Kunst. Aus des Vf. Handexemplar m. s. m. hg. v. A. Dressel. Lpz. 1866. „Briefe" (hrsg. v. Fr. Förster, Berl. 1824—25. III.), durch den Reichthum und die Größe der Gedanken, so wie durch die natürliche Schönheit der Darstellung höchst bedeutend.

---

1) Goethe, Winckelmann u. s. Jahrh. Tüb. 1805. Herder, Chr. Gtl., Lobschrift auf W. Lpz. 1777. Petersen, Chr., Erinnerung an W.s Einfluß auf Liter., Wissensch. u. Kunst. Hamb. 1842. Justi, C., Winckelmann. S. Leben, s. Werke u. s. Zeitgenossen. Lpz. 1866—72.

III. Didaktische Prosa.

§ 302. Kritik und Aesthetik.

a. **Gottsched**, **Bodmer**, **Breitinger**, s. o. § 288. **Meier**, **Sulzer**, s. u. § 303. **Möser**, s. o. § 299. **Klopstock**, s. o. § 291. **Winckelmann**, s. o. § 301. **Lessing**, s. o. § 295.

b. **Christoph Fr. Nicolai**, geb. den 18. März 1733 zu Berlin, erlernte 1749 die Buchhandlung in Frankfurt a. d. O., trat 1752 in die Buchhandlung seines Vaters, die er auch nach dem Tode desselben fortführte, 1781 Mitglied der Akademie der Wissenschaften zu München und 1799 der zu Berlin, gest. am 8. Jan. 1811. — Nicolai, der mit allen bedeutenden Männern der Zeit befreundet war, namentlich mit Lessing und Mendelssohn, erwarb sich (auch als Buchhändler) große Verdienste um die Hebung der deutschen Literatur, die er namentlich dadurch förderte, daß er ihre Schwächen aufdeckte (die Tändeleien der Anakreontiker, die Ueberschwänglichkeit Klopstocks, die Uebertreibungen der Originalgenies u. s. w.). Auch machte er sich durch seine Bekämpfung des Aberglaubens und der engherzigen Orthodoxie, so wie des pietistischen Unwesens und des Jesuitismus vielfach verdient. Er überlebte jedoch seinen Ruhm, da er die neuen Fortschritte nicht zu würdigen wußte.[1])

„Briefe über den jetzigen Zustand der schönen Wissenschaften in Deutschland" (Berl. 1755), eine verständige Uebersicht der Leistungen im Gebiete der Kritik und Literatur, mit vortrefflichen Winken zur Hebung derselben. Die von ihm gegründeten Zeitschriften, die „Bibliothek der schönen Wissenschaften" (Bd. 1—4. Lpz. 1757; fortg. v. Weiße), die „Literaturbriefe" (Berl. 1759—65. XXIV. Vgl. § 296.) und die „Allg. deutsche Bibliothek" (Ebd., später Kiel, 1765—96. CXVIII. u. Anhang XXI.), trugen zur Verbreitung der neuen Ansichten über die Kunst wesentlich bei. — Romane, ebenfalls gegen die Irrthümer gerichtet, die er sein ganzes Leben lang bekämpfte. Das „Leben und Meinungen des Herrn Magister Sebaldus Nothanker" (Berl. 1773—76. III.) gegen die religiöse Unduldsamkeit, die Verfolgungssucht hartherziger Orthodoxen und die Scheinheiligkeit, nebenbei auch gegen die läppische Sentimentalität in der Poesie. „Die Freuden des jungen Werthers. Leiden und Freuden Werthers des Mannes" (Ebd. 1775) und die „Geschichte eines dicken Mannes" (Ebd. 1794. II.), Verspottung der Uebertreibungen der Originalgenies. „Leben und Meinungen des Sempronius Gundibert" (Ebd. 1798) gegen die Kantische Philosophie, die er freilich nicht verstand. „Beschreibung einer Reise durch Deutschland und die Schweiz" (Ebd. 1783—96. XII.) für die Kenntniß der Zustände in Politik und Literatur höchst bedeutend, weil er sie mit scharfem Blick auffaßt und mit Freimüthigkeit darstellt. Biographische Schriften über Ew. v. Kleist (Ebd. 1760), Abbt (Ebd. 1767), Möser (Ebd. 1797) u. a. m.

§ 303. Die Popularphilosophen.

a. **Gellert**, s. o. § 287. **Möser**, **Iselin**, s. o. § 299. **Jerusalem**, s. u. § 304.

b. **Joh. Joach. Spalding**, geb. am 1. Nov. 1714 zu Triebsees in Pommern studierte in Rostock Theologie, lebte dann längere Zeit in Berlin, 1764 Oberconsistorialrath, Probst und erster Prediger an der Nicolaikirche daselbst, legte 1788 diese Stellen mit Ausnahme der ersten wegen des Religionsedicts nieder; gest. am 26. Mai 1804.[2])

Durch den Umgang mit der höheren Gesellschaft und die philosophischen Schriftsteller der Franzosen und Engländer gebildet, machte er dem Pietismus gegenüber die Rechte der Vernunft in Glaubenssachen geltend und stellte in der „Betrachtung über die Bestimmung des Menschen" (Greifsw. 1748 u. ö.) die sittliche Bildung als die schönste Frucht der echten Religiosität dar. „Gedanken über den Werth der Gefühle in dem Christenthum" (Lpz. 1761) gegen die schwärmerische Phantasie in Glaubenssachen und „Ueber die Nutzbarkeit des Predigtamtes" (Berl. 1772), Entwickelung des Grundsatzes, daß die Geistlichen nicht eine besondere Kaste, sondern den Lehrerstand in der Kirche bilden sollen. — „Predigten" (Ebd. 1765) und „Neue Predigten" (Ebd. 1768—84. II.), Tiefe des Gefühls mit besonnener Auffassung der religiösen Verhältnisse verbindend.

c. **Joh. Georg Sulzer**, geb. am 16. Oct. 1720 zu Winterthur, studierte Theologie in Zürich, 1739 Vicar, 1743 Hauslehrer in Magdeburg, 1747 Professor der

1) Leben und liter. Nachlaß v. Göckingk, Berl. 1820. — 2) Lebensbeschreibung von ihm selbst aufgesetzt, hrsg. v. seinem Sohne, Halle 1804.

Mathematik in Berlin, 1750 Mitglied der Akademie und 1763 Professor an der Ritterakademie, gest. am 25. Febr. 1779.[5])

Sulzer verbreitete die Ansichten seiner Lehrer Bodmer und Breitinger in Deutschland vorzüglich durch die „Allgemeine Theorie der schönen Künste“ (Lpz. 1771—74. II.; Ebd. 1792—94. IV.; Zusätze von Blankenburg, Ebd. 1796—98. III.; Nachträge (hrsg. v. Dyk u. Schatz). Ebd. 1792—1808. VIII.), welche in Form eines Wörterbuchs die Ergebnisse der früheren Forschungen in klarer und faßlicher Darstellung mittheilt, Einzelnes mit Geschick weiter entwickelt, zwar die späteren Forschungen, namentlich Lessings, nicht benutzt, aber gerade deshalb für uns größeren Werth hat, weil wir in ihm ein vollständiges Bild von dem Zustand der ästhetischen Kritik vor Lessing erhalten. „Vermischte philosophische Schriften“ (Ebd. 1773—81. II.) Gegenstände der praktischen Philosophie behandeln. Schon vor Rousseau und Basedow „Versuch einiger vernünftigen Gedanken von der Auferziehung und Unterweisung der Kinder“ (Zür. 1745) über die Nothwendigkeit einer besseren Erziehung.

d. **Joh. Kasp. Hirzel**, geb. am 21. März 1725 in Zürich, studierte daselbst, in Leyden und Berlin Medicin, wurde dann prakt. Arzt in Zürich, stiftete 1761 mit Iselin die Helvet. Gesellschaft, 1763 Mitglied des Großen, 1778 des Kleinen und später des Geh. Raths, welche Stellen er bei dem Ausbruch der Revolution verlor, gest. am 19. Febr. 1803.

Als Volksschriftsteller im wahren Sinne des Worts, wirkte Hirzel durch seine in populärer Sprache abgefaßten Schriften, insbesondere durch „Die Wirthschaft eines philosophischen Bauers“ (Zür. 1761) auf die Hebung des Volkes in materieller und geistiger Hinsicht. Biographien: „Das Bild eines wahren Patrioten in einem Denkmal auf Hans Blaarer“ (Ebd. 1767) und „Ueber Sulzer“ (s. o.)

e. **Joh. Georg (Ritter von) Zimmermann**, geb. den 8. Dec. 1728 zu Brugg, studierte in Göttingen Medicin, 1752 Stadtarzt in seiner Vaterstadt, 1768 Leibarzt in Hannover, 1786 Ritter des St. Wladimirordens und geadelt; behandelte Friedrich II. in seiner letzten Krankheit, gest. am 7. Oct. 1795.[6]) — Scharfsinn, klare Beobachtungsgabe und lebens- und geschmackvolle Darstellung charakterisieren seine Schriften.

Hauptwerke: „Vom Nationalstolz“ (Zür. 1758) mit Geschmack, Einsicht und Freisinn geschrieben, durch Mittheilung zahlreicher interessanter Notizen über Sitten und Gebräuche der Völker, durch Erzählung merkwürdiger Geschichten und Anekdoten belebt. „Betrachtungen über die Einsamkeit“ (Ebd. 1756), später unter dem Titel: „Ueber die Einsamkeit“ (Lpz. 1784—85. IV.) eine Reihe von einzelnen Abhandlungen, von denen viele vortrefflich sind, namentlich diejenigen, in denen er seine Beobachtungen über Menschen und gesellschaftliche Verhältnisse mittheilt. Ein Muster lichtvoller Darstellung und tiefer Beobachtung ist das Werk „Von der Erfahrung in der Arzneikunst“ (Zür. 1763—64. IV.). Die Schriften „Ueber Friedrich den Großen und meine Unterredungen mit ihm kurz vor seinem Tode“ (Lpz. 1788) und „Fragmente über Friedrich den Großen“ (Ebd. 1790. III.) zeugen übrigens von seiner Unfähigkeit, über politische Verhältnisse zu schreiben, und von ungemessener Eitelkeit, die auch aus seinen „Briefen“ (Aarau 1830) hervorleuchtet.

f. **Moses Mendelssohn**, geb. am 6. Sept. 1729 in Dessau von jüdischen Eltern, 1742 in Berlin, wo er sich, mit Noth und Armuth kämpfend, mit unermüdlichem Eifer den Wissenschaften, namentlich der Philosophie widmete; 1750 Hauslehrer bei einem reichen jüdischen Fabrikanten, 1754 Buchhalter und Correspondent bei demselben, mit Lessing, Nicolai, Sulzer und Abbt in freundschaftlichen Verhältnissen; Antheil an der Bibliothek der schönen Wissenschaften und an den Litteraturbriefen; 1771 von der Berliner Akademie zum Mitglied ernannt, aber von Friedrich II. nicht bestätigt, gest. den 4. Jan. 1786. — Mendelssohn war Einer der ersten, der die Philosophie von den starren Formen der Schule befreite, die Ergebnisse des Denkens künstlerisch schön darzustellen und sie zum allgemeinen Bewußtsein zu bringen suchte.[7])

Durch Lessing auf die schöne Literatur aufmerksam gemacht, beschäftigte er sich lange mit der Philosophie der Kunst und schrieb über dieselbe mehrere an neuen Anschauungen reiche Abhandlungen, z. B.

---

5) Hirzel, H. C., Ueb. Sulzer, Zür. u. Winterth. 1779. II. — 6) Leben in d. Zeitgen. III, 2, 4. S. 169 ff. (Hippel). Zimmermann I. u. Friedrich II. Lond. (Berl.) 1790. — 7) Werke, hrsg. v. G. B. Mendelssohn (mit dem Leben). Lpz. 1843—44. VII. Leben in d. Zeitgen. II, 2. 1. S. 53. M. Kayserling, Mos. Mendelssohn. Sein Leben u. s. Werke. Lpz. 1862. Vgl. Desselben Mendelssohns philos. u. relig. Grundsätze mit Hinsicht auf Lessing nebst ungedr. Briefen Mendelssohns. Lpz. 1856.

„Briefe über die Empfindungen" (1755). Hauptwerk: „Phädon oder über die Unsterblichkeit der Seele" (1767), zum Theil eine freie Uebersetzung, zum Theil eine Erweiterung des Platonischen Gespräches gleichen Namens, worin Platos Gründe für die Unsterblichkeit der Seele im Sinn und Geist der neuern Philosophie entwickelt werden. „Morgenstunden oder Vorlesungen über das Dasein Gottes" (1785) durch Klarheit und Eleganz des Stiles ausgezeichnet. „Jerusalem oder über religiöse Macht und Judenthum" (1783) in trefflicher Weise die Nothwendigkeit der Gewissensfreiheit in religiösen Dingen entwickelnd, hatte, wie auch die „Uebersetzung der fünf Bücher Mosis" (1780) und der „Psalmen" (1783) einen wohlthätigen Einfluß auf die Bildung der Juden. Ueber seine Briefe vgl. Abbt.

g. **Thomas Abbt**, geb. den 25. Nov. 1738 in Ulm, studierte in Halle Theologie, Philosophie, Mathematik und die schönen Wissenschaften, 1758 Magister, 1760 Professor der Philosophie in Frankfurt a. d. O., 1761 der Mathematik in Rinteln, 1765 Hof-, Regierungs- und Consistorialrath in Bückeburg, gest. daselbst am 3. Nov. 1766. — Abbt war scharfsinnig, doch widerstrebte ihm bei seinem praktischen Sinn die abstracte Speculation; deshalb haben seine Schriften, wenn sie auch philosophische Fragen behandeln, praktische Grundlage und praktischen Zweck.[1])

Bei den damaligen politischen Zuständen mußte er sich freilich auf die Besprechung der gesellschaftlichen Verhältnisse beschränken, nur in der Schrift „Vom Tode fürs Vaterland" (1761) nahm er einen höheren Standpunkt ein. In der Schrift „Vom Verdienste" (1765) bemißt er das Verdienst nicht nach den gewöhnlichen Anschauungen, sondern nach dem, was man für das Volk, für dessen geistige, sittliche und bürgerliche Hebung thut. — „Erfreuliche Nachricht von einem hoffentlich bald zu errichtenden protestantischen Inquisitions-Gericht" (1766), eine mit vieler Laune geschriebene Satire gegen die Verfolgungssucht mancher protestantischer Theologen. „Portugiesische Geschichte" schätzenswerth durch den Versuch, die gedrungene Sprache der römischen Historiker nachzuahmen. „Correspondenz mit Mendelssohn und Nicolai" mit wichtigen literar-historischen Notizen. Antheil an den „Literaturbriefen" (Werke, herausg. v. Nicolai, Berl. 1768—81. VI.).

h. **Christian Garve**, geb. am 7. Jan. 1742 zu Breslau, studierte in Frankfurt a. d. O. und Halle, lebte dann in Leipzig in Gellerts Hause, kehrte 1767 nach Breslau zurück; gest. daselbst nach langer Krankheit am 1. Dec. 1798. — Garve war ein scharfer Denker, beschränkte aber seine Forschungen auf die praktische Philosophie. Seine Darstellung entbehrt zwar der Lebendigkeit und des Feuers, ist aber in allen übrigen Stücken musterhaft, namentlich ist sie von unübertrefflicher Klarheit und Bestimmtheit.[2])

Garve hat nur kleinere Schriften verfaßt, in diesen aber eine große Menge der wichtigsten und interessantesten Gegenstände aus dem Gebiet der Moral, der Politik, der Aesthetik, der Literatur und des gesellschaftlichen Lebens behandelt, und in allen verständige und gesunde Ansichten entwickelt (Samml. einiger Abhandlgn., Lpz. 1779. II.; Versuche üb. verschied. Gegenstände aus d. Moral, d. Liter. u. d. gesellschaftl. Leben, Bresl. 1792—1802. V.). Seiner Uebersetzung von „Ciceros Abhandlung über die Pflichten" (Lpz. 1783) fügte er „Philosophische Anmerkungen und Abhandlungen" (Ebd. 1783. III.) bei, in denen er theils Ciceros Ideen beleuchtete, theils verwandte Stoffe besprach.

i. **Joh. Aug. Eberhard**, geb. am 31. August 1739 zu Halberstadt, studierte in Halle Theologie, 1763 Prediger am Arbeitshaus in Berlin, 1774 in Charlottenburg, 1778 Professor der Philosophie in Halle, 1805 Geh. Rath, gest. am 6. Jan. 1809.

Die „Apologie des Sokrates" (Berl. 1772. II.) prüft mit großem Scharfsinn die Lehren der Kirche, auf welche man die Meinung begründete, daß die weisesten Männer des Alterthums verdammt seien, weil sie den Glauben an Christus nicht hatten. „Amyntor, eine Geschichte in Briefen" (Ebd. 1782), eine vortrefflich stilisierte Entwicklung von des Verfassers Lebensansichten. Der „Versuch einer allgemeinen deutschen Synonymik" (Halle u. Lpz. 1795. VI.) auf der philosophischen Untersuchung der Begriffe und der Beachtung des Sprachgebrauchs beruhend, und, wie das „Synonymische Handwörterbuch der deutschen Sprache" (Halle 1802) noch jetzt brauchbar.

k. **Friedr. Karl (Freih. v.) Moser**, geb. den 18. Dec. 1723 zu Stuttgart, studierte in Jena die Rechte, 1747 Kanzleisecretär seines Vaters (J. J. Moser), 1751 Darmstädtischer Legationsrath, 1763 Kasselischer Geh. Rath, 1767 Reichshofrath in Wien und Freiherr, 1772 Kanzler des Landgrafen von Hessen-Darmstadt, nahm 1780 seine

1) Nicolai, Fr., Ehrengedächtniß Th. Abbts. Berl. 1767. 4. Herder, Ueb. Th. Abbts Schr. (Riga) 1768. 4. — 2) Leben in d. Zeitgen. II., 4, 4. S. 23 u. III, 4, 3. S. 50.

Entlassung; von seinen Feinden des Mißbrauchs seiner Gewalt angeklagt, 1781 des Landes verwiesen, gerieth er in Dürftigkeit, doch wurde 1790 seine Unschuld anerkannt und der ihm zugefügte Schaden ersetzt; gest. zu Ludwigsburg, am 10. Nov. 1798. — Einer der fruchtbarsten Schriftsteller, hat er durch seine Werke viel für die Verbreitung politischer Aufklärung gewirkt. Seine Darstellung steht nicht auf der Höhe seiner Zeit.¹)

Ein Patriot im wahren Sinne des Worts, erkannte mit klarem Blick die Gründe von Deutschlands Herabwürdigung. Seine Schriften schildern die jammervollen Zustände des Reichs und der einzelnen Länder mit Freimüthigkeit. „Vom deutschen Nationalgeist“ (Frankf. 1765), „Der Herr und der Diener“ (Ebd. 1761), „Politische Wahrheiten“ (Zür. 1796. II. u. a. m.). Auch die Fabelsammlung „Der Hof in Fabeln“ (Frankf. 1761) und das prosaische Epos „Daniel in der Löwen-Grube“ (Ebd. 1763) sind der Darstellung der damaligen Zustände, insbesondere des Treibens der Höfe gewidmet. Seine politischen Ansichten gründete er auf das Christenthum; überhaupt neigte er sich zum Pietismus. „Kirchenlieder“ mit herrnhutischem Gepräge.

IV. Rhetorische Prosa.

§ 304. Geistliche Beredsamkeit.

a. **Joh. Lor. von Mosheim**, geb. am 6. Oct. 1694 zu Lübeck, studierte in Kiel Theologie, 1718 Magister, 1719 Beisitzer der theologischen Facultät, 1723 Professor der Theologie in Helmstädt, 1747 Kanzler und Professor der Theologie in Göttingen, gest. den 9. Sept. 1755.

Mosheim erklärte sich gegen den Gebrauch der Muttersprache für wissenschaftliche Gegenstände, daher auch sein Hauptwerk, die Kirchengeschichte, lateinisch geschrieben ist; dagegen waren seine Bemühungen, das Deutsche für die kirchliche Rede auszubilden, von nicht geringem Erfolg. Er nahm sich in seinen „Heiligen Reden über wichtige Wahrheiten der Lehre Jesu Christi“ (Hamb. 1725—39. VI.) die Engländer zum Muster, die er mit Einsicht und Selbständigkeit nachahmte.

b. **J. A. Cramer, J. Ad. Schlegel, Giseke**, s. o. § 287. **Spalding**, s. o. § 303. **Zinzendorf**, s. o. § 294.

c. **Joh. Fr. Wilh. Jerusalem**, aus Osnabrück, geb. am 22. Nov. 1709, 1742 Hofprediger in Braunschweig, Stifter des Carolinums, 1752 Abt von Riddagshausen, 1771 Vicepräsident des Consistoriums, gest. den 2. Sept. 1789, strebte in seinen „Predigten“ (Braunschw. 1745—53. II.) dem „[illegible]“ auf der Kanzel edle Einfachheit entgegen. Durch seine „Betrachtungen über die vornehmsten Wahrheiten der Religion“ (Ebd. 1768) schloß er sich den Popularphilosophen an; in seinem Briefe „Ueber die deutsche Sprache und Litteratur“ (Ebd. 1781) berichtigte er Friedrich II. bekannte Schrift (s. o. § 263) in den wesentlichsten Punkten.

d. **Georg Joach. Zollikofer**, geb. den 5. Aug. 1730 zu St. Gallen, studierte in Utrecht Theologie, Philosophie und die Sprachen, versah seit 1754 mehrere geistliche Aemter, 1758 Prediger an der reformierten Gemeinde in Leipzig, gest. am 22. Jan. 1788.

Er schloß sich als Kanzelredner den Popularphilosophen an, d. h. er hatte vorzüglich die Absicht, Aufklärung zu verbreiten und durch diese auf die Sittlichkeit zu wirken.²) Von den zahlreichen Sammlungen seiner Predigten gehören die „Predigten über die Würde des Menschen u. s. w.“ (Lpz. 1784. II.) zu den gelungensten.

§ 305. Weltliche Beredsamkeit. Briefe.

a. Politische und wissenschaftliche Reden: **Iselin**, s. o. § 299. **Gottsched, Frau Gottsched**, s. o. § 280. **Gellert**, s. o. § 287.

b. Briefe: **Gottsched, Frau Gottsched**, s. o. § 280. **Gellert, Rabener**, s. o. § 287. **Gleim**, s. o. § 289. **Abbt**, s. o. § 302. **Winckelmann**, s. o. § 301. **Lessing**, s. o. § 295. **Wieland**, s. o. § 296.

---

1) Mohl, Rob., Die beiden Moser, in den Monatsbl. z. Allg. Zeitung. 1846. August. — 2) Garve, Ueber d. Charakter Zollikofers. Lpz. 1788.

Siebenter Zeitraum.

Höchste Blüthe der Poesie. Beginnender Verfall derselben.

Hülfsmittel und Quellen.

1. Geschichte: Schmidt, Jul., Gesch. d. deutschen Nationallitter. im 19. Jahrh. Lpz. 1853. II. 3. Aufl. Ebd. 1855–56. III. — Gottschall, Rud., D. deutsche Nationallitter. in d. 1. Hälfte des 19. Jahrh. Bresl. 1855. II. 2. verm. Aufl. Ebd. 1861. III. — Barthel, K., D. deutsche Nationallitter. d. Neuzeit. Braunschw. 1850. 7. Aufl. 1866. — Gutzkow, Beitr. zur Gesch. der neuesten Literatur. Stuttg. 1836. — Marbach, G. O., D. Religion u. d. moderne Literatur. Lpz. 1836. — Marggraff, Herm., Deutschlands jüngste Literatur- und Culturepoche. Lpz. 1839. — Jung, Alex., Vorlesungen üb. die moderne Liter. d. Deutschen. Danzig 1842. — Mundt, Theod., Gesch. d. Liter. d. Gegenwart. Berl. 1842. — Prutz, Rob., Vorlesungen üb. d. deutsche Liter. d. Gegenwart. Lpz. 1847. — Kleine Schriften z. Polit. u. Liter. Merseb. 1847. II. — Neue Schriften z. deutschen Literatur- u. Culturgesch. Halle 1854. II. — Die deutsche Liter. d. Gegenwart. Lpz. 1859. II. — Kehrein, Jos., Biographisch-literar. Lexikon d. kathol. deutschen Dichtungen im 19. Jrh. 5 Hefte. Würzb. 1870. Schmidt-Weissenfels, Charaktere der deutschen Liter. Prag 1859. II.

2. Sammelschriften: Schenkel, Fr., Deutsche Dichterhalle des 19. Jahrh. 6. Aufl. v. Waldmann. Mainz 1853. III. — Goedeke, K., Deutschlands Dichter v. 1813–1843. Hann. 1844. — Minckwitz, J., Der illustrirte neuhochd. Parnaß. Lpz. 1860. — Prag, R., Deutsche Dichter d. Gegenwart. Lyrisches Album. Prag 1860. — Kurz, Heinr., Blumenlese aus den neuern Schweizer. Dichtern. Zür. 1860. II. — Album österreichischer Dichter. Wien 1857–58. II.

Erster Abschnitt. Allgemeine Uebersicht.

§ 306. Innere und äußere Verhältnisse und ihr Einfluß auf die Literatur.

a. Am Anfang des Zeitraums waren die politischen Zustände des Reichs und der einzelnen Länder trostlos und standen mit der steigenden Bildung des Mittelstandes in grellem Widerspruch. Nur wenige Fürsten (der Markgraf Friedrich von Baden, der Kurfürst Jos. Emerich von Mainz und insbesondere Kaiser Joseph II.) machten sich um Förderung des Wohlstandes und der Bildung verdient. In den übrigen Ländern herrschten die Fürsten mit unbeschränkter Willkür und hielten kein Mittel für unerlaubt, ihrer Prachtliebe zu fröhnen (Menschenhandel). Demungeachtet entwickelte sich das im Mittelstand schon im vorigen Zeitraum erwachte Gefühl für Freiheit immer mächtiger und äußerte sich nicht bloß in Dichtungen auf poetische Weise. Der nordamerikanische Unabhängigkeitskrieg und die französische Revolution erregten daher in einem großen Theil des Volkes hohe Begeisterung; aber die Gräuel, welche die letztere mit der Zeit entlehrten, wurden von den Regierungen mit Glück benutzt, um die aufkeimenden Freiheitsgedanken zu unterdrücken. Der gegen die französische Republik unternommene Feldzug mißlang; die Fürsten schlossen Bündnisse mit derselben und gaben einen Theil des Reichs, das linke Rheinufer, Preis (1801), ja, als Napoleon sich zum Kaiser hatte ernennen lassen, erniedrigten sie sich zu Vasallen desselben, was die Auflösung des morschen Reichs herbeiführte (1806).

b. In Deutschland herrschte nun Napoleon durch seine Soldaten und Commissäre, die das Volk auf das Empörendste bedrückten. Aber trotz derselben bereitete sich ein kräftiger Widerstand vor. Treffliche Männer, namentlich in Preußen (Arndt, Fichte, Schleiermacher), richteten durch begeistertes Wort den gebrochenen Muth und das Selbstgefühl wieder auf; Andere (Schiller und die Romantiker) kräftigten es durch ihre Dichtungen, so daß, als Napoleons Heer in Rußland vernichtet worden war, die gesammte Nation sich gegen den immer noch mächtigen Feind erhob und ihn in zwei Feldzügen aus dem Lande schlug.

c. Mit der Unabhängigkeit nach Außen wurde aber nicht zugleich die innere Freiheit erkämpft; vielmehr wurde dieselbe von den Regierungen immer mehr beschränkt. Es wurde das ganze Leben des Volks so sehr eingedämmt, daß dieses endlich eine Zeit lang in todtenähnliche Starrheit verfiel, aus der es erst durch die Pariser Julirevolution von 1830 geweckt wurde. Doch hatten seine Versuche, sich größere Freiheit zu erkämpfen, damals keinen Erfolg, und auch die großen Hoffnungen, die man an die Revolution des Jahres 1848 knüpfte, blieben unerfüllt, weil es den Leitern der Bewegung theils an Aufrichtigkeit der Gesinnung, theils an praktischem Sinne fehlte.

d. Das wichtigste Ereigniß im kirchlichen Gebiet war die Aufhebung des Jesuitenordens (1773), der jedoch auch nach seiner Auflösung im Geheimen fortbestand und seine Wirksamkeit vorzüglich auf die protestantischen Länder ausdehnte. Um ihm entgegenzuarbeiten, bildete sich der Illuminatenorden, der die Freimaurerei in sein Interesse zu ziehen suchte. Allein die Jesuiten, die ihn allerdings zu fürchten hatten, brachten es durch ihre Umtriebe dahin, daß er aufgehoben wurde; sie drängten sich in die Freimaurerei, so wie an den protestantischen Pietismus, so daß es ihnen gelang, manche bedeutende Persönlichkeit für den Katholicismus zu gewinnen (Oberhofprediger Starke in Darmstadt). Darob gerieth der protestantische Norden in Schrecken, und es bildete sich eine entschiedene Opposition gegen den eindringenden Katholicismus (Nicolai, Biester). Gelang es dieser aber auch, den Umtrieben des Jesuitismus zu begegnen, so drang der Katholicismus auf anderem Wege ein, den der Protestantismus selbst anbahnte, nämlich durch den Mysticismus, der schon am Anfang der Periode als Gegensatz zur frühern Aufklärungssucht Verbreitung gewann, später eine politisch-ästhetische Farbe annahm, indem sich die Ansicht ausbildete, daß Deutschland zum Katholicismus zurückkehren müsse, weil es nur in diesem die ehemalige Größe wieder erreichen könne. Diese Ansicht wurde zwar mit der Zeit überwunden, aber mit der Wiederherstellung des Jesuitenordens (1818) erhielt der römische Katholicismus neue Kraft, so daß er bis in die neueste Zeit herab an Macht und Einfluß zunahm und durch die verderblichsten Rückschritte eines Theils der protestantischen Geistlichkeit, die ihres Princips, Freiheit der Forschung, vergaß, mächtig gefördert wurde.

e. Die angedeuteten Bewegungen in Staat und Kirche hatten den entschiedensten Einfluß auf die weitere Entwickelung der Literatur. Bis zur französischen Revolution war sie vom Geiste der Freiheit durchdrungen, den sie als Erbe des vorigen Zeitraums erhalten hatte und den sie lebendig entwickelte. Während der Revolution trat die poetische Production vor der philosophischen Thätigkeit zurück, die je länger je mehr vom Leben abzog. Die fremde Unterdrückung erweckte auch in der Literatur das Nationalbewußtsein wieder, rief aber zugleich auch die mystisch-katholisirende Richtung hervor, die sich als romantische Poesie kund gab. Die Zeiten der Unabhängigkeitskriege gaben der Dichtkunst zum Theil Kraft und Leben, in den darauf folgenden Jahren erschien die Literatur wie das Volk in ihrer tiefsten Erniedrigung, aus der Beide sich nach der Julirevolution wieder emporhoben, ohne jedoch zur festen Gestaltung gelangen zu können.

§ 307. Die Wissenschaft und ihr Verhältniß zur Literatur.

a. Während im vorigen Zeitraum die schöne Literatur einen heilsamen Einfluß auf die Wissenschaft ausübte, gewinnt in der vorliegenden Periode die Wissenschaft einen umfassenden Einfluß auf die Literatur, die jedoch keineswegs immer günstig ist, da mit dem Aufschwung der Gelehrsamkeit das Nationalbewußtsein bei den gebildeten Ständen zurückgedrängt wird, und sich dieses in die Idee des Weltbürgerthums verflüchtigt, aus der sich später die eben so unfruchtbare Idee einer Weltliteratur entwickelte, mit welcher sich die Deutschen über ihre politische Nichtigkeit tröfteten und täuschten.

b. Eine traurige Folge davon war, daß sich die Gelehrten wieder vom Volke absonderten, was in den zwanziger Jahren des 19. Jahrh. vorzüglich zu bemerken war, und daß die Wissenschaft seltener mit einem freieren und lebendigen, auf die praktischen Bedürfnisse gerichteten Sinn behandelt wurde. Dies war insbesondere der Fall, so lange die Philosophie die ungetheilte Herrschaft über die Wissenschaft besaß; erst als das Studium der Naturwissenschaften und der Sprachen einen höheren Aufschwung nahm, gewann die Gelehrsamkeit wieder mehr praktische Bedeutung.

§ 308. Vereine; Hauptstätten der Literatur.

Während im vorigen Zeitraum die Verbreitung des literarischen Lebens von Vereinen ausgieng, erscheint in diesem nur ein einziger, und zwar schon in den ersten Jahren desselben, der Göttinger Hainbund.[1]) Die Wirksamkeit der Vereine wird dadurch ersetzt, daß sich Gleichgesinnte und Gleichstrebende längere Zeit an Einem und demselben Ort zusammenfanden, und von diesem aus auf das gesammte Deutschland wirkten. Solche Hauptstätten der Literatur waren Anfangs Königsberg und Göttingen, dann Straßburg nebst Frankfurt und Darmstadt, hierauf vor Allem Weimar und Jena.[2]) Seit ungefähr 1810 war Berlin der Hauptsitz der literarischen Bestrebung; aber da nach den Freiheitskriegen sich dort die beschränkt gelehrte Tendenz wieder geltend machte und die herrschende Hegelsche Philosophie durch ihren abstracten Journalismus den Schwung der frei schaffenden Phantasie lähmte, wendete sich die Poesie wieder nach dem Süden, insbesondere nach Schwaben und Oesterreich.[3]) In der letzten Zeit hat sich mit der politischen Bewegung auch die poetische über ganz Deutschland verbreitet.

Anm. Bemerkenswerth ist es, daß jetzt auch das Ausland anfieng, an der deutschen Literatur thätigen Antheil zu nehmen, so Dänemark (Baggesen, Oehlenschläger), Schweden (Brinkman, Fr. v. Schoder), Norwegen (Steffens), Ungarn (Pyrker, Lenau, K. Beck), Rußland (Wilh. Wolfsohn), Frankreich (Chamisso), Italien (Ferri), England (Fr. Marr).

§ 309. Gang und allgemeiner Charakter der Literatur.

a. Wie im vorigen Zeitraum, so wird auch in diesem der Gang der Literatur von einzelnen Persönlichkeiten bestimmt, und zwar nebst Klopstock, Lessing und Wieland, deren Thätigkeit sich noch in diese Periode erstreckte, oder deren Einfluß sich in einzelnen Erscheinungen geltend machte, in der ersten Hälfte von Hamann und Herder, dann von Goethe und Schiller; in der zweiten Hälfte gewannen neben Goethe und Schiller die Romantiker weitgreifenden Einfluß, bis endlich zuerst Uhland und Rückert, dann Heine und Platen eine neue Zeit vorbereiten oder verkündigen.

b. Bei der großen Bewegung, den mannigfaltigen Schwankungen, Rückschritten und Irrthümern, die sich im vorliegenden Zeitraum kund geben, ist eine Charakteristik desselben nur in den allgemeinsten Zügen möglich. Die Poesie wie die Prosa gelangen zu hoher Blüthe; jene stellt sich namentlich den übrigen europäischen Literaturen ebenbürtig zur Seite, überragt sie sogar im Einzelnen. Allein diese Blüthe ist nur von kurzer Dauer; mit dem Anfang des 19. Jahrh. ist ein Ableben derselben sichtbar; doch treten zugleich immer wieder glückliche Anzeichen hervor, welche eine neue Blüthenzeit verkünden.

---

1) Prutz, D. Göttinger Dichterbund. Lpz. 1841. — 2) Stahr, A., Weimar u. Jena. Oldenb. 1852. II. Wachsmuth, W., Weimars Musenhof. Berl. 1844. — 3) Th. Kurz, D. Wiederaufleben deutscher Dichtung in Oesterreich seit d. 2. Hälfte d. 18. Jh. Krems 1864.

§ 310. Sprache.

a. Seit dem Anfang des 19. Jahrh. wurden zum Theil glückliche Versuche gemacht, die Dialekte für die poetische Darstellung auszubilden. Dieselben gewannen mit dem größeren Aufschwung der Sprachstudien auch größeren Umfang, doch ist in Poesie wie Prosa das Hochdeutsche immer noch vorherrschend.

b. Die Schriftsprache erhebt sich in der ersten Hälfte der Periode dadurch zu wunderbarer Schönheit, daß sie sich an der Sprache des Volkes bildet und verjüngt (Goethe), sinkt aber später in den Händen der Gelehrten, und namentlich der Philosophen, um so tiefer herab, je größeren Einfluß sie gewannen (fremde Wörter und Darstellungsformen; schlechte Wortbildungen). In anderer Weise wurde die Sprache der Prosa zuerst durch Herder, dann durch die Romantiker verdorben, indem sie in dieselbe Darstellungsformen aufnahmen, welche ausschließlich der Poesie zukommen, wodurch die einfache Schönheit verletzt, die Klarheit vernichtet wurde; und es fand diese Darstellungsweise um so mehr Nachahmung, als man durch dieselbe dem Stile den Schein der Schönheit, dem Gedanken den Schein der Tiefe zu geben vermag.

c. Von theils heilsamem, theils verderblichem Einfluß auf die Entwickelung der Sprache waren die Uebersetzungen aus alten und neuen Sprachen. Die Sprache gewann einerseits außerordentlich an Beweglichkeit und Mannigfaltigkeit, aber sie verlor durch die oft sclavische Nachahmung fremder Darstellungsformen ihren nationalen Charakter, und es wurde hierdurch das Sprachgefühl des Volks je länger je mehr vernichtet, da sich schlechte Uebersetzungen fremder Schriften immer mehr unter demselben verbreiteten.

Erstes Kapitel. Poesie.

§ 311. Allgemeiner Charakter und Entwickelungsgang.

a. Während im vorigen Zeitraum die Poesie sich an der Hand der Kritik und durch dieselbe zu immer größerer Tüchtigkeit entwickelte, bildete sich am Anfang der Periode die Ansicht, daß das Genie keiner Gesetze bedürfe; wenn es jede Nachahmung vermeide, nach Naturwahrheit strebe, und seine Eigenthümlichkeit frei walten lasse, werde es nothwendig Großes schaffen.

Anm. 1. Da Genie und Originalität die Losungsworte der neuen Schule waren, so bezeichnete man ihre Anhänger bald mit dem Namen „Kraft- und Originalgenies“, und die Zeit nach dem Titel eines Schauspiels von Klinger „Sturm- und Drangperiode“.

b. War durch diese Anschauungsweise, die zuerst durch Hamann und Herder verbreitet wurde, die Kunst gefährdet, so wurde auf der andern Seite das wahrhaft poetische Leben geweckt, indem diese Männer, Klopstocks und Lessings Ideen erweiternd, für die Poesie nicht bloß eine nationale, sondern auch eine volksthümliche Grundlage forderten. Sie machten zuerst auf den Unterschied zwischen Kunst- und Volkspoesie aufmerksam und zeigten auf das Ueberzeugendste, daß jene sich an dieser verjüngen müsse. Diese Ansicht griff Goethe mit der ganzen Macht seines Talents auf und vollendete durch seine Schöpfungen die Revolution, welche jene angebahnt hatten. Ihm strebten andere junge Talente nach, bei denen sich aber vorzüglich der Widerspruch gegen die Kunstgesetze geltend machte (Leop. Wagner, Lenz, Maler Müller, Klinger, L. Ph. Hahn u. A.), die daher die höchste Ungebundenheit zur Schau trugen und in ihren Dichtungen allen künstlerischen, oft wohl auch die moralischen Gesetze mit Absicht verletzten.

Anm. 2. Die neue Richtung trat auch feindselig gegen die Dichter der vorigen Periode auf, denen sie, freilich nicht mit Unrecht, vorwarfen, daß ihre Poesien „gemacht“, nicht unmittelbare Eingebungen des schaffenden Geistes seien. Schon Herder sprach sich in seinen „Fragmenten zur deutschen Literatur“

(1767) in diesem Sinne, wenn auch mit Milde, aus. Weit härter urtheilten Mauvillon und Unzer in ihrer Schrift „Ueber den Werth einiger deutschen Dichter u. s. w." (Frankf. u. Lpz. 1771—72. II.). Das eigentliche Organ der neuen Schule waren die „Frankfurter gelehrten Anzeigen" (seit 1772), deren Seele J. H. Merck war und an denen nebst Anderen Goethe und Herder Antheil nahmen.

c. So freudig auch die Talente der jungen Dichter anerkannt wurden, so fand ihr Grundsatz doch vielseitigen Widerspruch. Weiße, Nicolai und Wieland zeigten, daß sie bei all ihrem Prahlen von Naturwahrheit diese selbst arg verletzten und bei all ihrem Pochen auf Originalität doch in der That nur Nachahmer Shakspeares seien, dessen freie Bewegung sie bis zur Carricatur überboten. Auch wurden ihren Erzeugnissen andere entgegengesetzt, die sich auf die im vorigen Zeitraum gewonnenen Ansichten gründeten. Unter diesen nehmen die Dichtungen die erste Stelle ein, welche Wieland in den siebenziger Jahren erscheinen ließ, und welche zahlreiche Nachahmungen fanden.

d. Um dieselbe Zeit bildete sich in Göttingen ein Verein junger Männer unter dem Namen Hainbund, zunächst bloß mit der Absicht, sich gegenseitig zu belehren, später aber mit dem Zweck, auf die Entwickelung der deutschen Poesie thatsächlich einzuwirken. Klopstock war ihr Vorbild, und wie sie ihn in Sprache und Form nachahmten, war auch ihnen vaterländische Gesinnung das Höchste, weshalb sie entgegengesetzte Richtungen zu bekämpfen begannen, namentlich Wieland, dessen Poesien ihnen wegen ihrer Form und ihres Inhalts hassenswürdig erschienen. Die beiden Richtungen Klopstocks, die vaterländische und die sentimentale, fanden im Hainbund ihre Fortsetzung, so wie die meisten Mitglieder desselben sich auch hinsichtlich der Form an ihn anschlossen und sich vorzüglich der durch ihn eingeführten griechischen Strophengebilde bedienten. Dagegen hielten sie sich vom Bardenunwesen frei.

Anm. 3. Nach ihrer Trennung hatten die Mitglieder des Bundes einen Vereinigungspunkt im „Göttinger Musenalmanach", der 1770 von Gotter und Boie gegründet, von Voß u. A. fortgesetzt wurde; ihm setzte seit 1776 Voß einen andern entgegen.

Anm. 4. Die Göttinger blieben zwar vom Einfluß der Originalgenies, namentlich Goethes, nicht frei, auch hatten sie mancherlei Berührungspunkte mit ihnen; doch hielten sie im Ganzen am Hergebrachten fest und unterschieden sich auch darin von jenen, daß sie, Bürger ausgenommen, trotz ihrer vaterländischen Richtung, keinen Sinn für das volksthümliche Element hatten.

e. So heilsam auch die Bestrebungen der Originalgenies waren, weil durch sie der gelehrten und gemachten Poesie eine auf Unmittelbarkeit des Gefühls und auf dem volksthümlichen Element beruhende Dichtung geschaffen wurde, so führten sie andererseits auch zu Irrthümern und Rückschritten. Die von ihnen verlangte Naturwahrheit wurde bald mit platter Natürlichkeit verwechselt und zudem machte sich das Nützlichkeitsprincip der neuen Erziehungsmethode (s. o. § 268) selbst in der Literatur geltend, so daß man nahe daran war, auf die ersten Zeiten der vorigen Periode zurückzukommen. Andere Abirrungen waren durch Goethes erste Meisterwerke selbst herbeigeführt worden. Durch seinen „Werther" drang die von Klopstock angebahnte, von den Göttingern gepflegte Sentimentalität in die weitesten Kreise und artete in den zahlreichen Nachbildungen bis zur krankhaften Schwächlichkeit aus, während sein „Götz" eine Unzahl von Ritterschauspielen und Ritterromanen hervorrief, in denen die jugendlich kecke Kraft der Sprache und Darstellung bis zur sinnlosen Rohheit verzerrt war.

f. Zwar erschienen gerade zu jener Zeit (in den siebenziger und achtziger Jahren) Wielands bedeutendste Werke, allein sein Ansehen war durch die Göttinger so herabgedrückt, daß sie beinahe ohne Wirkung blieben, und die wenigen Dichter, die das romantische Epos in seinem Sinn bearbeiteten, hatten kein so hervorragendes Talent, daß sie mehr als vorübergehende Aufmerksamkeit hätten erregen können.

g. Während jene durch den „Götz" und „Werther" herbeigeführten Verirrungen sich immer mehr festsetzten, hatte Goethe eine neue Periode der Entwickelung betreten.

Sein Dichtergenie und tiefes Studium hatten ihn der Kunstmäßigkeit zugeführt, die er Anfangs mit jugendlicher Keckheit verletzt hatte; er schuf seine dramatischen Meisterwerke, die den vollsten Gegensatz zu seinen früheren Erzeugnissen bildeten. Allein gerade ihre hohe Kunstvollendung bewirkte, daß sie unverstanden und beinahe unbeachtet blieben.

h. Daß die Poesie unter diesen Verhältnissen nicht in die vollständigste Verwilderung verfiel, haben wir dem zweiten großen Dichtergeist des Jahrhunderts zu verdanken. Schiller, der in seinen Jugenddichtungen die Sturm- und Drangperiode zurückzuführen schien, erkannte bald, daß das bloße Genie nicht hinreiche, Meisterwerke zu schaffen. Da die ideale Welt, die in ihm lebte, im unversöhnlichen Widerspruche mit der Wirklichkeit zu sein schien, auf welcher jedes Kunstwerk beruhen müsse, wendete er sich unmuthig von der poetischen Thätigkeit ab; aber das Studium der Geschichte und später der Kantischen Philosophie führten ihn derselben wieder zu, indem er aus jener erkannte, daß die in ihm lebende Welt der Ideale keineswegs in einem so entschiedenen Gegensatze zur Wirklichkeit stehe, als er geglaubt hatte, und diese ihn zur Ueberzeugung leitete, daß der Dichter, wenn er auch von der Idee ausgehe, ihr eine sinnliche Gestaltung geben könne, wenn er sie in ihrer vollen Wahrheit erfasse. So hatte er sich wiedergefunden, und, durch den vertrauten Umgang mit Goethe, dessen künstlerische Größe er jetzt erst lebendig erkannte, gehoben und gestärkt, schuf er eine Reihe von dramatischen Meisterwerken, welche um so tieferen und allgemeineren Eindruck hervorbrachten, als sie die Ideen der Unabhängigkeit, der Freiheit und der wahren Menschlichkeit poetisch verklärten, die damals die Welt erfüllten. Die „Jungfrau von Orleans" und „Wilhelm Tell" waren die ersten Keime, aus denen sich später die Erhebung des deutschen Volks entwickelte.

i. Wie Goethe durch seinen „Werther" und „Götz" die Verwilderung der Poesie veranlaßt hatte, so legte Schiller durch seine ideelle Dichtung den Grund zu einer neuen Schule, welche zur Auflösung aller Kunst, und von der klaren, lebendigen Idee zum Mysticismus führte. Es ist Dies die romantische Schule, welche, durch Fichtes und Schellings philosophische Systeme geleitet, Schillers Ansichten auf die Spitze trieben und die Idee für das oberste Princip aller Poesie, die Form für einen bloßen Ausfluß der Idee erklärten, weshalb sie an sich gar nicht zu bestimmen sei. Die Phantasie, behaupteten sie, sei die allein schaffende Kraft, und der Dichter habe sich daher den Eingebungen derselben zu überlassen.[1])

Anm. 5. Da die Romantiker die Form für einen Ausfluß der Idee hielten, so schien ihnen jede Form berechtigt, daher sie auch alle Formen aller Völker und aller Zeiten nachzubilden suchten, wobei sie freilich übersahen, daß Nationalität und Sprache der Dichter, so wie die Zeit, in welcher sie lebten, den mächtigsten Einfluß auf die Entwickelung vieler besonderen Formen hatte, so daß sie nur für eine bestimmte Nationalität, Sprache und Zeit angemessen waren. Sie erwarben sich jedoch durch diesen Irrthum das Verdienst, die Poesie anderer Völker zur allgemeinen Kenntniß zu bringen, eine Menge neuer poetischer Anschauungen zu verbreiten, so wie sie durch ihre Uebertragungen und Nachahmungen höchst günstig auf die Ausbildung der poetischen Sprache wirkten, und manche schöne fremde Form neu einführten oder wieder belebten.

Anm. 6. Der Grundsatz, daß die Form ein Ausfluß der Idee sei, verleitete die Romantiker zu dem weiteren, alle Kunst vernichtenden Irrthum, daß jede besondere Idee sich auch eine besondere Form bilden müsse, woraus sich die „excentrischen und monströsen" Dichtungen vieler Romantiker erklären lassen.

Anm. 7. Da nach Schelling jede Naturerscheinung die Verkörperung einer Idee sei, so erschien es den Romantikern als Eine der nächsten Aufgaben der Poesie, in den Erscheinungen der Natur die ihnen zum Grunde liegende Idee zu erfassen und darzustellen, wodurch die Poesie allegorisch wurde. Sie suchten ferner in die geheimnißvollen Wechselbeziehungen der Natur zu dem Menschen einzudringen, und verloren

---

1) Hettner, H., D. romant. Schule in ihrem inneren Zusammenhange mit Goethe u. Schiller. Braunschweig 1850. Haym, R., D. romant. Schule. Berl. 1870. Vgl. Briefe an Tieck, hg. v. Holtei. Berlin 1864. IV.

sich auf diesem Wege in die tiefsten Abgründe dunkler Mystik oder auch wohl in abenteuerliche Spielereien müßigen Witzes.

k. Die Romantiker wurden durch die literarischen und politischen Zustände in der eingeschlagenen Bahn bestärkt. Um jene Zeit hatten sich nämlich Iffland und Kotzebue der Bühne bemächtigt, und sie hatten, namentlich der letztere, durch die Darstellung der gemeinen Wirklichkeit, durch das Bestreben nach äußerem Effekt und durch das Aufgeben jeder höhern Beziehung die Poesie zur Magd der bloßen Unterhaltung gemacht, aber eben dadurch ein großes Publicum gewonnen. Dies und die politische Nichtigkeit, in welche Deutschland gefallen war, erfüllte die Romantiker mit bitterm Widerwillen gegen die Gegenwart und sie richteten ihre Blicke um so mehr auf die Vergangenheit, als sie der Ueberzeugung waren, daß die Wiederherstellung der Zustände, wie sie im Mittelalter gewesen, allein im Stande wären, Deutschland geistig, sittlich und politisch zu heben. Dies führte sie nothwendig zum Katholicismus, dem sie sich übrigens schon durch ihre mystische Richtung genähert hatten, zur Verherrlichung des Adels, und dadurch zum vollsten Widerspruch mit der Geschichte und aller bisherigen Entwickelung, schließlich zum Kampfe mit der Gegenwart und ihren Bedürfnissen. Ehe Dies aber geschah, erwarben sich die Romantiker unbestreitbare Verdienste durch die Bekämpfung der Kotzebueschen Richtung und dadurch, daß sie bei ihrer fortgesetzten Hinweisung auf die poetische und politische Herrlichkeit des Mittelalters in der Jugend eine lebendige Sehnsucht nach einer geistigen und politischen Wiedergeburt entzündeten, was die spätere Erhebung des Volks gegen das fremde Joch mächtig vorbereitete.

l. Die poetischen Erzeugnisse während der Freiheitskriege, die wesentlich in Schlacht- und Siegesgesängen bestanden,[1]) waren ihrem Wesen nach romantisch, und sie konnten sich sogar trotz der Wirklichkeit, aus der sie hervorgegangen waren, nicht von dem mystischen Element befreien, welches nach Eroberung der Unabhängigkeit mit aller Entschiedenheit hervortrat und sich besonders im Roman und im Drama offenbarte (Schicksalstragödie). Die Schule nahm aber von jetzt an eine so feindselige Stellung gegen die Wünsche und Bedürfnisse des Volks, daß sich dieses immer entschiedener von ihr trennte, aber zugleich auch bei der planmäßigen Unterdrückung des geistigen Lebens Seitens der Regierungen in gleichgültige Verdumpfung gerieth, in welcher es nur nach oberflächlicher Unterhaltung haschte, die ihm freilich auch in reicher Fülle dargeboten wurde; es ist die Romanfabrikation kaum je in solchem Schwung gewesen, als während der zwanziger Jahre, eine Zeit, die in geistiger und politischer Beziehung Eine der traurigsten in der neueren Geschichte Deutschlands ist. Um die nämliche Zeit war Hegel vornämlich durch die Unterstützung der Regierungen, die in seiner Philosophie einen mächtigen Bundesgenossen gegen die Freiheitsbestrebungen fanden, einflußreich geworden, was dadurch verderblich wurde, daß die Wissenschaft immer mehr dem Leben entfremdet wurde und die Gelehrten sich immer entschiedener von dem Volke absonderten.

m. Als sich gegen Ende des zweiten Jahrzehnts eine größere Theilnahme am politischen Leben zu regen begann, zeigte sich auch kräftigeres und regeres Leben in der Literatur, und es wurden insbesondere vier Männer bedeutend und einflußreich, welche sich Anfangs sämmtlich der romantischen Schule angeschlossen hatten, später aber dieselben verließen und zum Theil sogar bekämpften. Uhland, den eine große Reihe von Dichtern, namentlich seines Heimatlandes, zum Vorbilde nahmen (die

---

1) Pröhle, Kriegsdichter d. 7jähr. Kriegs u. d. Freiheitskriege. Lpz. 1867. Herbst, W., Die deutsche Dichtung im Befreiungskrieg. Mainz 1858.

schwäbische Dichterschule),[1]) suchte die Gegenwart mit der Vergangenheit zu versöhnen und näherte sich dem lang entschwundenen volksthümlichen Element in der Poesie wieder mit überraschendem Glück. Heine bestrebte sich, zur Einfachheit der Form und zur Unmittelbarkeit der poetischen Anschauung zurückzuführen; Rückert setzte die Bestrebungen der Romantiker nach Mannigfaltigkeit der Form fort, suchte aber zugleich das Fremde zu nationalisiren; Platen endlich setzte der Willkür der Romantiker in der Form eine feste künstlerische Gestaltung, ihrer mystischen Zerflossenheit Klarheit und Bestimmtheit der poetischen Auffassung entgegen. Diese vier Dichter wurden die Begründer der politischen Poesie, die mit den dreißiger Jahren aufzutauchen begann, wie überhaupt die späteren Dichter sich meist mehr oder weniger nach ihnen gebildet haben.

n. Die Hegelsche Philosophie war nicht sowohl durch die Wahrheit ihrer Grundsätze, als durch ihre dialektische Methode mächtig geworden, die sie zur Meisterschaft ausgebildet hatte. Mit derselben war es aber auch möglich, aus den Principien des Systems Resultate zu ziehen, welche den bisher gewonnenen vollständig entgegengesetzt waren. Dies geschah denn auch unter dem Einfluß des seit 1830 neu erwachenden politischen Lebens, und es wurde die conservative Richtung des Systems in religiöser und politischer Beziehung durch eine rein revolutionäre verdrängt. Diese neue Bewegung drang auch in die Literatur und gewann (freilich nur auf kurze Zeit) eine um so größere Bedeutung, als sich die Verkünder derselben zugleich an Heine anlehnten, der damals schon einflußreich geworden war. Man begreift diese Schule unter dem Namen des jungen Deutschlands, ihren Charakter kann man am Füglichsten als den der Verneinung bezeichnen. Doch beruhte gerade diese Seite weniger auf wirklicher Ueberzeugung, als auf einer gewissen jugendlichen Schwärmerei, daher die meisten Anhänger der Schule später ihren Verirrungen entsagten, einige sogar auf entgegengesetzte geriethen.[2]) Zugleich führten die Uebertreibungen des jungen Deutschlands eine Opposition herbei, die sich auf die romantische Mystik stützte und daher eben so wenig Lebensfähigkeit hatte als das junge Deutschland.

o. Zur Vervollständigung des Charakters der Periode ist noch beizufügen, daß die Frauen wieder bedeutenden Antheil an der Poesie nahmen, besonders seit der Herrschaft der romantischen Poesie.

§ 312. Verskunst.

a. Wie im vorigen Zeitraum beruhten auch im vorliegenden die metrischen Formen auf Nachahmung; neben den Formen der Griechen und Römer wurden seit der Herrschaft der romantischen Poesie italienische und spanische, später auch orientalische nachgebildet. Dadurch gewann die Sprache zwar an Beweglichkeit, aber es wurde zugleich ihr Charakter mächtig getrübt. Die Beschäftigung mit der älteren deutschen Literatur regte ebenfalls an, die Formen der altdeutschen Poesie einzuführen; am Glücklichsten wurde unter denselben die Nibelungenstrophe nachgebildet.

b. In der Versmessung wurde noch immer das Opitzische Gesetz beobachtet; doch wurde auch, besonders in der neueren Zeit, eine freiere, in der Natur der deutschen Sprache beruhende Behandlung des Verses versucht und die volksthümliche Versmessung nach der Betonung eingeführt.

c. Zwar wurden immer noch reimlose Verse gebildet, aber mit Ausnahme des Dramas, in welchem der fünffüßige Jambus vorherrschend wurde, gewann der Reim immer mehr Uebergewicht, vornämlich als durch Goethes meisterhafte Behandlung desselben dessen Natur immer mehr zum Bewußtsein gebracht wurde. Die Romantiker mißbrauchten den Reim oft zu bloßen Künsteleien; durch Rückert gewann er an Reichthum, durch Platen an Reinheit.

---

1) C. Reinhold, Die schwäb. Dichterschule. (Hall. Jahrbb. 1839. S. 41.) — 2) Die bedeutendsten Persönlichkeiten des jungen Deutschlands waren Ludolf Wienbarg („Aesthetische Feldzüge"), K. Gutzkow, H. Laube, Th. Mundt, Gust. Kühne, Ernst Willkomm.

§ 313. Poetische Gattungen.

Alle Dichtungsarten gedeihen zu großer Blüthe, doch wendet sich die große Masse der Dichter vorzüglich zur lyrischen Poesie, welche daher in großem Umfang und reicher Mannigfaltigkeit erscheint. Zwar tritt die didaktische Poesie gegen früher sehr zurück, doch gewinnt sie an Gehalt und poetischem Werth, was sie an Umfang verliert. In der epischen Poesie werden vornämlich die kleineren Gattungen mit großem Glücke behandelt; die Versuche im classischen Epos sind weniger zahlreich und nicht hervorragend, das komische Epos verschwindet beinahe ganz; dagegen wird das romantische Epos nach dem Vorgange Wielands häufiger bearbeitet; das Höchste wird in einer neuen Gattung, dem idyllischen Epos, erreicht. Nächst der Lyrik entfaltet sich das Drama zur höchsten Blüthe, die Meisterwerke der beiden größten Dichter des Zeitraums erobern der deutschen Poesie einen nicht unbedeutenden Einfluß auf die übrigen Völker. Dagegen geriethen spätere Dichter auf verderbliche Irrthümer, durch welche die naturgemäße Entwickelung der dramatischen Kunst vernichtet und wenigstens zurückgedrängt wurde; doch sind in der neuesten Zeit mehrfache glückliche Versuche gemacht worden, das Drama nach Form und Inhalt neu zu beleben.

I. Lyrische Poesie.

§ 314. Entwickelungsgang derselben.

a. Herders Lehre von der Nothwendigkeit, die deutsche Kunst an der Quelle der Volkspoesie zu verjüngen, wurde von Goethe in genialer Weise ins Leben geführt; dagegen wurde schon früh von einigen selbst begabten Dichtern das volksthümliche Element mit populärer Haltung, die Naturwahrheit mit der gemeinen Wirklichkeit verwechselt.

b. Die nationale Richtung Klopstocks wurde durch die Göttinger weiter gepflegt, ebenso die sentimentale, der sich zudem eine Reihe von Dichtern zuwandte, welche vorzugsweise die Natur zu schildern suchten. Als Goethe die volksthümliche Grundlage, von der er ausgegangen war, in Gehalt und Form zur höchsten Vollendung entfaltet hatte, erweiterte Schiller die Grenzen der lyrischen Poesie, indem er die Welt der Gedanken in ihr Bereich zog und das geistige Leben poetisch erfaßte. Ihm darin nachfolgend geriethen die Romantiker auf einen gefährlichen Abweg, indem sie das Uebersinnliche unmittelbar poetisch darzustellen suchten. Aus dem Abgrund der Mystik rettete die Zeit des Kampfs gegen die fremde Herrschaft; die Kriegs- und Siegslieder der Freiheitskriege, obgleich oft noch „ahnungsvoll", fußten doch immerhin auf der Wirklichkeit.[1]) Uhland befreit die Lyrik von ihren mystisch-schwärmerischen Auswüchsen; Rückert erweiterte ihr Gebiet in Form und Inhalt, Heine führte zur Einfachheit des Volkslieds, und Platen zu Ernst und Wahrheit der Gesinnung zurück.

§ 315. Lyrische Gattungen.

a. Das weltliche Lied wird auch jetzt am Häufigsten bearbeitet, wenn auch nicht in so überwiegendem Maße, wie im vorigen Zeitraum. Es gewinnt eine reiche Fülle ächt poetischen Stoffes, und die früheren Stoffe wurden in viel fruchtbarerer Weise behandelt, da anstatt der erdachten Verhältnisse und der gemachten Empfindungen erlebte Zustände und Gefühle dargestellt werden. Seit den dreißiger Jahren wird das politische Lied in größerem Umfang und zum Theil mit Glück gepflegt.

1) Grundloch, W., Ueb. d. Bedeutung d. deutschen Freiheitsdichtung v. 1813. Hanau 1863.

b. Das geistliche Lied blieb am Längsten von den großen Bewegungen unberührt, die seit ungefähr 1770 der deutschen Poesie einen neuen Charakter aufdrückten. Bis gegen Ende des 18. Jahrh. findet sich kaum etwas Anderes als Nachklänge der früheren Richtungen. Erst der Romantiker Fr. v. Hardenberg wurde der Begründer einer neuen Epoche des geistlichen Lieds, das seit den Freiheitskriegen in größerem Umfang erscheint und an poetischer Bedeutsamkeit gewinnt. Die meisten Dichter gehören zur Lutherischen Kirche; einige der bedeutendsten der Herrnhuter Gemeinde an. Auch unter den Katholiken wird der religiöse Gesang häufiger behandelt, namentlich von den Romantikern, die zum Katholicismus übergetreten waren.[1])

c. Die Ode erscheint vorzüglich in antikem Gewande, und zunächst (von den Göttingern) als Fortbildung der Klopstockschen Auffassungs- und Darstellungsweise, daher sie auch vorwiegend das Vaterland und die Freiheit besingt. Ihre höchste Ausbildung erhielt sie durch Platen. Eben so wurde auch die Hymne und die Elegie in antiker Form, insbesondere letztere mit ausgezeichnetem Glück behandelt. Seltener erscheint die Dithyrambe und die Heroide, häufiger die Cantate und das Oratorium.

d. Die kleineren französischen Formen des Madrigal, Rondeau und Triolet erscheinen nur vorübergehend; die italienischen und spanischen Formen, insbesondere das Sonett, dann auch die Canzone, die Glosse, die Stanze und Terzine wurden mit Vorliebe und Glück behandelt. Von den Romantikern eingeführt, wurden sie von spätern Dichtern, vornehmlich von Rückert und zum Theil von Platen, zur höchsten Formvollendung gebracht. Diese beiden Dichter bildeten auch zuerst das orientalische Gasel nach.

II. Didaktische Poesie.

§ 316. Charakter und Gattungen.

a. Die didaktische Poesie tritt in Folge der tieferen Einsicht von dem Wesen der Poesie je länger je mehr zurück. Zwar wurde sie nicht ganz zurückgedrängt; aber sie erhielt eine wesentliche Umgestaltung, indem man weniger darauf ausgieng, eine Reihe von Wahrheiten in mehr oder weniger systematischem Gange darzustellen, als dieselben in das Gewand des Sinnlichen und Anschaulichen zu kleiden, sie nicht sowohl zu beweisen, als ihre Wahrheit durch die Wirkungen zum Bewußtsein zu bringen, die sie auf das Gemüth des Menschen machen.

b. Aus diesem Grunde wurde auch das Lehrgedicht und die Epistel seltener bearbeitet als früher, dagegen erscheinen kleine didaktische Gedichte mit der poetischen Darstellung eines bedeutenden Gedankens in großer Anzahl. Die politische und literarische Bewegung rief vielfache Bearbeitung der Satire hervor, die jedoch häufig in lyrischer und epischer, vorzüglich aber in dramatischer Form erscheint. Unter allen didaktischen Gattungen ist das Epigramm am Häufigsten und Glücklichsten bearbeitet worden, welches durch Herder eine fruchtbare Erweiterung erhielt, der in einer trefflichen Abhandlung zeigte, daß nicht bloß ein witziger, sondern überhaupt jeder sinnreiche Gedanke, wenn er durch seine Wichtigkeit augenblickliche Wirkung hervorbringe, in epigrammatischer Weise dargestellt werden könne.

1) Geistliche Lieder im 19. Jahrh., hrsg. v. L. A. O. Krauß. Darmst. 1863.

III. Epische Poesie.

§ 317. Charakter derselben.

Die vielfache Behandlung der epischen Poesie hatte ihren Grund vornämlich in der Beschäftigung mit der Volkssage, mit der Geschichte, den fremden Literaturen und insbesondere mit der deutschen Poesie des Mittelalters, wodurch man einen großen Reichthum an Stoffen erhielt, an denen man im vorigen Zeitraum Mangel hatte. Dadurch, daß die Stoffe nicht mehr erdacht waren, wie früher, sondern aus der Sage, der Geschichte oder dem Leben entnommen wurden, erhielten die Dichtungen, namentlich die kleineren, mehr Wahrheit und Realität.

§ 318. Kleinere epische Gattungen.

a. Die Fabel, welche in der vorigen Periode in so reicher Fülle behandelt wurde, tritt jetzt in Folge der veränderten ästhetischen Ansichten immer mehr zurück; gegen das Ende des Zeitraums wird sie von einem Dichter (Fröhlich) in neuer, geistreicher Weise aufgefaßt. Die verwandte Parabel und Paramythie erscheint überwiegend in prosaischer Darstellung; die Allegorie wird nur am Anfang des Zeitraums von einem Dichter (Herder) in größerem Umfang behandelt. In der poetischen Erzählung wird der Stoff nicht mehr als Mittel zu einem didaktischen Zweck behandelt, vielmehr zeigt sich, wenn auch nicht bei allen Dichtern, das Bestreben, ihn künstlerisch zu gestalten. Am Häufigsten wird die komische Erzählung bearbeitet, die jedoch bei Vielen nur den Zweck vorübergehender Unterhaltung hat.

b. Die Ballade hat Anfangs noch den bänkelsängerischen Ton der vorigen Periode; sie nahm jedoch einen würdigeren Charakter an, als man sie, durch Herder angeregt, in volksthümlicher Weise zu behandeln begann, worin Goethe das Höchste erreichte. Doch erscheint sie erst seit Uhland und der eindringlicheren Beschäftigung mit der Volkssage in reicher Fülle. Die Romanze erhielt durch Schiller einen veredelten Charakter, den jedoch nur wenige Dichter nach ihm in seiner Reinheit und Höhe zu bewahren wußten. Uhland schuf eine dritte verwandte Gattung, die Rhapsodie (objective Darstellung früherer Heldenzeit), die von den nachfolgenden Dichtern häufig, jedoch selten mit ausgezeichnetem Glück nachgeahmt wurde.

c. Die Legende, die seit dem 16. Jahrh. kaum hie und da in einzelnen Beispielen vorkam, wurde durch Herder wieder in ihre Rechte eingesetzt und von mehreren Dichtern mit Glück bearbeitet. Doch werden auch oft Stoffe behandelt, die keine höhere Idee zur Anschauung bringen, und weder sittlich-religiöse Bedeutsamkeit noch poetischen Werth haben.

d. Die Idylle wurde Anfangs in Nachahmung Geßners beinahe ausschließlich in Prosa bearbeitet; später erscheint sie fast ohne Ausnahme in metrischer Form. Voß führte sie zur Wahrheit und Natur zurück, indem er statt des arkadischen Schäferlebens der vorigen Periode das Leben des deutschen Landmanns und Bürgers darzustellen begann. Doch wurde er in der poetischen Wiedergestaltung desselben von mehreren seiner Nachfolger weit übertroffen.

§ 319. Das Epos.

a. Das größere Epos wurde sehr häufig bearbeitet, doch sind nur wenige Dichtungen von künstlerischer Vollendung, was zum Theil seinen Grund darin hat, daß die Dichter, statt ein zusammenhängendes Gebilde zu schaffen, das Ganze in einzelne Gemälde (Romanzen) auflösen, was zum Theil wohl die Folge der Liederhypothese Wolfs und Lachmanns war, die sogar den Ausspruch hervorrief, daß unsere Zeit nicht fähig sei, ein Epos zu schaffen. In der neuesten Zeit sind doch wieder glückliche Versuche im Kunstepos gemacht worden.

b. Das von Klopstock begründete religiöse Epos fand auch in diesem Zeitraum Bearbeiter, doch erheben sich nur wenige Dichtungen über die Mittelmäßigkeit.

c. Das heroische und das romantische Epos erscheint in reicher Fülle und Mannigfaltigkeit. Bald wurde es in Nachahmung des antiken Epos, bald im Sinne Wielands, bald auch in ernster Auffassung des romantischen Elements unter dem Einfluß der Italiener oder auch der deutschen Dichtungen des Mittelalters behandelt. Auch in den Stoffen herrscht große Mannigfaltigkeit. Manche Dichter entnahmen ihn aus dem classischen Alterthum, andere behandeln die historische Sage und die Geschichte der Deutschen so wie der verwandten nordischen Völker. Unter den Bearbeitungen der deutschen Geschichte sind die am Zahlreichsten, welche die Urgeschichte behandeln oder das Mittelalter und besonders das Ritterthum zu verherrlichen trachten. Seltener bildet die Reformation den Gegenstand der epischen Dichtungen; mehrmals werden die Freiheitskriege poetisch dargestellt. Endlich wird auch die Sage und Geschichte fremder Völker, so wie die Legende episch bearbeitet.

d. Eine der neueren Zeit eigenthümliche Gattung ist das idyllische Epos, das die Darstellung beschränkterer und meist auch unserer Zeit angehörender Verhältnisse zum Gegenstande wählt. Es wurde von Voß geschaffen, aber erst von Goethe zur Kunstvollendung gehoben. Beide fanden zahlreiche Nachahmer, aber selbst Voß wurde nur von Wenigen erreicht.

e. Zwar wurde das komische Epos ebenfalls bearbeitet, doch ist darin im Ganzen wenig Ausgezeichnetes geleistet worden; am Besten sind diejenigen Dichtungen, welche sich in der niedrigen Komik bewegen oder satirische Tendenz haben. Auch einige Travestien sind als gelungen zu bezeichnen.[1])

IV. Dramatische Poesie.

§ 320. Entwickelungsgang und Charakter.

a. Im Drama fand ein großer Umschwung Statt, der, wie in den übrigen Dichtungsarten, von Herder vorbereitet, von Goethe ausgeführt wurde. Herder zeigte nämlich, daß der Ursprung des antiken und modernen Dramas wesentlich verschieden sei, und daß beide sich daher auch in wesentlich verschiedener Weise hätten entwickeln müssen. Das antike Drama habe das Einfache zur höchsten Mannigfaltigkeit entwickelt; das moderne hingegen, dessen edelster Repräsentant Shakspeare sei, suche die höchste Mannigfaltigkeit zu gestalten. Da Aristoteles die Gesetze, die er für das Drama aufstellt, aus den Meisterwerken der Griechen gezogen habe, so könne man sie nicht auf das moderne Drama anwenden.

b. Auf diese Darstellung Herders, die in so fern irrig ist, als es allerdings Kunstgesetze giebt, die ganz allgemeiner Natur sind, beruht die neue von Goethe zuerst betretene Richtung, welche alle Gesetze verneinte und von dem Dichter verlangte, daß er nur die Natur und die Wirklichkeit zur Leiterin nehme (s. o. § 311), was nothwendig zur Willkür, zum Abenteuerlichen und zur Vernichtung aller Kunst führte und weiter zur Folge hatte, daß die meisten Dramen der neuen Schule der theatralischen Aufführung widerstrebten. Auf der andern Seite aber hatte diese Uebertreibung die glückliche Wirkung, daß das Drama einen reicheren Inhalt bekam, die Charaktere wahrer und mannigfaltiger wurden, die Sprache eine jugendlichere Frische und Lebendigkeit

1) Rosenhayn, M., Ueb. d. neuere Epik d. Deutschen. Marienb. 185[illegible].

erhielt. In diesem Sinne schrieb Goethe seinen „Götz von Berlichingen“, der bei aller Freiheit, ja selbst Keckheit der Behandlung von der höchsten poetischen Wirkung war. Er ist als der Ausgangspunkt des neuen Dramas anzusehen. Auch rief er manche gute Dramen, namentlich Charakterstücke, zugleich aber auch die unzähligen Ritterschauspiele hervor, welche nach effectreichen Situationen selbst auf Kosten des guten Geschmacks und der poetischen Wahrheit haschten und in denen die jugendlich frische oder kecke Sprache ihres Vorbilds zur vollsten Rohheit herabsank.

c. Doch fand die neue Schule nicht überall Anklang und es bildete sich schon im Anfang des Zeitraums eine Opposition gegen das Shakspearisirende Schauspiel, welchem theils das sogenannte classische Drama der Franzosen, und mit entschiedenerem Glück noch das von Diderot begründete Familiengemälde entgegengestellt wurde. Auch Goethe überwand die stürmische Richtung; nach einigen Versuchen im bürgerlichen oder Familiendrama wendete er sich in Folge tiefern Studiums der Griechen der kunstmäßigen Behandlung des Dramas zu und schuf mehrere Meisterwerke, die jedoch bei ihrem Erscheinen beinahe unbemerkt blieben, weil gerade damals zwei allerdings talentvolle Dichter, Iffland und Kotzebue, die Bühne und das Publicum mit ihren aus dem gemeinen Leben entnommenen Familiengemälden beherrschten.

d. Um die nämliche Zeit aber begann ein neues Talent sich zu entfalten, welches das deutsche Drama zur höchsten Blüthe bringen und die Deutschen fähig machen sollte, die Meisterwerke Goethes zu verstehen. Schillers erste Erzeugnisse waren zwar im Geiste der Sturm- und Drangperiode verfaßt oder waren bürgerliche Trauerspiele, aber es lag in ihnen schon die Idee der Freiheit, die durch ihn das deutsche Volk zu neuem Leben und neuer Thatkraft befeuern sollte. Nach jenen Werken trat ein zwölfjähriger Stillstand in seiner dramatischen Thätigkeit ein, die er erst wieder aufnahm, als er durch tiefes Studium der Geschichte und Philosophie zu geläuterten Kunstansichten gelangt war. Aber nun entwickelte er eine außerordentliche Schöpfungskraft und er schuf in dem kurzen Zeitraum von fünf Jahren (1799—1804) eine Reihe von Dramen, die zwar Goethes künstlerische Vollendung nicht erreichen, aber an Stoff, Inhalt, dramatischer Entwickelung und Glanz der Sprache Alles übertreffen, was das deutsche Theater bis dahin geboten hatte.

e. Schon ehe Schiller seine letzten Dramen dichtete, hatten die Romantiker dem Verfall der Bühne entgegenzuarbeiten gesucht; allein bei ihrem Mangel an schöpferischem Talent und ihren irrthümlichen und schwankenden Ansichten trugen sie selbst zu diesem Verfall bei. Weil ihnen jeder feste Halt fehlte, ahmten sie bald die Griechen, bald Calderon, bald Shakspeare nach, oder bildeten sogar aus den hervorragenden Eigenthümlichkeiten aller dieser Vorbilder ein abenteuerliches Gemisch. Da ferner nach ihrer Ansicht jedes Drama ein Bild des gesammten innern und äußern Lebens sein sollte, zwängten sie Alles ohne Wahl und Rücksicht in die dramatische Form; und da die historischen Stoffe sich einer solchen abenteuerlichen Gestaltung nicht bequemten, wählten sie mit Vorliebe märchenhafte oder selbst erfundene Stoffe, in denen sie ihrer schrankenlose Phantasie in aller Willkür walten ließen, und brachten auf diese Weise die formlosesten Werke hervor. Es löste sich, da sie das innere Leben nicht durch Handlungen, sondern unmittelbar darzustellen suchten, das Drama unter ihren Händen in rein lyrische Ergüsse auf. An ihrem System klebend, daß geheimnißvolle Kräfte das Leben und die Welt der Menschen beherrschen, und da sie in dem allwaltenden Schicksal der Griechen eine solche geheimnißvolle Macht zu erblicken glaubten, machten sie das Schicksal zur bewegenden Kraft ihrer Dramen, deren Personen als willenlose Werkzeuge jener Macht erschienen. So entstand die Schicksalstragödie, Eine der häßlichsten Ausgeburten der Poesie, welche im Beginn der zwanziger Jahre ihre höchste Blüthe und ihren größten Einfluß erreichte, aber zugleich auch durch die Abspannung, die sie zur nothwendigen Folge hatte, die Bühne wieder unter die Herrschaft Kotzebues brachte.

Anm. Die Entwicklung der Schicksalstragödie wurde übrigens wesentlich durch Schiller gefördert, der in seiner „Braut von Messina" das erste Stück dieser Art schrieb, welches freilich die Schicksalsidee in einer mehr den Griechen sich annähernden Weise darstellt.

f. Zwar wurde die Schicksalstragödie vornämlich durch den Einfluß Platens wieder vollständig verdrängt, aber so verdankenswerth seine Bemühungen sind, so gelang es ihm nicht, selbst eine neue lebenskräftige Gestaltung des Dramas herbeizuführen. In der neuesten Zeit hat sich jedoch eine erfreuliche und vielversprechende Bewegung auf dem Gebiete des Dramas entwickelt.[1])

§ 321. Gattungen des Dramas.

a. Das Trauerspiel, auf welches sich die obigen Bemerkungen vorzugsweise beziehen, erscheint zuerst als bürgerliches Trauerspiel, wie es durch Lessing eingeführt worden war. Es wurde in der ersten Hälfte des Zeitraums vielfältig und selbst von Dichtern der Shakspearisirenden Richtung bearbeitet, unter deren Händen es freilich die kunstmäßige Gestalt verlor, die es durch Lessing erhalten hatte. Durch Goethes „Götz" wurde die historische Tragödie hervorgerufen, aber so vielfältig dieselbe auch behandelt wurde, so gelangte sie doch erst durch Schiller zur künstlerischen Vollendung, um nach seinem Tode bald wieder herabzusinken, bis in der neueren Zeit wieder Versuche gemacht wurden, sie neuerdings auf die Bühne zu bringen. Als Goethe durch seine „Iphigenia" zur einfachen Kunstform der griechischen Tragödie zurückkehrte, wurden mehrfache Versuche gemacht, Dramen im Sinne der Griechen zu bilden, aber es waren die meisten verfehlt, weil die Dichter entweder nur modernes Leben im griechischen Gewande darstellten, oder sich zu einseitig an die antike Form und die antike Anschauungsweise hielten, und es nicht verstanden wie Goethe, die antiken und modernen Elemente zu lebendiger Einheit zu gestalten. Daß das Mißverständniß des griechischen Dramas zur Schicksalstragödie führte, ist schon berichtet.

b. Unter allen dramatischen Gattungen wurde das Schauspiel am Meisten bearbeitet und erscheint in den mannigfaltigsten Färbungen. Durch Goethes „Götz" wurde das historische Schauspiel begründet, das seitdem fortwährend Bearbeiter fand. Eine besondere Abart desselben ist das Ritterschauspiel, das lange Zeit die Bühne beherrschte und allmählich, besonders seit Schillers geniale „Räuber" erschienen waren, in das Räuberschauspiel übergieng, aus welchem sich wiederum Spectakel- und Gräuelstücke jeglicher Art entwickelten; ferner wurde das Familiengemälde häufig bearbeitet. Im ersten Viertel des 19. Jahrh. war das Künstlerdrama eine Zeit lang sehr beliebt, dem sich das idyllische Drama anschloß.

c. Auch das Lustspiel erfreute sich vielfacher Bearbeitung, ohne daß es jedoch zu selbstständiger Entwickelung und erfreulicher Blüthe gelangte, weil es ohne Freiheit der Bewegung im politischen und gesellschaftlichen Leben nicht gedeihen kann. Daher blieb das französische Lustspiel immer noch die Hauptquelle, aus welcher die deutschen Dichter schöpften, oder die sie nachzuahmen suchten. Im Anfang der Periode wurde meist das rührende oder weinerliche Lustspiel bearbeitet, welches mit der Zeit immer mehr dazu benutzt wurde, die Ideen über Erziehung, Religion, bürgerliches und Staatsleben zu verbreiten, die damals die ganze Gesellschaft bewegten. Bei diesen didaktischen Zwecken trat die künstlerische Behandlung freilich immer entschiedener in den Hintergrund, aber es läßt sich nicht verkennen, daß diese Dramen von großem Einfluß auf

1) Henneberger, Aug., Das deutsche Drama d. Gegenwart. Greifsw. 1853. Bilh, K. T. dramat. Frage der Gegenwart. Mit Bezugnahme auf d. Gervinus'sche Kritik d. Dramen Goethe's. Leipz. 1859.

das Volk und dessen geistige, sittliche und politische Bildung waren. Kotzebue erwarb sich das Verdienst, das Lustspiel von dieser didaktischen Tendenz zu befreien, indem er es auf eine mehr heitere Weise behandelte, dabei freilich oft in das Possenhafte verfiel. Auch wurde schon damals mit Recht getadelt, daß er allzusehr der gemeinen Anschauungsweise des Lebens fröhnte. Spätere Dichter überwanden diese verderbliche Verirrung, und suchten das Lustspiel in veredelter Auffassung dem Standpunkt des gebildeteren Publicums näher zu bringen. Eine volksthümliche Grundlage erhielt es in Oesterreich, wo es zum Theil sehr glücklich mit der Märchenwelt in Verbindung gebracht wurde, was auch einzelne Romantiker versucht hatten. Diese machten auch den Versuch, das Aristophanische Lustspiel einzuführen, indem sie die literarischen Zustände auf die Bühne brachten; sie wurden hierin von Platen übertroffen, dem es jedoch, so geistreich er den Stoff und so vollendet er die Form behandelte, nicht gelang, diese Gattung auf die Bühne zu bringen. Die literarischen Verhältnisse wurden übrigens auch in der Form des gewöhnlichen Lustspiels behandelt.[1]) — Die Posse fand in Kotzebue ihren Begründer und glücklichsten Bearbeiter; Einige seiner Nachfolger waren begabt, die meisten verfielen aber in das zwecklos Gemeine.

Anm. Auch für das Lustspiel und die Posse wurden die Mundarten zum Theil mit entschiedenem Glücke verwendet.

d. Das Schäferspiel fand wenige Bearbeiter, dagegen gewann die Oper und das Singspiel an Umfang, wobei freilich die Musik immer mehr in den Vordergrund trat.

Zweites Capitel. Prosa.

§ 322. Sprache und Entwickelungsgang der Prosa.

a. So vortrefflich Lessings Sprache war, so fehlte ihr doch das wesentlichste Element, das der volksthümlichen Auffassung und Behandlung; indem Goethe dieses mit schöpferischer Kraft erfaßte, machte er die deutsche Sprache erst der hohen Entwickelung fähig, die sie vorzugsweise durch ihn erreichte. Zudem befreite er sie zuerst entschieden von der fremden Form des Ausdrucks und schuf eine wahrhaft deutsche Darstellung, die er durch künstlerische Behandlung zur vollendeten Schönheit erhob.

b. Dagegen übte zu derselben Zeit Herder einen nachtheiligen Einfluß auf die Sprache aus, indem er die sogenannte poetische Prosa schuf, die schon deshalb als eine Verirrung erscheinen muß, weil sie sich zur Darstellung der Ergebnisse des Denkens derjenigen Mittel bedient, die lediglich der Darstellung poetischer Anschauungen zukommt. Durch die Häufung von Bildern, bildlichen Ausdrücken und uneigentlichen Redensarten entfernte sich die Sprache von der Ruhe, Klarheit und Bestimmtheit, durch die allein der Gedanke zur sichern Erscheinung gelangen kann. Da aber diese Darstellungsweise der Mühe des scharfen Denkens überhob und durch die Anwendung poetischer Mittel der Stil den Schein von Reichthum, Schönheit und selbst von Tiefe erhielt, fand Herders Vorgang zahlreiche Nachahmer, unter denen ihn namentlich die Romantiker noch überboten, deren Prosa vor lauter Wortschwall und Ueberhäufung gesuchter, unnatürlicher Bilder oft den einfachsten Gedanken in beinahe undurchdringliche Nebel hüllt.

c. Noch verderblicher wirkten die Philosophen auf die Entwickelung der Prosa. Da sie entweder der Sprache nicht Meister waren, oder sich die Mühe nicht gaben, aus ihrer unerschöpflichen Quelle zu schöpfen, überschwemmten sie ihre Darstellung mit fremden Ausdrücken oder mit neuen, beinahe durchgehends fehlerhaften Wortbildungen, die um so verderblicher wirkten, als sie die Begriffe, die sie ausdrücken sollten, keines-

1) Kneschke, Emil, D. deutsche Lustspiel in Vergangenheit u. Gegenwart. Lpz. 1861.

wegs scharf und bestimmt bezeichneten. Zudem fehlte es den meisten an ästhetischem Sinn, so daß durch sie auch der Satzbau in die größte Verwilderung gerieth.

d. Diese Ausartung des Stils drängte sich selbst in solche Darstellungen ein, welche nicht sowohl auf den Verstand, als auf die Phantasie berechnet waren; man suchte durch ungewöhnliche Wortbildungen, durch Anhäufung von abstracten Ausdrücken selbst bei den gewöhnlichsten Gedanken, durch auffallende Wort- und Satzformen zu wirken; und es bildete sich der sogenannte geistreiche Stil aus, der vor Allem auf Schein und Täuschung beruht.

e. Neben diesem und schon vor ihm hatte sich der vornehme Stil entwickelt, dessen erster Ursprung in Goethes spätern Schriften zu suchen ist, und der in einer gewissen äußeren Glätte, so wie in dem übermäßigen Gebrauch fremder, besonders französischer Wörter besteht.

f. Eine weitere Entartung des Stils wurde durch Heine veranlaßt, dessen Prosa zwar einfach, natürlich, beweglich, und bei aller sinnlichen Anschaulichkeit doch klar und bestimmt ist, sich aber zugleich bei der vorwiegend witzigen Richtung seines Geistes meist in scharf abgeschnittenen, zugespitzten Sätzen bewegt. Diese Eigenthümlichkeit nun erfaßten seine Nachahmer und führten durch lächerliche Uebertreibung derselben, wobei allerdings auch die Nachahmung der neuesten französischen Novellisten mitwirkte, zur völligen Auflösung des Stils.

g. In der neuesten Zeit bestreben sich zwar einige Schriftsteller mit verdankenswerthem Eifer, Sprache und Darstellung zur Reinheit und Natürlichkeit zurückzuführen, doch ist die Mehrzahl noch in jenen Abirrungen befangen, und das Sprachgefühl wird besonders durch die massenhaften schlechten Uebersetzungen aus dem Französischen so wie durch viele schlecht geschriebene Zeitungen auch bei dem größeren Publicum immer mehr ertödtet.

§ 323. Gattungen der Prosa.

Die didaktische Prosa, welche im vorigen Zeitraum den Kern und Mittelpunkt der poetischen Sprachdarstellung bildete, tritt, wenn auch nicht an Umfang und Gehalt, doch in der Form immer mehr zurück. Am Reichsten entfaltet sich die Prosadichtung, deren sämmtliche Gattungen in reicher Fülle und zum Theil mit Glück bearbeitet werden. Auch die historische Prosa wird vielfach behandelt; in manchen bedeutenden Erscheinungen tritt das Bestreben hervor, Form und Gehalt zu künstlerischer Schönheit zu verschmelzen. In der rhetorischen Prosa endlich werden ebenfalls Fortschritte gemacht, wozu nicht wenig beitrug, daß sich in der neueren Zeit ein politisches Leben zu entwickeln begann.

1. Prosadichtungen.

§ 324. Der Roman.

a. Obwohl im Gebiete des Romans manches Vorzügliche geleistet wurde, haben die Deutschen die fremden Völker darin noch nicht erreicht, was zunächst seinen Grund darin hat, daß die Dichter beinahe ohne Ausnahme allzusehr didaktische Zwecke befolgen und sich daher zu häufig in Reflexionen verlieren. Ein zweiter Grund, weshalb der deutsche Roman nicht zu höherer Blüthe gedeihen konnte, ist der Mangel an einem bewegten öffentlichen Leben, das den Dichtern Gelegenheit zur Beobachtung und Stoff zu Charakteren, so wie zu Begebenheiten geben konnte, daher sie dieselben meist aus fremden Vorbildern, nicht aber aus der Wirklichkeit entnehmen.

b. Der Gang des Romans während des Zeitraums wurde zunächst durch Goethe bestimmt, dessen „Werther" den sentimentalen Roman zwar nicht hervorrief, da er schon früher vorkam (s. o. § 281), aber doch vorherrschend machte. Auch der psychologische Roman entwickelte sich wohl zunächst aus dem Einflusse des „Werther“, der gerade durch die tief psychologische Entwickelung der Charaktere außerordentlich wirkte. Aber während bei Goethe die psychologische Entwickelung nur eine nothwendige Folge der künstlerischen Behandlung ist, wurde sie bei den späteren Dichtern überwiegender Zweck, so daß sie nicht sowohl darauf ausgiengen, das Leben und die Menschen darzustellen, als psychologische Probleme zu lösen. Die psychologischen Romane nahmen mit Vorliebe die Form von Lebensbeschreibungen an, und diese Form des biographischen Romans fand auch bei solchen Dichtern Nachahmung, die vorzugsweise Lebensverhältnisse oder Begebenheiten darstellen wollten, weil auf diesem Wege der Mangel künstlerischer Behandlung am Wenigsten hervortrat. Aus dem rein psychologischen Roman gieng der didaktische unmittelbar hervor, zu welcher Gattung jener eigentlich auch gehört. Der didaktischen Romane giebt es eine zahllose Menge; bei sehr vielen derselben ist der belehrende Zweck so überwiegend, daß die dargestellten Begebenheiten sich in den Reflexionen vollständig verlieren. Es giebt beinahe keinen Stoff des innern und äußeren Lebens, der nicht zu solchen Romanen benutzt worden wäre (es giebt religiöse, philosophische, moralische, politische, pädagogische Romane; es giebt Romane für Geistliche, Aerzte, Erzieher, Künstler; für Mütter und Jungfrauen, für Väter und Jünglinge, für Regenten und Bauern u. s. w.). Die wenigsten haben poetischen Werth, viele dagegen einen bedeutenden Inhalt. — Wie Goethe durch seinen „Götz“ das historische Drama begründete, so rief er durch denselben auch den historischen Roman hervor, in welchem sogar oft die dramatische Form beibehalten ward. Er erschien jedoch zuerst in der Abart des Ritterromans, der nach dem Erscheinen von Schillers „Räubern“ dem Räuberromane wich, an welchen sich bald Kloster-, Pfaffen- und Geisterromane anschlossen. — Neben diesen verschiedenen Gattungen wurde der Familienroman, der schon im vorigen Zeitraum begonnen hatte, häufig bearbeitet, bei welchem wie früher die Engländer Muster und Vorbilder waren. Doch verlor er sich bald in die Darstellung des niedrigen bürgerlichen Lebens, was zum komischen Roman führte, zu welchem am Anfang des Zeitraums vorzüglich der Dorfadel mit seinen lächerlichen Ansprüchen und seiner Rohheit den Stoff gab. An den komischen Roman schloß sich der humoristische an, der jedoch zu einer weit großartigeren Blüthe gedieh. Zwar hatten auch auf diesen die Engländer (Swift und Sterne) unverkennbaren Einfluß, doch entwickelte er sich in vollster Selbstständigkeit und er erhielt namentlich durch Jean Paul nationale Gestaltung und nationalen Gehalt, wogegen er sich nicht zu künstlerischer Vollendung erhob. — Eine eigenthümliche Art des komischen und humoristischen Romans sind die Reiseromane, die eine Zeit lang mit Vorliebe bearbeitet wurden.

c. Gegen das Ende des 18. Jahrh. übte Goethe zum zweiten Male einen bedeutenden Einfluß auf die Entwickelung des deutschen Romans aus, und zwar durch seinen „Wilhelm Meister“, der nicht bloß den didaktischen Roman wesentlich förderte, sondern auch eine neue Abergattung, den Künstlerroman begründete. Zwar hatte schon vor ihm Heinse diese Gattung bearbeitet, sie drang aber erst durch, als der „Wilhelm Meister“ erschienen war, und wurde besonders von den Romantikern gefördert, deren hieher gehörige Dichtungen von dem sie charakterisierenden Geist der Ueberschwänglichkeit erfüllt sind und sich in breiten Auseinandersetzungen verlieren. Erst den späteren Anhängern der Schule gelang es, eine mehr künstlerische Form zu gewinnen. Uebrigens haben die Romantiker den Kreis des Romans erweitert und neue Elemente in denselben gebracht. Sie haben ihn über die gemeine Wirklichkeit erhoben, und in demselben für die Hebung des nationalen Sinnes mit Erfolg gewirkt. Nur traten sie auch hier mit der Gegenwart und ihren Bedürfnissen in Widerspruch, indem sie einseitig auf das Mittelalter zurückwiesen, und dessen Ritterthum, Mönchsthum und Aberglauben als die höchste Blüthe der Gesittung darzustellen suchen. — Zur Zeit der höchsten Blüthe der Romantik trat Goethe nochmals bestimmend auf, indem er durch die „Wahlverwandtschaften" den Grund zu dem Eheroman legte, der später immer größere Ausbreitung gewann.

d. In den traurigen Jahren nach den Befreiungskriegen sank der Roman zur gemeinsten Unterhaltungsliteratur herab, und wurde zugleich durch die nun überwuchernden Erzählungen und Novellen zurückgedrängt, welche, wie der Roman, flach, seicht und zum Theil frivol waren. Clauren, der mit Ausnahme des Talents für den Roman Das ist, was Kotzebue für das Drama, wurde der Lieblingsschriftsteller des lesenden Publicums. Von heilsamem Einfluß war es, daß um die Zeit die Frauen anfiengen, den Roman und die Novelle zu bearbeiten; da sie meist das Familienleben und dessen Glück zum Stoffe ihrer Dichtungen wählten, wurden dieselben ein Gegengift gegen die Gemeinheit, die sich in den Romanen der Männer breit machte. Leider blieben sie nicht immer in dieser weisen Beschränkung; in der neueren Zeit trat sogar manche Dichterin in Kampf gegen die ewigen von der Natur vorgeschriebenen Verhältnisse der Geschlechter. — Um die nämliche Zeit, da der deutsche Roman auf den tiefsten Grad der Erniedrigung gesunken war, wurde Walter Scott in Deutschland bekannt, und regte viele jüngere Talente an, sich nach ihm zu bilden; und so tauchte der historische Roman wieder auf. Es wurde manches Verdienstliche in dieser Gattung geleistet, allein abgesehen davon, daß unter den Dichtern, die sie behandelten, kein hervorragendes Talent war, konnte dieselbe schon deshalb nicht zu großartiger Entfaltung gelangen, weil die deutsche Geschichte keinen Stoff darbot, der vom gesammten Volke mit Liebe und Begeisterung hätte erfaßt werden können.

e. In der neuesten Zeit scheint man mit Vorliebe auf die Darstellung engerer Verhältnisse zurückzukommen, denen man durch breite Entwickelung des Einzelnen Bedeutsamkeit zu geben sucht. Obgleich aber beinahe ohne Ausnahme Zustände des deutschen Lebens zum Stoff genommen werden, ist der Einfluß des französischen und englischen Romans doch unverkennbar.

§ 325. Die kleineren Prosadichtungen.

a. Bis gegen Ende des 18. Jahrhunderts finden sich meist nur Erzählungen ohne künstlerische Behandlung des Stoffs; erst durch Goethes Vorgang in den „Unterhaltungen deutscher Ausgewanderten" wurde der Sinn für die Novelle geweckt; doch wurde dieselbe erst dann in größerem Umfang bearbeitet, als die schönen Dichtungen der Italiener und Spanier durch die Romantiker bekannter wurden. Nach den Freiheitskriegen wurde sie durch die bloß unterhaltende Erzählung zurückgedrängt, und erschien erst wieder, als Tieck ihr seine eben so große als erfolgreiche Thätigkeit zuwandte. Erzählung und Novelle wurden ebenfalls von Frauen häufig bearbeitet.

b. Die Sage und das Märchen fanden im vorliegenden Zeitraum lebhafte Theilnahme. In der ersten Hälfte desselben suchten die Dichter den überlieferten Stoff künstlerisch zu entwickeln und zu gestalten, in der zweiten bemühte man sich nach dem Vorgang der Brüder Grimm die Ueberlieferung selbst in einer ursprünglichen Reinheit zu ermitteln und wiederzugeben. Mehrere Dichter haben auch wohl den Stoff zu Märchen selbst erfunden, haben sich jedoch dabei nicht selten in das Phantastische oder in Allegorien verloren.

c. Die prosaische Idylle fand wenig Bearbeiter, da man meist die metrische

Form vorzog; eben so ist die Parabel und die Paramythie nur von wenigen Dichtern, von diesen aber mit großem Glück behandelt worden.

II. Historische Prosa.

§ 326. Charakter und Gattungen.

a. Die Fortschritte, welche die Geschichtschreibung machte, sind höchst bedeutend; aber obgleich auch in der künstlerischen Behandlung Ausgezeichnetes geleistet wurde, giebt es selbst noch heute viele Geschichtschreiber, welche diese für untergeordnet halten. Einer großen Anzahl muß der Vorwurf gemacht werden, daß sie der Sprache nicht die gehörige Aufmerksamkeit widmen. Manche bewegen sich in Abstractionen; Andere häufen poetische Redensarten und Bilder, welche oft sogar geschmacklos sind; wieder Andere verunstalten ihre Darstellung durch den Gebrauch von fremden Wörtern, und bei nicht Wenigen endlich ist der Stil steif und nachlässig. Sind aber nur wenige Geschichtschreiber wegen der künstlerischen Behandlung des Stoffes und der Sprache zu erwähnen, so sind dagegen unter ihnen viele, die sich durch philosophische oder staatsmännische Auffassung der Begebenheiten, oder durch gründliche Forschung oder durch scharfsinnige Benutzung der Quellen oder auch durch Tüchtigkeit der Gesinnung auszeichnen.

b. Die außerordentlich große Thätigkeit im Gebiete der Geschichtschreibung umfaßte alle Zweige derselben. Die Weltgeschichte wurde in ihrer Gesammtheit, oder in ihren Hauptperioden nach Herders Vorgang öfters mit philosophischem Geiste und in umfassender Darstellung behandelt; aber auch von den kleineren Lehr- und Handbüchern sind manche durch eigenthümliche oder fruchtbare Behandlung ausgezeichnet. In noch größerem Umfang und zum Theil mit ausgezeichnetem Glück wurde die Geschichte der einzelnen Staaten bearbeitet; manche Werke zeichnen sich durch die Darstellung, die überwiegende Zahl durch gründliche Forschung aus, der es oft gelingt, nicht bloß neue bedeutende Thatsachen zu ermitteln, sondern auch die bekannten in einem neuen Lichte erscheinen zu lassen.

c. Die Kirchengeschichte wurde von katholischen Schriftstellern im Ganzen nur selten bearbeitet, während sie von den Protestanten mit Eifer und Erfolg gepflegt wurde. Die ächt historische Behandlung derselben wurde von Spittler begründet; seine zahlreichen und glücklichen Nachfolger bildeten sich zum Theil nach ihm.

d. Unter allen Zweigen der Geschichtschreibung wurde keiner so vielfältig und mit so großem Glück bearbeitet als die Biographie, in welcher wir sogar einzelnen künstlerisch vollendeten Werken begegnen. Von hohem Interesse sind insbesondere die zahlreichen Selbstbiographien, welche zum Theil auch für die politische, Cultur- oder Literaturgeschichte großen Werth haben.

e. Die Culturgeschichte beschäftigte viele und darunter sehr bedeutende Männer; sie wurde nicht bloß im Allgemeinen, sondern auch nach ihren besonderen Zweigen mit Liebe und Gründlichkeit behandelt. Namentlich wurde in der Religionsgeschichte und Mythologie, dann in der Kunst- und der Literaturgeschichte, besonders der vaterländischen, Ausgezeichnetes geleistet. Auch die Geschichte der Wissenschaften, sowohl in ihrer Gesammtheit als in den einzelnen Doctrinen bietet gründliche und geistvolle Arbeiten dar.

f. Die Geographie hat ebenfalls nach allen Richtungen und in allen ihren Zweigen die gründlichsten und fruchtbarsten Bearbeitungen gefunden; sie wurde durch philosophische Behandlung und Benutzung der naturwissenschaftlichen und historischen Kenntnisse zur selbstständigen Wissenschaft erhoben, so wie auch die Statistik in der neuesten Zeit einen früher ungeahnten Aufschwung nahm.

g. Die Reisebeschreibungen nehmen an Stoff wie an innerer Bedeutung zu. Während früher größere Reisen zu den Seltenheiten gehörten, finden sich jetzt immer mehr Männer, die, von Wißbegierde getrieben, die größten und fruchtbarsten Wanderungen unternehmen, so daß sich Deutschland in dieser Beziehung sogar neben die seefahrenden Mächte stellen kann. Sehr viele Reisebeschreibungen zeugen von tiefer Beobachtung und enthalten bedeutsame Ergebnisse jeglicher Art; einzelne sind auch durch ihre vortreffliche Darstellung ausgezeichnet. — Eine eigenthümliche Art von Reisebeschreibungen bilden diejenigen, in welchen die dichterische und humoristische, auch wohl satirische Einkleidung das wesentlichste Element bildet.

III. Didaktische Prosa.

§ 327. Charakter und Gattungen.

a. Während im vorigen Zeitraum die ästhetische Kritik den Mittelpunkt der geistigen Bewegung bildete, ist es in dem vorliegenden die systematische Philosophie. Sie gewann zuerst durch Kant mächtigen Einfluß, dessen auf dem Geiste der freien Forschung beruhendes System in das innerste Wesen beinahe sämmtlicher Wissenschaften eingriff und zum Theil eine völlige Umgestaltung derselben herbeiführte. Ihm folgten, auf sein System bauend, Fichte, Schelling und Hegel, die einen ähnlichen, wenn auch keinen so durchgreifenden Einfluß auf die Entwickelung der Wissenschaften hatten. Die Zahl derjenigen, welche die Ergebnisse der neueren Philosophie für das größere Publicum in allgemein faßlicher Weise darzustellen suchten, ist nicht klein, doch kann kaum Einer von ihnen den früheren Popularphilosophen (§ 283) an die Seite gesetzt werden. — Herder brachte neues Leben in die Kritik des Schönen oder die Aesthetik; aber wenn er auch reich an neuen und großartigen Ansichten war, und es verstand, seine Zeitgenossen auf neue und fruchtbare Bahnen zu leiten, so gelang es ihm dagegen nicht, dieselben zu einem systematischen Ganzen zu verarbeiten; dagegen legte Kant den Grund zu einer systematischen Behandlung dieser Wissenschaft, die nach ihm vielfältig, unter Andern von Schiller und zum Theil mit großem Glück bearbeitet wurde. Der Einfluß der späteren Philosophen auf die Aesthetik war weder so umfassend noch so einflußreich. Hegel hielt sich in der Aesthetik mehr an den Stoff des Schönen und der Kunst und ließ daher der theoretischen Untersuchung noch ein weites Feld offen. — Die Pädagogik erfuhr durch Pestalozzi eine vollständige Umgestaltung; sein Hauptzweck war Bildung des Herzens und Gemüths und Entwickelung des Kindes zu geistiger Selbstthätigkeit.

b. In der Theologie war der Einfluß der einzelnen philosophischen Systeme durchgreifender als bei den übrigen Wissenschaften. Durch die Kantische Philosophie wurde der sogenannte Rationalismus begründet, der lange Zeit vorherrschend war, zuletzt aber in Flachheit ausartete. Unter dem Einfluß der Schellingschen Philosophie entwickelte sich eine neue, dem Rationalismus entgegengesetzte Richtung, die sich bald nach zwei Seiten hin trennte, von denen die Eine sich vom Protestantismus lossagte, die Andere sich an den früheren Pietismus anlehnte. Aus dem Hegelschen System endlich bildeten sich ebenfalls zwei Schulen, die beide darin übereinstimmen, daß sie einen überwiegend negativen Charakter haben, darin aber von einander abweichen, daß die Eine die historische Grundlage des Christenthums, die Andere die Fortschritte der Jahrhunderte verneint.

c. In der Rechtswissenschaft entfaltet sich eine große und fruchtbare Thätigkeit, und es haben sich besonders zwei Richtungen, die philosophische und die historische, geltend gemacht. Auch im Gebiete der Nationalökonomie sind die Leistungen bedeutend, obgleich sich die Deutschen erst in späterer Zeit mit derselben eindringlicher zu beschäftigen begannen. Nicht weniger großartig waren die Fortschritte in der Arzneiwissenschaft, doch werden sie von denen, welche die Naturforschung machte, noch weit übertroffen.

d. In der Philologie und Archäologie endlich wurde Ausgezeichnetes geleistet, ganz besonders im Gebiet der deutschen Sprachforschung; Jac. Grimm schuf die vergleichende Grammatik, durch welche die bisherige Behandlung der Sprache eine eben so vollständige als fruchtbare Umgestaltung erfuhr, und Ferd. Becker begründete die philosophische Grammatik, welche später noch reichere Früchte tragen wird.

IV. Rhetorische Prosa.

§ 328. Charakter und Gattungen.

a. Die rhetorische Prosa machte während des Zeitraums verhältnißmäßig die größten Fortschritte, doch sind die Leistungen der Franzosen und der Engländer auf diesem Gebiete immer noch nicht erreicht worden, was zunächst wohl seinen Grund darin hat, daß man im Allgemeinen zu wenig Gewicht auf die künstlerische Ausbildung des angebornen Talents legt.

b. Die geistliche Beredsamkeit, die schon im vorigen Zeitraum von den Protestanten mit wachsendem Erfolg gepflegt worden war, entwickelte sich zu immer größerer Blüthe, namentlich bei den Rednern, die sich an Kants Philosophie herangebildet hatten. Die Schellingische Philosophie und der Romanticismus übte nur scheinbar einen guten Einfluß auf die Predigt aus; sie erhielt unter demselben zwar einen gewissen Glanz in Sprache und Darstellung, aber sie verlor die evangelische Einfachheit, und versenkte sich allmählig in mystische oder pietistische Anschauungen. Statt auf das Gemüth zu wirken, was sie wohl zunächst beabsichtigte, regte sie vorzugsweise die Phantasie an und ließ das Herz kalt und den Verstand unbefriedigt. Eine Zeit lang herrschten die sogenannten biblischen Predigten vor, bei denen die künstlerische Gestaltung vollständig zurückgedrängt wurde. In der neuesten Zeit scheint die geistliche Rede einen vorwiegend polemischen Charakter annehmen zu wollen, in welchem der wahrhaft christliche Sinn untergehen muß.

c. Bei den Katholiken begann eine geschmackvollere Behandlung der Predigt, als die katholischen Theile Deutschlands an der geistigen Bewegung Theil zu nehmen anfiengen, die von den protestantischen Ländern ausgegangen war. Auch bildeten sich die besseren Kanzelredner nach den Mustern, welche die protestantische Kirche darbot. Der immer mächtiger sich entwickelnde Jesuitismus wirkte auch in Bezug auf die Predigt verderblich, da die jesuitischen Prediger wieder auf die katholischen Redner des 17. und 18. Jahrhunderts zurückgiengen, und mit ihrer Geschmacklosigkeit auch ihre polemische Richtung annahmen.

d. In den Schul- und gelehrten Reden geht das rhetorische Element meist ganz verloren. Die gerichtliche Beredsamkeit fängt an, sich erfreulich zu entwickeln, seit Oeffentlichkeit und Mündlichkeit der gerichtlichen Verhandlungen eingeführt wurde. Eben so konnte von politischer Beredsamkeit erst dann die Rede sein, als parlamentarische Verfassungen geschaffen wurden, was erst nach den Befreiungskriegen der Fall war. Doch waren die Anfänge im Ganzen noch sehr schwach, weil die gesetzlichen Vorschriften für die Verhandlungen eine freiere Entwickelung der Rede unmöglich machten. In Folge der Pariser Revolution von 1830 und noch entschiedener in den Revolutionsjahren 1848 und 1849 gewannen die parlamentarischen Versammlungen mehr Bedeutung, was die Entwickelung der politischen Rede mächtig förderte; doch waren diese Zustände nur vorübergehend, und nach ihrer Beseitigung sank die parlamentarische Beredsamkeit eine Zeit lang beinahe wieder zur Bedeutungslosigkeit herab.

e. Die Briefe sind sehr zahlreich und meist auch nach ihrem Inhalt höchst bedeutend; sie sind insbesondere eine wichtige Quelle für die Geschichte der Literatur. Auch in der Form ist im Ganzen ein bedeutender Fortschritt bemerkbar, nur in dem Briefe der leichten, gesellschaftlichen Unterhaltung stehen die Deutschen den Franzosen noch weit nach.

Zweiter Abschnitt. Schriftsteller und Denkmäler.

Erstes Capitel. Poesie.

I. Sturm- und Drangperiode.

§ 329. Anfänge der neuen Bewegung.

a. **Joh. Georg Hamann** (s. u. § 360).

b. **Joh. Gottfr. (von) Herder**, geb. am 25. Aug. 1744 in Mohrungen, gieng 1762 nach Königsberg, um sich der Chirurgie zu widmen, vertauschte sie aber bald mit der Theologie, wurde 1763 Lehrer am Collegium Fridericianum, und schloß sich an Kant und noch näher an Hamann an. Er wurde 1764 als Collaborator an der Domschule in Riga berufen, reiste 1769 nach Nantes und Paris, wurde 1770 Reisebegleiter des Prinzen von Holstein-Oldenburg, kam mit demselben über Darmstadt, wo er seine nachmalige Gattin und Merck kennen lernte, nach Straßburg, wo er mit Goethe bekannt wurde, von da 1771 als Hofprediger und Consistorialrath nach Bückeburg, 1776 als Generalsuperintendent und Oberpfarrer nach Weimar, reiste 1788 nach Italien, wurde 1789 Vicepräsident, 1801 Präsident des Oberconsistoriums und im nämlichen Jahre geadelt. Er starb am 18. Dec. 1803. — Herder hatte weder hervorragendes poetisches, noch kritisches Talent, aber er besaß eine lebendige Empfänglichkeit für das wahrhaft Poetische, das er überall und in jeder Form erkannte, mit unübertrefflicher Sicherheit in sich aufnahm, und in ungetrübter Wahrheit reproducierte, so wie er auch die Gabe hatte, Andere für seine Anschauungen zu begeistern. Indem er zuerst das eigentliche Wesen der Poesie zum Bewußtsein brachte (denn Lessing hatte nur die künstlerische Erscheinung derselben behandelt), indem er insbesondere auf den Volksgesang als die ursprüngliche Quelle aller Poesie hinwies, daher Volksthümlichkeit als erstes unbedingtes Erforderniß der Dichtung verlangte, indem er endlich zuerst in das richtige Verständniß der alten und neuen Dichter einführte, und die bedeutendsten Talente der Zeit, namentlich Goethe für seine Ideen gewann, eröffnete er der Poesie neue Bahnen und eine ungeahnte Fülle von Stoffen und legte den Grund zu der Bewegung, durch welche die deutsche Dichtung eine vollständige Umgestaltung erhielt und erst lebensfähig wurde. Zugleich gewann er lebendigen und andauernden Einfluß auf die allgemeine Bildung des Volkes, indem er die Idee der Humanität verkündete.[1])

Unter seinen poetischen Werken ragen namentlich die Uebertragungen oder Nachbildungen älterer oder neuerer Dichter hervor, die er, wenn auch nicht nach ihrer

---

1) Danz und Gruber, Charakteristik Herders. Lpz. 1805. Maria Karoline v. Herder, Erinnerungen aus d. Leben Herders. Stuttg. 1830. II. Herders Lebensbild. Mitgeth. v. s. Sohne Emil Gottfr. v. Herder. Erlang. 1846. III. Werke, hrsg. v. J. G. Müller. Stuttg. 1805—20. XLV. Bdd. 1827—30. LX. Aus Herders Nachlaß. Ungedruckte Briefe v. Herder u. A. hrsg. v. H. Düntzer u. F. G. v. Herder. Frankf. 1856—57. III. Von und an Herder, hrsg. v. denselben. Lpz. 1862. III. Jegór v. Sivers, Herder in Riga. Riga 1868. — Desselben, Humanität u. Nationalität, z. Andenken H.'s Geb. 1869.

Form und eigenthümlichen Darstellung, doch nach dem in ihnen lebenden Geist meisterhaft wiedergab.

„Stimmen der Völker in Liedern" (1778). „Lieder der Liebe aus dem Morgenlande, nebst 44 alten Minneliedern" (1778); Uebersetzungen aus der „Griechischen Anthologie" (1785) und kleinere griechischen Gedichte; „Dichtungen aus der morgenländischen Sage"; „Blumen aus morgenländischen Dichtern"; „Gedanken einiger Brahmanen"; Uebersetzung der Gedichte der Jesuiten [illegible] und des Jesuiten Jac. Balde; ausgewählte Stücke aus dem Horaz und Persius; Bearbeitung des „Cid"[1]) u. a. m.

Seine eigenen Dichtungen, in denen er die Schönheit der Form zu wenig beachtete, sind weniger Ergebnisse der schaffenden Phantasie als der Reflexion. Er liebte es, seine Gedanken in Allegorien einzukleiden, und die Erscheinungen der Natur als Symbole höherer Ideen darzustellen. Sie zeichnen sich sämmtlich durch Gedankenfülle und geistreiche Ausführung aus.

Die Neigung zur Allegorie tritt besonders in den lyrischen Gedichten hervor; in den Epigrammen hat er sich nach den Griechen gebildet. Seine Legenden haben geringen poetischen Werth, aber er war glücklich in der Wahl der Stoffe, und erwarb sich zudem das Verdienst, diese Gattung wieder einzuführen. Die Parabeln oder Paramythien sind Muster der Gattung. Seine Dramen, in denen er versuchte, die griechische Tragödie auf deutschen Boden zu verpflanzen („Der gefesselte Prometheus", „Admetus Haus") sind mißlungen.

Weit großartiger noch wirkte Herder durch seine prosaischen Schriften, sowohl durch die literarischen als die historisch-philosophischen und die theologischen, in denen er sämmtlich eine Fülle von neuen Ideen verbreitete, die den größten und heilsamsten Einfluß auf die Bildung des deutschen Volkes ausübten.

Literarisch-ästhetische Schriften: In den „Fragmenten zur deutschen Literatur" (1767), in denen er die „Literaturbriefe" (s. o. § 206) zum Vorbild nahm, besprach er die neuere deutsche Poesie im Vergleich zur orientalischen und classischen, in der Abhandlung „Ueber Ossian und die Lieder alter Völker" (1773) entwickelte er das Wesen der Volkspoesie. In einer andern „Ueber die Aehnlichkeit der mittleren und deutschen Dichtkunst" (1777) zeigte er die Bedeutsamkeit des deutschen Volksliedes. Durch die treffliche Schrift „Vom Geist der Ebräischen Poesie" (1782) eröffnete er das Verständniß der orientalischen Dichtung. Die „Kritischen Wälder" (1769) beschäftigen sich mit der Prüfung von Lessings Laokoon, wie er überhaupt gern die nämlichen Fragen behandelte, die jener große Kritiker angeregt hatte.[2])

Historisch-philosophische Schriften: In der „Aeltesten Urkunde des Menschengeschlechts" (1774 ff.) betrachtete er die Mosaische Schöpfungsgeschichte als eine poetische Darstellung der in den frühesten Zeiten herrschenden Ansichten über Welt und Weltschöpfung. Die Schrift „Auch eine Philosophie der Geschichte zur Bildung der Menschheit" (1774) arbeitete er später unter dem Titel „Ideen zur Philosophie der Geschichte der Menschheit" (1784 ff.) um. Es ist dies sein Hauptwerk, durch welches er die philosophische Behandlung der Geschichte begründete, indem er nachwies, daß in den einzelnen Erscheinungen derselben ein allgemeiner, sie verbindender Gedanke liege, und daß Humanität der Zweck der Menschennatur sei.[3]) — Einzelne Verhältnisse behandelte er ausführlicher in einzelnen trefflichen Abhandlungen, z. B. „Ueber den Ursprung der Sprache" (1772), „Ueber die Wirkung der Dichtkunst auf die Sitten der Völker" u. a. m., namentlich in den trefflichen „Briefen zur Beförderung der Humanität" (1793 ff.).

Theologische Schriften: „Briefe, das Studium der Theologie betreffend" (1780 ff.); „Gott, einige Gespräche über Spinozas System" (1787) gegen Jacobi, „Christl. Schriften" (1794). In seinen „Predigten", von denen nur wenige im Druck erschienen sind, befleißigt er sich einer einfachen, schlichten Darstellung, und verschmäht alle äußeren Kunstmittel; aber sie waren von einer Tiefe des Gefühls und Wahrheit der Ueberzeugung durchdrungen, welche die Zuhörer hinriß. Am Großartigsten war er in den Gelegenheitspredigten.

Philosophische und Pädagogische Schriften: „Metakritik zur Kritik der reinen Vernunft" (1799) gegen Kant, dessen Bedeutsamkeit er nicht erkannte. — Seine Schulreden, die unter dem Titel „Sophron" gesammelt sind, besprechen die wichtigen Fragen des Unterrichts mit Gründlichkeit, Tiefe und Wahrheit.

Herders zahlreiche Briefe tragen das Gepräge seines Geistes und sind für die Geschichte der Literatur zum Theil von großer Wichtigkeit.

---

1) Der Cid. Mit Einleit. hg. v. Julian Schmidt und mit Erläuterungen versehen v. Karoline Michaelis. Lpz. 1868. Köhler, Reinhold, Herders Cid und s. französische Quelle. Lpz. 1867. — 2) Zimmermann, R., Herders Aesthetik (Herrigs Archiv 17 S. 1 u. 18 S. [illegible]). — 3) Ideen u. s. w. Mit Einleit. u. Anmerk. hg. v. Julian Schmidt. Lpz. 1869. II.

§ 330. Die Originalgenies.

a. **Goethe**, s. u. § 332. **Jung-Stilling**, s. u. § 353. **Lavater**, s. u. § 360.

b. **Joh. Mich. Reinhold Lenz**, geb. am 12. Jan. 1750 zu Seßwegen in Liefland, studierte in Königsberg Theologie, begleitete dann zwei junge Edelleute nach Straßburg, wo er Goethe und Herder kennen lernte, gieng 1776 nach Weimar, zog später an den Rhein, besuchte die Schweiz, verfiel 1778 in Wahnsinn, wurde 1779 von seinem ältern Bruder in die Heimat abgeholt, kam später nach Petersburg und Moskau, wo er am 24. Mai 1792 im tiefsten innern und äußern Elend starb.[1])

Lenz ergriff Herders Ansichten über Poesie mit Begeisterung, und entwickelte sie in seiner Weise in den „Anmerkungen üb. d. Theater“ (1774). Im Drama steigerte er die Freiheit der Behandlung, so wie das Streben nach Wahrheit und ungeschminkter Darstellung der Natur bis zum Uebermaß, so daß Begebenheiten und Charaktere in Unnatur ausarteten. Die tragische Grundlage ist in ungeschickter Nachahmung Shakspeares mit komischen Elementen versetzt. Aber er hatte einen reichen Humor und viele Phantasie, auch besaß er ein nicht geringes Talent in der Zeichnung der Charaktere; seine Sprache, in der Goethe sein Vorbild war, ist kräftig und nachdrucksvoll. Er schilderte mit fester Hand die Schattenseiten der politischen und bürgerlichen Zustände. „Der Hofmeister“ (1774) geißelt das Unwesen der Privaterziehung bei den Adelichen; „Der neue Menoza“ (1774) schildert die Verdorbenheit der Sitten; „Die Soldaten“ (1776) stellen das sittenlose Leben des Kriegerstandes in den Garnisonen dar. Außerdem bearbeitete er mit Goethe (1775) die Lustspiele des Plautus.

c. Heinr. Leop. Wagner, geb. am 19. Febr. 1747 zu Straßburg, studierte die Rechte, gest. in Frankfurt den 11. März 1779 als geschworener Advocat. In Straßburg und Frankfurt mit Goethe verbunden. „Die Kindesmörderin“ (Lpz. 1776), ein grauenhaftes Schauerstück; „Die reiche Frau. Nachspiel“ (Offenb. Frankf. 1775); „Prometheus, Deukalion u. seine Recensenten“ (Ebd. 1775) gegen Nicolais Angriff auf Werthers Leiden.

d. Joh. Heinr. Merck, geb. zu Darmstadt den 11. April 1741, 1767 Secretär bei der Geheim. Kanzlei das., 1768 Kriegszahlmeister und Kriegsrath; machte unglückliche Speculationen und erschoß sich am 27. Juni 1791. Obgleich den neuen Ansichten von Naturwahrheit huldigend, erkannte er doch bald, daß das Genie künstlerischer Bildung bedürfe, und wurde bei seinem gebildeten Geschmack einflußreich auf Goethe. Er war die Seele der „Frankfurter Anzeigen“, eine Zeit lang Mitarbeiter des „Teutschen Merkurs“ und der „Allgemeinen Bibliothek“, zu denen er geistreiche Recensionen lieferte. Er schrieb außerdem einige gehaltvolle Erzählungen („Geschichte des Herrn Oheim“ u. a. m.) und Fabeln, in denen er die höheren Lebensverhältnisse, den Staat, die Kirche mit Klarheit und Schärfe beurtheilte. Sein Briefwechsel mit den hervorragendsten Männern der Zeit (Goethe, Herder, Wieland, Claudius, Dohm, Jacobi, Lavater, Lenz, Nicolai, J. G. Schlosser, Forster u. A. m.) ist für die Kenntniß der damaligen literarischen Zustände sehr wichtig. (Ausgew. Schriften (mit Leben) hrsg. v. Stahr, Oldenb. 1840. — Briefe an Merck von Goethe, Herder, Wieland u. A., hrsg. v. K. Wagner, Darmst. 1835; Briefe an und von Merck, hrsg. v. K. Wagner. Ebd. 1838; Briefe aus d. Freundeskreise von Goethe, Herder, Höpfner und Merck, hrsg. v. K. Wagner, Lpz. 1847.)

e. **Fr. Maxim. (von) Klinger**, geb. am 18. Febr. 1752 zu Frankfurt a. M., schon in früher Jugend mit Noth und Armuth kämpfend, studierte 1772 in Gießen die Rechte, mit Goethe bekannt, den er 1776 in Weimar aufsuchte, hierauf Theaterdichter in Leipzig, 1778 österreichischer Lieutenant, 1780 in Petersburg Lieutenant und Ordonnanz bei dem Großfürsten Paul, dann Director des Cadettencorps, des Pagencorps, Curator der Universität und Generallieutenant; gest. am 25. Febr. 1831 zu Dorpat. — Ein edler Charakter von glühender Liebe für Tugend und Wahrheit, Freiheit und Recht und von eben so glühendem Haß gegen Lüge und Heuchelei erfüllt. In seinen frühern Schriften (Dramen) wird diese Gesinnung von jugendlicher Begeisterung getragen, in den späteren (Romane) ist sie von einer gewissen Bitterkeit begleitet, die man fälschlich für Menschenhaß und Menschenverachtung gehalten hat.

Von der Zeitrichtung fortgerissen, versuchte sich Klinger zuerst im Drama, ob er gleich für diese Gattung kein besonderes Talent hatte; namentlich verstand er es nicht, seinen Plan wirkungsvoll anzulegen und zu entwickeln. In den früheren Stücken

---

1) Stöber, Aug., Lenz u. Friederike v. Sesenheim. Bas. 1842. Dorer, Edm., Lenz u. s. Schriften. Baden 1857. Gruppe, Reinh. Lenz. Leben u. Werke. Mit Ergänzungen d. Tieck'schen Ausg. Berl. 1861. Sivers, Jegor, Deutsche Dichter in Rußland. Berl. 1855. Gesamm. Schriften hrsg. von Tieck, Berl. 1828. III.

hemmt ihn allzugroße Leidenschaftlichkeit, in den späteren zu große Neigung zur Reflexion; doch enthalten alle viel Treffliches; der Dialog ist oft meisterhaft, die Sprache in den älteren Stücken leidenschaftlich kühn, in den späteren klar und gebildet.[1])

Frühere Trauerspiele: „Die Zwillinge“ erhielten den 1775 von Schröder ausgesetzten Preis für das beste Trauerspiel; „Otto“ (1775); „Das leidende Weib“ (1775) rief Wagners „Neue Frau“ als Gegenstück hervor, und wurde bis auf die neueste Zeit Lenz zugeschrieben; „Die neue Arria“ (1776); „Simsone Grisaldo“ (1776); „Sturm und Drang“ (1776), welches der Periode den Namen gab; „Stilpo und seine Kinder“ (1777). — Spätere Trauerspiele: „Konradin“ (1784), Klingers einziges Drama, das einen nationalen Stoff behandelt; „Der Günstling“ (1785); „Roderico“ (1790); „Damokles“ (1790). — Lustspiele: „Der Derwisch“ (1779); „Die falschen Spieler“ (1780); „Der Schwur gegen die Ehe“ (1783); „Die zwei Freundinnen“ (1780).

Seine Romane haben eine ausgesprochene didaktische Tendenz, doch sinkt die epische Einkleidung nicht zum bedeutungslosen Rahmen herab. Sie stammen meist aus der Zeit, da er die kraftgenialische Periode überwunden hatte; aber obgleich auf tieferer Beobachtung beruhend, als die Dramen, haben sie doch die jugendliche Frische, die kraftvolle Sprache und die tüchtige Gesinnung der früheren Schriften bewahrt. Klinger legte in ihnen seine Erfahrungen „über die natürlichen und erkünstelten Verhältnisse des Menschen“ nieder und stellte den Kampf des Guten mit dem Schlechten dar, den er in oft schauerlichen und herzzerreißenden, aber poetisch wahren Gemälden schildert.

Der „Orpheus“ (1778), später als „Bambinos sentimentalisch-politische, komisch-tragische Geschichte“ (1791) umgearbeitet, eine beißende Satire gegen die Schwärmerei; „Plimplamplasko“, an dessen Abfassung Lavater, Pfeffel und Sarasin Theil nahmen, verspottet das Treiben der Originalgenies. — Die „Geschichte vom goldenen Hahn“ (1785), später „Sahir“ (1798), veranschaulicht die Idee, daß die Civilisation zum Verderben führe. „Fausts Leben, Thaten und Höllenfahrt“ (1791), ein schauerlich ergreifendes Gemälde der Menschheit in ihrer tiefsten Erniedrigung, die ein Ergebniß der gesellschaftlichen und politischen Verhältnisse ist. (Faust ist der Erfinder der Buchdruckerkunst). „Geschichte Giafars“ (1792), willkürliche Alleinherrschaft führt nothwendig zur Tyrannei und Grausamkeit. Vernunft und moralische Kraft machen allein den Menschen zum Bilde des Ewigen. Die „Geschichte Raphaels de Aquillas“ (1793) Veranschaulichung der unmenschlichen Härte der ausgearteten geistlichen Gewalt. Die „Reisen vor der Sündfluth“ (1795) stellen die nachtheiligen Folgen der verkehrten und mißverstandenen Civilisation an dem Beispiel der Höfe mit großer satirischer Kraft dar. — „Faust der Morgenländer“ (1797); die schlichte und reine Gesinnung kann allein zur Wahrheit führen. Die „Geschichte eines Deutschen der neuesten Zeit“ (1798): Kampf eines edlen Charakters mit dem Leben; „Der Weltmann und der Dichter“ (1798), wohl Klingers vollendetstes Werk, stellt in einem meisterhaft behandelten Dialog den Gegensatz zwischen der weltmännischen und poetisch-schwärmerischen Anschauung des Lebens dar. — Viele der in den Romanen entwickelten Ideen hat er in den „Betrachtungen und Gedanken über verschiedene Gegenstände der Welt und der Literatur“ (1803 ff.) in kurzen, scharfen Sätzen ausgesprochen. (Werke, Königsb. 1809—15. XII.; Mit Charakteristik und Lebensskizze. Stuttg. u. Tüb. 1841. XII. — Theater, Riga 1786—87. IV. Neues Theater, Lpz. 1790. II.)

f. Friedrich Müller (Maler Müller), geb. 1750 zu Kreuznach, war eine Zeit lang als Maler und Kupferstecher bei dem Herzog von Zweibrücken, seit 1778 in Rom, 1781 während einer Krankheit katholisch; gest. am 23. April 1825.

In seinen Dramen Streben nach Naturwahrheit, das aber in das Gemeinliche und leicht Rohe verfällt. Der unvollendete „Faust“ (1778), Eines der wildesten und widerlichsten Erzeugnisse der Zeit (Faust ergiebt sich dem Teufel, um seinen Lüsten zu fröhnen). Bei mancherlei Mängeln (allzugroße Leidenschaftlichkeit, Uebertreibung) hat die „Niobe“ (1778) viel Treffliches, namentlich sind die Charaktere voll Kraft und Wahrheit; die Composition ist einfach und streng; in „Golo und Genoveva“ (schon 1780 vollendet, erst 1811 veröffentlicht) ist sie dagegen überladen und schwerfällig; einzelne Stellen wahrhaft schön, das Ganze ohne künstlerische Mäßigung. (Aehnlichkeit mit Tiecks „Genoveva“). — Einige Idyllen, unter dem Einfluß Geßners geschrieben, obgleich auch schon darin Streben nach Naturwahrheit unverkennbar ist: so der „Faun“ (1775); „Der Satyr Mopsus“ (1775); „Bacchidon und Milon“. In den andern heimatlichen Stoffen, „Ulrich von Coßheim“, „Das Nußkernen“, „Die Schafschur“ (1775), Schilderung des Lebens des pfälzer Landvolks mit großer Frische und Unmittelbarkeit und in einer markigen, oft kecken Sprache. „Adams erstes Erwachen“ (1778) in Stoff und Anlage in der Weise Geßners, aber viel tiefer aufgefaßt und poetischer gehalten. Lyrische Gedichte und Balladen theils in stürmisch-leidenschaftlichem, theils im Volkston gedichtet. Werke (unvollst.), Heidelb. 1811. III. Dichtungen mit Einleit. v. Herm. Hettner. Lpz. 1868. II.

1) Sivers, Jegor, a. a. O.

c. Ludwig Phil. Hahn, geb. 1746 zu Trippstadt in der Pfalz, gest. 1814 als Präfecturseretär zu Zweibrücken, hatte ein nicht gewöhnliches Talent für das Drama, verleugnete aber alle Mäßigung in den oft gräßlichen Situationen und Charakteren. „Der Aufruhr zu Pisa" (Ulm 1776); „Graf Karl v. Adelsberg" (Lpz. 1776).

b. Christ. Fr. Daniel Schubart, geb. am 26. März 1739 zu Obersontheim in Schwaben, studierte 1758 in Erlangen Theologie, wurde dann Hauslehrer in Königsbronn, 1763 Schullehrer und Organist in Geislingen, 1768 Organist und Musikdirector in Ludwigsburg, führte ein ausschweifendes Leben, gerieth dadurch in Schulden, kam ins Gefängniß, wurde endlich entsetzt und des Landes verwiesen. Er führte nun ein unstätes Leben, gieng nach Heilbronn, Heidelberg, Mannheim, München, Augsburg und Ulm, erwarb sich überall durch seine Talente als Dichter, Musiker, Declamator Freunde und Gönner, aber auch durch sein anstößiges Leben, so wie durch seine freien Aeußerungen über Staat und Kirche mächtige Feinde. Am 27. Jan. 1777 wurde er von dem Klosteramtmann Scholl ins Würtembergische Gebiet gelockt, gefangen genommen und nach dem Hohenasperg geführt, wo er 10 Jahre lang in enger Gefangenschaft schmachtete. Am 11. März 1787 wurde er freigelassen und zum Director der Hofmusik, so wie zum Hof- und Theaterdichter ernannt. Doch hatte sein früheres Leben und die lange Gefangenschaft seine Kraft gebrochen, er starb am 10. Oct. 1791. Ohne mit den Vorgenannten in irgend einem äußern Verhältniß zu stehen, reiht er sich seiner ganzen Natur nach ihnen an. Ein reiches Talent, feurige Phantasie, lebendiges Gefühl, großer Gedankenreichthum und eine Macht der Sprache, die ihn zum Redner wie zum Dichter befähigte, aber ohne künstlerische Bildung und vor Allem ohne inneren Halt und sittliche Kraft, so daß er in seinen Dichtungen wie im Leben der Spielball seiner Leidenschaften war.[1]

Seine früheren Dichtungen im Geiste und in der Manier Klopstocks, dessen Einfluß auch in den spätern nicht ganz verschwindet. In Oden und Hymnen voll überschwellender Kraft der Empfindungen und der Sprache; nur in wenigen Gedichten wahres, von keiner Uebertreibung getrübtes Gefühl. Am Reinsten tritt sein genialer Geist in den geistlichen Liedern hervor; Volkslieder mit wenigen Ausnahmen platte Reimereien. (Gedd., Frankf. 1802. II.; Schriften, Stuttg. 1839—40. VIII.) Die „Deutsche Chronik" (Augsb., später Ulm 1774—78. VIII.), das erste wahre deutsche Volksblatt, durch lebendige Darstellung, unerschöpflichen Humor und schonungslose Freimüthigkeit den größten Einfluß auf die politische Bildung des Volkes ausübend.

§ 331. Die Göttinger Dichter.

a. Fr. Wilh. Gotter, geb. den 3. Sept. 1746 zu Gotha, studierte seit 1763 die Rechte in Göttingen, 1766 Archivar in Gotha, später Legationssecretär in Wetzlar, wo er Goethe kennen lernte, 1778 Geh. Secretär in Gotha, gest. am 18. März 1797, begründete mit Boie den Göttingischen Musenalmanach, zog sich aber bald von der Redaction zurück, weil er glaubte, daß man den neuen Ansichten zu sehr huldige, die seinem durch das Studium der Franzosen gebildeten Geschmack nicht zusagten, da er auf künstlerische Form das größte Gewicht legte. Er bearbeitete mehrere Tragödien Voltaires, „Orest" (Gotha 1774); „Merope" (Ebd. 1774); „Alzire" (Ebd. 1775); ferner die „Melanie" des La Harpe unter dem Titel „Mariane" (Ebd. 1776) mit großer Gewandtheit, eine große Anzahl Lustspiele nach dem Französischen und Englischen. In den Lustspielen „Die stolze Vasthi" und „Esther" (Schauspiele, Lpz. 1795) ist der antike Stoff glücklich modernisirt. Singspiele (Lpz. 1779), z. B. „Die Dorfgala", „Der Jahrmarkt" voll natürlicher Leichtigkeit, Freiheit und Anmuth. — Lyrische Gedichte und Episteln, correcte und elegante Darstellung, geistreiche Behandlung der Stoffe (Gedichte, Gotha 1787—88. II.).

b. Gottfried August Bürger, geb. am 1. Jan. 1748 zu Molmerschwende im Halberstädtischen, studierte seit 1764 in Halle Theologie, seit 1768 in Göttingen die Rechte, eine Zeit lang in leichtsinniges Treiben versunken, durch Boies Einfluß zu Fleiß und Regelmäßigkeit zurückgeführt, durch dessen Vermittelung 1772 Amtmann zu Altengleichen, heirathete 1774, gerieth durch leichtsinnige Unternehmungen in Schulden

1) Leben und Gesinnungen von ihm selbst aufgesetzt. Stuttg. 1791—93. II. Leben in seinen Briefen v. D. Fr. Strauß. Berl. 1849. II.

und Noth, gab 1784 nach dem Tode seiner Frau seine Entlassung, ward in Göttingen Privatdocent, heirathete 1785 die Schwester seiner ersten Frau, die er bald darauf verlor. 1789 außerordentlicher Professor ohne Gehalt, gerieth in Noth und Schulden, die sich noch vermehrten, als er sich 1790 zum dritten Male verehelichte, da seine Frau (Elise Hahn) leichtsinnig und ohne Sinn für das häusliche Leben war. Er ließ sich 1792 von ihr scheiden, und starb am 8. Juni 1794.

Obwohl mit den Mitgliedern des Hainbundes in genaueren Verhältnissen stehend, hat er als Dichter Nichts mit ihnen gemein; namentlich blieb Klopstock ohne Einfluß auf ihn. Er bildete vielmehr das Mittelglied zwischen Wieland und den Originalgenies, indem er wie Diese nach Naturwahrheit und Unmittelbarkeit, und wie Jener nach Schönheit der Form strebte und das musikalische Element der Sprache mit großem Glück ausbildete. Von Natur zum Volksmäßigen sich neigend und schon in seiner Kindheit durch die alten Kirchenlieder darauf geleitet, nahm er die Ideen Herders mit Begeisterung auf; allein er verwechselte oft Volksmäßigkeit mit gemeiner Popularität und versank in bänkelsängerischen Ton. Obgleich aber sein Talent wegen der ihn niederdrückenden äußeren Verhältnisse, vorzüglich jedoch wegen seines Mangels an sittlicher Kraft nicht zur vollen Entfaltung gedieh, ist er doch immer Einer der größten deutschen Dichter, groß im Epischen wie im Lyrischen.[1])

Seine Balladen sind von seltener Frische und Kraft, die, wie im Volkslied, oft in Derbheit ausartet, ja oft roh wird, namentlich in der Sprache. Wo er aber das Volksthümliche nicht mit dem Pöbelhaften verwechselt, ist Sprache und Darstellung vortrefflich, lebendig, von hohem Wohllaut. Stoffe einfach, und eben so deren Anordnung; dagegen höchste Kunst in der Darstellung des Einzelnen, sowohl der Situationen als der Charaktere, die eben so wahr als wirkungsvoll gehalten sind. („Lenore", „Die wilde Jagd", „Die Kuh", „Der Kaiser und der Abt".) — Lyrische Gedichte selten im volksthümlichen Ton angeschlagen. („An den Mond".) Liebesgedichte, meist auf so individuellen Verhältnissen beruhend, auch von seiner Leidenschaft zu mächtig beherrscht, um sie mit freiem schöpferischen Geist darzustellen. In einigen gelingt es ihm, sich zu beherrschen („Neues Leben", „Die Holde, die ich meine", „Himmel und Erde"), und diese sind von großer Schönheit. Am glücklichsten ist er, wenn er andere Stoffe behandelt, weil er sie vollkommen beherrscht („Das Dörfchen", „Blümchen Wunderhold"). Durch seine Sonette, „die sich auf den Lippen des Declamators in Gesang verwandeln", führte er diese schöne Form wieder ein (Gedd. Gött. 1778. Krit. Ausg. v. Jul. Tittmann. Lpz. 1870. Werke, Gött. 1829—33. VIII.; hrsg. v. Bohtz. Gött. 1835). — Versuchte zuerst den Homer (Ilias) in künstlerischer Form (in Hexametern und in Jamben) wiederzugeben.

c. Heinr. Chn. Boie, geb. zu Meldorf den 19. Juli 1744. Studierte seit 1763 die Rechte in Göttingen. 1781 Landvogt in Meldorf, 1790 dänischer Etatsrath, gest. den 3. März 1806. Weniger durch seine eigenen Gedichte, von denen nur ein geringer Theil gesammelt erschien (Bremen u. Lpz. 1770), als dadurch bedeutend, daß er den „Musenalmanach" mit Gotter begründete, denselben bis 1775 redigierte und bei dem Hainbund das Amt des Kritikers übte. In anderer Weise verdient machte er sich durch die Gründung des „Deutschen Museums" (Lpz. 1776—91. XXX.). — (Vgl. K. Weinhold, H. Chn. Boie. Beitr. z. Gesch. d. d. Lit. im 18. Jahrh. Halle 1868.)

d. **Joh. Heinr. Voß**, geb. am 20. Febr. 1751 zu Sommersdorf (Mecklenburg), studierte seit 1772 in Göttingen, Mitstifter des Hainbundes, dessen Seele er wurde, lebte hierauf in Wandsbeck, setzte den Musenalmanach fort, 1778 Rector in Otterndorf, 1782 Rector in Eutin; legte 1802 seine Stelle nieder, zog nach Jena, 1806 nach Heidelberg; gest. am 29. März 1826. — Ein eiserner und zugleich ein edler Charakter, der sich auch in seinen Dichtungen abspiegelt, deren größter Werth in ihrer tüchtigen Gesinnung liegt. Ein Feind alles Phantastischen, daher auch leidenschaftlich gegen die romantische Schule und deren Treiben auftretend. Erste Gedichte ganz im Geiste und in der Manier Klopstocks, doch auch schon in diesen der Einfluß der Griechen sichtbar, die er schon auf der Universität mit Eifer und Einsicht studierte. In seinen späteren Darstellungen des Lebens auf dem Lande, das er mehr von der materiellen als von

---

1) Pröhle, H., G. A. Bürger, sein Leben u. s. Dichtungen. Lpz. 1856. G. A. Bürger, u. Elise Hahn. E. Ehe-, Kunst- u. Literaturleben v. Fr. W. Ebeling. Lpz. 1868. — Leben in d. Zeitgen. I, 2, 2 S. 89.

der idealen Seite auffaßte, ohne Begriff von dem wahrhaft Volksthümlichen, daher bei seinem Streben nach Natürlichkeit oft ins Niedrige verfallend. Er zuerst hat wieder die Mundart zu poetischen Darstellungen gebraucht. Am Bedeutendsten ist er als Uebersetzer; er hat die neue Uebersetzungskunst begründet, welche auch die fremde Form nachzubilden sucht, der Sprache hierdurch außerordentliche Bildsamkeit gegeben und die Meisterwerke der Griechen und Römer zum Gemeingut der Gebildeten gemacht.[1])

Lyrische Gedichte reich an guten und gesunden, aber arm an poetischen Gedanken, von tüchtiger Gesinnung, aber ohne Anmuth und Wohlklang; oft in antiken Formen, die der deutschen Sprache nicht natürlich sind. Idyllen, getreue Gemälde des beschränkten Lebens, oder doch aller Weihe und des Einzelnen ohne poetischen Reiz („Der 70. Geburtstag"). Zwei in niederdeutscher Sprache. — Er schuf das idyllische Epos, die „Luise" (1784) als ersten Versuch in dieser Gattung verdienstlich, an sich jedoch ohne höheren Werth. Schon die Composition des Gedichtes (Scenen aus dem Leben einer Predigerfamilie) nicht befriedigend; die drei Hauptabschnitte sind ohne innern Zusammenhang und bilden in der That drei Idyllen. Auch die Ausführung mangelhaft; die ganze Kraft ist auf die Schilderung der Localitäten und der äußeren Zustände verwendet, dagegen tritt das innere Leben der Personen zu wenig hervor (Gedichte, Hamb. u. Königsb. 1785—95. II. Sämmtl. Gedd. Königsb. 1802. VI.; Poet. Werke, hrsg. v. Abr. Voß. Lpz. 1835. Luise-Idyllen. Mit Einleit. und Anmerkk. hg. v. Goedeke. Lpz. 1870). — Von den Uebersetzungen die früheren am gelungensten. Homers „Odyssee und Ilias" (Altona 1793. IV.); Virgils „Landbau" (Ebd. 1797—1800. IV.); in den späteren erhielt die Sprache durch allzugroße Rücksicht auf die Form ganz fremdes Gepräge, wie in der Uebersetzung des „Aristophanes" (Braunschw. 1821. III.) und des „Shakespeare" (1818—29. IX.), an der auch seine Söhne Antheil hatten. „Zeitmessung der deutschen Sprache" (Königsb. 1802) verdienstlich, da er zuerst feste Grundsätze aufstellte.

e. **Ludw. Heinr. Christoph Hölty**, geb. den 21. Dec. 1748 zu Marienseе, seit der frühesten Kindheit kränklich, studierte 1769 Theologie in Göttingen, Mitstifter des Hainbundes, 1775 in Hannover, um bei Zimmermann Heilung zu suchen; gest. am 1. Sept. 1776.

Höltys Dichtungen sind der getreueste Ausdruck seines liebevollen und zur Wehmuth geneigten Gemüths. Der Gedanke an den Tod durchzieht seine Lieder, selbst wenn er die Lebenslust oder die Schönheiten der Natur besingt, für die er ein tiefes Gefühl hatte, aber dieser Gedanke drückte ihn nicht nieder, weil er ganz mit ihm vertraut war (Gedd. hrsg. v. A. F. Geißler). Halle 1782. II.; von Fr. L. v. Stolberg u. Voß. Hamb. 1783. (Vgl. Halm, K., Ueb. d. Voßische Bearbeitung d. Gedichte Höltys. München 1864, von Voigts Hann. 1857; nebst Briefen des Dichters v. K. Halm. Lpz. 1869.)

f. **Joh. Mart. Miller**, geb. am 2. Dec. 1750 zu Ulm, studierte seit 1770 Theologie in Göttingen, Mitstifter des Hainbundes, 1775 Lehrer am Gymnasium seiner Vaterstadt, 1783 Prediger am Münster; gest. als Decan und geistlicher Rath am 21. Juni 1814.[2])

Lyrische Gedichte (Ulm 1783), meist frisch, lebendig und wahr. Natur und Landleben ihr Gegenstand, mehrere zu Volksliedern geworden („Was frag' ich viel nach Geld und Gut"). Berühmter durch seine Romane: „Beitrag zur Geschichte der Zärtlichkeit" (Lpz. 1776), „Briefwechsel dreier akademischen Freunde" (Ulm 1776—77. II.), „Geschichte Karls v. Burgheim" (Lpz. 1778—79. IV.), vorzüglich durch „Siegwart, eine Klostergeschichte" (Ebd. 1776. II.), der dem herrschenden Ton der Sentimentalität, der süßlichen Empfindsamkeit und Schwärmerei vortrefflich entsprach, weil er ihn meisterlich darstellte.

g. **Christian Graf zu Stolberg**, geb. am 15. Oct. 1748 zu Hamburg, studierte mit seinem Bruder (s. u.) 1772 in Göttingen, wo sich beide dem Hainbund anschlossen; sie gingen 1775 nach Kopenhagen, machten dann eine Reise nach der Schweiz, auf welcher Goethe sie begleitete. Nach der Rückkehr wurde Christian 1777 Amtmann zu Tremsbüttel (Holstein), zog sich 1800 auf sein Gut Windebye (Schleswig) zurück, gest. den 18. Jan. 1821. — Seine Gedichte (Oden, Elegien, vaterländische Gesänge) haben das nämliche Gepräge wie die seines Bruders. (Schriften s. u.)

h. **Friedrich Leopold Graf zu Stolberg**, geb. am 7. November 1750 im holsteinischen Dorfe Bramstedt, lebte bis 1777 immer mit seinem älteren Bruder (s. o.), dann Gesandter des Fürstbischofs von Lübeck in Kopenhagen, 1789 dänischer Gesandter in Berlin, bereiste 1790 Deutschland, die Schweiz und Italien, 1793 Regierungspräsident in Eutin, legte 1800 sein Amt nieder, zog nach Münster,

1) Leben in d. Zeitgen. I, 3, 2. S. 185. Paulus, Leben u. Todesstunden Joh. Heinr. Voß. Heidelb. 1826. Briefe (nebst Leben, von ihm verfaßt u. von seiner Frau ergänzt). Halberst. 1829—33. III. — 2) Leben in d. Zeitgen. I, 4, 1. S. 78.

zog nach Münster, bekannte sich öffentlich zur katholischen Religion, zu der er schon früher heimlich übergetreten war, was ihn seinen Freunden entfremdete und ihm viele Unannehmlichkeiten zuzog; gest. auf dem Gute Sondermühlen bei Osnabrück am 6. Dec. 1819.[1]) — Fr. L. Stolberg hatte ein bedeutendes poetisches Talent, das auch in manchen Dichtungen ungetrübt zur Erscheinung gelangte; meist riß ihn jedoch seine ungezügelte Phantasie über die Grenzen des Schönen und Wahren und es löste sich seine oft nur gemachte Begeisterung in einen Schwall von dichterischen Phrasen auf.

Im Hainbund der Hauptrepräsentant der Freiheitslieder, die er mit Feuer, aber auch mit schwärmerischer Uebertreibung sang („Freiheitsgesang aus dem 20. Jahrh."), wie er sie später mit ähnlicher Uebertreibung bekämpfte („Kassandra"). Mangel an künstlerischer Mäßigung in den meisten lyrischen Gedichten, selbst in denen, in welchen er allgemein menschliche Gefühle, die Natur u. s. w. besang. Am Größten in den Hymnen, die aus dem ernsten Studium Homers hervorgegangen waren („An die Erde", „An die Sonne"). „Jamben" (1784), Satiren, mit edler, für politische und geistige Freiheit begeisterter Gesinnung, aber sich nicht zur poetischen Anschauung der Verhältnisse erhebend, weil der Dichter zu leidenschaftlich bewegt ist. Seine und seines Bruders „Schauspiele mit Chören" (1787) verfehlte Nachbildungen des antiken Dramas. Der politische Roman „Die Insel" (1788) stellt in Form eines Gesprächs das Ideal eines auf Reinheit der Sitten beruhenden Staats dar. (Der Brüder St. ges. Werke, Hamb. 1820—25. XX.). „Geschichte der Religion Jesu Christi" (Hamb. 1807—18, XV.), engherzig; die „Reise in Deutschland, der Schweiz, Italien und Sicilien" (Königsb. u. Lpz. 1794, IV.) von reicher Mannigfaltigkeit und Wahrheit der Beobachtungen.

i. Joh. Fr. Hahn, aus Zweibrücken, Mitglied des Hainbundes, gest. im Mai 1779; vaterländische Oden voll hochtrabenden Feuers („Teutbard an Minnehold"), andere von weicher Sentimentalität. (Im Göttinger und Vossischen Musenalmanach.)

k. Matthias Claudius, geb. zu Reinfeld (Holstein) den 15. August 1740, studierte in Jena um 1763, lebte dann in Wandsbeck, gab unter dem Namen Asmus den „Wandsbecker Boten" heraus, 1776 Oberlandescommissär in Darmstadt, 1778 wieder in Wandsbeck; gest. zu Hamburg am 21. Jan. 1815.[2])

Anfangs in den „Tändeleien und Erzählungen" (Jena 1763) ein platter Nachahmer Gerstenbergs, später von entschiedener Selbständigkeit. Kindlich und gemüthlich, strebt er vorzüglich nach volksthümlicher Darstellung, jedoch wurde seine Naivetät und sein Humor je länger je mehr zur Manier, indem er das Kindliche auch da erzwingen wollte, wo es sich nicht von selbst ergab. Wo es aber im Stoff und in seiner Stimmung liegt, ist er vortrefflich, sowohl in den lyrischen Gedichten („Abendlied", „Der Mond", „Rheinweinlied") als in seinen prosaischen Schriften, die er nebst den Liedern unter dem Titel „Werke des Wandsbecker Boten" (Hamb. 1775—1812. VIII.) herausgab.

l. Leop. Fr. Günther (von) Göckingk, geb. am 13. Juli 1748 zu Gröningen im Halberstädtischen, studierte 1765 die Rechte in Halle, zuerst Referendar in Halberstadt, 1770 Kanzleidirector in Ellrich, redigierte seit 1776 mit Bürger den Göttinger Musenalmanach, begründete 1784 das „Journal von und für Deutschland", 1786 Kriegs- und Domänenrath in Magdeburg, 1788 Land- und Steuerrath in Wernigerode, 1789 geadelt, 1793 Geh. Oberfinanzrath in Berlin, verließ den Staatsdienst 1806; gest. den 18. Febr. 1828. — Episteln nach dem Vorbild des Horaz und der Franzosen; witzige Epigramme. Den „Liedern zweier Liebenden" (1777) liegen wirkliche Verhältnisse zu Grunde. (Sämmtl. Gedd., Lpz. 1780—82. III.; verb. u. verm. Frankf. 1821. IV.).

m. Joh. Anton Leisewitz, geb. zu Hannover am 9. Mai 1752, studierte 1770 in Göttingen die Rechte, Mitglied des Hainbundes, 1775 Anwalt in Braunschweig, 1788 Secretär der Landschaft, 1790 Hofrath und Lehrer des Erbprinzen, bald darauf Kanonikus zu St. Blasius, 1801 Geh. Justizrath, 1805 Präsident des Obersanitätscollegiums; gest. am 10. Sept. 1806.

Das Trauerspiel „Julius von Tarent" (1776), mit dem er sich nebst Klinger um den von Schröder ausgesetzten Preis bewarb, und wie Klingers „Zwillinge" einen Brudermord behandelt, ist gut angelegt und bei einzelnen Breiten gut ausgeführt; die Charaktere wahr und scharf gezeichnet, von

---

1) Leben in d. Zeitgen. 3, 6, 2. S. 77; v. Alfr. Nicolovius, Mainz 1846; v. Windel 1868. Voß, Wie ward Fritz Stolberg ein Unfreier? 1819. (Im „Sophronizon".) F. L. Stolbergs Abfertigung der Schmähschrift d. Voß, von s. Bruder vollendet hrsg. Hamb. 1820. Menge, Theod., F. L. Stolberg u. s. Zeitgen. Gotha 1862. II. — 2) W. Herbst, M. Claudius. 3. verb. Aufl. Gotha 1863. Kleihr, M. Claudius. Berl. 1864. J. H. Deinhardt, Leben u. Charakter des Wandsb. Boten. Gotha 1864. Mönckeberg, C., M. Claudius. E. Beitrag z. Kirchen- u. Literaturgesch. s. Zeit. M. Facsim. Hamb. 1867.

Lessing Anfangs für ein Werk Goethe's gehalten, von Einfluß auf Schillers „Räuber". „Geschichte des 30jährigen Krieges", auf sein Verlangen nach seinem Tode verbrannt. „Ueber Einrichtung öffentlicher Armenanstalten" (1787) bemerkenswerth. (Schriften. Braunschw. 1836. — Leben in den Heiligen. III, 1. 4. S. 3.)

a. Christian Adolf Overbeck, geb. am 21. Aug. 1755 zu Lübeck, studierte in Göttingen, 1780 Advocat in seiner Vaterstadt, später Obergerichtsprocurator, Bürgermeister und Syndicus des Domcapitels; gest. den 9. März 1821. — Theils sentimentale, theils heitere Lieder voll Gemüthlichkeit und Wohllaut, von denen mehrere in den Mund des Volks übergegangen (Gedd., Lüb. 1794); weniger gelungen die „Fabellieder" (Fritzchens Lieder, Hamb. 1781), in denen die Reflexion zu sehr vorherrscht.

II. Höchste Blüthe der Poesie.

§ 332. Goethe.

a. **Joh. Wolfgang (von) Goethe**, geb. am 28. Aug. 1749 in Frankfurt, entwickelte sich unter dem belebenden Einfluß seiner Aeltern frühzeitig; sein Vater weckte in ihm die Willenskraft und den Sinn für schöne Form, seine Mutter die Lust zum Erfinden und selbstständigen Schaffen. Nachdem er im väterlichen Hause vielseitigen und gründlichen Unterricht erhalten hatte, gieng er im Herbst 1765 nach Leipzig, um die Rechte zu studieren, doch sagten ihm diese wenig zu, und er widmete seine Zeit beinahe ausschließlich dem gesellschaftlichen Leben, der Poesie, und, durch Oeser angeregt, dem Studium der Kunst. Nach einer schweren Krankheit kehrte er 1768 in die Heimat zurück, die er 1770 wieder verließ, um in Straßburg seine Studien fortzusetzen. Neben den Rechten studierte er mit großem Eifer Chemie und selbst einige Zweige der Medicin; von dem größten Einfluß auf seine Entwickelung war seine Bekanntschaft mit Jung-Stilling, Lenz u. A. und vorzüglich mit Herder. Als er 1771 die Doctorwürde erworben hatte, kehrte er nach Frankfurt zurück; dort und im nahen Darmstadt lernte er Merck, Lavater, Klinger kennen. Im Jahre 1772 gieng er nach Wetzlar, um beim Kammergericht zu practicieren (Charlotte Buff; der junge Jerusalem), verließ es aber bald wieder und kehrte nach einer Reise an den Rhein (Sophie La Roche, Fr. H. Jacobi) in die Heimat zurück, wo er in Klopstock, Knebel und den Prinzen von Weimar einflußreiche Bekanntschaften machte. Im Jahre 1775 machte er mit den Brüdern Stolberg eine Reise in die Schweiz und gieng im November nach Weimar, wohin ihn der junge Herzog eingeladen hatte. Sein Auftreten am Hofe war frei und ungebunden; später, als er sich entschloß, in Weimar zu bleiben und sich dem Staatsleben zu widmen, befleißigte er sich eines seiner Stellung angemessenen Benehmens. Nachdem er im Jahre 1776 zum Legationsrath, und 1779 zum Geh. Rath ernannt worden war, begleitete er den Herzog in die Schweiz, wurde 1782 Kammerpräsident und geadelt; 1786 reiste er, um sich zu sammeln und ausschließlich der Kunst zu leben, nach Italien, wo er bis 1788 blieb. Nach seiner Rückkehr schloß er sich immer mehr gegen Außen ab; reiste 1790 nach Venedig und begleitete 1792 den Herzog auf dem Feldzug in die Champagne. Das Jahr 1794 wurde dadurch höchst bedeutend, daß sich das innige Verhältniß mit Schiller zu entwickeln begann, das bis zum Tode des letzteren ungetrübt fortdauerte. Im Jahre 1797 machte er eine dritte Reise in die Schweiz. Sein späteres Leben war zwar reich an Thätigkeit, dagegen arm an äußeren Erlebnissen. Im Jahre 1825 wurde sein 50jähriges Amtsjubiläum gefeiert, die folgenden Jahre waren aber auch durch traurige Erfahrungen bezeichnet, da ihm nach und nach der Großherzog, dann dessen Gemahlin und im Nov. 1830 sein einziger Sohn durch den Tod entrissen wurden. Er starb am 22. März 1832.[1]

1) Jahn, O., Biograph. Aufsätze: Goethes Jugend in Leipzig. Leben v. H. Schäfer, Bremen 1851. II. 1858. II., v. Viehoff, Stuttg. 1854. IV. 1858. III.; v. Spieß, Wiesbaden 1854; v. G. H. Lewes (aus d. Engl.) 1857—58. II.; v. Goedeke (nebst Schillers Leben). Hann. 1858. Bd. 1859; v. C. J. Gaupe, Goethes Leben u. Werke in chronolog. Taf. Gera 1854. Merz, Jul., Goethe v. 1770—75 im Album v. Nürnberg 1850. Abeken, B. R., Goethe in den J. 1771—75. Hann. 1861. 2. Aufl. 1865.

b. Goethes erste poetische Anschauungen fußten auf französischer Bildung; er überwand diese auch in Leipzig nicht, allein der dortige Aufenthalt wurde dadurch einflußreich, daß er begann, seine Ergebnisse poetisch zu gestalten („Laune des Verliebten“, „Die Mitschuldigen“, „Neue Lieder“ Lpz. 1770). Erst in Straßburg riß er sich von der bisherigen Anschauungsweise los, wozu namentlich der Umgang mit Herder wesentlich beitrug, der ihn mit seinen belebenden Ideen über Poesie bekannt machte und ihn zum Studium Shakspeares, Homers, des Alten Testaments und der Volkspoesie leitete. Obgleich auch er den Ansichten der neuen Schule huldigte (Götz, Werther), bewahrte ihn sein angeborener künstlerischer Sinn und nebst dem Mercks wohlthätiger Einfluß vor den Uebertreibungen der übrigen Originalgenies. Indem sind seine größeren und kleineren Schöpfungen aus dieser zweiten Periode deshalb von der höchsten Bedeutsamkeit, weil sie das volksthümliche Element in Behandlung des Stoffs und der Sprache zuerst in aller Reinheit und Kraft in die deutsche Poesie einführten. Die Bekanntschaft mit dem Leben, das fortgesetzte Studium der großen Dichter des Alterthums und der Neueren, die Beschäftigung mit der bildenden Kunst hatte ihn aber schon während der ersten Jahre seines Aufenthaltes in Weimar zur Ueberzeugung gebracht, daß sich das angeborne Talent nur durch strenges Anschließen an die Forderungen der Kunst in seiner ganzen Größe entfalten könne, und indem er sich bestrebte, die Natur und die Kunst zu versöhnen, wurde er der Vermittler zwischen den Bestrebungen Lessings und der Genialitätsperiode, die er beide zu lebensvoller Einheit verschmolz. Nachdem er in großartigen Meisterwerken diese Höhe erreicht hatte, entstand, theils weil sie kühl aufgenommen worden, theils weil ihn die politischen Verhältnisse abzogen, ein mehrjähriger Stillstand in seiner poetischen Thätigkeit; der Umgang mit Schiller „verschaffte ihm eine zweite Jugend“, welcher neue Meisterwerke entsproßten, in denen die Rücksicht auf künstlerische Vollendung vielleicht noch mehr vorherrscht, als in den früheren. Als nach Schillers Tode die romantische Schule das ganze deutsche Leben beherrschte, ward auch Goethe von diesem Einfluß ergriffen, und mit der Hingebung an das Romantische beginnt die vierte und letzte Periode, welche sich dadurch charakterisiert, daß er die künstlerische Richtung immer mehr verläßt, und sich vorwiegend der Reflexion hingiebt. Nur in seinen lyrischen Productionen trat seine Dichterkraft noch in den späteren Jahren großartig hervor; ja er übte durch seinen „Westöstlichen Divan“ noch einmal Einfluß auf die Entwickelung der Poesie, indem mit ihm die orientalisierende Richtung begann, die eine Zeit lang vorherrschte und nach und nach zur Idee der Weltliteratur führte.

c. Goethe ist ein durchaus objectiver Dichter, d. h. er schöpft alle seine Stoffe aus dem Leben, um sie dichterisch und künstlerisch zu gestalten; diese in seinem Wesen liegende Richtung wurde durch die Beschäftigung mit der bildenden Kunst wesentlich gefördert, durch die tiefe Beobachtung der Natur zur Vollkommenheit gereift. Er ist zugleich ein vollendeter Künstler, und es ist eine hervorragende Seite seiner Dichtungen, daß ihn seine wunderbare Mäßigung nie über die Grenzen des Schönen und Wahren hinausgehen ließ. Er ist ferner nicht bloß von einer bewundernswürdigen Vielseitigkeit (Dichter, Biograph, Naturforscher, Kritiker, Alterthumsforscher, Aesthetiker, Staats- und Geschäftsmann); er ist auch als Dichter von der seltensten Mannigfaltigkeit in Stoff, Auffassung und Form, und es giebt beinahe keine Gattung, in der er nicht Großes geschaffen, deren Entwickelung er nicht durch seinen Vorgang bestimmt hätte.[1])

1) Vgl. Göschel, Unterhaltungen z. Schilderung Goethescher Dicht- und Denkweise. Schleus. 1834—38. III.; Riemer, Mittheilungen üb. Goethe. Berl. 1841. II.; K. Rosenkranz, Goethe u. s. Werke. Königsb. 1847. Ebd. 1856; J. Falk, Goethe aus persönl. Umgange dargestellt. Lpz. 1832; P. Eckermann, Gespräche mit Goethe. Lpz. 1836. II.; 3. Bd. Magdeb. 1848. Düntzer, H., Erläuterungen zu Goethes Werken. Jena 1855 ff.

d. Als Lyriker steht er am Höchsten; Reichthum des Stoffs, Mannigfaltigkeit der Gattungen, Wahrheit und Tiefe der Empfindung, Vollendung der Form, ächt poetische und doch ungesuchte und natürliche Sprache und Darstellung bilden den Charakter seiner lyrischen Dichtungen.[1])

Seine Lieder sind, weil sie unmittelbar aus seinem Innern kommen, von großer Frische und Jugendlichkeit; besonders die früheren, in denen er Ton und Form des Volkslieds künstlerisch entwickelte (Liebesgedichte — Gesellschaftliche Lieder). In den späteren Liedern trat das volksthümliche Element immer mehr zurück, aber auch diese sind von großer Wahrheit und Unmittelbarkeit („Westöstlicher Divan“ 1815). Ueberall ist der Reim, dessen künstlerische Bedeutsamkeit erst durch ihn zum Bewußtsein gebracht wurde, meisterhaft behandelt. — In der Elegie hat er die höchste Kunstvollendung erreicht; die antike Form verschmilzt mit dem modernen Leben zur vollsten Einheit („Römische Elegien“ 1788, „Alexis und Dora“ 1796, „Der neue Pausias“, „Amyntas“ 1797). — Seine Hymnen gehören zu den vollendetsten Schöpfungen der lyrischen Poesie; die schlichte und doch erhabene Haltung entspricht den tief poetischen Ideen, die sie darstellen („Grenzen der Menschheit“, „Das Göttliche“, „Meine Göttin“). Stanzen — Sonette.

e. Die didaktische Gattung widerstrebte der poetischen Natur Goethes, wenn er sie aber doch bearbeitete, drängte er die Reflexion zurück, um auf Gemüth und Phantasie zu wirken. Daher gab er der Satire eine bestimmte, meist dramatische Gestaltung. Das Epigramm erscheint bei ihm meist als Spruch und Sentenz, oder er gebraucht es, um irgend ein Lebensverhältniß in einem gedrängten Bilde darzustellen.

Didaktische Gedichte: „Die Metamorphose der Pflanzen“ (1797), „Die Metamorphose der Thiere“, „Episteln“ (1794). — Satiren: „Musen und Grazien in der Mark“ (lyrisch; 1796). S. u. dramatische Schriften. — Epigramme: „Epigramme aus Venedig“ (1790), „Gnomen“ — „Sprüche“ — „Sentenzen“ — „Vier Jahreszeiten“ (1796), „Weissagungen des Bakis“ (1798). — „Xenien“ (G. u. Schiller), „Zahme Xenien“ (1820).

f. Als epischer Dichter entwickelte Goethe die größte Mannigfaltigkeit; er hat beinahe alle Gattungen behandelt, manche nur in einzelnen Gedichten, immer aber meisterhaft.

Fabel: „Der Adler und die Taube“ (1774); Parabel: „Katzenpastete“; Erzählung: „Johanna Sebus“ (1810); Legende: „Das Hufeisen“ (1798).

Unübertrefflich ist er in der Ballade, die er zum Theil nach Volksliedern, oder in volksthümlichem Sinne behandelt. Plastische Anschaulichkeit und vollendete, dramatisch lebendige Darstellung, musikalische Behandlung der Sprache.[2])

„Das Veilchen“ (1775), „Heidenröslein“ (1779), „Der Fischer“ (1779), „Erlkönig“ (1782), „Der Zauberlehrling“ (1798), „Der Gott und die Bajadere“ (1798), „Die Braut von Corinth“ (1798).

Von Voß angeregt, dichtete er ein idyllisches Epos, „Hermann und Dorothea“ (1796), durch welches er die Gattung eigentlich erst schuf. Er entfaltete darin einen höchst einfachen Stoff zu wahrhaft epischem Leben.[3])

Die Vorgänge erscheinen als nothwendige Ergebnisse der Charaktere, die sämmtlich höchst individuell und wahr gehalten, und nicht durch Schilderung ihrer Eigenthümlichkeit, sondern durch ihre Handlungen charakterisiert sind; Alles mit der größten Schärfe motiviert. Das Gedicht hat nicht bloß ein bürgerlich ländliches, sondern ein auch durchaus deutsches Gepräge. Die einfache idyllische Handlung hat einen großartigen Hintergrund (die französische Revolution und ihre Einwirkung auf Deutschland), wodurch alle Verhältnisse in einem lebendigeren Lichte erscheinen.

Anm. 1. Den Versuch, Homers „Ilias“ in der „Achilleis“ (1799) fortzusetzen, gab Goethe nach Vollendung des ersten Gesangs auf. Glücklicher war seine Umbildung des „Reineke Fuchs“ (1793), durch welche er das alte Gedicht (s. o. § 121) wieder zum allgemeinen Bewußtsein brachte.

g. Goethes erste Arbeiten im Drama,[4]) „Die Laune des Verliebten“ und „Die Mitschuldigen“ (beide 1768), sind im Sinne der französischen Lustspiele gedichtet, aber übertreffen die früheren deutschen Dramen durch ihre innere Wahrheit, durch kunstmäßigere Behandlung und frischere Sprache. In „Götz von Berlichingen“ (1773)

1) W. Span, Goethe als Lyriker. Wien 1833; Goethes Gedd. erläutert v. H. Viehoff. Düsseld. 1846—49. III.; v. Düntzer, Elberf. 1852. II.; Lehmann, Goethes Liebe und Gedd. Brsl. 1853; Ed. Wurm, Commentar z. Divan. Nürnb. 1834. — 2) C. J. Saupe, Goethes u. Schillers Balladen erl. Lpz. 1853. — 3) W. v. Humboldt, Aesthet. Versuche. Braunschw. 1799; Viehoff, in s. Archiv 1845, Commentar v. G. Th. Becker, Halle 1852; von Timm, Stuttg. 1856; v. Cholevius, Lpz. 1863. Gelau G's. Herm. u. Dor. als polit. Ged. Lindau 1863. — 4) H. Düntzer, Goethe als Dramatiker. Lpz. 1837.

betrat er dagegen eine neue Bahn, indem er mit Wegwerfung der bisher geltenden Kunstgesetze ein großes, lebensvolles Gemälde der Zustände Deutschlands zur Zeit der Reformation gab.

In Stoff, Ausführung und Sprache das erste durchaus nationale Drama; seine große Bedeutung liegt darin, daß es einen volksthümlichen Gegenstand darstellte, der dem gebildeten Volke noch im Bewußtsein war, zugleich die Bestrebungen, sich von dem Einfluß des französischen Dramas zu befreien, auf das Vollständigste verwirklichte, und eine neue Bahn eröffnete. Es ist freilich kein Kunstwerk, da es nur aus der Aneinanderreihung einzelner Scenen besteht, die oft nur äußerlich verbunden sind, aber jede ist von dramatischem Leben erfüllt. Die größte Wirkung beruhte auf der Sprache, die zum ersten Male in seiner Volksthümlichkeit erschien. — Spätere Bearbeitung (1804) für das Theater.

Bald nach dem Erscheinen des „Götz" wandte sich Goethe zu einer mehr künstlerischen Behandlung des Dramas; leider wählte er aber Stoffe ohne nationale Bedeutung, und ließ zugleich die sentimentale Richtung der Zeit auf sich wirken. „Clavigo" (1774), „Stella" (1776), mit später verändertem Schluß (1787); „Die Geschwister" (1776). — In den nachfolgenden Jahren dichtete er beinahe gleichzeitig drei Trauerspiele, die sämmtlich von tief poetischem Gehalt und von denen zwei künstlerisch vollendet sind: „Egmont" (1777—88), „Iphigenia" (1779—86) und „Tasso" (1780—89); diesen folgte nach einem längeren Zeitraum ein viertes „Die natürliche Tochter" oder „Eugenie" (1801 ff.).

„Egmont" behandelt eine großartige Begebenheit, den Kampf der Niederlande für ihre Freiheit gegen die Tyrannei Philipps II. Aber während darin, wie im „Götz" die einzelnen Scenen von der höchsten dramatischen Wirkung sind, und der Dichter namentlich die Massen mit unübertrefflicher Meisterschaft zu behandeln weiß, bildet das Ganze zugleich ein organisches, künstlerisch schönes Ganzes. Nur der Schluß ist schwach und „opernmäßig" (Schiller).[1] — Goethes dramatisches Meisterwerk ist unstreitig die „Iphigenia", die er mehrmals bearbeitete, zuerst in Prosa, dann in einer freien rhythmischen Form, zuletzt in regelmäßigen fünffüßigen Jamben. Sie ist ein Kunstwerk im strengsten Sinne des Worts, alle Einzelheiten an sich vortrefflich und zugleich nothwendige Glieder des Ganzen, und in ihrer Verbindung das vollkommenste Ebenmaß gewährend; großartigste Wirkung durch die einfachsten Mittel. Vollster Gegensatz zum „Götz" in der künstlerischen Behandlung und auch darin, daß sie nicht das äußere Leben in seiner mannigfaltigen Erscheinung darstellt, sondern das innere Leben in seiner Beweglichkeit und seinem Reichthum zur sinnlichen Anschauung bringt. Die Form des griechischen Dramas und der überlieferte Stoff in einer dem deutschen Geiste und der modernen Bildung angemessenen Weise behandelt (Vergleichung mit der Iphigenia des Euripides).[2] — „Tasso" ist in der Form der „Iphigenia" gleichzustellen; Anlage, Entwickelung, Zeichnung der Charaktere, Sprache, Diction, Dialog, Alles gleich vortrefflich; aber die erhabene Ruhe der Iphigenia wird hier schon zur Kälte; und, während es in jener „das innere Leben hervorkehrt", d. h. dramatisch veranschaulicht, wird es im „Tasso" in beinahe lyrischer Weise dargestellt. Daher liegt ihm auch nicht eigentlich eine Handlung zum Grund, und es fehlt an einem klaren befriedigenden Schluß.[3] — Die „Natürliche Tochter" sollte eine Trilogie bilden, von der jedoch nur der erste Theil vollendet wurde, der an dramatischer Anlage den „Tasso" weit übertrifft, dem es aber, wie diesem, an dramatischem Effect mangelt.

Ein anderes Meisterwerk, der „Faust", reicht in seinen Anfängen in die Jugendjahre Goethes, während sein Ende beinahe mit dessen Tod zusammenfällt. Da Goethe in seinen Dichtungen stets die Erfahrungen und Ergebnisse seines inneren und äußeren Lebens poetisch zu gestalten gewohnt war, so hat das Werk dadurch, daß von seinem Beginn bis zu seiner Vollendung ein halbes Jahrhundert verfloß, allerdings an Reichthum der Ideen und des Stoffs gewonnen, aber eben so sehr an der Einheit der Auffassung verloren.

Zwei vollständig geschiedene Theile, von denen sich der erste in der größten Klarheit und sinnlichen Anschaulichkeit bewegt, und selbst die tiefsten Resultate des menschlichen Nachdenkens, die geheimsten

---

1) Düntzer, Götz u. Egmont. Geschichtl. Entwicklung u. Würdigung. Braunschw. 1854. Bratranek, Thom., G.'s Egmont u. Schillers Wallenstein. E. Parallele der Dichter. 2. Stuttg. 1862. — 2) Die 3 ältesten Bearbeitungen, hrg. v. Düntzer, Stuttg. 1854. Erläuterungen v. C. H. Bader, Marienwerder 1835; v. Hiecke, Zeitz 1834 u. 1837. II.; v. Biehoff, Emmerich 1838; v. O. Jahn, Greifsw. 1843; v. Mönnichsdorf. Lpz. 1850. Guilliger, Von d. Drama überh., m. besond. Beziehung auf Goethes Iphigenia. (Progr. d. Gymnasiums in Zittau. 1863). — 3) Erläut. v. L. Eckart, Bern 1855; v. Düntzer, Lpz. 1854; v. Hasper, Mühlh. 1860; v. Kieser [illegible], Sondershausen 1860, v. Wimmer, Bl. 1860.

Regungen der Seele zur Handlung gestaltet, während sich der zweite in das Reich der Allegorie und der romantisch-mystischen Behandlung verliert. Der erste Theil bringt die ewige Idee zur Anschauung, daß der Mensch dem Bösen verfällt, wenn er das Gute auf unrechtem Wege zu erreichen strebt; den dem zweiten Theil zu Grunde liegenden Gedanken spricht der Dichter am Schluß aus: „Wer immer strebend sich bemüht, Den können wir erlösen." — Im ersten Theil hat Goethe die bekannte Sage zum Grunde gelegt, aber aus dem beschränkten Faust der Ueberlieferung einen Repräsentanten des Menschen überhaupt gebildet, der im ungezügelten Streben nach höherer Erkenntniß untergeht, welchem er im Gretchen den naiv reinen Menschen entgegenstellt, der selbst in der Verirrung seine Herzensunschuld bewahrt. — Der zweite Theil ist in seiner Ausführung nur eine Paraphrase des ersten, und wird bei der mystischen Behandlung breit und unklar.¹)

Anm. 2. Unvollendete Dramen: „Prometheus" (1773), „Elpenor" (1781), „Nausikaa" (1787), „Pandora" (1807); „Mahomet" und „Iphigenia auf Delphi" beabsichtigt. — Uebersetzungen: „Mahomet" (1799) u. „Tancred" (1800), beide von Voltaire. Bearbeitung: „Romeo und Julia von Shakspeare" (1811).

Die ersten Lustspiele Goethes waren im französischen Geschmack (s. o.); die nachfolgenden waren keck ausgeführte Satiren, in denen sich der ganze jugendliche Uebermuth der „Originalgenies" ausspricht, wie sie auch deren ästhetische Ansichten darstellen. In den späteren ist die politische Tendenz vorherrschend.

Satiren: „Götter, Helden und Wieland"²), „Hanswurst's Hochzeit", „Pater Brey", „Jahrmarktsfest zu Plundersweilern", „Satyros oder der vergötterte Waldteufel" (alle 1774). — „Triumph der Empfindsamkeit" (1777), gegen diese krankhafte Erscheinung, selbst den „Werther" persiflirend. „Die Vögel" (1780) in Aristophanischer Manier, eine Verspottung der schlechten Schriftsteller, wohl auch der neuen Ideen von den Menschenrechten. — Politische Lustspiele: „Der Großcophta" (1789), Darstellung der Zustände vor der französischen Revolution. „Der Bürgergeneral" (1793), Darstellung der Wirkung der französischen Revolution auf die deutschen Zustände. „Die Aufgeregten" (1793), Entwickelung der Idee, „daß die revolutionären Aufstände eine Folge der Ungerechtigkeit der Großen sind" (Eckermanns Gespräche).

Weit bedeutender sind die Operetten und Singspiele, in denen das poetische Element in der richtigsten Verbindung zum musikalischen steht.

„Claudine von Villa Bella", „Erwin und Elmire" (beide 1775), beide Anfangs Schauspiele in Prosa mit Gesängen, in Italien in metrische Form gebracht. „Lila" (1776, umgearbeitet 1779) mit vortrefflicher Behandlung des Wunderbaren. „Jery und Bätely" (1779), eine Frucht seiner Schweizerreise.³) „Die Fischerin" (1782); „Scherz, List und Rache" (1785), in engem Kreis eine Fülle von poetischer Kraft, von Erfindung und von heiterem, selbst muthwilligem Humor.

b. Wenn auch Goethes Romane verhältnißmäßig zu den schwächsten Erzeugnissen gehören, so hat er doch durch jeden einzelnen den Gang der Gattung bestimmt (s. o. § 324).

Am Höchsten steht sein erster Roman „Leiden des jungen Werthers" (1774), in welchem er seine eigenen Erfahrungen und das tragische Schicksal des jungen Jerusalem zu einem künstlerischen Ganzen verschmolz, an welchem die Anlage nicht minder großartig ist als die Ausführung mit ihrer tief psychologischen Entwickelung der Charaktere und Begebenheiten. Doch liegt die höchste Bedeutung des Werks in der Darstellung und der Sprache, die bei all ihrem poetischen Schwung doch von höchster Klarheit und Reinheit ist. (Vgl. Goethe und Werther. Briefe Goethes, hrsg. v. A. Kestner. Stuttg. 1854. 2. Aufl. 1855.) — Weit weniger genial „Wilhelm Meisters Lehrjahre" (1777—96), in welcher er seine Kunst- und Lebensansichten niederlegen und zugleich zeigen wollte, daß der an sich tüchtige, aber charakterschwache Mensch durch die Kunst und das Leben zur Selbstständigkeit gelangen könne, wodurch das Werk zu einem Tendenzromane wurde, was der künstlerischen Entwickelung schaden mußte, wenn sich auch die hohe Schöpferkraft des Dichters als glänzend bewährt, namentlich in der trefflichen Individualisirung der Personen. Dagegen ist die Anlage mangelhaft, insbesondere erscheinen die Begebenheiten häufig als rein zufällig. Beurtheilungen v. Fr. Schlegel, (in den Charakteristiken; vgl. Ferd. Gregorovius, Goethes W. Meister in seinen socialist. Elementen. Königsb. 1849). Noch ungenügender als Kunstwerk „Wilhelm Meisters Wanderjahre" (1807—21), in denen die Tendenz überwiegend vorherrscht, so daß die epische Entfaltung auf den kleinsten Maßstab zurückgeführt wird. (Vgl. A. Jung,

1) Erläut. v. Göschel, Lpz. 1834; v. K. E. Schubarth, Berl. 1830; v. W. F. Weber, Halle 1836; v. Ch. H. Weiße, Lpz. 1837; v. Düntzer, Lpz. 1851, II.; v. G. J. Saupe, Lpz. 1856; von Schnetger, Jena 1858, v. Kreyßig, Lpz. 1860; v. J. A. Hartung, Lpz. 1865. M. Einleit. und Erläuterungen hrg. v. Mor. Carrière. Lpz. 1869, II. Vgl. Vischer, Die Literat. üb. Goethes Faust in „Krit. Gängen". Tüb. 1844, II., u. Album v. Rbg. 1845. — 2) Röpert, H., Ueber Götter, Helden und Wieland. Eisl. 1864. — 3) Erläut. v. Pever, in „Blätter und Blüthen". Baden 1858. II.

Goethes Wanderj. und die wichtigsten Fragen des 18. Jahrh. Mainz 1854. „Die Wahlverwandtschaften“ (1808—9), welche das Leben der höheren Stände während der französischen Unterdrückung veranschaulichen, stehen in Hinsicht auf Composition höher, doch ist die Wahl des Stoffs ein Mißgriff des Dichters, zudem ist die Haltung zu dogmatisch.¹)

i. Goethe ist der Begründer der deutschen Novelle, wie er auch Einer der trefflichsten Bearbeiter dieser Gattung ist. Die seinigen meist in größere Werke eingeflochten, die früheren in die „Unterhaltungen deutscher Ausgewanderten“, (1795), spätere in die „Wanderjahre“ und „Die Wahlverwandtschaften“. Auch die Märchen sind bedeutend.

Die „Unterhaltungen deutscher Ausgewanderten“ in Anlage mit Boccaccios Decamerone verwandt; die Gespräche, welche die einzelnen Novellen verbinden, berühren die politischen Zustände während der französischen Revolution. Die darin mitgetheilten Novellen „Die Sängerin Antonelli“, eine Spukgeschichte, „Bassompierre“, „Das Familiengemälde“, „Der Procurator“ sind neben der späteren, einzeln erschienenen „Löwennovelle“ (1826) Muster der Gattung. — Von den Märchen ist „Die neue Melusine“ (in W. Meisters Wanderjahren) am gelungensten; im „Neuen Paris“ (Dichtung und Wahrheit) stehen Stoff und Form in Widerspruch; das allegorische „Märchen von der Schlange“ ist mystisch dunkel.

k. Goethes Reisebeschreibungen behandeln die Natur, die Kunst und die Menschen ohne Rücksicht auf die politischen Zustände; denn wenn er diesen auch ohne Zweifel seine Aufmerksamkeit zuwandte, so lagen sie seiner künstlerischen Richtung zu fern, als daß er sie in das Bereich seiner Darstellung gezogen hätte.

Die „Briefe aus der Schweiz“ schildern seine beiden ersten Reisen (1775 und 1779) in das Alpenland; die erste Abtheilung, in dem lebendigen Stile von „Werthers Leiden“ geschrieben, enthält einzelne Bemerkungen und Schilderungen kleiner Abenteuer; der zweite Theil ist ausführlicher und eben so lebendig wahr als künstlerisch schön gestaltet. Die Beschreibung der dritten „Schweizerreise“ (1797) ist reich an Inhalt, aber nicht verarbeitet. Die „Italienische Reise“ und der „Zweite Aufenthalt in Rom“ (1786—88) sind von der reichsten Mannigfaltigkeit, da er als Mensch, als Dichter, als Künstler und als Naturforscher beobachtete. Einen Theil der letzten Schrift bildet die meisterhafte Schilderung des „Römischen Carnevals“, welcher die immerhin vortreffliche Beschreibung des „St. Rochus-Festes zu Bingen“ in den Erinnerungen „Aus einer Reise am Rhein, Main und Neckar“ (1814—15) weit nachsteht.

l. In den biographischen Schriften war es Goethe weniger um historische Behandlung als um größtmöglichste Veranschaulichung der Charaktere und der Bestrebungen der geschilderten Persönlichkeiten zu thun.

„Aus meinem Leben. Dichtung und Wahrheit“ (1808—31), ein meisterhaftes Gemälde seiner Entwickelung, das mit dem ganzen Reichthum seines Geistes und Gemüthes bekannt macht und das Verständniß seiner Dichtungen eröffnet, wenn es auch oft unrichtige Einzelnheiten enthält. Das eigentliche Werk schließt mit dem J. 1775; die weitere Lebensgeschichte (bis 1822) ist in den mehr chronologisch gehaltenen „Tag- und Jahresheften“; nur einzelne bedeutende Momente, wie die „Campagne in Frankreich“ (1792) selbstständiger und ausführlicher beschrieben. — Die Lebensgeschichte „Benvenuto Cellini's“ (1796—1803) eine vortreffliche Uebersetzung der Selbstbiographie des Künstlers. — „Winckelmann und sein Jahrhundert“ (1804—5) berührt nur die wichtigsten Lebensmomente, entwickelt aber in einer Reihe von meisterhaften Gemälden die bedeutsamsten Seiten seines Wesens, seiner Bildung und seiner Ansichten; in „Philipp Hackert“ (1810—11) sind dagegen die Lebensverhältnisse des großen Malers, weil weniger bekannt, ausführlicher dargestellt.

m. Die didaktischen Schriften sind vorzüglich dadurch bedeutsam, daß sie die Ergebnisse seines Nachdenkens in klarer, schöner Sprache mittheilen.

„Von deutscher Baukunst“ (1773). — „Ueber Wahrheit und Wahrscheinlichkeit der Kunstwerke“; „Ueber epische und dramatische Dichtung“; „Antik und Modern“; „Shakspeare und kein Ende“. — u. a. ästhetische Abhandlungen. — „Kunst und Alterthum“ (Zeitschrift 1816—32). — „Metamorphose der Pflanzen“ (1790); „Zur Farbenlehre“ (1790—1810); „Zur Optik“ (1791—92).

o. Rhetorische Schriften: „Zum Andenken an Wieland“ (1813); „Zum Andenken der Herzogin Anna Amalia von Weimar“ (1807). Zahlreiche Briefe für die Geschichte seines Lebens und seiner Entwickelung von großer Wichtigkeit. Briefw. zw. Goethe u. Jacobi, Lpz. 1846; zw. Goethe u. Knebel, Lpz. 1851, II.; zw. Schiller u. Goethe, Stuttg. u. Tüb. 1828—29, VI.; Ebd. 1856, II.; zw. Goethe und Zelter, Berl. 1833—34, VI.; Briefe v. Goethe an Lavater, Lpz. 1833; an Frau v. Stein, Weim. 1848—51, III.; Briefw. des Großherz. Carl August mit Goethe in d. J. 1775—1828, Lpz. 1863, II.; zw. Goethe

---

1) Vgl. Album u. Abh. 1852.

und Kaspar Graf v. Sternberg. hrsg. v. F. Th. Bratranek. Wien 1866. u. a. m. Vgl. Gervinus, Ueb. d. Goethischen Briefw. Lpz. 1836.[1])

§ 333. Schiller.

a. **Johann Christoph Friedrich (von) Schiller**, geb. den 10. Nov. 1759 zu Marbach, wuchs unter dem Einfluß seiner gemüthreichen Mutter auf, da sein Vater als Militär oft vom Hause entfernt war. Dieser nahm 1765 seinen Wohnsitz in Lorch, wo der Knabe den ersten Unterricht in den alten Sprachen von dem Diakon Moser erhielt. Seit 1768 besuchte er die lateinische Schule in Ludwigsburg, wohin sein Vater versetzt worden war. Er hatte Neigung zur Theologie, allein da er 1773 auf ausdrücklichen Wunsch des Herzogs in die Karlsschule eintrat, mußte er sich der Jurisprudenz widmen, durfte jedoch bald darauf zum Studium der Medicin übergehen. Die militärische und selbst pedantische Strenge auf der Karlsschule war für seinen lebhaften Geist unerträglich, und er fühlte sich daher glücklich, als er sie 1780 verlassen konnte und als Regimentsarzt angestellt wurde. Doch war der Uebergang von dem übermäßigen Zwang zur vollsten Freiheit nicht ohne nachtheilige Folgen; er gerieth in Schulden, und da er zudem von der Willkür des Herzogs, der ihm jede Schriftstellerei außer im Fache der Medicin untersagt hatte, Alles befürchten mußte, verließ er am 17. Sept. 1782 Stuttgart heimlich und begab sich nach Mannheim, wo er bei dem Theaterintendanten von Dalberg Unterstützung zu finden hoffte, sich aber in seinen Erwartungen getäuscht fand. Er gieng nach einem kurzen Aufenthalt zu Oggersheim in der Pfalz nach Bauerbach bei Meiningen, wo ihm Frau von Wolzogen eine Zufluchtsstätte angeboten hatte. Im Jahre 1783 folgte er der Einladung, als Theaterdichter nach Mannheim zu kommen, wo er Anfangs in angenehmen, später in drückenden Verhältnissen lebte, weshalb er der Einladung des nachmaligen Oberappellationsraths Körner, zu ihm nach Leipzig zu kommen, gern folgte. Dort und im nahen Gohlis, dann später in Dresden verlebte er mit Körner glückliche und für seine Entwickelung einflußreiche Tage. Im Jahre 1787 reiste er nach Weimar, wo er alle bedeutenden Persönlichkeiten kennen lernte, doch nur mit Wieland in nähere Verbindung trat. Goethe war damals in Italien, aber auch nach seiner Rückkehr blieben sich die beiden Dichter noch längere Zeit fremd; doch war Goethe für Schillers Berufung als außerordentlicher Professor der Geschichte in Jena thätig (1789). Allzu angestrengtes Arbeiten zog ihm im Jahre 1791 eine heftige Krankheit zu, von der er nur langsam genas, so daß er, da er sich 1700 (mit Charlotte von Lengefeld) vermählt hatte, einer von Nahrungssorgen erfüllten Zeit entgegensah, als er von dem Herzog von Augustenburg und dem Grafen von Schimmelmann auf drei Jahre ein jährliches Geschenk von 1000 Thalern zugesichert erhielt. Als er nach einem längeren Aufenthalt in der Heimat (1793 und 94) wieder nach Jena zurückkam, trat er in ein näheres Verhältniß zu Goethe, das auch für ihn erfolgreich war, und er zog sogar 1799 nach Weimar, um dem Freunde näher zu sein. Im Jahre 1802 erhielt er den Adel. Eine Reise nach Berlin (1804) hatte seine Gesundheit erschüttert; zwar erholte er sich wieder, doch blieb er immer kränklich und starb schon im folgenden Jahre den 9. Mai 1805.[2])

b. In Schiller entwickelte sich der Trieb zu philosophiren und der Drang, seine Ansichten poetisch zu gestalten, gleichzeitig, und da beide Richtungen seines Wesens gleich kräftig waren, so wirkten sie störend und hemmend auf einander, wovon seine

---

1) Werke: Lpz. 1787—90. VIII., Stuttg. u. Tüb. 1806—8. XII.; Ebd. 1815—19. XX.; Ebd. 1827—30. LX.; Ebd. 1840. XL. Hrsg. v. Heinr. Kurz, Hildburgh. 1868—69. XII. (mit Textrevision und Verzeichnung d. Lesarten). Vgl. (S. Hirzel.) Verzeichn. e. Goethe-Bibliothek. Lpz. 1848. Neues Verzeichn. Ebd. 1862. — Bernays, Mich., Ueb. Kritik u. Gesch. d. Goethischen Textes. Berl. 1866. —

2) Leben v. Karol. v. Wolzogen. Stuttg. 1830. II.; v. Th. Carlyle (aus d. Engl.) Frankf. 1830;

früheren Dichtungen Zeugniß geben. Indem fehlte es ihm an ästhetischer Bildung, und da er darnach strebte, seinen Anschauungen den möglichst kräftigen Ausdruck zu geben, wurde er maßlos und unwahr, was auch darin seinen Grund hatte, daß er, der in den eingeschränktesten Verhältnissen aufgewachsen war, weder die Welt noch die Menschen kannte. Je reifer aber sein Geist wurde, desto mehr mußte er das Unzulängliche seiner bisherigen Werke erkennen, und es ergriff ihn darob so großer Unmuth, daß er sich von der Poesie abwandte. Er widmete sich nun dem Studium der Geschichte, später dem der Philosophie; aber indem er durch die erste zu einer richtigeren Würdigung der Lebensverhältnisse gelangte und die zweite seine Ansichten über die Kunst läuterte, wurde er wieder zur Poesie zurückgeführt, wobei auch sein näheres Verhältniß zu Goethe den erfolgreichsten Einfluß hatte. Während er in seinen früheren Dichtungen das in ihm lebende Ideal objectiv zu realisieren trachtete, suchte er jetzt immer entschiedener und schärfer das Object ungetrübt in sich aufzunehmen und künstlerisch wieder zu gestalten. Doch gelangte er niemals zur Kunstvollendung Goethes, da die idealistische Richtung zu tief mit seinem ganzen Wesen verschmolzen war. Denn wie die Objectivität die Grundlage von Goethes poetischer Natur war, so war Schiller ein vorzugsweise subjectiver Dichter, und darin liegt seine Eigenthümlichkeit, wie seine Größe, denn in allen seinen Dichtungen spricht sich sein eigenes erhabenes Wesen aus. Die Betrachtung des Zwangs in der Karlsschule so wie in der politischen und bürgerlichen Welt hatten in ihm die Ansicht ausgebildet, daß die höchste Entwickelung der Menschheit nur in der Freiheit möglich sei; diese Idee begleitete ihn durch das Leben und geht durch alle seine Werke. Er hielt es für die Aufgabe des Dichters, den Menschen zur Freiheit heranzubilden, daher er in seinen Dichtungen nothwendig zur Reflexion geführt wird. Dies stört allerdings die künstlerische Entwickelung; aber dieser Mangel wird durch die Größe der Gesinnung, die sich überall mit flammender Begeisterung ausspricht, und die den Leser mit wunderbarer Kraft über das Gemeine hinwegreißt, reichlich ersetzt. — Schillers poetische Sprache ist bestimmt und klar, edel und kräftig, oft kühn, immer bilderreich und von ergreifendem Wohllaut, der vorzüglich in der unübertrefflichen rhythmischen Bewegung liegt. Aber er behandelt auch den Reim mit sicherem Gefühl, und bringt durch denselben oft wunderbare Wirkung hervor.[1])

c. Ohne Goethes Allseitigkeit zu besitzen, hat Schiller doch nach vielen Seiten hin Unvergängliches geleistet; er ist groß als Dichter, als Geschichtschreiber und als philosophischer Schriftsteller; er wäre auch als Redner groß gewesen, wenn die Verhältnisse ihm gestattet hätten, sich auch noch in dieser Richtung zu entwickeln.[2])

d. Als **Lyriker** zeichnet sich Schiller durch die Großartigkeit der Gedanken und die Gewalt der hinreißenden Darstellung aus, die sich in volltönenden Worten und Bildern, in wirkungsvollen Rhythmen und Reimen bewegt.

---

v. Hoffmeister. Stuttg. 1838—42. V.; ergänzt v. Viehoff, Stuttg. 1846. III.; v. G. Schwab, Ebd. 1840; v. J. W. Schäfer, Lpz. 1858; v. Palleske. 1858—59. II.; Scherr, J., Schiller u. s. Zeit. Lpz. 1859. Spieß, S.'s Leben u. Dichtungen. Wiesb. 1859. — E. Boas, Schillers Jugendjahre, hrsg. v. W. v. Maltzahn. Hann. 1856. II.; F. J. Sauer, Schiller u. s. väterl. Haus. Lpz. 1861. Schillers Denkwürdigkeiten u. Bekenntnisse über s. Leben, s. Charakter u. s. Schriften. Nebst s. Urtheilen über Personen u. Werke u. s. w. geordnet v. E. Tietzmann. 2. verm. Aufl. Lpz. 1862. — Zahlreiche Schriften zur Feier s. 100jähr. Geburtstages, darunter d. Schillerbuch v. Const. v. Wurzbach. Wien 1859; Reden v. J. Grimm. Berl. 1859, und Vischer. Zür. 1860.

1) Kuhn, A., Schillers Geistesgang. Berl. 1863. Zirodzki, Schiller, d. größte Dichter d. Nation. Tilsit 1863.; Gilbert, A., Sch. als nationaler Dichter. Naumb. 1863.; Gleandener, Ueb. S.'s Bedeutung für d. heutige Bildung. Roßleben 1861. — 2) Werke, Stuttg. u. Tüb. 1812—15.: XII. Ebd. 1847. XII.; Histor. krit. Ausg. v. K. Goedeke. Stuttg. 1868 (bis jetzt) XIV. Krit. Ausg. v. Heinr. Kurz. Hildburgh. 1868. IX.; Nachträge, hrsg. v. Boas, Stuttg. 1838—40. III.; Supplement, hrsg. v. Hoffmeister, Ebd. 1840—41. IV.; Weber, Joach., Beitr. z. Feststellung, Verbesserung u. Vermehrung d. Schillerschen

Erste Versuche in der von ihm herausgegebenen „Anthologie" (1781) roh und geschmacklos, unwahr und übertrieben; auch die wenigen der nachfolgenden Jahre mit dem Gepräge der überspannten Jugendlichkeit („Das Lied an die Freude"). Selbst später gelang ihm das die Empfindung in ihrer reinen Unmittelbarkeit darstellende Lied selten; dagegen ist er groß in der philosophischen Ode, in welcher er zumeist die hohe Bedeutsamkeit der Kunst darstellte („Das Ideal und das Leben"; „Die Macht des Gesanges") und groß in der von ihm geschaffenen Gattung des culturhistorischen Gedichts, das auf epischer Grundlage beruhend, den höchsten lyrischen Schwung entfaltet, und die tiefsten sittlichen Ideen über Welt und Leben darstellt. („Der Spaziergang" „Das Lied von der Glocke" u. a. m.)[1])

e. Der eigentlichen didaktischen Gedichte[2]) schrieb Schiller nur wenige („Die Künstler"); dagegen verfaßte er eine große Zahl von Epigrammen (1795—1796), in deren Behandlung er außerordentlich glücklich war.

Das Epigramm entsprach ganz seiner philosophisch-poetischen Natur, die ihn drängte, die Ergebnisse seines Nachdenkens poetisch zu gestalten. Fülle des Inhalts und anschauliche Klarheit charakterisiren die seinigen. Die berühmtesten sind die, welche unter den Ueberschriften „Tabulae votivae" und Xenien[3]) im Musenalmanach für 1796 erschienen und zu denen auch Goethe zahlreiche Beiträge lieferte. Gegen die gemeinen Bestrebungen in der Literatur gerichtet, verschonten sie auch die Mittelmäßigkeit nicht, die dem Besseren eben so hindernd entgegentrat. An denselben hatte Schiller den wesentlichsten Antheil, nicht bloß weil gewiß die meisten und darunter viele der vortrefflichsten von ihm sind, sondern auch weil er die ganze Masse zusammenstellte, läuterte und ordnete, und sie zu einem organisch zusammenhängenden Kunstwerke bildete. — Ob sie gleich vielseitigen Widerspruch hervorriefen, ja einen wahren Sturm erregten, hatten sie großen Einfluß auf die Bildung des Publicums, welches sie über die damaligen literarischen Zustände aufklärten.

f. Im Gebiete des Epischen behandelte Schiller nur die Romanze, aber er drückte ihr den Stempel seines großartigen Geistes auf, indem er sie zur Trägerin einer hohen Idee machte, und diese an einer bedeutsamen Begebenheit zur lebendigsten Anschaulichkeit entfaltete.

Die Größe von Schillers Romanzen (1797 und 98) liegt in der poetischen Entwicklung und in der kunstreichen Anordnung des Stoffs, in der dramatisch lebendigen Darstellung der einzelnen Vorgänge, in der wirkungsvollen Sprache, so wie in der glücklichen Wahl und in dem Reichthum der Vers- und Strophenformen („Der Taucher", „Die Kraniche des Ibykus", „Der Graf von Habsburg", „Die Bürgschaft", „Der Kampf mit dem Drachen", „Der Gang nach dem Eisenhammer" u. a. m.)[4]) — In Schillers früheren episch-lyrischen Dichtungen (1795, 96) trat das didaktische Element noch entschiedener hervor und wurden daher zu Parabeln: („Das Bild zu Sais", „Die Theilung der Erde", „Pegasus im Joch"). Vorher hatte er zwei Bücher von Virgils „Aeneis" in Stanzen übersetzt (1792), was ihn anregte, ein größeres Epos („Friedrich II." später „Gustav Adolf") zu dichten; doch trat dieser Gedanke vor den dramatischen Arbeiten zurück.

g. Das Höchste erreichte Schiller im Drama und er ist vorzüglich durch seine dramatischen Arbeiten der Dichter des Volks geworden. Zwar erhebt er sich auch in seinen besten Stücken nicht zur künstlerischen Vollendung Goethes; dagegen übertrifft er denselben an theatralischer Wirkung. Die Handlung seiner Dramen ist reich und gewährt hohes Interesse, weil die Stoffe allgemeiner Natur sind und nahe liegen; die Darstellung ist, wenn auch oft rhetorisch breit, lebendig und ergreifend, und vor Allem spricht sich überall der höchste Adel der Gesinnung, die lebendigste Begeisterung für das Schöne und Gute, der glühendste Haß gegen das Schlechte und Gemeine aus. — Bei diesem allgemeinen Charakter sind Schillers Dramen in künstlerischer Beziehung sehr verschieden. Den früheren fehlt es an Wahrheit der Handlung und der Charaktere, die Darstellung ist schwülstig, selbst wild und roh, freilich auch oft voll stürmischer Be-

Leipz. Aug. 1858; Derselbe, Neue Beiträge. Ebd. 1860; A. v. Keller, Beitr. z. Schillerliter. Tüb. 1858. 4.

1) Gedd. erl. v. Viehoff, Stuttg. 1839. V., Ebd. 1856. III.; v. Düntzer. Jena 1859 ff. — 2) Hauer, A., Ueb. Schillers kleinere Lehrgedd. Berl. 1859. — 3) Boas, E., Schiller u. Goethe im Xenienkampf, Stuttg. 1851. II., E. J. Saupe, Die Xenien, erl. Lpz. 1852; Schillers u. Goethes Xenien. Manuscr. hrsg. v. Boas u. Maltzahn. Berl. 1856. — Gegenschriften: (Dyk u. Manso) Gegengeschenk an d. Sudelköche in Jena u. Weimar, v. O. 1797, (Dan. Jenisch) Literar. Spießruthen. (Berl.) 1797; Nicolai, Anh. zu Schillers Musenalmanach. Ebd. 1797 u. v. a. m. — 4) Saupe, Goethes u. Schillers Balladen erl. Lpz. 1853.

redseligkeit; die späteren sind künstlerisch schöner und poetisch wahrer; die Personen sind bestimmter und individueller gehalten, die Vorgänge sind richtiger motiviert, die Darstellung zwar von größerer Mäßigung, aber doch von hochpoetischem Schwung und bei schöner und reicher rhythmischer Bewegung von ergreifendem Wohllaut.

Schillers erste Versuche im Drama: „Der Student von Nassau“ und „Kosmus von Medicis“ vernichtete er selbst bald nach ihrer Vollendung; ein drittes, das er bald darauf begann (1778), „Die Räuber“, vollendete er noch auf der Karlsschule. Sie sind freilich in der Hauptsache verfehlt, die Personen sind Zerrbilder ohne Realität, die Handlung ohne Wahrheit und in ihrer Entwicklung unbegründet; aber die Idee, die ihnen zum Grunde liegt, und die der Dichter mit begeisterter Wärme darstellt, ist voll der tiefsten Wahrheit, die Idee nämlich, daß die gesellschaftlichen Zustände bis auf das innerste Mark verfault seien und einer völligen Umgestaltung bedürften, damit es dem Einzelnen möglich werde, sich frei zu entwickeln, ohne gegen die Ordnung sich zu versündigen.¹) — Zu zeigen, auf welchem Wege dies geschehen könne, ist die Aufgabe seines zweiten Trauerspiels „Fiesko“ (1783), in welchem schon ein bedeutender Fortschritt in der künstlerischen Behandlung wahrzunehmen ist, da die Handlung größere Wahrscheinlichkeit, die Charaktere zum Theil mehr innere Wahrheit haben, und das Ganze nicht mehr so stürmisch-leidenschaftlich ist, als die Räuber.²) — In noch entschiedenerer Weise als in diesen Dramen erhob sich Schiller in „Kabale und Liebe“ (1784) gegen die damaligen Zustände; das Stück zeigt die Verdorbenheit der höheren Stände im Gegensatz zum sittenreinen Bürgerstand, der in tiefster Unterdrückung schmachtete. Diese Grundlage erwarb dem Stück begeisterten Beifall, ob es gleich viele Mängel hat, namentlich an Unwahrscheinlichkeiten und Widersprüchen reich ist.³) — Mit dem „Don Carlos“, den er hierauf bearbeitete (1787), schließt die erste Periode seiner dramatischen Thätigkeit ab. Der Grundlage nach mit den früheren Werken verwandt, indem er die Idee der reinen Menschlichkeit und der religiösen wie der politischen Freiheit verherrlicht, tritt darin das Streben nach mehr künstlerischer Haltung hervor, indem er nicht in Prosa, wie die früheren Stücke, sondern in reimlosen Jamben geschrieben ist. — Doch war Schiller in mancher Beziehung auf Abwege gerathen, und das Bewußtsein davon erfüllte ihn mit solchem Unmuth, daß er sich vom Drama abwandte.⁴) — Nach langer Zeit kehrte er zu demselben zurück. Mit dem „Wallenstein“ (1799) beginnt die zweite Periode seiner dramatischen Thätigkeit. Dieses großartige Werk, die Frucht langer Arbeit und langen Studiums, zerfällt in drei Stücke (Trilogie), von denen das erste und letzte auch ganz in sich abgeschlossen sind. „Wallensteins Lager“ ist in Gehalt und Form ein vollkommenes Meisterwerk. Es ist nicht bloß eine treffliche Exposition des Ganzen, sondern enthält zugleich eine so lebendig anschauliche und selbständige Darstellung des Wallensteinischen Heeres, daß der Hauch der Zeit aus jedem Worte entgegenweht. Am Wenigsten gelungen ist das zweite Stück „Die Piccolomini“, da sie zu wenig fortschreitende Handlung enthalten; dagegen ist das dritte „Wallensteins Tod“ von der größten tragischen Kraft und Wirkung, die vorzüglich darin ihren Grund hat, daß der großartig aufgefaßte Held nicht bloß dem ihn erdrückenden Schicksal, sondern auch deshalb unterliegt, weil er von der Wahrheit und Treue abgefallen war. Gegensätze: Wallenstein und Max Piccolomini.⁵) — „Maria Stuart“, welche nun unmittelbar folgte (1800), bezeichnet wiederum einen mächtigen Fortschritt; die Charaktere sind tief psychologisch aufgefaßt, und die Handlung entwickelt sich aus ihnen mit voller Naturnothwendigkeit, der beschränkte Stoff hat durch die Schöpfungskraft des Dichters die breiteste Entfaltung gewonnen.⁶) — Während in ihr die politischen Verhältnisse vorherrschen, und nur die religiösen durch den Gegensatz zwischen Protestantismus und Papstthum bedeutsam einwirken, stellt die „Jungfrau von Orleans“ (1801) den Kampf zweier Völker im großartigen Maßstabe dar, wodurch dieses von dem tiefsten Gefühl beseelte Drama zur Kräftigung des Nationalbewußtseins der Deutschen wesentlich beitrug. Der Dichter nennt es eine „romantische Tragödie“; aber obgleich der Einfluß der Romantiker nicht ganz zu verkennen ist, so hat er sich von deren Abirrungen vollkommen freigehalten; das Wunderbare der Handlung liegt nicht nur im Geist der Zeit, es ist natürlich auch durchgehends psychologisch motiviert.⁷) — In der „Braut von Messina“ (1803) wollte der Dichter im Geiste der antiken Tragödie, die er auch formell durch die Einführung des Chors wieder zu beleben suchte, die geheimnißvolle Macht des Schicksals dramatisch zur Erscheinung bringen; aber weit entfernt in die Entartung der „Schicksalstragödie“ zu verfallen, hat er die Handlungen auf den freien Willen des Menschen zurückgeführt, indem er zugleich die Idee darstellt, die in den Schlußversen ausgesprochen ist: „Das Leben ist der Güter höchstes nicht, Der Uebel größtes aber ist die Schuld“. So verfehlt die Einführung des Chors ist, so vortrefflich ist, abgesehen von der dramatischen Verknüpfung, dessen Ausführung. Die lyrischen Partien sind von wunderbarer Tiefe, von vollendeter Schönheit des Rhythmus und Wohl-

1) Erläut. v. L. Eckardt, Jena 1858. — 2) Vgl. A. Schöll, Ueb. Schillers Fiesko (Weimar. Jahrb. I, 132). — 3) Erl. von Eckardt, Jena 1859. — 4) Vgl. Schillers Briefe üb. Don Carlos. — 5) Erläut. v. J. W. Süvern, Berl. 1800, v. J. G. Nonnefahrt, Lpz. 1855; v. Helbig, Stuttg. 1855. — 6) Briefe üb. Maria Stuart, Erlangen 1801, Vilmar v. Wbg. 1847. — 7) Erl. v. A. Klingemann, Lpz. 1802; v. Bischoff, Düsseld. 1861.

lassen.[1]) — Schillers letztes Drama, der „Wilhelm Tell“ (1804), ist auch sein größtes Meisterwerk, in welchem sein reicher Dichtergeist mit unvergleichbarer Schöpfungskraft das treueste Gemälde des Landes, des Volkes und der Zeit, welche er darstellen wollte, hervorgezaubert und die einzelnen Personen, Vorgänge und Zustände mit der lebendigsten Wahrheit schildert. Tell ist der Mittelpunkt des Ganzen, der Zweck aber, die Befreiung der Waldstädte darzustellen, daher der letzte Act nothwendig ist.[2])

Anm. Letzte dramatische Arbeit: „Die Huldigung der Künste“ (6—12. Nov. 1804). Unvollendet ist Demetrius; von andern Dramen („Die Malteser“, „Warbeck“, „Der Menschenfeind“ u. a.) sind nur Bruchstücke oder Vorarbeiten vorhanden.[3]) Uebersetzungen: „Iphigenie in Aulis“, Scenen aus den „Phönizierinnen“ des Euripides (1790); „Macbeth“ von Shakspeare (1800), „Turandot“ von Gozzi (1802); die Lustspiele „Der Parasit“ und „Der Neffe als Onkel“ von Picard (1803); „Phädra“ von Racine (1805). Aus der Zeit seines Aufenthaltes bei Körner ist: Ich habe mich rasiren lassen. Ein dramat. Scherz. Lpz. 1865.[4])

h. Der unvollendete Roman „Der Geisterseher“ (1786—89) ist ein würdiges Denkmal seines großen Talents; nicht weniger trefflich sind die zwei Erzählungen „Der Verbrecher aus verlorner Ehre“ (1786) und „Spiel des Schicksals“ (1789).

i. Als Geschichtschreiber ist Schiller groß in der Anordnung der Begebenheiten, in der Schilderung bedeutsamer Thatsachen und der Charaktere, groß aber vorzüglich dadurch, daß „er sich der Geschichte bediente, um die verflachten Ansichten des bürgerlichen Lebens zu veredeln, und Sinn für Aufopferung, für Freiheit und Religion weckte“ (Schlosser), daher er auch nur solche Stoffe wählte, in denen sich das Streben der Menschheit nach höherer Entwickelung kund giebt.[5])

Uebersetzung von Robertsons „Geschichte von Amerika“ (Lpz. 1777. II.). „Geschichte des Abfalls der Vereinigten Niederlande“ (1788), „Die Sendung Moses“ (1790), „Die Gesetzgebung des Lykurgus und Solon“ (1790) u. a. kleine Abhandlungen, „Geschichte des dreißigjährigen Krieges“ (1791—93).

k. In seinen philosophischen Schriften wendet sich Schiller nicht bloß an das Denkvermögen, sondern auch an die Einbildungskraft, wodurch freilich das Verständniß oft erschwert wird. Er behandelte in denselben ästhetische Fragen, indem er die Kantische Philosophie zum Grunde legte, dieselbe aber auf selbständige Weise entwickelte. Der Stil ist meisterhaft, sowohl rücksichtlich der schönen und mannigfaltigen Satzbildungen als des edlen, kräftigen und selbst kühnen Ausdrucks.[6])

„Briefe über Don Carlos“ (1788); „Ueber Anmuth und Würde“ (1793), „Briefe über die ästhetische Erziehung des Menschen“ (1795), „Ueber naive und sentimentale Dichtung“ (1795), „Ueber das Erhabene“ (1796).

l. Dem großen rhetorischen Talent Schillers, das aus seinen Dramen, wie aus seinen ästhetischen Abhandlungen großartig hervorleuchtet, fehlte es nur an Gelegenheit, zur vollen Entfaltung zu gelangen, doch tritt es schon in der Rede „Was heißt und zu welchem Ende studiert man Universalgeschichte?“ (1789), noch mehr in seinen Briefen[7]) hervor, die nach Inhalt und Form durchaus vortrefflich sind.

III. Goethes und Schillers Zeitgenossen.

§ 331. Die Lyriker.

a. **Joh. Chr. Fr. Hölderlin**, geb. am 20. März 1770 zu Lauffen am Neckar, studierte seit 1788 in Tübingen Theologie, 1793 Erzieher bei dem Freih. v. Kalb in Waltershausen bei Meiningen, setzte 1795 in Jena seine philosophischen Studien fort,

1) Erläut. v. Bapt. Gerlinger. Freiburg 1857. — 2) W. Tell. M. Einleit., d. alten Volksschauspiel v. Uri und Erläuterungen, hg. v. Mor. Carriere. Lpz. 1870. Erläut. v. W. C. Weber. Bremen 1839; v. Joach. Meyer. Nürnb. 1840. Vgl. Börne in dessen s. Werken. — 3) Dramat. Entwürfe zum ersten Mal veröffentlicht durch S.'s Tochter Emilie Freifrau v. Gleichen-Rußwurm. Stuttg. 1867. — 4) Fischer, Kuno, Sch. als Komiker. Frkf. 1861. — 5) Janssen, J., Schiller als Historiker. Freiburg 1863. — 6) Fischer, Kuno, Schiller als Philosoph. Frkf. 1858; Tomaschek, K., Schiller in s. Verhältniß z. Wissensch. Wien 1862. — 7) Briefw. m. Körner. Berl. 1847. IV. 3. Aufl. Ebd. 1870 II. mit Einleitung von H. Marggraff: Schillers und Körners Freundschaftsbund; mit W. v. Humboldt. Mit e. Vorerinnerung üb. Schiller u. d. Gang s. Geistesentwickelung v. W. v. Humboldt. Stuttg. 1830; mit Goethe. Stuttg. 1828—29. IV., Ebd. 1856. II. u. a. m.

1796 wiederum Erzieher im Hause des Bankier Gontard in Frankfurt, verließ 1798 das Haus heimlich, gieng zu seinem Freunde Sinclair nach Hamburg, verfiel in Schwermuth, lebte dann eine Zeit lang in der Heimat und in Constanz, 1801 Hauslehrer in Bordeaux, kam aber 1802 im vollen Irrsinn zurück; gest. den 7. Juni 1843.[1])

Zuerst nach Klopstock, dann nach Schiller gebildet, deren hohe sittliche Natur ihn begeisterte. Als Lyriker vorzüglich groß durch die kunstreiche Abrundung seiner Dichtungen, Schwung der Phantasie, Tiefe der Gedanken und Empfindungen. Oden, Hymnen und Elegien, zum großen Theil in antiken Formen, sprechen häufig in ergreifenden Tönen die Trostlosigkeit der deutschen Zustände aus, die er mit denen des alten Griechenlands zusammenstellt. Roman „Hyperion" (1797—99) von glühender Liebe zum alten Hellas und zum eignen Vaterland, so wie von der Hoffnungslosigkeit, die ihn bei dem Anblick der traurigen Verhältnisse in Deutschland erfüllte, durchdrungen. — „Empedokles" Fragmente einer Tragödie.

b. **Joh. Gottfr. Seume**, geb. zu Poserna bei Weißenfels am 29. Januar 1763, studierte in Leipzig Theologie, auf einer Reise nach Paris von hessischen Werbern geraubt und nach Amerika geschleppt, wo er gegen die Amerikaner kämpfen mußte. Nach seiner Rückkehr entfloh er den Hessen, wurde aber von preußischen Werbern aufgegriffen, als gemeiner Soldat nach Emden gebracht, doch bald darauf auf Bürgschaft eines Bürgers entlassen; dann in Leipzig literarisch beschäftigt, 1792 Hofmeister und später Secretär bei dem russischen General Igelström, 1793 Lieutenant, im polnischen Revolutionskriege gefangen, dann wieder in Leipzig, 1801 Fußreise bis nach Sicilien, 1805 eine zweite durch Rußland und Schweden; gest. zu Teplitz am 13. Juni 1810.[2])

Lyrische Gedichte freilich von keinem hohen Werth, um so werthvoller aber als getreuer Ausdruck seines ehrenhaften und durchaus männlichen Charakters und seiner edlen, für Freiheit, Vaterland und Humanität begeisterten Gesinnung, von der auch sein Drama „Miltiades" (1808) so wie die Beschreibung seiner Reisen „Spaziergang nach Syrakus" (1803) und „Mein Sommer" (1806) zeugt.

c. **Friedrich (von) Matthisson**, geb. am 23. Januar 1761 zu Hohendodeleben bei Magdeburg, studierte in Halle zuerst Theologie, später Philologie, die schöne Literatur und Naturwissenschaften, hierauf kurze Zeit Lehrer in Dessau, dann Hofmeister junger Livländer, mit denen er größere Reisen machte; 1794 Reisegefährte der Fürstin von Anhalt-Dessau, 1809 geadelt, 1812 Oberintendant des Hoftheaters und Oberbibliothekar in Stuttgart, 1819 in Italien, seit 1824 in Wörlitz bei Dessau; gestorben den 12. Dec. 1831.[3])

Lyrische Gedichte von schöner Form, gewandter und wohlklingender Sprache ohne tiefern Gehalt, meist in Schilderungen von Landschaften ohne lebendige Anschaulichkeit sich verlierend, zudem von sentimentaler Haltung ohne innern Grund. „Erinnerungen", interessante Mittheilungen über Orte, Gegenden und Persönlichkeiten in oft gesuchter Sprache. (Schriften, Zür. 1825—29. VIII.)

d. **Joh. Gaudenz von Salis-Seewis**, geb. den 26. Sept. 1762 zu Malans in Graubünden, als Jüngling bei Pfeffel in Colmar, später in französischen Diensten, wohnte 1792 dem Feldzuge in Savoyen bei, kehrte 1793 nach Graubünden zurück, wo er für den Anschluß an die Schweiz thätig war, mußte deshalb flüchten, lebte eine Zeit lang in Zürich und Bern, 1803 wieder in der Heimat, der er sich in verschiedenen Aemtern mit aufopfernder Hingebung widmete; gest. zu Malans am 29. Jan. 1834.

Wie Matthisson, der großen Einfluß auf seine poetische Entwickelung hatte, zur Landschaftsmalerei und zum Wehmüthigen sich neigend, doch lag diese doppelte Richtung in seiner Natur, weshalb seine Gedichte auch von ungleich größerer Tiefe und Wahrheit sind als die seines Freundes. (Ged. Zür. 1793. Neueste Aufl. Aarau 1844. — Auswahl in H. Kurz, Blumenlese etc.) Vgl. Roeber, G., D. Dichter Salis. St. Gallen 1862.

e. **Fr. Wilh. Aug. Schmidt**, geb. am 23. Mai 1764 zu Fahrland, studierte Theologie, Prediger in Berlin, 1795 Pfarrer in Werneuchen; gest. den 26. April 1838. — Eine Mischung von Voß und Matthisson, Natürlichkeit des ersten, Landschaftsmalerei des zweiten, aber nach beiden Seiten hin platt. Von Goethe in dem „Musen und Grazien in der Mark" persiflirt. (Gedichte, Berl. 1797.)

---

1) Werke nebst Leben, hrsg. v. Chph. Th. Schwab. Stuttg. 1846. II. K. Jung, Hölderlin u. s. Werke. Stg. 1848. — 2) Mein Leben. Selbstbiogr. Fortges. v. C. A. H. Clodius. Lpz. 1813. Sivers, Jegor v., a. a. O. Werke, hrsg. v. A. Wagner. Lpz. 1857. IV. Spaziergang n. Syrakus. M. Einleit. u. Anmerk. hrg. v. Herm. Oesterley. Lpz. 1870. — 3) Leben in d. Zeitgen. I, 1, 4. S. 3.

f. **Siegfried Aug. Mahlmann**, geb. am 13. März 1770 zu Leipzig, studierte die Rechte, wurde Erzieher, dann in Leipzig privatisierend, 1805 Redacteur der „Zeitung für die elegante Welt", besorgte die Redaction der „Leipziger Zeitung" bis 1818, gest. am 16. Dec. 1826. Ohne schöpferische Einbildungskraft und Tiefe der Empfindung, in seinen Dichtungen gemütlich und verständig; Lieder, die sich durch ihre leichte Darstellung zum Gesang eignen. Die Posse „Herodes von Bethlehem" (1803), eine gelungene Parodie von Kotzebues „Hussiten vor Naumburg", persifliert die weinerlich sentimentale Richtung der Zeit mit Glück. Ergötzlich ist das „Marionetten-Theater" (1806). Lustspiele (1810) von dramatischem Leben und Humor; „Erzählungen und Mährchen" (1803) sind gemütlich (Schriften nebst Biographie, Lpz. 1839—40, VIII.).

g. **Karl Ludwig von Knebel**, geb. am 30. Nov. 1744 zu Wallerstein, studierte seit 1763 in Halle die Rechte, in preußischen Kriegsdiensten bis 1773, bald darauf Erzieher des Prinzen Constantin von Weimar; 1798 pensioniert, an verschiedenen Orten, zuletzt in Jena lebend; gest. 17. Febr. 1831. — Elegien und Hymnen nicht ohne Schwung, dabei gedankenreich und klar. (Litterar. Nachlaß und Briefw., hrsg. von Varnhagen von Ense und Mundt, Lpz. 1835. III. Aus Knebels Briefw. mit seiner Schwester Henriette, hrsg. v. Düntzer, Jena 1858. Z. deutschen Litter. u. Gesch. Ungedr. Briefe aus Knebels Nachlaß, hrsg. v. Düntzer. 1858. II.); Uebersetzungen des „Properz" (Lpz. 1798) und des „Lucrez" (Lpz. 1821).

§ 335. Didaktische Dichter.

a. **Valerius Wilh. Neubeck**, geb. den 29. Jan. 1765 zu Arnstadt, studierte in Göttingen, 1788 Doctor der Medicin, dann praktischer Arzt in Liegnitz, 1793 Kreisarzt in Steinau; gest. zu Altwasser am 20. Sept. 1850.

Das Lehrgedicht „Die Gesundbrunnen" (Bresl. 1795 u. ö.) behandelt nicht allgemeine philosophische Wahrheiten, sondern besondere Kenntnisse und Anschauungen. Vortrefflich die Schilderung von Landschaften. In der Behandlung des Hexameters Voß sein Vorbild, doch trägt er den Forderungen des deutschen Rhythmus mehr Rechnung als dieser. Von seinen lyrischen Gedichten (Liegnitz 1792) sind die Hymnen und Elegien am gelungensten.

b. **Christoph Aug. Tiedge**, geb. den 13. Dec. 1752 zu Gardelegen in der Altmark, studierte 1772 in Halle die Rechte, 1776 Hauslehrer in Ellrich, wo er Elise von der Recke kennen lernte; 1783 auf Gleims Einladung in Halberstadt, wo er verschiedene Stellen bekleidete; 1798 in Berlin, 1802 Reisebegleiter der Frau von der Recke, bei der er bis zu ihrem Tode im Jahre 1833 verblieb; gest. in Dresden am 8. März 1841.

Das Lehrgedicht „Urania" (1801) unter dem Einfluß der philosophischen Dichtungen und Aufsätze Schillers bearbeitet, gemütlich anregend und in einer schönen wohlklingenden und würdigen Sprache. Gott, Unsterblichkeit, Tugend und Freiheit der Gegenstand. Episteln (1796) zwar redselig, aber nicht gehaltlos, in einigen ein mit anmuthigem Humor gemischter elegischer Ton („An meinen alten Ueberrock"). Als lyrischer Dichter zuerst nach Gleim, dann nach Matthisson gebildet; in den Elegien und Liedern Sprache und Versbau untadelhaft, oft mehr rhetorisches als wahrhaft lyrisches Element. (Leben in d. Zeitgen. I, 4, 4. S. 155. Werke, hrsg. v. A. G. Eberhard, Halle 1823—29. VIII. Leben u. poet. Nachlaß hrsg. v. K. Falkenstein. Lpz. 1841. IV.)

c. **Joh. Christoph Fr. Haug**, geb. am 9. März 1761 zu Niederstotzingen im Württembergischen, studierte die Rechte auf der Karlsschule, 1783 Secretär bei dem Geh. Cabinet in Stuttgart, 1791 kaiserl. Hof- und Pfalzgraf, 1794 herzogl. Geheimsecretär, 1807 Hofrath und Bibliothekar; gest. den 30. Jan. 1829.

Aeußerst fruchtbar, doch weniger durch seine lyrischen Gedichte, Balladen, Fabeln, Räthsel u. s. w. als durch seine Epigramme berühmt, für welche er bei seinem reichen Witz und der Schärfe seines Geistes großes Talent hatte. Er liebte vorzüglich durch Uebertreibung zu wirken. (Leben in den Zeitgen. III, 1, 7. S. 86. Sinngedd. Tüb. 1791. Epigr. u. verm. Gedd., Berl. 1805. II. Epigrammat. Spiele. Zür. 1807. Epigr. auf Herrn Wahls ungeheure Nase (100). Stuttg. 1804. (200) Bremen 1822.)

d. **Joh. Daniel Falk**, geb. am 28. Oct. 1768 zu Danzig, studierte in Halle Theologie, seit 1797 in Weimar, 1806 Secretär bei der französischen Contributionscommission. Als er im Jahre 1813 seine Kinder am herrschenden Fieber verlor, widmete er sein Leben der Unterstützung und Erziehung verwaister und verwahrloster Kinder, und gründete ein Bet- und Schulhaus, das nach seinem Tode in eine öffentliche Erziehungsanstalt unter dem Namen „Falksches Institut" verwandelt wurde. Er starb am 14. Febr. 1826. — Falks Satiren, welche das lasterhafte oder verbrecherische Treiben der Menschen geißeln, athmen eine zu große Bitterkeit, auch fehlt es ihnen an Klarheit, Einheit, überhaupt an rein poetischer Auffassung. „Die Helden" (1796) schildern das Verderben, welches der Krieg über die Menschen bringt. „Die heiligen Gräber zu Rom" (1796) suchen die Wege der Vorsehung zu rechtfertigen; in den „Gebeten" (1796) behandelt er die Thorheit, Kurzsichtigkeit und den Widerspruch der menschlichen Wünsche. (Satir. Werke, Lpz. 1817. VII. — Leben in d. Zeitgen. II, 3, 4. S. 1.)

§ 336. Epiker.

a. Ludwig Heinrich (von) Nicolay, geb. am 29. Dez. 1737 zu Straßburg, Professor der Logik daselbst, 1769 Erzieher des Großfürsten, nachmaligen Kaisers Paul, 1782 geadelt, 1796 Staatsrath, 1798 Direktor der Akademie der Wissenschaften, 1801 Geheimer Rath, nach des Kaisers Ermordung privatisierend, gestorben auf seinem Gute Monrepos bei Wiburg am 28. Nov. 1820. (Leben in Sivers, Jegór, a. a. O.) — Nach Wieland und den Italienern Ariosto und Bojardo gebildet, von denen er seine Stoffe entlehnt, indem er Episoden ihrer Werke zu selbständigen Gedichten verarbeitete. „Richard und Melisse", „Alcinens Insel", „Reinhold und Angelika", „Morganens Grotte" u. a. m. Von Wieland hat er die launigen Gemälde, aber auch die Redseligkeit. Gute Fabeln, Erzählungen und Märchen. „Elegien" und „Episteln" sind geschmacklos. (Verm. Gedd., Berl. u. Stettin 1778—86. IX.) — Joh. Bapt. v. Alxinger, geb. zu Wien am 24. Jan. 1755, studierte Philosophie und die Rechte, wurde Hofagent, 1794 Sekretär bei der Direktion des Hoftheaters und starb am 1. Mai 1797. — Er ahmte Wieland nach, doch fehlte es ihm an Erfindungskraft. Seine Gedichte „Doolin von Mainz", „Bliomberis" u. a. wirkten durch ihre reine und fleißig ausgearbeitete Sprache günstig auf die Veredlung des Geschmacks in Österreich. (Schriften, Wien 1812. X.)

b. **Friedr. Aug. Müller**, geb. am 16. Sept. 1767 zu Wien, studierte in Halle und Göttingen alte und neue Literatur und die Kantische Philosophie, lebte seit 1793 in Erlangen, kehrte 1804 nach Wien zurück, wo er am 31. Jan. 1807 starb.

Einer der talentvollsten Nachahmer Wielands, war er nicht sowohl in Erfindung und Composition, als in Gemälden, insbesondere in der Schilderung von Seelenzuständen glücklich. Im „Richard Löwenherz" (Berl. u. Stettin 1790) ist der Held großartig angelegt; verfehlt ist, daß er beinahe nur im Gefängniß erscheint. Der „Alfonso" (Gött. 1790) erinnert in der Anlage zu sehr an Wielands „Oberon", ist aber voll schöner, tief empfundener Stellen. Ungenügend ist „Adalbert der Wilde" (Lpz. 1793. II.), welches jedoch wie auch die andern Gedichte von der tüchtigen Gesinnung des Dichters gehoben wird.

c. Alois Blumauer, geb. am 21. Dez. 1755 zu Steier, wurde 1772 Jesuit, nach Aufhebung des Ordens Censor, und starb am 16. März 1798. — Er travestierte Virgils „Aeneis", „Abenteuer des frommen Helden Aeneas", deren komische Kraft in dem Gegensatze der modernen Verhältnisse zu denen des Altertums und in der scharfen Satire gegen die Auswüchse der neuen Bildung liegt.[1]) Seine lyrischen, meist komischen Gedichte sind trivial und oft gemein; einige („An die Donau") sind ernst und würdig gehalten. (Werke, Lpz. 1801—3 VIII.) — Ludw. Theobul Kosegarten, geb. am 1. Februar 1758 zu Grevismühlen in Mecklenburg, studierte in Greifswald, wo er 1808 Professor wurde und am 26. Okt. 1818 starb. — Im idyllischen Epos („Jucunde", „Die Inselfahrt") war Voß sein Vorbild, doch behandelte er es zugleich mit süßlicher Sentimentalität; seine zahlreichen Legenden haben selten religiösen, noch seltener poetischen Wert. In den lyrischen Gedichten herrscht eine beinahe krankhafte Sentimentalität vor, und sie sind oft schwülstig; die Natur schildert er in der Weise Matthissons. Von seinen Romanen sind die früheren („Ewalds Rosenmonde") unter dem Einflusse Richardsons, die späteren unter dem der romantischen Ansichten entstanden. (Dichtungen [mit s. Leben v. s. Sohne Joh. Gottfried], Greifsw. 1824—27. XII.) — K. Andr. v. Boguslawski, geb. am 19. Nov. 1758 zu Weidelitz in Schlesien, trat früh in Kriegsdienste, wurde 1810 General und starb am 21. Sept. 1817. — Er verdankte seinem Lehrer Ramler und dem Studium Klopstocks seine ästhetische Bildung. Seine in Hexametern verfaßten epischen Dichtungen „Lasthippos" (Berl. 1811. II.), „Dietrus" (Ebd. 1816), „Thassilo" (Ebd. 1821. II.) enthalten gute Schilderungen. — Christian Ludw. Neuffer, geb. am 26. Jan. 1769 zu Stuttgart, studierte Theologie in Tübingen, bekleidete dann mehrere geistliche Ämter, war seit 1819 Stadtpfarrer in Ulm, wo er 1839 starb. — Er dichtete, Voß nacheifernd, mehrere idyllische Gedichte, „Die Herbstfeier", „Der Tag auf dem Lande", „Günther" und in Nachahmung des Horaz Oden, in denen er Sprache und Vers sorgfältig behandelt. (Poet. Schriften, Lpz. 1827—28. III.; kleine epische Dichtungen und Idyllen, Stuttg. 1836.)

d. **Franz Ant. Jos. Ign. Maria Freih. v. Sonnenberg**, geb. am 5. September 1779 zu Münster, studierte in Jena die Rechte, machte dann Reisen durch Deutschland, die Schweiz und Frankreich, kehrte hierauf in die Heimat zurück, von der ihn jedoch sein finsteres Treiben bald wieder vertrieb. Er zog nach Jena, wo er in Schwermuth verfiel und sich am 22. November 1805 zum Fenster hinabstürzte.

Sonnenberg besaß eine reiche Phantasie, große Kraft der Erfindung und eine glückliche Darstellungsgabe; doch macht sein in Hexametern gedichtetes Epos „Donatoa oder das Weltende" (Halle 1806—7. IV.) keinen günstigen Eindruck, weil der Stoff der sinnlichen Anschauung widerstrebt und die Fülle von

---

1) Mit e. Einleitung über die Parodie u. d. Travestien, u. mit Anmerkk. hrsg. v. Ed. Grisebach. Lpz. 1870.

Begebenheiten den Ueberblick beinahe unmöglich macht. In den Stellen, in welchen er die sinnliche Welt darstellt, in der Zeichnung der Charaktere, in den Schilderungen des Schlachtengetümmels oder des häuslichen Lebens ist er oft großartig. Es fehlte ihm an künstlerischer Ruhe und an Klarheit, was auch seine meist dem Vaterlande geweihten lyrischen Gedichte (hrsg. v. J. G. Gruber, Rudolst. 1806) beweisen.

§ 337. Dramatiker.

a. **Aug. Wilh. Iffland**, geb. in Hannover am 19. April 1759, verließ, von unüberwindlicher Neigung zur Schauspielkunst getrieben, am 22. Febr. 1777 heimlich das väterliche Haus, gieng nach Gotha, wo die Schauspieler Eckhof, Beck und Beil, so wie der Dichter Gotter Einfluß auf seine künstlerische Ausbildung hatten, kam 1779 an das Mannheimer Theater, wurde 1796 Director des Berliner Nationaltheaters, 1811 Generaldirector aller königlichen Schauspiele und starb am 15. Sept. 1814.[1])

Groß als Schauspieler, ist Iffland auch als dramatischer Dichter einflußreich geworden, aber sein Einfluß war nicht durchaus wohlthätig. Er verdrängte durch seine Schauspiele die Ritter-, Räuber- u. a. Spectakelstücke; suchte auf Gemüth und Herz zu wirken, und brachte deutsche Sitten und Charaktere auf die Bühne, in deren Darstellung er sehr glücklich war. Allein er strebte zu entschieden nach theatralischem Effect, haschte daher nach starken und besonders rührenden Scenen, und gewöhnte, indem er seine Stoffe beinahe nur aus der nächsten Wirklichkeit nahm, und seine Motive in der gemeinen Erfahrung schöpfte, das Publikum an die Darstellung alltäglicher Lebensverhältnisse, so daß es mit der Zeit immer unfähiger wurde, an höheren Kunstwerken ein reines Wohlgefallen zu haben. (Vergl. Schillers „Shakespeares Schatten".) Unter seinen sehr zahlreichen Dramen sind folgende die bedeutendsten: „Der Verbrecher aus Ehrsucht" (1784), „Die Mündel" und „Die Jäger" (1785), „Die Hagestolzen" (1793), „Der Herbsttag" (1792), „Die Advocaten" (1796), „Dienstpflicht" (1795), „Das Vermächtniß" (1796), „Die Hausfreunde" (1805) u. a. m.

b. **Aug. Fr. Ferd. (von) Kotzebue**, geb. am 3. Mai 1761 zu Weimar, studierte in Jena und Duisburg, dann Advocat in Weimar, 1781 in Petersburg als Privatsecretär eines Beamten, hierauf Tribunalassessor in Reval, 1785 Präsident des Gouvernementsmagistrats von Esthland, mit welcher Stelle der Adel verbunden war, 1795 in Weimar privatisierend, 1797 Hoftheaterdichter in Wien, 1801 auf einer Reise nach Rußland verhaftet und nach Sibirien gebracht, nach vier Monaten wieder freigelassen, Director des deutschen Hoftheaters in Petersburg, nach Kaiser Pauls Ermordung wieder in Weimar, 1802 in Berlin, entfloh bei Napoleons Ankunft (1806) nach Riga, 1813 russischer Staatsrath, 1814 russischer Generalconsul in Königsberg, seit 1816 an verschiedenen Orten in Deutschland, wohin er mit einem Jahrgehalt von 15,000 Rubeln gesandt worden war, um über die dortigen Zustände Bericht zu erstatten, und wurde am 23. März 1819 in Mannheim von einem schwärmerischen Studenten Karl Sand ermordet.[2])

Von unbegrenzter Eitelkeit und ohne sittlichen Halt, war ihm kein Mittel zu schlecht, wenn es galt, seine Absichten zu erreichen („Bahrdt mit der eisernen Stirn" 1790). Schrieb zuerst Romane, die keinen Beifall erhielten, wandte sich hierauf zum Drama (Rührende und Familiendramen), für welche er großes Talent hatte, aber statt, wie Iffland, auf das sittliche Gefühl zu wirken, lockerte er dieses, indem er Fehler, Gebrechen und Laster als verzeihlich, ja sogar als liebenswürdig darstellte, und dadurch der Prediger der Sittenlosigkeit wurde. Bei seltener Bühnenkenntniß, verstand er die Kunst, Effect hervorzubringen, wozu er jedoch nur äußere Mittel anwendete. Glücklich in der Erfindung neuer Situationen, gerieth er dabei, sowie in der Zeichnung der Charaktere oft in Uebertreibung, die nur in der Posse ganz an ihrem Orte ist, weshalb er auch diese Gattung am Glücklichsten behandelt. Schauspiele: „Menschenhaß und Reue" (1789), „Die Versöhnung", „Die Verwandtschaften" (1798), „Der alte Leibkutscher Peters III." (1799); Lustspiele: „Die Indianer in England" (1790), „Die Unglücklichen" (1798), „Das Epigramm", „Der Besuch" (gegen Kant), „Die beiden Klingsberge" (1801);

1) Selbstbiographie: „Meine theatral. Laufbahn", Lpz. 1798. Leben in d. Zeitgen. I, 2. 2. S. 127; in Sivers, Jegór, Deutsche Dichter in Rußland. Vgl. Duncker, A., Iffland in s. Schriften, als Künstler u. s. w. Berl. 1859. Koffka, W., Iffland und Dalberg. Geschichte der class. Theaterzeit Mannheims. Lpz. 1865. Dramat. Werke, Lpz. 1798—1802. XVI. Auswahl, Lpz. 1844. X. — 2) Leben, v. H. Döring. Weimar 1830. Vgl. Das merkwürdigste Jahr meines Lebens. v. Kotzebue. Berl. 1801. II. Theater, Lpz. 1840—41. XL.

die Possen: „Don Ranudo de Colibrados" (gegen Fichte), „Die deutschen Kleinstädter", „Der Wirrwarr" (1803), „Das Incognito" (gegen die beiden Schlegel), „Pagenstreiche" (1804), „Der hyperboreische Esel" (gegen die Romantiker), „Die Zerstreuten", „Das Intermezzo" (1809), „Die Verkleidungen" (1818) u. a. m.

IV. Zeit der Romantik.

§ 338. Die Häupter der romantischen Schule.

a. **Aug. Wilh. (von) Schlegel**, Sohn von Joh. Adolf (§ 287), geb. am 8. Sept. 1767 zu Hannover, studierte Philologie in Göttingen, dann Hauslehrer in Amsterdam, 1798 Professor in Jena, wo er mit seinem Bruder das „Athenäum" gründete, das die neue Schule verkündigte; 1802 in Berlin, hielt dort Vorlesungen und wurde mit Frau von Staël bekannt, mit der er abwechselnd in Italien, Frankreich, Wien, Stockholm und in Coppet am Genfersee lebte. Der Kronprinz von Schweden ernannte ihn 1813 zu seinem Secretär; seine Thätigkeit während des Kriegs erwarb ihm den Adel. Nach Abschluß des Friedens eine Zeit lang bei Frau von Staël in Coppet, 1818 Professor der Kunstgeschichte und Literatur in Bonn, vorzüglich für das Studium des Sanskrits thätig; gest. am 12. Mai 1845. — A. W. Schlegel war weder als Dichter noch als Kritiker schöpferisch, aber er hatte die Gabe, sich das Fremde anzueignen und es geistvoll zu reproducieren, in einem hohen Grade, weshalb er vorzüglich als Uebersetzer hervorragt.

Uebersetzungen von hohem Werth, weil er die fremden Dichtungen in ein durchaus deutsches Gewand kleidete, und doch die fremden Eigenthümlichkeiten, selbst der Form, vollständig bewahrte. Durch seine Uebertragungen wurde Shakspeare (Berl. 1797—1810, ergänzt von Tieck, Berl. 1839—41. XII.) Gemeingut der Gebildeten. Calderon (Span. Theater, Bd. 1803—9. II), Dante und Petrarca (in den Blumensträußen, Bd. 1804) den Deutschen näher gebracht. Seinen eigenen Dichtungen fehlt poetisches Leben, aber bei unübertrefflicher Schönheit der Form, Correctheit und Wohllaut der Sprache von eigenthümlichem hohen Werth. Die südlichen Formen (Sonett, Canzone, Terzine u. a. m.) hat er durch seine kunstvolle Behandlung der deutschen Sprache angeeignet. Satiren gegen Kotzebue („Kotzebues Ehrenpforte", „Kotzebues Reisebeschreibung"), witzig und geistreich; die gegen Schiller gerichteten Epigramme („Literarische Scherze") zeugen weniger von Witz als von Einseitigkeit. Romanzen („Arion", „Pygmalion"), von großer Schönheit der Darstellung, aber in Anlage und Ausführung verfehlt. Das Drama „Jon" (1803) gewagt sowohl in der Wahl des Stoffes, wie in der Ausführung; das Vorbild (Euripides) ist ängstlich nachgeahmt und das griechische Leben nicht selbständig aufgefaßt. Der Posse „Kotzebues Rettung" liegt ein glücklicher Gedanke zum Grunde, aber es tritt der persönliche Haß zu scharf hervor. — Als Kritiker entwickelte Schlegel die Ansichten der neuen Schule, deren Verirrungen er jedoch geschickt zu vermeiden wußte. Hauptwerk „Vorlesungen über dramatische Kunst und Literatur" (1809), in Sprache und Form meisterhaft, verbreitet sich über die dramatische Literatur der alten und neuen Völker; die einzelnen Hauptdichter und deren Werke werden geistvoll besprochen, aber bei der Vorliebe zur christlich-mittelalterlichen Poesie ist er oft ungerecht, z. B. gegen Molière. Vgl. Solger, Nachgelassene Schriften II., 493 ff. — Treffliche Beurtheilungen Goethescher Dichtungen („Tasso", „Hermann und Dorothea", „Römische Elegien"), wodurch er die Kunstvollendung des Meisters zum Bewußtsein brachte (Leben in d. Zeitgen. I, 1. 4. S. 179. Werke, hrsg. v. Ed. Böcking, Lpz. 1846. XII.).

b. **Karl Wilh. Friedr. (von) Schlegel**, der jüngere Bruder des Vorhergehenden, geb. am 10. März 1772, studierte in Göttingen und Leipzig, war 1800 in Jena, 1802 in Dresden und dann in Paris, wo er das Studium des Sanskrits begann, das durch ihn in Deutschland eingeführt wurde; 1808 in Köln katholisch, 1809 im Hauptquartier des Erzherzogs Karl, 1810 in Wien, 1815 Legationsrath in Frankfurt, dann in Rom, wo er den Christusorden erhielt (seitdem von Schlegel), dann wieder in Wien, Ende 1828 in Dresden; gest. daselbst am 12. Jan. 1829. — Von größerem poetischen Talent als sein Bruder, gerieth er bei seiner Neigung zum Excentrischen und Mystischen in die größten Verirrungen, indem er einzelne glänzende Erscheinungen ohne Rücksicht auf ihren Zusammenhang mit der Entwickelung der Geschichte zur Grundlage der geistigen und künstlerischen Bildung zu erheben sich bemühte. So stellte er zuerst, weil die größte Blüthe Griechenlands mit dem ausgebildeten Hetärenthum zusammenfiel, eine gewisse geniale Liederlichkeit als den reinsten Erguß ächter Menschlichkeit dar, und glaubte später im römischen Kirchenthum den Höhepunkt aller künstlerischen und menschlichen Bildung zu erkennen, welche Idee er mit aller Gewandtheit der Dialektik und mit allen Mitteln seiner reichen Phantasie und seiner ausgebreiteten Kenntnisse zu verbreiten suchte.

Seine lyrischen Dichtungen zeugen von großem Talent und tiefer Empfindung, behandeln aber oft gemachte Verhältnisse, verlieren sich in das Ahnungsvolle, Phantastische, und werden durch die künstlichen Reime und Reimgebilde noch unklarer. Am Besten die vaterländischen Gedichte. — Das epische Gedicht „Roland" in 15 Romanzen durch die Assonanz und die veralteten Sprachformen fremdartig und eintönig. Das Trauerspiel „Alarcos" (1802), formell ein wahres Ungeheuer, da sich darin alle möglichen antiken und modernen Formen vermengt finden. Sprache gesucht, hochtrabend und unklar. Von seinen prosaischen Schriften (außer dem Roman „Lucinde", Berl. 1799) die früheren „Die Griechen und Römer" (1797), und „Geschichte der Poesie der Griechen und Römer" (1798) am Besten, weil sie die Gegenstände frei von vorgefaßten Meinungen und Systemen behandeln, während er in den spätern „Ueber die Sprache und Weisheit der Inder" (1808), „Vorlesungen über die neuere Geschichte" (1811), „Geschichte der alten und neuen Literatur" (1815 f.) und „Philosophie der Geschichte" (1829) seine mystisch-mittelalterlichen Anschauungen zur Grundlage der Untersuchung macht, und daher einseitig und parteiisch wird. Doch zeugen alle von großem Scharfsinn und merkwürdiger Combinationsgabe. (Leben in d. Zeitgen. I, 2. 4. S. 182. Werke, Wien 1822–25. X. Bde. 1846. XV.)

c. Wilh. Heinr. Wackenroder, geb. 1773 zu Berlin, studierte in Halle, gest. als Referendar in Berlin am 13. Febr. 1798, hatte großen Einfluß auf Tieck. Begeistert für die Kunst, für deren Grundlage er die Religion hielt. „Herzensergießungen eines kunstliebenden Klosterbruders" (Berl. 1797), eine Reihe von Aufsätzen über die Kunst, unter denen die in Form von Novellen eingekleideten die besten sind.

d. Ludw. Tieck, geb. am 31. Mai 1773 zu Berlin, studierte in Halle, Göttingen und Erlangen, lebte dann in Berlin und Hamburg, seit Ende 1799 in Jena, wo er sich an die beiden Schlegel, Hardenberg, Brentano, Fichte, Schelling u. A. anschloß. 1805 in Italien, 1817 in Paris, 1818 in London, später in Dresden, wo er Hofrath und Intendant des Hoftheaters wurde, seit 1841 in Berlin; gest. am 28. April 1853. — Eine reiche und stets schaffende Phantasie, große Innigkeit des Gefühls und seltene Gewandtheit der Darstellung; das hervorragendste Talent unter den Romantikern, von denen er jedoch sehr überschätzt wurde. Drei Perioden seiner poetischen Wirksamkeit. In der ersten schrieb er Erzählungen und Dramen gewöhnlichen Schlags, dann auch einige Romane, in denen sich schon Anklänge der romantischen Richtung finden, welche die zweite Periode charakterisiert. Diese Richtung war schon ursprünglich in ihm, doch durch den Umgang mit Wackenroder, noch mehr durch die Schlegel u. A. gefördert, deren Einfluß es zuzuschreiben ist, daß er in das Uebermaß, das Unförmliche und in die Leerheit poetischer Abstractionen gerieth. In de dritten Periode suchte er sich von dieser Manier zu befreien, und strebte, Goethen nacheifernd, nach objectiver Darstellung des wirklichen Lebens, doch konnte er jene Richtung nie ganz überwinden.[1])

Lyrische Gedichte beinahe ohne Ausnahme im Geiste der Romantik. In vielen stellt er die Natur und ihre einzelnen Erscheinungen als belebt dar, und läßt sie die geheimen Beziehungen aussprechen, die er in ihnen zu finden glaubt. Ueberhaupt weniger Empfindungen als dunkle Ahnungen. Wenn er aber die Welt und das Leben mit freiem Auge und heiterm Gemüthe anschaute, schuf er Gedichte, welche den besten Erzeugnissen der deutschen Lyrik an die Seite gesetzt werden können. („Zuversicht", „Herbstlied", „Frühlingsreise" u. a.) Auch er hat die südlichen Formen mit Vorliebe und Glück behandelt. In den wenig zahlreichen Romanzen volksthümliche Stoffe (Siegfried), aber nicht volksthümlich behandelt. — Erste dramatische Versuche: „Alla-Moddin, Schauspiel" (1790), „Karl von Berneck, Trauerspiel" (1795), „Die Theegesellschaft, Lustspiel" (1796), in dem althergebrachten Stile; erst mit dem „Ritter Blaubart" (1796) begannen die Dramen im romantischen Sinne; einige polemisch-satirische Stücke gegen die gemeine Auffassung der Poesie mit bedeutsamen Winken über die romantische Behandlung der Kunst:

---

1) Köpke, Rud., L. Tieck. Erinnerungen aus dem Leben des Dichters nach dessen Mittheilungen. Lpz. 1855. II. J. L. Hoffmann, L. Tieck. Eine literarhist. Skizze. Nürnb. 1856. Bernhardi, W., L. Tieck u. d. romant. Schule (i. Herrigs Archiv 33, 153 Album v. Abg. 1856.

„Der gestiefelte Kater“ (1797), „Prinz Zerbino“ (1796—98), „Die verkehrte Welt“ (1797) mit vortrefflichen Einzelnheiten, aber im Ganzen auf forciertem Witz beruhend, in Plan, Ausführung und Charakteren einander ähnlich (Einschachtelung eines zweiten und sogar eines dritten Schauspiels). Durch die „Genoveva“ (1799), „Kaiser Octavianus“ (1804) und „Fortunat“ (1815) wollte Tieck das romantische Drama in positiver Weise begründen, scheiterte aber an dem Unmöglichen. Indem er zeigen wollte, daß die romantische Poesie Alles in sich fassen und Alles darstellen könne, reihte er eine unübersehbare Masse von Situationen und Vorgängen an einander an, und verirrte sich in alle denkbaren rhythmischen Formen. — Von seinen Prosadichtungen gehören die Erzählungen „Das Schicksal“, „Die Versöhnung“ (1794) u. a. m. in die erste Periode, so auch die Romane „Abdallah“ (1795), „William Lovell“ (1796), „Peter Lebrecht“ (1796), in denen sich jedoch schon Anklänge der romantischen Richtung finden, die in den „Volksmärchen“ (1797) und in „Franz Sternbalds Wanderungen“ (1798) schon vollständig zur Erscheinung gelangt. Auch im „Phantasus“ (1812—17), einer Sammlung von Volksmärchen, ist das romantische Element vorherrschend, doch durch schöne Darstellung und große Klarheit des Stils wesentlich gedämpft. Die Märchen sind durch Gespräche verbunden, in welchen die Kunstansichten der romantischen Schule geistreich, aber nicht überzeugend entwickelt werden. — In die letzte Periode gehören die Novellen, die meist die Tendenz haben, des Dichters Ansichten über literarische und sociale Verhältnisse darzustellen, daher die Gespräche der Personen über diese Zustände den Mittelpunkt bilden, weshalb bei allem Reichthum der Erfindung an Situationen und Charakteren die epische Gestaltung zu sehr zurücktritt. Ihre bedeutendste Seite ist der Stil, die klare und feingebildete Darstellung, der es jedoch an Mannigfaltigkeit der Bewegung fehlt. Bedeutendste Novellen: „Das Zauberschloß“, „Der junge Tischlermeister“, der (unvollendete) „Aufruhr in den Cevennen“, „Das Dichterleben“ (Shakspeare), „Des Dichters Tod“ (Camoens) u. a. m. Der Roman „Vittoria Accorombona“ (1840), (Emancipation der Frauen), ganz verfehlt. (Schriften, Berl. 1828—54. XX. Nachgelassene Schriften, hrsg. v. Köpke, Berl. 1855. II. Novellen, Berl. 1835—42. XIV. Ebd. 1853 ff. XII. Gedd., Dresd. 1821—23. III.) Vortreffliche Uebersetzungen „Don Quixote“ (Berl. 1799—1801. IV.), Shakspeare (i. V. m. A. W. Schlegel), „Altengl. Theater“ (Berl. 1811. II.), „Shakspeare's Vorschule“ (Lpz. 1823—29. II.). Erneuerungen älterer deutscher Dichter: „Minnelieder aus dem schwäbischen Zeitalter“ (Berl. 1803), „Ulrich von Lichtenstein“ (Stuttg. 1812) und ganz besonders „Deutsches Theater“ (Berl. 1817. II.). Kritische Schriften (Lpz. 1848. IV.), namentlich die Briefe über Shakspeare, „Ueber Shakspeare's Sonette“, die „Dramaturgischen Blätter“ als geistreiche Entwickelungen der romantischen Ansichten an sich und historisch wichtig. — Köpke, Rud., L. Tieck, Erinnerungen aus dem Leben des Dichters, Lpz. 1855. II. — Briefe, hg. v. K. v. Holtei, Bresl. 1864. II.

c. **Friedrich von Hardenberg (Novalis)**, geboren am 2. Mai 1772 auf dem Gute Wiederstedt im Mansfeldischen, studierte seit 1790 in Jena, Leipzig und Wittenberg die Rechte, zuerst in Arnstadt beim Kreisamt, hierauf Assessor beim Salinendepartement in Weißenfels, studierte 1798 in Freiberg die Bergwissenschaft, 1799 Amtshauptmann des thüringischen Kreises in Weißenfels; gest. am 25. März 1801.

Von den übrigen Romantikern darin unterschieden, daß er seine christlich-mystische Anschauung nicht auf eine besondere Kirche übertrug, daher seine meist geistlichen Lieder Ergüsse des lebendigsten, von keiner Nebenrücksicht geleiteten Glaubens sind. Im Roman „Heinrich von Ofterdingen“, der ganz unter dem Einfluß der romantischen Ansichten entstand, will er die übersinnlichsten Verhältnisse poetisch gestalten, und geräth daher in das Wunderliche, Phantastische und Allegorische. (Schriften, hrsg. von Fr. Schlegel, Tieck und Ed. v. Bülow, Berl. 1802—46. III. Gedd. hg. v. W. Beyschlag (mit Biographie u. Charakteristik, Halle 1869.) Vgl. den Aufsatz üb. Novalis v. Fortlage in dessen Sechs philosoph. Vorträgen. Jena 1869, u. Archiv für Literaturgesch. v. R. Gosche. I. 223.

§ 339. Die späteren Romantiker.

a. **Friedrich H. K. Baron de la Motte Fouqué**, geb. am 12. Febr. 1777 zu Brandenburg, 1794 in Militärdiensten, 1813 Lieutenant bei den freiwilligen Jägern, später meist auf dem Gute Nennhausen, 1831 in Halle, wo er Vorlesungen über Geschichte der Poesie hielt, 1842 in Berlin; gest. den 23. Jan. 1843.

Fouqué wollte durch die Darstellung der kraftvollen Zeiten des Ritterthums das ersterbende Nationalbewußtsein wieder kräftigen; doch ist seine Auffassung des Mittelalters historisch unwahr, in seinen Dichtungen weht der Geist moderner Sentimentalität, die Darstellung ist gekünstelt und affectiert. Trotz dieser Mängel gehören seine zahlreichen Romane, meist Rittergeschichten („Sintram“, „Der Zauberring“, „Sängerliebe“ u. v. a. m.), vor Allem „Undine“, zu den besten Erzeugnissen der romantischen Poesie. Seine epischen Dichtungen („Karl des Großen Geburt und Jugendjahre“, „Corona“, „Bertrand du Guesclin“) verherrlichen ebenfalls das Mittelalter auf Kosten der Gegenwart. Bei großem Talent für das Drama hat doch kein einziges von seinen Stücken, wegen der romantischen Willkür, künstlerischen

Werth. Das erste, „Der Held des Nordens", auch das beste; (alte nordische Mythologie, Illustrationen). Lieder, zum Theil aus dem tiefsten Gefühl entsprossen, andere mystisch-tändelnd (Ausgew. Werke. Halle 1841. XII. Gedichte. Stuttg. 1816—27. V.).

b. **Ludwig Achim von Arnim**, geb. am 26. Januar 1780 zu Berlin, studierte in Göttingen Naturwissenschaften, lebte dann in Heidelberg in vertrautem Verhältniß mit Brentano, dessen Schwester (Bettina) er später heirathete. Seitdem abwechselnd in Berlin und auf seinem Gute Wiepersdorf in der Mittelmark; gest. den 21. Jan. 1831.

Reiche und fruchtbare Phantasie, scharfe Beobachtungsgabe und darstellendes Talent, aber Neigung zum Mystisch-Schauerlichen, Phantastischen und Abenteuerlichen, daher ohne künstlerische Mäßigung. Romane: „Armuth, Reichthum, Schuld und Buße der Gräfin Dolores", „Kronenwächter"; zahlreiche Novellen: „Isabella von Aegypten", „[illegible]" u. a. m. Dramen: „Halle und Jerusalem", „Cardenio und Celinde" u. s. w. Lyrische Gedichte meist in den Romanen und Novellen eingestreut. „Des Knaben Wunderhorn", eine Sammlung von Volksliedern (mit Cl. Brentano), zwar willkürlich und unzuverlässig, aber doch den Sinn für das Volkslied in größeren Kreisen erweckend (Werke, Berl. 1839—56. XXII.).

c. **Clemens Brentano**, geb. den 8. Sept. 1778 zu Frankfurt, gieng 1797 nach Jena, wo er mit den Häuptern der romantischen Schule in Verkehr trat, hielt sich dann von 1800 an abwechselnd in Frankfurt, Marburg, Koblenz, Berlin, Heidelberg, München, Wien und Prag auf, gieng 1818 aus Interesse für die Nonne Anna Katharina Emmerich nach Dülmen, wo er bis zu deren Tod 1824 blieb. Hierauf wechselte er seinen Aufenthalt beständig, zuletzt lebte er in Aschaffenburg, wo er am 28. Juli 1842 starb.

In Brentano ist die romantische Willkür auf den höchsten Punkt gelangt: Mangel an Klarheit des Gefühls und der Anschauung ließ ihn seine lebendig schaffende Phantasie nicht beherrschen. Dichtungen daher meist formlos, die Darstellung überschwänglich und, wenn er nach Wahrheit in der Darstellung strebt, spielend und selbst kindisch. Lyrische Gedichte; Dramen: „Ponce de Leon" (mit dem Versuch, den Reichthum der deutschen Sprache an Wortspielen zu zeigen), „Die Gründung Prags", „Victoria". Prosadichtungen: „Godwi oder das versteinerte Bild der Mutter von Maria", „Geschichte vom braven Kasperl und der schönen Annerl"; Der Goldfaden nach Wickram (s. d. § 107); Märchen. (Schriften hrsg. v. Chr. Brentano (mit Lebensbeschreibung). Frankf. 1852—55. IX. Märchen, hrsg. v. Guido Görres, Stuttg. 1847. II.).

d. **Heinrich von Kleist**, geb. am 10. Oct. 1776 zu Frankfurt a. d. O., 1795 in Militärdiensten, gab 1798 seine Entlassung, studierte dann in seiner Vaterstadt und in Berlin, 1801 in Paris, dann eine Zeit lang in der Schweiz, 1802 wieder in Deutschland, 1804 kurze Zeit in Staatsdiensten, 1807 in Berlin von den Franzosen gefangen, nach Frankreich abgeführt und erst im folgenden Jahre entlassen. Zuletzt lebte er in Berlin, wo die Schwermuth, die ihn schon seit langer Zeit befallen hatte, immer mehr zunahm, so daß er sich am 21. Nov. 1811 zugleich mit einer Freundin erschoß.[1])

Kleists zerrissenes, mit sich und der Welt unzufriedenes Gemüth ließ sein großartiges Talent nicht zur vollen Entfaltung gelangen, das zudem durch den Einfluß der romantischen Schule gehemmt oder auf falsche Bahn geleitet wurde. Seine Dramen verbinden die größten Schönheiten mit den auffallendsten Mängeln, bald ist die Anlage, oder die Ausführung, oder die Zeichnung der Charaktere verfehlt, wenn er sich durch romantische Ansichten beherrschen ließ; und bald ist dies Alles vortrefflich, wenn er sich frei den Eingebungen seines Talents hingab. Am Gelungensten ist das Lustspiel „Der zerbrochene Krug", dann das Drama „Der Prinz von Homburg" und das Ritterschauspiel „Käthchen von Heilbronn". — Erzählungen, darunter „Michael Kohlhaas",[2]) mit glücklicher Behandlung der meist schauerlichen Stoffe, aber höchst incorrect geschrieben (Werke, hrsg. v. Tieck, Berl. 1826. III.; von Julian Schmidt, Ebd. 1859. III. „Briefe an seine Schwester Ulrike", hrsg. v. Koberstein, Berl. 1860. „Polit. Schriften u. a. Nachträge zu s. Werken", hrsg. v. R. Köpke, Berl. 1862.).

e. **Jos. Freih. von Eichendorff**, geb. am 10. März 1788 zu Lubowitz bei Ratibor, studierte von 1805—8 die Rechte in Halle und Heidelberg, 1813 Freiwilliger im

---

1) Schillmann, Heinr. v. Kleist. 1. Jugend und die Familie Schroffenstein, nebst e. noch ungedruckten Stück aus d. „Katechismus der Deutschen". Progr. d. Gymnasiums zu Frankf. a. d. O. 1863. Wilbrandt, A., H. v. Kleist. Nördl. 1863. Leben u. Br. v. Bülow. Berl. 1848. — 2) Kuh, Emil, d. Quelle d. Kleistischen Erzählung M. Kohlhaas. Lpz. 2. Aufl. 1861. — Burckhardt, C. Histor. Hans Kohlhaas und H. v. Kleists Michael Kohlhaas. Lpz. 1864.

preußischen Heer, 1821 Regierungsrath in Danzig, 1824 in Königsberg, 1841 Geh. Regierungsrath in Berlin; gest. den 26. November 1857 zu Neisse.

Obgleich von Anhängern der romantischen Schule ausgehend, hat sich Eichendorff zugleich an Goethe und Uhland herangebildet, und dadurch die Verirrungen der Romantik glücklich überwunden. Zwar ebenfalls in die Vergangenheit zurückgewandt, verliert er sich nicht in allgemeine Abstractionen, bleibt aber in das Überschwängliche und Unbegreifliche. Lieder oft mit volksthümlichem Gepräge; einzelne im Munde des Volks. Kriegsgedichte und Liebeslieder von wahrer Empfindung; andere in das Mystische hinüberstreifend. Das Drama „Krieg den Philistern" in der Weise von Tiecks satirischen Dramen; die historischen Trauerspiele „Ezelin von Romano" und „Der letzte Held von Marienburg" zu lyrisch; der Roman „Ahnung und Gegenwart", die Novellen „Dichter und ihre Gesellen" und „Das Marmorbild", phantastisch. Heiter, gemüthlich und wahr dagegen ist die vortreffliche Novelle „Aus dem Leben eines Taugenichts" (Werke, Berl. 1841—43. IV. Ebd. 1862—64. VI.) Einseitig sind s. „Gesch. d. poetischen Literatur Deutschlands. 2. Aufl. Paderborn 1860. II.; D. deutsche Roman d. 18. Jahrh. in s. Verhältniß z. Christenthum. 2. Aufl. Ebd. 1866 u. Z. Geschichte des Drama's. 2. Aufl. Ebd. 1866.

§ 340. Die Dichter von Schicksalstragödien.

a. **Friedr. Ludw. Zachar. Werner**, geb. zu Königsberg am 18. Nov. 1768, studierte daselbst die Rechte, 1793 Kriegs- und Domänensecretär, schloß drei leichtsinnige Ehen und ließ sich eben so leichtsinnig scheiden, führte ein wüstes Leben; 1805 Geh. Secretär in Berlin, gab 1807 seine Entlassung, durchstreifte Deutschland, die Schweiz und Frankreich, reiste 1809 nach Rom, wurde 1811 katholisch und studierte Theologie, 1813 wieder in Deutschland, 1814 Priester, gieng dann nach Wien, 1821 kurze Zeit im Orden der Redemptoristen, und widmete sich schließlich ganz dem Predigtamt; gest. am 17. Jan. 1823.[1])

Unbestreitbar ein großes dramatisches Talent; reiche, bewegliche Phantasie, Gabe der Gestaltung und seltene Kraft des Ausdrucks; aber maßlos und unklar, Unsinn neben Schönem, Kräftigem und Originellem viel Verworrenes, Excentrisches und selbst Häßliches. „Die Söhne des Thals", „Das Kreuz an der Ostsee", „Martin Luther, oder die Weihe der Kraft" (mit feindlichen Ausfällen gegen das Papstthum), „Attila", „Wanda", „Die heilige Kunigunde", alle voll krausen Bombast. Am Einflußreichsten „Der vier und zwanzigste Februar", welcher die Schicksalstragödie hervorrief.

b. **Amandus Gottfr. Ad. Müllner**, geb. den 18. Oct. 1774 zu Langendorf b. Weißenfels, studierte seit 1793 die Rechte in Leipzig, 1798 Advocat in Weißenfels, gab 1815 die Praxis auf, gab mehrere Zeitschriften heraus; gest. am 11. Juni 1829. Mangel an schöpferischem Talent und Tiefe der Empfindung durch blendende Darstellung und Kenntniß des Theaters verdeckend. Tragödien: „Der neun und zwanzigste Februar", „Die Schuld", „König Yngurd", „Die Albaneserin". Lustspiele, zum Theil französischen Vorbildern nachgeahmt und seicht: „Die großen Kinder", „Der [illegible]". (Leben v. J. Schütz, Meißen 1830. Dramat. Werke, Braunschw. 1828. VII.) — **Franz Grillparzer**, geb. zu Wien am 15. Jan. 1791, seit 1832 Archivdirector das., gest. 21. Jan. 1872. „Die Ahnfrau" (Wien 1816); „Sappho" (Ebd. 1818); „König Ottokars Glück und Ende" (Ebd. 1825); „Der Traum ein Leben" (Ebd. 1840) u. a. m.

V. Die Zeitgenossen der Romantiker.

§ 341. Epiker.

a. **Jens Baggesen**, geb. am 15. Febr. 1765 zu Korsör auf Seeland, reiste 1789 durch Deutschland, die Schweiz und Frankreich, dann lange Zeit in Bern, 1798 Probst der Communität in Kopenhagen, reiste zu wiederholten Malen nach Paris, 1808 und 1809 in Deutschland, 1811 Professor in Kiel, 1814 Justizrath in Kopenhagen; gest. auf einer Reise zu Hamburg am 3. Oct. 1826.

Bei schönem Talent zu wenig Ruhe und Besonnenheit, daher er die Stoffe nie vollkommen beherrschte, nie zur Selbständigkeit gelangte. Anfangs nach Wieland gebildet, dann nach Klopstock, Schiller und Voß. Idyllisches Epos „Parthenais" bei dem Gebrauch der griechischen Mythologie in einem modernen Stoff von unangenehmem Eindruck, der durch die poetische Auffassung der Natur nicht verwischt wird. Das epische Gedicht „Oceania" unvollendet; das komische Epos „Adam und Eva" ohne Handlung und formlos, aber manche gute Stellen (Unterredung Eva's mit der Schlange in französischer Sprache). Satirische Lustspiele: „Der vollendete Faust oder Romanien in Jamben", glückliche Verspottung des phan-

1) Leben v. Hitzig, Berl. 1823. Schriften, Grimma 1841. XV.

raffinirten Treibens der Romantiker und der Philosophen. Eine so glückliche Verspottung der Romantiker und insbesondere des mit der Sonettenform getriebenen Unfugs im „Karfunkel oder Klingklingelalmanach“ (Tüb. 1810). Lyrische Gedichte gedankenreich, aber ohne formelle Schönheit (Werke, Lpz. 1836, V.). „Briefwechsel mit K. L. Reinhold und Fr. H. Jacobi“ für die Erkenntniß der Bewegungen in der Philosophie wichtig (Ebd. 1831. II.).

b. **Joh. Ladislaus Pyrker v. Felsö-Eör**, geb. am 2. Nov. 1772 zu Langh in Ungarn, trat 1792 in den Cistercienserorden, 1796 Priester, 1807 Pfarrer in Türnitz, 1812 Prior und dann Abt des Stiftes Lilienfeld, 1818 Bischof von Zips, 1821 Patriarch von Venedig, 1827 Erzbischof von Erlau; gest. in Wien am 5. Dec. 1847.

Versuche im heroischen Epos beachtenswerth. In der „Tunisias“ suchte er neue sogenannte Maschinen (die Geister der Verstorbenen) einzuführen, im „Rudolf von Habsburg“ einen rein nationalen Stoff poetisch zu verarbeiten. Außerdem „Perlen der heiligen Vorzeit“ (darunter „Die Maccabäer“), „Bilder aus dem Leben Jesu“, „Legenden der Heiligen“, „Historische Schauspiele“, „Lyrische und episch-lyrische Gedichte“ (Werke, Stuttg. u. Tübingen 1832 ff. III.).

c. **Ernst Konrad Fr. Schulze**, geb. zu Celle am 22. März 1789, studierte seit 1806 in Göttingen, trat 1814 unter die freiwilligen Jäger; gest. zu Celle am 26. Juni 1817.

Große Gewandtheit in der Behandlung der Form, reine und wohlklingende Sprache. „Psyche, ein griech. Märchen“, in der Weise Wielands. „Cäcilie“, ein episches Gedicht mit romantischen Anklängen; Religion das Hauptmotiv; bei zu großer Breite und Mangel an Einheit der Handlung voll trefflicher Einzelnheiten (Landschaften, Schlachtgemälde). „Die bezauberte Rose“, ein sinniges Märchen in Oktaven von großer Zartheit und Vollendung. (Werke, Lpz. 1819—20, IV. Die bezauberte Rose. Tagebuch. Mit Einleit. u. Anmerkk. hg. v. Jul. Tittmann. Lpz. 1870, vgl. E. Schulze v. Herm. Marggraf, Lpz. 1855.)

§ 342. Dramatiker.

a. **Heinr. Jos. (Edler von) Collin**, geb. zu Wien am 26. Dec. 1772, studierte daselbst die Rechte, 1795 Praktikant, 1809 Secretär bei der Credits-Hofcommission, bald darauf Hofrath und geadelt; gest. den 28. Juni 1811.

Antike Stoffe in antiker Einfachheit im Gegensatz zu der romantischen Willkür. „Regulus“, „Coriolan“, „Die Horatier und Curiatier“ u. a. m., zeugen von vaterländischer und freier Gesinnung, wie auch seine „Landwehrlieder“. Mehrere gute Balladen („Kaiser Max auf der Martinswand“). (Werke, hrsg. v. Mth. v. Collin. Wien 1814. VI.)

b. **Adam Gtl. Oehlenschläger**, geb. am 14. Nov. 1779 zu Frederiksberg bei Kopenhagen, 1805 in Deutschland, dann in Paris und Italien, 1810 Professor der Aesthetik in Kopenhagen, 1827 Professor daselbst, 1847 Conferenzrath; gestorben den 21. Jan. 1850.

Sehr productiv und sich in mancherlei Gebieten versuchend, am Glücklichsten im Drama, obgleich wegen seines Schwankens zwischen Schillerscher und romantischer Auffassungsweise nichts Vollendetes schaffend. Lustspiele: „Freya's Altar“, „Robinson in England“ u. a. m. Singspiele: „Die Räuberburg“; dramatische Idyllen: „Der Hirtenknabe“; dramatische Märchen: „Aladdin oder die Wunderlampe“ (voll Phantasie und komischer Laune, aber formlos). Unter den Trauerspielen sind die am Besten, in denen er die nordische Heldenzeit darstellt: „Hakon Jarl“, „Palnatoke“, „Axel und Walburg“. Durch den „Correggio“ der Gründer des Künstlerdramas. Verdienstlich ist seine Uebersetzung von Holbergs Lustspielen (Lpz. 1822—23. VI.). Lyrische Gedichte, Romanzen und Legenden. — Prosaische „Märchen und Erzählungen“ dramatisch lebendig und von großer Mannigfaltigkeit des Stoffs: „Die Inseln im Südmeer“ (Stuttg. 1826, VI.), eine gelungene Erneuerung der „Insel Felsenburg“ (s. o. § 290). „Lebenserinnerungen“ eben so lehrreich als unterhaltend. (Deutsche Schriften, Bresl. 1829—30. XVIII.)

§ 343. Die Dialektdichter.

a. Joh. Heinr. Voß, s. o. § 321.

b. **Joh. Peter Hebel**, geb. am 11. Mai 1760 zu Basel, studierte 1778 in Erlangen Theologie, 1783 Lehrer am Pädagogium in Lörrach, 1791 am Gymnasium zu Karlsruhe und Subdiakon, 1798 Professor, 1805 Kirchenrath, 1808 Director des Gymnasiums, 1814 Mitglied des Consistoriums, 1819 evangelischer Prälat; gest. auf einer Reise am 22. Sept. 1826 zu Schwetzingen.

Gedichte im alemannischen Dialekt (1803) behandeln die Natur und das Leben des Landmannes in reinem und volksthümlichem Geist, mit poetischer Wahrheit und in künstlerisch vollendeter

Form. Die Erzählungen, zuerst im „Rheinländischen Hausfreund“ (1808—11, später in dem „Schatzkästlein des rhein. Hausfreundes“), Meisterwerke volksthümlich naiver Auffassung und Darstellung, ohne alle Affectation, mit tief sittlicher Grundlage und voll des liebenswürdigsten Humors. „Biblische Geschichten“, Muster populärer Darstellung. (Auerbach, Berth., Schrift und Volk. Grundzüge der volksthüml. Literatur, angeschlossen an eine Charakteristik Hebels. Lpz. 1846. — Werke. Karlsr. 1832—34. VIII.)

c. **Joh. Martin Usteri**, geb. im April 1763 zu Zürich, zuerst Kaufmann, reiste 1783 über Norddeutschland nach Belgien, Holland und Frankreich, entsagte später seinem Beruf, 1803 Mitglied des Großen Raths, 1810 des Stadtraths, 1815 der Regierung; gest. am 29. Juli 1827 zu Rapperschwyl.

Wie in den zeichnenden Künsten, in denen er Treffliches leistete, schuf er in der Poesie Genrebilder voll Wahrheit und in schöner durchdachter Form. Idyllische Gedichte: „De Vikari“, „De Heer Heiri“; Balladen in schweizerischer Mundart. Biographie Hans Breitbachs, des Goldschmieds von Freiburg, u. a. m., in alterthümlich naiver Sprache. (Dichtungen, Berl. 1831. III.; Lpz. 1853. III.)

d. **Joh. Konr. Grübel**, geb. am 3. Juni 1736 zu Nürnberg, 1761 Flaschnermeister, später Stadtflaschner und Gassenhauptmann, 1808 Mitglied des Blumenordens, gest. den 8. März 1809.

Als Dichter des beschränkten Bürgerthums vortrefflich, ausgezeichnet in der komischen Erzählung und in Gemälden des reichsstädtischen Lebens. (Gedd. in Nürnb. Mundart, Nürnb. 1802. III. Correspondenz u. Briefe in Nürnb. Mundart, Ebd. 1808; Werke, Ebd. 1815. IV.; neue Ausg. v. G. K. Frommann. Ebd. 1857—58. III.)

e. **G. Dan. Arnold**, geb. am 18. Febr. 1780 zu Straßburg, studierte daselbst, in Göttingen und Paris die Rechte, Professor des Civilrechts in Koblenz, 1810 Professor der Geschichte, später der Rechte in Straßburg; gest. den 18. Febr. 1829.

Lustspiel „Der Pfingstmontag“ (Straßb. 1816. Ebd. 1850) in Straßburger u. a. elsässischen Mundarten. Vortreffliche Schilderung des Lebens in der alten Reichsstadt. Gedichte in Straßburger Mundart. (Leben in d. Zeitgen. III. 3. 1. S. 99.)

VI. Anschließen der Romantik an die Gegenwart.

§ 344. Die Dichter der Freiheitskriege.

a. **Gottlob Ferdinand Maximilian Gottfried von Schenkendorf**, geboren am 11. Dec. 1783 zu Tilsit, studierte in Königsberg die Kameralwissenschaften, 1806 Referendar, nahm 1813 am Feldzuge Antheil, nach dem Frieden Regierungsrath in Koblenz; gest. den 11. Dec. 1817.[1])

Eine weiche, zur stillen Beschaulichkeit geneigte Natur, durch den Einfluß der romantischen Schule, Jung-Stillings u. A. mystisch-schwärmerisch und zugleich von großer Thatkraft und energischer Begeisterung fähig, trug er diese eigenthümliche Mischung auch in seine vaterländischen Gedichte über, die bald das Gefühl in kräftiger und klarer Weise aussprechen, bald es in mystisches Hell-Dunkel verhüllen. Religiöse Gedichte von tiefer Innigkeit und wohlthätiger Wärme. (Sämmtl. Gedd. Berl. 1837. 3. Aufl. M. e. Lebensabriß u. Erläuterungen v. A. Hagen. Stuttg. 1862.)

b. **Karl Theodor Körner**, der Sohn von Schillers Freund, geb. am 23. Sept. 1791 zu Dresden, 1808 auf der Bergakademie in Freiberg, 1811 in Berlin, später in Wien Hoftheaterdichter, trat 1813 in die Lützowsche Freischaar und fiel im Treffen bei Gadebusch am 26. Aug. 1813, von einer Kugel tödtlich getroffen.[2])

Kriegs- und Schlachtlieder („Leier und Schwert“), unter den großartigsten Erscheinungen des Krieges entstanden, öfters an Schwärmerei streifend, dabei voll tiefer Wahrheit, manche von hinreißender Kraft („Lützows wilde Jagd“, „Das Volk steht auf, der Sturm bricht los“) und vollendet in Form und Ausdruck. Weniger bedeutend, obgleich auch von Talent zeugend, seine übrigen lyrischen Gedichte und Balladen. Trauerspiele „Zriny“, und „Rosamunde“ nach Schiller gebildet; Lustspiele und Posse „Der Nachtwächter“, „Die Gouvernante“ u. a. heiter und fließend. (Werke. Berl. 1838. IV.) Leier u. Schwert. Zriny. Rosamunde. M. Einleit. hg. v. R. Gottschall. Lpz. 1870.

---

1) Hagen, A., M. v. Schenkendorfs Leben u. Dichten. Unter Mittheilungen aus s. handschr. Nachlaß dargest. Berl. 1863. — 2) Leben v. Erdmann. Halle 1870.

a. **Ernst Moritz Arndt**, geb. am 26. Dec. 1769 zu Schoritz auf Rügen, studierte 1791—94 Theologie und Philosophie in Greifswalde und Jena, bereiste dann beinahe ganz Europa, 1806 Professor in Greifswalde, flüchtete nach der Schlacht bei Jena nach Schweden, kehrte 1810 zurück, war einer der thätigsten und muthigsten Beförderer der Volkserhebung gegen Napoleon, seit 1815 in den Rheinlanden, Professor in Bonn, 1819 wegen demagogischer Umtriebe in Untersuchung gezogen und seines Amtes entlassen, in das er erst 1840 wieder eingesetzt wurde. Im Jahre 1848 war er Mitglied des Parlaments in Frankfurt. Er starb am 29. Jan. 1860 zu Bonn.[1])

Glühende Vaterlandsliebe, männlicher Muth und gerader Sinn Grundzug seines Charakters als Mensch und als Schriftsteller. Vaterländische und Kriegslieder, gewaltig, im volksmäßig kräftem Ton Liebe zum Vaterland und Franzosenhaß befragend; auch andere Gedichte von großer Kraft, manche lieblich und zart (Gedd., Frankf. 1818. II. Berl. 1860). Unter seinen prosaischen Schriften der „Geist der Zeit" (Altona, 1807—18) am bedeutendsten, gehaltreich und von begeisterter Darstellung. Der „Versuch in vergleichender Völkergeschichte" (Lpz. 1843), eine mit leidenschaftlicher Liebe und leidenschaftlichem Haß geschriebene Charakteristik der europäischen Nationen; in ähnlicher Weise die „Ansichten und Aussichten der deutschen Geschichte" (Lpz. 1814). Für die Zeitgeschichte bedeutend: „Meine Wanderungen und Wandelungen mit dem Reichsfreiherrn v. Stein". (2. Abdr. Berl. 1858). „Reisen durch Deutschland, Ungarn, Italien und Frankreich" (Lpz. 1799. IV.). „Reisen durch Schweden" (Berl. 1804. IV.). „Märchen und Jugenderinnerungen" (Berl. 1818. Ebd. 1842. II.), treffen den naiv gemüthlichen Ton des Märchens glücklich.

b. Fr. Aug. (von) Stägemann, geb. am 7. Nov. 1763 zu Vierraden in der Ukermark, studierte in Halle die Rechte, 1806 Staatsrath, 1810 geadelt; gest. als Geh. Staatsrath am 18. Dec. 1840. Besang die Volkserhebung vom begeisterten Standpunkt in antiken Versmaßen. (Kriegsgesänge. Halle 1814 u. s. w., gesamm. u. d. T.: Historische Erinnerungen in lyrischen Gedichten. Berl. 1828. Vgl. Zeitgen. I. 4. 4. S. 163.)

c. Fr. Rückert, s. u. § 346. — Heinrich Ludwig Theodor Giesebrecht, geb. 5. Juli 1792 zu Mirow (Mecklenb. Strelitz), nahm an den Kriegen 1813—15 Theil, seit 1816 Lehrer am Gymnasium zu Stettin, wo er, seit 1866 pensioniert, lebt.

§ 345. Uhland, die schwäbische Dichterschule und verwandte Dichter.

a. **Joh. Ludwig Uhland**, geb. am 26. April 1787 zu Tübingen, studierte daselbst die Rechte, 1808 Advocat, reiste zu wissenschaftlichen Zwecken nach Paris, nahm seit 1815 an den öffentlichen Angelegenheiten lebendigen und einflußreichen Antheil, 1819 Mitglied der Ständeversammlung und des ständischen Ausschusses, 1830 Professor der deutschen Sprache und Literatur, gab 1833 seine Entlassung, um in die Ständeversammlung eintreten zu können, lehnte 1839 die Wiederwahl ab, 1848 Mitglied des deutschen Parlaments bis zu dessen gewaltsamer Auflösung. Er starb am 13. Nov. 1862. An den Romantikern gebildet, in deren Geist er Anfangs dichtete, befreite er sich früh von ihren Irrthümern, dem Ahnungsvollen und Mystischen, und wendete sich mit selbstbewußter Klarheit der Wahrheit und Gegenwart zu. Das Mittelalter tiefer und richtiger auffassend, machte ihn dasselbe nicht blind gegen die Vorzüge der neueren Zeit und nicht unempfänglich gegen ihre Bedürfnisse, vielmehr suchte er in der Poesie wie in der Politik auf der volksthümlichen Grundlage fortzubauen, die jenes darbot.[2])

Stoffe seiner Lieder einfach und naturgemäß: Natur, Liebe und Vaterland; aber er faßte sie mit tief poetischem Sinne auf. Er läßt die Natur unbefangen auf sich wirken und stellt diese Wirkung in ihrer reinsten Unmittelbarkeit dar; Liebeslieder zart und von tiefer Innigkeit; mit nähert er sich der volksthümlichen Auffassung. Durch seine vaterländischen Gedichte Einer der größten politischen Dichter Deutschlands. Noch höher als epischer Dichter. Er hat die Romanze und Ballade („Sängerliebe",

1) Leben v. Habermann, in Duller „Männer d. Volks". Frankf. 1847. Laben, Eug., E. M. Arndt. Nebst angedr. Briefen u. s. w. Jena 1860. Vgl. Unsere Zeit 4. 207. — 2) Leben v. Gust. Schwab, in Wenzels „Morgenblatt". Rückert und Uhland, verglichen v. G. Pfizer. Stuttg. 1837. Gust. Liebert, L. Uhland. Hamb. 1837. Pfeiffer, Fr., L. Uhland. Wien 1862. Weisch, L. Uhland. Berl. 1863. Notter, Fr., L. Uhland. Sein Leben u. s. Dichtung. Stuttg. 1863. Jahn, Ludw. Uhland. Bonn, 1863. Gihr, C., Uhlands Leben, Stuttg. 1864. Mayer, K., L. Uhland, s. Freunde u. Zeitgenossen, Stuttg. 1867. II.

„Bertran de Born", „Des Sängers Fluch", „Das Glück von Edenhall") u. s. w. mit ausgezeichnetem Glück bearbeitet, und eine neue lyrisch-epische Gattung, die Rhapsodie geschaffen. („Graf Eberhard der Rauschebart", „Der Schenk von Limburg".) In allen ist die Auffassung volkstümlich, die Form künstlerisch vollendet. (Gedd., Stuttg. 1815, viele Auflagen; letzte: 1864.) In seinen Dramen „Ernst, Herzog von Schwaben", Trauerspiel (Heidelb. 1818) und „Ludwig der Baier", Schauspiel (Berl. 1819), stellt er das Mittelalter ohne Schwärmerei in seiner wahren historischen Erscheinung dar und bewahrt überall die schönste Mäßigung.[1]) Um die Geschichte der deutschen Litteratur durch die gründliche Schrift „Walther von der Vogelweide" (Stuttg. 1822) und die vortreffliche Sammlung „Alte hoch- und niederdeutsche Volkslieder" (Ebd. 1844 II.) verdient. Schriften z. Gesch. d. Dichtung u. Sage (Stuttg. 1865 ff. bis jetzt 8 Bde.)

b. **Gust. Benj. Schwab**, geb. den 19. Juni 1792 zu Stuttgart, studierte 1809 bis 1814 Theologie und Philosophie in Tübingen, 1817 Professor in Stuttgart, 1837 Pfarrer in Gomaringen, 1842 Pfarrer und Amtsdekan in Stuttgart, 1845 Oberstudienrath, auch Mitglied des evangel. Consistoriums; gest. am 3. Nov. 1850.[2])

An Uhland sich lehnend, doch mit voller Selbständigkeit. Romanzen, Balladen und Rhapsodien in frischer und reicher Sprache („Legende von den heiligen 3 Königen", „Appenzeller Krieg", „Das Gewitter", „Der Reiter am Bodensee"); Lieder (z. B. Schillerslied, „Rückblick", „Die Sterne"), tief gefühlt, gedankenreich und von schöner Form. (Gedd., Stuttg. 1828—29. II. Neue Ausg., Ebd. 1838.) Uebersetzte Lamartines „Poetische Gedanken" (Ebd. 1826) u. A.; bearbeitete „Schillers Leben" (Ebd. 1840) und „Die schönsten Sagen des klassischen Altertums" (Ebd. 1838—40. III.).

c. **Justinus Andr. Chr. Kerner**, geb. zu Ludwigsburg am 18. Sept. 1786, studierte 1804—9 in Tübingen Medicin, praktischer Arzt in Wildbad, dann in Gaildorf, 1819—51 Oberamtsarzt in Weinsberg, in seinen letzten Jahren erblindet; gest. daselbst am 21. Februar 1862.[3])

Wehmütige Sehnsucht und geheimnisvolle Ahnung Grundton seiner Dichtungen; aber diese Sehnsucht ist nicht, wie bei den Romantikern, nach der Vergangenheit, sondern nach der Zukunft und dem Ueberirdischen gerichtet. Seine Stimmung ist oft krankhaft und überreizt, manchmal besiegt er sie und bezwingt heitern Lebensmut mit kräftigem Humor und gesundem Witz („Herbstlieder", Wanderlied). Von seinen Romanzen viele schauerlich und geisterhaft („Die vier wahnsinnigen Brüder", „Kaiser Rudolfs Ritt zum Grabe"); in andern ist die ernste Grundstimmung durch einen leichten Anflug von Humor erheitert („Der Geiger zu Gmünd"). Häufig und mit Glück hat er die vaterländische Geschichte poetisch bearbeitet („Der reichste Fürst"). Der humoristische Roman „Reiseschatten" erinnert an Jean Paul und die romantische Ironie, gewährt aber durch den harmlosen Humor bleibenden Genuß (Gedd., Stuttg. u. Tüb. 1826; Dichtungen, Ebd. 1834. Ebd. 1841. II.) Merkwürdig seine vielfachen Erörterungen über das Dasein der Geisterwelt: „Geschichte zweier Somnambulen" (Karlsr. 1824), „Die Seherin von Prevorst" (Stuttg. 1829. II.) u. a. m.

d. K. Fr. Hartmann Mayer, geb. den 22. März 1786 zu Neckar-Bischofsheim, studierte in Tübingen die Rechte; Oberjustizrat und Oberamtsrichter in Waiblingen, gest. in Tübingen 25. Febr. 1870. Epigrammatische Naturmalerei (Lieder, Stuttg. 1833). — Karl Rud. Tanner, geb. den 24. Juni 1794 in Aarau, studierte 1814—17 in Heidelberg und Göttingen, wurde dann Advocat in Aarau, 1831 Mitglied und 1833 Präsident des Obergerichts; gest. 1849. Sinnreiche und zarte Naturbilder. (Heimatliche Bilder und Lieder, Aarau 1826. 3. Ausg. Zür. 1846.)

e. **Wilh. Müller**, geb. am 7. Oct. 1794 zu Dessau, studierte seit 1812 in Berlin, 1813 Freiwilliger im preußischen Heer, reiste 1817 über Wien nach Italien, 1819 Lehrer der alten Sprachen in Dessau, bald darauf Bibliothekar; gest. am 30. Sept. 1827.

Lyrische Gedichte voll Frische, Leben und Wahrheit, innig, gemütvoll und von großem Wohllaut. „Gedichte aus den hinterlassenen Papieren eines reisenden Waldhornisten"; „Lyrische Reisen und epigrammatische Spaziergänge", „Muscheln von der Insel Rügen", „Lieder der Griechen" u. s. w. (Verm. Schriften m. Biographie v. G. Schwab, Lpz. 1830. V. Gedd. mit Einleit. u. Anmerk. hrsg. von (s. Sohne) Max Müller, Lpz. 1868. II.). — Außerdem: „Rom, Römer u. Römerinnen" (Berl. 1820. II.), „Homerische Vorschule" (Lpz. 1824), „Bibliothek der Dichter des 17. Jahrh." (Ebd. 1822—27. X. Fortges. v. Fr. Förster).

f. **Adelbert (eigentlich Louis Charles Adelaide) von Chamisso**, geb. am 27. Jan. 1781 auf dem Schloß Boncourt in der Champagne, mußte, 9 Jahre alt, während der Revolution mit seinen Eltern auswandern, kam mit ihnen 1797 nach

1) Weismann, H., Ldw. Uhlands Ernst v. Schwaben. (Progr. d. Musterschule in Frankf. a. M. 1863.) — 2) K. Klüpfel, G. Schwab. Sein Leben und Wirken. Lpz. 1858. — 3) Reinhard, Alm. J. Kerner u. d. Kernerhaus in Weinsberg. Tüb. 1862.

Berlin, zuerst Page der Königin, dann in Kriegsdiensten; seit 1807 beinahe immer in Berlin, begleitete 1815 Otto von Kotzebue auf seiner Weltumsegelung, 1818 Custos des botanischen Gartens in Berlin; gest. am 21. Aug. 1838.

Erste Dichtungen in der verschwommenen Weise der romantischen Schule; später Uhland und Béranger seine Vorbilder, deren Eigenthümlichkeiten er zu lebensvoller Einheit verschmolz. Einer der besten Lyriker der neuern Zeit; Tiefe und Zartheit der Empfindung, edle Gesinnung und gesunde Lebensansicht, Klarheit der Gedanken und eine meist einfache, immer schöne Form verleihen seinen Liedern einen steten frischen Reiz, die schon durch ihre objective Auffassung lebendige Wirkung hervorbringen. Von großer Vortrefflichkeit sind seine politischen Gedichte. In den lyrisch-epischen Dichtungen läßt er die Charaktere und Seelenzustände der Personen hervortreten, ohne sich in psychologischer Malerei zu verlieren. Stoffe bedeutend und ergreifend; große Vorliebe für das Schauerliche und selbst für das Entsetzliche, das er durch die Darstellung bis zum Grausigsten steigerte („Das Kruzifix", „Vergeltung", „Mateo Falcone"). Doch stellt er auch oft das tragische Element wie uns unverfälscht dar („Salas y Gomez"), besonders in den Bildern aus dem Leben der wilden Völker („Gerichtstag auf Huahine", „Der Stein der Mutter"), meisterhaft in der mehr heitern oder vorwiegend humoristischen Erzählung („Abdallah"; „Vetter Anselmo"). — In dem vortrefflichen kleinen Roman „Peter Schlemihls wunderbare Geschichte" (1814) verbindet er die Märchenwelt in glücklicher Weise mit dem wirklichen Leben. Grundgedanke: der Mensch kann sich in der gesellschaftlichen Welt nur durch den Besitz der nichtigsten Dinge Achtung und Anerkennung verschaffen. — Die „Beschreibung seiner Reise um die Welt" (1837) eben so gehaltreich als schön geschrieben. (Werke [mit Leben], hrsg. v. J. E. Hitzig. Lpz. 1836—39. VI. Vgl. Lenz, Apoll, Dichtercharaktere. Bremen 1853.)

g. August Heinrich Hoffmann von Fallersleben, geb. am 2. April 1798 zu Fallersleben im Hannöverschen, studierte seit 1816 in Göttingen und Bonn, 1823 Custos an der Universitätsbibliothek in Breslau, 1830 außerordentlicher und 1835 ordentlicher Professor der deutschen Sprache und Literatur daselbst, im Jahre 1843 wegen seiner freien Gesinnung abgesetzt. Seitdem hält er sich, mit wissenschaftlichen Arbeiten beschäftigt, in verschiedenen Orten, jetzt in Corvey auf.[1])

Liebliche und gefühlvolle Lieder, oft in volksthümlichen Tönen. Politische Lieder zeugen von tüchtiger Gesinnung und wahrem Patriotismus, von lebensvollem Humor und scharfem Witz (Alemann. Lieder. Fallersl. 1826. Gedd., Berl. 1827; Lpz. 1834. 11. 1843. Unpolit. Lieder, Hamb. 1840—41. II. Kinderlieder, Lpz. 1843 u. a. Sammlgn.). Zahlreiche Schriften über deutsche Sprache und Literatur, beinahe ohne Ausnahme werthvoll. Polit. Gedichte aus Deutschlands Vorzeit. Lpz. 1843; Die deutschen Gesellschaftslieder des 16. u. 17. Jahrh. Lpz. 1844. — Deutsche Philologie. Berl. 1836. — Spenden zur deutschen Literaturgesch. Lpz. 1844. II. — Gesch. d. deutschen Kirchenliedes bis auf Luther. Berl. 1832; 2. verm. Ausg. Hann. 1854. — Fundgruben für Gesch. deutscher Sprache u. Liter., Berl. 1830—37. II. Altdeutsche Blätter (mit M. Haupt). Lpz. 1836—40. Abh. u. s. w. Ausgg. des Reineke Vos, Theophilus u. s. w.

h. Abraham Emanuel Fröhlich, geb. am 1. Febr. 1796 zu Brugg, studierte in Zürich Theologie, 1817 ordiniert und Lehrer in Brugg, 1827 Professor in Aarau, seit 1831 Rector der Bezirksschule und Hülfsprediger daselbst, gest. Dezember 1865.

Der bedeutendste Fabeldichter der neuern Zeit; seine Fabeln (Aar. 1825), aus der Betrachtung der Natur und des Lebens hervorgegangen, durch poetische Auffassung, Wahrheit, Lebendigkeit und glückliche Darstellung ausgezeichnet. Außerdem zwei größere epische Gedichte „Ulrich Zwingli". (Zür. 1840). „Ulrich von Hutten" (Ebd. 1845) und mehreres Lyrische: „Elegien an Wieg und Sarg" (Lpz. 1835), „Trostlieder" (Zür. 1851) u. d. m. (Ges. Schriften. Frauenf. 1853. V.)

§ 346. Das geistliche Lied.

a. K. Bernh. Garve, geb. am 21. Jan. 1763 zu Jeinsen bei Hannover, in den Anstalten der Brüdergemeinde gebildet, 1784 Lehrer am Pädagogium, 1789 am Seminar zu Niesky, 1797 Prediger bei der Brüdergemeinde in Amsterdam, 1801 in Ebersdorf, 1810 in Berlin, 1816 in Neusalz, seit 1836 in Herrnhut privatisierend; gest. am 21. Juni 1841.

Einer der vorzüglichsten Dichter geistlicher Lieder; vermied das Spielende und die geschmacklose Bilderfülle seiner Religionsgenossen, ohne an Tiefe und Innigkeit der Empfindung zu verlieren. „Christ-

1) Hoffm. v. F., Mein Leben. Hannover 1868 ff. IV. Wagner, J. M., Hoffmann v. F. (1818—1868) Fünfzig Jahre dichterischen und gelehrten Wirkens. Bibliographisch dargestellt. Wien 1869.

liche Gesänge" (Görlitz 1825); „Brüdergesänge" (Gnadau 1827). Unbedeutend. „Der deutsche Psalter" (Berl. 1827) und die Uebersetzung der „Oden des Horatius" (Ebd. 1831).

b. **Joh. Bapt. von Albertini**, geb. am 17. Febr. 1769 zu Neuwied, in den Anstalten der Brüdergemeinde zu Niesky und Barby gebildet, 1804 Prediger, 1814 Bischof der Gemeinde; gest. den 6. Dec. 1831 zu Berthelsdorf.

Ein reicheres Talent als Garve, doch weniger frei von der eigenthümlichen Auffassungs- und Darstellungsweise der Brüdergemeinde. Lieder tiefgläubig, kindlich fromm und von großer formeller Schönheit. (Geistl. Lieder. Bunzlau 1821.)

c. **Albert Knapp**, geb. am 25. Juli 1798 in Tübingen, studierte daselbst Theologie, seit 1820 in mehreren geistlichen Aemtern, 1836 Diakonus in Stuttgart, 1837 Oberhelfer und 1845 erster Stadtpfarrer an der St. Leonhardskirche; gest. 1864.

Er suchte den einfachen, herzlichen Ton des alten Kirchenliedes wieder anzustimmen, und diesem eine künstlerisch gebildete Form zu geben. (Geistl. Gedd., Bas. 1829—34. IV.)

§ 347. Dramatiker.

a. **Ernst Benj. Salom. Raupach**, geb. am 21. Mai 1784 zu Straupitz bei Liegnitz, studierte in Halle Theologie, 1804 Hauslehrer in Rußland, 1816 Professor der Philosophie in Petersburg, 1817 Hofrath und Professor der Geschichte und deutschen Literatur, kehrte 1822 nach Deutschland zurück, seit 1825 in Berlin; gest. den 18. Mai 1852.

Einer der fruchtbarsten dramatischen Dichter, hat sich in beinahe allen Gattungen des Dramas versucht, in fast allen Glänzendes, in keiner Vollendetes geleistet. Selbst in den besseren Trauerspielen, z. B. „Isidor und Olga" (1826), bei großem theatralischen Effect Mangel an plastischer Gestaltung der Charaktere. In den „Hohenstaufen", einem Cyklus von 16 Stücken, wagte er sich an die Nachahmung Shakspeares, in der „Tochter der Luft" sich mit Calderon, in „Tasso's Tod" mit Goethe zu messen. In den Lustspielen (darunter „Die Schleichhändler", „Schelle im Monde") Erfindung gewöhnlicher Art, oft gehäuft, die Charaktere ohne Individualität und Wahrheit, die komischen Mittel alt und abgenutzt, die Witze übertrieben und gemein. Der Versuch, stehende Figuren einzuführen (Schelle, Till) mißlungen. (Dramat. Werke ernster Gattung. Hamb. 1835—44. XXIII.; kom. Gattung. Ebd. 1829—35. IV.) Biographie in: Sivers, Jegór, Deutsche Dichter in Rußland.

b. **Karl Lebrecht Immermann**, geb. am 24. April 1796 zu Magdeburg, studierte seit 1813 die Rechte in Halle, dann Referendar, 1823 Auditeur in Münster, 1827 Landgerichtsrath in Düsseldorf, übernahm 1834—38 die Leitung des dortigen Theaters; gest. den 25. Aug. 1840.

Gelangte bei ächt poetischer Begabung und entschiedenem Talent für das Drama, doch nicht zur Vollendung, weil er in seinen Kunstansichten schwankte und sich von dem Einfluß der Romantik nicht befreien konnte, besonders in den früheren Arbeiten: „Prinz von Syrakus" (1821), „Petrarca" (1822), „Cardenio u. Celinde" (1826), aber auch in den späteren historischen Tragödien: „Das Trauerspiel in Tyrol" (1827), als „Andreas Hofer" umgearbeitet, und „Kaiser Friedrich der II." (1828). Die Trilogie „Alexis" (1832) ist in so fern verfehlt, als die einzelnen Theile nicht in organischer Beziehung zu einander stehen. Der erste „Die Bojaren", das Beste, was er im Dramatischen geleistet, der Merlin unbedeutend. Die gegen Platen gerichteten Xenien zu leidenschaftlich persönlich. Das epische Gedicht „Tristan und Isolde" (1841) nach Gottfried von Straßburg, voll lebenswarmer Phantasie. Das Wesen des Romans hat er eben so wenig erkannt als das des Dramas, doch sind seine Leistungen beachtenswerth. Die „Epigonen" (1836), Darstellung des Kampfes der alten und neuen Zeit während der zwanziger Jahre, haben eine zu entschiedene didaktische Tendenz. Unvergleichlich besser der „Münchhausen" (1838); Schilderung der Falschheit und Hohlheit der modernen Bildung bei den höheren Klassen im Gegensatz zu dem kräftigen, reinen Wesen des noch an der alten Biederkeit hängenden Bauernstandes. In der Composition ist der Roman verfehlt (zwei neben einander sich entwickelnde Handlungen, die am Ende auf eine widerliche Weise zum Abschluß gebracht werden). — Selbstbiographie „Memorabilien" (1840 ff.), reich an Beobachtungen und interessanten Mittheilungen. (Schriften. Düsseld. 1835—43. XIV.)

c. **Chn. Dietrich Grabbe**, geb. zu Detmold am 11. Dec. 1801, studierte seit 1820 in Leipzig und Berlin die Rechte, 1827 Regimentsauditeur, gab später seine Entlassung, gieng nach Frankfurt und später nach Düsseldorf, wo er ein unordentliches Leben führte; gest. in Detmold am 12. Sept. 1836.[1])

Genial, mit einer kräftigen Phantasie begabt, der Sprache in hohem Grade mächtig, aber ohne künstlerischen Sinn, Ruhe, Besonnenheit und Mäßigung, daher der Cynismus des Ausdrucks und selbst der Gedanken, die Uebertreibung in den Charakteren, das Seltsame in der Auffassung der Personen und ihrer Thaten: „Herzog Theodor v. Gothland" (Dramat. Dichtungen, Frankf. 1827. II.), „Don Juan und Faust" (Ebd. 1829), „Friedr. Barbarossa" und „Heinrich V." (Die Hohenstaufen, Ebd. 1829—30. II.), „Napoleon od. d. hundert Tage" (Ebd. 1831), „Hannibal" (Düsseld. 1835), „Die Hermannsschlacht" (mit Leben v. Duller. Ebd. 1838).

d. **Ferdinand Raimund**, geb. am 1. Juni 1790 zu Wien, 1805 bei einem Conditor in der Lehre, verließ ihn heimlich 1808, und gieng zum Theater; später in Preßburg und Oedenburg, 1813 in Wien am Theater in der Josephstadt, 1817 am Leopoldstädter Theater, dessen Direction er 1821 übernahm. Von 1831 an machte er Kunstreisen; 1836 von einem Hunde gebissen, den er für toll hielt, überfiel ihn, der seit längerer Zeit schon schwermüthig war, eine solche Angst, daß er sich mit einem Terzerol den Tod zu geben suchte. Die Wunde war zwar tödtlich, doch starb er erst nach acht Tagen, am 6. Sept. 1836.

Raimund hat das Zauberspiel aus der Versunkenheit gehoben, in die es seit langer Zeit gefallen war. Stoffe aus der Märchenwelt, die er mit den Zuständen der Zeit in die innigste Verbindung brachte; reich an Erfindungen, glücklich in der Verknüpfung derselben, große Gestaltungsgabe und unerschöpflicher Humor. „Das Mädchen aus der Feenwelt, oder der Bauer als Millionär", „Der Alpenkönig oder der Menschenfeind", „Der Verschwender", „Die gefesselte Phantasie" u. a. m. (Werke mit Leben, Wien. IV.)

§ 348. Rückert. — Heine. — Platen.

a. **Friedr. Rückert**, geb. am 16. Mai 1788 zu Schweinfurt, studierte in Jena, 1811 Privatdocent, 1815 Redacteur des Morgenblattes, 1817 in Italien, später in Koburg, 1826 Professor der orientalischen Sprachen in Erlangen, 1841 Professor und Geh. Regierungsrath in Berlin, lebte längere Zeit in Neuseß bei Koburg, wo er am 31. Jan. 1866 starb.

Rückert übte in mehrfacher Beziehung einen eben so großen als heilsamen Einfluß auf die Entwickelung der deutschen Poesie aus. Er bereicherte dieselbe durch eine große Fülle von neuen Stoffen, die er theils aus fremden Literaturen sich aneignete, theils aus seinem eigenen fruchtbaren Geiste schöpfte; er führte neue poetische Formen ein, gab ihnen, so wie anderen, die schon vor ihm nachgebildet worden waren, durch die Meisterschaft der Behandlung ein vollständig deutsches Gepräge; er bereicherte die Sprache durch oft kühne, oft liebliche Wortbildungen, und erweiterte das Gebiet des Reims, indem er eine große Menge neuer Reimverbindungen fand.[2])

Einer der größten Lyriker Deutschlands, bewunderungswürdig durch die reiche Mannigfaltigkeit seiner poetischen Gedanken (es gestaltet sich Alles zum Gedicht), und deren tiefgefühlte und geistreiche Entwickelung. Groß in der politischen Lyrik („Geharnischte Sonette"), groß im Liebeslied („Liebesfrühling"), groß in der Nachbildung fremder Formen des Sonetts („Agnes' Todtenfeier"), der Terzine („Edelstein und Perle"), des Ghasels („Östl. Rosen") u. s. w. (Ges. Gedd., Erl. 1834—38. VI.; Auswahl, Frankf. 1841. — Vgl. Braun, J. G., Rückert als Lyriker. Siegen 1844; G. Pfizer, Rückert u. Uhland verglichen. Stuttg. 1834). Diese Meisterschaft noch großartiger in seinen Uebersetzungen: „Die Makamen des Hariri" (Stuttg. 1826; Ebd. 1837. II.), „Nal und Damajanti" (Frankf. 1828), „Schi-King" (Altona 1833), „Amrilkais Lieder" (Stuttg. 1843), „Hamasa, die ältesten arabischen Volkslieder" (Ebd. 1846. II.), läßt sich jedoch hie und da durch die Leichtigkeit, mit welcher er die Sprache und den Reim behandelt, zu Ueberkünsteleien und prosaischen Reimereien verleiten. „Die Weisheit des Brahmanen", (Lpz. 1836—39. VI.), eine Sammlung von kleineren didaktischen Gedichten, in denen er seine Lebensansichten in kurzer, oft beinahe epigrammatischer Form

---

1) Ziegler, K., Grabbe's Leben und Charakter. Hamb. 1855. — 2) Fortlage, K., Fr. Rückert u. s. Werke. Fr. 1867.

niederlegt.[1]) — Für das Epische hat er wenig Talent, doch einige gute Balladen („Blind Herr" „Barbarossa"); die Heldengeschichte „Rostem und Suhrab" (Erl. 1838) in Nibelungenversen kann wegen des zu fremdartigen Stoffs bei allen ihren einzelnen Schönheiten nicht anziehen. Noch weniger gelingt ihm das Drama: „Saul und David" (Ebd. 1843), „Herodes der Große" (Stuttg. 1844. II.), „Kaiser Heinrich IV." (Frankf. 1844. II.), „Colombo" (Frankf. 1845). — Gesammelte poet. Werke. Frankf. 1868—69. XII.

b. **Heinrich Heine**, geb. am 13. Dec. 1799 zu Düsseldorf, von jüdischen Eltern, studierte die Rechte in Bonn, Berlin und Göttingen, trat 1825 zum Christenthum über, lebte dann in Hamburg, Berlin und München, seit 1831 in Paris; gest. den 17. Febr. 1856.

Heine wurde dadurch mächtig, daß er die größte Wirkung durch die einfachsten Mittel zu erreichen suchte und der Zerfahrenheit der Romantik mit ihrem Aufwand aller möglichen Mittel Einfachheit und Natürlichkeit entgegenstellte. Sein Einfluß wurde noch dadurch bedeutender, daß er sich an die Spitze der freien Bewegung stellte, welche gegen Ende der Zwanziger Jahre aufzutauchen begann, und die Dunkelmänner in Religion und Politik mit seinem eben so glänzenden als richtigen Witz bekämpfte, der sich bald als heitere Ironie, bald als giftiger Sarkasmus, oder als bittere Spottlust äußerte. Doch vernichtete er selbst seinen Einfluß durch die Frivolität, mit welcher er Alles behandelte, da er durch dieselbe nicht bloß oft Widerwillen, sondern auch gegründete Zweifel erregte, ob es ihm mit seinen Ansichten Ernst sei.[2])

Seine lyrischen Gedichte wirken vorzüglich durch die volksthümliche Einfachheit der Form und die lebendige Unmittelbarkeit der Auffassung; aber der Eindruck bleibt selten rein, weil er oft den Ausdruck der seelenvollsten Empfindung plötzlich durch einen witzigen Einfall unterbricht und sich und seine Empfindung oder den Gegenstand derselben lächerlich macht. Im „Buch der Lieder" (Hamb. 1827) bewahrte er noch eine gewisse Mäßigung, aber in den „Neuen Gedichten" (Ebd. 1844) überschritt er alle Grenzen der poetischen, so wie der sittlichen Schönheit, sein Witz artete zum Cynismus, die Frivolität zur Frechheit aus. Eine eigenthümliche, in unzähligen Gedichten nachgeahmte Seite seiner Lyrik ist, daß er seine Gedichte oft schließt, ohne den Hauptgedanken auszusprechen, den er nur auf eine mehr oder weniger geheimnißvolle Weise andeutet, es dem Leser überlassend, denselben zu finden, wodurch er ihn in den Zustand der Ahnung und Erwartung versetzt. — Größere Dichtungen: „Deutschland, ein Wintermärchen" (Ebd. 1844), in Form einer Reisebeschreibung die deutschen Zustände mit bitterer Ironie und wildem Humor schildernd, in welchem sich die wüste Hoffnungslosigkeit ausspricht. Manche Stellen ganz vortrefflich und von einem ihm sonst nicht eigenen höhern Sinn erfüllt. „Atta Troll. Ein Sommernachtstraum" (Ebd. 1847), ein allegorisches Gedicht im Sinne der romantischen Poesie, Verspottung des schwärmerischen, maßlosen Germanenthums der Freiheitskriege und der neuern deutschen Poesie, dabei jedoch durch kleinliche Eifersucht Widerwillen erregend. In den Tragödien „William Ratcliff" und „Almansor" (Berl. 1823) schöne lyrische Stellen, während sich Handlung und Charaktere wild gebärden. „Romanzero" (Hamb. 1851), an einander gereihte Romanzen, genial und frivol, mit einem merkwürdigen Nachwort: „Rückkehr des verlornen Sohnes zum Glauben." — Seine prosaischen Schriften zeichnen sich durch natürliche, klare und lebendig anschauliche Darstellung aus, welche der abstracten, vergeistigenden oder unnahbaren Sprache seiner meisten Zeitgenossen jugendlich frisch entgegentrat. Hauptwerk die „Reisebilder" (Hamb. 1826—34. IV.) wirkten nicht weniger durch diese Vorzüge der Darstellung, als durch die Keckheit, mit welcher er die politische und literarische Menschen bekämpfte, durch den unerschöpflichen Witz, mit welchem er die schwachen Seiten des deutschen Lebens lächerlich machte, wobei er, wenigstens in den zwei ersten Theilen, eine gewisse Harmlosigkeit zur Schau trug, die eine Zeit lang über seine Absicht täuschte. Außerdem „Beiträge zur Geschichte der neueren schönen Literatur in Deutschland" (Paris 1833. II.), „Die romantische Schule" (Hamb. 1836), „Der Salon" (Ebd. 1834), zeugen von seinem unerschöpflichen Witz, aber auch vom Mangel an Ernst der Gesinnung. Schrift „Ueber Börne" (Ebd. 1840) eine gemeine Schmähschrift, während in dem gegen Menzel gerichteten „Denunziant" (Ebd. 1837) der zermalmende Witz von der Wahrheit getragen wird.

---

1) Beyer, Kr., F. R.'s Weisheit d. Brahmanen. Oldenb. 1869. — 2) Sämmtl. Werke. Hamb. 1867—68. XVIII. Meißner, Alfr., Heine. Erinnerungen. Hamb. 1856; Pilger, G., Heines Schriften u. Tendenz (Deutsche Vierteljahrsschr. 1838); Börne, L., Urtheil üb. Heine. Frankf. 1840; Boden, Zur Charakteristik Heines. Mainz 1841; Mises (Fechner), Heine als Lyriker; Schmidt-Weißenfels, Ed., Ueber Heine. Nebst Anh. bisher nicht wieder abgedruckter Dichtungen v. Heine. Berl. 1857. — Strodtmann, Adf., H.s Leben und Werke. Berl. 1867—69. II. Heine, Max, Erinnerungen an H. H. u. s. Familie. Berl. 1868.

c. **K. August G. Max Graf von Platen-Hallermünde**, geb. am 24. Oct. 1796 zu Ansbach, 1814 Lieutenant, studierte seit 1818 in Würzburg und Erlangen, 1824 in Venedig, seit 1826 in Italien, lange in Rom und Neapel; gest. den 5. Dec. 1835 in Syrakus.

Während Heine durch die Einfachheit der Form der Zerfahrenheit der Romantik entgegenwirkte, that es Platen durch die künstlerische Strenge derselben, weshalb er die altklassischen Versmaße, welche die Romantiker vernachlässigt hatten, wieder einführte, ohne die modernen Formen einseitig zu verwerfen; vielmehr behandelte er viele derselben mit der nämlichen meisterhaften Kunst wie die Versmaße der Griechen. Der strengen Schönheit der Form entsprach auch der tiefe Gedankengehalt seiner Dichtungen, in denen sich eine ernste und würdige Gesinnung und vor Allem eine unverkennbare Kraft der Ueberzeugung ausspricht.

Lyrische Gedichte von hoher Formvollendung, großem Gedankenreichthum und unübertrefflicher Composition. Besonders groß in der Ode und Hymne. Sonette (1825), von seltener Gedankenfülle; hat die Ghasele (1821) zuerst in ihrer reinsten Form nachgebildet. Das Wesen des Epigramms tief erfaßt. Im epischen Gedicht „Die Abassiden" der phantastische märchenhafte Inhalt im Widerspruch mit der engen Form (achtfüßige Trochäen). In den ersten Dramen „Der gläserne Pantoffel", „Berengar" (1824), noch auf dem Standpunkt der Romantiker; hat aber schon im „Schatz des Rhampsinit" (1824) mit ihnen gebrochen, und behält ihre Darstellungsweise nur, um ihre Schwächen zur Anschauung zu bringen; doch ist der Witz oft gesucht, der Ausdruck desselben steif. Der „Thurm mit sieben Pforten" eine artige Kleinigkeit, das Schauspiel „Treue um Treue" (1825), formell ein Kunstwerk, aber das innere Leben der Personen gelangt, wie auch in der von edler und freier Gesinnung zeugenden „Liga von Cambrai" (1833), nicht zur vollen Zeichnung. Großartig dagegen die Versuche, das Aristophanische Lustspiel in Deutschland einzubürgern, in denen er zudem die falschen Richtungen, in die das Drama verfallen war, mit Geist und ächtem Witz bekämpfte. „Die verhängnißvolle Gabel" (1826), gegen die Schicksalstragödien, indem sie selbst eine solche vorführt. Der „Romantische Oedipus" (1829), hinsichtlich der Sprache und der rhythmischen Schönheit der Darstellung ein Meisterwerk ersten Ranges, persiflirt die ganze „Dichterlingsgenossenschaft", die in den Zwanziger Jahren die deutsche Literatur beherrschte (Raupach, Müllner, Clauren, Kind, Immermann u. a. m.); hauptsächlich gegen die verkehrte Auffassung der Tragödie gerichtet, von der er in einem Zwischenspiel eine vortreffliche Parodie giebt. (Werke [mit Biogr. v. Goedeke]. Stuttg. 1839. Ebd. 1847. V. Supplemente, (hg. v. J. Minckwitz). Lpz. 1850. II. (darin die Polenlieder). Tagebuch 1796—1825, hrsg. v. K. Pfeufer. Stuttg. 1860).

VII. Gleichzeitige Dichter.

§ 349. Die lyrischen und didaktischen Dichter.

a. **Leopold Schefer**, geb. den 30. Juli 1784 zu Muskau, erwarb sich durch Privatstudien vielseitige und gründliche Kenntnisse, machte später große Reisen, um sich in der Musik auszubilden, seit 1820 in Muskau, gest. daselbst am 13. Febr. 1862.

Hauptdichtung: „Laienbrevier", eine Reihe einzelner durch den allgemeinen Inhalt zusammenhängender Gedichte, des Verfassers Ansichten über Gott, Welt, Menschen und Leben darstellend. Recht weibliche Empfänglichkeit für die Schönheit der Natur, fromme, wenn auch nicht kirchliche Gesinnung, tiefe Kenntniß des menschlichen Herzens und reine Menschenliebe charakterisiren das Gedicht. Ähnlicher Art, aber ihm nachstehend die „Vigilien" und „Der Weltpriester". Zahlreiche Novellen, phantastisch mystisch gehalten, der Plan meistens verfehlt, der Stil oft ungenießbar. (Ausgew. Werke. Berl. 1845. XII.)

b. **Jos. Chr. Freih. von Zedlitz**, geb. am 28. Febr. 1790 auf dem Schloß Johannisberg in Oesterreichisch-Schlesien, 1806—1811 im österreichischen Heer, seit 1837 beim Ministerium des Auswärtigen angestellt; gest. in Wien den 16. März 1862.

„Todtenkränze" (Stuttg. 1827), in Canzonen, ausgezeichnet in Form und Gehalt. Gedichte (Ebd. 1839); Dramatische Werke (Ebd. 1830—36. IV.), darunter „Der Stern von Sevilla" nach Lope, „Kerker und Krone" u. a. m., ferner das Märchen „Waldfräulein" (Ebd. 1843); „Altnordische Bilder" (Ebd. 1850. II.).

c. **Ignaz Heinr. K. Freih. v. Wessenberg**, geb. am 4. Nov. 1774 zu Dresden, ehemal. Generalvikar des Bisthums Konstanz, gest. 9. Aug. 1860. Mild und fromm. „Gedichte" (Zür. 1800). „Blüthen aus Italien" Basler. 1818. Leben in d. Heiligen. I. 2. 4. G. 164. v. Beck, Freib. 1862. — Karl Joseph aus Pommern, geb. 1774. Herzlich und warm. „Gedichte" (Stralf. 1812). „Friedhofsklänge" (Ebd. 1831). — Wilh. Hey, geb. 26. März 1789 zu Leina im Gothaischen, Superintendent in Ichtershausen, gest. 19. Mai 1854. „Fünfzig Fabeln" (Hamb. 1833). „Noch fünfzig Fabeln" (Ebd. 1837); voll Einfachheit und Naturwahrheit. — K. Jos. Ant. Joh. Wilh. Smets, Sohn der großen Schauspielerin Sophie Schröder, geb. zu Reval am 15. Sept. 1796, gest. als Stiftsherr zu Aachen den 14. Oct. 1848. „Gedichte" (Aachen 1824). Vollständige Sammlung (Stuttg. u. Tüb. 1840). Biographie in Elvers a. a. O. Vgl. Hallesche Jahrbücher 1841 S. 474. — Franz Freiherr v. Gaudy, geb. zu Frankf. a. O. am 19. April 1800, gest. am 6. Febr. 1840, heiter, gewandt, vorzüglich im leichtern Liede glücklich, doch auch ernster Töne fähig („Kaiserlieder"). Außerdem Novellen und „Mein Römerzug" (Sämmtliche Werke, Berl. 1844. XXIV.). — Karl Grüneisen, geboren 17. Jan. 1802 in Stuttgart, Oberhofprediger daselbst. „Lieder" (Stuttg. 1823). Gründlich ist: „Niklas Manuel, Leben eines Malers, Dichters und Reformators" (Stuttg. 1837). — Joh. Gabr. Seidl, geb. zu Wien am 21. Juni 1804, Custos am Münz- und Antikencabinet daselbst. „Dichtungen" (Wien 1826—28. III.) u. a. m. — Wilh. Fr. Waiblinger, geb. 21. Nov. 1804 zu Heilbronn, gest. 17. Jan. 1830. Talentvoll, vielseitig, aber in Verwilderung untergehend. Lyrische Gedichte, poetische Erzählungen, Novellen, Dramen (Werke, Hamb. 1839—40. IX.).

§ 350. Epische Dichter.

Karl Egon Ebert, geb. zu Prag am 5. Juni 1801, studierte daselbst, wurde 1825 Bibliothekar und Archivar des Fürsten von Fürstenberg in Donaueschingen, 1829 Rath und Archivdirector, lebt gegenwärtig meist in Prag.

Glücklich im Lyrischen, ausgezeichnet in der Ballade; Neigung zum Erhabenen und Schauerlichen (Gedichte, Prag 1824. 6. Aufl. Stuttg. 1845). Bemerkenswerth im größeren Epos: „Wlasta" (Prag 1829) und in der idyllischen Erzählung „Das Kloster" (Stuttg. 1833) u. a. m.

§ 351. Dramatische Dichter.

Eduard (von) Schenk, geb. 10. Oct. 1788 zu Düsseldorf, wurde 1817 katholisch, 1828 Minister des Innern in München, 1831 Regierungspräsident in Regensburg, 1838 Staatsrath in München; gest. daselbst 26. April 1841. „Schauspiele" (Stuttg. 1829—35), darunter „Belisar". — Franz von Elsholtz, geb. 1. Oct. 1791 zu Berlin, Gothaischer Legationsrath in München, seit 1851 auf seinem Gute bei Tegernsee. „Schauspiele" (Stuttg. 1830; Ebd. 1835. II.), darunter „Die Hofdame", „Der Kammerherr". — Gotthilf Aug. Freih. von Maltitz, geb. 9. Juli 1794 zu Königsberg, gest. 7. Juni 1837 in Dresden. „Hans Kohlhas", Trauerspiel (Berl. 1828), „Oliver Cromwell" (Hamb. 1831) u. a. Dramen. — Joseph von Auffenberg, geb. zu Freiburg 1798, gest. 1857, talentvoll und fruchtbar: „Die Flibustier", „Die Spartaner", „Der Löwe von Kurdistan". (Dramat. Werke, Siegen u. Wiesb. 1843—46. XXII.) — Michael Beer, jüdischer Religion, geb. 1800 zu Berlin, gest. in München 22. März 1833. „Werke" mit Biographie v. Schenk (Lpz. 1835). „Der Paria"; „Struensee".

§ 352. Die Dichterinnen.

Karoline Rudolphi aus Berlin, 1750—1811, als Erzieherin durch ihr reines und frommes Gemüth segensreich wirkend: „Gedichte" (Berl. 1780 und Lpz. 1796). — Sophie Brentano, Gattin des Dichters, früher verehel. Mereau, geb. Schubert, aus Altenburg, 1761—1806, schwermüthig, sinnige Frauenseele. „Gedichte" (Berl. 1800—2. II.) — Friederike Soph. Christ. Brun, geb. Münter, aus dem Gothaischen, in Kopenhagen erzogen, 1765—1835, nach Matthisson gebildet. „Gedichte" (Zür. 1795). Außerdem Reisen, Briefe u. a. m. — Amalie von Helvig, geb. von Imhoff, geb. zu Weimar 16. Aug. 1776, Hofdame der Herzogin von Weimar, seit ihrer Verheirathung in Stockholm, dann in Berlin; gest. 1831. Sie bildete ihr poetisches Talent an Goethe und Schiller. Idyllische Gedichte, darunter „Die Schwestern von Lesbos" (in Schillers Musenalmanach 1800) u. a., Romanzen, Legenden, lyrische Gedichte und die schöne „Sage vom Wolfsbrunnen". — Karol. Luise Brachmann, geb. 9. Febr. 1777 zu Rochlitz, vielfach im Leben geprüft, stürzte sich am 17. Sept. 1822 bei Halle in die Saale. Gelungene lyrische Gedichte, Romanzen und Balladen, ein romantisches Epos „Das Gottesurtheil", Novellen und Erzählungen (Auserles. Dichtungen mit Biographie, Lpz. 1824—26. VI.). — Helmina von Chézy, geschiedene von Hastfer, geb. v. Klenke, Enkelin der Karschin, geb. 1783 in Berlin, gest. nach wechselvollen Schicksalen in München 1856. „Gedichte" (Heidelb. 1812. II.), „Euryanthe", Oper; Romane und Novellen. — Agnes Franz aus Militsch in Schlesien 1795—1843, gemüthvolle Dichterin. „Gedichte" (Hirschb. 1826. II.), „Parabeln" (Wesel 1829), „Volkssagen" (Lpz. 1830.) — Luise Hensel, geb. zu Berlin 1798, treffliche religiöse Lieder (im Wiederabdruck „Geistl. Blumenstrauß". Sulzb. 1829; Lieder. Hg. v. Schlüter, Paderborn). — Elisabeth Kulmann, geb. 5. 17. Juli 1808 in Petersburg, gest. 19. Nov. (1. Dec.) 1825, besaß seltene Sprachkenntnisse, hatte sich an den Meisterwerken der Griechen und der modernen Dichter gebildet; reich an Gedanken und Bildern, voller Einfachheit des Ausdrucks und der Form. „Dichtungen" (Frankf. 1844).

Zweites Capitel. Prosa.

I. Prosadichtungen.

§ 353. Der Roman.

a. Goethe § 337; Klinger § 330; Müller § 331. Schiller § 333; Moritz § 333; Hölderlin § 334; Kosegarten § 336; Kotzebue § 337; Fr. Schlegel, Tieck und Hardenberg § 336; Fouqué, Arnim und Eichendorff § 339; Brentano und Chamisso § 345. Immermann § 347; Gerstäcker, K. L. v. Woltmann § 356.

b. Joh. Karl Aug. Musäus, geb. zu Jena 1735, studierte daselbst Theologie, 1770 Professor in Weimar; gest. 28. Oct. 1787. „Grandison II.“ (Eisen. 1760—62. III.), umgearbeitet: „Der deutsche Grandison“ (Ebd. 1781—82. II.), Verspottung der empfindsamen Romane. „Physiognomische Reisen“ (Altenb. 1778—79. IV.), Verspottung der Lavaterschen Physiognomik. Am bekanntesten die „Volksmärchen der Deutschen“ (Gotha 1782—86. V. Mit Einleit. u. Anmerk. hrsg. v. Moritz Müller. Lpz. 1839.), u. a. m.

c. Moritz Aug. von Thümmel, geb. zu Schönefeld bei Leipzig am 27. Mai 1738, studierte in Leipzig die Rechte, 1761 Kammerjunker in Coburg, später Geh. Hofrath, 1768 wirklicher Geh. Rath und Minister, machte 1771 und 1773 größere Reisen nach Wien, Holland und Frankreich, wo er bis 1777 blieb, gab 1783 seine Entlassung; gest. den 26. Oct. 1817.[1])

„Wilhelmine oder der vermählte Pedant“. Ein pros. komisches Heldengedicht (1764), ein treffliches Gemälde der gesellschaftlichen Zustände zur Zeit des siebenjährigen Kriegs, wo der Adel Alles, der Bürgerliche Nichts war. „Reise in die mittägl. Provinzen von Frankreich“ (1791—1805), ein Reiseroman, der bei großer Frivolität an Mannigfaltigkeit des Inhalts, Lebendigkeit und Wahrheit der Schilderung noch unübertroffen ist und den Gedanken zur Anschauung bringt, „daß aus Aberglauben Verderbniß der Sitten, und daraus Umsturz des Staates erfolge.“ (Werke. Lpz. 1811—19. VI. Ebd. 1844. VIII.)

d. Joh. Jak. Engel, geb. am 11. Sept. 1741 zu Parchim, studierte in Rostock und Leipzig, 1776 Professor am Joachimsthalschen Gymnasium in Berlin, später Mitglied der Akademie der Wissenschaften, 1787 Oberdirector des Theaters, seit 1794 in Schwerin privatisierend, 1798 wieder in Berlin; gest. den 28. Juni 1802.

Vortrefflicher Stilist, correct, klar, geschmackvoll und beredt. „Der Philosoph für die Welt“ (Berl. 1775—77. II.), mit wahrhaft classischen Gesprächen und Erzählungen („Tobias Witt“, „Der Traum des Galilei“, „Die Entzückung des Las Casas“). Roman: „Herr Lorenz Stark“ (Berl. 1801), das beschränkte Leben des deutschen Bürgerstandes der damaligen Zeit, wenn auch nicht mit poetischem Zauber, doch klar und in großer Wahrheit darstellend. „Lobrede auf Friedrich II.“ (Berl. 1781), ein Muster rhetorischer Darstellung. Lustspiel: („Der dankbare Sohn“, „Der Edelknabe“), „Der Fürstenspiegel“ (Ebd. 1798). „Philosophische Schriften“ (Ebd. 1780 ff. II.), eine „Poetik“ und eine „Mimik“ (Schriften. Ebd. 1801—6. XII.)

e. Joh. Heinr. Jung, gen. Stilling, geb. am 12. Sept. 1740 zu Grund im Nassauischen, in seiner Jugend Schneider und zugleich Schulmeister, dann Informator bei einem Kaufmann, studierte 1770 (30 Jahr alt) in Straßburg Medicin, 1772 prakt. Arzt in Elberfeld, 1778 Lehrer an der Kameralakademie zu Kaiserslautern und 1784 in Heidelberg, 1787 Professor der Kameralwissenschaften in Marburg, 1803 in Heidelberg (Hofrath), 1806 in Karlsruhe; gest. den 2. April 1817.

Ein liebenswürdiger, kindlich-naiver, frommer Mann, den die Neigung zur Schwärmerei und zum Pietismus nie lieblos machte. Lebensgeschichte: „Heinrich Stillings Jünglingsjahre“, „Wanderschaft“, „Häusliches Leben“, „Lehrjahre“, „Alter“, zum Theil durch die Art der Behandlung in das Bereich der Dichtung gezogen. Auch den übrigen Romanen „Theobald und die Schwärmer“, „Geschichte des Herrn von Morgenthau“ u. a. w., liegen Erlebnisse zu Grunde. — Merkwürdig die „Scenen aus dem Geisterreich“ und die „Theorie der Geisterkunde.“ (Schriften. Stuttg. 1835—39. XIV.)

f. Theodor Gli. (von) Hippel, geb. am 31 Jan. 1741 zu Gerdauen in Ostpreußen, studierte in Königsberg Theologie, reiste 1760 nach Petersburg, nach seiner Rückkehr Hauslehrer, begann 1762 das Studium der Rechte, 1765 Advocat, darauf Criminalrichter, Stadtrath und Criminaldirector, 1780 Oberbürgermeister, 1786 Geh.

---

1) Leben v. J. E. v. Gruner. Lpz. 1819.

Kriegsrath, ließ 1791 den alten Adel seiner Familie erneuern; gestorben den 23. April 1796.

Ein Mann von seltenem Talente und außerordentlicher Charakterkraft, unerschöpflich an geistreichen Ideen, witzigen Einfällen und poetischen Anschauungen, ließ sich aber von seiner Phantasie so ganz hinreißen, daß er nicht zur künstlerischen Darstellung gelangen konnte. Er ist in seinen Ansichten über Politik und Gesetzgebung, die er theils in seinen Romanen, theils in selbständigen Schriften entwickelt, seiner Zeit weit vorangeeilt. (Vgl. J. Kupp, Th. v. Hippel u. s. Lehre vom christl. Staate, in Prutz: Literarhistor. Taschenb. 1845.) Hauptwerke: „Lebensläufe nach aufsteigender Linie"; „Kreuz- und Querzüge des Ritters A bis Z", „Ueber die Ehe", „Handzeichnungen nach der Natur", „Ueber Gesetzgebung und Staatenwohl"; Autobiographie (unvollendet), Geistliche Lieder, Lustspiele, Briefe. (Werke, Berl. 1828—39, XIV.)

g. Jean Paul Friedrich Richter, geb. am 21. März 1763 zu Wunsiedel, studirte 1781 in Leipzig Theologie, hatte bald mit Mangel zu kämpfen, was ihn veranlaßte, sich durch Schriftstellerei den nöthigen Unterhalt zu verschaffen, doch gelang es ihm so wenig, daß er Leipzig verlassen und sich nach Hof zu seiner Mutter begeben mußte, die jedoch selbst in tiefer Armuth lebte, 1790 Privatlehrer in Schwarzenbach bei Hof, 1791 wieder bei seiner Mutter, 1797 in Leipzig, 1798 in Weimar, 1799 in Berlin, dann in Meiningen und Koburg, seit 1804 in Bayreuth; gest. den 14. Nov. 1825. — Jean Paul war ein poetisches Talent ersten Ranges, er besaß eine äußerst fruchtbare Phantasie, eine reiche Erfindungsgabe, eine große Kenntniß des menschlichen Herzens, seltene Tiefe der Empfindung, einen reichen Humor, eine unerschöpfliche Fülle von Gedanken und dabei eine große Macht der Darstellung, aber es fehlte ihm an durchgebildetem Geschmack, an Mäßigung und an der Kunst, die Einzelnheiten zu einem harmonischen Ganzen zu verbinden, daher nur seine kleinen Aufsätze wahre Kunstwerke sind, während die größeren Schriften der künstlerischen Einheit ermangeln. Aber auch diese haben in ihren einzelnen Theilen hohe Schönheiten, besonders wenn er das Leben der unteren Stände und die Natur schildert. Jean Pauls weiche Seele, seine reiche Menschenliebe, sein tiefes Gefühl für die Armen und Bedrängten gab seinen Schriften einen sentimentalen Charakter, aber es ist das komische Element derselben eben so bedeutend als das sentimentale; er steht an Reichthum des Witzes, an unerschöpflicher Fülle komischer Einfälle, an wahrer Ironie unübertroffen da. Sein Stil hat die nämlichen Vorzüge und Mängel wie er selbst; die Darstellung ist im Einzelnen vortrefflich, oft sogar von wunderbarer Schönheit; aber es fehlt ihr ebenfalls an Mäßigung und künstlerischer Einheit.[1])

Seine ersten Schriften „Grönländische Prozesse" (1783) und „Auswahl aus des Teufels Papieren" (1789), sind satirisch und nur als Studium seiner Vorbilder Swift, Hippel und Liscow zu betrachten. Seine Eigenthümlichkeit trat zuerst im „Leben des vergnügten Schulmeisterlein Wuz" hervor, in welchem er zum ersten Male sein eigenes Leben und seine eigene Persönlichkeit poetisch herzustellen unternahm, was er in beinahe allen spätern Werken that. „Die unsichtbare Loge" (1793) blieb unvollendet, weil sich im Verlauf der Darstellung die zum Grunde liegende Begebenheit vollständig verflüchtigte. „Hesperus oder 45 Hundsposttage" (1795) begründete wegen der vortrefflichen Darstellung des weiblichen Gemüths seinen Ruf. In künstlerischer Beziehung steht das „Leben des Quintus Fixlein" am höchsten, weil er sich darin am meisten zu beschränken wußte; Leben eines Lehrers mit

1) Wahrheit aus J. Pauls Leben (von ihm begonnen, von Chr. Otto und E. Förster fortges.). Bresl. 1826—33. VIII. Förster, Ernst, Denkwürdigkeiten aus d. Leben J. P. Fr. Richters. Münch. 1863. IV. J. Paul. Sein Leben u. s. Werke sowie s. Aufenthalt u. s. Heimgang in Bayreuth. Bayr. 1863. Hennenberger, Aug., J. Pauls Aufenthalt in Meiningen. Mein. 1863. 4. Börne, Denkrede auf J. Paul. Erl. 1826; Spazier, Rich. Otto, J. P. Fr. Richter, Lpz. 1833. V. Planck, Jean Pauls Dichtung im Lichte unserer nationalen Entwickelung. Berl. 1867. Wirth, G., J. P. Fr. Richter als Pädagog. Brandenb. 1863; Briefe an F. H. Jacobi, Berl. 1828; Briefwechsel zwischen H. Voß und J. Paul, Heidelb. 1833; Briefe an e. Jugendfreundin (Renata Otto), hrsg. v. Fr. Täglichsbeck. Brandenb. 1858. Sämmtl. Werke. Berl. 1826—38. LXV. (61—65. Nachlaß. hrsg. v. Ernst Förster); Dss. 1840—42. XXXIII.

seines Freuden und Leiden. „Blumen-, Frucht- und Dornenstücke, oder Ehestand, Tod und Hochzeit des Armenadvocaten Siebenkäs" (1796). Eine seiner vorzüglichsten Dichtungen, worin er sich selbst als sentimentalen und weichen Siebenkäs und als humoristisch kecken Leibgeber, der den ersten in allen Widerwärtigkeiten des Lebens aufrecht erhält, in doppelter Gestalt schildert, was er in den unvollendeten „Flegeljahren" (1804) wiederholt, wo er seine Doppelnatur in den Zwillingsbrüdern, dem weichen, gemüthlichen, arglosen Walt, und dem kecken, mephistophelischen Vult veranschaulicht. In seinem größten Werk „Titan" (1800 ff.), hat er zwar eine festere Form gefunden, aber wußte sie nicht zu beherrschen und zudem hat er sich an die Darstellung des Lebens der höheren Stände gewagt, die ihm fremd waren, während er in der Schilderung beschränkter und einfacher Zustände unübertrefflich ist, wie in dem „Jubelsenior" (1797). In den zwei letzten Romanen „Dr. Katzenbergers Badereise" (1809) und „Der Komet, oder Nikolaus Marggraf" (1820—22) tritt das komische Element beinahe allein hervor; in dem ersten persifliert er die Einseitigkeit der deutschen Gelehrten, in dem zweiten das phantastisch schwärmerische Wesen der Deutschen, und darin sich selbst, wie er es schon im „Leben Fibels" (1812) gethan hatte. Im „Kampanerthal oder über die Unsterblichkeit der Seele" (1797), einem seiner herrlichsten Werke, entwickelt er an einer Reihe der schönsten Naturschilderungen die erhabensten Betrachtungen über Fortdauer nach dem Tode. Kleinere Schriften und Aufsätze: „Die Neujahrsnacht eines Unglücklichen", „Der doppelte Schwur der Besserung", „Die Taschenbibliothek des Wagenhofmeisters Tabin", humoristische „Reise des Feldpredigers Schmelzle nach Flätz", „Brief des Rektors Seemaus", die „Reise des Rektors Fälbel", „Freudels Klaglibell über seinen verfluchten Dämon" u. s. w. Seine Theilnahme an den politischen Zuständen und seine Freiheitsliebe sprach er in dem „Freiheitsbüchlein" (1805), in der „Friedenspredigt" (1808) und in den „Dämmerungen für Deutschland" aus (1809). Seine Manier in Auffassung und Stil war so ganz mit ihm verwachsen, daß er sie sogar in den Werken nicht ablegte, in denen er wissenschaftliche Gegenstände besprach: „Vorschule der Aesthetik", mit einer Fülle von geistreichen Bemerkungen über Poesie und Dichter, „Levana oder Erziehungslehre", „Selina oder über die Unsterblichkeit der Seele".

h. **Joh. Jak. Wilh. Heinse**, geb. am 16. Febr. 1749 zu Langenwiesen in Thüringen, studierte die Rechte in Jena und Erfurt, lebte eine Zeit lang bei Gleim und dann bei F. H. Jacobi, 1780 in Italien, wurde 1787 Vorleser des Kurfürsten von Mainz, dann Hofrath und Bibliothekar, flüchtete während der Kriegszeiten mit der Bibliothek nach Aschaffenburg; gest. den 22. Juni 1803.[1])

Frivol und lüstern, geistreich, feurige Darstellung, die jedoch oft in Schwulst und selbst in Unsinn ausartet. „Laidion oder die Eleusinischen Geheimnisse", „Ardinghello und die glückseligen Inseln", mit zahlreichen und guten Beschreibungen einzelner Kunstwerke, vielfachen, geistvollen, aber im Ganzen doch nicht befriedigenden Bemerkungen über bildende Kunst, die zudem mit der dargestellten Begebenheit nicht organisch verbunden sind. „Hildegard von Hohenthal" als Roman noch verfehlter; die eingeflochtenen Bemerkungen über Musik zeugen von tüchtiger Kenntniß dieser Kunst. Am Unbedeutendsten „Anastasia oder das Schachspiel". Briefe an Gleim u. A. mit schönen Schilderungen von Naturscenen und Kunstwerken (Schriften, hrsg. v. H. Laube. Lpz. 1838. X. Bd. 1851. Briefe zwischen Gleim, Heinse und J. v. Müller. Zür. 1806—8. III.)

i. **Fr. Heinr. Jacobi**, geb. am 25. Jan. 1743, lernte die Kaufmannschaft in Frankfurt und Genf, übernahm 1763 das Handelsgeschäft seines Vaters, das er aufgab, als er Mitglied der Hofkammer wurde, 1779 Geh. Rath und Referent über das Zollwesen in München, doch nach einiger Zeit wieder in Düsseldorf, flüchtete 1798 bei Annäherung der Franzosen, lebte dann in Wandsbeck und Hamburg, seit 1799 in Eutin, 1804 in München Mitglied, 1807 Präsident der Akademie; gest. daselbst den 10. März 1819.[2])

In seinen Romanen „Eduard Allwills Briefsammlung" und „Woldemar" ist der didaktische Zweck so überwiegend, daß die epische Gestaltung beinahe ganz verloren geht. In dem Helden des ersten schildert er die „Originalgenies" (§ 311) mit ihrem stürmischen Drang nach Naturwahrheit und ihrem unklaren Wesen; in „Woldemar" soll zur Anschauung gebracht werden, daß zwischen dem Mann und dem Weib auch eine andere Verbindung bestehen könne als die der Liebe. In seinen philosophischen Schriften „Briefe über die Lehre des Spinoza", „David Hume über den Glauben oder Idealismus und Realismus", „Von den göttl. Dingen und ihrer Offenbarung" u. s. w., die von seinem ernsten Streben nach Wahrheit, aber auch von seiner allzu großen Neigung zum Mystischen zeugen, ist die Darstellung oft hinreißend und von großer Wirkung, aber es fehlt ihr an Klarheit und Schärfe. (Werke. Lpz. 1812—24. VI.; Auserles. Briefwechsel. hrsg. v. Roth. Lpz. 1825—27. II.)

---

1) Leben in d. Beilagen. III, 2, u. S. 52. — 2) F. H. Jacobi nach s. Leben, Lehren u. Wirken dargestellt v. F. Schlichtegroll, C. v. Weiller u. Fr. Thiersch. Münch. 1819. Biographie in Kähler, Lebensbilder. Hamb. 1852.

k. **Ernst Theod. Amadeus** (eigentl. Wilhelm) **Hoffmann**, geb. am 24. Jan. 1776 zu Königsberg, studierte daselbst die Rechte, bekleidete mehrere Aemter in seiner Vaterstadt und in Großglogau, Posen, Plozk und Warschau, verlor bei der Eroberung des Herzogthums Warschau 1806 seine Stelle, 1807 Musikdirector am Theater zu Bamberg, 1813 bei der Secondaschen Schauspielergesellschaft in Dresden und Leipzig, 1816 Kammergerichtsrath in Berlin; gest. den 24. Juli 1822.[1])

Ein vielseitiges Talent (Dichter, Componist, gewandter Zeichner), mit einer reichen Phantasie begabt und von großer Darstellungsgabe, vortrefflich in Schilderungen des Wunderbaren, Abenteuerlichen und Schauerlichen. „Phantasiestücke in Callots Manier", mit dem trefflichen „Märchen vom Goldenen Topfe"; „Elixiere des Teufels"; „Nachtstücke" „Die Serapionsbrüder", eine Sammlung von zum Theil trefflichen Erzählungen und Märchen (Meister Martin der Küfer und seine Gesellen, Doge und Dogaresse, Fräulein von Scuderi, Signor Formica u. a. m.), „Prinzessin Brambilla", „Meister Floh", „Lebensansichten des Katers Murr", unvollendet.

l. **Joh. K. Wezel**, geb. 31. Oct. 1747 zu Sondershausen, Theaterdichter in Wien, wurde irrsinnig; gest. in seiner Vaterstadt am 28. Jan. 1819. Romane: „Lebensgeschichte Tobias Knauts" (Lpz. 1773—76), „Belphegor", (Ebd. 1776. II.), „Hermann und Ulrike" (Lpz. 1780. IV.). — Lustspiele (Lpz. 1778—87. IV.). — **Joh. Gottwerth Müller**, geb. 17. Mai 1744 zu Hamburg, Buchhändler; gest. in Itzehoe am 23. Jun. 1828. Hauptrepräsentant des komischen Romans. „Siegfried von Lindenberg" (Hamb. 1779; 2. Ausg. Ebd. 1781—82. IV.); „Emmerich" (Gött. 1786—89. VII.). — **Aug. Lafontaine**, geb. 20. Oct. 1758 zu Braunschweig, 1789—1801 Feldprediger, seitdem in Halle privatisierend; gest. 20. April 1831. Hauptrepräsentant des Familienromans. „Quinctius Heymeran von Flemming" (Berl. 1795—96. IV.), „Familiengeschichten" (Berl. 1797—1804. XII.), darunter die „Familie von Halden" u. v. A. — **Joh. Ernst Wagner**, geb. zu Roßdorf bei Meiningen am 2. Februar 1769, Cabinetssecretär zu Meiningen; gest. 16. Decemb. 1812. Gemüths- und [illegible], gründliche Darstellung, aber unselbständig bald an Jean Paul, bald an die Romantiker sich anschließend.[2]) „Willibalds Ansichten des Lebens", „Die reisenden Maler", „Reisen aus der Fremde in die Heimat". (Werke, Lpz. 1827. XII.) — **K. Chr. Ernst Graf zu Benzel-Sternau**, geb. 9. April 1767 zu Mainz, 1791 Regierungsrath zu Erfurt, 1803 kurfürstl. Mainzischer Staatsrath, 1804 Badischer Geh. Rath, 1812 Finanzminister des Großherzogthums Frankfurt, wurde 1827 Protestant, längere Zeit einflußreiches Mitglied der Kammer der Abgeordneten in Bayern; gest. zu Mariahalden am Züricher See am 13. Aug. 1849. Geistreiche und schwerfällige Darstellung seltsamer Bilder; Neigung zur Allegorie und zur Satire. „Das Goldene Kalb" (Gotha 1802—4. IV.), „Der steinerne Gast" (Ebd. 1808. IV.), „Pygmäen-Briefe" (Ebd. 1808), u. v. a. Romane, Novellen und Märchen, Lustspiele, z. B. „Weiß und Schwarz", (Zür. 1826); „Das Hoftheater zu Barataria" (Lpz. 1828. IV.), dramatisierte Sprichwörter. — **Heinr. Zschokke**, geb. in Magdeburg 22. März 1771, gest. zu Aarau am 27. Juni 1848; vielseitiger und gewandter Schriftsteller, angenehmer Erzähler. „Der Freihof von Aarau", „Addrich im Moos", „Der Flüchtling im Jura", „Das Goldmacherdorf"; viele kleinere Erzählungen: „Die Abenteuer einer Neujahrsnacht", „Alamontade" u. s. w. Schauspiele: „Abällino", „Julius von Sassen" u. a. m. Historische Schriften: „Bayerische Geschichten", „Geschichte vom Kampf und Untergang der schweizerischen Berg- und Waldkantone", „Des Schweizerlandes Geschichte", „Geschichte des Freistaates der drei Bünde im hohen Rhätien" (Zür. 1817.). Einflußreich durch die „Stunden der Andacht" (Aar. 1809—16. VIII. u. ö.). Selbstbiographie: „Selbstschau" (Ebd. 1842. II.). (Sämmtl. Schriften. Aarau 1825. XL.) — **Ulrich Hegner** aus Winterthur 1759—1840: „Saly's Revolutionstage" (Werke, Berl. 1828. V.). — **C. Franz von der Velde** aus Breslau 1779—1824: „Die Eroberung von Mexiko", „Die Lichtensteiner", „Die Wiedertäufer". (Werke, Dresd. 1819—27. XXV.) — **Wilh. Hauff** aus Stuttgart, 1802—27: „Lichtenstein", „Phantasien im Bremer Rathskeller", „Märchen", „Memoiren des Satans", „Der Mann im Monde" (Verspottung Claurens); auch Dichter: „Soldatenlieder". (Werke, Stuttg. 1830—31. XXXVI.; 2. Aufl. Ebd. 1864. V.) — **G. W. H. Häring** (Willibald Alexis), geb. 29. Juni 1798 in Breslau, gest. 16. Dez. 1871 zu Arnstadt in Thüringen, glücklicher Nachahmer W. Scotts: „Walladmor" (Berl. 1823. VI.), „Cabanis" (Ebd. 1832. VI.), „Das Haus Düsterweg" (Lpz. 1835. II.), „Die Hosen des Herrn von Bredow" (Ebd. 1846. V.); „[illegible]" (Berl. 1850—51. IV.). — **Heinr. Steffens** aus Norwegen, geb. 1773, Prof. in Berlin; gest. das. 13. Febr. 1845. Genial als Philosoph und Dichter: „Die Familien Walseth und Leith" (Berl. 1826—27), „Die vier Norweger" (Ebd. 1828), „Malkolm" (Ebd. 1831 II.). Interessante Selbstbiographie: „Was ich erlebte" (Berl. 1840—44 X.). — **Joh. Jos. Rehfues** aus [illegible]

1) Leben in d. Zeitgen. II, 5, 3. S. 1. Aus Hoffmanns Leben u. Nachlaß v. J. E. Hitzig. Berl. 1823. II.; Aus d. Leben zweier Dichter, Hoffmann u. Fr. Gl. Wetzel, v. Funk. Lpz. 1836; Hoffmanns auserw. Schriften. Berl. 1827—28. X.; Supplemente, Stuttg. 1839. V. — 2) Mosengeil, K., Briefe über Wagner. Schmalk. 1826. II.

Tübingen, 1779—1843: „Scipio Cicala" (Lpz. 1832. IV.) u. a. — K. Spindler aus Breslau, 1796—1855, äußerst fruchtbar, gewandte und frische Darstellung: „Der Jude", „Der Jesuit", „Der Invalide", „Die Nonne von Gnadenzell" (Werke, Stuttg. 1831—51. C.).

§ 354. Die kleineren Prosadichtungen.

a. Herder § 329; Maler Müller § 330; Goethe § 332; Schiller § 333; Tieck, Wackenroder § 334. Fouqué, Arnim, Brentano, H. v. Kleist, Eichendorff § 339. Hebel, Usteri § 343; Arndt § 344; Schefer, Gaudy, Weisflog, Waiblinger § 349; Engel, Jean Paul, E. Th. A. Hoffmann, Zschokke, Häring, Spindler § 353.

b. **Franz Xaver Bronner**, geb. am 23. Dec. 1758 zu Höchstädt, Benedictiner in Donauwörth, flüchtete 1784 in die Schweiz, gieng zwar einige Zeit darauf in ein Augsburger Kloster, entfloh aber zum zweiten Mal, wurde Ministerialsecretär bei der helvet. Republik, nach deren Auflösung Professor der Naturwissenschaften in Aarau, 1810 Professor in Kasan, 1817 wieder Professor in Aarau, bald darauf Protestant, 1827 Bibliothekar, 1829 zugleich Archivar; gest. am 11. Aug. 1850.

Idyllen in der Weise Geßners, zu denen er den Stoff aus der Wirklichkeit entnahm, aber sentimental ausführte, wodurch die an sich wahren Personen den Schein der Unwahrheit erhielten. „Fischergedichte und Erzählungen" (Zür. 1787), „Neue Fischergedichte und Erzählungen" (Ebd. 1794. II.) u. a. m. Weit größeren Werth hat sein „Leben", von ihm selbst beschrieben (Ebd. 1795—97. III.), das ein Muster der Detailmalerei ist.

c. **Friedrich Adolf Krummacher**, geb. am 13. Juli 1768 zu Tecklenburg in Westfalen, studierte Theologie in Duisburg, Professor der Theologie daselbst, 1807 Prediger in Crefeld und bald darauf in Kettwich, 1819 Hofprediger in Bernburg, 1824 Prediger in Bremen; gest. am 4. April 1845.

Einer der bekanntesten Parabeldichter, nahm sich zwar Herder zum Muster, bildete sich aber vornämlich durch das Studium der biblischen Parabeln. Die Gemüthlichkeit der Auffassung und Darstellung erhöht den Werth der meist glücklichen Erfindung. „Parabeln" (Duisburg 1805), „Apologen und Paramythien" (Ebd. 1810). Außerdem: „Festbüchlein" (Essen 1808—19. III.), „Das Wörtlein Und" (Duisb. 1811).

d. **Jakob Ludw. Grimm**, geb. am 4. Jan. 1785 zu Hanau, studierte seit 1802 in Marburg die Rechte, 1805 in Paris, wo er die Literatur des Mittelalters studierte, 1806 am Kriegscollegium zu Kassel, nach der Gründung des Königreichs Westfalen Auditor beim Staatsrath, 1816 Bibliothekar, 1831 Professor und Bibliothekar in Göttingen, 1837, weil er gegen die willkürliche Aufhebung der Verfassung protestierte, entsetzt und verbannt, 1841 als Mitglied der Akademie der Wissenschaften nach Berlin berufen; gest. das. 20. Sept. 1863. — Sein jüngerer Bruder **Wilh. K. Grimm**, geb. am 24. Febr. 1786 zu Hanau, studierte seit 1804 die Rechte in Marburg, 1814 bei der Bibliothek in Kassel angestellt, 1830 Unterbibliothekar, 1835 Professor in Göttingen, theilte 1837 das Schicksal seines Bruders, seit 1841 Professor in Berlin, gest. den 16. Dec. 1859.[1])

Beide Brüder gaben gemeinschaftlich „Kinder- und Hausmärchen" (Berl. 1812—13. II.), „Deutsche Sagen" (Ebd. 1816—18. II.) und „Irische Elfenmärchen" (Lpz. 1826) heraus, wobei sie sich bestrebten, die volksthümliche Ueberlieferung in der reinsten, möglichst ursprünglichen Gestalt wiederzugeben, und zugleich die vollständige Darstellung zur künstlerischen Schönheit entfalteten. Jakob begründete die wissenschaftliche Behandlung der vaterländischen Sprache, Literatur und Alterthumskunde, erhob durch seine „Deutsche Grammatik" (Gött. 1819—37. IV.) die vergleichende Sprachforschung zur Wissenschaft. Außerdem: „Ueber den altdeutschen Meistergesang" (Gött. 1811), „Deutsche Rechtsalterthümer" (Ebd. 1828), „Deutsche Mythologie" (Ebd. 1835), „Geschichte der deutschen Sprache" (Ebd. 1848), „Reinhart Fuchs" (Berl. 1834) u. a. m. Kleinere Schriften, Berlin 1864—69. IV. — Wilhelm vorzüglich als Herausgeber alter Dichtungen thätig (Freidank, Rolandslied, goldene Schmiede u. s. w.), außerdem: „Ueber deutsche Runen" (Gött. 1821), „Die deutsche Heldensage" (Ebd. 1829). — Beide Brüder gemeinschaftlich: „Altdeutsche Wälder" (Kassel und Frankf. 1813-16. III.), „Deutsches Wörterbuch" (Lpz. seit 1854).

---

1) Grimm, Jak., Rede, Lpz. 1865; Denhard, B., Die Gebrüder Grimm, ihr Leben und Wirken, Hanau 1860.

e. G. Ph. L. Leonhard Wächter (Veit Weber) aus Uelzen, 1762—1837, „Sagen der Vorzeit" (Berl. 1787—98, VII.). — J. R. Wyß d. j. aus Bern, 1781—1830: „Idyllen, Volkssagen, Legenden und Erzählungen aus der Schweiz" (Bern 1815—22, II.) — Chr. Weisflog aus Sagan, 1780—1828, geistvoller Nachahmer E. Th. A. Hoffmanns: „Phantasiestücke und Historien" (Dresd. 1825—29, XII.). — Fr. L. Bührlen, geb. 1777 zu Ulm: „Bilder aus dem Schwarzwald" (Stuttg. 1830—31, II.); Romane: „Der Entflohene" (Ebd. 1832 II.), „Der Flüchtling" (Lpz. 1836, II.).

§ 355. Die Romandichterinnen.

a. Sophie Mereau, Amalie v. Helwig, Luise Brachmann, Helm. v. Chézy, Agnes Franz § 352.

b. Sophie von la Roche, geb. Gutermann aus Kaufbeuren, 1730—1807, Wielands Freundin:[1] „Geschichte des Fräuleins von Sternheim" (Lpz. 1771, II.). — Benedictine Eugenie Naubert, geb. Hebenstreit, verw. Holderrieder, 1756—1819: „Walther de Montbarry" (Lpz. 1786, II.), „Thekla von Thurn" (Ebd. 1788, II.), „Hermann von Unna" (Ebd. 1788, III.) u. v. a. „Neue Volksmärchen der Deutschen" (Ebd. 1789—92, V.). — Karoline v. Wolzogen, geb. von Lengefeld, geschiedene von Beulwitz, Schwägerin Schillers, dessen Leben sie meisterhaft dargestellt hat (Stuttg. und Tüb. 1830, II.). Romane: „Agnes von Lilien" (Berl. 1798, II.), „Cordelia" (Lpz. 1840, II.), „Erzählungen" (Stuttg. 1826—27, II.). — Therese Huber, Tochter des Philologen Heyne, Witwe G. Forsters, 1764—1829, viele geistreiche Erzählungen (Lpz. 1830—33, VI.). Roman: „Die Ehelosen" (Lpz. 1829, II.). — Johanna Schopenhauer, geb. Trosiena aus Danzig 1766—1838. Die Romane: „Gabriele" (Lpz. 1819—20, II.), „Die Tante" (Ebd. 1823, II.), die treffliche Monographie „Johann van Eyck und seine Nachfolger" (Frankf. 1822, II.); Reisen. — Sophie v. Knorring, geb. Tieck, geschiedene Bernhardi: „Julie St. Alban" (Lpz. 1801, II.), „Evremont" (Berl. 1837, IV.). — Dorothea v. Schlegel, geb. Mendelssohn, geschiedene Veit: „Florentin" (Lpz. 1801.). — Karoline Baronin de la Motte-Fouqué, geb. v. Briest, geschiedene v. Rochow, 1773—1831: „Die Frau des Falkensteins" (Berl. 1810, II.), „Die Herzogin von Montmorency" (Lpz. 1822, III.) u. v. a. — Karoline Pichler, geb. v. Greiner aus Wien, 1769—1843: „Agathokles", „Die Belagerung Wiens", „Die Schweden vor Prag" u. v. a. (Werke, Wien 1820—32, L.) — Henriette Hanke, geb. Arndt, geb. zu Jauer 1785, gest. ebendaselbst 5. Juli 1862: „Die Pflegetochter" (Liegnitz, 1821), „Bilder des Herzens und der Welt" (Ebd. 1822—25, IV.), Sämmtl. Schriften, Hann. 1841—50, CVIII.). u. a.

II. Historische Prosa.

§ 356. Geschichtschreibung.

a. Herder § 329; Schiller § 333; Goethe § 332; F. v. Schlegel § 334.

b. **Aug. Ludw. (von) Schlözer**, geb. am 5. Juli 1735 zu Jagstedt im Hohenlohischen, studierte in Wittenberg und Göttingen Theologie und orientalische Sprachen, später Medicin, 1765 Professor an der Akademie in Petersburg, 1767 Professor der Philosophie, Geschichte und Politik in Göttingen, 1782 Hofrath, dann Geh. Justizrath, 1804 geadelt; gest. den 9. Sept. 1809.[2])

Bedeutend als Geschichtschreiber, Statistiker und Publicist, Begründer der russischen Geschichte. Gelehrt, einsichtsvoll und gründlich, Darstellung doch steif und geschmacklos. „Vorstellung einer Universal-Historie" (Gött. 1772—73, II.), „Vorbereitung zur Weltgeschichte" (Ebd. 1779, II.), „Allgemeine Nordische Geschichte" (Halle 1771), „Briefwechsel meist histor. und polit. Inhalts" (Gött. 1776—82, X.), „Staatsanzeigen" (Eb. 1783—94, VI.), „Briefe nach Eichstädt" (Frankf. u. Eichst. 1785).

c. **Ludw. Timoth. (Freih. von) Spittler**, geb. zu Stuttgart am 10. Nov. 1752, studierte in Tübingen und Göttingen Theologie, 1774 Repetent am theologischen Seminar in Tübingen, 1779 ordentlicher Professor in Göttingen, 1797 Geh. Rath in Stuttgart, 1806 Minister und Freiherr; gest. am 14. März 1810.[3])

Gründliche Quellenforschung, Schärfe des historischen Blicks, verständige Auswahl und künstlerische Behandlung des Stoffs. „Grundriß der Geschichte der christlichen Kirche"; „Geschichte Württembergs unter den Grafen und Herzogen"; „Geschichte von Hannover"; „Entwurf der Geschichte der europäischen Staaten". (Werke, Stuttgart 1827—37, XV.) Mit Meiners gab er das „Göttingische histor. Magazin" heraus.

d. **Johannes (von) Müller**, geb. am 3. Jan. 1752 zu Schaffhausen, studierte in Göttingen Theologie, 1772 Professor der griechischen Sprache in seiner Vaterstadt, lebte

---

1) Ludmilla Assing, S. v. la Roche. Berl. 1859. — 2) Probe in d. Beilagen I, 4. B. S. 3.; Bock, Schlözer. Hann. 1844. — 3) Probe in d. Beilagen I. B. S. 66.

dann eine Zeit lang in Genf, 1782 Professor der Geschichte in Kassel, 1786 Hofrath und Bibliothekar in Mainz, 1790 Geh. Staatsrath, 1791 geadelt, 1792 Hofrath in Wien, 1800 Custos bei der kaiserlichen Bibliothek, 1804 Kriegsrath und Historiograph in Berlin, 1807 Ministerstaatssecretär in Kassel, 1808 Staatsrath und Generaldirector des öffentlichen Unterrichts; gest. den 29. Mai 1809.[1])

Genial, gelehrt, von praktischem Blick und Geist, scharfsinnig, von lebhafter Einbildungskraft, war Müller der erste Geschichtschreiber, der mit Bewußtsein Werth auf die schöne Darstellung legte, wobei er freilich durch allzu große Nachahmung der Alten der Sprache oft einen fremdartigen Charakter aufprägte. Hauptwerke: „Geschichte Schweizerischer Eidgenossenschaft“; dann „Vier und zwanzig Bücher allgemeiner Geschichte“; Reisen der Päbste u. a. m. (Werke, Stuttg. u. Tüb. 1810 ff. XXVII.)

e. K. L. v. Woltmann (1770–1817), „Geschichte des westphälischen Friedens“, „Geschichte Böhmens“, „Aus den Memoiren des Freiherrn von S—a.“, Roman. (Werke. Prag 1818–27. XIX.) — Joh. Casp. Manso (1759—1826), „Geschichte des preußischen Staats seit dem Hubertusburger Frieden“ (Frankf. a. M. 1819. III.). — Gtl. Jak. Planck (1751—1833), „Geschichte der Entstehung, Veränderung &c. des protestantischen Lehrbegriffs“ (Lpz. 1791—1800. VI.). — Barthold G. Niebuhr (1776—1831), gründlicher Forscher, schlechter Stil; „Römische Geschichte“ (Berl. 1811—32. III.). — Ernst Mor. Arndt, s. o. § 344. — Joh. Wilh. v. Archenholz, geb. in einer Vorstadt von Danzig am 3. Sept. 1743, 1758 im preußischen Heer, machte die Feldzüge bis 1762 mit, erhielt am Ende des Krieges seinen Abschied als Hauptmann, machte dann 16 Jahre lang große Reisen durch beinahe ganz Europa, lebte nach seiner Rückkehr an verschiedenen Orten, zuletzt in Hamburg; gest. 28. Febr. 1812. „England und Italien“ (Lpz. 1785. II., Cbd. 1787. V.), „Annalen der Britt. Geschichte von 1788—96“ (Braunschw. Hamb. u. Tüb. 1789—1808. XX.), „Geschichte des siebenjährigen Kriegs“ (Berl. 1788. Cbd. 1793. II.), ein wahres historisches Volksbuch. „Geschichte Gustav Wasas“ (Tüb. 1801. II.), „Kleine historische Schriften“ (Berl. 1791. III.) darin: „Geschichte der Flibustier“.

f. **Friedrich Christoph Schlosser**, geb. zu Jever am 17. Nov. 1776, studierte seit 1793 in Göttingen, eine Zeit lang Erzieher und Lehrer, 1812 Professor am Lyceum in Frankfurt, 1814 Bibliothekar daselbst, 1817 Professor der Geschichte in Heidelberg, später Hofrath, Geh. Hofrath, und Geh. Rath; gest. den 23. Sept. 1861.

Rein menschliche Gesinnung, Klarheit und Großartigkeit der Anschauung; sittliche Strenge mit liebenswürdiger Milde gepaart, Freimuth und Bekämpfung jedes Zwanges im politischen, religiösen und wissenschaftlichen Leben bildet den Charakter seiner Schriften, in denen er den Einfluß der geistigen Bestrebungen auf die Entwicklung der sittlichen, religiösen, bürgerlichen und politischen Zustände nachweist. „Weltgeschichte in zusammenhängender Erzählung“ (Frankf. 1817—41. VIII.). „Universalhistorische Uebersicht der Geschichte der alten Welt und ihrer Cultur“ (Frankf. 1826—34. IX.). „Geschichte des 18. und 19. Jahrh. bis zum Sturz des französischen Kaiserreichs“ (Heidelb. 1836. IV. 4. Aufl. Cbd. 1853 ff. VII.). „Weltgeschichte für das deutsche Volk“ (Frankf. 1844—56. XVIII.) u. a. m. Vgl. Gervinus, Schlosser. E. Nekrolog. Lpz. 1861.

g. **Fr. Ludw. Georg von Raumer**, geb. zu Wörlitz bei Dessau am 14. Mai 1781, studierte in Halle und Göttingen die Rechts- und Staatswissenschaften, 1811 Geh. Regierungsrath und Professor in Breslau, 1819 Professor der Staatswissenschaften in Berlin, 1848 Mitglied des Parlaments in Frankfurt, das ihn als Gesandten nach Paris schickte. Seitdem lebt er wieder in Berlin.

Gefällige Darstellung, klare Uebersicht der Verhältnisse; „Vorlesungen über die alte Geschichte“ (Lpz. 1821. II.), „Geschichte der Hohenstaufen“ (Lpz. 1823—25. VI.), Hauptwerk, das den Einfluß der romantischen Anschauung des Mittelalters nicht ganz vermieden hat. „Geschichte Europas seit dem Ende des 15. Jahrh.“ (Lpz. 1832—50. VIII.), „Lebenserinnerungen und Briefwechsel“ (Lpz. 1861. II.).

h. **Leopold (von) Ranke**, geb. am 21. Decbr. 1795 zu Wiehe in Thüringen, 1825 außerordentlicher, 1834 ordentlicher Professor in Berlin, 1841 Historiograph des preußischen Staats, jetzt Geh. Rath.

Ihm fehlt Schlossers sittliche Weltanschauung (vgl. Varnhagen v. Ense, Tagebücher 3, 152.); dagegen behandelt er seinen Stoff mit großer Freiheit und weiß ihn mit großer Kunst zu gestalten. „Fürsten und Völker von Süd-Europa im 16. u. 17. Jahrh.“ (Berl. 1827), „Die römischen Päbste,

1) Leben in d. Zeitgen. I. 3. 4. S. 1.; v. Wachler (Verm. Schr., Lpz. 1825). Ueber Müller schrieben Heeren, Lpz. 1809; Roth, Woltmann u. A.

ihre Kirche und ihr Staat im 16. u. 17. Jahrh.“ (Ebd. 1834—37. III.), „Deutsche Geschichte im Zeitalter der Reformation“ (Ebd. 1839—43. V.), „Neun Bücher preußischer Geschichte“ (Ebd. 1847—48. III.), „Französische Geschichte, vornämlich im 16. u. 17. Jahrh.“ (Stuttg. 1852. V.), „Englische Geschichte“ (Berl. 1859. V.).

§ 357. Biographie.

a. **Helfrich Peter Sturz**, geb. zu Darmstadt am 16. Febr. 1737, studierte 1754—1757 in Göttingen, Jena und Gießen die Rechte, Secretär bei verschiedenen Diplomaten, zuletzt beim Grafen Bernstorff in Kopenhagen, dann Secretär im Departement der auswärtigen Angelegenheiten, 1768 als Legationsrath mit Christian VII. in England und Frankreich, 1770 beim Generalpostdirectorium, bei Struensees Fall entlassen, dann in Glückstadt und Altona privatisierend, 1772 Oldenburgischer Regierungsrath, 1775 Etatsrath; gest. auf einer Reise am 12. Nov. 1779 in Bremen.

Sturz kannte die meisten neuern und die alten Sprachen, war ein feiner Kenner der Kunst, besaß sicheren Geschmack und sicheres Urtheil. Seine Prosa ist musterhaft, leicht, anmuthig, voll Leben und künstlerisch abgerundet. Hauptwerk: „Erinnerungen aus dem Leben des Grafen Joh. Hartwig Ernst von Bernstorff“. Seine „Briefe“ sind für die Kenntniß der damaligen literarischen, künstlerischen, gesellschaftlichen und politischen Zustände in England und Frankreich sehr wichtig. Treffliche Charakterschilderungen von Pitt, Sam. Foote und Klopstock. (Schriften, Lpz. 1779—82. II.)

b. Goethe § 327; G. H. Pertz § 351.

c. **Karl Aug. Varnhagen von Ense**, geb. am 21. Febr. 1785 zu Düsseldorf, studierte in Berlin, Halle und Tübingen, 1809 im österreichischen Heer, in der Schlacht bei Wagram schwer verwundet, gab 1812 seine Entlassung, 1813 Hauptmann in russischen Diensten, Adjutant des Generals Tettenborn, vermählte sich 1814 mit der geistreichen Rahel Levin Robert, war 1814 mit dem Staatskanzler von Hardenberg in Wien, 1815 in Paris, 1816 Ministerresident in Karlsruhe, zog sich 1819 als Geh. Legationsrath von den öffentlichen Geschäften zurück; gest. zu Berlin am 10. Okt. 1858.

Geschmeidige, reiche, lebendige und würdige Darstellung, künstlerische Behandlung des Stoffs, dessen Lücken er genial auszufüllen weiß. „Biographische Denkmale“ (Berl. 1824—30), mit dem Leben des Grafen von Lippe, des Grafen von der Schulenburg, des Königs Theodor von Neuhof, der preußischen Feldherren Derfflinger, Anhalt-Dessau und Blücher, der Dichter Fleming, Canitz und Besser. „Leben des Generals Freiherrn v. Seydlitz“ (Berl. 1834), „des Generals v. Winterfeldt“ (Ebd. 1836), „des Feldmarschalls Grafen v. Schwerin“ (Ebd. 1841), „des Feldmarschalls Keith“ (Ebd. 1844), „des Generals Grafen v. Bülow v. Dennewitz“ (Ebd. 1853), „Hans von Held, ein preußisches Charakterbild“ (Lpz. 1845), „Karl Müllers Leben und Schriften“ (Berl. 1847), „Denkwürdigkeiten und verm. Schriften“ (Lpz. 1843—59. IX.), „Tagebücher“ (Lpz. 1861—70. XIV.).

§ 358. Reisebeschreibungen und Geographie.

a. Seume § 334; Goethe § 327; Heinse § 348.

b. **Karl Phil. Moritz**, geb. zu Hameln am 15. Sept. 1757, war zuerst Lehrling bei einem Hutmacher, besuchte dann die Schulen in Hannover, studierte Theologie in Erfurt und Wittenberg, 1778 Lehrer, 1780 Conrector am grauen Kloster in Berlin, reiste 1782 nach England, dann Conrector am kölnischen Gymnasium, 1784 Professor, reiste 1786 nach Italien, wo er sich an Goethe anschloß, 1788 wieder in Deutschland, Mitglied der Akademie in Berlin und Professor der Theorie der schönen Künste bei der Akademie der bildenden Künste, 1791 Hofrath und Professor des deutschen Stils bei der Artillerie-Akademie; gest. am 26. Juni 1793.

Starkes Talent, aber schwankend im Charakter und Anschauungen. In seinen zahlreichen Schriften reich an geistvollen und fruchtbaren Gedanken; seine Darstellung oft von großer Vortrefflichkeit. „Reisen eines Deutschen in England“ (Berl. 1783), „in Italien“ (Ebd. 1792—93. III.), „Roms Alterthümer“ (Ebd. 1791), „Götterlehre“ (Ebd. 1791), die griechische Mythologie im Verhältniß zur Poesie und Kunst entwickelnd, „Anton Reiser“ (Berl. 1785—90. IV.), fortgesetzt von Klischnig (Ebd. 1794), ein psychologischer Roman, in welchem er seine eigene Lebensgeschichte erzählt, wie auch der „Andreas Hartknopf“ (Berl. 1786) und der Fortsetzung: „Andr. Hartknopfs Predigerjahre“ (Ebd. 1790) sein Leben zum Grunde liegt. — Die Schrift „Ueber die bildende Nachahmung des Schönen“ (Braunschw. 1788), welche die Frage von dem Wesen des Schönen geistreich behandelt, hatte Einfluß auf Schillers ästhetische Ansichten und Bildung (vgl. „Die Künstler“). Bemerkenswerth: „Versuch einer deutschen Prosodie“ (Berl. 1786), „Vorlesungen über den Stil“ (Ebd. 1793—94. II.); mehrere grammatische Schriften u. s. w.

c. **Joh. Georg Adam Forster**, Sohn des berühmten Reisenden Joh. Reinhold, geb. am 27. Nov. 1754 zu Nassenhuben bei Danzig, begleitete seinen Vater 1765 an die Wolga, 1766 nach England, 1772 auf seiner Weltumsegelung mit Cook, reiste 1777 nach Frankreich, Holland und Deutschland, um für seine Eltern und Geschwister, die in England in bedrängten Umständen lebten, Hülfe zu suchen, befreite seinen Vater aus dem Schuldthurm und verschaffte ihm eine Professur in Halle, sich selbst die Lehrerstelle der Naturgeschichte in Kassel; 1784 Professor in Wilna, 1788 Bibliothekar und Professor in Mainz, reiste 1790 mit Alex. v. Humboldt nach den Niederlanden, Frankreich und England, wurde 1793 nach Paris geschickt, um die Vereinigung der Rheinprovinz mit Frankreich herbeizuführen, nach Eroberung von Mainz durch die Preußen geächtet, gest. am 12. Jan. 1794.[1])

Ein gediegener und wahrer Charakter, durch das Leben gebildet, von tief praktischem Sinn, hatte seine wissenschaftlichen Arbeiten den Zweck halten, auf die Volksbildung zu wirken. Seine Prosa classisch; sie verbindet die vollkommenste Klarheit mit hinreißender Lebendigkeit. „J. Reinh. Forsters Reise um die Welt“, „Ansichten vom Niederrhein“, (M. Einleit. u. Anmerkk. hg. v. W. Buchner. Lpz. 1868. II.). „Kleine Schriften“ mit werthvollen Beiträgen zur Völker- und Länderkunde, zur Naturgeschichte und Politik, darunter „Ueber die Beziehung der Staatskunst auf das Glück der Menschheit“. (Schriften, hrsg. von dessen Tochter und mit einer Charakteristik Forsters von Gervinus, Lpz. 1843. IX.)

d. **Fr. Heinr. Alexand. Freih. v. Humboldt**, jüngerer Bruder Wilhelm v. Humboldts, geb. zu Berlin am 14. Sept. 1769, studierte in Göttingen und Frankfurt a. d. O., besuchte dann die Handelsakademie des trefflichen Büsch in Hamburg, und 1790 die Bergakademie in Freiberg, 1791 Assessor im Bergwerksdepartement, 1792 Oberbergmeister von Ansbach und Bayreuth, gab 1795 seine Entlassung, reiste nach Italien, 1797 nach Paris, 1799 von Spanien aus nach Südamerika, das er mit seinem Freunde Bonpland fünf Jahre lang nach allen Richtungen durchzog. Im Jahre 1804 kehrte er nach Europa zurück und ließ sich in Paris nieder; 1826 verlegte er seinen Wohnsitz nach Berlin, wo er bald bedeutenden Einfluß erlangte und mit wichtigen Sendungen beauftragt wurde. Im Jahre 1829 unternahm er eine Reise nach Sibirien und dem caspischen Meer bis zur chinesischen Grenze; gest. den 6. Mai 1859.[2])

Eine der großartigsten Erscheinungen der neuern Zeit, erfaßte A. v. Humboldt mit seinem schöpferischen Geist die gesammte Natur in ihrem Zusammenhang, die einzelnen Erscheinungen in ihrem Verhältniß zu dem übrigen und stellte die Resultate seiner Forschungen in einer Sprache von bewunderungswürdiger Klarheit, hinreißender Lebendigkeit und künstlerischer Schönheit dar. Hauptwerke: „Reisen nach den Aequinoctialgegenden des neuen Continents“ (Stuttg. u. Tüb. 1815—29. VI.). „Kosmos. Entwurf einer physischen Weltbeschreibung“ (Ebd. 1845—58. IV.). „Versuch über den politischen Zustand des Königreichs Neu-Spanien“ (Tüb. 1809—14. V.). „Ideen zu einer Physiognomik der Gewächse“ (Berl. 1806). „Ideen zu einer Geographie der Pflanzen“ (Wien 1811). „Ansichten der Natur“ (Stuttg. 1849. II.) u. a. m. „Briefe an Varnhagen v. Ense“ (1—5. Aufl. Lpz. 1860.). „Briefwechsel mit Berghaus“ (Lpz. 1863. III.).

e. **Herm. Ludw. Heinr. Fürst** (ursprünglich Graf) **von Pückler-Muskau**, geb. 30. Oct. 1785, studierte in Leipzig die Rechte, dann kurze Zeit in sächsischen Militärdiensten, 1813 in russischen Diensten, wohnte dem Feldzug in den Niederlanden bei, reiste dann nach England, 1822 in den Fürstenstand erhoben, gest.

---

1) Vgl. König, die Clubbisten in Mainz. Lpz. 1841. Derselbe, G. Forsters Leben in Haus u. Welt. Braunschw. 1858. II. 2. Aufl. Lpz. 1858. II. Moleschott, Forster, d. Naturforscher d. Volks. Frankf. 1854, 2. Aufl. Berl. 1862; Clilia Maier, G. Forster. Lpz. 1856; Klein, K., Forster in Mainz. Nebst Nachtr. zu s. Werken. Gotha 1863. Derselbe, J. G. A. Forsters letzte Handlungen in Mainz. Mainz 1863. — 2) Klencke, Herm., A. v. Humboldt. Ein biogr. Denkmal. 3. umgearb. Aufl. Lpz. 1859; Zimmermann, W. F. A., Das Humboldt-Buch. A. v. H., eine Darstellung s. Lebens u. wissenschaftl. Wirkens ec. Berl. 1859. Blätter d. Erinnerung an A. v. Humboldt. Berl. 1860.

4. Febr. 1871. — Sprache der höhern Stände mit allen ihren Vorzügen und Mängeln. „Briefe eines Verstorbenen" (Münch. 1830, IV.), „Tutti Frutti" (Stuttg. 1834, V.), „Semilasso's vorletzter Weltgang" (Ebd. 1835, III.), „Semilasso in Afrika" (Ebd. 1836, V.) u. a. m.

f. **Karl Ritter**, geb. am 7. Aug. 1779 zu Quedlinburg, 1819 Professor der Geschichte in Frankfurt, 1820 Professor der Geographie in Berlin; gest. den 28. Sept. 1859.[1])

Begründer der vergleichenden Erdkunde und der streng wissenschaftlichen Behandlung derselben. Hauptwerk: „Die Erdkunde im Verhältniß zur Natur und Geschichte des Menschen" (Berl. 1817—18. II., umgearbeitet und erweitert, aber nur Asien und Afrika behandelnd. Ebd. 1822—1859. XIX.).

III. Didaktische Prosa.

§ 359. Die Schulphilosophen.

a. **Immanuel Kant**, geb. am 22. April 1724 zu Königsberg, studierte daselbst zuerst Theologie, dann Naturwissenschaften, Mathematik und Philosophie, 1755 Privatdocent, 1770 Professor der Logik und Metaphysik; gest. am 12. Febr. 1804.[2])

Begründer der neuen deutschen Philosophie, aber auch des philosophischen Jargons; einflußreich auf Wissenschaft und Poesie (Schiller); verehrungswürdig durch den tief sittlichen und freien Geist seiner Schriften. Hauptwerke: „Kritik der reinen Vernunft", „Kritik der praktischen Vernunft", „Kritik der Urtheilskraft"; dann „Anthropologie", „Zum ewigen Frieden", „Phys. Geographie", „Metaphysik der Sitten", „Allgemeine Naturgeschichte und Theorie des Himmels", „Die Religion innerhalb der Grenzen der bloßen Vernunft" u. a. m.

b. **Fr. H. Jacobi**, s. o. § 353.

c. **Johann Gottlieb Fichte**, geb. zu Rammenau in der Lausitz am 19. Mai 1762, studierte in Jena, Leipzig und Wittenberg, war lange Zeit Hauslehrer in Deutschland, der Schweiz und Polen, 1793 Professor der Philosophie in Jena, gab 1799 seine Entlassung und gieng nach Berlin, 1808 Professor der Philosophie daselbst, trug durch seine Thätigkeit viel zur Erhebung des deutschen Volkes bei; gest. am 28. Jan. 1814.

Großartig als Denker und Charakter; einflußreich auf die Ausbildung der Philosophie und durch dieselbe auf die übrigen Wissenschaften, so wie auf die Poesie (Romantiker). Hauptwerke: „Grundlage der gesammten Wissenschaftslehre", „Grundlage des Naturrechts", „System der Sittenlehre". Außerdem „Beiträge zur Berichtigung des Publicums über die französische Revolution", „Ueber die Bestimmung des Gelehrten", „Die Bestimmung des Menschen", „Reden an die deutsche Nation" (1808. — M. Einleit. u. Commentar, hg. v. Immanuel Fichte. Lpz. 1869), „Der geschlossene Handelsstaat" u. a. m. (Werke, hrsg. von seinem Sohne J. H. Fichte, Berl. 1845—46. VIII.; Leben und Briefwechsel von J. H. Fichte. Sulzb. 1830—31. II.; 2. verm. und verb. Aufl. Lpz. 1862. II. Fichte's und Schellings philosoph. Briefw., hrsg. von J. H. Fichte und Fr. A. Schelling. Stuttg. 1856. Viele Schriften über ihn bei der Feier s. 100jähr. Geburtstags.)

d. **Fr. Wilh. Jos. (von) Schelling**, geb. am 27. Jan. 1775 zu Leonberg im Würtembergischen, studierte in Tübingen, Leipzig und Jena, 1798 Professor in Jena, 1803 in Würzburg, 1820 in Erlangen, 1827 in München und zugleich Präsident der Akademie der Wissenschaften, 1841 in Berlin; gest. am 20. Aug. 1854 zu Ragatz im Kanton St. Gallen.[3])

Begründer der Naturphilosophie; glänzender, in Bildern sich bewegender Stil. Hauptwerke: „Ideen zu einer Philosophie der Natur", „System des transcendentalen Idealismus", „Bruno, oder über das göttliche und natürliche Princip der Dinge", „Vorlesungen über die Methode des akadem. Studiums", „Ueber das Verhältniß der bildenden Künste zur Natur" u. a. a. (Werke, Stuttg. 1856 ff. XIV.)

1) Bögekamp, K. Ritter. Berl. 1860. Kramer, G., Karl Ritter. E. Lebensbild nach s. handschriftl. Nachlaß dargestellt. Mit Bildniß. Halle 1870. II. — 2) Schmidt, Herm., Kants Leben. Halle 1858; Fischer, Kuno, Kants Leben u. d. Grundlagen s. Lehre. Mannh. 1860; Reicke, Rud., Kantiana. Beitr. zu Kants Leben und Schriften. Königsb. 1860. — Werke, hrsg. v. Rosenkranz u. F. W. Schubert, nebst Kants Biogr. von Schubert u. Gesch. der Kantischen Philos. v. Rosenkranz. Lpz. 1838—42. XII. — 3) Hub. Becker, F. J. v. Schelling. E. Denkrede. Münch. 1855.

e. **Georg Wilh. Fr. Hegel**, geb. am 27. Aug. 1770 zu Stuttgart, studierte in Tübingen, Hauslehrer in der Schweiz und in Frankfurt, 1801 Privatdocent in Jena, 1806 außerordentlicher Professor und noch in demselben Jahre Redacteur des „Fränkischen Merkurs" in Bamberg, 1808 Gymnasialrector in Nürnberg, 1816 Professor der Philosophie in Heidelberg, 1818 in Berlin; gest. den 14. Nov. 1831.[1])

Hegel wirkte dadurch günstig, daß seine Philosophie durch ihre strenge Methode den Romanticismus in Wissenschaft und Dichtkunst untergrub, ungünstig dadurch, daß er die Sprache der Philosophie, überhaupt der Wissenschaft zur Carricatur verzerrte. Hauptwerke: „Phänomenologie des Geistes", „Wissenschaft der Logik", „Aesthetik"; sein schwächstes „Grundlinien der Philosophie des Rechts". (Werke, Berl. 1832–1840. XVIII.)

f. Joh. Fr. Herbart, (1776–1841). „Allgemeine prakt. Philosophie" (Königsb. 1808). „Psychologie als Wissenschaft" (Ebd. 1824–25. II.) — K. Chr. Fr. Krause (1781–1832): „System der Sittenlehre"; „Absolute Religionsphilosophie". (Werke. Dresd. 1836 ff. VI.)

§ 360. Mystiker.

a. **Joh. Georg Hamann** (mit dem Beinamen „Der Magus im Norden"), geb. zu Königsberg den 27. Aug. 1730, studierte daselbst Philologie, führte dann ein unstätes Leben, lebte von 1759–63 bei seinem Vater, 1765–66 Hauslehrer in Mitau, 1767 Schreiber und Uebersetzer bei der Accise- und Zolldirection, 1777 Packhofsverwalter, erhielt 1787 seinen Abschied mit Ruhegehalt, reiste nach Münster zur Fürstin Gallitzin; gest. daselbst am 21. Juni 1788.[2])

Hamann übte durch Umgang und Schriften großen Einfluß auf die bedeutendsten Männer seiner Zeit (Herder, Goethe, F. H. Jacobi, Lavater, Claudius, Jean Paul u. a.). Genial, reich an tiefen und fruchtbaren Gedanken, die er jedoch nicht auszuführen wußte, und die er in einer dunkeln, oft unverständlichen Sprache in zahlreichen kleinen Schriften bekannt machte; einflußreich durch seine Opposition gegen die seichte Aufklärerei der Zeit und durch seine neuen Ideen über die Poesie, die durch Herder verbreitet wurden. „Sokratische Denkwürdigkeiten", „Kreuzzüge des Philologen ΠΑΝ" darin „Aesthetica in nuce", „Neue Apologie des Buchstabens H", „Golgatha und Scheblimini. Von einem Prediger in der Wüste" u. v. a. m. (Schriften, hrsg. v. Fr. Roth. Berl. 1821–42. VIII. Auswahl v. A. W. Möller. Münster 1826.)

b. **Joh. Kasp. Lavater**, geb. am 15. Nov. 1741 zu Zürich, studierte daselbst unter Bodmer und Breitinger, 1762 ins Ministerium aufgenommen, klagte er den Landvogt Grebel wegen seiner Gewaltthätigkeit öffentlich an, reiste 1763 nach Berlin, lebte 8 Monate bei Spalding in Barth, kehrte 1764 in die Heimat zurück, 1769 Diakon an der Waisenhauskirche, lernte 1774 auf einer Reise an den Rhein Goethe kennen, 1786 erster Pfarrer an der St. Peterskirche, trat 1798 muthig gegen die Gewaltthaten der Franzosen und der schweizerischen Parteihäupter auf, deshalb nach Basel deportiert, doch bald wieder freigelassen; beim Einzug der Franzosen am 26. Sept. von einem unbekannt gebliebenen Soldaten durch einen Flintenschuß verwundet und starb nach langen Leiden am 2. Jan. 1801.[3])

Eine Vereinigung der merkwürdigsten Gegensätze. Er besaß eine schrankenlose Phantasie und zugleich tiefe Gemüthlichkeit, war genial und von großem poetischen Talent, aber ohne künstlerische Mäßigung, überreich und von scharfer Beobachtungsgabe, aber ohne Ruhe und Klarheit; von Natur fromm und gläubig, doch nicht gewissenhaft in der Wahl der Mittel, wenn es galt, seine Zwecke zu erreichen; ein Schwärmer und bekehrungssüchtig, aber tolerant und für alles Neue und Gute empfänglich, thätig und aufopfernd für das Wohl seiner Nebenmenschen. Sein Stil ist wie er selbst: leidenschaftlich, abenteuerlich, aber kraftvoll und im Einzelnen oft äußerst glücklich und begeisternd. Hauptwerke: „Aussichten in die Ewigkeit" (Zür. 1768–78. III.), „Geheimes Tagebuch" (Lpz. 1771–73. II.), „Pontius Pilatus" (Zür. 1782–85. IV.), „Handbibliothek für Freunde" (o. O. 1790–93. XXIV.), vor Allem: „Physiogno-

1) Leben v. Rosenkranz. Berl. 1844. Vgl. Göschel, Hegel u. s. Zeit mit Rücksicht auf Goethe. Berl. 1832. — 2) Gildemeister, J. G. Hamanns Leben u. Schriften. Gotha 1857. V.; J. G. Hamanns Briefwechsel mit Fr. Heinr. Jacobi. Gotha 1868; (Carvacchi, C.) Erinnerungen an Hamann. Münster 1855. — Disselhoff, Jul., Wegweiser zu J. G. Hamann. Elberf. 1870. — 3) F. W. Bodemann, J. K. Lavater. Nach s. Leben, Lehren u. Wirken. Gotha 1856; K. J. Nitzsch. Ueber Lavater und Gellert. Berl. 1851.

nomische Fragmente" (Lpz. 1775—78. IV.). „Wort eines freien Schweizers an die große Nation" (Zür. 1798); „Freimüthige Briefe über das Deportationswesen" (Winterth. 1800—1, II.). — „Schweizerlieder" (Bern 1767); „Hundert christliche Lieder" (Zür 1776), „Zweites Hundert" (Ebd. 1780); epische Dichtungen: „Jesus Messias, oder die Zukunft des Herrn" (a. O. u. J.); „Jesus Messias, oder die Evangelien und Apostelgeschichte in Gesängen" (a. O. 1783—86, IV.) u. s. w. (Ausg. Schriften, hrsg. v. J. K. Orelli. Zür. 1841—45. IX.)

§ 361. Satiriker.

Georg Christoph Lichtenberg, geb. am 1. Juli 1742 zu Ober-Ramstädt bei Darmstadt, wurde wegen Vernachlässigung seiner Wärterin krumm und gebrechlich, studierte in Göttingen, 1770 außerordentlicher Professor der Philosophie daselbst, 1775 ordentlicher Professor, 1788 Hofrath; gest. den 24. Febr. 1799.[1])

Ein klarer und praktischer Geist, daher ein Feind jeglicher Schwärmerei und Uebertreibung, von feinerem Scharfsinn und stets bereitem Witz; seine Satire scharf einschneidend, aber nie den Anstand verletzend. Viele kleine Aufsätze in den „Vermischten Schriften" (hrsg. v. L. Chn. Lichtenberg u. Fr. Kries. Gött. 1800—6. IX.): „Parakleton, oder Trostgründe für die Unglücklichen, die keine Originalgenies sind"; „Ueber den deutschen Roman"; „Vorschlag zu einem Orbis pictus für deutsche dramatische Schriftsteller, Romanen-Dichter und Schauspieler"; „Ueber Physiognomik wider die Physiognomen" u. a. m. „Erklärung der Hogarthischen Kupferstiche" (Gött. 1794—1809. XI.). — „Briefe", hrsg. v. Chn. W. Lichtenberg (Ebd. 1846—47. II.).

§ 362. Aesthetiker.

a. Schiller § 333; A. W. Schlegel und Fr. Schlegel § 358.

b. **Karl Wilh. Freih. v. Humboldt**, geb. zu Potsdam am 22. Juni 1767, studierte in Göttingen, lebte dann in Erfurt, Weimar, Berlin und Jena, hier im Umgange mit Schiller, Goethe, den beiden Schlegel, Reinhold und Fichte, gieng 1797 nach Paris, 1799 nach Spanien, 1802 Ministerresident, später Gesandter in Rom, 1808 Staatsrath in Berlin, 1810 Gesandter in Wien, 1813 Bevollmächtigter Preußens am Congreß zu Chatillon, unterzeichnete 1814 den Pariser Frieden, wohnte dem Wiener, später als Gesandter am Englischen Hof auch dem Aachener Congreß bei, 1818 Minister des Innern, aber bald wieder entlassen, da er sich gegen die Karlsbader Beschlüsse erklärte. Seitdem lebte er zurückgezogen und mit wissenschaftlichen Arbeiten beschäftigt; gest. in Tegel bei Berlin am 8. April 1835.[2])

W. v. Humboldt förderte die philosophische Behandlung der Sprache, indem er die Resultate der Speculation mit denen der Beobachtung verband. Bedeutend als Aesthetiker und Politiker. Hauptwerk: „Ueber die Kawisprache auf der Insel Java" (Berl. 1836—40. III.), mit der Abhandlung „Ueber die Verschiedenheit des menschlichen Sprachbaues und ihren Einfluß auf die geistige Entwickelung des Menschengeschlechts" nebst anderen sprachwissenschaftlichen Schriften. Außerdem: „Ueber die Aufgabe des Geschichtschreibers", „Aesthetische Versuche" (eben so tiefe als erschöpfende Erklärung von Goethes „Hermann und Dorothea"); „Ideen über Staatsverfassung", „Ideen zu einem Versuch, die Grenzen der Wirksamkeit des Staates zu bestimmen", „Denkschrift über Preußens Verfassung", „Briefe an eine Freundin" (Lpz. 1847. II.), Gedichte, z. B. „Rom", eine Elegie, treffliche Sonette u. s. w.

c. K. W. Ferd. Solger, geb. 28. Nov. 1780 zu Schwedt, Professor in Berlin, gest. 20. Oct. 1819. — Ausgezeichneter Stilist und geistreicher Aesthetiker. „Erwin, vier Gespräche über das Schöne und die Kunst" (Berl. 1815); Nachgelassene Schriften und Briefwechsel, hrsg. v. Tieck und F. v. Raumer (Lpz. 1826. II.), Vorlesungen über die Aesthetik, hrsg. v. Heyse (Berl. 1829).

§ 362a. Pädagog.

Joh. Heinr. Pestalozzi, geb. in Zürich am 12. Jan. 1746, studierte zuerst Theologie, dann die Rechte, gab aber auch diese auf, um „Schulmeister zu werden", baute

1) Leben in d. Zeitgen. IV, S. 45. — 2) Schlesier, Erinnerungen an W. v. Humboldt (Stuttg. 1843—45. II.); Meier, Ellis, W. v. Humboldt, Lichtstrahlen aus s. Briefen mit e. Biogr. Humboldts. 4. Aufl. Lpz. 1850; Haym, R., W. v. Humboldt. Lebensbild u. Charakteristik. Berl. 1856; Briefwechsel zw. Schiller u. W. v. Humboldt. Stuttg. u. Tüb. 1830.

1767 im Aargau den Neuhof, auf welchem er 1775 eine Armenanstalt gründete, die ihm sein ganzes Vermögen kostete, gerieth in die größte Armuth, übernahm 1798 in Stanz die Erziehung der in Folge des Kriegs verwaisten Kinder, mußte sie aber wegen der Unruhen noch in demselben Jahre wieder verlassen, wurde dann Schulmeister in Burgdorf, gründete später eine Erziehungsanstalt, die er 1804 nach Münchenbuchsee und dann nach Iferten verlegte, aber nach 20 Jahren wieder auflösen mußte. Er zog sich auf den Neuhof zurück; gest. den 17. Febr. 1827 zu Brugg.[1]

Pestalozzi, der Begründer der neuern Erziehung, war ein Mann von seltener Hingebung und Aufopferungsfähigkeit, von reinem, kindlich frommem Sinn, ein Wohlthäter der Menschheit in seinem Leben wie in seinen Schriften. „Lienhard und Gertrud", der erste Roman, welcher das Leben des Volks schildert, ein reines Naturgemälde des Bauernlebens, einfach und kunstlos, von hoher Einfalt und Innigkeit, treu und wahr, und vor Allem von großartiger Bildungskraft, worin auch sein größtes Verdienst besteht. Er wollte durch diesen Roman, der ein Volksbuch im wahrsten Sinne des Wortes ist, eine bessere Volksbildung anbahnen. In einem zweiten Roman „Christoph und Else" fand er den Volkston nicht. „Figuren zu meinem ABC-Buch", Fabeln, darunter viele wahrhaft genial sind. — Pädagogische Schriften sind voll der erhabensten und großartigsten Ideen, aber leider in einem unbeholfenen, bis zur Unklarheit schwerfälligen Stile geschrieben. (Werke, Stuttg. u. Tüb. 1819—26. XIII.)

§ 363. Sprachforscher und Herausgeber älterer Denkmäler.

a. **Jak. Grimm, Wilh. Grimm,** s. o. § 315; **W. v. Humboldt,** s. o. § 362.

b. **Fr. H. v. d. Hagen** (1780—1856), gab viele ältere Dichtungen heraus, namentlich das Nibelungenlied, eine Sammlung der Minnesinger, von Erzählungen und Schwänken, u. s. w. — **K. Lachmann** (1793—1851), scharfsinniger Kritiker; gab das Nibelungenlied, Walther von der Vogelweide, Wolfram v. Eschenbach u. s. w. heraus, und veröffentlichte viele gründliche Abhandlungen über altdeutsche Sprache, Verskunst und Literatur. — **Graff** — **Schmeller** — **Mone** — **Haupt** — **Maßmann** — **Th. v. Karajan** — **K. Ferd. Becker** (1775—1849), der Begründer der philosophischen Grammatik: „Deutsche Grammatik" (Frkf. 1842—43. III.), „Organismus der Sprache" (Ebd. 1841), „Das Wort" (Ebd. 1833).

IV. Rhetorische Prosa.

§ 364. Geistliche Beredsamkeit.

a. Herder, s. o. § 329.

b. **Franz Volkmar Reinhard,** geb. zu Vohenstrauß in der Pfalz am 12. März 1753, studierte seit 1773 in Wittenberg Theologie, 1778 Adjunct der philosophischen Facultät, 1780 außerordentlicher und 1782 ordentlicher Professor der Theologie, 1784 Probst an der Schloß- und Universitätskirche, 1792 Oberhofprediger, Kirchenrath und Oberconsistorialassessor in Dresden; gest. am 6. Sept. 1812.[2]

Seine zahlreichen Predigten sind Ergebnisse des sorgfältigsten Studiums und der überlegtesten Aufmerksamkeit auf die Bedürfnisse seiner Zuhörer, daher eben so klar und faßlich als wirkungsreich und von schöner Form.[3] Ausgezeichnet: „Einige tröstende Blicke auf die Weltbegebenheiten", „Predigt auf den zweiten Pfingsttag" (1795), „Landtagspredigt" (1798), „Predigt am Reformationsfeste" (1800) u. a. m. (Predigten, Sulzb. 1793—1813. XXXV.) — Auch gelehrter Theolog: „System der christlichen Moral" (Wittenb. 1788—1815. V.). u. a. m.

c. **Friedr. Ernst Dan. Schleiermacher,** geb. zu Breslau am 21. Nov. 1768, studierte im Seminar der Herrnhuter zu Barby, dann in Halle Theologie, 1790 Prediger an der Charité in Berlin, 1802 Hofprediger in Stolpe, 1805—7 Universitätsprediger und Professor der Theologie in Halle, 1809 Prediger an der Dreifaltigkeits-

1) Blochmann, K. Just., H. Pestalozzi. Züge aus d. Bild. s. Lebens u. Wirkens. Lpz. 1846. Raed. L., H. Pestalozzi, der Held als Menschenbildner und Volkserzieher. Lpz. 1861. — 2) Leben v. Böttiger. Dresd. 1813; v. Köthe. Jena 1813; Tzschirners Rede zu Reinhards Gedächtnißfeier. Lpz. 1812. — 3) Vgl. seine „Geständnisse, s. Predigten u. s. Bildung zum Prediger betr." Sulzb. 1810.

kirche und bald darauf Professor der Theologie in Berlin, 1811 Mitglied der Akademie, entwickelte große Thätigkeit für die Belebung des Nationalgefühls; gest. am 12. Febr. 1834.[1])

Großer Redner als Prediger und Lehrer, gelehrter Theolog und Philolog, scharfsinniger Philosoph und Kritiker, meisterhafter Uebersetzer. Unter seinen Predigten auszuzeichnen: „Daß Vorzüge des Geistes ohne sittliche Gesinnung keinen Werth haben“, „Die Freude an der Erscheinung Christi, erhöht durch die Betrachtung, daß er gekommen ist, das Schwert zu bringen“, „Denen, die Gott lieben, müssen alle Dinge zum Besten dienen“ (Trostpredigt nach der Schlacht bei Jena), „Das Leben und Ende des Trägen“, „Die Grenzen der Nachsicht“. Außerdem: „Reden über Religion an die Gebildeten unter ihren Verächtern“,[2]) „Monologen“.[3]) „Der christliche Glaube nach den Grundsätzen der evangelischen Kirche“, „Grundlinien einer Kritik der bisherigen Sittenlehre“, „Weihnachtsfeier“, „Uebersetzung des Plato“ (Berl. 1804—28. III. in 6 Bd.), u. s. w.[4])

d. L. Fr. Frz. Theremin. (1783—1846). „Predigten“ (Berl. 1817—1847. X.), „Adalberts Bekenntnisse“, „Die Beredsamkeit eine Tugend, oder Grundlinien einer systematischen Rhetorik“ (Ebd. 1814), „Demosthenes und Massillon“ (Ebd. 1845). — Dräseke (1774—1849), „der Jean Paul unter den geistlichen Rednern“; in der Gelegenheitsrede besonders stark durch kunstvolle Benutzung der jedesmaligen äußern Umstände und psychologischen Verhältnisse. — Hüffell — Nitzsch.

§ 365. Wissenschaftliche Rede.

a. **Goethe**, s. o. § 332; **Schiller**, s. o. § 333; **Engel**, s. o. § 353; **Fichte**, s. o. § 359.

b. Fr. Chr. Wilh. Jacobs, geb. 6. Oct. 1764, studierte in Jena und Göttingen, 1785 Prof. in Gotha, 1807 Mitglied der Akademie der Wissenschaften in München, 1811 Oberbibliothekar in Gotha; gest. 30. März 1847. Eben so geschmackvoller als gelehrter Philolog, anmuthiger Erzähler, geistreicher Redner. Reden: „Ueber den Vorzug der griechischen Sprache im Gebrauch ihrer Mundarten“, „Ueber den Reichthum der Griechen an plastischen Kunstwerken“. — Erzählungen und Romane: „Rosaliens Nachlaß“, „Alwin und Theodor“, „Die Schule der Frauen“ u. s. w. (Verm. Schriften, Gotha 1823—44. VIII.)

§ 366. Briefe.

a. **Herder**, s. o. § 329; **Merck**, s. o. § 330; **Goethe**, s. o. § 332; **Schiller**, s. o. § 333; **Heinse, F. H. Jacobi, Jean Paul**, s. o. § 353; **J. v. Müller**, s. o. § 356; **Sturz**, s. o. § 357; **Forster**, s. o. § 358; **W. v. Humboldt**, s. o. § 362; **Alex. v. Humboldt**, s. o. § 358.

b. **Ludw. Börne** (ursprüngl. Baruch), geb. zu Frankfurt a. M. am 18. Mai 1786, studierte in Berlin und Halle Medicin, in Heidelberg und Gießen Staatswissenschaften, hierauf Polizeiactuar, verlor diese Stelle in Folge der Restauration, trat 1817 zum Christenthum über, lebte abwechselnd in Frankfurt, Hamburg, Narau und Paris; gest. daselbst am 13. Febr. 1837.[5])

Ein bedeutendes und originelles Talent, das orientalische Element mit dem deutschen harmonisch verbindend, zum Theil nach Jean Paul gebildet; ein Patriot im edelsten Sinne des Worts; unerschöpflich und gesinnungsfest, von reichem Witz und scharfer Ironie, dabei voll Gemüth. Als Publicist („Zeitschwingen“ Offenb. 1817; „Die Wage“ Frankf. 1818—21) unübertroffen. Seine Darstellung ist reich, klar, wohlklingend, bald von der größten Anmuth und bald von erschütternder Gewalt. „Briefe aus Paris“, „Neue Briefe aus Paris“, „Menzel, der Franzosenfresser“, „Denkrede auf Jean Paul“. (Schriften, Hamb., Paris u. Lpz. 1829—47. XVII. Neue Aufl.)

---

1) Aus Schleiermachers Leben. In Briefen. Berl. 1858. II.; Biographie in Lübker a. a. O. Auberlen, F. D. Schleiermacher. Ein Charakterbild. Bas. 1859; Baumgarten-Crusius, Otto, Ueber Fr. Schleiermacher, s. Denkart u. s. Verdienst. Jena 1835; Sigwart, Schleiermacher in s. Beziehungen zu d. Athenäum der beiden Schlegel. Ravensburg 1861. — 2) Mit Einleit. hrsg. v. Karl Schwarz. Lpz. 1868. — 3) Nebst d. Weihnachtsfeier hrsg. v. K. Schwarz. Lpz. 1870. — 4) Sämmtl. Werke. 32 Bde. in 3 Abth. Berl. 1834 ff. — 5) Leben, von K. Gutzkow. Hamb. 1840; Heine, Ueber Börne. Hbg. 1840.

Uebersicht der neuesten Literatur.

I. Poesie.

§ 367. Die lyrischen und didaktischen Dichter.[1])

a. Karl Trägler-Manfred, geb. 17. Juni 1806 zu Lemberg. Dramaturg in Darmstadt. Begabter lyrischer Dichter, glücklich im Roman und in der Novelle; „Romanzen, Lieder und Sonette“ (Lpz. 1830), „Gedichte“ (Frankf. 1836); „Gruppen und Figuren“, Novellen (Lpz. 1838. II.). — Bogge (S. u. § 371). — Wilh. Zimmermann, geb. zu Stuttg. 2. Jan. 1807. Ernst, gesinnungstüchtig und oft erhaben. „Gedichte“ (Stuttg. 1832). Treffliche „Geschichte des Bauernkriegs“ (Ebd. 1840, II.). — Franz Theodor Kugler, geb. zu Stettin 19. Jan. 1808, Prof. an der Kunstakademie zu Berlin; gest. 18. März 1858. „Gedichte“ (Stuttg. u. Tüb. 1840, Belletrist. Schriften, Stuttg. 1852, VII.; vgl. Unsere Zeit 2, 719.). — Fr. Aug. v. Heyden, (S. u. § 370). — Eduard Bauernfeld (S. u. § 371). — Gustav Pfizer, geb. zu Stuttgart 29. Juli 1807. Männliche und sittlich reine Gesinnung. „Gedichte“ (Stuttgart 1831); Dichtungen (Ebd. 1840). Biographie: „Mart. Luthers Leben“ (Stuttg. 1836). — Adolf Bube, geb. zu Molsdorf bei Gotha 23. Sept. 1802, Archivrath in Gotha. Liebliche Naturbilder und gelungene Sagen. „Gedichte“ (Gotha 1833. 1836), „Naturbilder“ (Ebd. 1838). „Neue Gedichte“ (Jena 1840), „Romanzen und Balladen“ (Gotha 2. Aufl. 1853). — Gust. Pfarrius, geb. zu Heddesheim bei Kreuznach am 31. Dec. 1800. „Waldlieder“ (Köln 1850), „Das Nahethal in Liedern“ u. A. m. — Ludw. Bechstein, geb. 24. Nov. 1801 zu Weimar, Hofrath und Bibliothekar daselbst, gest. 15. Mai 1860, fruchtbar, vielseitig und reich an Erfindungen. „Gedichte“ (Frankf. 1836), „Luther“ (in Canzonen) (Ebd. 1834), „Die Haimonskinder“ (Lpz. 1830), „Erzählungen und Phantasiestücke“ (Stuttg. 1832. IV.); die vortrefflichen „Fahrten eines Musikanten“ (Schleus. 1836—37, III.), „Deutsches Märchenbuch“ (Lpz. 1846; 16. Aufl. 1857) u. a. m. — Eduard Schulz-Ferrand, geb. 12. Jan. 1813 zu Landsberg an der Warthe, gest. in Berlin 23. Oct. 1842. Schönes Talent, aber ohne großen Umfang (Gedichte, Berl. 1834. Neue Samml. Ebd. 1838, Lyrisches, Ebd. 1839). — Joh. Nepom. Vogl, geb. 2. Nov. 1802 zu Wien, Beamter daselbst, gest. 16. Nov. 1867. „Lyrische Dichtungen“ (Wien 1836), „Balladen und Romanzen“ (Ebd. 1835). — Ludw. Wihl, geb. zu Wevelinghoven bei Aachen 1807. (Jüdischer Religion.) „Gedichte“ (Mainz 1836); meist kurz und gedankenreich. — Friedr. v. Sallet, geb. zu Neiße 20. April 1812, 1829—1838 Lieutenant, gest. am 21. Febr. 1843. Männlich, gedankenreich, für alles Hohe begeistert. „Gedichte“, „Laienevangelium“. (Sämmtl. Schriften, Berl. 1845. V.). — Ch. Ritter v. Tschabuschnigg (S. u. § 376). — Aug. Kopisch (S. u. § 370). — Jul. Mosen (S. u. § 370). — Robert Reinick aus Danzig, geb. 22. Febr. 1805, gest. 7. Febr. 1852. Maler. „Lieder eines Malers“ (Düsseldorf 1838); „Lieder“ (Berl. 1844). — Hermann Kurz, geb. zu Reutlingen 1813, jetzt Bibliothekar in Tübingen. Phantasiereich, glücklich in der Wahl der Stoffe und in ihrer Behandlung. „Gedichte“ (Stuttg. 1836); „Dichtungen“ (Pforzh. 1839). Romane: „Schillers Heimatjahre“ (Stuttg. 1843. III.), „Der Sonnenwirth“ (Frankfurt 1854); gelungene Uebersetzung des „Tristan und Isolt“, von Gottfried von Straßburg. — Alex. Graf v. Württemberg, geb. 5. Nov. 1801 zu Kopenhagen, gest. 7. Juli 1844. Bedeutendes Talent, aber zu unruhig, oft kräftig, oft krankhaft (Gedichte Stuttg. 1837. Lieder des Sturms. Ebd. 1838. Gesam. Werk. Eb. 1841. Gegen den Strom. Sonette. Eb. 1843). — Carl Ludwig Pfau, geb. zu Heilbronn am 25. Aug. 1821, lebt in Stuttgart. „Gedichte“ (Frankf. 1847; 2. Aufl. 1858) verbinden tiefen Ernst mit heiterem Humor. — Karl Isidor Beck (S. u. § 372). — G. Fr. Daumer, geb. zu Nürnberg am 5. März 1800, von 1822—1833 Prof. das.; wurde 1858 katholisch, nachdem er lange Zeit das Christenthum bekämpft hatte. Glücklich in Nachbildung fremder, namentlich orientalischer Poesien. „Bettina. Gedichte aus Goethes Briefwechsel mit einem Kinde“ (Nürnb. 1837); „Hafis“ 2. Samml. (Hamb. 1846—52). — Franz Dingelstedt, geb. zu Halsdorf in Oberhessen 30. Juni 1814, Intendant des Hoftheaters in München, jetzt in Weimar. „Lieder eines kosmopolitischen Nachtwächters“ (Hamb. 1842), „Gedichte“ (Kassel 1838.) „Unter der Erde“, Roman; gute Novellen. — Ernst Frh. von Feuchtersleben, geb. zu Wien 29. April 1806, Arzt, Universitätslehrer; gest. 3. Sept. 1849. Tüchtig, geistreich. „Gedichte“ (Stuttg. 1836). Philosoph. und Medizinische Schriften, darunter „Zur Diätetik d. Seele“ (Wien 1838. 10. Aufl. Ebd. 1856). (Sämmtliche Schriften. Wien 1851. V.).

b. Ferdinand Freiligrath, geb. am 17. Juni 1810 in Detmold, früher Kaufmann, später privatisierend, lebte am Rhein, nahm an den Bewegungen im Jahre 1848 Antheil, mußte deshalb das Vaterland verlassen, lebte längere Zeit in London, jetzt wieder in der Heimat, in Stuttgart.[2])

1) Vgl. Arthur Kroblohn, Jüngstdeutsche Lyrik. 2. Aufl. Grünberg. 1865. — Emil Kuh, Ueb. neuere Lyrik. Wien 1865. — 2) Klippenberg, Aug. Ferd. Freiligrath. Zum Verständniß d. Dichters u. als Begleitgabe zu s. Werken. Lpz. 1869. — Oelrae, G., F. Freiligrath Album v. Nürnb. 1869. S. 2).

Lyrische Gedichte (Stuttg. 1838. 18. Aufl. Ebd. 1857) mit zum Theil großartigen, zum Theil seltsamen Stoffen; kühne, meist glänzende, oft grelle Darstellung. Politische Lieder (Herisau 1846; Köln 1849; Neuere pol. 1851), im Übrigen weit nachstehend. Meisterhafte Uebersetzungen fremder Dichter: „Oden", von V. Hugo (Frankf. 1836), „Dämmerungsgesänge" (Stuttg. 1836 u. a. m.).

c. **Emanuel (von) Geibel**, geb. am 18. Oct. 1815 zu Lübeck, studierte in Bonn und Berlin, gieng 1838 nach Athen, seit 1840 wieder in Deutschland, lebte an verschiedenen Orten, Professor in München seit 1852, im J. 1867 entlassen, lebt jetzt in Lübeck.

Einer der tiefsten und gedankenreichsten Lyriker der neueren Zeit, dessen Gedichte (Berl. 1840. 46. Aufl. Ebd. 1857) sowohl durch die reine und schöne Form, als durch die Innigkeit und Wahrheit des Gefühls ansprechen. „Zwölf Sonette" für Schleswig-Holstein, ein kleines Epos „König Sigurds Brautfahrt"; „Juniuslieder" (Stuttg. 1848); „Neue Gedichte", (Ebd. 1856); „Gedichte u. Gedenkblätter" (Ebd. 1865); mehrere Dramen, z. B. „König Roderich" (Ebd. 1844), in welchen das lyrische Element allzusehr vorwaltet.[1])

d. Eduard Mörike, geb. 8. Sept. 1804 zu Ludwigsburg, war längere Zeit Pfarrer; jetzt in Stuttgart. Vielfach überschätzt, am Besten in den humoristischen Liedern. „Gedichte" (Stuttg. 1838, 4. Aufl. 1860); „Idylle vom Bodensee" (Ebd. 1846); „Der Maler Nolten", Roman (Ebd. 1832). — Adolf Peters, geb. 9. Feb. 1803 zu Hamburg, Professor der Mathematik in Meißen. „Gesänge der Liebe" (Dresd. 1840); in höherem Schwung: „Natur und Gottheit" (Meißen 1852. 2 Aufl. Lpz. 1863.) — Georg Herwegh, geb. in Stuttgart 31. Mai 1817, lebt in Baden-Baden. Voll Begeisterung für Freiheit und Vaterland; glänzende Sprache. „Gedichte eines Lebendigen" (Zür. 1841—43. II.). — Wolfg. Müller, geb. zu Königswinter 5. März 1816, früher Arzt in Düsseldorf, jetzt in Cöln. Lyrik, voll Frische und Innigkeit, schöne Balladen und Märchen. „Junge Lieder" (Düsseldorf 1841). „Balladen und Romanzen" (Ebd. 1842), „Gedichte" (Frankf. 1848), „Loreley" (Köln 1851. 3. Aufl. 1856), „Die Maikönigin" (Stuttgart 1852). „Prinz Minnewin, ein Mittelsommernachtsmärchen" (Köln 1854), „Der Rattenfänger von St. Goar" (Köln 1856, 2. Aufl. 1857); „Johann von Werth, eine deutsche Reitergeschichte" (Köln 1858) u. a. m.

e. **Rob. E. Prutz**, geb. 30. Mai 1816 zu Stettin, 1849 Professor in Halle, seit 1859 wieder in Stettin; gest. das. 21. Juni 1872. Einer der geistvollsten politischen Dichter, aber auch in anderen Gebieten der Lyrik bedeutend. Ferner auch als Dramatiker, besonders aber als Literarhistoriker ausgezeichnet.

„Gedichte" (Lpz. 1841); „Neue Gedichte" (Mannh. 1850). Dramatische Werke (Lpz. 1847—49. IV.), darunter „Karl von Bourbon", „Moritz von Sachsen"; „Die politische Wochenstube" (eine aristophan. Komödie). Romane: „Das Engelchen" (Lpz. 1851), „Der Musikantenthurm" (Lpz. 1855). „Der Göttinger Dichterbund" (Ebd. 1841). „Vorlesungen über die Geschichte des deutschen Theaters" (Berl. 1847). u. a. m.

f. Fr. Victor (von) Strauß, geb. zu Bückeburg 18. September 1809, Geheimer Cabinetsrath daselbst. Religiöse Stimmung. „Gedichte" (Bielefeld 1841). „Lieder für die Kirche" (Ebd. 1843); „Richard", Epos in Hexametern (Ebd. 1841). — Hebbel (S. o. § 371). — August Stöber, geb. 9. Juli 1808, Prof. in Mühlhausen. „Gedichte" (Straßburg und Heidelberg 1842). Verdient durch vielfache literarische und culturgeschichtliche Arbeiten. — Ludwig Adolf Stöber, des Vorigen Bruder, geb. 7. Juli 1810 zu Straßburg, 1840 Pfarrer in Mühlhausen; jetzt Consistorialpräsident. „Gedichte" (Hannover 1845). — Theodor Klein, geb. 30. März 1820 in Straßburg, gest. daselbst 1865. „Lieder" (Mühlh. 1848), „Gedichte" (St. Gallen 1857). — J. G. Zetter, geb. in Mühlhausen 4. Mai 1819, lebt daselbst. „Gedichte v. Friedr. Otte" (Basel 1842). „Aus dem Elsaß" (St. Gallen 1862. — Karl Candidus, geb. 14. April 1817 zu Bischweiler, jetzt Pfarrer in Odessa. „Gedichte" (Straßb. 1845). Verm. Gedichte (Lpz. 1869). — Wilh. Wackernagel, geb. zu Berlin 23. April 1806, Professor in Basel; gest. 21. Dez. 1870. Tiefes Gefühl und glücklicher Humor. „Gedichte eines fahrenden Schülers" (Berl. 1828). „Neuere Gedichte" (Zür. 1842); darunter treffliche Liebesgedichte. „Weinbüchlein" (Lpz. 1845); zugleich einer der gelehrtesten Kenner der germanischen Sprachen, zahlreiche Arbeiten eben so gründlich als geschmackvoll. „Gesch. d. deutschen Lit." (Basel 1848, leider unvollendet. — Moritz Graf Strachwitz, geb. zu Peterwitz in Schlesien, gest. in Wien 11. Dec. 1847. „Lieder eines Erwachenden" (Berl. 1842). „Neue Gedichte" (Ebd. 1847). — Adolf Glaßbrenner (S. u. § 376). — Gottfried Kinkel (S. u. § 370). — Karl J. Simrock, geb. 28. Aug. 1802 zu Bonn. Professor daselbst. Weniger durch seine „Gedichte" (Lpz. 1844) bedeutend, als durch seine meisterhaften Uebersetzungen älterer deutscher Dichtungen: „Walther von der Vogelweide" (Berl. 1833, 3. Aufl. Lpz. 1862). „Wilhelm von Eschenbach" (Stuttg. u. Tübing. 1842). „Das Nibelungenlied", „Gudrun" (Ebd. 1843). Gottfried von

---

1) Seiberts, C. G., Ueber d. charakterist. Element in d. Lyrik E. Geibels. Mark. 1869. Goedeke, Emanuel Geibel. Stuttg. 1869. II.

Straßburg" (Lpz. 1855) u. a. m.[1]) — Hermann Rollett, geb. 20. Aug. 1819 in Baden bei Wien; lebt in Wien. Fruchtbar und talentvoll. Ausgewählte Gedichte (Leipz. 1865). — Hans Theod. Woldsen Storm, geb. 14. Sept. 1817 zu Husum in Schleswig, seit 1864 Landvogt daselbst. „Gedichte" (Berl. 1852); auch Novellen. — M. Hartmann (S. u. § 370). — Alfred Meißner (S. u. § 370). — Hermann von Gilm, geb. 1. Nov. 1812 zu Innsbruck, gest. als Statthaltereisecretär zu Linz 31. Mai 1864. Begeistert für sein Land Tirol, freisinnig in Politik und Religion. „Gedichte" (Wien 1864—65, II.). — Hagenbach (S. u. § 378). — Gottfr. Keller (S. u. § 372). — Bernhard von Lepel, geb. 21. Mai 1818 zu Meppen (Hannover), lebt in Berlin. „Lieder aus Rom" (Berl. 1846); „Die Zauberin Kirke" (Ebd. 1850). — Adolf Böttger (S. u. § 370). — Heinrich Zeise, geb. 19. April 1822 zu Altona, wo er als Besitzer einer chemischen Fabrik lebt. Sittlicher Ernst, zarte Empfindung. „Gedichte" (Altona 1847); „Neue Gedichte" (Kiel 1850); „Aus einer Liedermappe" (Altona 1861); „Kleine Lieder" (Altona 1871). — Theodor Creizenach, ursprünglich Israelit, geb. 1818 zu Mainz, lebt in Frankfurt. Glühend in Gefühl und Darstellung. „Dichtungen" (Mannh. 1839). — Arnold Schloenbach (S. u. § 370). — Richard Georg Spiller von Hauenschild, mit dem Dichternamen Max Waldau, geb. am 24. März 1822 zu Breslau, gest. auf seinem Gut Tscheidt in Oberschlesien, für Freiheit und Fortschritt begeistert, gedankenreich, formgewandt. „Blätter im Winde" (Paris 1847), Canzonen (Lpz. 1848). O diese Zeit! Canzone (Hamburg 1850). Canzone: Sirvente vom Pierre Cardinal (Hamb. 1848). Auch als Epiker bedeutend. „Cordula. Eine Graubündner Sage" (Hamb. 1851. 2. Aufl. 1858), „Rahab. Ein Frauenbild aus der Bibel" (Ebd. 1854). Romane: „Nach der Natur" (2. Aufl. Hamb. 1851. III.), „Aus der Junkerwelt" (Hamb. 1850. II.).

g. Rud. Gottschall, geb. am 30. Sept. 1823 zu Breslau, studierte in Königsberg, Breslau und Berlin, promovierte 1846 in Königsberg als Doctor der Rechte, lebt seit 1863 als Redactor der „Blätter für literar. Unterhaltung" und der Zeitschrift „Unsere Zeit" in Leipzig.

Einer der begabtesten, fruchtbarsten und vielseitigsten Dichter, bedeutend als Lyriker (Gedichte. Hamb. 1849), als Epiker (Carlo Zeno. 2. Aufl. Bresl. 1854, Maja. Bresl. 1864) und als Dramatiker, und zwar sowohl in der Tragödie (Mazeppa, der Nabob u. s. w.) als im Lustspiel (Pitt und Fox, die Diplomaten). Dramatische Werke. (Lpz. 1864. VI.). Als Litterarhistoriker: „Die deutsche Nationallitteratur in der ersten Hälfte des 19. Jahrh." (3. Aufl. Bresl. 1872 III); „Die Dichtkunst und ihre Technik" (Bresl. 1858).

h. Edward Dorer-Egloff (S. u. § 372). — Dreves, Lebrecht, geb. 12. Sept. 1816 in Hamburg, studierte 1834—38 in Jena u. Heidelberg d. Rechte, d. 1839—47 Advocat in Hamburg, wurde 1846 katholisch, gest. in Feldkirch 19. Dez. 1870 — Gedichte (Berl. 1849, 3. Aufl. Halle 1870) warm und tief. — Der Lebensretter (Halle 1856), gutes Lustspiel, glückl. Uebersetzer lat. Kirchenlieder (Schaffh. 1846, 2. Aufl. 1868). — Sturm (S. u. § 365). — Hammer (S. u. § 365). — Titus Ullrich, geb. 22. Aug. 1813, seit 1860 im Bureau der General-Intendantur der k. Schauspiele in Berlin angestellt. Bedeutender philosophischer Dichter. „Das hohe Lied" (Berl. 1845), „Victor" (Ebd. 1847). — Georg Scheurlin, geb. 25. Febr. 1802 zu Mainbernheim, 1828 Lehrer in Ansbach, seit 1838 Ministerialsecretär in München; gest. 10. Juni 1872. Seine Gedichte (Ansb. 1831. Ebd. 1852), Heideblumen (Heidelb. 1858), zeugen von wahrer und tiefer Empfindung. — Hermann Jäger, geb. am 7. Oct. 1815 im Weimarischen, lebt als Hofgärtner in Eisenach. Gedichte (Lpz. 1851), darunter auszuzeichnen die „Bilder und Lieder aus dem Gesellenleben". — M. Anton Niendorf, geb. 24. Dec. 1826 in Niemegk. Anfangs Privatlehrer, 1847 in Berlin Unterricht ertheilend und Vorlesungen besuchend, 1848 wegen der „Blousen der Andacht. Gesänge aus Berlins Revolutionszeit" (Berl. 1849) zu 8 Monaten Gefängniß verurtheilt und aus Berlin verwiesen; seit 1863 Besitzer eines Landguts. Durch seine Liedersammlung „Die Hegler Mühle. Ein Cyclus märkischer Gedichte" (Berl. 1860. 2. Aufl. 1867), vortheilhaft bekannt. — Otto Roquette (S. u. § 370).

i. Friedrich Martin Bodenstedt, geb. am 22. April 1819 zu Peine, wurde 1840 Erzieher in Rußland, gieng 1844 nach Tiflis, lebte nach seiner Rückkehr in die Heimat an verschiedenen Orten, bis 1871 Hoftheaterintendant in Meiningen.

Als Lyriker ausgezeichnet: „Lieder des Mirza Schaffy" (Berl. 1851. 50. Aufl. 1870); „Gedichte" (Bremen 1852, 2. Aufl. 1857); „Aus der Heimat und Fremde" (Berl. 1866). Vortrefflicher Uebersetzer: Poetische Werke der Russen Lermontoff (Berl. 1852) und Alex. Puschkin (Ebd. 1854); Shakspeares Sonette (Ebd. 1862. 2. Aufl. 1866). Reisebeschreibung: Tausend und Ein Tag im Orient (Berl. 1850, II.). Glücklich im Epischen: „Ada die Lesghierin" (Ebd. 1853); „Epische Dichtungen" (Ebd. 1862). Dramen: „Demetrius. Trauerspiel" (Ebd. 1856), „König Autharis Brautfahrt" (Ebd. 1860.) Biographie in Gödeke a. a. O.

k. Alexander Kaufmann, geb. am 15. Mai 1821 in Bonn, seit 1850 Archivrath in Wertheim. Gedichte (Düsseldorf 1852). — Gust. Pfarrius (S. u. § 378). — Oskar von Redwitz (S. u. § 370). — Adolf Pichler, geb. am 4. Sept. 1819 im Unterinnthal, seit 1848 Professor der Naturwissenschaften an der Universität Innsbruck. Gelehrter Naturforscher; glücklicher Lyriker. „Gedichte" (Innsbr. 1853), ausgezeichnete

1) Mönnich, Ueb. K. Simrocks Gedd. (Album v. Nürnb. 1846, S. 65.)

„Hymnen" (Ebd. 1855. 2. Aufl. Abg. 1857), geistreiche „Epigramme" (Gera 1868), lebensvolle Reiseschilderungen. „Aus den Tirolerbergen" (Ebd. 1864) und interessante Novellen „Allerlei Geschichten aus Tirol" (Jena 1867). Auch Trauerspiele: „Die Tarquinier (Innsbr. 1866), „Roderigo" (Ebd. 1868). — Robert Waldmüller (S. u. § 370). — Julius Rodenberg (S. u. § 374). — Hermann Lingg (S. u. § 370).

l. Johann Georg Fischer, geb. zu Groß-Süßen im Württembergischen am 25. Oct. 1820, promovierte 1857 als Doctor der Philosophie und wurde bald darauf als Professor an der Stuttgarter Oberrealschule angestellt.

Seine Gedichte (Stuttg. 1854, 2. Aufl. 1858) sind jugendlich frisch, gemüthlich und mannigfaltig. Auch als Dramatiker bedeutend: „Saul" (Ebd. 1862), „Friedrich II." (Ebd. 1863).

m. Die Wupperthaler Dichter: Emil Rittershaus, geb. am 3. April 1834 zu Barmen, wo er als Kaufmann lebt. Gedichte (Berl. 1858). — Adolf Schults, geb. am 5. Juni 1820 in Elberfeld, Kaufmann, gest. am 2. April 1858. „Gedichte" (Magdeb. 1843. 2. Aufl. 1847), „Haus und Welt" (Elberf. 1851), „Zu Hause" (Ebd. 1851), „Der Harfner am Heerd" (Ebd. 1854). Auch epische Dichtungen: „Martin Luther" (Lpz. 1853), „Ludwig Capet" (Ebd. 1855.) — Karl Siebel, geb. 13. Jan. 1836, Kaufmann, gest. 1868. „Gedichte" (Lpz. 1856, 3. Aufl. Iserlohn 1863), „Arabesken" (Ebd. 1861). — Karl Stelter, geb. zu Elberfeld am 25. Dec. 1823, Kaufmann. „Gedichte" (Lpz. 1857); auch Episches: „Die Braut der Kirche" (Berl. 1856), „Geschichte und Sage" (Elberf. 1864). — Fr. Roeber (S. u. § 371).

n. Franz Ludwig Feodor Löwe, geb. 5. Juli 1816 zu Kassel, seit 1840 Mitglied der Stuttgarter Hofbühne. „Gedichte" (Stuttg. 1843), „Gedichte" (Frankf. 1854. 2. Aufl. 1860). — Hermann Neumann (S. u. § 370). — Eduard Baltzer, geb. am 24. Oct. 1814 zu Hohenleina, Gründer der Stifter der freireligiösen Gemeinden, lebt in Nordhausen. „Aus dem Evangelium" (Nordhausen 1856), „Aus der Edda" (Ebd. 1858). — Robert Hamerling (S. u. § 370). — Julius Grosse (S. u. § 370). — Melchior Meyr (S. u. § 376). — Albert Traeger, geb. zu Augsburg am 12. Juni 1830, lebt seit 1862 als Rechtsanwalt in Cölleda. Talentvoller Lyriker. „Gedichte" (Lpz. 1858. 6. Aufl. 1866). — Wilhelm Hertz (S. u. § 370). — Otto Banck, geb. 17. März 1824 zu Magdeburg, lebt literarisch thätig in Dresden. „Gedichte" (Lpz. 1856). — Ernst Scherenberg, geb. am 21. Juli 1839 zu Swinemünde, widmete sich Anfangs der Malerkunst, lebt jetzt in Elberfeld als Redacteur der Elberfelder Zeitung. „Aus tiefstem Herzen. Gedichte" (Berl. 1860. 2. Aufl. 1863), „Verbannt. Dichtung" (Ebd. 1861. 2. Aufl. 1864), „Stürme des Frühlings" (Ebd. 1865). — Georg Scherer, geb. am 16. März 1828 bei Ansbach, seit 1865 Docent der Aesthetik und Literaturgeschichte am Stuttgarter Polytechnikum. „Gedichte" (Lpz. 1864. 3. Aufl. 1868). — Albert Möser, geb. 7. Mai 1835 in Göttingen, Lehrer im Krause'schen Institut zu Dresden. „Gedichte" (Lpz. 1865), „Der Tod. Canzone" (Ebd. 1867), „Todtenopfer" (Halle 1870). „Nacht und Sterne. Neue Gedichte" (Halle 1872).

§ 368. Religiöse Gedichte.

Joh. Phil. Spitta, geb. 1. Aug. 1801 zu Hannover, gest. 28. Sept. 1859, treffliche geistliche Lieder: „Psalter und Harfe" (Lpz. 1833. 37. Aufl. Ebd. 1859. Vgl. Münkel, K., J. Ph. Spitta. 1861.) — Julius Sturm, geb. 21. Juli 1816 zu Köstritz, seit 1850 Pastor in Göschitz bei Schleiz. Reich begabt, von tief religiösem Sinn. „Gedichte" (Lpz. 1850. 3. Aufl. 1863), „Fromme Lieder" (Ebd. 1852), „Für das Haus" (Lpz. 1862). — Julius Hammer, geb. zu Dresden 7. Juni 1810, gest. 23. Aug. 1862. Gemüthlicher Lyriker; in seinen didaktischen Gedichten höchst bedeutend. „Schau um Dich und Schau in Dich" (Lpz. 1851. 9. Aufl. 1858); „Zu allen guten Stunden" (Ebd. 1854). — Gall Morel (S. u. § 378). — Karl Gerok, geb. 30. Jan. 1815 zu Stuttgart, seit 1849 Prediger in Stuttgart. „Palmblätter" (Stuttg. 1857. 9. Aufl. 1865), „Pfingstrosen" (Ebd. 1864), „Predigten" (Ebd. 1862—65. III.) — Ernst Heinrich Pfeilschmidt, geb. am 19. Oct. 1809 zu Großenhayn, seit 1836 Diakonus an der Kreuzkirche in Dresden. „Heilige Zeiten" (Lpz. 1858). — Georg Wilhelm Schulze, geb. am 7. April 1830 zu Göttingen, seit 1860 in Berlin. Treffliche „Geistliche Lieder" (Halle 1858, 7. Aufl. 1866). — Meta Heußer-Schweizer (S. u. § 378).

§ 369. Die Dialektdichter.

a. Hebel (S. u. § 371). — Karl Adam Kaltenbrunner, geb. zu Enns in Oberösterreich am 30. Dec. 1804, seit 1844 Vorstand der Hof- und Staatsbuchdruckerei in Wien, gest. 6. Jan. 1867. „Oberennsische Lieder" (Linz 1845), „Alm und Zither" (Wien 1846) u. A. m. — Franz Stelzhamer, geb. am 29. Jan. 1802 zu Großpiesenham in Oberösterreich, ein wandernder Sänger, dessen „Lieder in obderennsischer Volksmundart" (Wien 1837. N. III.), „Gedichte" (Stuttg. u. Tüb. 1855) echt volksthümlich, treuherzig naiv und von dem heitersten Humor eingegeben sind. — Franz Ritter von Kobell, geb. zu München 19. Juli 1803, Professor daselbst. „Gedichte in oberbayerischer Mundart" (München. 6. Aufl. 1862), „Gedichte in pfälzischer Mundart" (5. Aufl. Ebd. 1862). — Klaus Groth, geb. 24. Sept. 1819 zu Heide in Holstein. „Quickborn", Volksleben in plattdeutschen Gedichten (7. Aufl. Hamb. 1857). Vgl. Hobein, „Ueber Kl. Groth u. s. Dichtungen" (Hamb. 1864). — Viktor Kästner, „Gedichte in siebenbürgisch-sächsischer Mundart" (Hermannst. 1862).

b. **Fritz Reuter**, geb. am 7. Nov. 1810 zu Stavenhagen in Mecklenburg-Schwerin, studierte 1831 in Rostock, später in Jena, wo er Mitglied der Burschenschaft war, weshalb er 1833 verhaftet und zum Tode verurtheilt, aber zu 30 Jahren Festungsstrafe begnadigt wurde. Nach dem Tode Friedrich Wilhelms III. entlassen, lebte er an verschiedenen Orten, seit 1863 in einem Landhause bei Eisenach.

Erzählungen voll Humor und Naturwahrheit: „Läuschen un Rimels" (Anklam 1853, 8. Aufl. 1868). „De Reis nah Belligen" (Eb. 1858). Olle Kamellen; darunter: Ut de Franzosentid (Wismar 1860—64 IV.), Ut mine Festungstid (Eb. 1862. 4. Aufl. 1864). Ut mine Stromtid (Eb. 1862 III. 5. Aufl. 1865). Sämmtl. Werke (Eb. 1868. XII.).

§ 370. Die epischen Dichter.

a. **Nikolaus Lenau** (eigentlich Niembsch von Strehlenau), geb. am 13. Aug. 1802 zu Csatád bei Temesvar, studierte in Wien, 1832 in Amerika, dann in Stuttgart, Wien und Ischl, verfiel in Wahnsinn; gest. den 22. Aug. 1850.[1]

Lyrische Gedichte von tiefem Gefühl, lebendigem Sinn für die Natur und freier Auffassung; doch wird der wohlthätige Eindruck oft durch trübe Schwermuth gestört (Gedd., Stuttg. 1832 und Neue Gedd., Ebd. 1838). In den epischen Dichtungen: „Savonarola" (Ebd. 1837), „Die Albigenser" (Ebd. 1842), so wie in dem dramatisirten „Faust" (Ebd. 1836), Darstellung des Strebens und Kampfes um religiöse Freiheit.

b. **Ant. Alex. Maria Graf von Auersperg** (Anastasius Grün), geb. am 11. April 1806 zu Laibach, kurze Zeit Mitglied des deutschen Parlaments, lebt abwechselnd in Wien und auf seinen Gütern.

Einer der bedeutendsten politischen Dichter der neuern Zeit, ob er sein engeres Vaterland im Auge hat, wie in den „Spaziergängen eines Wiener Poeten" (Hamb. 1831), oder sich in allgemeinern Anschauungen bewegt, wie im „Schutt" (Lpz. 1835) und zum Theil in den „Gedichten" (Ebd. 1837). Auch in dem Romanzenkranz „Der letzte Ritter" (Stuttg. 1830) weht der Geist der Freiheit. Darstellung glänzend, bilderreich und begeistert. Außerdem dichtete er „Die Nibelungen im Frack" (Lpz. 1843), den „Pfaffen vom Kahlenberg" (Ebd. 1850), „Volkslieder aus Krain" (Ebd. 1850).

c. **Julius Mosen**, geb. 8. Juli 1803 zu Marieney im Voigtland, zuerst Advocat, seit 1844 Dramaturg in Oldenburg; nach langer Krankheit daselbst am 10. Oct. 1867 gestorben; talentvoll, gedankenreich, aber oft von fremden Einflüssen beherrscht.

Einige Gedichte (Lpz. 1836) im Munde des Volks („Andreas Hofer"; „Die letzten Zehn vom vierten Regiment"). Epische Dichtungen: „Das Lied vom Ritter Wahn" (Lpz. 1831), „Ahasverus" (Dresd. u. Lpz. 1838); „Der Congreß von Verona", Roman (Lpz. 1842); Theater (Stuttg. 1842), darunter: „Cola Rienzi", „König Otto III." (Werke, Oldenb. 1863. VIII.).

d. Karl Gottfr. Leop. Ritter v. Leitner, geb. 18. Nov. 1800 zu Graz, bekleidete verschiedene Aemter, privatisirt seit 1854, der österreichische Uhland genannt. Treffliche Balladen, gehaltvolle Sonette. „Gedichte" (Wien 1825. 2. Aufl. Hann. 1857. „Herbstblumen". Neue Gedichte. Stuttg. 1870). — Otto Friedr. Gruppe, geb. 15. April 1804 zu Danzig, seit 1844 Professor in Berlin. „Alboin, König der Longobarden" (Berl. 1830); „Gedichte" (Ebd. 1835); „Die Winde", ein aristophanisches Lustspiel gegen Hegel (Ebd. 1831.) — Gustav Pfizer (S. o. § 367). — Eduard Duller, geb. zu Wien am 8. Nov. 1809, starb in Mainz als Prediger der deutsch-katholischen Gemeinde am 24. Juli 1853. „Die Wittelsbacher" (Münch. 1831). „Der Fürst der Liebe" (Lpz. 1842. 2. Aufl. Kassel 1854). Romane: „Kronen und Ketten" (Lpz. 1835. III.), „Loyola" (Ebd. 1836. III.); auch Novellen. — Ludw. Aug. Frankl, geb. zu Chrast in Böhmen am 3. Febr. 1810, seit 1838 Secretär der israel. Gemeinde in Wien. Seine epischen Dichtungen gehören zu den besseren Erscheinungen. „Das Habsburgerlied" (Wien 1832). „Sagen aus dem Morgenlande" (Lpz. 1834), „Christophoro Colombo" (Stuttg. 1836). „Rachel" (Lpz. 1842). „Don Juan de Austria" (Lpz. 1846) u. A. m. — Karl Beck (S. u. § 372). — August Kopisch, geb. 26. Mai 1799 zu Breslau, Maler, lange in Italien, Freund Platens, seit 1833 in Berlin; gest. 3. Febr. 1853. Ausgezeichneter humoristischer Erzähler, gewandte und leichte Darstellung. „Gedichte" (Berl. 1836). Uebersetzte den „Dante" (Ebd. 1837) und gab italienische Volkslieder heraus: „Agrumi" (Ebd. 1837). — Wolfgang Müller (§ 367). — Jakob Reithard, geb. im Jahre 1805 zu Greifensee im Kanton Zürich, gest. 10. Oct. 1857 zu

1) Schurz, Ant. X., Lenaus Leben. Größtenth. aus d. Briefen. Stuttg. 1855. II. Frankl, L. Aug., Zu Lenaus Biogr. Wien 1854. Emma Niendorf, Lenau in Schwaben. Lpz. 1853. Lenaus Briefe an e. Freund mit Erinnerungen an d. Verstorbenen, v. K. Mayer. Stuttg. 1853. — Sämmtl. Werke, hrsg. v. A. Grün. Stuttg. 1855. IV.

Zürich. Talentvoller Dichter von Balladen und Sagen. „Gedichte" (St. Gallen u. Bern 1847); „Geschichten und Sagen der Schweiz" (Frankf. 1853). — Moritz Rappaport, geb. zu Lemberg am 8. Febr. 1808, praktischer Arzt daselbst und Mitglied des Stadtraths. „Mose" (Lpz. 1842). „Bajazzo" (Ebd. 1863). — Friedrich Aug. v. Heyden, geb. 3. Sept. 1789 zu Nerften in Ostpreußen, Oberregierungsrath in Breslau, gest. das. 5. Nov. 1851. „Reginald. Roman in Ged." (Berl. 1830). „Das Wort der Frau" (Lpz. 1843. 10. Aufl. 1868). „Der Schuster zu Ispahan" (Ebd. 1850). „Die Königsbraut" (Ebd. 1851). Dramatisches: „Theater" (Lpz. 1842 f.); schöne und inhaltsreiche lyrische Dichtungen.

e. **Hermann Kunibert Neumann**, geb. 12. November 1808 zu Marienwerder, seit 1853 Garnisons-Verwaltungs-Director zu Neisse. Bedeutendes und fruchtbares Talent, reiche Phantasie und glückliche Erfindungsgabe, beherrscht Form und Sprache. Ausgezeichnet im Epischen und Lyrischen.

Episches: „Des Dichters Herz" (Wesel u. Lpz. 1836. 2. Aufl. Neisse 1850). „Aus Zeban" (Torgau 1842. 2. Aufl. Berl. 1852) vortrefflich. „Jürgen Wullenweber" (Lpz. 1848). „Dinorah" (Lpz. 1865). Lyrisches: „Lazarus" (Neisse 1858), in Form (Terzine) und Gehalt ausgezeichnet. Auch Dramatisches.

f. Katharina Diez (S. u. § 372). — Ernst Moritz Ludwig Ettmüller, geb. 5. Oct. 1802 zu Gersdorf bei Löbau in der sächsischen Oberlausitz, seit 1833 Professor in Zürich. „Kaiser Karl und das fränkische Jungfrauenheer" (Zürich 1840), ein episches Gedicht von glücklicher Anlage, geistreicher, von gesundem Humor belebter Ausführung und trefflicher Behandlung der Sprache, des Versmaßes und des Reims. Fleißiger Arbeiter auf dem Gebiete der deutschen Literatur, der altdeutschen und nordischen Sprachen. — Adolf Glaßbrenner, geb. zu Berlin am 27. März 1810, lebt daselbst schriftstellerisch thätig. Reicher Humor und schlagender Witz. Episches: „Der neue Reineke Fuchs" (Frankf. 1846. 2. Aufl. 1854). „Die verkehrte Welt", (Ebd. 1856; 5. Aufl. 1865). Lyrisches: „Verbotene Lieder" (Zür. 1843. 2. Aufl. u. d. Titel). „Gedichte" (Berl. 1851). In Prosa: „Berlin wie es ißt — und trinkt" (Lpz. 1840—48. XIX.). — Alfred Meißner, geb. zu Teplitz 15. Oct. 1822, lebte in Prag als Arzt, jetzt in Bregenz. Glänzende Form, glühende Vaterlandsliebe. „Ziska", Epos (Ebd. 1846), reich an lebendigen Schilderungen. „Der Sohn des Atta Troll" (Ebd. 1851), voll Humor; „Gedichte" (Lpz. 1845); Trauerspiele: „Das Weib des Urias" (Ebd. 1851); „Reginald Armstrong" (Ebd. 1853); auch Romane: „Die Sansara" (Lpz. 1858. IV.), „Neuer Adel", (2. Ausg. Ebd. 1863. III.). „Zur Ehre Gottes" (Lpz. 1868. II.). — Eduard Mörike, (S. u. § 367). — Adolf Böttger, geb. zu Leipzig am 21. Mai 1815, studierte daselbst 1836 und privatisierte nach vollendeten Studien bis zu seinem Tode am 17. November 1871. „Hyazinth und Lilialide", E. Frühlingsmärchen. (Lpz. 1849); „Düstere Sterne" (Eb. 1851); „Habana" (Eb. 1853); „Der Fall von Babylon" (Ebd. 1855) u. a. m. Außerdem „Gedichte" (Eb. 1846), „Neue Gedichte" (Ebd. 1851). Gesammelte Werke (Lpz. 1864—66. VI.).

g. **Joh. Gottfried Kinkel**, geb. zu Oberkassel, 11. Aug. 1815, seit 1836 Privatdocent, später Professor in Bonn, nahm 1848 an der politischen Bewegung regen Antheil, schloß sich 1849 dem pfälzisch badischen Aufstand an, wurde gefangen, zu lebenslänglicher Festungsstrafe verurtheilt, entfloh im November 1850 aus Spandau, gieng nach England, 1851 nach Amerika, kehrte aber bald nach England zurück, seit 1866 Professor in Zürich.

Erzählendes Gedicht „Otto der Schütz" (Stuttg. 1846 u. ö.), zu den besseren Erscheinungen der Gattung gehörend, voll Wahrheit und plastischer Anschaulichkeit, in reicher, wohlklingender Sprache. Lyrische und lyrisch-epische „Gedichte" (Ebd. 1843), lebenswarm und von schöner Form. Dramatische Dichtungen und Erzählungen. Novellen. „Predigten über ausgewählte Gleichnisse Christi" (Köln 1842) bemerk. Außerdem noch: „Geschichte der bildenden Künste bei den christlichen Völkern" (Bonn 1845).

h. **Oskar Freih. von Redwitz-Schmölz**, geb. 28. Juni 1823, studierte die Rechte in München, später in Bonn die altdeutsche Sprache und Literatur, 1851 Professor in Wien, lebt jetzt auf seinem Gute Schellenberg.

Episches: „Amaranth" (Mainz 1849; 18. Aufl. 1864), hat vorzüglich durch seine mystisch-sentimentale Grundlage großen Beifall erworben; doch genügt weder die Composition noch die Ausführung, der es an plastischer Anschaulichkeit fehlt. Sprache schön, doch zu weich. „Gedichte" (Ebd. 1851), ohne Kraft; seine Tragödie „Sieglinde" (Ebd. 1853) ganz verfehlt, besser ist „Der Zunftmeister von Nürnberg".

i. Otto Roquette, geb. 19. April 1824 zu Krotoschin in Posen, 1853 Lehrer in Dresden, seit 1869 am Polytechnikum in Darmstadt. Jugendlich frisch, phantasiereich und eben so glücklich in der Darstellung märchenhafter Gebilde als historischer Gestalten. „Waldmeisters Brautfahrt" (Stuttg. 27. Aufl. 1866). „Der Tag von St. Jakob" (Ebd. 2. Aufl. 1853). Dramen und Novellen. Roman: „Heinrich Falk" (Bresl. 1858. III.). — Gustav zu Putlitz (S. u. § 371). — Adolf Schmidt (S. u. § 367). —

Theodor Fontane, geb. 30. Dec. 1819 zu Neu-Ruppin, lebt zu Berlin literarisch beschäftigt. Glücklich in der Ballade „Von der schönen Rosamunde" (Dessau 1850. 2. Aufl. 1853), „Balladen" (Berl. 1861), und im Lyrischen, „Gedichte" (1851). — Robert Waldmüller, eigentlich Charles Edouard Duboc, geb. 17. Sept. 1822 zu Hamburg, anfangs Kaufmann, später auf Reisen, lebt seit 1856 in Dresden. „Unterm Schindeldach" (Hamb. 1851), „Des Dichters Nachtquartier" (Ebd. 1853). „Irrfahrten. Ged. in 4 Büchern" (Berl. 1853), „Dorfidyllen" (Stuttg. 1860). Auch Lyrisches: „Gedichte" (Hamb. 1857), „[illegible]" (Ebd. 1857). — Rich. Georg Spiller von Hauenschild (S. o. § 367). — Moritz Hartmann, geb. 15. Oct. 1821 zu Duschnik in Böhmen, 1848 Mitglied des deutschen Parlaments, seit 1849 als Flüchtling im Ausland, später in Wien; gest. 13. Mai 1872. Reich begabt, entschiedener freier Sinn, der ihn aber nicht immer zu poetischer Anschauung gelangen läßt. Poetische Erzählungen: „Schatten" (Darmst. 1851), „Adam und Eva. Eine Idylle" (Lpz. 1851). „Kelch und Schwert" (Lpz. 1845); „Neue Gedichte" (Lpz. 1847); „Reimchronik des Pfaffen Maurizius" (Frankf. 1849. V.) u. a. m.

k. **Paul Joh. Ludw. Heyse**, geb. 15. März 1830 zu Berlin, lebte lange Zeit in Italien, seit 1854 in München, jetzt in Berlin.

Episches: „Die Brüder" (Berl. 1852), „Urica" (Ebd. 1852). „Die Braut von Cypern" (Stuttg. 1856), „Thekla" (Ebd. 1858). Dramatisches: „Francesca von Rimini", „Meleager", „Die Sabinerinnen", „Ludwig der Bayer". Auch „Novellen" (Berl. 1855), „Neue Novellen" (Ebd. 1858). Sämmtl. Schriften 1872.

l. Heinrich Moritz Horn, geb. zu Chemnitz am 14. Nov. 1814, seit 1841 Notar daselbst. „Die Pilgerfahrt der Rose" (Lpz. 1852, 3. Aufl. 1862), „Die Lilie vom See" (Ebd. 1853.) „Magdala" (Ebd. 1855). — Fr. Martin Bodenstedt (S. o. § 367). — Jos. Victor Scheffel (S. u. § 374). — August Becker, geb. 27. April 1828 zu Klingenmünster in der Rheinpfalz, lebt als Beamter in München. „Jung Friedel der Spielmann" (Stuttg. u. Augsb. 1854). — Rudolf Gottschall (S. o. § 367). — Julius Grosse, geb. 25. April 1828 zu Erfurt, lebte seit 1852 in München, wo er von 1862 bis Ende 1869 den nicht politischen Theil der „Bayrischen Zeitung" redigierte, jetzt Secretär der Schillerstiftung in Weimar. „Epische Dichtungen" (München 1860), darunter „Das Mädchen von Capri"; „Gundel vom Königssee" (Lpz. 1864). Pesach Pardel (Halle 1871), „Gedichte" (Kassel 1857). „Aus bewegten Tagen" (Stuttg. 1869). Dramatisches: „Rienzi" (Lpz. 1857), „Der letzte Grieche" (Ebd. 1865). „Die Ynglinger"; auch „Novellen" (München 1862. II.). — Karl Arnold Schloenbach, geb. am 31. Aug. 1817 auf einem Hüttenwerk bei Siegen an der Sieg, gest. in Coburg am 17. Sept. 1866. Episches: „Aus der Blumenwelt. Ein Märchenepos" (Dessau 1858). „Die Hohenstaufen" (Hildburgh. 1859), „Ulrich von Hutten" (Berl. 1862), „Was sich der Wein erzählt" (München 1862), „Der Sickinger Freiheitskampf" (Bremen 1864). Größere lyrische Cyclen: „Geschichte, Gegenwart, Gemüth. Gedichte" (Hamb. 1847). „[illegible] Dichtungen" (Lpz. 1855). Roman: „Menschen und Parteien" (Lpz. 1864). — Wilhelm Hertz, geb. 24. Sept. 1835 zu Stuttgart, lebt in München. „Lanzelot und Ginevra" (Hamb. 1860), „Hugdietrichs Brautfahrt" (1863). „Heinrich von Schwaben" (Lpz. u. Stuttg. 1867). Balladen. „Gedichte" (Hamb. 1859).

m. **Robert Hamerling**, geb. am 24. März 1832 zu Kirchberg am Walde in Niederösterreich, Professor in Wien, Graz und Triest, wird 1866 auf sein Gesuch wegen Kränklichkeit mit um das Doppelte erhöhtem Ruhegehalt entlassen, lebt seitdem in Graz. Fruchtbare Phantasie, glückliche Gestaltungsgabe, Meister der Form, Reichthum und Tiefe der Gedanken; rastloses Streben nach Vollkommenheit. Ausgezeichnet im Epischen, trefflicher Lyriker.

Episches: „Ahasverus in Rom" (Hamb. 1866. 6. Aufl. 1869). „Der König von Sion" (Ebd. 1869, 3. Aufl. 1870). Lyrisches: „Venus im Exil" (Prag u. Lpz. 1858), „Schwanenlied der Romantik" (Prag 1862), „Sinnen und Minnen" (3. Aufl. Lpz. u. Hamb. 1870). „Germanenzug. Canzone" (Wien 1863).

n. **Hermann Lingg**, geb. am 22. Jan. 1820 in einer Villa bei Lindau, seit 1840 Militärarzt in der Bayrischen Armee, seit 1851 pensioniert, seitdem in München lebend. Großartiges Talent; schöpferische Phantasie, Reichthum an Gedanken; originell, aber auch seltsam; künstlerisch nicht durchgebildet, Mangel an Ruhe und Mäßigung.

Episches: „Die Völkerwanderung" (Stuttg. 1866—68, III). Balladen, Lyrisches. „Gedichte" (Ebd. 1854, 6. Aufl. 1866). „Neue Gedichte" (Ebd. 1868.)

o. **Wilhelm Jordan**, geb. 8. Febr. 1819 zu Insterburg in Ostpreußen, wurde 1846 in Folge mehrerer Preßprozesse aus Sachsen verwiesen, 1848 Mitglied des Frankfurter Parlaments, Ministerialrath im Handelsministerium, lebt jetzt in Frankfurt a. M. Einer der größten Epiker der neueren Zeit, doch auch bedeutend als Dramatiker und Lyriker, Meister in der Behandlung der Form.

Demiurgos. E. Mysterium (Lpz. 1852—54. III.); D. Wittwe des Agis (Fl. 1858) „Die Liebesleugner. Lustspiel" (Fl. 1855). Großartig die alliterirenden Nibelungen (I. Th. Sigfridsage. Fl. 1867—68. II., 8. Aufl. 1869). Vgl. Röpe, G. Reinhard. D. moderne Nibelungendichtung, mit bes. Rücksicht auf Geibel, Hebbel und Jordan. Hamb. 1869.

§ 371. Die dramatischen Dichter.

a. Joh. Ludw. Deinhardstein, geb. 21. Juni 1794 zu Wien, gest. daselbst als Regierungsrath 12. Juli 1859. In seinen Dramen (Lpz. 1848—51. V.), darunter „Hans Sachs", „Garrick in Bristol", geschickte Anordnung des Stoffs, gebildete und gewandte Sprache. — Grabbe (S. o. § 370). — Fr. Wilh. Rogge, geb. zu Lüneburg 11. Nov. 1808, nach den Alten, Uhland und Platen gebildet. „Gedichte" (Kiel 1830, Lpz. 1838.) Tragödien: „Kaiser Friedrich Barbarossa" (Lüneb. 1833); König Manfred, Bianca Manezzi (Schwerin 1837). — Karl von Holtei, Schauspieler, geb. zu Breslau 24. Jan. 1797, hat das Vaudeville in Deutschland eingebürgert. „Theater" (Berl. 1845), „Die Wiener in Berlin", „Der alte Feldherr". — Außerdem „Schlesische Gedichte" (Berl. 1830), „Vierzig Jahre" seines Lebens (Ebd. 1843—50. VIII.), „Die Vagabunden", Roman (Bresl. 1851), „Der letzte Komödiant" (Bresl. 1863. III.).

b. Eduard Bauernfeld, geb. zu Wien 13. Jan. 1802, bekleidete mehrere Aemter, lebt jetzt privatisierend in Wien. Einer der ausgezeichnetesten Bearbeiter des Conversationslustspiels. Glückliche Composition, Verwickelung und Lösung, meisterhafter Dialog, feine Charakterzeichnung.

„Lustspiele" (Wien 1833), „Theater" (Mannh. 1836—37. II.), „Die Bekenntnisse", „Großjährig", „Bürgerlich und Romantisch", „Der literar. Salon"; „Gedichte" (Lpz. 1852).

c. Karl Gutzkow, geb. 17. März 1811 zu Berlin, studierte daselbst, in Heidelberg und München, lebte dann an verschiedenen Orten, seit 1847 in Dresden, wo er bis 1849 Dramaturg am Hoftheater war, später in Weimar, lebt jetzt in der Nähe von Bregenz. Von entschiedenem Talent für das Drama und den Roman, hat er in beiden Gattungen Bedeutendes geschaffen, und sich auch als scharfsinniger Kritiker, so wie als geistreicher Polemiker bewährt.

Dramatische Werke (Vollst. umgearb. Ausg. Lpz. 1862—63. XX.): „Nero", „Saul", „Richard Savage", „Patkul", „Zopf und Schwert", „Das Urbild des Tartüffe", „Uriel Acosta", „Wullenweber", „Liesli", u. a. m. Romane: „Wally" (Mannh. 1835), „Blasedow und seine Söhne" (Stuttg. 1838—39. III.), „Die Ritter vom Geist" (Lpz. 1850—52. IX.), „Der Zauberer von Rom" (Ebd. 2. Aufl. 1863. IX.). Vgl. über dens. Hoffmann im Album d. lit. Vereins v. Nürnberg. 1866.) Kritische Schriften: „Beiträge z. Gesch. der neuesten Litt." (Stuttg. 1836. II.) u. a. m. Polemisches: „Die rothe Mütze und die Kapuze" (Hamb. 1838), gegen Görres. — Gesamm. Werke. (Frankf. 1845—52).

d. Fr. v. d. Heyden (S. o. § 370). — Amalie Prinzessin von Sachsen (S. o. § 378). — Philipp Eduard Devrient, geb. 11. Aug. 1801 zu Berlin, seit 1852 Director des Hoftheaters in Karlsruhe. Opern: „Die Kirmeß", „Der Zigeuner". Später Schauspiele: „Die Verirrungen", „Treue Liebe", und Lustspiele: „Die Gunst des Augenblicks". „Dramatische Schriften" (Lpz. 1846. III.). Bedeutend als Dramaturg: „Geschichte der deutschen Schauspielkunst" (Lpz. 1848—61. IV.). — Mosen (S. o. § 370). — Kugler (S. o. § 367). — Neumann (S. o. § 370). — Tobias Gottfr. Schröer, geb. zu Preßburg 1791, gest. das. als Prof. 2. Mai 1850. „Leben und Thaten Emerich Tököly's u. s. Kriegsgenossen" (Lpz. 1838). Bekannt sind seine unter dem Namen Christ. Oeser herausgegebenen Jugendschriften. — Julius Leopold Klein, geb. im Jahre 1810 zu Miskolcz in Ungarn, lebt schriftstellerisch thätig in Berlin. Großes Talent, aber ohne künstlerische Mäßigung. Trauerspiele: „Maria von Medici" (Berl. 1841), „Luines" (Ebd. 1842), „Kavalier und Arbeiter" (Ebd. 1850), „Maria" (Berl. 1860), „Strafford" (Ebd. 1862), „Moreto" (Ebd. 1863), „Heliodora" (Ebd. 1867). Unbedeutend im Lustspiel: „Die Herzogin" (Berl. 1848), „Voltaire" (Ebd. 1862). Werk: „Gesch. d. Dramas" (Lpz. 1865—69. VI.). — Hans Köster, geb. 16. Aug. 1818 zu Kritzow bei Wismar. „Schauspiele" (Lpz. 1842), „Heinrich IV. von Deutschland. Trilogie" (Ebd. 1844), „Ulrich v. Hutten" (Bresl. 1846), „Der große Kurfürst" (Ebd. 1851), beide umgearbeitet (Berl. 1863 und Weimar 1864), aber nicht zu ihrem Vortheil.

e. Jul. Roderich Benedix, geb. 1811 zu Leipzig, 1831 Schauspieler, entsagte später diesem Beruf, lebte seit 1847 in Köln, jetzt in Leipzig. Lustspiele mit glücklich durchgeführter Intrigue, heiteren Situationen und gelungener Zeichnung der Charaktere.

„Das bemooste Haupt", „Doctor Wespe", „Der Weiberfeind", „Das Lügen", „Der Prozeß", „Die Hochzeitsreise", „Der Vetter" u. a. m. (Dramatische Werke. Lpz. 1846 bis 1870. XXIII.)

f. **Eligius Franz Jos. Freih. v. Münch-Bellinghausen** (Fr. Halm), geb. 2. April 1806 zu Krakau, 1845 Custos an der Hofbibliothek in Wien, 1848 Mitglied der k. Akademie der Wissenschaften, 1869 Generalintendant d. kais. Hoftheater; gest. 22. Mai 1871. Einer der talentvollsten Dramatiker der Gegenwart. Kunstgerechte Anlage und Entwickelung; Charaktere oft unwahrscheinlich, aber glücklich durchgeführt. Vorherrschen des lyrischen Elements. Neigung zum Romantischen.

„Griseldis", „Der Sohn der Wildniß" „Der Adept", „Wildfeuer", „Der Fechter von Ravenna" — „Iphigenie in Delphi" — Lyrische Gedichte. — „Verbot und Befehl", Lustspiel (Werke, Wien 1856. VI.).

g. **Friedr. Hebbel**, geb. 18. März 1813 zu Wesselburen im Dithmarschen, studierte in Heidelberg und München, seit 1842 in Wien, gest. 13. Dec. 1863. Reich begabter dramatischer Dichter; von großer Erfindungsgabe, entschiedenem Talent für poetische Gestaltung und seltener Herrschaft über die Sprache, sucht durch das Schauerliche und Ungeheuerliche zu erschüttern.

Tragödien: „Judith" (Hamb. 1841), „Genoveva" (Ebd. 1843), „Maria Magdalene", „Herodes und Mariamne", „Gyges und s. Ring", „Die Nibelungen" (Lpz. 1860); Lustspiele: „Der Diamant" (Hamb. 1847), „Der Rubin" (Lpz. 1851); „Gedichte" (2. Aufl. Aufl. 1848. II.). Sämmtl. Werke. Hamb. 1865—68. XII.

h. Gutzkow (S. o. § 367). — Leopold Feldmann, geb. 1802 in München von israelitischen Eltern, lebt in seiner Vaterstadt. Seine „Deutsche Original-Lustspiele" (Wien 1847—51. VIII.) sind reich an komischen Einfällen und ergötzlichen Situationen.

i. **Gustav Freytag**, geb. am 13. Juli 1816 zu Kreuzburg in Schlesien, studierte in Breslau und Berlin deutsche Philologie, hiernach Privatdozent in Breslau, übernahm 1847 mit Julian Schmidt die Redaktion der „Grenzboten", gründete 1871 die Zeitschrift „Im neuen Reich". Seine Dramen zeichnen sich durch glückliche Composition und gebildete Sprache aus; seine Romane zeugen von großem Talent, lassen aber in Composition und Motivierung zu wünschen übrig.

Dramatische Werke (Lpz. 1859), darunter: „Die Valentine", „Die Journalisten" und ein Trauerspiel: „Die Fabier" (Ebd. 1859). Romane: „Soll und Haben" (Ebd. 1855. 13. Aufl. 1870); „Die verlorne Handschrift" (Ebd. 1864. III.) — Außerdem „Bilder aus der deutschen Vergangenheit" (Ebd. 1864. III). Vgl. Kößler, Const., Gustav Freytag und die deutsche Dichtung der Gegenwart (Berl. 1860).

k. **Heinrich Laube**, geb. 18. Sept. 1806 zu Sprottau in Schlesien, 1849 artistischer Director des Hofburgtheaters in Wien, seit 1867 in gleicher Eigenschaft in Leipzig, jetzt in Wien. Anfangs ein Nachahmer Heines und dem jungen Deutschland sich anschließend, nahm er später eine, wenn auch nicht entgegengesetzte, doch sehr abweichende Richtung an. Aeußerst fruchtbar, vielseitig, geistreich, gewandt in der Darstellung.

Dramatische Werke (Leipzig 1845—48), darunter „Monaldeschi", „Struensee", „Gottsched und Gellert", „Die Karlsschüler", „Reisenovellen" (Mannh. 1834—37. VI.), voll feiner Beobachtungen. Romane: „Das junge Europa" (Ebd. 1833—37. IV.) u. a. m., „Moderne Charakteristiken" (Ebd. 1835. II.), „Der deutsche Krieg. histor. Roman" (Lpz. 1863. VII.).

l. Albert Friedrich Benno Dulk, geb. zu Königsberg am 17. Juni 1819, machte große Reisen, lebte eine Zeit lang in der Arabischen Wüste, später in einer Grenzhütte auf dem Jura, jetzt in Stuttgart. Seine Dramen eigenthümlich wie sein Leben. „Orla" (Zür. 1843), „Simson" (Stuttg. 1859), „Jesus der Christ" (Ebd. 1865), „Konrad II." (Lpz. 1867). — Robert Prutz (S. o. § 367). — Julius Grosse, Paul Heyse (S. o. § 370). — Richard Wagner, geb. 22. Mai 1813 zu Leipzig, wegen seiner Betheiligung am Dresdner Aufstand 1849 flüchtig, lebte lange Zeit in der Schweiz, jetzt in Bayreuth. Als Componist und Dichter genial aber barock. Opern: „Tannhäuser", „Lohengrin" (Lpz. 1852), „Tristan und Isolde" (Ebd. 1859), „Der Ring des Nibelungen" (Ebd. 1863). — Salomon Hermann Mosenthal, geb. zu Cassel 14. Jan. 1821, lebt als Beamter in Wien. Ein bedeutendes dramatisches Talent. „Deborah. Volksschauspiel in 4 Acten" (Pesth 1850. 3. Aufl. 1853); „Cäcilie von Albano", „Der Sonnenwendhof" (Lpz. 1857), „Düweke" (Ebd. 1860), „Die deutschen Comödianten" (Ebd. 1863). — Gustav Edler zu Putlitz, geb. 20. März 1821 zu Retzin in der Priegnitz, lebt theils in Berlin, theils auf seinen Gütern. „Was sich der Wald erzählt" (Berl. 1850. 15. Aufl. 1853), frische und sinnige Märchen. Noch Lustspiele voll heiteren Humors (Berl. 1850 bis 1858); „Novellen" (Ebd. 1863). — Alfred Meißner (S. o. § 370). — Robert Griepenkerl, geb. 1810 zu Hofwyl im Canton Bern, Professor in Braunschweig, gest. 17. Oct. 1868. „Maximilian Robespierre" (Bremen 1851), „Die Girondisten" (Ebd. 1852). — Friedrich Roeber, geb. 19. Juni 1819 zu Elberfeld, Kaufmann daselbst, ein schönes dramatisches Talent, aber ohne künstlerische Bildung und Mäßigung. „Dramatische Dichtungen“ (Elberf. 1851), darunter „Kaiser Heinrich IV. Trauerspiel in 6 Acten“, ferner „Märchen vom König Droßelbart“. — Friedrich Wilhelm Hackländer (S. u. § 376). — Feodor Wehl, geb. 19. Febr. 1821, artistischer Director des Stuttgarter Hoftheaters. Seine meist kleinen „Lustspiele“ (Lpz. 1863 f. IV.) sind geschickt angelegt und meist glücklich durchgeführt. — Albert Emil Brachvogel, geb. 29. April 1824 zu Breslau, lebte daselbst bis 1870, früher wohnt er in Weißensee. Besitzt große Erfindungsgabe, Kraft der Gestaltung und Reichthum der Gedanken, ist aber künstlerisch nicht durchgebildet. „Narciß. Ein Trauerspiel“ (Lpz. 1857), „Adalbert vom Babenberge. Ein Trauerspiel“ (Ebd. 1858), „Der Usurpator“ (Ebd. 1860); auch Romane: „Friedemann Bach“ (Berl. 1858, III.), „Schubert“ (Lpz. 1864, IV.), „Der Trödler“ (Ebd. 1862 II.), „Ein neuer Falstaff“ (Ebd. 1863, III.). — Melchior Meyr (S. u. § 376). — Oskar von Redwitz (S. u. § 370). — Guido Theodor Apel, geb. 10. Mai 1811 zu Leipzig, erblindete 1835 in Folge eines Sturzes. Glücklich im Schau- und Lustspiel. „Dramatische Werke“ (Lpz. 1856), darunter „Das Räthselchen“, „Junge Männer und alte Weiber.“ — Wilhelm Jordan, (S. u. § 370). — Otto Ludwig, geb. am 11. Febr. 1813 zu Eisfeld, gest. nach langer Krankheit am 25. Febr. 1865. Seine „Dramatischen Werke“ (Lpz. 1853—54. II.) gehören zu den bedeutenderen Erscheinungen. „Der Erbförster. Trauersp.“, „Die Makkabäer. Trauersp.“ — Herm. Grimm (S. u. § 375). — Arnold Schloenbach (S. u. § 370.) — Robert Giseke, geb. am 15. Jan. 1827, lebt seit 1863 in Berlin. — „Dramatische Bilder aus der deutschen Geschichte“ (Lpz. 1865), darunter „Ein Bürgermeister von Berlin“. Auch Romane: „Moderne Titanen“ (Lpz. 1850), „Käthchen“ (Berl. 1854), „Pfarrröschen“ (Bremen 1851). — Peter Lohmann, geb. 24. April 1833 zu Schwelm bei Elberfeld, lebt seit 1856 in Leipzig, bei der Redaction der „Illustrirten Zeitung“ beschäftigt. „Dramatische Schriften“ (Hannover u. Lpz. VI.), Trauerspiele und Opern. — Elise Schmidt (S. u. § 373). — [illegible], J. G. Fischer, (S. u. § 367). — Franz Nissel, geb. 1831 in Wien, wo er kränklich und in dürftigen Umständen lebt. Talentvoll, große Gestaltungsgabe. „Perseus von Macedonien. Trauerspiel in 5 Acten“ (Wien 1862), „Dido. Trauerspiel in 5 Aufzügen“ (Ebd. 1864), „Die Zauberin am Stein. Volksdrama in 4 Aufzügen“ (Ebd. 1864). — Ferdinand von Saar aus Wien, trat in das Heer, nahm aber nach Beendigung des Feldzugs 1859 seine Entlassung, nachdem er zum Offizier befördert worden war, um sich ganz der Dichtkunst zu widmen. Sein Trauerspiel „Heinrich IV. in zwei Abtheilungen“ (Heidelb. 1865—67) zeugt von bedeutendem Talent.

§ 372. Deutsche Dichter im Auslande.

a. Russische Ostseeländer und Rußland: Roman Freih. Budberg von Benninghausen, lebt in Reval. „Gedichte“ (Berl. 1842). — Karl Stern, geb. bei Reval. „Gedichte“ (Dorpat 1846). — Nicolai Graf Rehbinder, geb. 8./21. Dec. 1823 in Reval. „Aizzia. Trauersp.“ (Dorpat 1849). — Rud. Seuberlich, geb. 1./13. Mai 1823 in Kurland. „Lieder aus der Einsamkeit“ (Reval 1849). — Jegór von Sivers, geb. am 1./13. Nov. 1823 bei Dorpat, lebt in Livland, der begabteste von diesen Dichtern. „Palmen und Birken“ (Lpz. 1853, 2. Aufl. 1855), „Aus beiden Welten“ (Lpz. 1863). — Karl Walcker, geb. 18./30. Aug. 1815 bei Pernau, Stabsarzt in Wenden. „Gedichte“ (Riga 1863). — J. Fr. Stuge, geb. 1804 in Lübeck, seit seinem 15. Jahre in Rußland, gest. in Petersburg 2. Sept. 1861 als Arzt und Staatsrath. „Gedichte und Dramen“.

b. Schweiz: Gall Morel, geb. 2. März 1803 zu St. Fiden bei St. Gallen, seit 1820 Mönch in Einsiedeln, wo er der Bibliothek, dem Archiv und dem Gymnasium vorsteht. Gelehrter Forscher, frommer Dichter. „Gedichte“ (Einsied. 1850), „Zweite Sammlung“ (Ebd. 1859). „Cäcilia. Religiöse Gedichte“ (Ebd. 1863). — K. Rudolf Hagenbach, geb. zu Basel 4. Mai 1801, Professor der Theologie daselbst. „Gedichte“ (2. Aufl. Basel 1863, II.); auch bedeutender Kirchenhistoriker. — Edward Dorer-Egloff, geb. 7. Nov. 1807 zu Baden, gest. daselbst 17. März 1864. „Kleine Schriften“ (Baden 1858), „Gedichte“ (Ebd. 1863). — Gottfried Keller, geb. 1815 zu Glattfelden bei Zürich, Staatsschreiber in Zürich, vorher Maler. Frische, originelle Lyrik. „Gedichte“ (Heidelb. 1846); „Neuere Gedichte“ (Braunschw. 1852, 2. Aufl. 1859); „Der grüne Heinrich“, Roman (Ebd. 1854). „Die Leute v. Seldwyla“ (Ebd. 1856). — Meta Heusser-Schweizer (S. u. § 373). — Aus dem Kanton St. Gallen stammen drei Brüder: J. Jak. Müller (1815—1861), „Jugendklänge“ (St. Gallen 1839); J. B. Müller, gest. 1854, „In freien Stunden“ (Ebd. 1861); J. Georg Müller, geb. 15. Sept. 1822, gest. in Wien 2. Mai 1849, Einer der genialsten Architekten der neueren Zeit. „Gedichte“ in „J. G. Müller, ein Künstler- und Dichterleben von E. Förster“ (Ebd. 1851). — Karl Morel, geb. in Wyl 1822, gest. in Zürich 10. April 1866. „Gedichte“ (St. Gallen 1858), „Carmosine. Ein Trauersp.“ (Ebd. 1860). — Balthasar Hunold, geb. im St. Gallen 24. April 1828, Bach- und auch Viehhüter, Hausierer, Maler, Schulmeistergehilfe, Gymnasiast und Student in Innsbruck, jetzt Scriptor im Nationalmuseum daselbst. „Wache Träume“ (4. Aufl. Innsbr. 1864).

c. Ungarn: Karl Isidor Beck, geb. am 1. Mai 1817 zu Baja, lebt in Pesth. Kräftig in Gedanken und Darstellung. „Nächte. Gepanzerte Lieder“ (Lpz. 1837), „Stille Lieder“ (Ebd. 1840), „Gedichte“ (Ebd. 1844), „Lieder vom armen Manne“ (Berl. 1846), „Saul. Trauerspiel“ (Lpz. 1841), „Jankó, der ungarische Hochzeit. Roman in Versen" (Ebd. 1861). — Ladislaus Gottfried Schwarz (S. o. § 370). — Julius Schröer, geb. 1825 zu Preßburg, Professor daselbst. „Gedichte" (Wien 1856). — Aug. Silberstein (S. u. § 376).

d. Siebenbürgen: Victor Kästner (S. o. § 369).

e. Militärgrenze: Stephan Millenkovich, geb. 9. März 1836 in Orsowa, seit 1854 als Hauptmann beim militärisch-geographischen Institut beschäftigt, jetzt pensionirt. „Gedichte von Stephan Milow" (Heidelb. 1865, 2. Aufl. 1867), „Elegien" (Ebd. 1867).

f. Polnische Länder: Dräxler-Manfred (S. o. § 367). — Rappaport (S. o. § 370). — [illegible] (S. o. § 370). — Münch-Bellinghausen (S. o. § 371).

g. Schweden: Franz Adolf Friedrich von Schober, geb. 17. Mai 1796 in Torup, lebt in Dresden. „Gedichte" (Stuttg. 1842. 2. Aufl. Lpz. 1865).

h. England: Friedrich Marx, geb. 13. Mai 1819 in London, lebt daselbst. „Gedichte" (Lond. 1858. 2. Aufl. 1860).

i. Italien: Gaëtano Cerri, geb. 24. Mai 1826 zu Bagnolo, kam 1849 nach Wien, wo er deutsch lernte und noch jetzt als Beamter lebt. „Blühende Liebe" (Wien 1850), „Inneres Leben" (Ebd. 1866).

§ 373. Die Dichterinnen.

Amalie Marie Friederike Auguste, Herzogin zu Sachsen, geb. 10. August 1794, gest. 18. Sept. 1870, stellt in ihren Dramen die einfache Natur der Weltbildung, die Sitten des arbeitsamen Bürgerthums denen der höheren Stände entgegen. „Original-Beiträge zur deutschen Schaubühne" (Dresd. u. Lpz. 1836 bis 1842. VI.) darunter am besten „Der Oheim", „Die Fürstenbraut". Ida von Düringsfeld (S. u. § 378). — Ida Gräfin Hahn-Hahn (S. u. § 378). — Adelheid von Stolterfoth, verehel. Freifrau v. Zwierlein, geb. 11. Sept. 1800 zu Eisenach, lebt in Frankfurt. „Alfred" (Wiesb. 1834, 2. Aufl. Frankf. 1840). „Burg Stolzenfels" (Frankf. 1848). — Annette Elisab. Freiin von Droste-Hülshoff, geb. zu Hülshoff bei Münster, 10. Jan. 1798, gest. zu Meersburg, 24. Mai 1848, (Leben v. Schücking) eine der trefflichsten Dichterinnen. Meisterin in Naturbildern und ländlichen Erzählungen. „Gedichte" (Münster 1838. Stuttg. u. Tübing. 1844). D. geistliche Jahr. Nebst einem Anhange religiöser Gedichte (Stuttg. u. Tüb. 1851). — Betty Paoli (eigentlich Elisab. Glück), geb. 30. Dec. 1815 zu Wien. Tiefe Empfindung, reiche Gedankenwelt. „Gedichte" (Pesth 1841. 2. Aufl. 1845), „Neue Gedichte" (Ebd. 1850), „Nach dem Gewitter" (Ebd. 1843. 2. Aufl. 1850). — Luise von Ploennies, geb. Leisler, geb. 7. Nov. 1803 zu Hanau, gest. Darmst. 22. Januar 1872, glücklich im Liebeslied, vaterländischen Gesang und in der beschreibenden Dichtung. „Gedichte" (Darmst. 1844), „Neue Gedichte" (Ebd. 1851), noch bedeutender aber als Uebersetzerin ausländischer Poesien („Britannia", Frankf. 1843), „Reiseerinnerungen aus Belgien" (Berlin 1845). — Katharina Diez, geb. 2. Dec. 1809 zu Netphen an der Sieg, seit 1861 Oberstiftsdame des adelichen Stiftes Keppel. „Die heilige Elisabeth" (Essen 1845), „Dichtungen nach dem Alten Testament" (Berl. 1853), „Joseph" (Ebd. 1855), „Agnes Bernauer" (Ebd. 1857), „Biblische Frauen" (Ebd. 1864). — Luise Meier, geschiedene Aston, lebt in Rußland. Kühne Vertheidigerin der Frauenemancipation. „Wilde Rosen" (Berl. 1846). Romane: „Aus dem Leben einer Frau" (Hamb. 1847), „Lydia" (Magdeb. 1848). — Weniger excentrisch kämpfte für die Rechte des Weibes Luise Otto, geb. 26. März 1819 zu Meißen, vermählte sich 1858 mit Aug. Peters, lebt in Leipzig. „Lieder e. deutschen Mädchens" (Meißen 1849). Zahlreiche Romane: „Ludwig der Kellner" (Lpz. 1843, II.), „Kathinka" (Ebd. 1844. II.), „Nürnberg" (Prag 1860. III.) u. a. m. — Emilie Emma von Hallberg, geb. 16. Oct. 1826 zu Köln, talentvoll und eigenthümlich, aber ungleich und unklar. „Waldmärchen und Balladen" (Trier 1854. II.), „Die Najade" (Ebd. 1857), „Heines Himmelfahrt" (Ebd. 1857). — Mathilde Kaufmann, geb. Binder, geb. 5. Dec. 1835 zu Nürnberg, seit 1851 mit Alex. Kaufmann verheirathet. „Blüthen der Nacht. Lieder und Dichtungen von Amara George" (Lpz. 1856). Mit ihrem Gatten und Daumer gab sie heraus „Mythoterpe. Ein Mythen-, Sagen- und Legendenbuch" (Ebd. 1858). — Meta Heußer, geb. Schweizer, geb. 6. April 1797 zu Hirzel (Kanton Zürich). „Lieder einer Verborgenen" (Lpz. 1858, 2. Aufl. 1863). — Johanna Balthausen, geb. zu Cleve. „Dichtungen von Agnes le Grave" (Berl. 1859), „Neue Sammlung" (Potsdam 1864), schöne Form, antike Strophen. — Gräfin Auguste von und zu Egloffstein, geb. 5. Nov. 1796 zu Weimar, seit ihrer frühesten Jugend fortwährend krank, gest. 2. Nov. 1862. Reicher und kräftiger Geist, edler und frommer Sinn. „Aus einem Tagebuche" (Weim. 1864). — Elise Schmidt, geb. 1. Oct. 1827 zu Berlin, seit ihrem 14. Jahre Schauspielerin, zog sich 1840 von der Bühne zurück, hielt unter großem Beifall Vorlesungen dramatischer Meisterwerke, lebt jetzt schriftstellerisch thätig in Berlin. Geniale Dramen: „Judas Ischarioth" (Berl. 1851. 2. Aufl. 1853), „Drei Dramen" (Berl. 1856), „Der Genius und die Gesellschaft" (Byrons unglückliche Ehe), „Macchiavelli", „Peter der Große und sein Sohn". — Bertha von [illegible], geb. Hillebrand, geb. 7. Aug. 1837 zu Freiburg im Breisgau, lebt in Canada. „Stimmen aus der Heimat" (Lpz. 1864.)

II. Prosa.

§ 374. Der Roman.

a. Theod. Mundt, geb. 19. Sept. 1808 zu Potsdam, Universitätsbibliothekar und Professor in Berlin, gest. das. 30. Nov. 1861: „Thomas Münzer" (Altona 1841 III.), „Carmola oder die Wiedertäufer" (Hann. 1844). Bedeutend als Kritiker: „Kunst der deutschen Prosa" (Berl. 1837), „Geschichte der Literatur der Gegenwart" (Berl. 1842); Reisebeschreibungen. Politische Schriften. — Theod. Mügge, geb. 8. Nov. 1805 in Berlin, Kaufmann, Soldat, Journalist, gest. 18. Febr. 1861: „Toussaint" (Stuttg. 1840, IV.), „Der Majoratsherr" (Berl. 1853, II.), „Afraja" u. a. m. Gesammelte Novellen (Lpz. 1842 bis 1843, VI.), „Neue Novellen" (Hann. 1845—47, VI.). Reisebeschreibungen, Politische Schriften. — Sternberg (S. o. § 375). — Mörike (S. o. § 370). — Laube (S. o. § 370).

b. Heinr. Jos. König, geb. zu Fulda 19. März 1790, gest. in Hanau 23. Sept. 1869. Kirchlich und politisch freisinnig; talentvoller Romandichter, fruchtbar, künstlerisch-schöne Behandlung.

„Die hohe Braut" (Lpz. 1833, II.) „Die Clubbisten in Mainz" (Lpz. 1847, III.), „Die Waldenser" (Eb. 1836). — „Williams Dichten und Trachten" (Ebd. 1839, II.; 2. Aufl. u. d. Titel: „Will. Shakespeare", Ebd. 1850, II.).

c. Gustav Kühne, geb. 27. Dez. 1806 in Magdeburg, früher Redakteur der „Zeitung f. d. elegante Welt", später der „Europa". Fein gebildet, große Gestaltungsgabe, reine und gewandte Sprache.

„Eine Quarantäne im Irrenhause" (Lpz. 1835), „Die Rebellen von Irland" (Ebd. 1840, III.), „Klosternovellen" (Ebd. 1838, II.). Auch geistvolle krit. Schriften.

d. Laube (S. o. § 370). — Gutzkow (S. o. § 371). — L. Fr. Ludw. Rellstab, geb. 1799 zu Berlin, gest. 27. Nov. 1860. Roman: „1812" (Lpz. 1834, IV.). — Dingelstedt (S. o. § 367). — Mosen (S. o. § 370). — Fr. Hackländer, geb. 1816 in Burtscheid bei Aachen. „Bilder aus dem Soldatenleben im Frieden" (Stuttg. 1841, 7. Aufl. Ebd. 1867), „Die dunkle Stunde" (Ebd. 1863, V.) u. v. a. „Geheimer Agent", „Magnetische Curen", Lustspiele. — Holtei (S. o. § 371). — Herm. Kurz (S. o. § 367).

e. Ernst Ignaz Ritter von Tschabuschnigg, geb. 20. Juli 1809 zu Klagenfurt, Hofrath beim obersten Gerichtshof in Wien. „Der moderne Eulenspiegel" (Pest 1846, II.), „Die Industriellen" (Ebd. 1854), „Grafenspiele" (Nordhausen 1862). Auch „Gedichte" (Dresd. 1833, 3. Aufl. 1864), „Romanzenbuch" (Berl. 1846). — Ludwig Storch, geb. 14. April 1803 zu Ruhla im Thüringerwald, hatte von früher Jugend an mit bitteren Erfahrungen jeder Art zu kämpfen, lebt jetzt in Kreuzwertheim. „Der Freiknecht" (Lpz. 1830, III.), „Ein deutscher Leinweber" (Lpz. 1846—50, IX.), „Beate von Gersten" (Lpz. 1853, III.). Auch gelungene lyrische „Gedichte" (Ebd. 1854). — Wilhelm Robert Heller, geb. 24. Nov. 1813 zu Großdrebnitz bei Stolpen, gest. in Hamburg 7. Mai 1871. „Die Calderoniden in Sachsen" (Lpz. 1845, II.), „Florian Geyer" (Lpz. 1848, III.) „Der Reichspostreiter in Ludwigsburg" (Fr. 1857). — Gustav Karl Otto v. Struensee, geb. 13. Dez. 1803 zu Greiffenberg in Pommern, gab unter dem Namen Gustav vom See heraus: „Die Egoisten" (Lpz. 1853, IV.), „Zwei gnädige Frauen" (Berl. 1860, III.) „Herz und Welt" (Berl. 1862, III.). — Otto Müller, geb. 1. Juni 1816 zu Schotten in Oberhessen, lebte an verschiedenen Orten, jetzt in Stuttgart. „Bürger. Ein deutsches Dichterleben" (Frankf. 1845, III.), „Charlotte Ackermann" (Frankf. 1854), „Georg Volker" (Bremen 1851, III.), „Der Stadtschultheiß von Frankfurt" (Stuttg. 1856) u. a. m. — Ernst Willkomm, geb. 10. Febr. 1810 zu Herwigsdorf bei Zittau, lebt in Hamburg. Er behandelte vorzüglich soziale Verhältnisse: „Weiße Sklaven, od. d. Leiden d. Volkes" (Lpz. 1845, V.), „Die Familie Ammer" (Fl. 1855, III.), „Rheder und Matrose" (Fl. 1857).

f. Stifter (S. o. § 375). — Levin Schücking, geb. 6. Sept. 1814 zu Münster. „Gedichte" (Stuttg. 1846). Romane: „Das Schloß am Meere", „Die Ritterbürtigen", „Paul Bronckhorst", „Schloß Dornegge", „Novellen, Romane" (Lpz. 1863—68). — Melchior Meyr, (S. o. § 376). — Schlönbach (S. o. § 370). — Hauenschild (S. o. § 367). — Prutz (S. o. § 367). — Franz Trautmann, geb. 1810 zu München, glücklicher Humor, alterthümliche Darstellung: „Eppelein v. Gailingen" (Frankfurt a. M. 1852), „Abenteuer Herzogs Christoph v. Bayern" (Ebd. 1853, II.) u. A. m. — Rob. Giseke (S. o. § 371). — Rob. Waldmüller (S. o. § 370). — Gottfr. Keller (S. o. § 372). — Alfred Meißner (S. o. § 370). — Brachvogel (S. o. § 371). — Gust. Freytag (S. o. § 371). — Max Ring, geb. 1817 in Oberschlesien, lebt in Berlin. „Verirrt und erlöst" (Gotha 1858), „Stadtgeschichten" u. a. m. Auch Dramen: „Die Genier, Trauerspiel", und Lustspiele. — Hermann Marggraff aus Züllichau, 1809 bis 1864, „Fritz Beutel", eine Münchhauseniade (Frankf. 1857). Auch „Gedichte" (Lpz. 1857) und Dramen: „Das Täubchen von Amsterdam" (Lpz. 1839).

g. Joseph Victor Scheffel, geb. 16. Febr. 1826 zu Karlsruhe, studierte Geschichte und Jurisprudenz an mehreren Universitäten, wurde 1849 Doktor der Rechte, war eine

Zeit lang als praktischer Jurist thätig, gab aber diese Laufbahn auf, um sich der Kunst und Wissenschaft zu widmen; lebt jetzt in Karlsruhe.

Scheffel ist bedeutend als Romandichter; sein „Ekkehard. Eine Gesch. aus dem 10. Jahrh." (Frankf. 1855. 8. Aufl. 1869) gehört zu den gehaltvollsten Erscheinungen der Gattung; bedeutend als Epiker „Der Trompeter von Säkkingen" (Stuttg. 1853. 10. Aufl. 1870) und als Lyriker: „Frau Aventiure. Lieder aus Heinrichs v. Ofterdingen Zeit" (Stuttg. 1863), „Gaudeamus" (Stuttg. 1869), „Juniperus" (Stuttg. 1868).

b. [illegible] (S. o. § 370). — Ludwig Steub, in München. „Deutsche Träume" (Braunschw. 1858, III.), „Novellen und Erzählungen" (Stuttg. 1853), „Aus dem bayrischen Hochland" (Münch. 1850), „Wanderungen im bayerischen Gebirge" (Ebd. 1862). — Gerstäcker (S. o. § 376). — Karl Frenzel, geb. 1827 zu Berlin, lebt daselbst. „Vanitas" (Hannover 1860, III.) — „Melusine" (Berl. 1860). „Die drei Grazien" (Ebd. 1862). Auch Biographisches und Literarhistorisches: „Dichter und Frauen" (Hann. 1859—66, III.). — Friedrich Spielhagen, Einer der glücklichsten Romandichter der neuesten Zeit. „Problematische Naturen", 1. Abthl. Berl. 1861, IV.), 2. Abthl. u. unter dem Titel „Durch Nacht zum Licht" (Ebd. 1862, IV.), „Die von Hohenstein" (Ebd. 1864, IV.). — Gregorovius (S. o. § 379). — Julius Rodenberg, eigentlich Levy, geb. 26. Juni 1831 zu Rodenberg in Kurhessen, studierte die Rechte, machte viele Reisen, lebt jetzt in Berlin. „Die Straßensängerin von London" (Berl. 1863. IV.). Ferner Reisen: „Pariser Bilderbuch" (Ebd. 1856). „Ein Herbst in Wales" (Ebd. 1858).

§ 375. Novellen und Erzählungen.

a. **Alexander Freiherr von Ungern-Sternberg**, geb. 22. April 1806 in Noistfer bei Reval, studierte in Dorpat, und lebte seit 1830 in Deutschland, zuletzt in Dannenwalde, einem Gut in Mecklenburg-Strelitz, wo er am 24. Aug. 1868 starb.

Einer der fruchtbarsten und geistreichsten Novellen- und Romanendichter der neuern Zeit; doch oft flüchtig arbeitend. „Novellen" (Stuttg. u. Tüb. 1832—34, IV.), 1. Thl. „Die Zerrissenen", 2. Thl. „Galathee", 3. Thl. „Lessing", 4. Thl. „Kleine Novellen"; „Jena und Leipzig. Novelle" (Berl. 1844. II.). Auch treffliche Romane, darunter „Diane" (Ebd. 1842, III.), „Paul" (Lpz. 1845). „Das Buch der drei Schwestern" (Ebd. 1847) u. v. a.

b. Laube (S. o. § 371). — Dingelstedt (S. o. § 367). — Leopold Kompert, geb. 15. Mai 1822, lebt als Beamter in Wien. Seine Erzählungen „Aus dem Ghetto" (Lpz. 1848, 2. Aufl. 1850), „Neue Geschichten aus dem Ghetto" (Prag 1860, II.) bieten treffliche Gemälde aus dem jüdischen Leben. — Adalbert Stifter aus Oberplan in Böhmen, geb. 1806, gest. 1868. „Studien" (7. Aufl. Pesth 1867, II.) „Bunte Steine" (Ebd. 1853, II.), „Der Nachsommer. Eine Erzählung" (Ebd. 1857, III.), originelle Naturanschauung und Naturmalerei. „Nachlaß", hg. v. J. Aprent, Pest 1870. — Fr. Hebbel (S. o. § 371). — Stahr (S. o. § 370). — Fritz Reuter (S. o. § 369). — Paul Heyse (S. o. § 310). — Riehl (S. o. § 363). — Jul. Grosse (S. o. § 370).

c. Edmund Höfer, geb. in Greifswalde, lebt in Stuttgart. „Aus dem Volk. Geschichten" (Stuttg. 1852), „Aus alter und neuer Zeit" (Ebd. 1854). „Erzählungen eines alten Tambours" (Ebd. 1855), „Auf deutscher Erde. Erzählungen" (Ebd. 1860, II.). „Vergangene Tage. Geschichten" (Prag 1860). — Herman Grimm, geb. 1828 in Kassel, lebt in Berlin. „Novellen" (Berl. 1856), „Leben Michel Angelos" (Hann. 1860—63). Auch Dramatisches: „Demetrius" (Ebd. 1854). — Ludwig Steub (S. o. § 374).

§ 376. Dorfgeschichten.

a. **Albert Bitzius** (Jerem. Gotthelf), geb. 4. Oct. 1797 in Murten, gest. 22. Oct. 1854 als Pfarrer in Lützelflüh (Kanton Bern), von großem epischen Talent, glücklicher Darsteller des Volkslebens, aber ohne künstlerische Bildung und zu leidenschaftlich.[1])

„Der Bauernspiegel" (Burgd. 1837), „Uli der Knecht" (Zür. 1841), „Uli der Pächter" (Bern 1849), „Leiden und Freuden eines Schulmeisters" (Ebd. 1838, IV.) u. v. a.

b. **Berthold Auerbach**, geb. 28. Febr. 1812 zu Nordstetten im Schwarzwald, ein Israelit, lebt in Berlin. Treue und poetische Auffassung des Volkslebens.

„Schwarzwälder Dorfgeschichten" (darunter die „Frau Professorin"), „Barfüßele", „Spinoza", „Dichter und Kaufmann" (Werke, Stuttg. 1858 ff. XX.), „Auf der Höhe" (Stuttg. 5. Aufl. 1869. III.), „Das Landhaus am Rhein" (Ebd. 1869, III.).

c. **Melchior Meyr**, geb. 28. Juni 1810 zu Ehringen bei Nördlingen, gest. in

---

1) C. Manuel, A. Bitzius. Sein Leben u. s. Schriften. Berl. 1857.

München 22. April 1871. Treue und zugleich poetische Auffassung des Volkslebens, frische und gewandte Darstellung.

„Erzählungen aus dem Ries" (Berl. 1856), „Neue Erzählungen aus dem Ries" (Berl. 1860), „Vier Deutsche Romane" (Stuttg. 1861, III.). Auch Dramatisches: „Karl der Kühne" (Ebd. 1862).

d. August Wildenhahn aus Zwickau (1805—1868), lebte als Kirchen- und Schulrath in Bautzen: „Erzgebirgische Dorfgeschichten" (Lpz. 1849—50, III.). — Josef Rank, geb. 10. Juli 1816 zu Friedrichsthal im Böhmerwald, lebt in Nürnberg. „Aus dem Böhmerwalde" (Lpz. 1843), „Neue Geschichten aus dem Böhmerwalde" (Ebd. 1845), lebensfrische Schilderungen. — Wilhelm Oertel, geb. 1798 zu Horn im Hunsrück, Pfarrer, gest. zu Wiesbaden 1867, gab unter dem Namen W. O. von Horn „Die Spinnstube" (1846 u. ff.) heraus, außerdem Erzählungen aus dem Volksleben, die vielen Beifall fanden. — August Silberstein, geb. 5. Juli 1827 in Ofen. „Dorfschwalben aus Oesterreich" (München 1861, II.), „Die Alpenrose von Ischl" (Ebd. 1863). Humorist. Roman: „Herkules Schwach" (Ebd. 1862—63, III.). Auch „Lieder" (Stuttg. 1856), „Mein Herz in Liedern" (Ebd. 1867), „Trutznachtigall".

§ 377. Ethnographische und See-Romane.

a. **Charles Sealsfield**, eigentlich K. Postel, geb. 1793 zu Poppitz in Mähren, widmete sich dem geistlichen Stand, entfloh 1822 aus dem Kloster nach Amerika, kehrte als amerikanischer Bürger 1828 nach Europa zurück, lebte zuerst in London und Paris, seit 1832 in der Schweiz an verschiedenen Orten, zuletzt auf einem Landgute bei Solothurn, wo er am 26. Mai 1864 starb.

Sealsfield ist der eigentliche Begründer des ethnographischen Romans, worin er auch unübertrefflich ist. Ausgezeichnet in der Schilderung der mannigfaltigen Lebensverhältnisse so wie der Natur im südlichen und mittleren Amerika. „Der Legitime und der Republikaner" (Zür. 1833, III.), „Der Republikaner" (Zür. 1833). „Transatlantische Reiseskizzen" (Ebd. 1833, II.), „Der Virey und die Aristokraten" (Ebd. 1834, II.) u. a. m.

b. Friedrich Gerstäcker, geb. 10. Mai 1816 in Hamburg, lebte von 1837 bis 1843 in Amerika, das er nach allen Richtungen durchwanderte, bis 1849 in Deutschland, und machte 1849—1852 eine Reise um die Welt; gest. in Braunschweig 31. Mai 1872. Seine „Streif- und Jagdzüge durch die Vereinigten Staaten" (Dresd. 1844, II.), „Die Regulatoren in Arkansas" (Lpz. 1846, III.), „Die Flußpiraten des Mississippi" (Ebd. 1848) u. a. m. zeichnen sich durch Lebendigkeit und Anschaulichkeit der Schilderungen aus. — Sigmund Wallner: „Licht- und Schattenbilder aus Asien, Afrika und Europa" (Lpz. 1860, III.). — Balduin Möllhausen: „Der Halbindianer" (Lpz. 1861, IV.). — Heinrich Smidt, geb. 18. Dec. 1798 zu Altona, machte große Seereisen, gest. in Berlin 1867, schrieb eine große Zahl Romane, Seeen, Erzählungen und Novellen, darunter „Seemannssagen und Schiffermärchen" (Berl. 1849), „Seegeschichten und Marinebilder" (Ebd. 1856), „Zu Wasser und zu Land. Novellen" (Ebd. 1857, II.).

§ 378. Die Romandichterinnen.

a. **Henriette von Paalzow**, geb. Wach, geb. in Berlin 1788, gest. das. 30. Oct. 1847, erwarb sich vorzüglich durch ihre ersten Romane einen nicht unbedeutenden Ruf.

Ihre Darstellung ist gewandt und sie weiß den historischen Stoff mit Geschick zu verwerthen. „Godwie-Castle" (Berl. 1836, III. 4. Aufl. 1843), „Saint-Roche" (Ebd. 1839, III. 3. Aufl. 1845).

b. **Ida Gräfin von Hahn-Hahn**, geb. Gräfin v. Hahn, geb. zu Tressow in Mecklenburg 22. Juni 1805, ließ sich 1829 scheiden, wurde 1850 katholisch, lebt seit 1852 in einem Kloster.

Ihre Romane schildern das Leben der höheren Stände mit Talent, aber ihre Darstellung ist grell und unwahr. „Gräfin Faustine" (Berl. 1841), „Sigismund Forster" (Ebd. 1843), „Cecil" (Ebd. 1844). Ihre sämmtl. Romane unter dem Titel „Aus der Gesellschaft" (Ebd. 1844. XXI.). Auch „Gedichte" (Ebd. 1835), „Neue Gedichte" (Ebd. 1836), „Lieder und Gedichte" (Berl. 1837).

c. Bettina v. Arnim (S. a. § 354). — Fanny Lewald, verehel. Stahr, geb. 24. März 1811 zu Königsberg in Preußen, jüdischer Confession, getauft, machte große Reisen. „Clementine" (Lpz. 1842), „Eine Lebensfrage" (Ebd. 1845), „Prinz Louis Ferdinand" (Berl. 1849, III.) — Luise Otto-Peters (S. o. § 373). — Ida von Düringsfeld, geb. 12. Nov. 1815 zu Militsch in Schlesien, heirathete 1845 den Freih. Otto v. Reinsberg, mit welchem sie große Reisen machte. Zu ihren Romanen namentlich „Schloß Goczyn" (Bresl. 1841), „Graf Chala" (Berl. 1845), „Margarethe von Valois und ihre Zeit" (Lpz. 1847.). Auch „Gedichte" (Dresd. 1835), „Für dich. Gedichte" (Bresl. 1850), „Reiselieder" (Bremen 1850—51, III.), „Von der Schelde bis zur Maas. Das geist. Leben d. Vlamingen" (Lpz. 1861, III.). — Luise Aston (S. o. § 373). — Clara Mundt (Luise Mühlbach), geb. Müller, geb. zu Neubrandenburg 2. Jan 1814, äußerst fruchtbare Schriftstellerin. „Aphra Behn" (Berl. 1849, III.), „Johann Gotzkowsky" (Ebd. 1850, III.), „Friedrich der Große und sein Hof" (Ebd. 1853. III.) u. v. a. — Marie Nathusius, geb. Scheele, geb. 10. März 1817 zu Magdeburg, gest. 22. Dec. 1857. Sittlich schöne Erzählungen mit pietistischer Färbung: „Tagebuch e. armen Fräuleins" (Halle 1854), „Elisabeth" (Halle 1858) u. v. a. m. — Luise v. Gall, verehel. Schücking (1815—1855). „Familiengeschichten" (Prag 1854. II.), „Familienbilder" (Ebd. 1854. II.), „Frauenleben" (Lpz. 1856. II.). — Ottilie Wildermuth, geb. 1817 zu Rotenburg in Schwaben. „Bilder und Skizzen aus Schwabens Heimat" (Stuttg. 1856) u. a.

§ 379. Geschichtschreibung.

a. Ernst Wilhelm Gottlieb Wachsmuth, geb. 28. Dec. 1784 zu Hildesheim, 1825 Prof. der Gesch. in Leipzig, wo er im Jahre 1866 starb, ist vorzüglich in seinen culturhistorischen Schriften bedeutend. „Europäische Sittengeschichte" (Lpz. 1831—39. V.), „Allgemeine Culturgeschichte" (Lpz. 1850—52), „Geschichte der politischen Parteiungen" (Braunschw. 1853—56. III.), „Geschichte deutscher Nationalität" (Ebd. 1860—62. III.) — Joh. Gustav Droysen, geb. Juli 1808 zu Treptow in Pommern, seit 1851 Professor der Geschichte in Jena. „Geschichte Alexanders des Großen" (Berl. 1833), „Geschichte des Hellenismus" (Hamb. 1836—43. II.), „Leben des Feldmarschalls Grafen York v. Wartenburg" (Berl. 1851), „Geschichte der preußischen Politik" u. s. w. — Friedrich Emanuel (v.) Hurter, geb. 19. März 1787 in Schaffhausen, 1835 Antistes daselbst; wird 1844 in Rom öffentlich katholisch, darauf k. k. Historiograph in Wien, 1852 geadelt, gest. in Graz 27. Aug. 1865. Er schrieb in ultramontanem Sinne: „Geschichte Papst Innocenz III. u. seiner Zeitgenossen" (Hamb. 1834—42) u. m. a. Geschichtswerke. — J. G. Wirth (S. o. § 344). — Jakob Philipp Fallmerayer (S. o. § 362.) — Wilhelm Zimmermann (S. o. § 357). — Joh. Caspar Bluntschli, geb. 7. März 1808 in Zürich, seit 1861 Professor in Heidelberg. „Geschichte der Republik Zürich" (Zür. 1847—48. II.), „Geschichte d. allgem. Staatsrechts und der Politik v. 16. Jahrh. bis z. Gegenwart." (Münch. 1864). — Friedrich Wilhelm Benjamin (von) Giesebrecht, geb. 5. März 1814 zu Berlin, seit 1862 Professor der Geschichte in München. Hauptwerk: „Geschichte der deutschen Kaiserzeit" (Braunschw. 1855—67. III.). — Friedr. Gustav Klemm, geb. 12. Nov. 1802 in Chemnitz, gest. 1867 als Oberbibliothekar in Dresden. „Allgemeine Culturgeschichte der Menschheit" (Lpz. 1843—52. X.), „Die Frauen" (Dresd. 1854—59. II.).

b. Ludwig Häusser, geb. 26. Oct. 1818 zu Cleeburg im Elsaß, seit 1845 Professor in Heidelberg, politisch und kirchlich freisinnig und einflußreich; gest. das. 17. März 1867.

„Geschichte der rheinischen Pfalz" (Heidelb. 1845. II. 2. Aufl. 1856). „Deutsche Geschichte vom Tode Friedrich des Großen bis zur Gründung des deutschen Bundes." (Berl. 1854—57. IV.; 3. Aufl. 1861—63.)

c. Heinrich von Sybel, geb. zu Düsseldorf 1817, seit 1861 Professor der Geschichte in Bonn. „Die Entstehung des deutschen Königthums" (Frankf. 1844), „Geschichte der Revolutionszeit von 1789—1795" (Düsseld. 1853—58. II.). Herausgeber der vortrefflichen „Historischen Zeitschrift" seit 1859. — Ferdinand Adolf Gregorovius, geb. 19. Jan. 1821 zu Neidenburg in Ostpreußen, seit 1852 in Italien. Hauptwerk: „Geschichte der Stadt Rom im Mittelalter" (Stuttg. 1859—68); „Corsica" (Stuttg. 1854. II.), „Wanderjahre in Italien" (Lpz. 1864. II.). Auch Episches: „Euphorion"; Roman: „Werdomar und Wladislaw" u. s. w. — Heinrich Beitzke, geb. zu Muttrin in Pommern 15. Febr. 1798, seit 1815 Soldat, 1845 mit dem Titel Major entlassen, gest. 10. Mai 1867. „Geschichte der deutschen Freiheitskriege in den Jahren 1813 u. 1814" (Berl. 1855 III.; 2. Aufl. 1863), „Geschichte des Jahres 1815" (Ebd. 1865. II.).

d. Theodor Mommsen, geb. 30. Nov. 1817 zu Garding in Schleswig, bereiste 1844—47 Frankreich und Italien, um Römische Inschriften zu sammeln; 1848 Prof. d. Rechte in Leipzig, wegen Theilnahme an den Bewegungen v. 1848 u. 49 im Jahre 1850 abgesetzt; 1852 Prof. der Rechte in Zürich, jetzt in Berlin.

Geistvolle Auffassung und Darstellung bei gründlichem Quellenstudium. Hauptwerk: „Römische Geschichte" (Lpz. 1854—56. 3. Aufl. 1861). Außerdem „Geschichte des Römischen Münzwesens" (Berl. 1860).

e. Karl Schnaase, geb. 7. Sept. 1798 zu Danzig, seit 1848 Obertribunalsrath in Berlin. „Geschichte der bildenden Künste" (Düsseld. 1843—64. VI.) — Wilhelm Lübke, geb. 17. Jan. 1826 in Dortmund, 1861 Professor der Kunstgeschichte in Zürich, jetzt in gleicher Eigenschaft am Polytechnikum in Stuttgart. „Geschichte der Architektur" (Lpz. 1855. 3. Aufl. 1865), „Geschichte der Plastik" (Lpz. 1863).

§ 380. Literaturgeschichte.

a. Georg Gottfr. Gervinus, geb. am 20. Mai 1805 zu Darmstadt, eine Zeit lang Kaufmann, studierte 1826 in Heidelberg, 1835 Professor daselbst, 1836 Prof. in Göttingen, 1837 mit Andern seines Amtes entsetzt und verbannt, hielt seit 1844 wieder

Vorlesungen in Heidelberg, begründete im Jahre 1847 die „Deutsche Zeitung", wurde 1848 in die Nationalversammlung gewählt, in der er jedoch keinen bedeutenden Einfluß gewann; gest. in Heidelberg 18. März 1871.

Der bedeutendste Geschichtschreiber der deutschen Literatur, die er als historische Erscheinung auffaßt und behandelt, worin man den Einfluß seines großen Lehrers Schlosser nicht verkennen kann. „Geschichte der poetischen Nationalliteratur der Deutschen" (Lpz. 1835—42, III.), „Neuere Geschichte derselben" (Ebd. 1840—42, II.); 4. Auflage unter dem Titel: „Geschichte der deutschen Dichtung" (Ebd. 1853, V.), 5. Aufl. Ebd. 1870, II. (unvollendet). „Shakspeare" (Ebd. 1849—50, IV.), „Ueber den Goetheschen Briefwechsel" (Ebd. 1836), „Grundzüge der Historik" (Ebd. 1837). In der letzten Zeit hat er sich der politischen Geschichte zugewendet: „Geschichte des 19. Jahrhunderts" (Lpz. 1855—61, bis jetzt V.), welche Schlossers Werke fortsetzt.

b. Wolfgang Menzel, geb. 21. Juni 1798 zu Waldenburg in Schlesien, seit 1825 in Stuttgart. Geistvoller, aber heftiger und parteiischer Kritiker, berüchtigt durch seine Angriffe auf das junge Deutschland und auf Goethe. „Die deutsche Literatur" (Stuttg. 1828, II. 2. Aufl. 1836, IV.), „Literaturblatt" (Ebd. 1825—48 und 1852 ff.). — Joh. Karl Friedr. Rosenkranz, geb. 23. April 1805 zu Magdeburg, seit 1833 Professor der Philosophie in Königsberg. Geistvoll und gründlich. „Handbuch e. allg. Gesch. d. Poesie" (Halle 1832—33, III.), „Die Poesie und ihre Geschichte" (Königsb. 1855), „Goethe u. s. Werke" (Königsb. 1847), „Hegels Leben" (Berl. 1844), „Aesthetik des Häßlichen" (Königsb. 1853). — Gutzkow (S. o. § 371). — Joh. Wilh. Schäfer, geb. 17. Sept. 1809 zu Seehausen bei Bremen, Oberlehrer an der Hauptschule in Bremen. „Grundriß der Geschichte der deutschen Literatur" (Bremen 1836, 10. Aufl. 1864), „Geschichte der deutschen Literatur des 18. Jahrh." (Lpz. 1855—57, III.). — Jos. Hillebrand, geb. 1788 zu Großdüngen bei Hildesheim, 1822 Professor in Gießen, 1850 wegen seiner freisinnigen Ansichten pensioniert, gest. zu Soden 25. Januar 1871. „Die deutsche Nationalliteratur seit dem Anfang des 18. Jahrh." (Hamb. 1845, II. 2. Aufl. 1850, III.). — Karl August Koberstein, geb. 10. Jan. 1797 zu Rügenwalde, seit 1824 Professor in Schulpforta, gest. 8. März 1870. Gründlicher Kenner der vaterl. Literatur. „Grundriß der Geschichte der deutschen Literatur" (4. Aufl. Lpz. 1847—66, III.). — Aug. Friedr. Christian Vilmar, geb. 21. Nov. zu Solz in Kurhessen, 1855 Professor der Theologie in Marburg, gest. 30. Juli 1868, 14. Aufl. 1870. Geistvolle, aber oft einseitige „Vorlesungen über die Geschichte der deutschen Nationallit." (Marb. 1845, II.). — Philipp Eduard Devrient (S. o. § 371). — Wilhelm Wackernagel (S. o. § 367). — Gebrüder (S. o. § 370). — Julian Schmidt, geb. 7. März 1818 zu Marienwerder, lebt in Berlin. Geistreicher Kritiker. „Geschichte der deutschen Nationalliteratur im 19. Jahrh." (Lpz. 1853, II. 5. Aufl. 1867, III.), „Geschichte des geistigen Lebens in Deutschland von Leibniz bis auf Lessings Tod" (Lpz. 1862—64, II.). — Rudolf Gottschall (S. o. § 367). — Karl Goedeke, geb. 15. April 1814 in Celle, lebt jetzt in Göttingen. Gründlicher Kenner der deutschen Literatur. Hauptwerk: „Grundriß zur Geschichte der deutschen Dichtung" (Hann. 1856—1859, III.); mehrere treffliche Monographien. — Herm. Jul. Theodor Hettner, geb. 1821 zu Leisersdorf in Schlesien, seit 1855 Professor der Kunstgeschichte in Dresden. Hauptwerk: „Literaturgeschichte des 18. Jahrh." (Braunschw. 1856—1870), „Die Romantische Schule" (Ebd. 1850.). — Ida von Düringsfeld (S. o. § 378). — Stephan Gätschenberger. „Geschichte der Englischen Literatur" (Prag 1859 ff.). — Ch. Schmidt-Weißenfels. „Geschichte der französischen Revolutionsliteratur" (Prag 1859). — Joh. Scherr. „Allgemeine Geschichte der Literatur" (Stuttg. 1861). — Jul. Leop. Klein (S. o. § 371).

§ 381. Biographien.

a. Gustav Kühne (S. o. § 367). — Bettina v. Arnim (S. o. § 344.) — Theodor Wilh. Danzel, geb. 4. Febr. 1818 zu Hamburg, gest. in Leipzig, 9. Mai 1850. „Gottsched und seine Zeit" (Lpz. 1848), „G. Eph. Lessing, sein Leben und seine Werke (Bd. 1. Lpz. 1850; Bd. 2 besorgt von Guhrauer 1853 f.). — K. Rosenkranz (S. o. § 380). — Adolf Wilh. Theod. Stahr, geb. 22. Okt. 1805 zu Prenzlau, lebt seit 1852 in Berlin. Geistvoller und feiner Kritiker, glänzender Stil. „G. E. Lessing. Sein Leben und seine Werke" (Berl. 1859, II.), „Tiberius" (Ebd. 1863), „Weimar und Jena" (Oldenb. 1852, II.), „Ein Jahr in Italien" (Oldenb. 1847, 3. Aufl. 1863), „Zwei Monate in Paris" (Ebd. 1851).

b. Georg Heinrich Pertz, geb. am 28. März 1795 in Hannover, wurde 1820 beauftragt, die Archive und Bibliotheken Deutschlands und Italiens zu durchforschen, 1823 in seiner Vaterstadt am Archiv angestellt, seit 1842 Vorstand der Bibliothek und Mitglied der Akademie in Berlin.

Ausgezeichnet durch umfassende Gelehrsamkeit und gründliche Forschung, hat er sich die vielfachsten Verdienste um die Geschichtschreibung erworben. „Geschichte der merowingischen Hausmeier" (Hann. 1819), „Leben des Ministers Freih. v. Stein" (Berl. 1849—54, VI.), eine der bedeutendsten Biographien; „Das Leben des Feldmarschalls Graf Neithardt von Gneisenau" (Berl. 1864—65, II.), „Monumenta Germaniae historica" (Hann. 1826 sqq. XVIII. fol.)

c. **David Friedrich Strauß**, geb. 27. Jan. 1808 zu Ludwigsburg, 1839 Professor d. Dogmatik in Zürich, verzichtete aber gegen eine Pension auf diese Stelle, da seine Berufung die größte Aufregung im Lande hervorgebracht hatte, lebt seitdem abwechselnd in Heidelberg und Heilbronn.

Scharfer Denker und sich durch Klarheit und Schönheit der Darstellung auszeichnend. Hauptwerk: „Das Leben Jesu" (Tüb. 1835. 4. Aufl. 1840). Außerdem „Schubarts Leben in seinen Briefen" (Berl. 1849. II.), „Ulrich v. Hutten", (Lpz. 1858. II.), „Herm. Sam. Reimarus" (Ebd. 1862).

d. **Emil Palleske**, geb. 5. Jan. 1823 zu Tempelburg in Pommern. Studierte in Bonn und Berlin, war dann eine Zeit lang Schauspieler, lebt jetzt in Weimar. „Schillers Leben und Werke" (Berl. 1858—59. II.). Auch Dramen. — Karl Frenzel (S. o. § 374). — Hermann Grimm (S. o. § 375). — Jakob Venedey, geb. 24. Mai 1805 zu Köln, flüchtete als politisch Verfolgter 1832 nach Frankreich. 1848 Mitglied des Frankfurter Parlaments, lebte seit dessen Auflösung an verschiedenen Orten; gest. in Oberweiler 8. Febr. 1871. „George Washington" (Freib. i. Br. 1862), „Benjamin Franklin" (Ebd. 1862). Auch Länderbeschreibungen und Reisen: „Irland" (Lpz. 1844. II.), „England" (Lpz. 1845. III.), „Das südliche Frankreich" (Frankf. 1846. II.).

§ 382. Reisebeschreibungen.

a. **Jakob Philipp Fallmerayer**, geb. 10. Dez. 1790 in Bayndorf bei Brixen, hütete als Knabe die Schafe, wurde von Geistlichen, die sein Talent erkannten, in die Domschule von Brixen geschickt, entfloh aus derselben nach Salzburg, trat 1813 ins Heer, 1821—31 Prof. am Lyceum zu Landshut, machte dann große Reisen in den Orient, war 1848 im Parlament, wurde 1849 als Hochverräther verfolgt, flüchtete in die Schweiz, kehrte 1850 nach München zurück, wo er am 26. April 1861 starb. Er war gründlich gelehrt, scharfsinnig und Muster der Darstellung.

Hauptwerk: „Fragmente aus d. Orient" (Stuttg. 1845. II.) „Neue Fragmente aus d. Orient" (Lpz. 1861); auch bedeutende Geschichtswerke: „Geschichte des Kaiserthums v. Trapezunt" (Münch. 1827); „Geschichte der Halbinsel Morea während des Mittelalters" (Stuttg. 1830—36), worin er zu beweisen suchte, daß die Neugriechen slavischen Ursprungs seien.

b. Ludolf Wienbarg (S. u. § 383). — Luise von Ploennies (S. o. § 373). — Fr. Martin Bodenstedt (S. o. § 367). — Ida von Düringsfeld (S. o. § 378). — Julius Rodenberg (S. o. § 374). — Adolf Stahr (S. o. § 381). — Ludw. Steub (S. o. § 374). — Ferdinand Gregorovius (S. o. § 378). — Jakob Venedey (S. o. § 381). — Adolf Pichler (S. o. § 367).

§ 383. Didaktische Prosa.

a. **Arthur Schopenhauer**, geb. 22. Febr. 1788 zu Danzig, machte viele Reisen, wechselte seinen Aufenthalt sehr häufig, lebte zuletzt in Frankfurt a. M., wo er am 21. Sept. 1860 starb.

Ein scharfdenkender Gegner der neuern Philosophie; originell und paradox; zeichnet sich auch durch faßliche und anschauliche Darstellung vor den meisten übrigen Philosophen aus. Hauptwerk: „Die Welt als Wille und Vorstellung" (Lpz. 1819. 3. Aufl. 1859. II.).

b. Immanuel Hermann Fichte, Sohn des Philosophen Joh. Gottlieb Fichte (§ 360), geb. 18. Juli 1796 zu Jena, seit 1842 Professor der Philosophie in Tübingen, jetzt ein Hauptvertreter der deutschen Philosophie. „Beiträge zur Charakteristik der neuern Philosophie" (Sulzbach 1829), „Die spekulative Theologie od. allgemeine Religionslehre", (Heidelb. 1846—47. III.). „System der Ethik" (Lpz. 1850—53. II.) u. a. m.

c. **Friedrich Julius Stahl**, geb. 16. Jan. 1802 zu München von jüdischen Eltern, trat 1819 zur evangelischen Kirche über, 1840 Professor in Berlin, gest. 10. Aug. 1861 im Bad Brückenau. In kirchlicher und politischer Beziehung ein entschiedener Feind jeder freien Bewegung.

Hauptwerk: „Philosophie des Rechts nach geschichtlicher Ansicht" (Heidelb. 1830—37. II.), „Der christliche Staat" (2. Aufl. Berl. 1858. II.). Nach seinem Tode erschienen „Siebzehn parlamentarische Reden" (Ebd. 1862). — Ernst Freih. v. Feuchtersleben (S. o. § 367). — Friedr. Eduard Beneke, geb. 17. Febr. 1798 zu Berlin, seit 1832 Professor der Philosophie daselbst, gest. 1. März 1854. Ausgezeichnet durch seine psychologischen und pädagogischen Schriften, darunter „Lehrbuch der Psychologie" (Berl. 1833. 3. Aufl. 1865), „Erziehungs- und Unterrichtslehre" (Ebd. 1835—36. II.) — Ludolf Wienbarg, geb. 25. Dec. 1802 zu Altona, gest. in Hamburg 2. Jan. 1872. „Aesthetische Feldzüge" (Hamb. 1834). „Zur neuesten Literatur" (2. Aufl. Hamb. 1838). Auch Reiseschilderungen: „Holland in d. J. 1831 u. 1832" (Hamb. 1833. II.), „Helgoland" u. s. w. — Karl Gutzkow (S. o. § 377). — Heinr. Theod. Rötscher, geb. 20. Sept.

1804 in Mittenwalde, gest. in Berlin 9. April 1871. Bedeutend als Dramaturg. „Abhandlung zur Philos. d. Kunst" (Berl. 1837—42. IV.). „Kunst der dramat. Darstellung" (Ebd. 1841—46. III.), „Dramaturg. Skizzen und Kritiken" (Ebd. 1847) u. a. m. — Matthias Jakob Schleiden, geb. 5. April 1804 zu Hamburg, seit 1863 Professor der Botanik und Anthropologie in Dorpat. „Die Pflanzen und ihr Leben" (Lpz. 1850, 4. Aufl. 1856). — Justus (Freih. v.) Liebig, geb. 12. Mai 1803 in Darmstadt, seit 1852 Professor der Chemie in München. Einer der größten Chemiker aller Zeiten. „Chemische Briefe" (4. Aufl. Lpz. 1859).

d. Friedrich Vischer, geb. 30. Juni 1807 zu Ludwigsburg, studierte Theologie in Tübingen, 1833—36 Repetent im Seminar daselbst, 1837 Prof. der Aesthetik in Tübingen, 1848 im Parlament, 1855 Prof. an der Hochschule und dem Polytechnikum in Zürich, jetzt in Tübingen.

Vischer ist der bedeutendste Aesthetiker der Gegenwart; seine „Aesthetik oder Wissenschaft des Schönen" (Stuttg. 1847—57. VI.) in philosophischer und historischer Behandlung gleich ausgezeichnet; „Ueber das Erhabene u. Komische" (Ebd. 1837), „Kritische Gänge" (Tüb. 1844 ff. III.); Rede auf Schiller u. a. m.

e. Friedrich Adolf Wilhelm Diesterweg, geb. 29. Oct. 1790 in Siegen, 1832 Director des Seminars für Stadtschulen in Berlin, wurde aber 1847 wegen seiner freien Gesinnung und seines Einflusses auf die Lehrer außer Thätigkeit gesetzt, 1850 definitiv quiescirt, gest. 1866.

Durch Schrift und praktische Wirksamkeit vorzüglich für Bildung tüchtiger Lehrer und zeitgemäße Reform der Schule und Pädagogik thätig. „Rhein. Blätter f. Erziehung und Unterricht" (Essen 1827 ff.), „Pädagogische Jahrbücher." (Berl. 1851 ff.)

f. Wilhelm Heinrich Riehl, geb. 1823 zu Biberich, seit 1854 Prof. d. Staatswissenschaften in München. „D. Naturgeschichte des Volks" (Stuttg. 1853—55. 5. Aufl. 1861 ff.). — „Culturgeschichtl. Novellen" (Ebd. 1860), „Culturstudien aus 3 Jahrhunderten" (Ebd. 1859). — Karl Rosenkranz (S. o. § 380). — Kuno Fischer, geb. 23. Juli 1824 zu Sandewalde in Schlesien, seit 1856 Prof. d. Philos. in Jena. „Diotima, die Idee d. Schönen." (Pforzheim 1849) „Gesch. d. neuern Philos." (Mannh. 1854—60. IV.), „Die Selbstbekenntnisse Schillers." (Fr. 1858.) — Moritz Carriere, geb. 5. März 1817 zu Griedel in Hessen-Darmstadt, seit 1853 Prof. d. Philos. in München. „D. philos. Weltanschauung d. Reformationszeit" (Stuttg. 1847), „D. Wesen u. d. Formen d. Poesie" (Lpz. 1854), „Aesthetik" (Ebd. 1859. II.) „Die Kunst im Zusammenhange der Culturentwickelung." (Lpz. 1863 ff.) — Saphir, geb. 21. März in Ungarn, seit 1837 schriftstellerisch beschäftigt in Wien; gest. daselbst 15. Sept. 1858. Voll Geist und Humor, originell in Inhalt und Form. „D. Mensch u. d. Leute" (Berl. 1854. V.), „Buch d. Albernheit" (2. Aufl. Frankf. 1854) u. a. m. — Rudolf Gottschall (S. o. § 367). — Friedrich Adolf Trendelenburg, geb. 30. Nov. 1802 zu Eutin, seit 1833 Prof. d. Philos. in Berlin, gest. das. 1872. „Logische Untersuchungen" (Lpz. 1840), „Naturrecht auf d. Grunde d. Ethik." (Ebd. 1860). — Rudolf Hermann Lotze, geb. 21. Mai in Bautzen, seit 1844 Professor d. Philosophie in Göttingen: „Metaphysik" (Lpz. 1841), „Logik" (Ebd. 1843); „Allg. Physiologie d. körperl. Lebens" (Ebd. 1851), „Mikrokosmus. Ideen z. Naturgesch. u. Geschichte d. Menschheit". (Lpz. 1856—64. III., 2. Aufl. 1869). — Wilhelm Roscher, geb. 21. Okt. 1817 in Hannover, seit 1848 Professor in Leipzig. Begründer der historischen Methode d. Nationalökonomie: „Grundlagen der Nationalökonomie" (Stuttg. 1854; 7. Aufl. 1868), „Nationalökonomie d. Ackerbaues." (Ebd. 1860; 5. Aufl. 1867); „Ansichten d. Volkswirthschaft aus d. geschichtl. Standpunkte" (Ebd. 1861). — Jakob Moleschott, geb. 9. Aug. 1822 zu Herzogenbusch, 1856 Prof. in Zürich, seit 1861 in Turin. „Physiologie d. Nahrungsmittel" (2. Aufl. Gießen 1859). „G. Forster. d. Naturforscher d. Volks" (Fr. 1854). — Karl Vogt, geb. 5. Juli 1817 in Gießen, 1848 im Frankfurter Parlament, 1849 vom Rumpfparlament in Stuttgart zum Reichsregent gewählt, seit 1852 Prof. d. Geologie in Genf. „Physiologische Briefe" (Gießen 1845, 2. Aufl. 1854), „Bilder aus d. Thierleben" (Fr. 1852), „Köhlerglaube u. Wissenschaft" (4. Aufl. Gießen 1856), „Vorlesungen üb. d. Menschen" (Ebd. 1863).

g. Sprachforscher und Herausgeber älterer Denkmäler: Wackernagel (s. o. § 367) — Hoffmann v. Fallersleben (s. o. § 345). — Ettmüller (s. o. § 370). — Franz Pfeiffer — W. Müller — K. (v.) Keller — H. Holland — Zarncke — Bartsch u. a. m.

§ 384. Rhetorische Prosa.

a. Predigten: Joh. Friedrich Ahlfeld, geb. 1. Nov. 1810 in Mehringen b. Aschersleben, seit 1851 Pastor in Leipzig. Ausgezeichneter Kanzelredner. „Predigten üb. d. evangelischen Perikopen" (4. Aufl. Halle 1869), „D. verlorene Sohn. Sieben Fastenpredigten" (2. Aufl. Ebd. 1856).

b. Karl Heinr. Wilh. Schwarz, geb. 19. Nov. 1812 auf der Insel Rügen, seit 1856 Hofprediger in Gotha und bald darauf Oberhofprediger. Einer der freisinnigsten protestantischen Theologen der Gegenwart, als Kanzelredner mächtig anregend.

„Predigten aus der Gegenwart" (Lpz. 1853—62. III.). „Zur Geschichte der neuesten Theologie." (Lpz. 1856; 4. Aufl. 1868).

c. Parlamentarische Reden. In den verschiedenen Deutschen Staaten und in der Schweiz wirkte talentvolle Redner, doch haben nur Wenige ihre Reden drucken lassen. Hauptredner der conservativen Partei in Preußen: Julius Stahl (S. o. § 383).

d. Gerichtliche Reden: J. G. A. Wirth, geb. 20. Nov. 1798 in Hof, gest. in Frankfurt als Mitglied des deutschen Parlaments 26. Juli 1848. „Vertheidigungsrede vor dem Schwurgericht zu Landau" (7. Aufl. Ff. 1864) von wirkungsvoller Beredsamkeit. — Außerdem „Die politisch-reformatorische Richtung der Deutschen im 16. und 19. Jahrh." (Bellevue 1841), „Deutsche Geschichte" (Stuttg. 1843—45. IV.).

e. Briefe. Paul Achatius Pfizer, geb. 12. Sept. 1801 in Stuttgart, 1848 Cultusminister, trat aber wegen Kränklichkeit bald in s. vorige Stellung als Oberjustizassessor in Tübingen zurück. „Briefwechsel zweier Deutschen" (Stuttg. 1. u. 2. Aufl. 1831), gest. 30. Juli 1867. — Bettina (eigentlich Elisabeth) v. Arnim, Schwester des Dichters Clemens Brentano, geb. am 4. April 1785 zu Frankfurt a. M., wurde in einem Kloster erzogen, lebte dann in ihrer Vaterstadt mit Goethes Mutter und 1807—1810 in Weimar mit Goethe in vertrautem Verkehr; vermählte sich mit Achim von Arnim (§ [illegible]), lebte seitdem in Berlin, wo sie am 20. Jan. 1859 starb. Geistreich, leidenschaftlich und phantastisch im Leben, ist sie es auch in ihren Schriften, unter welchen „Goethes Briefwechsel mit einem Kinde" (Berl. 1835. III.) ihre Eigenthümlichkeit am lebendigsten ausspricht. Außerdem von ihr „Die Günderode" (Grünb. und Berl. 1840. II.), ihr Briefwechsel mit dem Stiftsfräulein dieses Namens. Von tiefem Gefühl für das Volk und dessen Leiden zeugen die späteren Schriften: „Dies Buch gehört dem König" (Berl. 1843. II.), „Ilius Pamphilius und die Ambrosia" (Ebd. 1848. II.), und „Gespräche mit Dämonen" (Ebd. 1852).

Register.

www.ingramcontent.com/pod-product-compliance
Lightning Source LLC
Chambersburg PA
CBHW030323240426
43673CB00040B/1255
9783742814029